『十一五』國家重點出版規劃項目

陳垣全集

CHEN YUAN QUANJI

第二册

主编　陳智超

北京师范大学出版集团
BEIJING NORMAL UNIVERSITY PUBLISHING GROUP
安徽大学出版社

圖書在版編目(CIP)數據

陳垣全集.第2册,元也里可温教考、開封一賜樂業教考、火祆教入中國考、摩尼教入中國考、元西域人華化考、宗教史論文/陳垣著.—合肥:安徽大學出版社,2009.8(2021.3重印)
ISBN 978-7-81110-388-5

Ⅰ.①陳… Ⅱ.①陳… Ⅲ.①陳垣(1880～1971)—全集 Ⅳ.①C52

中國版本圖書館CIP數據核字(2009)第155380號

陳垣全集 第二册

元也里可温教考 開封一賜樂業教考 火祆教入中國考
摩尼教入中國考 元西域人華化考 宗教史論文

陳 垣 著 陳智超 主編

安徽大學出版社出版發行
(合肥市肥西路3號 郵編230039 電話0551-65107716
網址 www.ahupress.com.cn)
合肥遠東印務有限責任公司印製
責任總編輯 楊應芹 彭君華
本册編輯 高 興 封面設計 孟獻輝
開本 880×1230 1/32 印張 27.625 字數 537千
2009年12月第1版 2021年3月第3次印刷
ISBN 978-7-81110-388-5
定價 2480.00圓(全二十三册)

1916年摄于北京

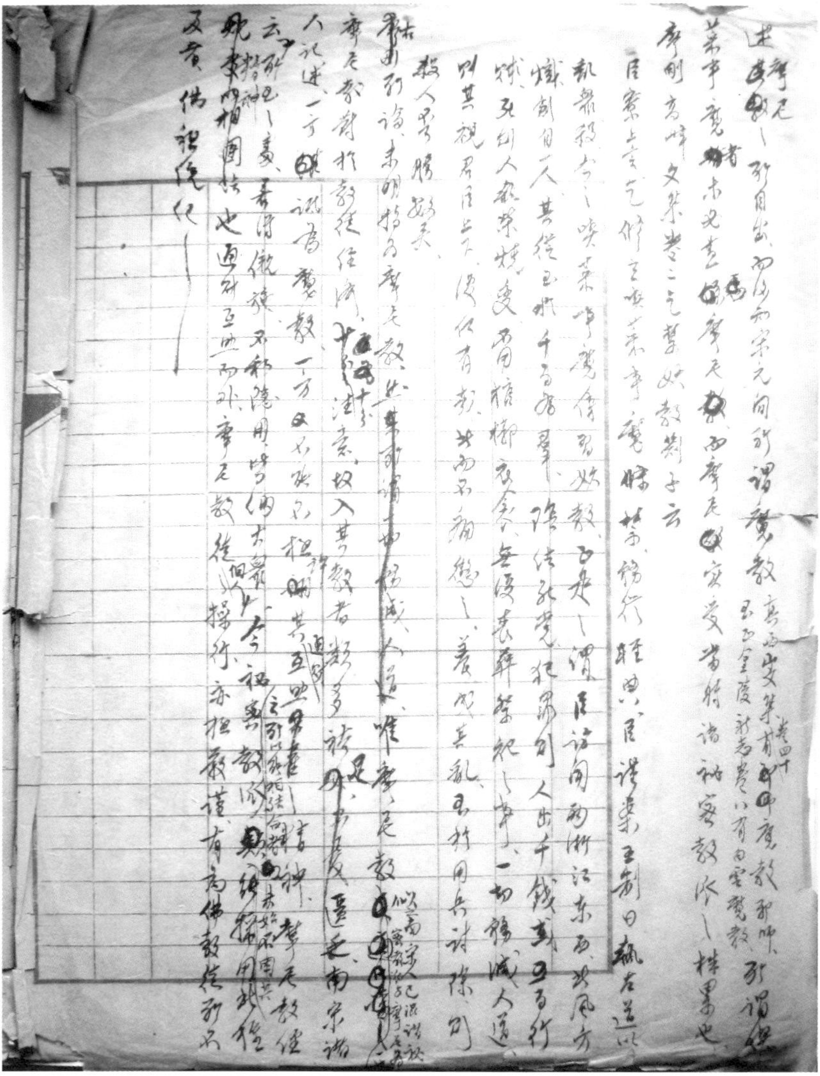

《摩尼教入中國考》手稿

目 次

元也里可温教考 …… 一

開封一賜樂業教考

火祆教入中國考……一一一

摩尼教入中國考

元西域人華化考

右稿前四卷一九二三年在北京大學國學季刊發表，後四卷一九二七年在燕京學報發表。

陳垣全集之二

元也里可温教考

安徽大學出版社

初版自叙

此輔仁社課題也。輔仁社者，英斂之先生與其門弟子講學論文之所。余嘗一謁先生，先生出示輔仁社課，中有題曰元也里可温考。余叩其端緒，偶有所觸，歸而發篋陳書，鈎稽旬日，得左證如干條，益以輔仁社諸子所得，比事屬詞，都爲一卷，以報先生。先生曰善，願以付梓。余自維譾陋，況值旅居，藏書絶少，涉獵多有未至也。先生曰：「是胡害，補遺訂誤，可俟異日。」余乃重理其稿，並經馬相伯先生爲之點定，乃付刊，而識其緣起如此。一千九百十七年五月十日陳垣。

再版識語

是稿出版僅三越月，續獲資料幾及倍，其中復有有力之證據數條，不敢不亟謀增訂再版，以遺同志。同年八月廿八日垣再識。

此書之目的，在專以漢文史料，證明元代基督教之情形。先認定元史之也里可温爲基督教，然後搜集關於也里可温之史料，分類説明之，以爲研究元代基督教史者之助。惜乎著者譾陋，得見元代著述至少，未能滿其志，冀博雅君子之教之也。

第一章　也里可温之解詁

元以前未聞有也里可温之名也，讀元史則數數見也里可温四字相聯屬矣。也里可温之名之見於元代著述者不一，果爲何等語耶？

錢大昕元史氏族表曰：也里可温氏，不知所自出。（卷二）

元史國語解曰：也里可温，蒙古語，應作伊嚕勒昆；伊嚕勒，福分也，昆，人也，部名。（卷三）又曰：也里可温，有緣人也。（卷二十四）

劉文淇至順鎮江志校勘記曰：此卷述僑寓之户口。所謂也里可温者，西洋人也。卷九大興國寺條載梁相記云：薛迷思賢在中原西北十萬餘里，乃也里可温行教之地。教以禮東方爲主。十字者取像人身，四方上下，以是爲準。據此則薛迷思賢乃西洋之地，而也里可温即天主教矣。（卷上）

謂也里可温爲即天主教者，莫先於此。劉文淇，道光間儀徵人，阮元門下士。其説並非附會，較元史語解之解釋爲確切矣。

洪鈞元史譯文證補，元世各教名考曰：也里可温之爲天主教，有鎮江北固山下殘碑可證。自唐時景教入中國，支裔流傳，歷久未絶。也里可温，當即景教之遺緒。（卷二十九）又曰：多桑譯著旭烈兀傳，有蒙古人稱天主教爲阿勒可温一語，始不解所謂；繼知阿剌比文、回紇文，也阿二音，往往互混，阿勒可温，即也里可温。多桑此語，非能臆撰，必本於拉施特諸人。（卷同上）

多桑爲有名之蒙古史著者，元史譯文證補多採之，其言自可信據。惟鎮江北固山下殘碑，余未之見，洪書亦未舉其文，疑即至順鎮江志之大興國寺碑也。觀大興國寺記及元典章，均有也里可温教之詞，則也里可温之爲教，而非部族，已可斷定。復有麻兒也里牙（馬利亞）及也里可温十字寺等之名，則也里可温之爲基督教，而非他教，更無疑義。元史國語解所釋爲福分人者，或指其爲奉福音教人也。此馬相伯丈説。

魏源元史語解略，乃謂答失蠻、耶里可温者，本紀免租税，皆有此二等人，在僧道之外，蓋回教之師也。元典章稱先生曰耶里可温，蓋可温即今之所謂阿渾也云云。（元史新編卷首）可謂勇於武斷者矣。元典章之所謂先生，元人以稱道士也。有時曰和尚、先生、也里可温，有時曰和尚、也里可温、先生，有時曰僧、道、也里可温，其義一也。均詳於後。

日人田中萃一郎曰：馬可孛羅之支那旅行記第一編第五十九章有稱爲Argons之混生民族，古拉布羅多以是推定爲也里可温，如斡寧監謂土耳其語Fair but not white（清而不白）爲Arghum，西藏地方亦稱混成民族爲Argons，故也里可温即Argons也。多桑蒙古史註云：亞雷伊遷世界征服者之歷史謂蒙古人呼基督教徒曰Arcoun，又亞爾美尼亞之士鐵歡阿爾比利安歷史，亦稱曰Ark'haïoun，關於此語源，殆爲多伊利亞之希臘語Arkhon之轉訛也。果然，則長安景教碑之阿羅本，是也里可温之古音乎。巴拉超士既謂也里可温是蒙古語之Erkeun，是其初專指聶斯托爾派之僧侶，其後爲基督教徒之總稱也。（史學雜誌第二十六編第三號）

又坪井九馬三曰：元史屢見之也里可温，布烈多士迺迭爾斷其爲基督教徒，然不説明其理由及語源。據元史之記載觀之，則蒙古人之知有也里可温，自迫敖特多陷落，撒拉遜帝國滅亡後。多桑蒙古史云：憲宗即位之初，遵太祖、太宗之詔命，對於基督教、回教、佛教之僧侶，皆免租税。可知蒙古人於憲宗時，已認許基督教徒之勢力，以之與回、佛兩教僧侶，受對等待遇矣。然於也里可温Arcaoun，Ark'haïoun之語源，從來無説明者。考迫敖特多之陷落，爲希治拉紀元六五六年摩遐爾廉月末至沙夫亞爾月初之事，即太陽曆二月六日乃至十日，當日本正嘉二年（西一二五八）正月上旬。此時蒙古人始知阿刺比語Rekhabiun之稱，然蒙古人不能效其原語之發音，且蒙古語之首音無R音，其母音之間不能發B音，故不得已於R之首音前，加以母音，例如Rintchenpal變爲Erintchenpal（懿璘質班）是也；而在母音間之B音，必讀爲W音，且母音中之A與E常相通，O與U亦然，故

Rekhabiun ＝ Erekhawiun
＝ Arekhawiun
＝ Erekhawün
＝ Arekhawün

由此觀之：則多桑引用書之Ark'haïoun，Arcaoun明與Arekhawiun，Arekhawün同語，予以是決也里可溫爲阿剌比語Rekhabiun之對音也。（史學雜誌第二十五編十一號）

按阿剌比語也阿二音之互混，元史譯文證補已言之。阿剌比語稱上帝爲阿羅，唐景教碑稱无元真主阿羅訶，翻譯名義集卷一曰，阿羅訶，秦云應供，大論云應受一切天地衆生供養。故吾確信也里可溫者爲蒙古人之音譯阿剌比語，實即景教碑之阿羅訶也。屠先生寄，亦持此說。

第二章　也里可温教士之東來

元代與歐洲之通使，西籍言之綦詳。今巴黎文庫中，尚藏有元代宋王致法蘭克王蒙文原書，影本曾見東方雜誌第八卷第三號。而馬可孛羅遊記，則有大可汗通使教皇，請教皇派道行高深之教士百人來華，並挹取耶路撒冷耶穌墓前長明燈之聖油，以爲紀念等語。此事於元史，亦至有徵也。

元史世祖紀：至元十九年九月，楊廷璧招撫海外南番，寓俱藍國也里可温主兀咱兒撇（應作撒）里馬，亦遣使奉表，進七寶項牌一，藥物二瓶。（卷十二）

馬八兒等國傳：至元十九年，廣東招討司楊廷璧抵俱藍國，時也里可温兀咱兒撒里馬，及木速蠻主馬合麻等，亦在其國。聞詔使至，皆相率來告，願納歲幣，遣使入覲。（卷二百十）

馬八兒國即馬可遊記之Maabar，俱藍國即Koulam。馬可遊記亦有自馬八兒國向西南行五百英里，至一國曰俱藍，此間有多數基督教徒及猶太人旅居其地之語。

也里可温主者，教主也。七寶項牌者，殆即佩項十字牌之類。藥物二瓶者，殆即耶穌墓聖油之類。元史亦黑迷失傳，稱亦黑迷失至元九年奉世祖命使海外八羅孛國，十一年偕其國人以珍寶奉表來朝，賜金虎符。十二年再使其國，與其國師以名藥來獻。（卷一三一）所謂國師，即教士也；名藥，即聖油之屬也。金虎符之制，馬可亦記之曰：金牌四方，長一尺，廣五寸，重四馬克。

按近人杭縣魏氏譯馬可遊記，對於世祖請教士百人來華一節，謂爲中古時代耶教人誇大之詞；並謂當時耶教徒每以耶穌墓前燈油，爲一種治靈魂病之聖藥，價極昂貴，世祖或爲其説所動等語。君子一言以爲智，元史具在，謂馬可爲誇大，謂元史亦爲耶教人誇大耶？望再版時將此説删除也。

第三章　也里可温之戒律

也里可温之爲教而非部族，前既言之矣，兹復得其宗教儀式上證據如左：

至順鎮江志，梁相大興國寺記：受戒者悉爲也里可温。（卷九）

元史世祖紀：至元七年九月，勑僧、道、也里可温有家室不持戒律者，占籍爲民。（卷七）

所謂持戒律者，當然係一種宗教家語。元史國語解、續通志氏族略、元史氏族表，乃以也里可温爲部族之名；果爲部族之名，何以元代詔旨，屢以也里可温與僧、道等相提並論耶？

也里可温之有家室不足異，其無家室者，殆修士之屬耳。修士例不婚娶，此所謂戒律，殆即修士不婚娶之律也。修士外奉教者未嘗禁有家室也。

泰定紀：泰定元年二月，宣諭也里可温各如教具戒。（卷二十九）

夫曰戒，即教中之誡命也。吾初致疑教徒之具戒，何至煩帝者爲之勅諭；既而知元代諸教並重，時方尊禮帝師（佛教），或不無强人領受佛戒之事。觀於世祖之命廉希憲受戒（佛戒），希憲對曰：臣受孔子戒矣。帝曰：孔子亦有戒耶？（卷一二六）由此推之，當時之也里可温，亦必有因不肯受佛戒，然後有此信仰自由之宣諭也。

第四章　也里可温人數之推想

元代也里可温之盛，人知之；也里可温人數究有若干，無册籍可考。然觀元代公牘，每以也里可温與各路諸色人等並舉，則其人數之衆可想也。

元典章載，至元九年二月，有諭各路達魯花赤、管民官、管站官、打捕鷹房、僧、道、醫、儒、也里可温、答失蠻（木速蠻、答失蠻，皆回回教，蠻謂人類）頭目諸色人等興舉水利聖旨一道。（卷二十三）

至元十年三月，復立大司農司，有宣諭府州司縣達魯花赤、管民官、管軍官、管站官、人匠、打捕鷹房、僧、道、醫、儒、也里可温、答失蠻頭目諸色人等聖旨一道。（卷同上）

延祐元年正月，有江浙行省准中書省咨，大司農司呈會驗欽奉聖旨節該隨路達魯花赤、管民官、管軍官、管站官、人匠、打捕鷹房、僧、道、醫、儒、也里可温、答失蠻諸色人等道旁種樹文一道。（卷五十九）

其一二已遍於各路各府州司縣，其三猶限於江浙行省。是非限於江浙行省也，僅載江浙行省宣佈之文，以概各路也。且道旁種樹一事，馬可遊記亦載之，曰大可汗命孔道兩旁悉種樹，夏時既可藉以蔽日，冬時積雪，又可藉此以辨道。星者言種樹可以益壽，大可汗深信之。故大可汗種樹之意，於利人之外，亦以利己也。馬可之言如此，則種樹之令，不限於江浙行省也明矣。是足見也里可温人數之遍於各路，備極一時之盛也。

元通制條格僧道詞訟門：至大四年十月十四日，省臺官同奏，昨前宣政院爲和尚、先生、也里可温等，開讀了聖旨的上頭，奉聖旨教俺與御史臺、集賢院、宣政院、崇福司官人每，一同商量者麼道。聖旨有來，御史臺、集賢院、崇福司來省裏一處商量來。崇福司官説：楊暗普奏也里可温教崇福司管時分，我聽得道來，這勾當是大勾當，不曾與省臺一處商量，省臺必回奏，如今四海之大，也里可温犯的勾當多有，便有壹伯個官人，也管不得，這事斷難行麽道。（卷二十九）

宣政院管僧，集賢院管道，崇福司管也里可温，元中葉以後制度如此。此係各署會議紀事，今僅録崇福司官演説一段，以示當時也里可温人數之衆。楊暗普係江南釋教總統楊璉真珈之子，曾爲宣政院使，見元史類編卷四十一。

至順鎮江志户口類：僑寓户三千八百四十五：蒙古二十九，畏吾兒一十四，回回五十九，也里可温二十三（録事司一十九，丹徒縣三，金壇縣一），河西三，契丹二十一，女直二十五，漢人三千六百七十一。

口一萬五百五十五：蒙古一百六十三，畏吾兒九十三，回回三百七十四，也里可温一百六（録事司九十二，丹徒縣七，金壇縣七），河西三十五，契丹一百一十六，女直二百六十一，漢人九千四百七。

軀二千九百四十八：蒙古四百二十九，畏吾兒一百七，回回三百一十，也里可温一百九（録事司一百二，金壇縣七），河西一十九，契丹七十五，女直二百二十四，漢人一千六百七十

五。（卷三）

僑寓户三千八百四十五，中有也里可温二十三，是一百六十七户中，有也里可温一户也。口軀合計，一萬三千五百三，其中也里可温二百十五，是六十三人中，有也里可温一人也。鎮江一郡如此，他郡可知。惜乎元世地志，存者不多，而又未必如鎮江志之鉅細不遺，可據爲典要耳。

軀者，孑身無家，寄居於人者也；僑寓者，他郡人寄居此郡者也。元史兵志（卷一〇二）：中統四年五月，雲州設站户，於各户選堪當站役之人，不問親軀，每户取二丁。所謂親者，其家之人；所謂軀者，寄居之人也。

第五章　也里可温人物之大概

元史有儒學傳，有釋老傳，獨無也里可温傳。前史所無，宋濂等不敢創例耳。然也里可温人物之散見諸其他記載者，時遇其人。掇拾零編，當可補成一元史也里可温傳。特發其凡，以俟君子。

元史孝友郭全傳：馬押忽，也里可温氏。事繼母張氏、庶母吕氏，克盡子職。（卷一九七）

或曰，也里可温不應有二妻，何馬押忽有庶母？曰不足奇，是母也，非妻也；其父之奉教與否不可知。

楊瑀山居新話：元統甲戌三月二十九日，瑀在内署退食餘暇，廣惠司卿聶只兒（也里可温人）言：去歲在上都，有剛哈剌咱慶王，今上皇姊之駙馬也，忽得一證，偶墜馬，扶起，則兩眼黑睛俱無，而舌出至胸。諸醫束手，惟司卿曰：我識此證。因以剪刀剪之，剪下之舌尚存，亦異證也。廣惠司者，回回醫人隸焉。（卷一）

右據知不足齋叢書本，其「也里可温人」五字小註，亦照原本；四庫全書本山居新話無此條。

陶宗儀輟耕録卷九，奇疾條下，亦載此事曰：長公主之駙馬，因墜馬得一奇疾，諸醫罔知所措。廣惠司卿聶只兒，也里可温人，嘗識此病，塗以藥而愈。時元統癸酉也。據此，則也里可温以醫爲傳道之具，不自今日始矣。

余闕青陽集述也里可温人淮南廉訪僉事馬世德之政績，有合淝修城記一篇。其略曰：至正十一年，寇起淮南，合淝之城，久圮且夷，倉卒爲木栅以守。賊大至，民賴栅以完。其後僉憲馬君顧而曰：以栅完民，幸也，非所以固。迺議修其城。發公私錢十萬貫，自十三年二月朔戒事，九月畢，城四千七百有六尺。城成而盜不至者，今期月矣。余生長合淝，知其俗之美，昔者木柵，猶足以力戰禦寇，今得賢使君修其垣墉，救其疾苦，攜持撫摩，以與民守之，而民之與君，又歌舞愛戴，爲君守如子弟之於父兄，手足之於頭目，然自今至於後日，是雖無盜，有亦不足憂也。君前爲庸田僉事，城姑蘇，今憲淮南，又城合淝，一人之身，而二郡之民賴之，以有無窮之固，儒者之利，不其博哉？君名世德，字元臣，也里可温國人，由進士第，歷官應奉翰林文字、樞密都事、中書檢校，庸田僉事，爲今官。與余前後爲史氏，城又余之所志而未成者也，義爲紀之。（卷三）

也里可温非國，曰「也里可温國人」者，猶云基督教國人也。也里可温非儒，曰「儒者之利」者，猶明季奉天主教之士大夫，其著書立説，仍稱吾儒也。唐人稱景教徒爲僧亦此例，或出於隨俗習稱，或出於辨别未細也。

然元人之用「也里可温」四字，實含有兩種意義：其先所指者爲教名，其後乃用以名其國土；與明人之用「回回」二字同例，既以爲教，又以爲國也。元文類（卷四一）經世大典序録海外諸蕃條，以也里可温、木速蠻，與爪哇、流求、俱藍、馬八兒等並稱。戴良九靈山房集（卷廿一）鶴年吟藁序，亦以也里可温、回回與克烈、乃蠻、西蕃、天竺等並稱。余闕之稱也里可温國，亦其例也。

至順鎮江志：元鎮江府路總管府馬薛里吉思，也里可温人，虎符懷遠大將軍，至元十

五年正月二十五日至，八月一日再降金牌，改授明威將軍，副達魯花赤。（卷十四）

右並見康熙鎮江志卷二十三，但删去「也里可温人」一句，故莫知其爲也里可温也。

同志僑寓類：馬薛里吉思，也里可温人，至元十五年授明威將軍、鎮江路總管府副達魯花赤，因家焉。嘗造七寺，見僧寺類；每歲貢舍里八，見土貢類。（卷十八）

造七寺及舍里八之解釋，下章詳之。

同志：總管兼府尹，安震亨，也里可温人，嘉議大夫，至元二十年七月二日至，二十三年二月二十八日代。（卷十四）

同志：達魯花赤兼管内勸農事，闊里吉思，也里可温人，少中大夫，至大元年八月六日至，皇慶元年十二月九日代。（卷同上）

同志僑寓類：闊里吉思，也里可温人，至大初少中大夫，鎮江路總管府達魯花赤，因居於此。（卷十八）

同志：魯合，闊里吉思子，朝列大夫，潭州路兼揚州達魯花赤。（卷十八）

同志：達魯花赤兼管内勸農事，太平，也里可温人，嘉議大夫，皇慶元年十二月九日至，延祐三年十一月二日代。士民爲立去思之碑，稱公特立固守，奉上治下，一一以法令從事，人莫干以私。碑在丹陽館前驛道傍。（卷十四）

右並見康熙鎮江志卷三十三名宦傳：太平，也里可温人，皇慶元年以成議大夫爲鎮江總管府達魯花赤，兼管内勸農事，在郡均月課，革海漕吏姦，復豪貴所占學田。

同志：丹徒縣達魯花赤，馬奥刺憨，也里可温人，忠翊校尉，元貞二年六月至。（卷十六）

右並見萬曆鎮江志卷十六，康熙鎮江志卷二十五，但康熙志作「馬奥刺悠」。

同志：丹徒縣達魯花赤，斡羅思，也里可温人，承務郎，天曆二年八月至。（卷十六）

右亦見萬曆志卷十六，康熙志卷二十五，但康熙志作「斡忽思」。

同志僑寓類：安馬里忽思，也里可温人，居鎮江，中憲大夫，同知廣東道宣慰使司副都元帥。（卷十八）

道光廣東通志卷十七：安馬里忽思，曾任南雄路達魯花赤。然不註明爲也里可温，故莫知其爲也里可温也。

同志：也里牙，安馬里忽思子，以父蔭忠翊校尉，南安路大庾縣達魯花赤，今昭信校尉，同知潭州路瀏陽州事。（卷同上）

同志：塔海，也里可温人，居京口，正議大夫，同知廣東道宣慰使司副都元帥卒。（卷同上）

安馬里忽思、塔海，均曾爲廣東道宣慰使司副元帥，可見廣東當時已有也里可温之傳布。

右十人均見鎮江志。何以也里可温人物，鎮江獨盛？非鎮江獨盛也，至順鎮江志獨詳也。馬薛里吉思何嘗不見於康熙鎮江志，安馬里忽思何嘗不見於廣東通志，然因其不註爲也里可温，則亦孰知其爲也里可温？故知失於記載者衆矣。

萬曆杭州府志職官表，元時可考者，有江浙行省左丞哈剌，也里可温人，又曾爲江南浙西道肅政廉訪司僉事，世次無考。（卷九）

康熙鳳陽府志卷二十五名宦：元哈剌，字元素，賜姓金，七里河温人，至順間爲鍾離縣達魯花赤，能反寃獄，政爲諸邑最。也里可温作「七里可温」，此僅見者。

陶宗儀書史會要：哈剌，字元素，也里可温人，登進士第，官至中政院使，能文辭，其書宗巙正齋。（補遺）

右並見佩文齋書畫譜卷三十七引，當與萬曆杭州志之哈剌同一人。四庫全書本書史會要，哈剌作「哈喇」，也理可温作「伊哩克温」。

又康里不花，字普修，也里可温人，官至海北廉訪使，篤志墳籍，至於百氏術數，無不研覽，書宗二王。（卷七）

右並見佩文齋書畫譜卷三十八引，四庫全書本書史會要，改「康里不花」爲「喀喇巴哈」，改「也里可温」爲「伊哩克敦」。

元祕書監志題名：祕書少監失列門，大德十一年六月二十五日上，也里可温人。（卷九）

又著作佐郎雅古，賜進士出身，字正卿，也里可温人，泰定元年十一月二十六日，以承事郎上。（卷十）

又奏差囊加台，字元道，後至元三年八月二十九日參，也里可温人。（卷十一）

元史名失列門者七，昔烈門者二，失烈門、失里門者各三。（汪輝祖元史同名録卷二十六）失列門與所羅門，音極相近，雅古則雅各也，凡此皆以基督教古代之人名爲名。元史所載，尚有孝子、有良醫、有名宦、有文臣學士，此元代也里可温人物之大概也。

有多人，因不明著爲也里可温氏，未敢漫爲斷定。然其命名多與基督教人相合，如英國古王有角兒只第一、角兒只第二之屬，元史亦有口兒吉其人。（卷一三五）俄國前皇有尼古老第一、尼古老第二之名，元史亦有捏古剌一傳。（卷一二三）則其爲也里可温教徒無疑矣。

又考元史愛薛傳：愛薛，西域弗林人，通西域諸部語，工星曆醫藥。世祖嘗詔都城大作佛事，集教坊伎樂及儀仗以迎導，愛薛奏曰：天下疲弊，此無益之費，甚無謂也。帝嘉納之，擢祕書監，領崇福使，授平章政事，封秦國公，卒進封太師、拂林忠獻王。子五人，也里牙，秦國公崇福使；闊里吉思，同知泉府院事；魯合，廣惠司提舉。（卷一三四）此固未嘗明著爲也里可温人也，然觀其氏族，其官守，其封爵，其言行，則不得不謂其爲也里可温人。蓋弗林者，古稱羅馬帝國也；崇福使者，掌也里可温寺祭享之事者也；秦國公者，猶是以大秦爲羅馬之意也；諫作佛事，闢多神教也。蕭若瑟聖教史略，引馬可遊記曰：有掌崇福司大員名赫西亞，是希臘國聖而公會之人，因才智出衆，擢爲宰相，以功封晉伯。子五人，皆居顯職。（卷七）所謂赫西亞，即愛薛之異譯也；秦晉異封，音譯訛也。據此，則愛薛之爲也里可温教徒，又無疑義。

惟元史世祖紀，至元十年有改回回愛薛所立京師醫藥院名廣惠司一語。（卷八）則因當時醫藥院，多爲回回所主持，故有此誤也。竊嘗考諸元人著述：姚燧牧庵集，有崇福使阿實克岱追封秦國忠翊公制一道，中有「使于西海，宇啓大秦」等句。（卷二）阿實克岱即愛薛。程鉅夫雪樓集，有領崇福司事秦國公愛薛追封拂林王制，及愛薛妻撒剌氏追封拂林王夫人制各一道，中有「庸啓拂林之邦」等句。（卷四）大秦、拂林，本非回回國也。雪樓集又有拂林忠獻王神道碑一道，碑文與元史愛薛本傳全同，蓋即元史所據之藍本。惟中有「有列邊阿答者，以本俗教法，受知定宗，薦其（指愛薛）賢，召侍左右，爲世祖所器」等句，爲元史所不載。所謂列邊阿答之本俗教法，必爲拂林教法矣。

元史譯文證補據多桑書以證元史，元代后妃、宗室、將帥之奉基督教者，實繁有徒，以漢籍無可表證，姑從略。因此編宗旨，固在專以漢文資料證明元代基督教歷史也。

又有一事，足資考證者。馬可遊記稱大可汗每禁止基督教徒執十字架行列，謂耶穌聖人，横遭猶太人之慘戮，今猶以致死聖人之具，行列街衢，爲萬目共瞻，非所以重視聖人等語。可見當時也里可温教徒，有執十字架行列之俗。元史忠義丑閭傳：有馮三者，湖廣省一公使也。湖廣爲寇陷，皂隸輩悉起剽殺爲盜，亦拉三以從。三辭曰：賊名惡，我等豈可爲。衆初强之，終弗從。怒將殺之，三遂唾駡，賊乃縛諸十字木，舁之以行，而封其肉。三益駡不止，抵江上，斷其喉，委去。（卷一九五）吾始疑果欲死馮三，刃之可也，胡爲縛諸十字木，舁之以行。閱馬可遊記，而後知馮三者，必爲也里可温人，故以此侮之也。

第六章　也里可温軍籍之停止

元史世祖紀：中統三年三月，括木速蠻、畏吾兒、也里可温、答失蠻等户丁爲兵。（卷五）

至元二十九年七月，也里嵬里、沙沙，嘗簽僧、道、儒、也里可温、答赤蠻爲軍，詔令止隸

軍籍。（卷十七）

兵志：至元四年二月，詔遣軍簽平陽、太原人爲軍，除軍站、僧、道、也里可温、答失蠻、儒人等户外。（卷九十八）

按此則平陽、太原（均隸山西），亦爲也里可温傳布之地。

第七章　也里可温傜役之蠲除

元典章：至元十四年十一月，欽奉聖旨，節該成吉思皇帝、哈罕皇帝聖旨裏，和尚、也里可温、先生（元人以稱道士），不揀甚麽休著者，告天與俺每祝壽祈福者麽道的有來。如今依著在先聖旨體例裏，不揀甚麽休著者，告天與俺每祝壽祈福者麽道。（卷三十三）

至元三十一年五月，中書省欽奉聖旨，節該成吉思皇帝、月吉合皇帝、先皇帝聖旨裏，和尚、也里可温、先生每，不揀甚麽差發休教著，告天祝壽者麽道來。如今依著在先聖旨體例，不揀甚麽差發休教著者，告天祝壽者。欽此。（卷同上）

右二條詞意相同，並録之者，一則以年月相去頗遠，録之以見一代號令之沿革；二則本編不過爲也里可温之一種史料，録之以備同志之觸發引伸也。董子曰：「意重詞複，中必有美」，竊取斯義。

元史仁宗紀：至大四年四月，罷僧、道、也里可温、答失蠻、頭陀、白雲宗諸司。（卷二十四）

又元典章：至大四年四月，欽奉聖旨：和尚、先生、也里可温、答失蠻，不教當差發，告天咱每根底祝壽者道來。和尚、先生、也里可温、答失蠻、白雲宗、頭陀教每根底多立著衙門的上頭，好生搔擾他每麽道説有，爲那般上頭，除這裏管和尚的宣政院、功德使司兩個衙門外，管和尚、先生、也里可温、答失蠻、白雲宗、頭陀教等，各處路府州縣裏有的他每的衙門，都教革罷了，拘收了印信者，歸斷的勾當有呵，管民官依體例歸斷者。今後依著聖旨體例，和尚、先生、也里可温、答失蠻，在前不曾教當的差發，休教當者，管民官休教他每當里正主首者，休倚氣力者。這般宣諭了呵，别人的人有罪過者。這和尚、先生、也里可温、答失蠻等，倚著這般宣諭了也麽道，不依自己教門行做無體例勾當呵，不羞不怕那甚麽。（卷三十三）

右二條本同一事，特詳略不同，故並録之。

有元起自朔方，入主中國，本不知有所謂漢文；況承宋人語録著書之後，其詔令又大抵由蒙文譯出，故多用當時俚語，至今日每不可句讀。姑存其真，亦猶元史直録泰定帝登極詔之例（卷二十九），並以證明當日也里可温諸教之盛，非用通俗文體，不足以家喻而户曉也。

元史河渠志：致和元年三月，省臣奏：江浙省並庸田司官修築海塘。合役丁力，附近有田之民，及僧、道、也里可温、答失蠻等户内點倩。凡工役之時，諸人毋或沮壞，違者罪之。（卷六五）

第八章 也里可温租税之徵免

元代對於諸教租税之徵免，至不一定。大抵太祖、太宗時，無論何人，均須納税。至定宗、憲宗之間，則諸教士之田税、商税，均行豁免。既併江南以後，則定爲教徒有家室者仍納地税，無家室者豁免。中間又曾一度定爲商税豁免，地税仍舊徵納。武宗以後，則無論田税、商税，均與平民一體徵納。此其大較也。蓋元代諸教鼎盛，教徒日衆，而也里可温之教徒，又非如儒者之徒知讀書，僧、道之離人獨立，身雖奉教，而其人之爲農、爲工、爲商、爲仕如故，未嘗因奉教而必須脱離其職業。故其教徒比他教爲盛，豁免租税，於國家收入，影響至大，有不得不依舊徵收者。觀前後詔旨，斤斤以損着課程爲言可知也。

元史世祖紀：中統四年十二月，勅也里可温、答失蠻、僧、道種田入租，貿易輸税。（卷五）

元詔慣例，也里可温常在僧、道之後，而此第一次規復諸教徒租税之詔令，也里可温獨在諸教之前（下文大德十一年詔同），可見此項規定，實爲也里可温教徒增盛之故，而連類及於他教。痕跡宛在，好學深思之士，尚可於此求之。

元典章：中統五年正月，中書省奏：已前成吉思皇帝時，不以（論也）是何諸色人等，但種田者依例出納地税外，據僧、道、也里可温、荅失蠻種田出納地税，買賣出納商税，其餘差役蠲免有來。在後合罕皇帝（太宗）聖旨裏，也教這般行來。自貴由皇帝（定宗）至今，僧、道、也里可温、荅失蠻地税商税，不曾出納，合無依舊徵納事。准奏，今仰中書省照依成吉思皇帝聖旨體例，僧、道、也里可温、荅失蠻、儒人，種田者出納地税，買賣出納商税。（卷二十四）

元史食貨志：中統五年，詔僧、道、也里可温、荅失蠻、儒人，凡種田者，白地每畝輸税三升，水地每畝五升。（卷九十三）

元史世祖紀：至元元年正月，命儒、釋、道、也里可温、荅失蠻等户，舊免租税，今並徵之。（卷五）

至元十三年六月，勅西京僧、道、也里可温、荅失蠻等，有室家者，與民一體輸賦。（卷九）

至元十九年十月，勅河西僧、道、也里可温有妻室者，同民納税。（卷十二）

元通制條格：至元三十年，省官人每奏：僧、道、也里可温、答失蠻依買賣百姓體例納税呵，怎生奏呵。當年六月又奏：海答兒等管課程的説，做大買賣的，是和尚、也里可温每，却不納税呵，哏損着課程多有，執把着聖旨，不肯納税。降御寶聖旨呵，怎生奏呵。與者，在前已了勾當，不是咱每的言語，是成吉思皇帝聖旨有麽道，聖旨有來。（卷二十九）

元典章：至元三十年八月，施行市舶則法二十三條。其中一條云：一、議得和尚、先生、也里可温、答失蠻人口，多是夾帶俗人過番買賣，影射避免抽分。今後和尚、先生、也里可温、答失蠻人口等，過番興販，如無執把聖旨許免抽分明文，仰市舶司依例抽分。（卷二十二）

元貞元年閏四月，欽奉聖旨：據中書省宣政院奏，和尚、也里可温、先生、答失蠻等地糧商税，所辦錢物，若不再行明諭，恐在下官府，合徵納者，妄作免除，不應徵納者，却行追收，致使僧道人等生受，乞降聖旨事，准奏。所有條畫，開列於後：

一、西番、漢兒、畏兀兒、雲南田地裏，和尚、也里可温、先生、答失蠻，擬自元貞元年正月已前，應有已未納税地土，盡行除免税石，今後續置或影占地土，依例隨地徵税。

雲南之有也里可温，馬可遊記亦載之，曰：雲南省幅員甚廣，其民奉偶像教，自河次向西行五日，至一城，名雅赤（原註謂即大理），大市也。居民合回回、基督、偶像諸教徒而有之。據此，則當時也里可温傳布之廣遠，且及珠江流域之上游矣。

一、江南和尚、也里可温、先生、答失蠻田土，除亡宋時舊有常住，並節次續奉先皇帝聖旨撥賜常住地土，不納租税外，歸附之後，諸人捨施或典賣一切影占地畝，依舊例徵納税糧，隱匿者嚴行治罪。

一、和尚、也里可温、先生、答失蠻，買賣不須納税，却不得將合納税之人等物貨，妄作己物，夾帶影蔽。（以上卷二十四）

元通制條格：大德四年，省官人每河南省、江浙省、陝西省官人每奏將來，僧、道、也里可温、答失蠻，將着大錢本開張店鋪做買賣，却不納税，他每其間夾帶着别個做買賣的人呵，難分間多虧兑課程有麽道，説將來呵。省官人每商量着，僧、道、也里可温、答失蠻，自己穿的食的所用的買要呵，並寺院裏出産的物貨賣呵，不納呵，不宜，因而夾帶着不干礙的人也者，似這般的每，依例交納税呵。（卷二十九）

河南、陝西之有也里可温，此條特證明。

大德五年，宣政院奏：省官人每奏過，教僧、道、也里可温、答失蠻依例納税者麽道，俺根底與文書來，俺與剌馬商量得，也里可温、答失蠻將着珠答納等寶貨做買賣有；寺家的壹兩個店鋪，做些小買賣，修理寺院，與上位祝壽僧人的齋糧裏用有。僧、道依在前的聖旨體例裏，不教納税；也里可温、答失蠻，依着省官人每奏來的，教納税呵，怎生麽道，奏了

來。（卷同上）

據此則擬令僧道不納買賣税，而令也里可温納買賣税也。是雖宣政院與剌馬（喇嘛）商量據以入奏之詞，未經成爲事實，然宣政院之所以敢如是奏請者，亦以爲僧道人數，不如也里可温之衆，虧損課程不大，或可倖邀覆准也。

大德八年四月初五日，中書省奏：在前中統五年中書省官人每，世祖皇帝根底奏成吉思皇帝聖旨，僧、道、也里可温、答失蠻，種田呵納地税，做買賣呵納商税，其餘差發免了者麽道，聖旨有來。在後哈罕皇帝時分，依着那體例行來。自谷由皇帝到今，僧、道、也里可温、答失蠻，種田呵不納地税，做買賣不納商税。依在前體例教納呵，怎生，麽道，奏呵。教納來。俺商量來，國家費用的錢糧浩大，近年以來，所入數少，不敷支用，合依在前皇帝聖旨，已了的僧、道、也里可温、答失蠻做買賣呵，教納商税呵，怎生，奏呵，奉聖旨：那般者。（卷同上）

元史武宗紀：大德十一年十二月，詔也里可温、答失蠻，並依舊制納税。（卷二十二）

至大二年六月，中書省臣言：河南、江浙省言，宣政院奏免僧、道、也里可温、答失蠻租税；臣等議，田有租，商有税，乃祖宗成法，今宣政院一體奏免，非制。有旨，依舊制徵之。（卷二十三）

元通制條格：皇慶元年四月十七日，中書省奏：爲僧、道、也里可温、答失蠻納税糧的上頭，在先省官與宣政院官互相聞奏不一的。除亡宋時分有的，並奉世祖皇帝聖旨做常住與來的外，其餘的依體例教納税糧，明白教寫與呵。（卷二十九）

元史文宗紀：天曆二年三月，僧、道、也里可温、朮忽、答失蠻爲商者，仍舊制納税。（卷三十三）

第九章　也里可温馬匹之拘刷

教徒馬匹之拘刷，其事甚細，採録及之，亦足以見當時教士生活之狀況也。

元史譯文證補引經世大典馬政篇：中統四年，諭中書省，於東平、大名、河南路宣慰司，不以回回通事斡脱並僧、道、答失蠻、也里可温、畏兀兒諸色人户，每鈔一百兩，通滚和買堪中肥壯馬七匹。（卷二十九）

江南、陝西、河南也里可温之盛，前文具見；山東、河北也里可温之盛，未著明文也。觀於此，而東平（山東）、大名（直隸）諸路，已早有也里可温之傳布。時南宋尚未亡也。

大元馬政記：至元二年六月聖旨，諭中書省，黄河以南，自潼關以東，直至蘄縣地面內，百姓、僧、道、秀才、也里可温、答失蠻、畏吾兒、回回及諸色人匠，應據官中無身役人等，並不得騎坐馬匹，亦不得用馬拽碾耕地。

又：僧、道、秀才、也里可温、答失蠻、畏吾兒大師內，若有尊宿師德，有朝廷文面，方許乘騎。

至元二十三年六月，丞相安童等奏：僧、道、也里可温、答失蠻，欲馬何用；此等人不括其馬，則必與人隱藏，乞亦拘之。（此條元史譯文證補作至元十二年樞密院奏）

元史譯文證補引經世大典馬政篇：二十四年，楊總統奏：漢地和尚、也里可温、先生、答失蠻，有馬者已行拘刷；江南者未刷。江淮省言，江南和尚、也里可温、先生，出皆乘轎，養馬者少。（卷二十九，下同）

二十六年七月十日，兵部承奉尚書省奏，諸衙門官吏、僧、道、答失蠻、也里可温、斡脱，不以是何軍民諸色人户，所有堪中馬匹，盡數和買。

十四日，兵部承奉尚書省劄付，和尚、先生、也里可温、答失蠻、斡脱等户，但有四歲以上騸馬曳剌馬小馬，盡數付官中納，當面給付價鈔。

大元馬政記：至元三十年三月，中書省劄，和尚、也里可温、先生、答失蠻，應有馬匹，盡數到官，眼同分揀印烙。

大德二年十二月，丞相完澤等奏：百姓養馬者少，今乞不定數目，除懷駒、帶駒馬外，三歲以上者皆刷。和尚、先生、也里可温、答失蠻，並其餘諸人，依前例拘刷。

大德三年二月，樞密院奏：河西不曾刷馬之地，和尚、先生、也里可温、答失蠻馬匹盡行拘刷，依例與價。

延祐五年十二月，樞密院准中書省照會，各投下諸色人户，並和尚、先生、也里可温、答失蠻應有馬匹，除病瘵並三歲以下不堪馬數分付各主，其餘馬匹，盡數拘刷。

致和元年九月，丞相别不花等啓燕鐵木兒，知院用馬三百匹，昨和尚、也里可温、先生、秀才馬，不曾拘收，今乞將此輩馬拘之。

第十章　政府對於也里可温之尊崇

軍籍之停止，徭役之蠲除，租税之豁免，已是政府之一種特别優待法矣，然當時政府對於也里可温之尊崇，尚不止此。

元史世祖紀：至元十九年四月，勅也里可温依僧例給糧。（卷十二）

元史百官志：崇福司，秩（從）二品，掌領馬兒哈昔、列班、也里可温十字寺祭享等事。

至元二十六年置，延祐二年改爲院，省併天下也里可温掌教司七十二所，悉以其事歸之。七年復爲司。（卷八十九）

教而領之以官，自北齊之昭元寺崇虚局始。北周有司寂以掌沙門，司玄以掌道門，唐初因之。其後乃特設崇玄署以司道教，而僧尼仍屬諸祠部。至宋則僧、道又均隸祠部矣。此亦足以覘時代好尚之不同也。元制，禮部亦掌僧道，然有宣政院以專掌釋教僧徒，秩從一品；有集賢院以兼掌玄門道教，秩從二品；而禮部之掌，遂有名無實。是可見元代對於僧、道之尊崇。顧也里可温之在元，亦爲一種有力之宗教，特置崇福司，秩從二品，其階級蓋在宣政之下，而與集賢等也。教固不必以政府之尊崇爲幸，然吾人考往史之遺跡，不得不備述其事實，以饗當世。釋教尚寂，道教尚玄，基督教傳福音，彼設官分職之命名，亦有取乎哉。

元典章：延祐四年七月，行省准中書省咨，御史臺呈，淮東廉訪司申，延祐四年正月三十日，有御位下徹徹都苫思丁起馬四匹，前來揚州也里可温十字寺降御香，賜與功德主段疋酒等。照得崇福院奏，奉聖旨奥剌憨、驢驢各與一表裏段子，别無御賜酒醴。彼奥剌憨者，也里可温人氏，素無文藝，亦無武功，係揚州之豪富，市井之編民，乃父雖有建寺之名，年已久矣。今崇福院傳奉聖旨，差苫思丁等起馬四匹，賫酒醴二瓶，前來揚州，傳奉聖旨恩賜，是乃無功受賞。爲此卑司今抄崇福院差劄在前，申乞照詳。得此，據見申本臺看詳，崇福院官當元止是奏奉御香，别無所賜奥剌憨酒醴，又不經由省部宣徽院（掌酒醴），有違定例。後有似此違例者，擬合欽依聖旨懿旨事意施行。仍令合干部分再行照會，相應具呈照詳。得此，都省咨請依上施行。（卷三十六）

奥剌憨爲揚州之富人，淮東廉訪司之故與爲難者，是否别有用意不可知。然所謂素無文藝，亦無武功，市井編民云者，固不足爲辱也。基督徒之受辱於官吏，受侮於法利賽人（猶太經生），由來久矣，何有於元之廉訪司、御史臺？今得此一刻，而當時政府降御香於也里可温十字寺，及賜段子與也里可温掌教之故事，反藉此以傳，考古者方深幸淮東廉訪司之有此一舉也。

元史文宗紀：天曆元年九月，命高昌僧作佛事於延春閣，又命也里可温於顯懿莊聖皇后神御殿作佛事。（卷三十二）

所謂佛事，亦習用釋家語，與景教碑之稱僧稱寺，今日本之稱凡各教教徒爲僧侶者一例。

元史順帝紀：後至元元年三月，中書省臣言，甘肅甘州路十字寺，奉安世祖皇帝母别吉太后於内，請定祭禮。從之。（卷三十八）

甘州路之有十字寺，馬可遊記曾言之，曰：甘州者，唐古忒省之都會也。其城壯麗，其民大致皆奉偶像教，然亦有奉基督教及回教者。其地之基督教徒，於城中建大禮拜寺三所云。

别吉太后，即顯懿莊聖皇后也。（元史卷百十六）后死後之事，既數與也里可温有關聯，則后生前必爲奉也里可温教之人矣。

第十一章 異教歸附也里可温之一斑

元典章：大德八年，江浙行省准中書省咨，禮部呈奉省判集賢院呈，江南諸路道教所呈，温州路有也里可温，創立掌教司衙門，招收民户，充本教户計；及行將法籙先生誘化，侵奪管領；及於祝聖處祈禱去處，必欲班立於先生之上，動致爭競，將先生人等毆打，深爲不便，申乞轉呈上司禁約事。得此，照得江南自前至今，止有僧道二教，各令管領，别無也里可温教門。近年以來，因隨路有一等規避差役之人，投充本教户計，遂於各處再設衙門，又將道教法籙先生侵奪管領，實爲不應，呈乞照驗。得此，奉都堂鈞旨，送禮部照擬。議得即目隨朝慶賀班次，和尚、先生祝讚之後，方至也里可温人等。擬合依例照會外，據擅自招收户計，並攙管法籙先生事理，移咨本道行省，嚴加禁治，相應具呈照詳。得此，都省咨請照驗，依上禁治施行外，行移合屬並僧道録司、也里可温掌教司，依上施行。(卷三十三)

教徒祝聖祈禱一事，馬可遊記亦誌之，曰：大可汗誕生之日，凡治内各地人民，無不視爲佳節。是日基督、偶像及回教徒，均爲大可汗祈長壽康寧云。

道教原呈所争之點，不在朝賀班次之先後，而在法籙先生之被誘化也。曰「將先生人等毆打」，一面之詞耳，然亦可見當時教争之狀祇此。集賢院以爲人之投入也里可温教門者，係爲規避差役計，然元制凡僧、道、也里可温皆免差役，已如上述；如徒爲規避差役而已，則緇流羽士，皆得享此權利，又何必也里可温耶？此其故可深長思矣。

至於禮部所定朝賀班次，也里可温在和尚、先生之後，是不過以也里可温爲新教門耳，不足爲榮辱也。

至元辯僞録有一段，足窺見當日諸教辯論之跡者，附録於此。曰：釋道兩路，各不相妨，只欲專擅自家，遏他門户，非通論也。今先生言道門最高，秀才人言儒門第一，迭屑人奉彌失訶(即景教碑之彌施訶)，言得生天，達失蠻叫空謝天賜與。細思根本，皆難與佛齊。(卷三)此則釋氏之誇詞也。

第十二章　也里可温被異教摧殘之一證

吾嘗疑也里可温在元初世之盛，何以易代以後，其蹤跡竟不可得見。據明史拂菻傳：元末其國人捏古倫（此以基督教古代人名爲名）入市中國，元亡不能歸。太祖聞之，以洪武四年八月召見，命齎詔書還諭其王。足見明初歐人在中國之淪落。至關於也里可温衰滅之事，則可於鎮江十字寺之被燬證之。

至順鎮江志道觀類：般若院，在竪土山巔，至元十六年本路副達魯花赤馬薛里吉思即金山地建二寺，一曰雲山寺，一曰聚明寺；至大四年改爲金山下院，錫今名。（卷十）

般若院本禪院，何以不歸寺院類而歸道觀類？此據文選樓藏寫本，今歸徐家匯藏書樓，丹徒包氏刊本已改入卷九寺院類。

馬薛里吉思，也里可温人，已見前。雲山、聚明，爲馬薛里吉思所建七寺之二，詳後章。

集賢學士趙孟頫奉勅撰碑，其略曰：皇帝登極之歲，五月甲申，誕降璽書，遣宣政院斷事官潑閭、都功德使司丞臣答失帖木兒，乘驛馳喻江浙等處行中書省曰：也里可温擅作十字寺於金山地，其毀拆十字，命前畫塑白塔寺工劉高，往改作寺殿屋壁佛菩薩天龍圖像，官具給需用物，以還金山。庚辰，洊降璽書，護持金山，也里可温子子孫孫勿争，争者坐罪以重論。十有一月庚戌，都功德使臣海音都，特奉玉旨，金山地外道也里可温，倚勢修蓋十字寺，既除拆所塑，其重作佛像，繪畫寺壁，永以爲金山下院。命臣孟頫爲文，立碑金山，傳示無極。臣孟頫不佞，謹拜手稽首爲文云云。（原略，卷同上）

皇帝，仁宗也，以至大四年登極。仁宗尚佛，故也里可温遭此厄。據此碑則當時所毁拆者，祇寺頂十字及寺内所塑像，並未將寺址拆毁改建也。

原按：金山，晉建武始立寺，名澤心。梁天監水陸法式成，即寺營齋。宋大中祥符改名龍游，賜江南西津田及地山。皇朝至元十六年，也里可温馬薛里吉思，任鎮江路總管府達魯花赤，建兩十字寺西津岡顛，金山田地，爲也里可温所奪。二十有七年，乃復得二寺爲下院。三方輝炤，一峰中流，益以壯偉，乃作頌云云。（原略，卷同上）

由至大四年辛亥，逆數二十七年，當爲至元二十一年甲申。馬薛里吉思以至元十六年抵任，十八年建大興國寺（詳後），次建雲山、聚明寺，時在至元二十一年也。

翰林學士潘昂霄又奉勅撰碑，略曰：佛大矣，法門不二，如虚空，無來去，大千刹土，應緣而現，而其法門則一而已，寧有二乎？外此以爲法，非吾佛所謂法也。金山古名刹，屹乎大江中流，勝絶天下。江南□（原闕）諸山南來，抵江而止，巉巖對峙，視中流之峰，脈理融貫，傾聳揖顧，若外護然。至元十六年，也里可温馬薛里吉思者，綰監郡符，勢張甚，掇危峰秀絶之所，屋其顛，祠彼教，曰銀山寺，營隙爲儕類葬區。噫！西竺之道，九十有六，唯吾佛爲正法，以法之正，容有邪有外耶？今皇踐祚，勅宣政臣婆閭等，即寺故像撤去之，倣京刹梵相，朱金紺碧，一新清供，付金山住持佛海、應聲長老，錫名金山寺般若禪院。舉域一辭，歸誠讚美。集賢大學士臣李邦寧，奏宜文堅珉，示永遠，翰林學士承旨臣旦牙答思，承詔臣昂霄屬筆云云。（卷同上）

潘昂霄字景樑，號蒼崖，濟南人，官翰林侍讀學士，謚文僖，著有金石例十卷，河源記一卷。

銀山新名，爲馬薛里吉思所改。同志卷七山水類，丹徒縣土山，在縣西江口，俗呼豎土山，舊與蒜山相屬，今改名銀山。混一後，建佛寺於山頂，以其與金山對峙，故易名銀山，今屬金山寺。所謂佛寺，也里可温十字寺也。混一後者，至元十六年滅宋之後也。

「營隙爲儕類葬區」，即大興國寺記之也里可温義阡。據元史卷廿四仁宗紀：皇慶二年九月，勅鎮江路建銀山寺，勿徙寺旁塋塚。則當時寺雖改觀，而義阡猶有詔書保存也。

婆閭即趙孟頫碑之潑閭。李邦寧，宦者，仁宗初爲集賢大學士，見元史卷二百四宦者傳。

同志寺觀類：丹徒縣龍游寺，在金山，舊名澤心。閣五，曰萬佛，翰林侍講虞集爲記。其文曰：山有佛祠，始建於晉明帝時。梁武帝著水陸齋儀，親至其寺行之。至宋真宗賜名龍游禪寺。國朝至大己酉，僧應深，以天子之命主之。兼畀以馬薛里吉思所據銀山東西二院。且勅使修水陸大會，如梁之儀。延祐、至治間，又兩勅建會，如至大故事。於是應深以辛酉之歲，即寺之右，建大閣焉。上嚴萬佛之像，下肖羅漢之容，爲位五百。（卷九）

應深與潘昂霄碑之應聲長老，當爲師兄弟。觀右三碑，則元初佛教與基督教勢力之消長，可得其大略。趙碑一則曰「也里可温擅作十字寺」，二則曰也里可温「倚勢修蓋十字寺」，潘碑則曰也里可温「綰郡符，勢張甚」；虞碑則曰「馬薛里吉思所據銀山二院」：此也里可温極盛時代也。既而斥之曰外道，蔑視之曰彼教，復奉旨申之曰，也里可温子子孫孫勿争，争者坐罪以重論：則當時釋氏之氣燄，咄咄逼人矣。

第十三章　關於也里可温碑刻之留存

趙孟頫、潘昂霄之般若院原碑不可得見矣，僅見其文幸已。惟北京護國寺大殿西有元至正十四年聖旨碑，其石巍然獨存，字畫完整，中有關於也里可温之語，大足動吾人之興味。盩厔重陽宮聖旨碑，亦有拓本傳世。其他未發見者，應亦不乏，且俟異日之搜羅也。

劉侗帝京景物略，崇國寺條，言大隆善護國寺，都人呼崇國寺者，寺初名也。元遺碑三，至正十四年皇帝勅諭碑其一，學中國字，而手未忘乎筆，波畫弱硬，其排置甚難也。譯爲中國語，而舌未伸于齒，期期支支，笑且讀之。附碑。碑曰：長生天氣力裏、大福蔭護助裏皇帝聖旨。軍官每根底，軍人每根底，管城子達魯花赤官人每根底，往來使臣每根底，宣諭的聖旨：成吉思皇帝（太祖）、窩闊台皇帝（太宗）、薛禪皇帝（世祖）、完澤篤皇帝（成宗）、曲律皇帝（武宗）、普顏篤皇帝（仁宗）、格堅皇帝（英宗）、忽都篤皇帝（明宗）、亦憐真班皇帝（寧宗）聖旨裏：和尚、也里可温、先生每，不揀甚麽差發休當，告天祈福祝壽者説來。如今依在先聖旨體例，不揀甚麽差發休當，告天祈福祝壽者麽道。大都裏有的南北兩崇國寺、天壽寺、香河隆安寺、三河延福寺、順州龍雲寺、遵化般若寺等，寺院裏住持拂日普明静慧大師孤峰講主學吉祥衆和尚每根底，爲頭執把的聖旨與了也。這的每寺院裏房舍，使臣休安下者。鋪馬祗應休着者。税糧商税休納者。但屬寺家的水土、園林、碾磨、店鋪、解典庫、浴堂、人口、頭疋，不揀甚麽，不揀是誰，休倚氣力奪要者。這佛日普明静慧大師孤峰講主學吉祥爲頭和尚每，依着在先老講主體例裏行者。別了的和尚每有呵，遣趕出寺者。更這學吉祥等和尚每，倚有聖旨麽道，無體例勾當休做者。若做呵，他每不怕那。聖旨。至正十四年七月

十四日上都有時分寫來。（卷一）

碑二十四行，行五十六字，碑額已圮。據碑則南北兩崇國寺、天壽寺、香河隆安寺、三河延福寺、順州龍雲寺、遵化般若寺，皆當有此聖旨碑。

顧炎武山東考古録，録元聖旨條，言元史泰定帝本紀，有即位一詔，文極鄙俚，蓋以曉其本國人者。今嶽廟有二碑，其文亦然，可發一笑。碑曰：長生天氣力裏、大福廕護助裏皇帝聖旨。軍官每根底，軍人每根底，管城子達魯花赤官人每根底，來往的使臣每根底，宣諭的聖旨：成吉思皇帝、月古台皇帝、薛禪皇帝、完澤篤皇帝、曲律皇帝、普顔都皇帝、格堅皇帝聖旨裏：和尚、也里可温、先生、達識蠻每，不揀甚麽差發休當者，告天祝壽者麽道有來。如今依着在先聖旨體例裏，不揀甚麽差發休着者，與咱每告天祈福者麽道。泰安州有的泰山東嶽廟住持提點通義守正淵靖大師張德璘先生每根底，執把行的聖旨與了也。這的每廟宇房院裏，使臣休安下者。鋪馬祇應休拿者。商税地税休與者。但屬他們的水土、園林、碾磨、鋪席，不揀甚麽他每的，休倚氣力奪要者。每年燒香的上頭得來的香錢物件，只教先生每收掌者。廟宇損壞了呵，修理整治者。這的每其間裏，不揀是誰，休入來沮壞者。更這張德璘、梁道成的根底，聖旨與了也，無體例勾當行呵，他不怕那甚麽。聖旨。泰定年鼠兒年十月二十三日大都有時分寫來。其一爲至正四年猴兒年聖旨碑，文略同。

據孫星衍泰山石刻記，此二碑原在岱廟延禧殿前，今毀。泰定鼠兒年者，泰定帝元年甲子也。

法人羅朗波奈巴元代金石圖志（一八九五年出版），有虎兒年七月聖旨碑影本，上截西域文，下截漢文，正書，文與護國寺碑小異大同。曰：長生天氣力裏、大福廕護助裏皇帝聖旨。軍官每根底，軍人每根底，管城子達魯花赤官人每根底，往來使臣每根底，宣諭的聖旨：成吉思皇帝、月闊歹皇帝、薛禪皇帝、完澤篤皇帝、曲律皇帝聖旨裏：和尚、也里可温、先生每，不揀甚麽差發休當，告天祝壽者，宣諭的有來。如今也只依在先聖旨體例裏，不揀甚麽差發休當，告天祝壽者麽道。奉元路大重陽萬壽宮裏，并下院宮觀裏住的先生每根底，執把行的聖旨與了也。這的每宮觀庵廟房舍裏，使臣休安下者。鋪馬祗應休着者。税糧休與者。但屬宮觀裏的水土、人口、頭疋、園林、碾磨、店舍、鋪席、典庫、浴堂、船栰、車輛，不揀甚麽他的，更渼波、甘澇等三處水浰甘谷山林，不揀是誰休倚氣力者，休奪要者。這的每却倚着有聖旨麽道，没體例的勾當休做者。做呵，他每不怕那甚麽。聖旨。虎兒年七月二十八日，察罕倉有時分寫來。（此碑亦見石墨鐫華卷六）

碑漢文二十三行，行二十二字，碑無年號，但稱虎兒年七月寫來。虎兒年當爲甲寅年。碑述歷朝聖旨至曲律皇帝止，是此碑在曲律皇帝（武宗）之後，當爲延祐元年甲寅。碑稱奉元路大重陽萬壽宫裏住的先生，奉元路爲陜西四路之一，此碑當在陜西。寰宇訪碑録卷十一，有重陽宫聖旨碑，正書，憲宗四年七月，在陜西盩厔。盩厔爲奉元路之一縣，當即此碑。特訪碑録誤認虎兒年之甲寅，爲憲宗四年之甲寅，相差六十年耳。又安陽金石録（卷十）有善應儲祥宫聖旨，其文及年月並發出之地點，與此全同，特宫名相異。可知此項聖旨，係刊板文字，預空寺觀之名，而後按名填入者。元碑存目載此，亦注憲宗四年，其誤與寰宇訪碑録同。

吾因此生二感想：一則此等碑刻之留存，因異教而得留存也。北京護國寺、泰安東嶽廟、盩厔重陽宫，皆非十字寺，使原碑無關涉和尚、先生之語，則此等碑刻，未必留存，以經有明一代之阻閡，也里可温十字寺坍燬已盡也。二則此等碑文之所以能見採於學人者，正以其言不雅馴，録之以資笑柄耳。帝京景物略例不載碑文，故全書八卷中，祇附録元碑一。其略例有曰：昔稱古人碑碣，山川眉目，兹所駢列，遼金元物，文字荒蕪，但存碑目，不録原文。存一元碑，夷語可姗故。所謂元碑，即至正十四年勅諭碑也。然今所取以證也里可温者，乃竟在此文字荒蕪，夷語可姗之勅諭碑。此風一開，安知今後所得，不更有比此更明確者乎？前清學者從永樂大典中鈔得元祕史，以爲瑰寶，謂足補元史之紕漏，李文田等且爲之注。夫元祕史詞句之鄙俚，亦猶此勅諭碑也；紀刻節本帝京景物略，則已將此勅諭碑删芟矣。

又按續通志金石略，載元代聖旨碑四：其二在泰安，即顧炎武所見者。其一爲文宗皇太后懿旨碑，在江寧，至順二年立。其一爲神山洞聖旨碑，在永清，太宗皇后稱制四年立。（卷百七十）太宗皇后者，元史名脱列哥那者也。（卷百十四）聖教史略據義大利修士柏朗嘉賓所述（先馬可孛羅奉使蒙古者），謂太宗后都剌吉納，熱心奉教，曾蒙賜見，温語慰勞。（卷七）然則永清神山洞之聖旨碑若存，亦或有關於也里可温之語。年來吾見元聖旨碑甚多：得於常山貞石志（卷十七）者，有靈壽縣祁林院三道，一大德元年二月廿七日，一同年月廿九日，一大德六年二月。得於安陽金石録（卷九）者，有彰德府正一宫三道，一元貞二年六月，一同年七月，一大德元年二月。得於山右石刻叢編（卷廿九、三十）者，有河中府棲巖寺一道，大德九年二月；平遥縣崇聖宫一道，至大二年九月。得於濬縣金石録（卷下）者，有濬州天寧寺一道，泰定三年正月。得於金石萃編未刻稿者，有終南山宗聖宫三道，一元貞元年十一月，一延祐二年某月，一至順元年七月。得於新刊湖北通志（卷一〇五）者，有武當山萬壽宫一道，後至元三年三月。得於拓本者，有許州天寶宫一道，泰定三年三月。得於平山縣田蔭隆君所拓贈者，有平山縣永明寺二道，一大德四年七月，一至大四年閏七月；平山縣萬壽寺三道，一後至元三年十二月，一至正五年三月，一爲皇太子令旨，至正十六年三月：凡此皆有關於也里可温者也。此項聖旨，大抵係免除僧、道、也里可温各教差發之聖旨，寺觀刻石，以爲抵制騷擾者。然三令五申，不外此數語，亦可見元代徭役之繁重也。

第十四章　也里可温與景教之異同

馬薛里吉思之建大興國諸寺，馬可遊記載之，謂薛里吉思爲叙利亞人，並疑彼爲景教主教。初以爲景教不稱也里可温也，嗣見至順鎮江志大興國寺記，稱爲薛里吉思爲也里可温，始知也里可温者，元時基督教之通稱也。馬可遊記謂中國人對於基督教之派别，未嘗分晰，故凡屬基督教者，統稱爲十字教，禮堂則統稱十字寺，觀此而益信。

唐景教爲聶斯托爾派，非羅馬派，近今東西學者久有定評，余别有考，兹特述其在元時統稱也里可温之例，以概其凡。

至順鎮江志：大興國寺，在夾道巷，至元十八年本路副達魯花赤薛里吉思建，儒學教授梁相記。其略曰：薛迷思賢，在中原西北十萬餘里，乃也里可温行教之地。愚問其所謂教者，云天地有十字寺十二，内一寺佛殿四柱，高四十尺，皆巨木，一柱懸空尺餘，祖師麻兒也里牙（馬利亞）靈跡。千五（當是三之誤）百餘歲，今馬薛里吉思，是其徒也。教以禮東方爲主，與天竺寂滅之教不同。且大明出於東，四時始於東，萬物生於東，東屬木，主生，故混沌既分，乾坤之所以不息，日月之所以運行，人物之所以蕃盛，一生生之道也，故謂之長生天。十字者，取像人身，揭於屋，繪於殿，冠於首，佩於胸，四方上下，以是爲準。（卷九。未完，特分段疏明之）

薛迷思賢，即元史之薛迷思干，「賢」當爲「堅」之誤。元史地理志西北地附録作「撒麻耳干」；丘長春西遊記作「耶米思干」，爲西北一大城，察哈台所封地。「堅」與「賢」其形近，傳寫易訛，證一。魏書西域傳曰「悉萬斤」，唐書西域傳曰「薩末鞬」，亦曰「颯末建」，玄奘西域記曰「颯秣建」。斤、鞬、建、堅，其音近，證二。元史太祖紀：十六年辛巳，帝攻薛迷思干等城，並下之。武宗紀：至大元年九月，萬户某來自薛迷思干城，進呈太祖時所造户口青册。曷思麥里傳：太祖親至薛迷思干，與其主札剌丁戰，敗之。則與碑稱太祖皇帝初得其地之説合，證三。薛迷思干爲波斯東北地（今屬俄國），景教盛行於波斯，則與碑稱其地行也里可温教之説合，證四。元史譯文證補卷二十六，謂元祕史作「薛米思堅」，亦作「薛未思加」。連筠簃本無此語，而音譯元祕史續集卷一有之，證五。

顧何以謂碑所稱之也里可温教爲景教，則證以馬可遊記。遊記謂鎮江府有景教禮拜寺二所，千二百七十八年，大可汗命景教徒名馬薛里吉思者爲其地長官，寺即其所建。馬可，歐人，對於基督教之源流，必較清晰，大興國寺等，又爲其所親見，果爲羅馬派，馬可必能辨之。次證以景教碑文：景教碑有「東禮趣生榮之路」之文，羅馬派實無是說，而此碑則有「教以禮東方爲主」之言；景教碑有判十字以定四方，及印持十字，融四照以合無拘諸文，羅馬派亦無是說，而此碑則有「十字者，取像人身，四方上下，以是爲準」之語。謂爲景教，其又何疑。

至其所以混稱之由，則因教派大致相同；其不同者，或在學説之微，或在儀文之末，均爲教外人所不辨。然以論乎地，則景派自波斯傳入，而羅馬派來自歐洲。以論乎時，則景派傳自唐朝，而羅馬派元時始至，載籍具在，不可或誣。其爲基督之教雖同，其派别本非一致。是故元代也里可温之相混，係教外人之混稱，非其教派之果一致也。錢大昕謂耶穌生於隋開皇之世，竟誤基督爲回回。（潛研堂金石文跋尾）張冠李戴，今古同譏，無足異已。

記中所謂「一柱懸空尺餘」者，有故事一段，足資印證。馬可遊記第五十一章曰：撒麻耳干，大城也。居民耶、回雜處。其王即大可汗之姪，然殊不睦。據土人言，城中有一異事：數年前國王曰察哈台，蒙古大可汗胞弟也。王奉基督教，教徒勢力倍增。建一寺，寺頂爲圓形，中支一柱，柱下盤石，係教徒請於王，得之於某回教寺中者。時回教人以王右基督而左回，不敢與争。察哈台死，繼其位者，非基督徒，回人因得請於王，索還奠柱之石。

基督徒許酬以金，回教徒不允。基督徒無術，乃哭訴於施洗約翰之靈。至約定移石之日，柱忽自起，離石可三掌，石移去後，柱仍懸立空際，至今猶然云。此即梁相記中「一柱懸空尺餘」之説也。

至記中稱祖師麻兒也里牙靈跡，千五百餘歲，五當爲三之誤。（阮元四庫未收書目提要謂至順鎮江志舊鈔本文字多舛）同志卷十七稱教授梁相，字必大，杭州人，大德二年十二月至。繼任者爲顧巖壽，鎮江人，大德五年十二月至。大德五年，即耶穌紀元千三百一年也。寺建於至元十八年，爲千二百八十一年，而梁相之爲文，則當在大德四五年間，故曰千三百餘歲也。凡石刻「三」字，稍有剥琢，即易訛爲「五」字。

薛迷思賢，地名也；也里可温，教名也。公之大父可里吉思，父滅里。外祖撒必，爲太醫。太祖皇帝初得其地，太子也可那延病，公外祖舍里八，馬里哈昔牙徒衆，祈禱始愈，充御位舍里八赤，本處也里可温答剌罕。至元五年，世祖皇帝召公馳驛進入舍里八，賞賚甚侈。舍里八煎諸香果，泉調蜜和而成。舍里八赤，職名也。公世精其法，且有驗，特降金牌以專職。九年，同賽典赤平章往雲南，十二年往閩浙，皆爲造舍里八。十四年欽受宣命虎符懷遠大將軍，鎮江府路總管府副達魯花赤。雖登榮顯，持教尤謹，常有志於推廣教法。

（續前）

同志卷六士貢類：今貢，舍里别四十瓶，前本路副達魯花赤馬薛里吉思，自備蒲萄、木瓜、香橙等物煎造，官給船馬入貢。

續通考卷二十八：元代泉州路貢物，有砂哩别、金櫻煎及金櫻子等物。

馬里哈昔牙，元史作「馬兒哈昔」。百官志：崇福司掌領馬兒哈昔、列班、也里可温十字寺祭享等事是也。（卷八十九）元史語解作「默（爾）根錫（爾）奔」，曰默（爾）根，賢也；錫（爾）奔，賢之註語也。（卷二十四）

日人田中萃一郎曰：馬兒哈昔與至順鎮江志之馬里哈昔牙同一，爲叙利亞語之Mar Iesua，即主耶穌也。列班Rabban爲東邦基督僧侣之稱呼，阿剌比語Robban爲Rehab之複數，叙利亞語亦殆同之。阿多力克牧師於支那稱曰Roban Franchi，所謂Roban，即僧之意義也。然游盧謂馬兒哈昔係指亞爾美尼亞之基督教，列班係指叙利亞之基督教。故就馬兒哈昔及列班之解釋，尚有疑義。（史學雜誌第二十六編第三號）

答剌罕，係世職。元史哈剌哈孫傳：哈剌哈孫曾祖賜號答剌罕，哈剌哈孫襲之，自是人稱答剌罕而不名。（卷一三六）伯顔傳：元統三年七月，詔諭天下用國初故事，賜伯顔以答剌罕之號，俾世襲之。（卷一三八）語解：答剌罕，凡有勤勞免其差役之謂。輟耕録：答剌罕譯言一國之長，得自由之意，非勳戚不與焉。（卷一）

賽典赤，元史有傳。賽典赤贍思丁，回回人。其國言賽典赤，猶華言貴族也。太祖西征，贍思丁率千騎迎降，命入宿衛，以賽典赤呼之而不名。至元十一年，拜平章政事，行省雲南。（卷一二五）愛魯傳，則云至元十年賽典赤行省雲南。（卷一二二）此云九年同賽典赤平章往雲南者，年歲少有出入，當同一事。

一夕夢中天門開七重，二神人告云，汝當興寺七所，贈以白物爲記。覺而有感，遂休官務建寺。首于鐵甕門捨宅建八世忽木剌大興國寺，次得西津豎土山，並建答石忽木剌雲山寺，都打吾兒忽木剌聚明寺；二寺之下，剏爲也里可温義阡。又於丹徒縣開沙，建打雷忽木剌四瀆安寺；登雲門外黄山，建的廉海牙忽木剌高安寺；大興國寺側，又建馬里結瓦里吉思忽木剌甘泉寺；杭州薦橋門，建樣宜忽木剌大普興寺。此七寺實起於公之心。公忠君愛國，無以自見，而見之寺耳。（續前）

據馬可遊記，知大興國寺，馬可曾遊其地，並見有其他碑文。（梁相碑立於馬可歸國之後，當爲馬可所未見）杭州之有景教寺一區，亦馬可所記，當即此大普興寺也。據萬曆鎮江志，則大興國、高安、四瀆安三寺，明時尚在，惟甘泉不載。雲山、聚明，則元至大間已改爲般若院。康熙鎮江志，則並此六寺之名而不可考矣。

據至順鎮江志卷九寺院類，雲山、聚明、四瀆安、甘泉等寺外，尚有大光明寺，在丹陽館南，元貞元年安馬吉思建；大法興寺，在通吳門外福田山，亦也里可温寺。

鐵甕門爲吳大帝所築，洪武元年改建磚城。西津暨土山，當時已改呼爲銀山，以與金山相對。也里可温義阡者，係教中人墓地，潘昂霄碑所謂「營隙爲儕類葬區」者即指此也。未識此七百年前之義阡，當日十字墓碑林立者，今地下猶有遺跡否？論理則不能無也。夫景教碑之沈霾，亦千載而始出，未出以前，固無人知景教流行中國如此之盛也。

完澤丞相謂公以好心建七寺奏聞，璽書護持，仍撥賜江南官田三十頃，又益置浙西民田三十四頃，爲七寺常住。公任鎮江五年，連興土木之役，秋毫無擾於民。家之人口受戒者，悉爲也里可温，迎禮佛國，馬里哈昔牙、麻兒失理河、必思忽八，闡揚妙義，安奉經文，而七寺道場，始爲大備。且敕子孫流水住持，舍利八世業也，謹不可廢。條示訓誡，爲似續無窮計，益可見公之用心矣。因緝其所聞爲記。（續前完）

梁相係一儒學教授，於也里可温之教義，未必瞭然，故其所爲文，習用佛國道場諸詞，然已明言「與天竺寂滅之教不同」矣。

抑有疑者：萬曆鎮江志本修於利瑪竇東來之後，主其事者爲知府王應麟。王於萬曆十九、二十年間，曾任南雄知州，與利子往還甚密。其後利子卒於京邸，王適爲順天府尹，利子墓記，即王所著。以此關係，十字之説，當必飫聞。顧何以王修鎮江志時，對於舊志十字諸文，竟削而不載。意者，王未見舊志耶？（阮元言此書自明以來藏書家絶無著録之者，洵爲罕覯之祕笈云）抑太守名總其成，實未暇檢校舊志耶？不然，以利子輩考古之勤，聞人言汴梁昔有十字教，尚即遣人千里馳訪；（見艾儒略著利瑪竇行實）豈方志有述，而不共相追求者？幸丹徒包氏彙刻宋元舊志，而也里可温之爲基督教，乃多一鐵證也。

關於大興國寺記一事，夙聞馬相伯丈言，鎮江有十字碑，中多音譯，三十年前曾見有拓本，忘其名矣。詢以是否即洪鈞所云之鎮江北固山下殘碑，不敢斷也。年前因丹徒柳君肇嘉以詢陳先生善餘，得其覆書，附録於左，以供參考：

圓庵先生大鑒：戊午秋間，友人章厥生君寄示大著也里可温考，展讀再三，如獲驚人祕笈，無任佩仰。今年夏，柳貢和表姪南旋，又以從者增訂三版見示，索隱鉤沈，博學詳説，得未曾有。朱子詩所云「舊學商量加邃密」者，執事允足當之矣。至尊説所疑洪書一節，屢得貢禾書，稱述台端垂詢盛意，兹謹以所知者言之。記光緒庚寅，洪文卿在歐洲爲元史譯文證補，於西史中知鎮江有十字寺碑，因函詢鎮江訓導汪和卿。汪徵其事於周子如先生，子如名伯義，敝邑之宿儒也。彼時，子如檢得舊録未完碑文，由汪和卿寄歐；併據子如面稱，曾於北固山下見此碑石云云，以告洪使。洪書於元世各教名考云：也里可温之爲天主教，有鎮江北固山下殘碑可證。其説之所從來，即由於此。弟曾見其所録碑文，自薛迷思賢句起，至公世精其法句止，以至順志大興國寺梁相碑校之，一字不差。周子如所作北固山志卷二，於大興國寺下注云：「檢有梁相碑文遺缺，附録其略」云云；於碑文下按語云：「此碑舊卧山後，今山後灘盡入江，碑亦坍没。」是洪書所謂北固山下殘碑者，確係大興國寺碑，無可致疑也。惜未將此碑略舉其文，不能使人昭昭耳。惟弟尚有疑者；大興國寺在夾道巷，當即今之惠安寺巷，故至順志有「惠安寺在夾道巷」之文。其地在鎮江城内藥師庵後，屬於北固前峰西麓之區域，有大城爲之限隔。徵諸嘉慶丹徒縣志碑目中，即不載其名。此碑究以何時越中峰北峰而至於瀕江之山後耶？此甚不可知者也。梁相之記，載於至順志者，明有「其略曰」三字，是非全文甚明。校以碑石，當必有刊落之語。如子如先生録寄洪使與附注山志者，係抄自原石，何以校之元志，語句既毫無增減，文字又一無異同耶？惜此老久歸道山，末由祛此未寤矣！弟陳慶年敬啓。九月三十日。

田汝成西湖遊覽志：城内勝跡，三太傅祠，在薦橋東，舊十方寺基也。當熙春橋西，元僧也里可温建，久廢。嘉靖二十一年，吏部侍郎謝丕建祠以奉晉贈太傅謝安、宋贈太傅謝深甫、皇明贈太傅謝遷者。（卷十六）

寺在杭州薦橋東，即梁相大興國寺記之樣宜忽木剌大普興寺，爲馬薛里吉思所建七寺之一。此云「舊十方寺基」，當爲「舊十字寺基」之誤。謂也里可温爲僧者，猶景教碑例也。

馬可遊記謂杭州之猶太人及基督教徒住第二市區，當即此寺之附近一帶。

康熙錢塘志卷十三祠廟：謝三太傅祠，在薦橋東，舊十方寺址。嘉靖間吏部侍郎餘姚謝丕建。祠址舊頗廣闊，規模宏敞。明末兵燹後，没歸他姓。裔孫州同謝秉公捐貲贖還，雖不敵昔時什一，而榱桷聿新，時論稱之。中有題額，長洲文徵明書。

觀此，則原寺頗偉觀，後爲謝氏所有。今謝祠亦久廢矣，近且改建爲菜場，場有紀念塔，題曰：「謝三太傅祠故址，中華民國七年九月省會警察廳立。」其裔孫名遠涵者，爲之記曰：謝三太傅祠，始於明嘉靖間，載在杭州府志。兹以警廳改建菜場，將旗營地對换，别建新祠，並就原祠基立紀念塔，以諗來者云云。孰知其爲也里可温之遺跡也？

楊文杰東城記餘，採至順鎮江志大興國寺記，證明杭城原有大普興寺。俞樾序之曰：杮園楊君，著東城記餘二卷，繼樊榭而作。丁修甫孝廉擬刻入武林叢書，乞余爲序。余讀其中「大普興寺」一條，稱其奉乃也里可温之教，有十字者，乃其祖師麻兒也里牙之靈跡，上下四方以是爲準，與景教流行中國碑所云判十字以定四方者，其説相合。惟所叙源流不同，而稱其地薛迷思賢在中原西北十萬餘里，則與今歐羅巴道路遠近正復相合。豈利瑪竇之徒，果出於此歟？若景教流行，興於大秦，大秦國古謂之梨軒，本朝職方會覽名如德亞，去歐羅巴絶遠，轉與利瑪竇蹤跡不甚合矣。異説支離，不可究詰。然寺建於元至元十八年，亦杭郡一大古跡，鑒古者所宜知矣。而樊榭之書竟未之及，此亦見楊君拾遺補缺之功云。

也里可温之與景教相合，俞樾亦言之，而未敢斷定其爲景教，説至不可通處，則以「異説支離，不可究詰」二語塞責，此爲有清以來儒者批評異教之一種習慣。自紀昀撰利瑪竇諸人著述提要時，已開其風矣。

元通制條格：元貞元年七月二十三日，中書省奏：也里可温馬昔思（當是里之誤）乞思，江南自已氣力裏蓋寺來，係官地内要了合納的租子，並買來的田地的税不納官，寺裏做香燭麽道。教愛薛那的每奏呵，教俺商量了奏者麽道聖旨有來。俺商量來，爲和尚、先生每，也里可温、答失蠻每的商税地税，久遠定體行的上頭，皇帝根底奏了，一概遍行聖旨來，若免了他的呵，比那遍行的聖旨相違者，有别個人每指例去，也依體例，教納糧者。若他的氣力不敷呵，别對付着奏也者，奏呵，是也那般者。聖旨了也，欽此。（卷二十九）

馬昔思乞思，上「思」字當爲「里」字，寫本訛也。曰「也里可温馬昔里乞思」，與梁相碑稱馬薛里吉思爲也里可温之説符。曰「以自已氣力蓋寺」，與梁相碑稱任鎮江五年，連興土木，秋毫無擾之説符。「寺在江南，並有官地」，與梁相碑撥賜江南官田三十頃之説符。中書省所奏，係在元貞元年，與馬薛里吉思建寺及梁相立碑之時，並無衝突；覆奏者爲愛薛，與愛薛爲崇福使之年代，亦適相同。則馬昔思乞思之爲馬薛里吉思，其説至確。馬薛里吉思，元史無傳；至順鎮江志外，姓氏事跡不概見，得此益彰矣。馬可謂彼爲聶斯托爾派人，今中書省奏及梁相碑均稱爲也里可温，可見當時朝野之對於基督教，果無論何派，統稱也里可温也。由是易言之，則凡本書所引之也里可温各條，亦必含有基督教之各派人在内（如羅馬派、希臘派、聶斯托爾派等），不能專指爲一派，並不能復辨其孰爲甲派，孰爲乙派也。美猶有憾哉！然尚賴有馬薛里吉思一事，以著其例也。

第十五章　總論

有元得國，不過百年耳。也里可温之流行，何以若此？蓋元起朔漠，先據有中央亞細亞諸地，皆昔日景教（聶斯托爾派）流行之地也。既而西侵歐洲，北抵俄羅斯，羅馬教徒、希臘教徒之被擄及隨節至和林者，不可以數計；而羅馬教宗之使命，如柏朗嘉賓、隆如滿、羅伯魯諸教士，又先後至和林：斯時長城以北，及嘉峪關以西，萬里縱横，已爲基督教徒所遍布矣。燕京既下，北兵長驅直進，蒙古、色目，隨便住居（詳廿二史劄記），於是塞外之基督教徒及傳教士，遂隨軍旗彌蔓内地。以故太宗初元（宋紹定間）詔旨，即以也里可温與僧道及諸色人等並提。及至孟哥未諾主教至北京，而羅馬派之傳播又盛。大德間江南諸路道教所訟，謂江南自前至今，止有僧道二教，別無也里可温教門，近年以來，乃有也里可温招收民户，將法籙先生誘化，則當時狀況，可想而知。而晦隱七八百年，其歷史至無人能道。清道光間，阮元門下士劉文淇校至順鎮江志，始少發其端，謂元史之也里可温即天主教。光緒中葉，駐俄使臣洪鈞，又據多桑書證明也里可温爲蒙古人效阿剌比語之稱天主教。以今所考，則也里可温，又不專指一流。科學家之研究，愈進愈密，考古之事，亦猶是也。所奇者元史成於倉卒，號稱疏略；宋濂等以儒臣膺編纂之任，對於其他宗教，更非所注意；然也里可温在元之真相，竟賴是以傳，則吾人之受賜，不亦多乎？究其所以存此之由，未始不由於草率之間，悉本諸十三朝實録，不輕筆削也。倘如清人脩明史之例，矜爲嚴謹，則芟落必多。試觀續宋元通鑑及元史類編（邵遠平）、元史新編（魏源）與乎官纂續通志、通考等，不下十數家，也里可温諸條，存者有幾？（續通考等據元史國語解間改爲呷嚕勒昆）可慨已！元典章本當代官書，自世祖至英宗，分吏、户、禮、兵、刑、工各門，以類編次，足補元史所未備。乃紀昀則譏其兼雜方言俗語，體例瞀亂，屏而不録；魏源則譏其鈔集案牘，出於胥吏之手，不經館閣。不知正爲其不經館閣，備録原文，然後保全者大。經世大典即館閣編纂之書，其禮典祇列僧、道二門，並不另著也里可温教；而元典章禮部，則於釋教、道教之外，另闢也里可温教一門。所謂體例瞀亂者，即此類耶？經世大典，久已散佚。元典章曩有鈔本傳世，錢大昕、邵遠平輩，均據以考史。光緒末，武進董氏得此書於日本，沈家本跋而存之（見寄簃文存），越一年，京師法律館始以付梓，而也里可温之歷史遂爾大明。通制條格三十五卷（四庫存目有至正條格二十三卷，門類與此同），亦元時官牘，今所據者爲清内閣寫本，僅存二十七至三十等四卷，雜令、僧道、營繕三門，因僧道而及也里可温，亦足以資考證。至順鎮江志，也里可温史料甚衆，最可寶貴，然傳本絶少。吾人習性，富於保守，語以西史所載，則曰於吾國典籍無徵；示以故書雅記所遺，則前日之疑團頓釋。吾不知睹是編者其謂之何？糾而正之，固非著者一人之幸也。

〔一九一七年五月完成，出單行本，題爲元也里可温考。同年八月，增訂再版，並登載于東方雜誌第十五卷第三、四、五號（一九一八年三、四、五月）。一九二〇年十月，又出增訂三版單行本。一九二三年十二月作爲東方文庫之第七十三種出版時，又作了修訂。此後，至一九三四年九月，又續有增删修訂，並將題目改爲元也里可温教考。一九六四年七月，作者在一九三四年校訂本封面上題：「輯論文集時應採此本」。今所採者即一九三四年之最後校訂本。〕

陳垣全集之三

開封一賜樂業教考

安徽大學出版社

卷首

重建清真寺記弘治二年（碑三十六行，行五十六字，今存）

夫一賜樂業（以色列）立教祖師阿無羅漢（亞伯拉罕），迺盤古阿躭（亞當）十九代孫也。自開闢天地，祖師相傳授受，不塑於形像，不諂於神鬼，不信於邪術。其時神鬼無濟，像態無祐，邪術無益。思其天者輕清在上，至尊無對，天道不言，四時行而萬物生。觀其春生夏長，秋斂冬藏，飛潛動植，榮悴開落，生者自生，化者自化，形者自形，色者自色。祖師忽地醒然，悟此幽玄，實求正教，參贊真天，一心侍奉，敬謹精專。那其間立教本至今傳，考之在周朝一百四十六年也。一傳而至正教祖師乜攝（摩西），考之在周朝六百十三載也。生知純粹，仁義俱備，道德兼全。求經於昔那山（西乃山）頂，入齋四十晝夜，去其嗜欲，亡絕寢膳，誠意祈禱，虔心感於天心，正經一部，五十三卷，有自來矣。其中至微至妙，善者感發人之善心，惡者懲創人之逸志。再傳而至正教祖師蔼子剌（以斯拉），系出祖師，道承祖統，敬天禮拜之道，足以闡祖道之藴奥。然道必本於清真禮拜：清者精一無二，真者正而無邪，禮者敬而已矣，拜下禮也。人於日用之間，不可頃刻而忘乎天，惟寅午戌而三次禮拜，迺真實天道之理。祖賢一敬之修何如，必先沐浴更衣，清其天君，正其天官，而恭敬進於道經之前。道無形像，儼然天道之在上。姑述敬天禮拜綱領而陳之：

始焉鞠躬敬道，道在鞠躬也。中立不倚敬道，道在中立也。靜而存養，默贊敬道，不忘之天也。動而省察，鳴贊敬道，不替之天也。退三步也，忽然在後，敬道後也。進五步也，瞻之在前，敬道前也。左之鞠躬敬道，即善道在於左也。右之鞠躬敬道，即不善道在於右也。仰焉敬道，道在上也。俯焉敬道，道在爾也。終焉而拜道，敬在拜也。噫！敬天而不尊祖，非所以祀先也。春秋祭其祖先，事死如事生，事亡如事存，維牛維羊，薦其時食，不以祖先之既往而不敬也。每月之際四日齋，齋乃入道之門，積善之基。今日積一善，明日積一善，善始積累。至齋，諸惡不作，衆善奉行。七日善終，週而復始，是易有云，吉人爲善，惟日不足之意也。四季之時七日戒，衆祖苦難，祀先報本，亡絶飲食。一日大戒，敬以告天，悔前日之過失，遷今日之新善也，是易聖人於益之大象有曰，風雷益，君子以見善則遷，有過則改，其斯之謂與！

噫！教道相傳，授受有自來矣。出自天竺，奉命而來，有李、俺、艾、高、穆、趙、金、周、張、石、黄、李、聶、金、張、左、白七十姓等，進貢西洋布於宋，帝曰：歸我中夏，遵守祖風，留遺汴梁。宋孝隆興元年（金世宗大定三年）癸未，列微（利未）五思達領掌其教，俺都剌始建寺焉。元至元十六年己卯，五思達重建古刹清真寺，坐落土市字街東南，四至三十五杖。殆我大明太祖高皇帝開國初，撫綏天下軍民，凡歸其化者皆賜地以安居樂業之鄉，誠一視同仁之心也。以是寺不可無典守者，惟李誠、李實、俺平徒、艾端、李貴、李節、李昇、李綱、艾敬、周安、李榮、李良、李智、張浩等，正經熟曉，勸人爲善，呼爲滿剌。其教道相傳，至今衣冠禮樂，遵行時制，語言動靜，循由舊章，人人遵守成法，而知敬天尊祖，忠君孝親者，皆其力也。永俺誠醫士，永樂十九年奉周府定王傳令，賜香重修清真寺，寺中奉大明皇帝萬萬歲牌。永樂二十一年以奏聞有功，欽賜趙姓，授錦衣衛指揮，陞浙江都指揮僉事。正統十年，李榮、李良自備資財，重建前殿三間。至天順五年，河水滲没，基址略存，艾敬等具呈，按照先奉本府承河南布政使司劄付等因至元年古刹清真寺准此。李榮復備資財，起蓋深邃，明金五彩粧成，焕然一新。成化年高鑑、高鋭、高鋐，自備資財，增建後殿三間，明金五彩粧成，安置道經三部，外作穿廊，接連前殿，迺爲永遠之計。此蓋寺前後來歷也。天順年石斌、李榮、高鑑、張瑄，取寧波本教道經一部，寧波趙應捧經一部，賫至汴梁歸寺。高年由貢士任徽州歙縣知縣，艾俊由舉人任德府長史。寧夏金瑄，先祖任光禄寺卿，伯祖勝，任金吾前衛千兵；瑄置買供卓銅爐瓶燭臺；迺弟瑛，弘治二年，捨資財，置寺地一段；瑛與鍾托、趙俊置碑石。俺都剌立基址啓其端，李榮、高鋐建造成其事，有功於寺。諸氏捨公帑，經龕、經樓、經卓、連籠、欄杆、供卓、付簷諸物器皿，亦爲粧彩畫飾周圍之用，壯麗一方。

愚惟三教，各有殿宇，尊崇其主。在儒則有大成殿，尊崇孔子；在釋則有聖容殿，尊崇尼牟（照原碑）；在道則有玉皇殿，尊崇三清。在清真，則有一賜樂業殿，尊崇皇天。其儒教與本教，雖大同小異，然其立心制行，亦不過敬天道，尊祖宗，重君臣，孝父母，和妻子，序尊卑，交朋友，而不外於五倫矣。噫嘻！人徒知清真寺禮拜敬道，殊不知道之大原出於天，而古今相傳，不可誣也。雖然，本教尊崇如是之篤，豈徒求福田利益計哉？受君之恩，食君之祿，惟盡禮拜告天之誠，報國忠君之意，祝頌大明皇上，德邁禹湯，聖並堯舜，聰明睿智，同日月之照臨，慈愛寬仁，配乾坤之廣大，國祚綿長，祝聖壽於萬年，皇圖鞏固，願天長於（照原碑）地久，風調雨順，共享太平之福。勒之金石，用傳永久云。

開封府儒學增廣生員金鍾譔

祥符縣儒學廩膳生員曹佐書

開封府儒學廩膳生員傅儒篆

弘治二年歲在己酉仲夏吉日清真後人寧夏金瑛祥符金禮並立　瓦匠吳亮吳遵

尊崇道經寺記正德七年(碑二十八行,行四十四字,今存)

賜進士出身朝列大夫四川布政司右參議江都左唐撰文
賜進士出身徵仕郎户科給事中前翰林院庶吉士淮南高洘書丹
賜進士出身徵仕郎前吏科給事中維揚徐昂篆額

嘗謂經以載道,道者何? 日用常行古今人所共由之理也。故大而三綱五常,小而事物細微,無物不有,無時不然,莫匪道之所寓。然道匪經無以存,經匪道無以行,使其無經,則道無載,人將貿貿焉莫知所之,卒至於狂談而窈冥行矣。故聖賢之道,垂六經以詔後世,迄于今而及千萬世矣。至於一賜樂業教,始祖阿躭,本出天竺西域,稽之周朝,有經傳焉。道經四部,五十三卷,其理至微,其道至妙,尊崇如天。立是教者惟阿無羅漢,爲之教祖;於是乜攝傳經,爲之師法。厥後原教自漢時入居中國。宋孝隆興元年癸未,建祠于汴。元至元十六年己卯重建。其寺古刹也,以爲尊崇是經之所。業是教者不止於汴。凡在天下,業是教者,靡不尊是經而崇是道也。

然教(照原碑)是經文字,雖與儒書字異,而揆厥其理,亦有常行之道,以其同也。是故道行於父子，父慈子孝；道行於君臣，君仁臣敬；道行於兄弟，兄友弟恭；道行於夫婦，夫和婦順；道行於朋友，友益有信。道莫大於仁義，行之自有惻隱羞惡之心；道莫大於禮智，行之自有恭敬是非之心；道行於齋戒，必嚴必敬；道行於祭祖，必孝必誠；道行於禮拜，祝贊上天，生育萬物。動容周旋之際，一本乎誠敬也。至於鰥寡孤獨，疲癃殘疾者，莫不賙卹賑給，俾不至於失所。貧而娶妻不得娶，與葬埋不能葬者，莫不極力相助，凡婚資喪具，無不舉焉。及至居喪，禁忌葷酒，殯殮不尚繁文，循由禮制，一不信於邪術。下至權度斗斛，輕重長短，一無所敢欺於人。

求觀今日，若進取科目而顯親揚名者有之，若布列中外而致君澤民者有之，或折衝禦侮而盡忠報國者有之，或德修厥躬而善著於一鄉者亦有之矣。逮夫農耕於野，而公稅以給；工精於藝，而公用不乏；商勤於遠，而名著於江湖；賈志於守，而獲利於通方者，又有之矣。畏天命，守王法，重五倫，遵五常，敬祖風，孝父母，恭長上，和鄉里，親師友，教子孫，務本業，積陰德，忍小忿：戒飭勸勉之意，皆寓於斯焉。嗚呼！是經也，日用常行之道所著者有如此。是故天命率性，由此而全；修道之教，由此而入；仁義禮智之德，由此而存。若夫塑之以像態，繪之以形色者，徒事虛文，驚眩耳目，此則異端之說，彼固不足尚也。然而而尊崇於經者，其知所本歟！

道經相傳，有自來矣。自開闢以來，祖師阿躭，傳之女媧（挪亞），女媧傳之阿無羅漢，羅漢傳之以思哈敊（以撒），哈敊傳之雅呵厥勿（雅各），厥勿傳之十二宗派，宗派傳之乜攝，乜攝傳之阿呵聯（亞倫），呵聯傳之月束窩（約書亞），束窩傳之藹子喇：於是祖師之教，燦然而復明。故凡業是教者，其惟以善爲師，以惡爲戒，朝夕警惕，誠意修身，齋戒節日，飲食可叵，於經而是矜是式，尊奉而崇信焉。則天休滋至，理惠罔愆，人人有德善之稱，家家遂俯育之樂。如此，則庶於祖教之意無所負，而尊崇之禮無少忒矣。刻石於寺，垂示永久，咸知所自，俾我後人其慎念之哉。

大明正德柒年壬申孟秋甲子重建寺。俺、李、高、維揚金溥請道經一部，立二門一座，寧夏金潤立碑亭一座，金鍾修撰碑亭。鐫字張鸞、張璽。

重建清真寺記 康熙二年（碑三十三行，行七十七字，今佚）

夫一賜樂業之立教也，其由來遠矣。始於阿躭，爲盤古氏十九世孫，繼之女媧，繼之阿無羅漢。羅漢（爲盤古氏十九世孫句應在此）悟天人合一之旨，修身立命之原，知天道無聲無臭，至微至妙，而行生化育，咸順其序。所以不塑乎形像，不惑於鬼神，而惟以敬天爲宗，使人盡性合天，因心見道而已。數傳而後，聖祖默舍（弘治正德碑作也攝）生焉，神明天亶，穎異超倫，誠心求道，屏嗜慾，忘寢膳，受經於西那山（弘治碑作昔那山），不設廬，不假舍，禮曰不壇不坎，掃地而祭，昭其質也。聖祖齋祓盡誠，默通帝心，從形聲俱泯之中，獨會精微之原，遂著經文五十三卷，最易最簡，可知可能，教人爲善，戒人爲惡。孝弟忠信本之心，仁義禮智原於性。天地萬物，綱常倫紀，經之大綱也；動靜作息，日用飲食，經之條目也。

其大者禮與祭。禮拜者，祛靡式真，克非禮以復於禮者也。禮拜之先，必齋戒沐浴，淡嗜慾，靜天君，正衣冠，尊瞻視，然後朝天禮拜。蓋以天無日不在人之中，故每日寅午戌三次禮拜，正以人見天之時，致其明畏，敬道敬德，盡其虔誠，日新又新。詩云，「陟降厥士，日監在茲」，其斯之謂歟。其禮拜時所誦之經文，高讚之，敬道在顯也；默祝之，敬道在微也；進而前者，瞻之在前也；退而後者，忽然在後也；左之如在其左也；右之如在其右也。無敢厭斁，無敢怠荒，必慎其獨，以畏明旦。詩云，小心翼翼，昭事上帝，其斯之謂歟。而其行於進反升降跪拜間者，一惟循乎禮。不交言，不回視，不以事物之私，乘其入道之念。禮曰：心不苟慮，必依於道；手足不苟動，必依於禮。道之在禮拜者如此也。（以上禮拜）

祭者，盡物盡誠，以敬答其覆載之恩者也。春月萬物生發，祭用芹藻，報生物之義也。

仲秋萬物薦熟，祭用菓實，報成物之義也。凡物之可以薦者，莫不咸在，不加調和，即所云大羹不調者也，而總以盡其誠信。禮曰，外則盡物，内則盡志，此之謂也。冬夏各取時食，以祀其祖先。祭之時以禮自持，堂上觀乎室，堂下觀乎上，既祭之末，均享神惠，而猶以其餘畀之：道之在祭祀者，如此也。（以上祭）

小者如齋。齋者，精明之至也。七日者，專致其精明之德也。齋之日，不火食，欲人靜察動省，存誠去僞，以明善而復其初也。易曰，七日來復，復其見天地之心乎？猶懼人雜於私欲，淺於理道，故於秋末閉户清修一日，飲食俱絶，以培養其天真。士輟誦讀，農罷耕芸，商賈止於市，行旅止於塗。情忘識泯，存心養性，以修復於善，庶人靜而天完，欲消而理長矣。易曰，先王以至日閉關，商旅不行，後不省力，其斯之謂歟！（以上齋）

冠婚死葬，一如夏禮。孤獨鰥寡，莫不周賑。經之綱領條目，難以備述。而聖祖制經之義，無非此剛健中正純粹無私之理。斯道遂燦然明備，如皎日懸空，無一人不可見道，則無一人不知尊經矣。其中文字，雖古篆音異，而於六經之理，未嘗不相同也。

教起於天竺，周時始傳於中州，建祠於大梁。歷漢唐宋明以來，數有變更，而教衆尊奉靡斁，如飲食衣服之適於人，而不敢須臾離也。其寺俺都喇始創於宋孝隆興元年，五思達重建於元至正（應依弘治正德碑作至元）十六年，李榮、李良、高鑑、高鋐、高鋭於明天順五年黃水

湮没，復捐資重修。（以上寺）

殿中藏道經一十三部，方經、散經各數十册。教衆日益蕃衍，亦惟敬天法祖，世奉宗旨，罔敢隕墜而已。明末崇禎十五年壬午，闖寇作亂，圍汴者三。汴人誓守無二，攻愈力，守愈堅。閲六月餘，寇計窮，引黄河之水以灌之，汴没於水。汴没而寺因以廢，寺廢而經亦蕩於洪波巨流之中。教衆獲北渡者僅二百餘家，流離河朔，殘喘甫定，謀取遺經。教人貢士高選，承父東斗之命，入寺取經，往返數次，計獲道經數部，散經二十六帙。聘請掌教李禎、喃喇李承先，參互考訂焉。至大清順治丙戌科進士教人趙映乘，編序次第，纂成全經一部，方經數部，散經數十册。繕修已成，焕然一新，租曠宅而安置之。教衆咸相與禮拜，尊崇如昔日。此經之所以不失，而教之所以永傳也。（以上經）

然而教衆雖安居於垣，終以汴寺之湮没爲歉。時大梁道中軍守備教人趙承基，率兵防汴，修道路，成橋梁，招人復業。懼寺廢而教衆遂涣散莫復也，且不忍以祖宗數百年創守之業，而忽廢於一旦也，遣士卒晝夜巡邏以衛之。迺弟映斗，應試入汴，相與從荆棘中正其故址。汴人復業者日益繁，承基因數請教衆復業，而李禎、趙允中遂負遺經旋汴，時已爲順治癸巳年矣（順治十年）。公議捐資修寺，衆皆樂輸，估工起建。爾時貢士高選等，生員高維屏、李法天等，具呈各衙門請示，按照古刹清真寺准復修理。趙承基等首捐俸資，李禎、趙允中等極力鳩工，出前殿於黄沙，由是前殿始立。進士趙映乘分巡福建漳南道，丁艱旋里，捐俸資獨建後殿三間。至聖祖殿三間，教祖殿三間，北講堂三間，南講堂三間，大門三間，二門三間，厨房三間，牌坊一座，行殿九間，殿中立皇清萬萬歲龍樓一座，碑亭二座，焚修住室二處，丹堊黝漆，壯麗輝煌，或出自教衆之醵金，或出自一人之私囊。寺之規模，於是乎成，較昔更爲完備矣。見者莫不肅然起敬。（以上再言寺）

殿中原藏道經一十三部，胥淪於水。雖獲數部，止纂序爲一部，衆咸宗之，今奉入尊經龕之中。其左右之十二部，乃水患後所漸次修理者也。其散帙方經，衆各出資修補。而大參趙映乘作聖經紀變，乃弟映斗復著明道序十章。經文於是備，宗旨於是明。其燦然共著，如日月之在天，如江河之行地。經有真諦，解者不敢參以支離；經自易簡，解者不敢雜以繁難。自是人知君臣之義，父子之親，兄弟之序，朋友之信，夫婦之别，原本於知能之良，人人可以明善復初。其與聖祖制經之義，祖宗尊經之故，雖上下數千百年，如在一日。（以上再言經）

計自滄桑之後，趙承基、映斗正基址以啓其端，趙映乘、高登魁等捐資起建以成其事，有功於寺。高選、趙映乘訂證聖經於前，李禎等修補於後，有功於經。至於寺之牌扁對聯，皆各衙門宦遊河南省之所書也。趙承基任陝西固原西路遊擊，旋里覽其勝概，因嘆曰：數百年創制之隆，於今得復睹其盛矣，則後人之視今日，不猶今日之視昔人耶？猶恐其久而不傳，欲勒諸石以垂不朽，而請記於予。予汴人，素知一賜樂業之教，且與遊擊趙承基、大參趙映乘、醫官艾顯生，爲莫逆交，巔末頗能道其詳。因據其舊記而增補之，俾人知其道之由來，且以見今日經寺之修，其教中諸人之功不可泯也。是爲記。

特進光禄大夫侍經筵少傅兼太子太傅前刑部尚書今予告工部尚書劉昌撰文

欽差進士提督學政雲南按察司副使李光座書丹

欽差進士提督學政廣東按察司副使侯良翰篆額

大清康熙二年歲次癸卯仲夏上浣穀旦　武安石匠王建玉鐫石

碑陰題名

清真寺之修，始於宋孝隆興元年，迄今已數百年於兹矣（由南宋隆興元年至清康熙二年，其間適五百年）。雖數經變更，而寺址依然存立。乃自明末崇禎十五年壬午滄桑之後，寺基圮壞，見者莫不淒然。至我朝順治十年癸巳，教衆旋汴復業，公議捐資重修，而李、趙、艾、張、高、金、石等七姓，各輸囊金，重建前殿三間，教祖殿三間（教祖阿無羅漢）。其後殿三間，尊經龕一座，乃兵巡漳南道副使丙戌科進士趙映乘丁艱旋里，出俸資而獨成之者也。至於聖祖殿三間（聖祖乜攝），大門三間，二門三間，銅鑪瓶六副，乃高登魁、高登科修之。北誦經堂三間，係艾姓同修。南講堂三間（南講堂即南誦經堂），趙允中、允成、映衮率姪元鑑同修。艾生枝修牌坊一座。金之鳳立殿中皇清萬歲龍樓一座。趙允中、允成復修行殿九間，及殿中欄杆地屏，燭臺供桌，殿前至大門内甬路，南經堂甬路。艾應奎率子叢生、永胤、顯生、達生、復生等修石欄井一眼，石獅一對，鳳燈一座，竹簾五掛，花扁七面。李輝置銅鑪三副。艾世德置銅蓮花燈二座，修殿前月臺石欄，及北經堂甬路。艾惟一修厨房三間。趙允中、高登科、趙元鑑修週圍大牆一道。艾世德、世芳修大門外花牆月臺。其焚修住宅，及桌橙爐鼎，一切樹木，應用器皿等物，七姓公置之。寺之規模於是成，猶然昔日之盛，其粉飾黝堊，較昔更爲壯觀。附勒碑陰，以誌其盛云。（以上寺）

殿中舊藏道經十三部，壬午胥淪於水。貢生高選撈獲七部，教人李承俊撈獲三部，賫至河北，聘請掌教，去其模糊，裁其漫壞，參互考訂，止纂成全經一部，尊入龕中，教人宗之。其在左一部，乃掌教李禎本舊經而重修之。其在右一部，乃啲喇李承先重修之。其餘十部，乃漸次修整者也。教中艾惟一與同族公修一部，趙允思修一部，金應選與同族修一部，高登魁修一部，趙映乘修一部，啲喇石自俊修一部，李輝同姪毓秀修一部，高登科修一部，啲喇張文瑞與同族修一部，啲喇艾達生同兄弟子姪修一部：至是而十三部乃全矣。焕然

一新，誦者易曉，觀者悦服，要皆掌教噶喇之所手著，而教衆之所勸成。謹勒於石，俾後人知經寺之修，其有由也夫！（以上經）

一賜樂業教碑原文二通：一爲明弘治二年（一四八九）重建清真寺記，一爲明正德七年（一五一二）尊崇道經寺記。一賜樂業，或翻以色列，猶太民族也。清真寺與回教寺同名，乃猶太教，而非回教；道經，摩西五經也。二碑今猶在開封，民國元年中華聖公會購得此寺遺址，二碑因亦移置會内，築亭覆之。前年北京聖公會史君，曾以最近拓本見贈。弘治碑殘闕七十餘字，即有關於考證之姓氏、地名、年號亦有剥落；正德碑殘闕較少。近吾人獲有康熙季年兩碑拓本，完全無缺；又有康熙二年碑記，並碑陰題名，亦名重建清真寺記；又獲有康熙六十年羅馬教士所繪寺内外圖二幀；又有道光末倫敦會士所録寺内扁額楹聯甚夥；又發見順治間一賜樂業人趙映乘著述二百餘卷；並得康熙以來中外學者關於考察此事之記載，及羊革經卷之源流：分十二章，詮述如後。

第一章　弘治碑之考證

此碑撰人爲金鍾，最近拓本，猶約略可辨。金鍾爲一賜樂業教人，正德七年，其人尚存。正德碑所稱金鍾修撰碑亭者，即弘治碑亭也。一賜樂業初來者，有李、俺、艾、高、穆、趙、金、周、張、石、黄、李、聶、金、張、左、白七十姓。今拓本尚有李、艾、金三姓可辨，餘均捶琢，則同治間回亂，及光緒間拳亂，一賜樂業子孫所毁滅以爲避禍者也。今可據康熙間拓本，一一補足之。七十姓或疑爲十七姓之譌，因碑中所列適十七姓，而教衆之知名者，又無在此十七姓之外也。且原碑「牟尼」二字，既可倒置作「尼牟」，則十七姓之倒置爲七十，亦或似之，然不可考矣。十七姓中兩李、兩金、兩張，姓同而族異，今汴人猶有七姓八家之説。

此碑及正德碑，均有「出自天竺」一語；今拓本天竺二字皆闕，似訪碑者以爲謬而捶落之者也。夫此碑所謂天竺者，不過以舊有名詞，擬西域極遠之處，猶之以盤古二字比阿躭，令人易明。否則弘治以前，未聞有猶太，苟以爲出自猶太，人且不知爲何地。撰者既未能創造新名，又不知元世已有术忽、斡脱之譯，則用天竺擬猶太，在當日未爲大謬。正德碑於天竺之下，加西域二字，較允當矣。

此碑之最謬者，謂阿無羅漢（亞伯拉罕）在周之一百四十六年，乜攝（摩西）在周之六百十三年。此則中西曆比儗之譌，亦非根本錯誤。且謂乜攝後於阿無羅漢四百餘年，並未爲謬。

惟此碑謂寺建於宋孝隆興元年癸未，考南宋孝宗隆興元年，即金世宗之大定三年，是時金人據汴，已三十八年。以汴人叙述當時汴事，應用金曆，而不用者，或猶有正統之成見。然今人叙述中國古事，援用西曆，亦所恒有，不足爲異。故正德、康熙碑，均相沿不改也。今拓本天順五年河水淹寺，天順二字闕，應補。

第二章　正德碑之考證

此碑有特應研究者：一，不用清真寺舊名，而改爲尊崇道經寺；二，撰者左唐，是否一賜樂業人；三，書丹者之高滂，何以訛爲高涍；四，此碑與維揚人，極有關係。

寺何以名清真？弘治碑解釋之：謂道必本於清真禮拜，清者精一無二，真者正而無邪；碑末並稱爲清真後人，一若與回教無別者。此碑則力避清真之説，全碑不獨無「清真」二字，且於「尊崇道經」四字，言之再四。計全碑九百餘字，「尊崇」二字凡六見，「道」字凡二十三見，「經」字凡十五見。元時此寺名「古剎清真寺」，明初呈請重建之公牘，猶用此名，觀弘治碑可見。此碑叙述此寺源流，至此亦削去「清真」二字不用，而單稱爲古剎，其排斥「清真」二字，至爲明顯。蓋是時回教寺亦已名清真寺，故左唐特易爲尊崇道經寺，以自别於回教也。

左唐，弘治丙辰進士，左爲十七姓之一，江都又爲一賜樂業族散居之地，記末又有「俾我後人」之言，其叙述道經傳授源流，歷舉阿無羅漢以後宗派，比弘治碑加詳而無誤，則唐之爲一賜樂業苗裔，殆無疑義。唐後爲廣東參政，嘉靖維揚志有傳，稱唐署司篆，性廉介，吏無所容奸，恨欲撓之，以出納事陷唐，唐忿而病，拊膺曰：平生砥礪名節，顧乃蒙垢若此！遂不食死。粵人倫以訓爲誌墓，直書其冤。撰碑時爲四川參議，乾嘉四川通志，均作「左居」，傳寫誤也。左唐之文，與金鍾之文，雅俗迥異。

篆額之徐昂，亦當時名士，與唐同里同歲進士。正德二年三月，宦官劉瑾，召羣臣跪金水橋南，宣示奸黨五十餘人，昂時爲給事中，與主事王守仁，即五十人中之一，皆海內號稱忠直者也。昂銜稱前吏科給事中，正其罷官家居之時。嘉靖初邮録舊臣，起昂爲廣東參議，見康熙揚州志。十七姓無徐氏，昂蓋非一賜樂業人也。

書丹之高涍，原碑涍字，今尚明晰可辨。惟正德以前進士題名録，並無高涍其人，祇弘治乙丑有高滂。余恐刻本有譌，嘗親至國子監，證之題名碑，高滂江都軍籍數字，幸尚完全無缺。明史劉瑾傳，有給事中高滂，頗致貶詞，謂其劾父高銓以媚瑾。然康熙揚州志，則又盛稱之，謂正德初瑾羅織大臣，逮銓下獄，滂伏闕請以身代，事得雪，仕至南京光禄寺少卿。以其時代爵里考之，則高涍之爲高滂，斷然是一非二。顧滂、涍二字，形雖相近，然係書丹者姓名，無論自書非自書，何至混用，誠不可解。十七姓中有高氏，淮南又有一賜樂業族，然無以證高涍之爲一賜樂業。若以爲即高滂，則其父詮，曾按察河南，並升布政，滂當隨宦汴梁，飫聞一賜樂業之教也。

此碑與維揚人極有關係：撰者、書者、篆額者，均維揚人，請經及出資修寺者，亦有維揚人。維揚之有一賜樂業，幸得是碑爲證。

嘉靖間汴人李濂著汴京遺跡志，於舊跡之湮廢已久者，亦以空名志之，曰使後之好古君子可以考見也。是故土市子街之樓，凡十餘所，土市子街東南之黄建院，土市子南街東之廣慧院，土市子街東北之打瓦尼寺，均已燬，均著於録。而在土市子街東南之一賜樂業寺，則獨不見著録。是書著於嘉靖二十五年，去正德立碑之年，不過三十四年，不應不知有一賜樂業寺，奇也。

第三章　康熙二年碑之考證

碑名重建清真寺記，與弘治碑同，原碑今不知所在。此據羅馬教士拓本，今藏徐家匯藏書樓。文爲祥符劉昌撰，昌天啓乙丑進士，記末稱，予汴人，素知一賜樂業之教，且與教人遊擊趙承基、大參趙映乘、醫官艾顯生，爲莫逆交，巔末頗能道其詳。則此碑不啻康熙以前之開封猶太教史也。無此碑則不知正德以後至清初猶太教之盛。惟劉昌於順治十六年修開封府志，十七年修河南通志，均職司評論，而兩志曾無一字道及一賜樂業教，何也？劉序通志有曰：予豫人，豫之志宜載筆以從諸公之後，而予方受命爲冬官長，不獲輔稗官野史之不逮，予滋歉已。然則所謂評論者虛名耳，昌於原志蓋未嘗寓目也。書丹者李光座，亦祥符人，順治己丑進士。篆額者侯良翰，河南蘭陽人，與教人趙映乘同爲順治丙戌進士。三人者，皆非一賜樂業人也。

碑稱阿躭爲盤古十九世孫，當係因弘治碑阿無羅漢爲盤古阿躭十九代孫一句而誤。碑稱五思達重建寺於元至正十六年，至正當爲至元，弘治、正德碑明謂至元十六年己卯重建寺，惟至元乃有己卯，至正無己卯也。一字之誤，相差幾八十年。劉昌本非一賜樂業人，其文自稱爲據舊記而作，其所敍述，少有謬誤，本可原也。

碑述一賜樂業教規儀，多用儒門術語，惟敍贖罪節一事，比二碑獨詳。曰：「秋末閉户清修一日，飲食俱絶，以培養其天真。」此即猶太教中最古最重之贖罪節也。其禮嚴肅異常，其期爲猶太曆七月十日，自届期之前一日日入時起，至本日日入時止，諸守節者咸避靜禁食，默思罪惡爲萬不可有之事，深自刻責以求上帝之赦宥。近今猶太人雖無聖殿，不能守此節，猶以七月十日爲禁食悲傷之日，不敢或渝。碑獨著之，可見劉昌於一賜樂業教，並非絶無所知者。

第四章　始至開封之時代

猶太教爲一種民族宗教，與由異族集合而崇奉之宗教不同；故其種族所至之處，即爲其宗教所布之處；知猶太族何時始至中國，即知猶太教何時入中國也。

猶太族何時始至中國，衆説紛紜：據弘治碑則言來自宋，據正德碑則言來自漢，據康熙碑則言來自周。然康熙碑所謂周時始傳於中州者，似因弘治碑考之在周朝二句，及正德碑稽之周朝一句而云然，未必確有所見。惟歐美人考猶太族傳來之路徑，謂其時代極遠。俄人維那古拉多夫云：以色列王時，猶太人恒旅行支那，支那猶太人古詩中，有推羅王希藍曾將支那帝所贈品物送往陀維之語，正當中國周昭王時也。

或又謂舊約以賽亞書四十九章之秦，即指中國，以是爲猶太古代與中國交通之證。此則當周平王之世，均與周時傳入中國之説吻合者也。

或又謂耶穌紀元三十四年（後漢光武建武十年），巴比倫有大戮猶太人之舉，疑猶太人此時至中國。或謂猶太人之至中國，當在紀元六十九年（後漢明帝永平十二年）耶路撒冷破滅之時。此則因正德碑有原教自漢時入居中國之文，而聯想及於漢代猶太人之被戮，其説本非無故。然猶太人之被戮，不止一次；耶路撒冷之滅亡，亦不止一次。當其被戮時，人民轉徙於波斯、阿富汗及中央亞細亞而至中國，亦事理所應有。但自漢至明，千有餘年，猶太人若久居中國，不應無一人一事一建築物足述。何以弘治立碑之始，於本教傳入源流，止溯於宋，而不及於宋以上？則謂開封猶太族來自漢者亦未可遽信也。故謂漢以前已有猶太人曾至中國則可，謂開封猶太族爲漢代所遺留則不可。猶之唐時景教曾至中國，然不能謂元之也里可温即爲唐景教之遺；亦猶之元也里可温盛極一時，然不能謂利瑪竇諸人即爲元也里可温之裔也。

及至唐世，歐亞交通漸盛，景教、回教，皆接踵而來，猶太人亦當繼至。亞剌比人亞布爾璽特東洋紀行有曰：唐末黄巢之亂（乾符六年事），因貿易而至廣府（支那通史譯作澉浦，謂是乾符四年事，非）之回教徒、猶太教徒、基督教徒、巴爾施等十二萬人，皆死於難。此足爲唐末猶太人至中國之確證，然其人以貿易之故，由海道來往廣州，不過僑寓一時，未必即爲永住。是猶太人之至中國爲一事，猶太人之是否永住中國又爲一事也。

今試以種種方法，證明開封猶太族爲非宋以前所至。宋敏求東京記，頗注意於祠廟，故寧遠坊之祆祠，亦見稱述，而於一賜樂業寺無聞。張邦基墨莊漫録於東京城北之祆廟，亦著其緣起，而於一賜樂業教無聞。清雍正間嘉興周城撰宋東京考二十卷，采摭關於宋時汴京掌故之典籍，至三百九十餘種，而不見有關於一賜樂業之事。即弘治碑一賜樂業族進貢西洋布於宋，及帝命遵守祖風留遺汴梁之語，亦未及載。足見宋時開封一賜樂業，尚無人能道，其非宋以前所至，可斷言也。

猶太族之見於漢文記載者，莫先於元史。元史文宗紀天曆二年詔僧、道、也里可温、术忽、答失蠻爲商者，仍舊制納税。术忽即猶太族也。元史語解易术忽爲珠赫。元代术忽，散布不止一處。順帝紀至正十四年，募各處回回、术忽殷富者赴京師從軍是也。术忽，或稱主吾，又稱主鶻。順帝紀至元六年監察御史世圖爾言，宜禁答失蠻、回回、主吾人等叔伯爲婚姻。楊瑀山居新話杭州砂糖局糖官皆主鶻、回回富商。主吾、主鶻，皆术忽之異譯也。然元以前無聞焉。馬可孛羅遊記，稱北京、杭州各處，多有猶太人居住。馬可東遊之日，正至元十六年（一二七九）重建本教寺之時，其時猶太族初來，未改漢姓，故馬可一見能辨。元以後則漸改漢姓矣。

咸豐初有教士購得開封猶太人譜牒一本，中有希伯來名，亦有漢名。弘治碑謂李、俺、艾等姓進西洋布於宋，俺都剌始建寺，此必譜牒所傳，故能言之鑿鑿。當其始至，尚沿猶太氏族，歷元迄明，乃改漢姓。故宋時始建寺之俺都剌，必爲猶太氏名。明初啢喇有俺平徒，永樂中又有醫士俺誠，誠賜姓趙氏，自後俺氏遂罕見。正德碑言重建寺有俺、李、高，有姓無名，則其人亦不顯。由此可見開封猶太人改漢姓之痕跡。再證以李氏，李氏明初極盛，李爲漢姓，而猶太祭司長例選利未派掌之，弘治碑所謂列微五思達領掌其教是也。列微今翻利未。明初𠱥喇十四，李氏殆占九人，𠱥喇者猶牧師也。清初補纂殘經，亦賴掌教李氏。李氏爲明初利未派所取之漢姓，可以其事、其人、其音三者證之，其去入居時代，未爲甚遠。

至於一賜樂業之名，則起於明中葉。如德亞之名，則見於明末清初。猶太之名，則見於清道光以後。术忽之名見於元。元史譯文證補又謂元經世大典之斡脱，即猶太。元史世祖紀及元典章新集，均見有斡脱，斡脱之果否爲猶太，未詳。然元以前亦未聞有斡脱之名也。宋時猶太本土，爲回教徒所據，三百餘年，待猶太人至虐。阿剌比人之後，又據於土耳其人，十字軍之役，即因是而起。十字軍未興之前，猶太族多已出亡在外，其永住中國，當在此時也。

至其移住時之或由海道，或由陸路，雖無可考。然弘治、正德兩碑，均言出自天竺。細察其經卷，有似波斯體格之書法，又有似波斯製品之絲紙，寧波有經，維揚有經；當是時東西海舶已通，其途徑與波斯賈胡之出波斯灣經印度洋而至中國東南各省者極相類。西人謂吾國河南、江蘇等風俗，有極類猶太人者，如結婚之舊儀，及衣料中不以毛類與棉麻等物相雜，實爲猶太族之習慣。又江蘇徐州屬有亞當夏娃之廟，亦似與猶太人有關係。更證以弘治碑貢西洋布之説，則謂爲由海道而來，較有根據。然當回教據巴勒斯坦後，猶太人之散居於印度及中部亞細亞者，所在多有，證以寧夏金氏，代有聞人，則謂其循天山南路而來，亦非無説。

第五章　與回教之異同及挑筋教之名所由起

猶太教與回教不同，人或混視爲一。推原其故，則回教爲吾人所習見，回教寺名清真，一賜樂業寺亦名清真。正德碑力避清真之名，正以此故。開封猶太族，面目與漢人特異，而習俗與回教略同：回教奉祀一神，一賜樂業亦奉祀一神；回教守安息日，一賜樂業亦守安息日；回教每日五時禮拜，一賜樂業亦每日三時禮拜；回教行割禮，一賜樂業亦行割禮；回教不食豕肉，一賜樂業亦不食豕肉；回教能書記者謂之毛喇，一賜樂業亦謂通經者爲滿喇；正德碑叙述先世，有阿躭（亞當）、女媧（挪亞）、阿無羅漢（亞伯拉罕）、以思哈戫（以撒）、雅呵厥勿（雅各）、乜攝（摩西），回教叙述祖師，亦有阿丹、努海、易卜臘欣、易司哈格、葉而孤白、母撒：以此種種，局外人容易混視。今開封人稱一賜樂業爲青回回，或藍帽回子者，因其用於儀式之纏頭布及靴等，皆青藍色，與回教徒之用白色者殊，亦知其有別也。回教與一賜樂業教，源同而流異。一賜樂業之爲教，遠在回教之前。回教興後，一賜樂業子孫乃屢被征服。今回教經典中所稱爲朱乎得者，即一賜樂業人也。

何以稱爲一賜樂業(以色列)？創世記三十二章，載雅各夜濟雅博渡，遇一人，與角力，迄於黎明，傷雅各髀，請罷。雅各曰：不爲我祝嘏，不能罷。曰：汝何人？曰：雅各。曰：汝今後不必稱雅各，當稱以色列。雅各曰：汝何人？曰：奚必問。遂就地爲雅各錫嘏。雅各悟，因名其地爲便以利，曰與上帝覿面也。自是雅各之髀，遂傷其筋，以色列人因不食牛羊之筋，以爲紀念。開封以色列人，至中國千年，今猶守其故俗，拔筋而食。相傳寺之庭北，原有廣場，即挑筋之所。此挑筋教之名所由起，所以異乎回教也。然其人不食豕肉，又每執牛羊屠之業，又與開封回人雜處，不與漢族通婚，晚近間有娶回人女者。族姓日就式微，久無掌教滿喇，爲之誦經祈禱，投入回教，在所不免，然究與回教不相容也。

第六章　人物之大略

一賜樂業人物，明以前無聞，清康熙以後亦無聞。非無聞也，無記載也。即有記載，如嘉靖維揚志之左唐，道光福建志之趙映乘，苟無此二碑爲證，亦無以知爲一賜樂業。今吾人能在祥符志中搜出一賜樂業人者，賴有此數碑耳；不然，亦第知其爲祥符人而已。正德碑稱當時一賜樂業，有進取科目，顯親揚名者；有布列中外，致君澤民者；有折衝禦侮，盡忠報國者；有德修厥躬，善著一鄉者；有工精於藝，商勤於遠，而名著江湖者；又稱業是教者不止於汴也。則有明中葉一賜樂業之盛，可以想見。惜碑中未能一一舉其名，又無人焉爲著一賜樂業人物志，如京口耆舊、百越先賢之類，致令後世考古者，無從憑藉。今祇得據各碑所録，疏舉其大略而已。

明初李氏最盛。熟誦正經，諳希伯來文，堪稱爲滿喇者，有李誠、李實、李貴、李節、李昇、李綱、李榮、李良、李智等九人。李榮並於正統、天順兩次修寺，曾出鉅資；天順間請經寧波，李榮亦與有力，則固一富有能力，而又極高壽之人也。崇禎壬午，水毀經卷，能將佚經參互考訂，修補完備者，爲掌教李禎，及滿喇李承先，則李氏之家傳，亘數百年而未墜。弘治碑之十七姓，康熙碑之七姓，均以李氏爲魁首。前章謂李氏爲一賜樂業列微支派所取之漢姓，豈不然歟？

其次爲艾氏。艾氏明初有滿喇二人，曰艾端、艾敬。又有艾俊者，正德丁卯舉人，官德府長史。德府者，英宗第二子見潾，初國德州也。艾田，萬曆癸酉舉人，官知縣。艾儒略撰利瑪竇行跡云：中州都會，原有教堂，乃如德亞（即猶太之明譯）國所傳天主古教。適其教中艾孝廉計偕入京，造訪利子，利子將經典大全一部（即舊新約），係如德亞原文，並附譯大西文字示之。艾君誦讀其文，深喜而拜焉。此所稱艾孝廉，即艾田也。艾田蓋亦諳希伯來文者。道光末西士所録寺中楹聯，有艾田所撰一聯，其孫艾顯生重刊之。顯生父應奎，乾隆祥符志有傳。奎字文所，好文，稱良醫，精脈理，療病多中。顯生繼父業爲醫官；弟達生，滿喇；復生，康熙二十七年，自爲楹聯多副懸於寺。艾世德，亦祥符志有傳，少拾遺金，候其人還之，官旌其門。康熙碑陰題名，捐貲者艾姓人特多。

其次爲趙氏。趙氏明初不甚顯，天順間有寧波趙應，捧經一部，至大梁歸寺。先是一賜樂業有醫士俺誠者，永樂二十年以功賜姓趙氏，授錦衣衛指揮，升浙江都指揮僉事。趙應是否俺誠之後，不可知也。清初趙氏大顯，趙映乘字涵章，順治丙戌進士，乾隆續修河南志、道光福建志，均有傳。余藏有映乘殿試策原本。殿試之年，映乘二十八歲，由廩膳生中式順治二年舉人。曾祖良荆，祖子才，父光裕。由此推之，映乘蓋生於萬曆四十七年己未，康熙二年立碑時，映乘四十四歲也。順治七年，映乘由刑部郎中出爲福建漳南道按察司僉事。時八閩初定，張恩選負險自固，永定蘇榮、朱以泰據苦竹鄉。映乘繪劫難圖三十册，上巡撫張學聖，慷慨誓師，偕遊擊賀國相，直擣榮寨。榮等既擒，恩選竄死。乃購民居，闢講議堂，延師課士，理滯獄。民苦兵革，驟聞書聲，比諸景星慶雲。以丁内艱旋里，倡復本教寺，並自將佚經纂成全經一部，著聖經紀變紀其事。

近吾人新發見映乘著有四竹堂紀異二百四十卷，順治開封志未著録，康熙三十四年開封志著録藝文續編，乾隆四年祥符志著録乙部史類。如此巨帙，四五十年，不至湮滅，何以乾隆纂四庫時，不見進呈？未識今日汴梁故家，尚有藏焉者否？若得是書而讀之，當不獨於一賜樂業源流，有所考證已也。願與海内共誌之。康熙初映乘轉湖廣江防道，卒於官。

映乘弟映斗，順治間拔貢，知雲南宜良縣，有功於本教經寺之修復，著明道序十章，寺内有所題聯扁；映衮，康熙間貢生；映黻早卒，妻高氏，苦節四十餘年，見祥符志。映乘父光裕，以二子貴，贈如子官。寺外大牌坊，有光裕所立扁。趙承基，大梁道中軍守備，陝西固原西路遊擊，清初興復本教寺之主動者。劉昌碑記，即承基所請。

其次爲金氏。金氏人不多，然分布最廣。弘治間寧夏有金瑄、金瑛兄弟，爲當時修寺之施主。瑄先祖任光禄寺卿，伯祖勝，任金吾前衛千兵。祥符有金鍾、金禮，金鍾生員，爲弘治碑之撰人，金禮爲立碑之施主。正德間寧夏有金潤，潤立正德碑亭。維揚有金溥，溥請道經一部，立二門一座。是寧夏、祥符、維揚，皆有一賜樂業之金也。清初有金之鳳，立萬歲龍樓。金應選，與同族共修道經一部。則清初金氏，澤猶未斬。

其次爲高氏。高年宣德間貢生，正統間任徽州歙縣知縣。天順間有高鑑，與於寧波取經之役。成化間有高鋭、高鋐，捐資增築藏經殿。崇禎末被水，教衆流離河朔，貢生高選，承父東斗命，渡河入寺，搜取遺經，往返數四，獲道經數部，修纂者始有所依據，厥功甚偉。又有生員高維屏及高登魁兄弟，對於本寺之興復，始終經營其事。

統計十七姓之見於三碑者：李、艾各十四人，趙十人，高九人，金八人，俺、張各三人，石二人，左、周各一人。左唐即正德碑之撰者，已見前章。穆、黄、聶、白四姓，無知名者。清初七姓，則李、趙、艾、張、高、金、石也。

第七章　寺之沿革及康熙季年之景況

寺始建於金，始修於元，歷明迄清，凡五百年，修建者凡十次，大抵與河患有關，與本教之興衰亦有關。今試臚列其修建年代：

金世宗大定三年，即南宋教宗隆興元年，始建寺。一修於元至元十六年，寺門顔曰「古刹清真寺」。次修於永樂十九年周定王。周定王者，成祖母弟橚，洪武中就藩開封，雅好醫術，撰救荒本草八卷，普濟方四百二十六卷。永樂十九年，有告𣊬反者，召至京，示以所告狀，𣊬頓首謝死罪。帝憐之，不復問。𣊬歸國，即獻還三護衛。傳令教人醫士俺誠賜香重修本教寺，寺中遂奉大明皇帝萬歲牌。不知俺誠何以有德於𣊬也，然誠固醫士，必與於普濟方編纂之任，可斷言者。三修於正統十年。四修於天順五年河水淹没之後。五修於成化間，始增建藏經殿。六修於弘治二年，即立弘治碑之年。七修於正德七年，八修於康熙二年，均有碑。九修於康熙十八年，教士某曾在寺中搜得殘碑一，碑額題曰「祠堂述古碑記」，碑起處清真寺趙氏重建云云，碑末行康熙十八年云云，尚可辨，參以扁聯，是年應修寺一次。十修於康熙二十七年，是年有新題楹聯甚多。

康熙四十一年，羅馬教士郭氏至開封，有所記載，曰：開封有猶太教寺一，爲豫省大府奉詔所修。教衆凡二三千人，羣呼爲挑筋教徒。每安息日則誦經禮拜於寺中，其人仍守割禮，並守逾越構廬等節。寺中央供萬歲牌，兩旁有希伯來文，其左書曰以色列族聽之哉，爾之上帝耶和華惟一而已；其右書曰爾之上帝耶和華，乃諸神之主，萬王之王，巨能可畏，不偏視人，不受私獻。其文蓋出於申命記。萬歲牌之前有高椅，曰摩西椅，上敷繡縟，爲掌教説教時安置教經之用。寺中藏有摩西五經及先知馬拉基撒加利亞之書。

康熙六十年杜教士有手繪之開封一賜樂業寺圖二幀：一爲寺之全形，一爲寺後殿之内部，大可助吾人之考究。吾人讀康熙二年碑陰題名，見有所謂教祖殿、聖祖殿、尊經龕、北經堂、南經堂、焚修住宅等，皆莫知其方向及位置所在，得杜氏之圖，正如讀儀禮者之有釋宫有圖，求諸文辭而不得，則可以按圖而索也。據圖，全寺深約四百尺，廣約百五十尺，東向。四周大圍牆。進東街柵門，則見有大牌坊，坊有敬天祝國扁，是爲大門。大門左右有花牆。大門内有甬道至二門。二門内爲大院，中亦有牌坊，左右有碑亭。亭庋弘治、正德碑。兩旁有横門，門通焚修住室。碑亭後有石獅銅鑪之屬，是爲前殿。殿前月臺石欄極壯觀。殿旁兩廂南北向者爲誦經堂，亦名講堂。北講堂之西爲厨房。殿左右東向者爲教祖、聖祖殿。殿後有行廊通後殿。殿深六十尺，兩壁皆窗，前有燭臺供桌，旁有盥手盤。中有壇，壇置高椅。椅後爲萬歲龍樓。樓後最深處爲尊經龕，龕藏新纂而最古之摩西五經一部，龕前有幔，極麗。兩楹有經櫥，櫥置續修之摩西五經十二部。壁左右有金字希伯來文，書摩西十誡。殿頂有通天之牖。

凡此皆康熙季年之景況。乾隆四年祥符志，載舊縣城圖，東嶽廟之西有清真寺。所謂舊圖者，順治十八年祥符志之圖，其時一賜樂業寺新修，故圖著之。元初建寺在土市字街東南，東京夢華録潘樓東去十字街，謂之土市子是也。咸豐間更名挑筋教胡同。近警廳以其名不雅馴，又已改爲前教經胡同及北教經胡同矣。

第八章　遺經之源流及現在

弘治碑言正經一部，五十三卷，當是摩西五經。摩西五經者：一創世記，傳自太古，修訂於摩西，次出埃及記、利未記、民數記、申命記，則摩西受天啓而書者也。時在殷之沃丁、祖甲間，摩西命猶太祭司長，敬置此經於神櫃之旁，每安息日向以色列民講誦。後人將此書分爲五十四卷：自第一至十二卷爲創世記，第十三至二十三卷爲出埃及記，第二十四至三十三卷爲利未記，第三十四至四十三卷爲民數記，第四十四至五十四卷爲申命記。此云五十三卷，其分合或有不同也。

明天順以前，開封本寺，祗得道經一部。天順間石斌、李榮、高鑑、張瑄往寧波取經一部；寧波趙應，又賫來一部。於是汴梁遂有道經三部。成化間增建後殿，即爲藏經之用。正德間維揚金溥又請來一部，至是遂有四部。此尊崇道經寺記所由作。請經之金溥，與撰碑之左唐，固里人也。

正德以後，其教浸盛。百年之間，道經由四部增至一十三部，則其教衆之多可知。崇禎十五年，道經盡没於水，高選撈獲七部，李承俊撈獲三部，然多漫漶模糊，經掌教李禎、滿喇李承先，參考互訂，乃得全經三部。其後艾、趙、高三姓各修二部，金、石、李、張四姓各修一部，而十三部遂復舊觀。

康熙末及咸豐初，意大利教士及倫敦會教士所見，即崇禎十五年以後所修之本。其間最古之一本，應爲弘治碑所稱者。其次爲寧波之二本，又次爲維揚之一本。然原本經水後均散失，諸西士所見者，乃由數本湊合而成，或修補而成者耳。

據貝教士所見，有一卷字大而清晰，其字體半似比國安懷士城之希伯來文聖經，半似一五三一年（嘉靖十年）在波蘭韋敦堡所印之希伯來迦勒底語辭典。其字下端無點，惟上端則有多點。據高教士說，他處所無者也。

今諸經四散矣，然失之於開封，猶可得之於世界。據康熙碑道經十三部，今所知者已有十部爲歐美人購去。歐人之知有開封猶太教，始於明萬曆利瑪竇諸人。其時猶太族尚盛，直至康熙二年重建寺後，猶太族仍未衰落，故康熙末年西士遊汴，尚不聞有購得遺經之事。遺經之出售，實始於咸豐元年，斯時寺址雖存，然棟折榱壞，塵封積寸矣。於時倫敦會士購得遺經六卷。據所稱述，其中一卷，與他五卷絕異，字跡卷面，均有特徵，並有水痕，接縫不齊，綫裝不舊，前葉最末之字，或重出於後葉之首，前後字跡，亦不一律，細心考察，知爲兩卷以上之散葉所湊成也。

其餘五卷，大小不等，均以厚革爲之，不甚殘舊。各卷之末革，均有希伯來文符號，以是知其原屬第幾卷，及在經櫥中排列之序次。計所購者，係第二第四第五第九第十二各卷。第二卷由一至十九革，每革上角，均有號數。其他四卷，則每革並無號數，衹在末革注明本書之總革數而已。第四卷七十九革，第五卷七十五革，第九卷四十七革，第十二卷六十六革。革數雖各卷不同，然每卷之段數，則均爲二百三十九。其段數同而革數不同者，則因其每段之大小疏密有異也。

第二卷每段寬九英寸，餘卷有不過三寸者。每段有四十九畫痕，每痕之距離約半寸，此畫蓋以鋼筆或木筆爲之。史記所謂安息之俗，畫革旁行，以爲書記者也。

第二卷外，每段首尾之字均同，並無點句。第二第四第九及最古之卷，每字之上必有點，惟第五及第十二卷無之。

五卷皆有添注塗改之跡，尤以第二及第十二卷爲甚，幾至每段必有，且有刮去革面，然後重寫者。有兩卷係以舊革洗去原字，改寫新字，其原字猶隱見行間。

第九卷曾寄存香港圖書館，係貝教士及哥教士所寄存，而非贈與者。或謂第九卷之前八革，早已寄往倫敦也。餘五卷，一藏英國倫敦會，一藏英國博物院，一藏牛津博物院，一藏劍橋圖書館。尚有一卷，藏處未詳。同治五年，在劍橋研究，西拉氏謂此卷爲一惡劣書手所書，字體雖端正，而訛謬極多。

同年美教士丁韙良遊開封，購得二卷，以一卷寄其友威廉，威氏轉贈美國耶盧圖書館。伊勒氏謂光緒初奥國公使，曾購得一卷，寄奥國圖書館。光緒末上海羅馬教士亦購得一卷，此卷與右所述之諸本相仿。至是共購去十卷，應尚有三部，爲何人購去，或仍在開封，或已經湮没，則且待將來之考見。

第九章 方經散經之内容

康熙碑稱寺中有方經散經數十册，爲前二碑所未聞。方經散經，究爲何物，頗耐探討。大别言之，則教律、教規、禮儀、祈禱文書，及猶太年表、日曆、節令、開封猶太民族譜牒之屬，本不可謂之經，然因教衆相傳，虔誦珍守，故亦統謂之經。

正經散經，均用羊革書寫，爲上古式，兩端有軸，上下有柄，以便卷舒。方經則用厚紙編訂，如今書本式。自崇禎水患後，方經大都漂逸，即有存在，亦多霉爛，不可復誦。惟正經散經，漂流未盡，質亦較靭，收拾叢殘，尚堪補續。是以高選入寺取經，祇得正經七部，散經二十六帙；李承俊亦祇救得正經三部；均未聞拾得方經，職是故也。

自是而後，道經十三部，既經修復，方經散經，亦逐漸編補如舊。據高氏所記，寺内有古櫃數列，藏經卷甚多，大約分正經及教規二種，新舊各半，亦有已抹破者，類爲希伯來字，寺僧用以祈禱者也。

杜氏所見，亦數十卷，前半述教主歷史，後半述教規教務，章數不多。寺僧當教中節期，則取而誦之。散經中有禮拜儀式，每禮拜五十或五十二册，其字甚大。此種儀典，大約採自聖經。

咸豐間某教士購得方經散經八卷，其形甚舊。内有摩西五經散葉，其紙甚厚，絲面，似來自波斯；又有教經鈔本，及新鈔教經散篇，又有教禮，及開封猶太人族譜；又見有方經五十七卷，尺寸甚小，其紙乃數層薄紙所粘疊，字體不甚端正。教規分五十三類，三十三小本，每規一本，或二規一本，約七八本。書者疑波斯人，因其字有波斯體格。

開封猶太族譜，區分男女，均用希伯來字爲名，多數亦有華名。卷末載祈禱文一道，曰：保佑譜内之人，咸登天與七聖同座。七聖者：一阿伯拉罕，二以撒，三雅各，四摩西，五阿倫，六以利，七以利亞也。

教禮所載，有寺内應守之禮，有節日應守之禮，有祈禱之儀。

有一卷爲猶太年表及日曆，有一卷載普珥節之儀式及祈禱文。普珥節者，猶太人脱離哈曼分割之紀念節。其餘皆每日所應誦之經文也。

纂經者爲一篤守教規之人，每卷之末，必有文曰某某敬録。

第十章　扁額

扁之爲制極古。説文曰：扁，署門户之文也。元王士點有禁扁五卷，述唐虞以來宫殿禁苑諸名。楹聯雖見於五代，然論其體格，則自有詩歌，即有對句，來源亦遠。英人高葆真撰述古導今録，謂扁聯之制，肇自迦勒底，迦勒底固阿伯拉罕之祖國，近年發見迦勒底古碑，頗有對仗文法，創世記即有左右相對之文云。慨自古籍淪亡，考古者每進而求之金石，或更進而求之磚瓦骨甲，皆以其爲文字所存也。則將進而求之於木，亦勢所必趨。今考開封猶太教而採及扁聯，猶此意也。

扁二十三方，始順治十三年丙申，迄康熙十八年己未。碑立於康熙二年，而寺則建於順治十年以後。中有二扁，題順治十五年奉旨創建，則西士記載謂此寺爲豫省大府奉詔所修者亦非無見也。可異者題扁諸人，多爲順治十六七年纂修開封府志及河南通志之人。是時一賜樂業方盛，稱滿喇者，尚有五人，尚有掌教，尚有教衆二百餘家。而二志竟無一言半辭提及此寺，前篇言劉昌爲修志評論，然其人不在汴，猶有可原。惟徐化成先爲汴臯，中爲汴藩，後爲汴撫，在汴十餘年，每進一階，即題一扁，其於一賜樂業寺，不能謂爲不知。兩修河南通志，一修開封府志，均董其事，兩通志均有自叙。其續修通志序且有曰：梁世爲名勝地，公卿遊宴，仙釋往來，各有勝區，今皆湮没不存，後人即欲仰其流風餘韻，將復何賴？余竊痛之。比年來博採輿論，雖前此佳址，委於泥沙，猶不没其名，志所自始。此亦憑弔往哲，兼存二氏之微意。吾不知其所謂仙釋，所謂勝區，所謂佳址，所謂二氏者何等？一賜樂業，近在咫尺，來自萬里，足爲汴梁特色，豈猶不值一紀？其所題扁，既知爲「教宗無相」，「皇穹淨業」，「潔清教主」矣，獨何所憚而不著於録耶？

教法天真　順治丙申孟冬月穀旦河南分守大梁道左參政王原膴題

此扁在尊經龕前。原膴，直隸真定人。

敬天祝國　順治丙申孟冬月吉旦開封府知府席式題

此扁在前殿。式，陝西咸寧人，順治己丑進士，十六年修開封府志提調。

教本於天　順治丙申年仲冬月吉旦欽差河南興屯道右參議胡士梅題

士梅，金州貢士。

昭事上帝　順治丙申年季冬月吉旦祥符縣知縣楚陽錢象乾題

象乾，湖廣舉人。

昊天上帝　順治歲次戊戌三月穀旦奉旨創建

此扁在二門内牌坊，當爲賈漢復奉旨建。

日監在兹　順治歲次戊戌三月穀旦奉旨創建

教宗無相　順治十五年歲次戊戌季冬吉旦欽差管理河道兼管水利河南按察司副使加一級

徐題

徐，當是徐化成，昌平貢士，順治十六十七年修開封府志、河南通志提調，康熙九年續修河南通志總裁。

奉天宣化　順治辛丑孟冬之吉晉陽賈漢復題

此扁在尊經龕右旁。漢復，河南巡撫，順治十六十七年修開封府志、河南通志總裁。

皇穹淨業　康熙癸卯孟夏吉旦藩使北平徐化成題

西來至道　康熙甲辰蕤賓穀旦三韓王來用題

來用，分守大梁道，順治十六年修開封府志提調，十七年修河南通志協理。

敬畏昊天　康熙九年歲次庚戌季春吉旦文林郎知雲南府宜良縣趙映斗謹題

此扁在二門上。映斗，拔貢，一賜樂業人。

無象法宗　康熙九年歲次庚戌仲秋吉旦福建布政使司分守興泉道右參政李光座題

原文疑是「法宗無象」，傳寫倒置。光座，祥符人，康熙二年碑書丹者，順治己丑進士。

潔清教主　康熙壬子蒲月上浣之吉楚撫北平徐化成立

明鏡堂　康熙丙辰仲春吉旦祥符令錢江沈叙題

此扁在誦經堂上。叙，錢塘舉人。

敬天祝國　大清康熙拾柒年孟冬之月吉旦誥贈文林郎知雲南雲南府宜良縣知縣奉政大夫福建兵巡道按察司僉事趙光裕立

此扁在大門外牌坊。光裕，映乘映斗父，以子貴，贈封如子官。

尊經修紀　大清康熙拾柒年孟冬之吉誥贈文林郎知雲南府宜良縣知縣奉政大夫福建兵巡道按察司僉事趙光裕立

清真教主　康熙己未夏日華亭沈荃書

此扁在後殿旁。荃，順治壬辰進士，十三年分巡大梁道，十六年修開封府志提調，十七年修河南通志編纂，康熙元年丁憂回籍。他扁皆言題，此獨言書。己未爲康熙十八年，時荃離汴已久。

靈通於穆　順治十五年三月建

欽若昊天

此扁疑是奉旨建。

清真寺

此爲大門扁。

至清殿

此爲前殿扁。

至教堂

此爲後殿扁。

福

此扁在大門外牌坊。

第十一章　楹聯

共十七聯。康熙二年碑言寺之牌扁對聯，皆各衙門宦遊河南者之所書。可知康熙二年以前，尚有扁聯。此所録者，康熙二年以後者耳。然扁多爲宦河南者所題，聯則皆教中人所題。雖有數聯爲沈荃所書，亦未必即爲沈荃所題，不過荃以書名，曾宦大梁，與教中人有舊，因倩之書耳。

識得天地君親師，不遠道德正路。

修在仁義禮智信，便是聖賢源頭。　文林郎宜良令趙映斗謹題

此聯在前殿窗旁，當是康熙九年題，因映斗有康熙九年扁也。

有不滯象，無不淪虛，道更在有無之外。

禮自尊天，義惟法祖，心常存禮義之先。　丙辰冬月上浣吉旦教人艾世德沐手敬書

此聯在後殿大柱。丙辰，康熙十五年。世德行誼，見乾隆祥符志孝義傳。

祖獨承天，敬天因而念祖。

生能止殺，戒殺所以尊生。　華亭沈荃書

此聯在後殿前柱，與後二聯當是康熙十八年書，因荃有十八年所書扁。

對太空以爇栴檀，都忘名象。

迎西土而抗嗜慾，獨守清真。　華亭沈荃書

此聯在尊經龕最近二柱。

自女媧嫿化以來，西竺鍾靈，求生天生地生人之本。

由阿羅開宗而後，中華衍教，得學儒學釋學道之全。　雲間沈荃敬書

此聯在二門。

生生不已常生主。

化化無窮造化天。　尊教弟子艾應奎沐手敬題

應奎能文精醫，見乾隆祥符志方技傳。

天經五十三卷，口誦心維，祝皇圖於鞏固。

聖字二十七母，家喻户曉，願社稷以靈長。

奉教弟子艾田沐手撰本支孫艾顯生敬述重刊

此聯在明鏡堂，即誦經堂。田，萬曆元年舉人。利瑪竇行跡言：有艾孝廉計偕入京，造訪利子，係中州如德亞古教後裔。即此人也。顯生，應奎子，亦精醫。

由阿羅而立教，法宗無象。

自默舍而傳經，道本一中。　尊教弟子艾復生薰沐敬題

復生，顯生弟。

統天地人物而著經，綱常倫紀，秩然千古，道德居名象之先。

合干支五行以成字，禮樂文章，燦乎百代，點畫在圖書之始。

戊辰秋菊月上浣之吉尊教弟子艾復生沐手敬題

此聯當在經堂。戊辰，康熙二十七年。

春祭採生，秋祭報成，不敢忘天地生成之義。
尊祖於殿，祀宗於堂，亦以盡侑享祖宗之思。
戊辰秋菊月上浣之吉尊教弟子艾復生沐手敬題

此聯當在聖祖殿。

道源於天，五十三卷，備生天生地生人之理。
教宗於聖，二十七字，得傳心傳道傳學之微。
戊辰秋菊月上浣之吉尊教弟子艾復生沐手敬題

曰明曰旦，昭事惟嚴。
本天本祖，奏格匪懈。　尊教弟子艾復生沐手敬題

教學合尼山，人物本乎天祖，冬至而修，恪守先王閉關之典。
字畫宗庖羲，義理包乎法象，七日而齋，得其復見天地之心。
戊辰秋菊月上浣之吉尊教弟子艾復生沐手敬題

此聯當在焚修住室。

爲化爲育，理備化育之全。

積氣積形，道居形氣之先。　戊辰秋菊月上浣之吉尊教弟子艾復生沐手敬題

統天地人物以爲道，不尚名象。

合君親師友以立教，非涉空虛。　尊教弟子艾復生沐手敬題

仰瞻造化天，敢不起恭起敬。

俯拜長生主，自宜潔體潔心。

此聯在後殿横窗兩旁。

帝命曰明曰旦，銀燭煌煌，仰俯照臨之有赫。

純嘏維馨維清，紫檀裊裊，肅將芳烈之寅修。

此聯在後殿旁柱。

第十二章　道光末葉至今日之情形

開封一賜樂業教之衰，當在道咸以後；其寺之毁，當在同治以前。道光末有倫敦特傳道於猶太人之教會，託上海同會派華教士二人親往開封，調查其事。斯時寺尚未毁，猶太人尚有三百餘名，但已無復能誦希伯來文者。因拓得弘治、正德碑各一，並將寺中扁額楹

聯等録出。開封猶太寺扁聯之發見於世，自此始也。

道光二十九年，河水氾濫，開封猶太寺應被沖毁。然咸豐元年，士蔑氏有遊汴日記，刊於同年陽曆八月十六日上海英文日報，述購經事甚詳，可見當時禮拜寺尚未全毁。至咸豐十年，河水復濫，寺之毁當在此時矣。同治六年，美人丁韙良氏至其地，則寺已鞠爲茂草。丁氏記之曰：余由京師赴上海，特繞道至開封，訪猶太教之遺跡。有回民引至一空地，則寺已傾圮，片木無存，衹見二碑矗立。猶太人聞余至，紛來聚觀。詢之，曰：迭經水患，寺久失修，無力重建，已將木材變賣，石碑外衹存古經數卷而已。無師講誦，亦無禮拜，亦無所謂割禮。遺民七姓，人約四百，貧苦不堪，歸回教者有之，與漢人同化者有之。余爲低徊太息，因立碑下，與講彌施訶降生之事，咸蒙然罔覺。乃購遺經二卷而返。聞附近回教寺有黑板，上書以色列文字，爲猶太教遺物，猶太族時詣彼祈禱云。

光緒季年，余嘗兩至開封，然未一訪猶太教之遺跡。宣統二年，吾友張君蔚西嘗訪之，著大梁訪碑記。聞余研究此事，特以原稿相示。其略曰：余向聞開封城内有猶太遺民，庚戌正月，由洛陽東抵開封，遍詢汴人，莫能言其所在。乃訪諸福音堂，教士柯君爲言碑在草市後，地名挑筋教衚衕。至則低地一區，瓦礫叢雜，不見有所謂猶太教碑者。已而擔夫指東北隅蕙席圍中，乃其碑也。搴席讀之，碑固完好，所殘缺者不過數十字。余擬抽筆録其文，倏有老人者自言爲趙姓，本挑筋教徒，其家固藏有此碑拓本。余因相與訪其居。既至門，則呼其侄出迎，一切起居狀態，祀先敬祖，與漢民無殊。然諦審之，則高鼻深目，與高加索種相彷彿。叩其源流，亦娓娓而道。曰：我輩之去祖國，年代渺遠，不可知矣。始來此土凡七姓，曰趙、金、張、艾、高及二李，都八家，繼而張姓不知所往。現存六姓，人口約近二百，多操小本營業。婚嫁固必取同教，然以貧富相懸，不能盡拘也。唯謹守挑筋遺規，雖血縷肉線，必淨盡焉。清真之旨，遠過回教。教中經卷，我祖我宗，皆以金筒貯之，藏諸聖寺。七十年前，有武生高某者，拆毀寺屋而賈其材焉，教衆無如之何。聖寺既毁，久之官乃並欲奪我地，移我碑，我出死力爭之乃罷。前年英國潘君，遊方至此，撫慰我輩，並爲我輩攝影而去。我因以金筒贈之，迄今數年，又復無耗。我將行賈上海，訪我教親云。

民國元年，此寺遺址，遂爲加拿大聖公會所購，擬築醫院。事前教衆頗有爭議，經商會出爲調處。又聞開封東關古剎十方院，有石獅一，雕刻精細，係猶太寺遺物。據康熙二年碑陰題名，則此石獅固艾姓所捐建也。

民國四年十月，基督教衛生道德研究大會，開會於河南。英人季理斐君任主講，著《參觀猶太教遺跡記》。曰：旅居上海之猶太商人，素稱富厚。憫開封猶太教之式微，曾招集開封猶太教育年，來滬學習希伯來文字，欲復興其教，意甚善也。今開封猶太人，婦孺共計，尚有一百二十餘人，成丁者約三十人。此最近之調查也。

上海徐家滙管教士，有法文著述，搜集開封猶太教史料頗衆，民國元年出版。始余聞汴人時君經訓，對於此事，有所討究。因與時君約，互换其所獲，以相印證。時君自言所獲多口説，余所獲則文字爲多。民國八年春曾録副寄時君，時君久未克有以報我，乃先披露余所獲於東方雜誌。民國九年十月，重整其稿單行焉。圓庵居士陳垣識於北京象坊橋東之寓廬。

〔寫成於一九一九年十一月。先載於東方雜誌第十七卷第五、六、七號（一九二〇年二、三、四月）。一九二〇年十月，重新整理後出單行本。一九二三年十二月，作爲東方文庫之第七十二種出單行本時，作者又作了個别增删。此處即採用東方文庫本，並據原稿校訂。卷首所引之尊崇道經寺記及康熙重建清真寺記，據原碑拓本照片校正了少數字句。〕

陳垣全集之四

火祆教入中國考

安徽大學出版社

第一章　火祆之起源

西曆紀元前五六百年，波斯國有聖人，曰蘇魯阿士德 Zoroaster，因波斯國拜火舊俗，特倡善惡二原之說：謂善神清淨而光明，惡魔污濁而黑暗；人宜棄惡就善，棄黑暗而趨光明；以火以光表至善之神，崇拜之，故名拜火教。因拜光又拜日月星辰，中國人以爲其拜天，故名之曰火祆。祆者天神之省文，不稱天神而稱祆者，明其爲外國天神也。四裔編年表於周靈王二十一年波斯條下曰：是時瑣羅阿司得著經立教，爲波斯之聖。即指此也。

西曆二百二十六年，波斯國薩珊王朝興，定火祆爲國教，一時盛行於中央亞細亞。南梁北魏間，如名聞於中國；北朝帝后有奉事之者，謂之胡天。六百二十五年，大食國滅波斯，佔有中央亞細亞，祆教徒之移住東方者遂衆。唐初頗見優禮，兩京及磧西諸州皆有祆祠；祆字之由來，即起於此際。會昌五年（西八四五）武宗毀佛，斥外來諸教，火祆與大秦，均受株累。武宗没，禁漸弛，歷五代兩宋，祆祠猶有存者。

南宋紹興間，姚寬撰西溪叢語卷上曰：予長兄伯聲，嘗攷火祆字，其畫從天，胡神也，音醯堅切，教法佛經所謂摩醯首羅也。本起大波斯國，號蘇魯支。有弟子名玄真，習師之法，居波斯國大總長如火山，後行化於中國。

蘇魯支之説，本於北宋初贊寧僧史略（卷下），蘇魯支當即蘇魯阿士德。以火祆爲摩醯首羅，本於兩京新記注（卷三），及通典注（卷四十）：摩醯首羅，大自在天也。翻譯名義集卷四曰：摩醯首羅，諸經論多稱大自在。大唐西域記所述凡百三十八國，有天祠者七十八，多供大自在天；然與波斯火祆教無涉，不得强爲附會也。

第二章　火祆之始通中國並其名稱

火祆之名聞中國，自北魏南梁始，其始謂之天神，晋宋以前無聞也。

魏書卷一〇一：高昌國俗事天神。（並見北史卷九七）

又一〇二：焉耆國俗事天神。（並見周書卷五十，北史卷九七）

天神云者，以其拜天也；其實非拜天，不過拜日月星耳；日月星三光皆麗天，拜日月星無異拜天，故從中國名謂之天神；繼以其兼拜火也，故又謂之火神天神。

魏書卷一〇二：波斯國俗事火神天神。神龜中（西五一八至五一九）其國王居和多遣使上書貢物。（並見北史卷九七）

梁書卷五四：滑國自魏晋以來，不通中國。天監十五年（西五一六），其王始遣使獻方物。普通元年（西五二〇），又遣使獻波斯錦等物。七年又奉表貢獻。其國事天神火神。（並見南史卷七九）

自漢武通西域後，漢書即有西域傳。然晋宋以前西域傳，無言諸國有事天神者，非其時諸國未有火祆教也，中國人未察覺其拜火拜天耳。

據魏書，波斯國以神龜中通魏。據梁書，滑國以天監十五年通梁。神龜與天監同時，滑爲波斯旁國，波斯爲火祆教發源地，火祆之入中國，當在此時，蓋西曆五百十六至十九年之間也。

在西域傳曰天神，曰火神天神，或曰天神火神；在中國人祀之則曰胡天，或曰胡天神；所以别於中國恒言之天，或天神地祇之天神也。梁書扶南國傳，亦有其俗事天神，天神以銅爲像之語，然此非指波斯火祆教之天神也。

第三章　北朝火祆之奉祀

魏書卷十三靈太后傳：靈太后幸嵩高山，從者數百人，昇於頂中，廢諸淫祀，而胡天神

不在其列。（並見北史卷十三，列作例）

隋書卷七禮儀志：後齊後主末年（西五七六），祭非其鬼，至於躬自鼓儛，以事胡天，鄴中遂多淫祀，兹風至今不絶。

同卷：後周欲招來西域，又有拜胡天制，皇帝親焉，其儀並從夷俗，淫僻不可紀也。

中國之祀胡天神，自北魏始，靈太后時（西五一六至五二七），胡天神初列祀典，故廢諸淫祀，而胡天神獨不廢，其崇重可知也。祀胡天神有特別儀式，他國人祀者必從其俗，本無所謂淫僻也。

靈太后傳又言太后與肅宗幸華林園，宴羣臣於者亭曲水，令王公以下各賦七言詩。太后詩曰：「化光造物含氣貞。」帝詩曰：「恭己無爲賴慈英。」

玩太后詩，雖僅一句，然吉光片羽，已與火祆教光明清淨之旨有合，何其巧也！

胡天之祀，始於北魏。北齊北周繼之，設官置祝，隸鴻臚寺。

隋書卷二七百官志：後齊制官，多循後魏。鴻臚寺掌藩客朝會，吉凶弔祭，統典客、典寺、司儀等署令、丞。典客署又有京邑薩甫二人，諸州薩甫一人。

薩甫，即奉祀胡天神之祝也。

隋志所謂兹風至今不絶者，指長孫無忌等撰志時而言。隋志撰於貞觀十五年，成於顯慶元年（西六五六），時祆祠久列祀典，而論者猶目爲淫祀，蓋猶有外國之見存也。

清圖書集成神異典卷二、卷九，均以後周拜胡天之事，繫於後五代之周；並以隋志之言，爲册府元龜之語，誤也。

第四章　唐初祆字之創見

曰天神，曰火神，曰胡天神，皆唐以前之稱。祆字起於隋末唐初，北魏南梁時無有。魏書康國傳雖有祆字，然魏收書西域傳原佚，後人特取北史西域傳補之。北史西域傳之康國傳，則又全采自隋書，故與其謂祆字始見於魏書，毋寧謂祆字始見於隋書。祆蓋唐初之新造字也。

魏書卷一〇二：康國者，康居之後也。都於薩寶水上阿祿迪城。西域諸國多歸之。有胡律，置於祆祠，將決罰，則取而斷之。太延中（西四三五至四三九）始遣使貢方物。（並見隋書卷八三，北史卷九七）

太延二字，隋書、北史均作大業（西六〇五至六一七），北宋槧本魏書康國傳末，謂此爲後人妄改；然通典卷一九三，康居於太延、大業均曾遣使朝貢，蓋有所本矣。祆字之見於典籍者，此爲最始；此以前但有火喬切之祅，無阿憐切之祆。祆字之意義，以表其爲外國天神，故从示从天。同時周書亦有祆字，並謂之曰火祆神；火祆二字之相連，亦始於此。

周書卷五十：波斯國俗事火祆神；廢帝二年（西五八〇），其王遣使來獻方物。

周書與隋書，同纂修於初唐；而於他書外國傳所謂火神天神者，乃簡稱之曰火祆神；是火祆者即火神天神之簡稱。嗣是史籍相承，在外國傳則稱祆或稱火祆；在中國傳則稱胡祆，或胡祆神；而祆字遂行於世矣。

第五章　字書祆字之增入

祆字之見於字書者，始於玉篇，其次則説文新附，其次則續一切經音義。

玉篇：祆，阿憐切，胡神也。

玉篇撰於梁大同九年（西五四三），是時火祆已入中國。然中國人之奉祀者，大抵限於北朝。南朝是否有火祆之流傳，尚無他證；即使南朝知有火祆，亦祇知其拜天神火神（梁書滑國傳），未必當時即有祆字。故玉篇之祆字，祇可認爲唐上元元年甲戌（西六七四）以後孫强等所增，實非顧野王原書所有。惜乎孫强增玉篇之例，不似説文新附之另著於篇，新舊字末由分別。然玉篇示部凡百四十五字，據明永樂本，祆在最末之十六字中，據澤存堂本，則祆在最後八字，其爲後增，固有可信； 證以近年敦煌發見唐人手寫陸法言切韻，亦可爲唐以前字書無祆字之一證。

説文新附： 祆，胡神也，從示天聲，火千切。

徐鉉之新附説文，在北宋雍熙三年（西九八六）。 是時祆字已流行，故徐鉉據以附入。

遼希麟續一切經音義卷九： 祆，呼煙反，胡神官名。 方言云，本胡地多事於天，謂天爲祆，因以作字。

希麟撰續一切經音義，在遼統和五年（西九八七），正與徐鉉同時。 其所引方言，大半爲今本方言所無，疑亦唐以來後人附益之本。 因方言而造祆字，實起於唐初，希麟特標出其作字之由，亦可見此字爲前此所未有。

遼行均龍龕手鑑卷一： 祆，呼煙反，胡神官品也。

龍龕手鑑著於遼統和十五年（西九九七）。 通典 職官典有祆正、祆祝，希麟、行均之所謂胡神官名、胡神官品者，指唐職官也。

明方以智通雅卷十一： 祆神，即逘稱天神也。 字從天，誤作祆從天，故張有、戴侗輩，皆以祅、祆、訞合爲一字。 按此字起於唐，既通西域，因其言而造祆字。 漢時佛法西來，祆字未立，唐玄奘有西域記，始詳其法，故徐鉉補之。

方以智謂祆字起於唐，其説甚是。然方以智似未見玉篇祆字，故但引説文新附。清康熙字典祆字注，有説文關中謂天爲祆語，不見今本説文。

元楊桓六書統卷七：祆，呼煙切，胡神也。又胡謂神爲祆，關中謂天爲祆。

關中謂天爲祆，語見於此，康熙字典謂其出於説文，謬也。今粵中天字，亦有呼煙切，如吾鄉新會及西江一帶各縣是也。唐人以祆表西域天神，楊桓言胡謂神爲祆，亦近臆斷。

清代官書，紕繆恒有，可於火祆之考證，得其數例。圖書集成、唐熙字典之謬，已見於前。佩文韻府之謬，則將於喬切之祆字，繫於呼煙切之祆。

韻府簫韻妖字下，引漢書天文志「迅雷風祆」句，是明知於喬切之祆與妖通也；而於先韻祆字下又引「迅雷風祆」，以爲呼煙切；若是，則隋書祆字凡數見，卷三十二經籍志有祆妄，卷三十三經籍志有祆祥，卷三十七李穆傳有鬼祆，皆可作爲呼煙切也。豈其然乎？

火祆之祆字，亦有認爲呼朝反者；清武英殿本通典卷四十祆正注是也。（廣州、浙江本均翻殿本）杜佑在孫强後百年，孫强增玉篇，既認爲阿憐切矣；杜佑不應讀爲呼朝反。據明槧本通典，本作呼煙反，王應麟困學紀聞卷二十引通典原注亦作呼煙切，改作呼朝不知何所據；蓋未嘗深究火祆之源流，以其是胡神，遂讀如妖，實含有鄙夷之意。清殿本宋史卷四九〇，於闐國俗事妖神，且直認爲從女夭聲矣。

祆亦有作他年切者，司馬光類篇等是也。類篇卷一：祆，他年切，俗謂神爲祆；又馨煙切，唐官有祆正；文一，重音一。

第六章　唐時典籍稱祆之略例

未造祆字以前，諸書悉以天神二字代用，既有祆字而後，諸史西域傳悉用祆字，不復稱天神。其仍稱天神者，必另有所指，非火祆也。如兩唐書大食國傳之天神是。

通典卷一九三，康居注，引杜環經行記：康國在米國西南三百餘里，一名薩末建，土沃人富，國小，有神祠名祆（或作祅）；諸國事者（諸或作詣）本出於此。

杜環爲杜佑族字，曾隨高仙芝西征；寶應初（西七六二）因賈舶自廣州歸國。其述外國火祆，已用祆新造字。

大中中（西八五〇），段成式撰酉陽雜俎，述西域事，亦用祆字。卷四：孝億國界，周三千餘里，舉俗事祆，不識佛法，有祆祠三百餘所。

同卷十：俱德建國烏滸河中灘流有火祆祠。相傳祆神本自波斯國，乘神通來此，常見靈異，因立祆祠；內無像，於大屋下置小舍，檐向西，人向東禮。

祆祠三百，西溪叢語引作三千，太平廣記四八二引作三百；四庫提要子部雜家類存目二引此文，不檢原書，亦循西溪叢語之誤。國界僅三千里，有祆祠三千，是一里一祆祠，抑何密也？十里一祠，尚爲近似。人向東禮，拜日也。

舊唐書卷一九八：

同卷：于闐國好事祆神。（新唐書作喜事祆神）疏勒國俗事祆神。（新唐書卷二二一上作俗祠祆神）

同卷：波斯國俗事天地日月水火諸神，西域諸胡事火祆者，皆詣波斯受法焉。其事神以麝香和蘇，塗鬚點額，及於耳鼻，用以爲敬。又叛逆之罪，就火祆燒鐵灼其舌。（並見唐會要卷一百，太平寰宇記卷一八五）

新唐書卷二二一下：康國祠祆神。

同卷：波斯國祠天地日月水火。祠夕，以麝揉蘇，澤耏顔鼻耳。西域諸胡受其法以祠祆。

凡此皆唐時史籍用祆字之例也；惟火祆教貴清淨光明，故祠日月星宿及火，然並無祠地及水之事。新、舊唐書連類及之，應加糾正。

唐時著述之用祆字，既如上述，然其例祇限於外典，内典中尚罕見。玄奘大唐西域記卷十一，於波剌斯（波斯）之祆教，但稱爲天祠甚多，而不稱爲祆祠，與其他供大自在天之天祠，直無區别。武后時釋彦悰大慈恩寺三藏法師傳卷二，述颯末建國之祆教，亦祇言其王及百姓，不信佛法，以事火爲道；而不稱其事火祆。惟清光緒季年，敦煌發見遺書，發見有外國記殘卷，羅振玉據一切經音義卷一百，定爲慧超往五天竺國傳；其中有從大寔國已東，並是胡國，即是安國、曹國、史國、石騾國、米國、康國等，雖各有王，並屬大寔所管。此六國總事火祆，不識佛法之語。義淨譯根本説一切有部毘奈耶皮革事卷上，亦有受用之具，皆悉施與村中祆祠之句。是唐代祆之新造字，已行用於内典也。

第七章　春秋時睢水有祆神之謬説

春秋時睢水有祆神之説，作俑於宋之姚寬。謬説相沿，人多忽略，亟應辯而闢之。西溪叢語卷上，據杜預左傳注云，睢受汴，東經陳留、梁譙、彭城入泗，此水次有祆神（杜注原作妖神），皆社祠之（杜注原作東夷皆社祠之），蓋殺人而用祭也。此即火祆之神，其來已久。

按此爲左傳僖十九年注，左傳曰：宋公使邾文公用鄫子於次睢之社，欲以屬東夷。穀梁傳曰：用之者，叩其鼻以衈社也。孔穎達左傳正義曰：屬，聚也；殺鄫子以懼東夷，使東夷聚來歸己也。下云用諸淫昏之鬼，則此祀不在祀典，故云此水次有妖神；妖神而謂之社，傳言以屬東夷，則此是東夷之神，故言東夷皆社祠之。後漢書卷三十一郡國志注引漢唐蒙博物記：臨沂縣東界次睢，有大叢社，民謂之食人社，即次睢之社。

潁達唐初人，且曾與於纂修隋唐之役，隋唐已有祆字，唐官並有祆正，果杜注之妖神爲祆，潁達不應不知；今正義明曰此是東夷之神，博物記又謂爲食人之社，則與西域之祆，有何關係？且殺人而用祭，更非祆教所有，直風馬牛不相及也。杜注所謂妖神者，不正之神耳。正義曰，此祀不在祀典，故云此水次有妖神。妖，形容詞；祆，名詞。姚寬引杜注，於社祠句，略去東夷二字，誤妖爲祆，强指爲火祆之神。左傳杜注非僻書，不知何以謬誤至此！四庫提要雜家類存目二，論大秦景教流行中國，大半襲西溪叢語，不加糾正；東夷皆社祠句，並循其誤，脱去東夷二字。貽誤後學，不爲淺矣。

西溪叢語又引宋次道東京記，寧遠坊祆神廟注，西夷朝貢圖云：康國有神名祆，畢國有火祆祠，疑因是建廟，或傳晋戎亂華時立此。

四庫提要引宋次道東京記，即本於此。「晋戎亂華」四字，提要改爲「石勒」，係避清人之諱。徐松唐兩京城坊考，立德坊條下，謂東京無寧遠坊，四庫提要所引東京記，不知見於何書。其實提要所引，本諸西溪叢語，而不注明出處，一若曾親睹東京記者，亦自欺欺人之甚者也。宋敏求所記之東京，係汴京；徐松所謂無寧遠坊之東京，當係洛陽。

畢國見隋書卷八三安國傳：國之西百餘里有畢國，可千餘家，其國無君長，安國統之。

畢爲康鄰國，康有神名祆，已見魏、隋諸書；畢有祆祠，其説可信。然謂晋戎亂華時中國即有祆廟，尚無他證。

第八章　唐代火祆之尊崇

唐代之尊崇火祆，頗有類於清人之尊崇黄教，建祠設官，歲時奉祀，實欲招來西域，並非出自本心；然則唐代兩京之有火祆祠，猶清京師各處之有喇嘛廟耳。

韋述兩京新記卷三：西京布政坊，西南隅胡祆祠。注：武德四年所立，西域胡天神，佛經所謂摩醯首羅也。

同卷：醴泉坊，西北隅祆祠。（長安志西北隅作西門之南）

同卷：普寧坊，西北隅祆祠。

兩京新記久佚，右所據者爲日本佚存叢書本，僅存卷三一卷。據宋敏求長安志卷七注引韋述記，西京胡天祠有四，此僅得三，其一可於長安志補之。

長安志卷九：靖恭坊，街南之西祆祠。

同志卷十：布政坊，胡祆祠。注：祠内有薩寶府官，主祠祆神（祆或譌作祅），亦以胡祝充其職。

宋敏求長安志，本采自韋述記而加詳。今韋記所亡，宋志尚可補其闕，並可校其誤。敏求又有河南志，亦久佚。清嘉慶間徐松因纂輯全唐文，在永樂大典中得河南志圖，證以玉海所引，禁扁所載，知是敏求舊帙，乃綴集他書，成唐兩京城坊考，亦可補宋志之亡也。

唐兩京城坊考卷五：東都，會節坊，祆祠。

同卷：立德坊，胡祆祠。

唐代祆祠之多，於此可見：計西京四，東京二。武后時張鷟撰朝野僉載三十卷，今不全矣。據四庫全書本，尚有二條述祆神祠者。

卷三：河南府立德坊，及南市西坊，皆有僧妖神廟（妖當作祆，僧本作胡），每歲商胡祈福，烹猪羊，琵琶鼓笛，酣歌醉舞。酬神之後，募一僧（寶顏堂祕笈本及太平廣記二八五引兩僧字均作胡）爲祆主。其祆主取一横刀，利同霜雪，以刀刺腹，食頃，平復如故。蓋西域之幻法也。

同卷：涼州祆神祠，至祈禱日，祆主至西祆神前舞一曲，即却至舊祆所，莫知其所以然也。（按畿輔叢書本無此二條）

河南府立德坊之有祆祠，已見兩京城坊考。其南市西坊之有祆祠，又可補兩京城坊考之闕。至涼州之有祆祠，則與沙州圖經及新唐書之説可相印證。敦煌發見唐寫本沙州圖經殘卷（或稱沙州志），其雜神條下有云：

祆神。注：右在州東一里，立舍畫神主，總有二十龕，其院周迴一百步。

又新唐書卷四六百官志，祠部：兩京及磧西諸州火祆，歲再祀而禁民祈祭。

由此推之，唐代祆祠之建，並不限於兩京；磧西諸州，隨地皆有。然禁民祈祭，則與後代官廟之性質相同。故吾擬諸清朝之喇嘛廟，建祠而外，且置官典守，而不許人民祈祭也。

通典卷四十職官典：視流內，視正五品，薩寶；視從七品，薩寶府祆正（府或譌作符）。注：武德四年，置祆祠及官，常有羣胡奉事，取火呪詛。

同卷：視流外，勳品，薩寶府祆祝（祆或作祓，據舊唐書職官志改）；四品，薩寶率府；五品，薩寶府史。

長安志言薩寶府官，主祠祆神，亦以胡祝稱其職；則此等官守，必以胡人充之。曰羣胡奉事，取火呪詛，則祆之拜火，及稱火祆之緣由，又多一證。

魏書卷一〇二，隋書卷八三：康國都於薩寶水上阿祿迪城。康國，唐人謂即康居，爲祆教流行之地。薩寶之名，是否取於此，不可知也。

然有應注意者，唐代祆祠及官，係武德四年（西六二一）所立。唐以前中國有拜胡天制，唯未見有祆祠。唐代之有祆祠，當以西京布政坊西南隅之祆祠爲始。

舊唐書卷四二職官志：流内九品三十階之内，又有視流内起居五品至從九品。開元初一切罷之，今惟有薩寶祆正二官而已。視流外，亦自勳品至九品。開元初唯留薩寶祆祝及府史，餘亦罷之。

薩寶，及薩寶府祆正、薩寶府祆祝、薩寶率府、薩寶府史，皆唐朝特爲祆祠所設之官。官秩雖微，然視流内外九品之官，開元初一切罷之，其存而不廢者，唯此數職；其有特别關係，可斷言也。時方有事西域，欲以此懷柔一部分之人心，亦政治作用所應爾也。

第九章　火祆與大秦摩尼之異同

唐時外教之入中國，火祆而外，尚有大秦、摩尼（或作末尼）、回教等三種。回教唐代未大盛，記録絶少；惟火祆、大秦、摩尼三教，均原自波斯，學者每混而爲一。其間分辨明晰者，唐有韋述、舒元輿、李德裕等，宋有王溥（唐會要）、宋敏求、張邦基等；若唐之杜佑，則分析不見明瞭；宋之贊寧、姚寬、宗鑑、志磐，則尚無辨别諸教之知識也。

因述火祆，不得不兼述大秦、摩尼。大秦在唐代，本名景教，爲基督教之别派，所謂聶思脱里派是也。聶思脱里倡異説於劉宋元嘉間，其説不容於西歐，乃轉而傳播於波斯及中央亞細亞，唐貞觀九年入中國，寺稱波斯寺。波斯滅後，天寶四年改稱大秦寺。以其寺名大秦，故人又稱其教爲大秦。是大秦寺、波斯寺，一也。

摩尼則起於西曆後二百餘年，在後漢建安中，波斯人摩尼取火祆教、基督教、佛教而折衷之，别成一教。武后時入中國，爲回紇人所信奉。唐中葉數借援兵於回紇，其教遂挾回紇人之勢力，頗盛一時。其教與佛教相類，開元二十年曾詔辨明之。其教又與火祆相類，佛祖統紀且稱之爲末尼火祆。至南宋末，尚有傳習之者，實與火祆是二非一。（詳見摩尼教入中國考）

唐時火祆與大秦、摩尼相異之點，有一顯而易見者：即大秦、摩尼二教，均有傳教舉動，且翻譯經典，流傳於世；故奉其教者，有外國人，有中國人。火祆則不然，其人來中國者，並不傳教，亦不翻經；故其教祇有胡人，無唐人。近年敦煌發見大秦、摩尼二教經典，各有數種，而火祆教經典獨無聞，此其證也。（近日本世界聖典全集刊行會新譯有火祆教經名阿威士陀經已出版）又大秦、摩尼寺均稱寺，而火祆祠獨稱祠，間有稱廟者，亦隱與大秦、摩尼有别。

第十章　唐宋人對火祆之識别

韋述兩京新記，於波斯寺與胡祆祠，分别甚明。胡祆祠已見前，西京波斯寺亦有二：

兩京新記卷三：西京醴泉坊，十字街南之東，波斯胡寺。注：儀鳳二年（西六七七），波斯王畢路斯奏請於此置波斯寺。

醴泉坊有祆祠，亦有波斯寺；在祆則稱祠，在波斯則稱寺，而均謚以胡名，明其非中國之教也。

同卷：普寧坊，街東之北，波斯胡寺。

此據佚存叢書本，若據景教碑及長安志，則義寧坊有波斯寺，普寧坊無波斯寺，此普字當爲義字之誤。徐松唐兩京城坊考西京城郭圖，普寧坊南即義寧坊。

宋敏求長安志卷十，記載尤詳，曰：醴泉坊街南之東，舊波斯胡寺。注：景龍中（西七〇八）幸臣宗楚客築此寺地入其宅，遂移寺於布政坊之西南隅祆祠之西。

韋述記，布政坊有祆祠，無波斯寺。宋敏求志，則布政坊祆祠之西，亦有波斯寺，此寺由醴泉坊遷入，而醴泉坊舊寺則圈入宗楚客宅中。據唐兩京城坊考西京城郭圖，醴泉坊東即布政坊。

同卷：義寧坊，街東之北，波斯胡寺。注：貞觀十二年（西六三八）太宗爲大秦國胡僧阿羅斯立。

據景教碑，阿羅斯應作阿羅本，寺名波斯，僧曰大秦，可知大秦與波斯，地雖不同，然其所指，則實爲一事。宋敏求於火祆、波斯、大秦，分别甚細也。

唐兩京城坊考卷五：東都修善坊，波斯胡寺。

東都祆祠已見前，此亦引宋敏求河南志者；祆祠與波斯寺，絶不相混也。唐文粹卷六五，有長慶間舒元輿撰鄂州永興縣重巖寺碑銘，於火祆、大秦、摩尼三者，分别甚爲明瞭。曰：

十族之鄉，百家之閭，必有浮圖爲其粉黛。國朝沿近古而加焉，亦容雜夷而來者，有摩尼焉，大秦焉，祆神焉（祆或譌爲秋）；合天下三夷寺，不足當吾釋寺一小邑之數；其所以知西人之教，能蹴踏中土而内視諸夷也。

據此，則火祆與摩尼，亦絶不能相混。唐會要卷四九，於大秦寺、摩尼寺，分條記載，並足爲大秦、摩尼不同之證。

第十一章　唐宋人對火祆大秦摩尼之混同

火祆、大秦、摩尼三教之不同，既如上述，然後人每混爲一談。前清學者，如錢大昕、杭世駿、徐繼畬、俞正燮、朱一新等之考大秦景教，均不免此弊。宋人姚寬之考火祆，實開其先焉。其原本由於通典注將三教掌故，連類而書。後之人不究其所以然，遂誤混爲一。

今將通典原注備録如左，以識其誤之濫觴。

通典卷四十：薩寶府祆正。注：祆，呼煙反（此據明槧本，今通行本作呼朝反）。祆者西域國天神，佛經所謂摩醯首羅也。武德四年置祆祠及官，常有羣胡奉事，取火呪詛。貞觀二年置波斯寺（據景教碑及長安志應作十二年）。至天寶四年七月勑（唐會要卷四九及册府元龜卷五一作九月）：波斯經教，出自大秦，傳習而來，久行中國，爰初建寺，因以爲名，將欲示人，必修其本（修或作循），其兩京波斯寺，宜改爲大秦寺；天下諸州郡有者亦宜准此（會要作諸府郡置者亦准此）。開元二十年七月勑：末摩尼法，本是邪見，妄稱佛教，誑惑黎元，宜嚴加禁斷。以其西胡等既是鄉法，當身自行，不須科罪者（佛祖統紀卷四十作既是西胡師法，其徒自行，不須科罰）。

本叙薩寶府祆正，而注並引貞觀十二年及天寶四年波斯寺大秦寺事，又引開元二十年摩尼教事。凡此皆以其爲外來之教，連類志之，以便觀覽。豈意後之人有因此而混爲一教者，始料所不及也。通鑑卷二四八胡三省注，亦用通典注之例，將大秦、摩尼、祆三教之事，連類而書，不備引。

西溪叢語卷上，稱唐貞觀五年，有傳法穆護何禄將祆教詣闕奏聞。勑令長安崇化坊立祆寺，號大秦寺，又名波斯寺。武宗毁浮圖，籍僧爲民。會昌五年勑：大秦穆護火祆等六十餘人，並放還俗。然而根株未盡。宋公言祆立廟出於胡俗，而未必究其即波斯教法也。

姚寬之説，本於贊寧僧史略。僧史略卷下有大秦末尼條，混火祆與大秦、末尼爲一。姚寬引之，諱其所自出，而反咎宋敏求之未究祆爲即波斯教法。考貞觀時之所謂波斯寺，天寶四年悉改爲大秦寺，是波斯寺與大秦寺，原爲一寺，不過前後異名。至於祆祠，則武德四年已有，與波斯寺絶對不同。宋敏求長安志於二者分析極明，而僧史略則合之爲一；且長安志崇化坊並無祆寺，亦無波斯寺。竊意此必因貞觀九年阿羅本詣闕奏波斯教，勅於京師義寧坊建波斯寺之事而誤也。南宋嘉熙間宗鑑撰釋門正統，景定間志磐撰佛祖統紀，均循僧史略之誤。

釋門正統卷四引僧史略排斥摩尼之論，復爲之詞曰：今之摩黨，仍會昌配流之後，故不名火祆；仍貞明誅斬之餘，故不稱末尼；其教法則猶爾也。

佛祖統紀卷三九，正觀五年條下曰：初波斯國蘇魯支立末尼火祆教，勅於京師建大秦寺。注：祆，火煙反，胡神，即外道梵志也。波斯國在西海，此云大秦。

又卷五四：末尼火祆者，初波斯國有蘇魯支，行火祆教，弟子來化中國。唐正觀五年，其徒穆護何禄詣闕進祆教，勅京師建大秦寺。天寶四年，勅兩京諸郡有波斯寺者，並改名大秦。

由此觀之，姚寬循贊寧之誤，混火祆大秦爲一，尚知略去末尼。宗鑑、志磐循贊寧之誤，混火祆大秦爲一外，復混入末尼也。四庫提要論景教碑事，更引桯史蒲姓海獠一段，將回教牽入，是直四教混一，蔓衍支離，莫可究詰矣！

梵志係印度拜火教徒，與波斯拜火教徒有别，賢愚因緣經優婆鞠提緣品，言梵志或事日月，或復事火，朝夕然之。佛本行集經迦葉三兄弟品，出曜經廣演品，及釋迦譜第四，均言佛感化印度拜火教徒事甚詳，以與本題無關，姑從略。

第十二章　唐季火祆之厄運並宋代之殘存

火祆爲流寓中國之西域人所崇奉，並不向外傳教，與大秦、摩尼不同，本可不受異教之攻擊，惟唐武宗會昌五年（西八四五），用道士趙歸真議，罷黜佛法，並毁外來諸教，祆與大秦，遂同被排斥。

唐會要卷四七毁佛寺制，有曰：其天下所拆寺四千六百餘所，還俗僧尼二十六萬餘人，收充兩税户。拆招提蘭若四萬餘所，隸僧尼屬主客，顯明外國之教。勒大秦穆護祆三千餘人還俗，不雜中華之風。（並見唐大詔令集卷一一三）

李德裕會昌一品集卷二十，賀廢毁諸寺德音表曰：奉今日制，拆寺蘭若四萬六千六百餘所，還俗僧尼並奴婢爲兩税户，共四十一萬餘人。其僧尼令隸主客户，大秦穆護祆二千餘人，並令還俗。

新唐書卷五二食貨志：武宗即位，廢浮屠法，籍僧尼爲民，二十六萬五千人，大秦穆護祆二千餘人。

通鑑卷二四八：會昌五年七月，上惡僧尼耗蠹天下，勅上都、東都兩街各留二寺，每寺留僧三十人；天下節度觀察使治所，各留一寺，上等留二十人，中等十人，下等五人；餘僧及尼，並大秦穆護祆僧，皆勒歸俗。

祆或作祓。二千餘人，或作三千餘人。西溪叢語引作六十餘人。畿輔叢書本會昌一品集，祆作禊；二千餘人，作二十餘人。其誤尤甚。祆或作祓者，固由字形相近，傳寫易譌，然波斯火祆教實亦有祓除之義；因其教極重潔淨，常勸人祓除一切污濁，故或亦譌爲祓也。武宗没，宣宗復興佛法；外來諸教，並獲弛禁，火祆歷五代兩宋，猶有殘存，墨莊漫録可爲一證。

張邦基墨莊漫録卷四：東京城北有祆廟（原注：呼煙切），祆神本出西域，蓋胡神也，與大秦穆護同入中國。俗以火神祠之。京師人畏其威靈，甚重之。其廟祝姓史，名世爽，自云家世爲祝累代矣。藏先世補受之牒凡三：有曰懷恩者，其牒唐咸通三年（西八六二）宣武節度使令狐給。令狐者，承相綯也。有曰温者，周顯德三年（西九五六）端明殿學士權知開封府王所給。王乃朴也。有曰貴者，其牒亦周顯德五年樞密使權知開封府王所給。王亦朴也。自唐以來，祆神已祀於汴矣，而其祝乃能世繼其職，踰二百年，斯亦異矣。鎮江府朱方門之東城上，乃有祆神祠，不知何人立也。

孟元老東京夢華録卷三：大内西去右掖門，祆廟。

張邦基、孟元老，均北宋末南宋初人，汴梁、鎮江之有祆祠，因此可見。曰「俗以火神祠之」，則拜火之習猶行也。曰「京師人畏其威靈，甚重之」，則唐初禁民祈祭，至是必有祈祭者矣。史氏累世爲祝，所謂祆祝也，爲唐勳品官。咸通三年，去會昌毁佛之年，適二十年，則祆祠毁後復興之情，略可推見。唐代祆祝，本以胡人充其職，史世爽之先，當爲胡人；唐代蕃將賜姓史者不一，如史大奈、史思明之屬是也。墨莊漫録祆廟在城北，東京夢華録祆廟在大内西右掖門，兩人所指，似不同一廟，合以西溪叢語所引宋敏求東京記寧遠坊有祆神廟之説果不謬，則汴京祆廟之數，不亞於長安、洛陽，亦可想見當年之盛。南宋而後，中國典籍，罕見祆祠之名；祆祠即有留存，當亦式微極矣。

至順鎮江志卷八：火祆廟舊在朱方門裏，山岡之上。宋嘉定中遷於山下，端平間毁。注：前志引宋祥符圖經，潤帥周寶壻楊茂實爲蘇州刺史，立廟於城南隅，蓋因潤有此廟而立之也。

此雖元末記載，然所記猶是南宋時事；且可知鎮江之祆廟毁於何時，並可知唐季蘇州猶有新建祆廟，亦可貴之史料也。明萬曆間臧晋叔編元曲選，卷首載陶九成論曲，仙吕宫中有祆神急一齣，注曰，與雙調不同；雙調中亦有祆神急一齣，亦注曰，與仙吕不同。元曲中既時演祆神，則祆神至元時，不獨未曾消滅，且更形諸歌詠，播之管弦，想其意義已與中國舊俗之火神相混，非復如原日西來之火祆教矣。元曲選卷首又有李直夫所撰火燒祆廟一齣，與上述祆神急兩齣，均未入選，不能得其詞，莫由定其爲中國火神，抑西來祆教，爲可惜耳。朝野新聲太平樂府卷六有仙吕祆神急一曲，朱庭玉撰，玩其詞意，與祆教無關，蓋數典忘其祖矣！

〔完成於一九二二年四月，發表於國學季刊第一卷第一號（一九二三年一月）。發表後，作者於一九二三年一月、一九三四年十月又作過兩次校訂。現採用一九三四年十月校訂本。〕

陳垣全集之五

摩尼教入中國考

安徽大學出版社

第一章　摩尼教起源

摩尼教Manichaeism發生於西紀二百餘年，當中國三國時，創教者爲波斯人摩尼Mani，固耶穌後，摩訶末前，西方一有力宗教也。今滅跡矣，其歷史不可得見；惟藉基督教史傳中反對摩尼之論，尚可識其梗概。

基督教史家謂摩尼之生，在西紀二一六年（後漢建安二十一年）。其人精天文，善繪畫，習幻術。其教糅雜蘇魯阿士德教（即波斯火教）及基督教、佛教而成。以波斯王削巴第一即位之日，爲其教宣傳之第一日。然其教不容於波斯，乃轉而傳布於羅馬東境及印度北境。或謂其曾親至中國，殆因後來中國有摩尼教之故而誤；不得因中國有佛教、基督教，遂謂釋迦、耶穌曾至中國也。

摩尼教始雖不容於波斯，然其後因波斯王弟之改宗，摩尼曾一度歸國。至耗米大第一爲波斯王時，頗獲新教之自由。至法拉乃第一爲波斯王時，乃復遭迫害。卒以波斯舊教徒之攻擊，摩尼被逮，受當時極慘刑法，剥皮實草，揭示市門。時西紀二七七年，晉咸寧三年也。據四裔編年表，則二七七年，爲法拉乃第二即位之二年矣。

摩尼死後，其教傳布極速。西紀三百年至六百年間。中央亞細亞各國，及地中海環岸諸邦，皆爲摩尼教流行之地。中古大聖亞古斯丁 Augustan，亦曾崇奉摩尼者也。摩尼教經典，除波斯文外，翻爲他國文者甚衆。據現在所存，及新發現者，已有叙利亞文、突厥文、回鶻文、漢文各種。其漢文者，晚清出自敦煌；今京師圖書館及法國均藏有一種，英國藏有二種。京師圖書館一種尤可貴，蓋一極通行之本，而曾翻譯爲各國文者。何以言之？今基督教史傳中所言摩尼教教義，如世界生成説，及明暗二力戰鬬説等，皆具見於此本。其所論比基督教史傳尤明而備，可見基督教史傳所引，即此本之他國譯文也。

摩尼教在中央亞細亞勢力，自回教興後，漸被侵蝕。其始見惡於波斯舊教，繼見惡於佛教，終乃爲回教兵力所驅。其在歐洲，則十二世紀時，歐洲東方，其説猶盛。基督教史中所謂阿比廉西 Albigenses 異端，及加他利 Castile 異端者，即摩尼教之遺風。阿比廉西爲法國南部地名，加他利譯即清淨之意。其徒輕視舊約，不遵羅馬教之繁重聖禮，爲教王意諾增爵第三所深惡，乃借十字軍兵力剿平之。今摩尼教久亡，經典焚燬殆盡，言摩尼教者祇可求諸基督教史。然欲求中國摩尼教史料，則又非基督教史所有，祇可仍求之漢文典籍，及諸佛教史中。然無論爲基督教史，爲佛教史，其對於摩尼，均具貶詞。考古者祇可取其言外之意而已。

第二章　摩尼教始通中國

摩尼曾親至中國之說，吾人不信。摩尼教之始通中國，以現在所見，莫先於佛祖統紀所載之唐武后延載元年。

佛祖統紀卷三九：延載元年，波斯國人拂多誕（原注西海大秦國人）持二宗經僞教來朝。

延載元年，爲西紀六九四年。何以知此爲摩尼教，則以今京師圖書館所藏之摩尼教經殘卷中，有拂多誕之名，及二宗義之説，曰：

慕闍拂多誕等，於其身心，常生慈善，柔濡別識，安泰和同。

又曰：法主慕闍拂多誕等所教智惠（慧通），善巧方便，威儀進止，一一依行，不敢改換，不專己見。

玩其詞義，拂多誕者非人名，乃教中師僧之一種職名，位在慕闍之次者也。二宗經今不傳。余疑京師圖書館之摩尼教經，即二宗經，惜已缺其前後題，莫由斷定。然其中言明暗之旨甚悉，且二宗之名凡二見。其言意樹，有曰：

其樹根者自是智惠，莖是了二宗義，枝是明法辯才。

其言信心，又有曰：

信二宗義，心淨無疑；棄暗從明，如聖所説。

明與暗，即二宗義也。惟摩尼教崇二宗之説，亦惟摩尼教有拂多誕之稱，其人又來自波斯，故可斷定佛祖統紀所指之僞教爲摩尼教。既曰波斯人，原注又稱爲西海大秦國人，著者混大秦波斯爲一也。（詳見火祆教入中國考）

册府元龜卷九七一，又載開元七年（西七一九）吐火羅國支汗那王帝賒，上表獻解天文人大慕闍。其人智慧幽深，問無不知。伏乞天恩喚取慕闍，親問臣等事意及諸教法，知其人有如此之藝能，望請令其供奉，並置一法堂，依本教供養。（並見卷九九七及太平寰宇記卷一八六）

此不言爲摩尼也，然因有慕闍之特别名詞，又可據京師圖書館摩尼教經，斷此爲摩尼教。京師圖書館摩尼教經，慕闍之名凡五見。除上述與拂多誕並舉外，卷末有曰：

爾時會中諸慕闍等，聞説是經，歡喜踴躍，歎未曾有。

又曰：時慕闍等頂禮明使，長跪义手，作如是言。

又曰：諸慕闍等又啓明使，作如是言。

慕闍品級在拂多誕上，所謂大慕闍也；唐李肇國史補，稱爲大摩尼；其小摩尼，即拂多誕也。吐火羅國所獻之解天文人大慕闍，爲摩尼教法師，毫無疑義。摩尼精天文，故摩尼教徒亦善天文。亞古斯丁爲摩尼教徒時，亦曾研究天文，見其所著懺悔録。近廣學會出版亞古斯丁懺悔録（名古聖明心），譯摩尼教爲陰陽教，譯天文爲星學。舊唐書卷十三德宗紀：

貞元十五年（西七九九），四月丁丑，以久旱令陰陽人法術祈雨。

所謂陰陽人，即摩尼法師。陰陽云者，明暗也。唐會要卷四九摩尼寺之條：

貞元十五年四月，以久旱令摩尼師祈雨。

同一紀事，舊唐書謂爲陰陽人，唐會要謂爲摩尼師。摩尼師慕闍之解天文，又多一證。吐火羅王信仰摩尼教，並欲以其教介紹於中國皇帝，蓋一熱心摩尼教之人也。

中國摩尼教，始來自波斯，繼來自吐火羅，不滿四十年而遭禁斷。

通典卷四十注，載開元二十年（西七三二）七月勑：末摩尼本是邪見，妄稱佛教，誑惑黎元，宜嚴加禁斷。以其西胡等既是鄉法，當身自行，不須科罪者。（並見僧史略卷下，「鄉」作「師」，「罪」作「罰」。又見佛祖統紀卷四〇及卷五四）

末摩尼之名之見於漢文載籍者，此爲最始。此以前但稱拂多誕，但稱慕闍，此云末摩尼，蓋以教祖之名名其教也。後此或稱摩尼，或稱末尼，數見於僧史略、佛祖統紀等。開元二十年，去延載元年，纔三十八年。此三十八年間，其教之流行，已有明令禁止之價值，其盛可想。曰「妄稱佛教」者，以其所翻經典，常有佛典通用術語也。曰「誑惑黎元」，則中國人已有信奉之者矣。許外國人自行，而不許中國人信奉，二千年來，外教之入中國者，其始胥如此，不獨摩尼然也。

第三章　摩尼教開教回鶻

天寶以前，傳摩尼教至中國者爲波斯、吐火羅。至德以後，傳摩尼教至中國者爲回鶻。今欲言回鶻傳摩尼教至中國，應先言摩尼教之傳至回鶻。摩尼教之入回鶻，與入中國，其時代相去不遠。惟中國謂摩尼爲邪見，嚴加禁斷；回鶻則君臣上下，一致尊崇，故摩尼教在回鶻能風靡一時，並隨回鶻入唐，傳其教於大江南北。當其入回鶻也，有漢文九姓迴鶻可汗碑紀其事。碑在今外蒙古，晚清始發見，已斷爲五片矣。兩片文理相屬，存二十四行；餘三片存行數不等，不能得其叙次。李文田和林金石録載之。今録其第七至第十行殘句於下，亦可證明摩尼開教於回鶻之大概情形也。

（第七行）使，幣重言甘，乞師併力，欲滅唐社。可汗忿彼孤恩，竊弄神器，親率驍雄，與王師犄角，合勢齊駈，剋復京洛。皇帝（下闕）

(第八行)帥將睿思等四僧入國，闡揚二祀，洞徹三際。況法師妙達明門，精研七部，才高海岳，辨若懸河，故能開政教於迴鶻。(下闕)

(第九行)今悔前非，願歸正教。奉旨宣示，此法微妙，難可受持。再三懇□，往者無識，謂鬼爲佛，今已悞真，不可復事。特望(下闕)

(第十行)受明教。薰血異俗，化爲茹飯之鄉；宰殺邦家，變爲勸善之國。故□□之在人，上行下效，法王聞受正教，深讚虔(下闕)

此外殘石三片。中有一片，存字八行，莫知所屬。余假定爲前片第六至第十三行之下截。中間尚有殘闕。今録如左：

(接第六行)帝蒙塵。史思明，

(接第七行)乃頓軍東都，因觀風

(接第八行)傒悉德，于時都督刺史，内外宰相，

(接第九行)應有刻畫魔形，悉令焚爇，祈神拜鬼，並

(接第十行)後慕闍徒衆，東西循環，往來教化，

原碑標題爲九姓迴鶻□登里囉汨没密施合毗伽可汗聖文神武碑。余據册府元龜册封篇，定此爲保義可汗。保義可汗元和三年(西八〇八)立，長慶元年(西八二一)卒。册府元龜卷

九六五：

元和三年五月，命使册九姓迴鶻可汗爲愛登里囉汨没密施合毗伽保義可汗。（並見舊唐書卷十四）

正與此碑封號合。此碑之立，當在長慶間，時中國摩尼正盛。碑題「聖文」云者，謂睿思等四僧入國，開政教於回鶻也。「神武」云者，謂佐唐克復京洛，討史思明等有功也。昭禮及彰信可汗，亦與此碑封號合。然不以此爲昭禮及彰信可汗者，則以昭禮、彰信時回鶻已衰亂，不足與言此碑之盛也。何以知此碑所言之教爲摩尼教？因唐史屢言摩尼與回鶻之關係，及碑中有二祀、三際、明門、明教等詞，又有慕闍徒衆，東西循環，往來教化之語，知其爲摩尼也。慕闍爲摩尼教僧侣職名，據京師圖書館摩尼教經可證。觀此斷片，雖極殘闕，然摩尼僧之學行，摩尼教之活動，均已現於紙上，可以想見當年。舊有認此碑所言之教爲景教或回教者，時未發見敦煌摩尼教經也。

第四章　摩尼與回鶻之關係

中國之有摩尼，雖不始於回鶻，然回鶻勢力入唐之際，正摩尼教得志回鶻之時。唐人與回鶻交涉頻繁，摩尼教在中國之勢力，遂隨之膨漲。今試列舉其有關係諸史料如後。

册府元龜卷九七九：元和十二年，迴鶻又遣摩尼八人至。

其言又者，不自此始也。白氏長慶集卷五七，翰林制誥有與迴鶻可汗書，其末段云：

其東都太原置寺，此令人勾當，事緣功德，理合精嚴，又有彼國師僧，不必更勞人檢校。其見撚拓勿施鄔達干等（全唐文卷六六五，干作於），今並放歸。所令帝德將軍安慶雲，供養師僧，請住外宅，又令骨都禄將軍充檢校功德使，其安立請隨般次，放歸本國者，並依來奏，想宜知悉。今賜少物，具如別録。内外宰相及判官摩尼師等，並各有賜物。至宜准數分付。内外宰相官吏師僧等，並存問之，遺書指不多及。

東都太原置寺，係元和二年事。（見第六章）書中屢言師僧，摩尼師僧也。言回鶻必及摩尼，賜物及之，存問亦及之，以摩尼爲回鶻所信奉也。欲利用回鶻，不得不利用摩尼。舊唐書卷一九五迴紇傳云：

元和八年十二月二日（智超按：舊唐書誤，應爲十二年二月），宴歸國迴鶻摩尼八人，令至中書見宰官。先是迴鶻請和親，憲宗使有司計之，禮費約五百萬貫，方内有誅討，未任其親。以摩尼爲迴鶻信奉，故使宰臣言其不可。

此明欲利用摩尼以左右回鶻也。回鶻有大事，必與摩尼俱。同書同傳又云：

長慶元年（西八二一）五月，迴鶻宰相都督公主摩尼等，五百七十三人，入朝迎公主，於鴻臚寺安置。

又會昌三年（西八四三），烏介去幽州界八十里下營，其親信骨肉及摩尼志浄等四人，已先入振武軍。河東劉沔率兵奄至，烏介驚走。

又新唐書卷一七〇王鍔傳：鍔爲河中節度使，會迴鶻並摩尼師入朝，鍔欲示威武傾駭之，乃悉軍迎，廷列五十里。

無論來朝，無論去國，非摩尼不成行。其敬重等於宰相都督，其親信等於骨肉，其關係可知也。所以回鶻在唐之盛衰，即摩尼在唐之盛衰。

第五章　回鶻爲摩尼護法

摩尼與回鶻之關係，上章言之。摩尼未與回鶻生關係之前，摩尼之入中國者，尚無説教之所。吐火羅王雖嘗爲摩尼請置法堂，然未聞朝議許之。開元二十年勅，言「西胡自行，不須科罰」，然則非西胡行之，即須科罰，明矣。當時既未許其布教，自不許其建置法堂。摩尼之有法堂，自大曆三年始。

僧史略卷下：大曆三年（西七六八），六月勅：迴紇置寺，宜賜額「大雲光明之寺」。

佛祖統紀卷四一：大曆三年，勅回紇奉末尼者，建大雲光明寺。（並見卷五四）

據僧史略，知寺爲回紇所置；據佛祖統紀，知回紇建寺以奉末尼，回紇實爲摩尼護法也。大曆三年，距拂多誕始至之年，已七十四年。至是始有摩尼寺。韋述撰兩京新記，備載西京各坊祆祠波斯寺，而於摩尼寺獨無聞。韋述卒於至德二年（西七五七），可見天寶以前，西京尚未有摩尼寺。或以長安志卷十有大雲經寺，本名光明寺，大雲光明二名，偶與摩尼寺合，遂謂隋時中土已有摩尼寺；此則望文生義，一覽續高僧傳卷八曇延傳，即知其謬矣。曇延著涅槃義疏等佛經多種，何與於摩尼？摩尼之有寺，韋述卒後十餘年回紇爲之請建者也。李肇國史補（學津本）卷下云：

迴鶻常與摩尼議政，故京師爲之立寺。其法日晚乃食，敬水而茹葷，不飲乳酪。其大摩尼數年一易，往來中國。小者年轉江嶺，西市商胡槖其源，生於迴鶻有功也。

回鶻於唐有功，摩尼於回鶻有功，故京師爲之立寺。大摩尼即大慕闍，小摩尼即拂多誕，皆傳教士也。摩尼齋食，不茹葷。曰茹葷者，非譌字，即脱字。新唐書卷二一七上，回鶻傳：

元和初再朝獻，始以摩尼至。其法日晏食，飲水茹葷，屏湩酪，可汗常與共國者也。摩尼至京師，歲往來西市，商賈頗與囊槖爲奸。

新書此條，明采自國史補，而稍易其詞句。元和初「始以摩尼至」，始字殊誤。通鑑卷二三七其誤亦同。元和元年（西八〇六）距拂多誕始至之年，已百十二年，即距大雲光明建寺之年，亦已四十年，何所云始？佛祖統紀卷四一云：

元和元年，迴紇遣使同摩尼僞人來朝。

據此，則謂元和初再朝獻，又以摩尼至，猶可。謂始以摩尼至，則謬甚矣。摩尼不茹葷，茹葷云云，亦沿國史補之誤。曰商賈頗與囊橐爲奸者，詈詞也。國史補無此句，歐史特厚誣之。大曆間回紇恃功而驕，横行坊市，人吏不能禁，見於舊書代宗紀及迴紇傳者，史不絶書。然未聞一次涉及摩尼，摩尼之安分傳教，不滋生事端可知也。回鶻雖爲摩尼護法，摩尼實未嘗藉回鶻之勢以凌人。

今有一事，足證明回鶻爲摩尼護法者。當會昌初元回鶻失敗之時，與唐商議退兵事件，「安存摩尼」爲重要條件之一。會昌一品集卷五，賜迴鶻書意有云：

將相大臣，累陳公議，以可汗逗留塞上，逼近邊城，百姓不安，人心疑惑，可汗亦須深見事體，早務歸還。所求種糧，及安存摩尼，尋勘退渾党項劫掠等事，並當應接處置，必遣得宜。

此爲會昌元年事。計所請求者三事：一種糧，二即安存摩尼，三尋勘退渾党項劫掠。足見當時保護摩尼之責，實回鶻任之，如近世條約所謂保護教士者焉。更有一事，足資反證者。唐室對於摩尼，若有騷擾苛待等事，回鶻必不許可。觀會昌一品集卷四，論迴鶻石誠直狀，有云：

石誠直是一卑微首领，豈能有所感悟？況自今夏（會昌二年）以來，兩度檢點摩尼迴鶻，又寵待嗢没斯至厚，恐誠直之徒，必懷疑怨。此去豈止於無益，實慮生奸。

檢點摩尼，猶今日調查外國教士户口，特尋常事耳，而回鶻因此即生疑怨，其庇護之程度可想也。幸其時回鶻業已衰敗，倘值强盛，唐室對於摩尼，恐直不能過問也。

第六章　摩尼教傳布廣遠

摩尼教之傳布，先由北而南，復由南而北。其傳布之途徑，遠近倒置，頗不可解。疑書闕有間，不能據現存之史料，而遽定其傳布之途徑果如是也。摩尼教之傳來，始自波斯。然波斯入唐之途，原有海陸二線。摩尼教之來，蓋由陸道而非海道，故其教先傳至京師。即其後由吐火羅、回鶻繼續傳來，亦均取途於陸，故其教先自北而南也。

僧史略卷下：大曆六年（西七七一）正月，又勅荆、越、洪等州，各置大雲光明寺一

所。（並見通鑑卷二二三七胡注）

佛祖統紀卷四一：大曆六年，迴紇請於荆、揚、洪、越等州，置大雲光明寺，其徒白衣白冠。（並見卷五四）

前章言大曆三年京師始建寺，大曆六年即勅東南諸州同建寺。其傳播之廣而且速，可見矣。兩書同紀一事，而佛祖統紀多一揚州。洪爲今江西南昌，越爲今浙江紹興，當時洪越諸州，未必皆有回鶻人居住。可見摩尼傳教之廣遠，實較回鶻人之分布爲盛也。

册府元龜卷九九九：元和二年（西八〇七）正月庚子，迴鶻使者請於河南府、太原府置摩尼寺三所，許之。

右紀事並見舊唐書憲宗紀，及唐會要摩尼寺之條，惟省略「三所」二字，不如册府元龜之明瞭，故獨采之。可異者，河南、太原去京師較近，而建寺乃後於荆、揚、洪、越等州三十餘年。由南而北，實耐人探討。會昌一品集卷五，有賜迴鶻可汗書意，言摩尼傳教始末，足資考證。其言曰：

摩尼教天寶以前，中國禁斷。自累朝緣迴鶻敬信，始許興行。江淮數鎮，皆令闡教。近各得本道申奏，緣自聞迴鶻破亡，奉法者因兹懈怠，蕃僧在彼，稍似無依。吴楚水鄉，人性囂薄，信心既去，翕集至難。朕深念異國遠僧，欲其安堵，且令於兩都及太原信響處行教。其江淮諸寺權停，待迴鶻本土安寧，即却令如舊。當是會昌元年事。乘回鶻敗亡之際，取消其江淮傳教區域，李德裕之陰謀也。李德裕當國，深嫉外來諸教。時佛教之外，摩尼最盛，至是乃藉口於奉法者懈怠而撤消之，亦摩尼之不幸哉。

第七章　唐道家依託摩尼教

佛法盛時，道家依託於佛，於是有老子化胡經之作。時在西晉惠帝間，著者爲道士王浮，欲以此與佛家争勝也。顧老子化胡經，屢遭禁斷，禁不一次，僞作亦不止一次。自元至元十八年（西一二八一）奉旨燒燬道藏僞經後，王浮原本化胡經，固不可得見，即王浮以後諸僞本，亦不可得見。清光緒末法人伯希和在敦煌發見唐寫本化胡經，羅振玉影入石室祕寶乙集，存第一第十。第一前題爲老子西昇化胡經序説第一。第十後題爲老子化胡經卷第十。第一所述西域八十餘國中，多隋以後始至國。更有大食國者，唐永徽二年（西六五一）始見於史，唐以前未聞有此國名。可斷定此本爲唐永徽以後僞作，實非王浮之舊。佛祖統紀卷三十六，言「王浮文本一卷，其徒增爲十一卷，第一卷説化罽賓胡王」云云，此本卷一，並非化罽賓胡王，則亦非其徒所增之本。唐總章元年（西六六八）神龍元年（西七〇五）兩度禁燬化胡經，則此本殆作自開元天寶而後。其時摩尼教正盛，二宗三際之説，流播一時。此本第一有云：

我乘自然光明道氣，從真寂境飛入西那玉界，蘇鄰國中，降誕王室，出爲太子，捨家入道，號末摩尼，轉大法輪，説經誡律定慧等法，乃至三際及二宗門，教化天人，令知本際。上至明界，下及幽塗，所有衆生，皆由此度。摩尼之後，年垂五九，金氣將興，我法當盛，西方聖象，衣彩自然，來入中洲，是效也。當此之時，黄白氣合，三教混齊，同歸於我。

此唐朝道家依託摩尼教也。晉時佛法盛，故化胡經託於佛。唐時摩尼教盛，故化胡經復託於摩尼。曰「三教混齊，同歸於我」者，道、佛、摩尼也。在當時道家之意，以能涵蓋三教爲榮。在今日考證家觀之，則當時摩尼必有可慕之勢，而後道家乃依倚之也。或認此爲王浮原本，以其中有依託摩尼語，遂謂西晉時摩尼已流行，失考之甚。須知摩尼之卒，亦在西晉初年，其教斷不能流行中國如是之速也。

右所引化胡經，佛祖統紀卷四十八曾引之。佛祖統紀撰於南宋景定間，可見此本景定時猶在。然至元辯僞録所載道藏僞經目録，化胡經下注王浮撰，此外又有西昇經，與此本前題所標老子西昇化胡經不合。至元辯僞録卷二，又引其三十四化有云，道成類佛佗，衆號末牟尼；四十二化有云，老子入摩竭國，立浮圖教，名清淨佛，號末摩尼。牟尼與摩尼，混亂不清，任意附會，與此當又爲一本。至元與景定，朝代雖易，然相隔不過十餘年。乃辯僞録所載，與佛祖統紀所引，已有不同。僞本之流傳，殆非一本矣。

第八章　唐人重視摩尼教

摩尼教在唐之勢力，已如上述。今更就唐代詞人無意中所稱道，亦足見摩尼地位在唐之重要。唐文粹卷六五，舒元輿重巖寺碑序云：

國朝沿近古而有加焉，亦容雜夷而來者，有摩尼焉，大秦焉，祆神焉；合天下三夷寺，不足當吾釋寺一小邑之數。

元輿以太和九年（西八三五）被殺，重巖寺碑著於長慶間，其列舉三夷寺，以摩尼居首，此必當時社會之一種現成排次，如儒釋道者焉，而元輿隨筆引用者也。唐大詔令集卷十，會昌五年（西八四五）册尊號赦有云：

乃者虜衆乖離，部族欵附，收弟子於氊裘之所，致名王爲冠帶之臣。堅昆來朝，不

遠萬里；蠻貊嚮化，克同九州。廓清亂風，洗滌污俗，剪逆弁而故都底定，竄摩尼而壞法永除。（並見全唐文卷七八）

摩尼開教於回鶻，可汗可以建紀功碑。摩尼被逐於有唐，天子遂有册尊號赦。雖取舍不同，愛憎殊趣，然其爲世所重視，則中外一致。全唐文卷七三〇，鄭亞叙會昌一品集，亦有云：

二年殲醜虜，興北伐之詩；四年誅狡童，詠東征之歌。而又移摩尼之風，壞浮圖之俗，偃兵反樸，四海胥定。（並見畿輔叢書本會昌一品集卷首）

摩尼之被逐，鄭亞以爲李德裕之功，稱頌弗衰，至儗諸戡平禍亂。摩尼聲勢之浩大，洵非大秦，火祆之比矣。火祆以北魏神龜中來，大秦以貞觀九年來，摩尼以延載元年來，其來最後，而傳布最廣，所謂後來居上者，此耶？

第九章　唐季摩尼受迫害

宗教無國界。宗教與政治，本分兩途。然有時因傳教之利便，及傳教士國籍之關係，不得不與政治爲緣；於是宗教之盛衰，每隨其所信奉之民族爲消息。摩尼之來，非以回鶻；而摩尼之盛，確與回鶻有關。會昌初回鶻敗於黠戛斯，摩尼教徒，遂大受其影響。舊唐書卷十八武宗紀，會昌三年二月制有曰：

迴紇既以破滅，應在京外宅及東都修功德迴紇，並勒冠帶，各配諸道收管。其迴紇及摩尼寺莊宅錢物等，並委功德使以御史臺及京兆府各差官點檢收抽，不得容諸色人等影占。如犯者並處極法，錢物納官。摩尼寺僧，委中書門下條疏聞奏。（並見唐大詔令集卷一三〇，會昌一品集卷三，唐會要卷四九）

會昌三年，摩尼入中國百五十二年矣。百五十二年，未遭禍變，至是始被竄逐，亦云幸也。制中分三節處分：（一）回紇勒冠帶，配各道收管；（二）回紇及摩尼寺莊宅錢物，差官點檢收抽；（三）摩尼寺僧，委中書門下條疏聞奏。前二者處分已屬完了。後一者處分方法，尚待擬議。然卒未聞條疏結果如何，史闕文也。新唐書卷二一七下迴鶻傳曰：

會昌三年，詔迴鶻營功德使在二京者，悉冠帶之。有司收摩尼書若象，燒於道，産貲入之官。

燒摩尼書若象，仍是處分其書物，未嘗述及人之處分如何。據僧史略，則當時寺僧之殉難者甚衆。僧史略卷下大秦末尼條曰：

會昌三年，勅天下摩尼寺並廢入宮。京城女摩尼七十二人死。及在此國迴紇諸摩尼等，配流諸道，死者大半。

宫疑官之誤。此據日本續藏經本。女摩尼七十二人死，被殺抑自殺，不明。配流諸道而死者，則被虐待死者也。此爲摩尼入中國百五十二年第一次大難。佛祖統紀卷四二，有同一記載，而稍異其詞，曰：

會昌三年，勅天下末尼寺並令廢罷。京城女末尼七十人皆死。在迴紇者流之諸道，死者大半。（並見卷五四）

右據日本縮印藏經本，在迴紇句文義不完，應依僧史略。日本僧圓仁入唐求法巡禮行記卷第三云：

會昌三年四月，勅下令敍天下摩尼師，剃髮，令著袈裟，作沙門形而敍之。摩尼師即迴鶻所崇重也。

此爲圓仁在長安時所親見，足補中國史料之闕。然殺摩尼而令作沙門形，不知何意也。或謂摩尼之敗，由於回鶻；假定摩尼不歸回鶻保護，當不致敗，似也。不知武宗之世，仇視外教最甚；摩尼縱不受會昌三年回鶻之累，亦必受會昌五年佛教之累。所能延長壽命者，不過二年耳。唐會要卷四七，會昌五年武宗毁佛寺制有云：

隸僧尼屬主客，顯明外國之教，勒大秦穆護祆三千餘人還俗，不雜中華之風。（並見舊唐書武宗紀）

摩尼非外國教乎？各教一網打盡，摩尼何能獨免？通鑑卷二四八胡三省注云：

大秦穆護，又釋氏之外教，如迴鶻摩尼之類，是時勅曰：釋氏既已釐革，邪法不可獨存。其人並勒還俗，遞歸本貫充稅户；如外國人，送遠處收管。（此勅亦見舊唐書武宗紀）

據此，則摩尼縱能逃會昌三年之厄，亦不能逃會昌五年之厄也。會昌五年者，中國外教史一大紀念，不獨一教然也。

第十章　五代摩尼與亂黨

唐季摩尼被窘逐後七十七年，河南陳州忽有末尼作亂之事，見於佛祖統紀卷四二，此極動人興味之史料也。其言曰：

梁貞明六年（西九二〇）陳州末尼聚衆反，立毋乙爲天子。朝廷發兵擒毋乙，斬之。其徒以不茹葷飲酒，夜聚淫穢，畫魔王踞坐，佛爲洗足，云佛是大乘，我法乃上上乘。其上慢不法有若此。（並見卷五四）

佛祖統紀著於南宋末景定咸淳間（西一二七〇），去朱梁之世，凡三百五十餘年，何以知毋乙爲末尼？新五代史卷三，叙此事極略，曰：

梁貞明六年，秋七月，陳州妖賊毋乙自稱天子。冬十月，毋乙伏誅。

舊五代史卷十，叙此事極詳，然亦未僅曰妖賊，特尋常亂黨之貶詞，未足證明其爲末尼也。

新五代史卷三，亦未著爲末尼，曰：

梁貞明六年，冬十月，陳州妖賊毋乙董乙伏誅。陳州里俗之人，喜習左道，依浮屠氏之教，自立一宗，號曰上乘；不食葷茹，誘化庸民，揉雜淫穢，宵聚晝散。州縣因循，遂致滋蔓。時刺史惠王友能，恃戚藩之寵，動多不法，故奸慝之徒，望風影附。毋乙數輩，漸及千人，攻掠鄉社，長吏不能詰。是歲秋，其衆益盛，南通淮夷。朝廷屢發州兵討捕，反爲賊所敗。陳、潁、蔡三州，大被其毒。羣賊乃立毋乙爲天子。其餘豪首，各有樹置。至是，發禁軍及數郡兵合勢追擊，賊潰。生擒毋乙等首領八十餘人，械送闕下，並斬於都市。

據此，雖未明言爲摩尼，而其徒衆實含有宗教意味。曰喜習左道，自立一宗，不食葷茹，誘化庸民，固明明一種宗教也。因刺史動多不法，起而動亂；奸慝之徒，望風影附，又含有政治意味也。南通淮夷，陳、潁、蔡三州，大被其毒，其聲勢亦極宏大也。曰妖賊，曰奸慝，曰淫穢，曰被其毒，皆詈詞，所謂敗則爲寇耳。然究何以知爲末尼？讀贊寧僧史略而知佛祖統紀之説所自出矣。僧史略卷下曰：

梁貞明六年，陳州末尼黨類，立毋乙爲天子，累討未平。及貞明中，誅斬方盡。後唐石晉，時復潛興，推一人爲主，百事稟從；或畫一魔王踞坐，佛爲其洗足。蓋影傍佛教，所謂相似道也。或有比丘爲饑凍故，往往隨之效利。有識者尚遠離之！此法誘人，直到地獄。慎之哉！

僧史略撰於北宋太平興國間（西九八〇），與薛史同時，去朱梁之世，不過六十年。其詞與薛史大同，當同所本。釋門正統謂贊寧生於梁貞明五年，是毋乙之反，在贊寧既生以後。曰「後唐石晉，時復潛興」，自石晉至北宋初，直三四十年耳。以三四十年聞見之近，謂爲末尼，必有所據。即使非末尼，而佛教徒誣之爲末尼，或革命黨假託於末尼，皆可見當時末尼之勢力。僧史略明謂比丘爲饑凍故，往往有隨之效利者，其魔力直能令比丘改宗，宜乎佛教徒屢下戒嚴之令也。

毋乙董乙，名不雅馴，亦官文書貶詞耳。五代時河南毋氏有聞人爲吾人所不能忘者，毋昭裔也。昭裔好藏書，在成都書文選、初學記等，鏤版行世，事見宋史卷四七九孟蜀世家。昭裔與毋乙同時，同爲河南人；毋乙叛梁爲天子，昭裔仕蜀爲宰相，是否一家，不可知；然二人者，固有相提并論之價值者也。

第十一章　五代宋初摩尼消息

中國内地摩尼，自會昌三年，貞明六年，兩度摧殘後，其勢少挫，然殘留徒衆，尚蒙政府優容。册府元龜卷九七六云：

後唐天成四年（西九二九）八月癸亥，北京奏葬摩尼和尚。摩尼，回鶻之佛師也，先自本國來太原。少尹李彦圖者，武宗時懷化郡王李思忠之孫也，思忠本回鶻王子嗢没斯也，歸國錫姓名。關中大亂之後，彦圖挈其族歸。太祖賜宅一區，宅邊置摩尼院以居之。至是卒。

北京者，太原也。後唐以太原爲北京。太原本有摩尼寺三所，此又有摩尼院，可見回鶻王公邸第，可以任便別置摩尼院以居摩尼。惟摩尼卒葬，既須奏報，則其所以檢點之者亦嚴密也。

至於西域各國，五代時摩尼猶盛。五代末，北宋初，猶有至者。

册府元龜卷九七六：後唐閔帝應順元年正月，賜迴鶻入朝摩尼八人物有差。

舊五代史卷一三八回鶻傳：周廣順元年（西九五一）二月，遣使并摩尼貢玉團白氎

貂皮等。（並見新史卷十一周本紀）

宋史卷四九〇外國傳：于闐國建隆二年（西九六一）十二月，本國摩尼師貢琉璃瓶二，胡錦一段。

宋王明清揮麈前録卷四：太平興國六年（西九八一）詔遣王延德、白勳使高昌。延德等叙其行程，言高昌佛寺五十餘區，皆唐朝所賜額。復有摩尼寺，波斯僧各持其法，佛經所謂外道者也。（宋史高昌傳即採此）

五代時回鶻退保甘州，與于闐、高昌等，皆爲今甘肅、新疆地，固當日摩尼教流行之地也。比年來歐人深入流沙，發見古代回鶻文書及摩尼教經、壁畫等不少。日本明治四十二年史學雜誌第二十編第八號，載獨逸人魯哥克土耳其斯坦紀行，其所言有足與揮麈前録相印證者。曰：

高昌遺址，有宏大佛殿三處。佛殿之北，又發見有壁畫。畫以淡藍色爲之，中間繪一摩尼教高僧，衆僧環侍。像長短與生人無異。高僧衣白法衣，胸前有繡紋，左肩綴闊繡帶，帽施金繡，頸間繫黑紐，面長圓，鼻作鷲形，目小而歪，酷肖中國人描寫歐人之手筆。其背光爲新月及太陽，新月作黄金色，太陽作淡紅色。環列衆僧，則各於胸間以迴鶻及摩尼凱亞文字署名。審其貌，確一亞細亞人也。左端繪有摩尼教尼僧，及土人數輩，惜所繪土人面目已剥落。摩尼教之壁畫，爲今人所及見者僅此云。自元並西域，回是當爲唐代摩尼寺壁畫，即北宋初王延德等使高昌時所見之摩尼寺等也。

然有一事，頗滋疑問者，即宋史載咸平六年（西一〇〇三）大食國遣摩尼等來朝是也。宋史卷四九〇大食國傳云：

大食國咸平六年，又遣使婆羅欽三摩尼等來貢方物。摩尼等對於崇政殿，持真珠以進，自云離國日誠願得瞻威顔即獻此，乞不給回賜。真宗不欲違其意，俟其還，優加恩賚。

所謂摩尼，果摩尼教僧乎？時大食爲回教國，何至遣使摩尼？是摩尼者，大食國使者人名，其音譯偶與摩尼二字相同耳。趙汝适諸蕃志卷上大食國之條，言「咸平六年又遣麻尼等貢真珠，乞不給回賜。」宋史云云，當本於此。摩尼二字，諸蕃志原作麻尼也。

諸史中又有未明著爲摩尼，而但稱爲僧者，未知其爲佛教徒乎，抑摩尼教徒乎。特舉其例以供參考。

舊五代史卷一三八回鶻傳：梁乾化元年（西九一一）賜其入朝僧凝盧宜李思宜延籛等紫衣。

册府元龜卷九七六：晉天福三年（西九三八）回鶻朝貢使都督翟全福，並肅州、甘州專使僧等歸本國，賜鞍馬、銀器、繒帛有差。

所謂僧，何等僧？ 遼史卷十四聖宗紀： 統和十九年（西一〇〇一）正月，回鶻進梵僧名醫。（並見卷七十屬國表） 則此所謂僧，謂之摩尼，有何不可？ 九姓迴鶻可汗碑，言睿思等四僧入國，吾人嘗認定爲摩尼。 新唐書卷一五〇常袞傳：「回紇有戰功者，得留京師，創邸第佛祠。」所謂佛祠，摩尼寺也。 通鑑卷二三七胡三省注：

回鶻之摩尼，猶中國之僧也。 其教與天竺又異。 按唐書會要十九，回鶻可汗王，令明教僧進法入唐。

右所引不見今本唐會要，然胡三省已認定回鶻之僧爲摩尼，而又明知其教與天竺異也；則遼史表之回鶻梵僧，當然可認爲摩尼，并可見北宋初摩尼與遼之關係。 明教爲摩尼教異名，猶基督教之名景教也。 九姓迴鶻可汗碑已有是名，南唐徐鉉稽神録卷三云：

清源人楊某，有大第在西郭，鬼出没四隅，杖莫能中，乃召巫立壇治之。 鬼亦立壇作法，愈盛於巫，巫懼而去。 後有善作魔法者，名曰明教，請爲持經一宿，鬼遂絶。

據此則摩尼教五代時亦名明教； 歷宋迄明，其名猶在。 福建明教最盛。 清源郡者泉州也。泉州之有摩尼，遠在唐季矣。

第十二章　宋摩尼依託道教

唐道流依託摩尼教，已於第七章言之。然佛祖統紀卷四八，於南宋嘉泰二年（西一二〇二）餘杭白雲庵道民乞賜勑額一事，特著排斥摩尼之論，可知當時摩尼亦依附道教。今録其文如左：

嘗考夷堅志云，喫菜事魔，三山尤熾。爲首者紫帽寬衫，婦人黑冠白服，稱爲明教會。所事佛衣白，引經中所謂「白佛言，世尊」。取金剛經一佛二佛三四五佛，以爲第五佛。

又名末摩尼，採化胡經「乘自然光明道氣，飛入西那玉界蘇鄰國中，降誕王宫爲太子，出家稱末摩尼」，以自表證。

其經名二宗三際。二宗者，明與暗也。三際者，過去未來現在也。大中祥符興道藏，富人林世長賂主者，使編入藏，安於亳州明道宫。

復假稱白樂天詩云：静覽蘇鄰傳，摩尼道可驚。二宗陳寂默，五佛繼光明。日月爲資敬，乾坤認所生。若論齋絜志，釋子好齊名。以此八句表於經首。其修持者，正午一食，裸屍以葬，以七時作禮，蓋黄巾之遺習也。（原注：嘗檢樂天長慶集，即無蘇鄰之詩。樂天知佛，豈應爲此不典之詞？）

右所引夷堅志，不見今四庫本及陸刊本夷堅志。其所引化胡經，則正與敦煌本化胡經合。當摩尼教盛時，道家依託摩尼以自重。當摩尼教衰後，摩尼反依託道家所僞作之化胡經以自存，想彼此皆始料不及也。然其所謂摩尼者，果爲唐代摩尼嫡派所遺傳，抑仍係道家所依託之摩尼教，不可考矣。然因此可證南宋時摩尼之説猶盛，且遠播於閩越間。大中祥符中，以二宗三際經（摩尼經）賂主者使編入道藏之富人，亦熱心摩尼教者也。今道藏是否尚有摩尼經，須細考。然據明白雲霽道藏目録詳注，則明道藏已無摩尼教經之目，惟宋道藏則確有摩尼經，有張君房雲笈七籤序可據。序云：

真宗皇帝鋭意至教，盡以祕閣道書出降於餘杭郡。除臣著作佐郎，俾專其事。臣于時盡得所降到道書，并續取到蘇州舊道藏經本千餘卷，越州、台州舊道藏經本亦各千餘卷，及朝廷續降到福建等州道書明使摩尼經等，與道士商較異同，銓次成藏，都四千五百六十五卷，題曰大宋天宫寶藏。天禧三年（西一〇一九）春寫進之。

宋道藏明有摩尼經，此其鐵證。夷堅志所謂受富人林世長之賂者，疑即指張君房也。二宗者，明與暗；三際者，初際中際後際也。其説見今藏法國摩尼教經殘卷，亦見王仁俊敦煌石室真跡録中。其殘存第一行云：「宿死屍，若有覆藏，還同破戒。」可知裸屍以葬，是摩尼法。今京師圖書館所藏摩尼教經殘卷，又有「但聖所制，日一受食，不以爲難」之語，可知正午一食，亦摩尼法。

至蘇鄰詩，雖不見於白氏長慶集，然長慶爲摩尼正盛時代，士大夫與之酬唱往還，亦非奇事；不得以長慶集不載，遂遽斷此爲非白氏之詩。蓋集外詩之流傳者衆矣。然無論爲真白氏詩與否，總有借以爲重之意。既依託於道，復依託於佛（指第五佛説），又依託於詩人，其護教之心，亦良苦哉。黄震黄氏日鈔卷八六有崇壽宫記。崇壽宫本摩尼道院，紹興元年（西一一三一）始勅賜今名。摩尼教之變爲道教，此記言之甚悉。記曰：

四明固山水奇絶處也。慈溪之西踰二十里，有峰特起，爲五磊山。其中沃野曼衍，人生其間，往往多秀特。而崇壽宫又適居其水脈之會，亦多聞人。如往歲吾叔祖黄仲清以詩聞，今住持之祖張安國以草聖聞，皆嘗名動一時。然其雲屋踈踈，垂三百年莫之整，以僻故也。

安國之法嗣曰張希聲，慨然以興起爲己任。余與别二十年，一日書來，述其居已大備，屬余記之。且曰：吾非求以記吾勤也，記吾居之所自始也。吾之居日廣，而吾之所自始日泯，非所以篤既往昭方來也。吾師老子之入西域也，嘗化爲摩尼佛。其法於戒行尤嚴，日惟一食，齋居不出户，不但如今世清淨之云。吾所居初名道院，正以奉摩尼香火，以其本老子也。紹興元年十一月，冲素太師陳立正始請今敕賜額。嘉定四年九月，住持道士張悟真始建今三清殿。獨念新之增者舊之忘，身之舒者心之肆，摩尼之法之嚴，雖久已莫能行，而其法尚存，庶幾記之以自警，且以警後之人也。

余讀之曰：嘻！吾儒與佛老固冰炭，佛與老又自冰炭，今謂老爲佛，而又屬記於學儒者，將何辭以合之，且何據耶？因書詰之。

則報曰：老子化胡經明言我乘自然光明道氣，飛入西那王界，降爲太子，捨家入道，號末摩尼，説戒律定惠等法。則道經之據如此。

釋氏古法華經卷之八九，正與化胡經所載合，而限於町畦者始或祕之不以出。白樂天晚年酷嗜内典，至其題摩尼經，亦有「五佛繼光明」之句，是必有得於貫通之素者矣。則釋氏之據如此。

唐憲宗元和元年十一月，回鶻入貢，始以摩尼偕來，置寺處之。其事載於温公之通鑑，述於晦翁之綱目。則儒書之據又如此。

余既審之果然。希聲復緘示所謂衡鑑集，載我宋大中祥符九年，天禧三年，兩嘗敕福州，政和七年及宣和二年兩嘗自禮部牒温州：皆宣取摩尼經頒入道藏。其文尤悉。余始復書謂之曰：信矣，是可記也。因録其往復之詳如此。景定五年五月記。黄仲清名得一，號壺隱先生。黄氏日鈔卷九五有祭叔祖機察壺隱先生墓文，稱仲清初學老子，復歸於儒，篤教猶子，彬彬儒雅。始余周晬，公賜之詩，匪徒言賀，以遠大期。既而稍長，受書吾父，俾繼先志，必稱叔祖云云。是黄震之學出於黄仲清，而仲清則摩尼院道士也。宋代摩尼與道教之關係，又多一證。

第十三章　僧徒詆毁摩尼教

吾讀基督教史，無不詆毁摩尼教。吾讀佛教史，亦無不詆毁摩尼教。所謂各是其所是，非其所非也。當西紀三百年間，摩尼教興於波斯，基督教徒有因之改宗者，故基督教徒惡之。西紀六百年間，摩尼教傳至中國，佛教徒亦有因之改宗者，故佛教徒亦惡之。僧史略謂此法誘人，直到地獄，其深惡痛絶之情可見也。佛祖統紀卷三九，於拂多誕始至之時，評之曰：

此魔教邪法，愚民易於漸染。由屢朝君臣，當世名德，不能簡邪正以别同異，故其法行於世而弗禁。嘑，是蓋西土九十五外道之類歟？

開元二十年，明詔禁斷摩尼。佛祖統紀卷四〇又評之曰：

末尼既是邪見，朝廷便須禁止。今乃縱其自行，不加科罰，曾不思此立有染其習者，邪以傳邪，適足爲佛法之混濫。嘻，不知當時君臣，何其不能區别耶？開元之詔，已禁止中國人崇奉矣，不過外國人之奉之者不禁而已。而佛教徒乃必欲並外國人而禁之，抑何褊狹至此？然此猶是以空論毁之也。更有造爲事實以毁之者。如太平廣記卷一〇七所引之報應記一則是。曰：

吴可久，越人，唐元和十五年（西八二〇）居長安，奉摩尼教。妻王氏，亦從之。歲餘，妻暴亡。經三載，見夢其夫曰：某坐邪見爲蛇，在皇子陂浮圖下，明旦當死。願爲請僧就彼轉金剛經，冀免他苦。可久歸佛，常持此經。

事之有無，可不必論。然佛教徒之嫉妬摩尼教，可見一斑。元和間，佛教入中國，已七百五十餘年，士民久漸其教。摩尼教欲以異軍特起，遽易其幟，事故難能。然西域于闐等國，昔何嘗非佛教國，何以宋初于闐國使者，乃竟出於摩尼？摩尼之感人，豈盡無力哉？

第十四章　南宋摩尼復盛

唐代摩尼之盛，本藉回鶻之力。入宋而後，中國之摩尼教信者，乃漸自行組織教會，衍厥宗風。至南宋而復盛。錢大昕十駕齋養新録卷八云：

向讀沈繼祖劾朱文公疏，有喫菜事魔之語，不解所謂。（原疏見李心傳道命録卷七上）頃讀李心傳繫年要録（見原書卷七十六）：紹興四年（西一一三四）五月，起居舍人王居正言：伏見兩浙州縣，有喫菜事魔之俗。方臘以前，法禁尚寬，而事魔之俗，猶未至於甚熾。方臘之後，法禁愈嚴，而事魔之俗，愈不可勝禁。自方臘之平，至今十餘年間，不幸而死者，不知幾千萬人矣。竊意陛下所宜惻然動心，而思欲究其所以然。臣聞事魔者，每鄉或村，有一二桀黠，謂之魔頭，盡録其鄉村之人姓氏名字，相與詛盟，爲事魔之黨。凡事魔者不肉食，而一家有事，同黨之人皆出力以相賑卹。蓋不肉食則费省，故易足。同黨則相親，相親故相卹，而事易濟。臣以謂此先王道其民使相親相友相助之意；而甘淡薄，務節儉，有古淳樸之風。今民之師帥，既不能以是爲政，乃爲魔頭者，竊取以瞽惑其黨，使皆歸德於魔，於是從而附益之以邪僻害教之説。民愚無知，以魔頭之説爲皆可信，而争趨歸之。此所以法禁愈嚴而愈不可勝禁。臣愚伏望陛下念民迷之日久，下哀矜之詔書，許以自新，率衆歸善，庶舊染之俗，聞風丕變，實一方生靈赤子之幸。詔諸路帥憲司措置，毋得騷擾生事。乃知喫菜事魔，即今人所謂邪教也。

宋人所指之喫菜事魔，是否爲摩尼教，抑包含白蓮、白雲在内，今不可知。然此等儒釋道以外之教，教外人每併爲一談，如僧史略之於唐代大秦、摩尼、火祆，釋門正統之於宋代摩尼、白蓮、白雲是也。釋門正統卷四有斥僞志。所謂僞，即當時盛行之摩尼、白蓮、白雲也。摩尼本素食，摩又音與魔同，目事摩尼者爲事魔，想亦當時之惡諡。惟方臘是否爲摩尼教，亦無他證。史但稱其託左道以惑衆而已（宋史卷四八六）。方勺泊宅編（稗海本卷下）言方臘始末甚詳，亦但稱其喫菜事魔而已，未明指爲摩尼也。今觀王居正所論，於喫菜事魔之俗，實未有貶詞；至謂十餘年間，因此死者幾千萬人，則似非事實。當時事魔雖盛，其數未必至是。非千字或萬字衍文，即居正張皇過甚也。十駕齋養新録又節引陸游條對狀，則確指摩尼矣。原狀見渭南文集卷五，云：

自古盜賊之興，若止因水旱饑饉，迫於寒餓，嘯聚攻刧，則措置有方，便可撫定。惟是妖幻邪人，平時誑惑良民，結連素定，待時而發，則其爲害，未易可測。伏緣此色人，處處皆有。淮南謂之二襘子，兩浙謂之牟尼教，江東謂之四果，江西謂之金剛禪，福建謂之明教、揭諦齋之類，名號不一，明教尤甚。至有秀才吏人軍兵，亦相傳習。其神號曰明使。又有肉佛、骨佛、血佛等號。白衣烏帽，所在成社。僞經妖像，至於刻版流布。假借政和中道官程若清等爲校勘，福州知州黃裳爲監雕。更相結習，有同膠漆。萬一竊發，可爲寒心。漢之張角，晉之孫恩，近歲之方臘，皆是類也。欲乞朝廷戒勅監司守臣，常切覺察，有犯於有司者，必正典刑。毋得以「習不根經教」之文，例行闊略。仍多張曉示，見今傳習者，限一月聽賫經像衣帽，赴官自首，與原其罪。限滿重立賞，許人告捕。其經文印版，令州縣根尋，日下焚毁。仍立法：凡爲人圖畫妖像，及傳寫刊印明教等妖妄經文者，並從徒一年論罪。庶可陰消異時竊發之患。

陸游應詔條對，係孝宗初年事（西一一六三）。其所指摩尼教，較王居正所言之喫菜事魔，更爲明確。二禬子當即二宗，九姓迴鶻可汗碑所謂「闡揚二祀」是也。四果係白雲宗，非摩尼教，見釋門正統。牟尼教即摩尼教。明教亦摩尼教。佛祖統紀所謂明教會，通鑑胡三省注所謂明教僧，均見前章。明使爲摩尼教神名，見今京師圖書館摩尼教經。凡此所稱，皆南宋摩尼鼎盛之證。至其刻經流布，假借政和中道官程若清等爲校勘，益可證宋摩尼依託道教之事實也。又陸游老學庵筆記卷十云：

閩中有習左道者，謂之明教，亦有明教經，甚多刻板摹印，妄取道藏中校定官銜贅其後。燒必乳香，食必紅蕈，故二物皆翔貴。至有士人宗子輩，衆中自言今日赴明教齋。予嘗詰之：此魔也，奈何與之遊？則對曰：不然，男女無別者爲魔，男女不親授者爲明教。明教遇婦人所作食則不食。然嘗得所謂明教經觀之，誕謾無可取，直俚俗習妖妄者所爲耳。又或指名族士大夫家曰，此亦明教也。不知信否。偶讀徐常侍稽神録云：有善魔法者，名曰明教。則明教亦久矣。唐以來中國人之信摩尼者爲何等人，無可考見。今陸游謂至有士人宗子輩於衆中倡言赴明教齋，又或指名族士大夫家曰此亦明教也，則南宋摩尼教信者固多智識階級之人也。然謂明教經誕謾無可取，直俚俗習妖妄者所爲，則韓愈毁佛故智耳。明季天主教入中國，信之者多一時名士。然清四庫總目（子部雜家類存目二）批評天主教著述，輒謂其誕謾支離，莫可究詰。陸游之論明教，抑何與紀昀等之論天主教同也？此中國儒者習氣也。

王居正、陸游皆以方臘擬摩尼。方臘之亂，在宣和二年（西一一二〇）。方臘亂後，禁摩尼愈嚴，故紹興四年有王居正請毋騷擾之疏。自是而後，禁網又寬，故孝宗初年又有陸游請防隱患之對。慶元元年（西一一九五）沈繼祖劾朱熹，謂其剽竊張載、程頤之餘論，寓以喫菜事魔之妖術，則宋儒理欲二元之説，實與摩尼教旨有關。嘉定赤城志卷三七，有李守謙戒事魔十詩。嘉熙初（西一二三七）宗鑑撰釋門正統，咸淳初（西一二六五）志磐撰佛祖統紀，對於摩尼，糾斥不遺餘力。則終宋之世，摩尼實未嘗少息，可由種種觀察而得之也。

然此特南宋史料耳。同時北朝遼、金、夏關於摩尼之史料，當亦不少，因摩尼固嘗盛行北地。此節且待他時之發見。

第十五章　元明時代摩尼教

據十二章佛祖統紀所引夷堅志，及十四章陸游條對狀，知南宋時福建摩尼教特盛。吾求之今本夷堅志而不得，乃泛求之福建志乘，而得諸何喬遠之閩書。閩書著於明萬曆末年，以其人非佛教徒，故其言獨持平而無貶語。且於摩尼生卒及流傳中國年代，言之甚詳，爲前此載籍所未有，而元明兩朝摩尼之狀況，亦因此可略見一斑。閩書卷七方域志云：

泉州府晉江縣華表山，與靈源相連，兩峰角立如華表。山背之麓有草庵，元時物也，祀摩尼佛。摩尼佛名末摩尼光佛，蘇鄰國人，又一佛也，號具智大明使。云老子西入流沙，五百餘歲，當漢獻帝建安之戊子，寄形捺暈。國王拔帝之后，食而甘之，遂有孕。及期，擘胸而出。捺暈者，禁院石榴也。其説與攀李樹，出左脅相應。其教曰明，衣尚白，朝拜日，夕拜月；了見法性，究竟廣明，云即汝之性，是我之身，即我之身，是汝之性。蓋合釋老而一之。行於大食、拂菻、火羅、波斯諸國。晉武帝太始丙戌，滅度於波斯，以其法屬上首慕闍。慕闍當唐高宗朝行教中國，至武則天時，慕闍高弟密烏没斯拂多誕復入見。羣僧妬譖，互相擊難。則天悦其説，留使課經。開元中作大雲光明寺奉之。自言其國始有二聖，號先意夷數，若吾中國之言盤古者。末之爲言大也。其經有七部。有化胡經，言老子西入流沙，託生蘇鄰事。會昌中汰僧，明教在汰中。有呼禄法師者，來入福唐，授侶三山，游方泉郡，卒葬郡北山下。至道中，懷安士人李廷裕，得佛像於京城卜肆，鬻以五十千錢，而瑞相遂傳閩中。真宗朝，閩士人林世長取其經以進，授守福州文學。皇朝太祖定天下，以三教範民，又嫌其教門上逼國號，擯其徒，毁其宫。户部尚書郁新，禮部尚書楊隆，奏留之，因得置不問。今民間習其術者，行符咒，名師氏法，不甚顯云。庵後有萬石峰，有玉泉，有雲梯百級，及諸題刻。

華表山，閩志著録者極少。弘治八閩通志，萬曆泉州府志，曹學佺泉州府志勝，均不見著録。故此附麗於華表山之元代摩尼教庵遺跡，亦隱没而不彰。閩書獨能顯微闡幽，使此庵巋然獨存，不可謂非考古者之幸事。

據右所記述，有與以前各章歧異者。

一、摩尼生卒年代，基督教史家據巴比倫曆所推算，謂摩尼之生，在巴比倫錫紐哥紀元二五七年，即西紀二一六年，其卒在西紀二七七年。今閩書謂摩尼生於漢建安十三年戊子（西二〇八），卒於晉太始二年丙戌（西二六六），生之年差八年，卒之年差十一年，未知孰是。民國十六年夏，胡適先生自歐洲歸，贈我倫敦博物院所藏敦煌出土摩尼教經影本二種，一爲摩尼光佛教法儀略，一爲忙你教下部讚。忙你即摩尼之異譯。教法儀略即法國所藏摩尼教經之前截，首題開元十六年六月八日，大德拂多誕奉詔集賢院譯。謂按波斯婆毗長曆，摩尼光佛當漢獻帝建安十三年二月八日生，晉太始二年正月四日寂。閩書之説，當本於此。同用婆毗（巴比倫唐譯）長曆，而二説不同，非計法有殊，即比曆有誤也。

二、摩尼教始通中國年代，據佛祖統紀，拂多誕以唐武后延載元年來朝，今閩書謂唐高宗朝其教已行中國。

三、摩尼教寺始建年代，據僧史略，摩尼教寺始建於大曆三年（西七六八），賜額大雲光明之寺，今閩書謂大雲光明寺作於開元中。

至其言老子託生摩尼事，與夷堅志所述相同。惟夷堅志明謂此係採自化胡經，今閩書乃直以化胡經屬摩尼教。化胡經今雖不全，然敦煌本尚存首尾二卷。其卷一蘇鄰一段，依託摩尼教，爲唐時道家所僞，辨已見前。其他所言，皆不出道教範圍，與摩尼教旨絶無關係，何喬遠非摩尼教信者，固不能保其無傳説之譌。

至謂武則天時慕闍高弟密烏没斯拂多誕入見，當即指延載元年事。據英藏本教法儀略，慕闍譯云承法教道者，拂多誕譯云侍法者，然則延載元年入覲之拂多誕，名密烏没斯。此節可補從來摩尼教史料之闕，其重要與景教碑之阿羅本等。

至云佛名末摩尼光佛，號具智大明使，與英藏本教法儀略所云光明使者，又號具智法王，亦謂摩尼光佛，語意正同。又言其國始有二聖，號先意夷數，夷數即耶蘇之唐譯，忙你下部讚有讚夷數文。統觀閩書所言，現存敦煌所出漢文摩尼教諸經，何喬遠似均曾寓目，故能言之吻合。

又其書名閩書，故言摩尼教入閩始末獨悉。並言宋真宗時進摩尼教經之林世長爲閩人，足與夷堅志「喫菜事魔，三山尤熾」之説，及陸游條對狀福建明教尤甚之説相印證。又言明太祖之禁摩尼，係因其教名上逼國號；末摩尼之末，爲言大也，説亦甚新。開元二十年勅，已稱末摩尼，不知所謂末者何謂。得此足備一解。明萬曆時此庵猶在，庵後有玉泉、雲梯諸勝，亦可想見當時摩尼教徒修養之不凡。

第十六章　摩尼教與祕密教派

摩尼教本非祕密教。讀今京師圖書館所藏摩尼教經殘卷，可知摩尼教治己極嚴，待人極恕，自奉極約，用財極公，不失爲一道德宗教。其所以能深入人心，亘六七百年而不墜者，亦自有故。當信仰不自由之世，以無大力者爲之護法，遂陷於左道惑衆之條，可歎也。

宋紹興間，閩人莊季裕雞肋篇（琳瑯本）卷上云：

事魔食菜，法禁至嚴。而近時事者益衆。云自福建流至温州，遂及二浙。睦州方臘之亂，其徒處處相煽而起。聞其法斷葷酒，不事神佛祖先，不會賓客，死則裸葬。方斂，盡飾衣冠，其徒使二人坐於尸傍；其一問曰：來時有冠否？則答曰無，遂去其冠。逐一去之，以至於盡。乃曰來時何有？曰有胞衣。則以布囊盛尸焉。云事之後致富。小人無識，不知絶酒肉燕祭厚葬，自能積財也。又始投其黨，有甚貧者，衆率出財以助，積微以至於小康。凡出入經過，雖不識，黨人皆館穀焉。人物用之無間，謂爲一家，故有無礙被（説郛本作彼）之説，以是誘惑其衆。其魁謂之魔王，佐者謂之魔翁魔母云。亦誦金剛經，取以色見我爲邪道，故不事神佛，但拜日月以爲真佛。其説經如是法平等，無有高下，則以無字連上句。大抵多如此解釋。俗誤以魔爲麻，謂其魁爲麻黄，或云易魔王之稱也。其初授法，設誓甚重。然以張角爲祖，雖死於湯鑊，終不敢言角字。

魔尼來自外國，與張角何關，然中國人言左道者必稽張角。唐季禁摩尼，本以其爲外教。至宋真宗時，閩人林世長因進摩尼教經而授官，且以其經頒入道藏，是其時並未被禁也。宣和而後，草寇迭起，持齋拜斗，擬於黄巾；於時始有喫菜事魔之禁。然喫菜事魔，未必盡摩尼，適其時摩尼正盛，世人不察，遂視與草竊同科，而摩尼祖張角之謬說出矣。直至晚明，何喬遠著閩書，始本本源源，述摩尼之所自出，而後知宋元間所謂魔教（真西山文集卷四十有魔教、邪師，至正金陵新志卷八有白雲魔教），所謂喫菜事魔者，果不盡摩尼；而摩尼實受當時諸祕密教派之株累。廖剛高峯文集卷二乞禁妖教劄子云：

臣竊上言，乞修立喫菜事魔條禁，務從輕典。臣謹案王制曰，執左道以亂衆，殺。今之喫菜事魔，傳習妖教，正是之謂。臣訪聞兩浙江東西，此風方熾。創自一人，其從至於千百爲羣，陰結死黨。犯罪則人出千錢或五百行賕，死則人執柴燒變，不用棺槨衣衾，無復喪葬祭祀之事。一切務滅人道，則其視君臣上下，復何有哉？此而不痛懲之，養成其亂，至於用兵討除，則殺人不可勝數矣。

右所論未明指摩尼教，然云一切務滅人道，唯摩尼教似之。南宋人已混諸祕密教派與摩尼爲一也。摩尼教對於教徒經濟，十分注意，故入其教者類多裕足。觀南宋諸人記述，一方詆爲魔教，一方不能不極許其通財互助之精神。摩尼教經云：所至之處，若得餵施，不私隱用，皆納大衆。今祕密教派之所以能相結合者，未始不因其能採用此種精神也。通財互助而外，摩尼教徒個人之操行，亦極嚴謹，有爲佛教徒所不及者。佛祖統紀卷三九，良渚曰：

準國朝（趙宋）法令，諸以二宗經及非藏經所載不根經文傳習惑衆者，以左道論罪。二宗者，謂男女不嫁娶，互持不語，病不服藥，死則裸葬等。不根經文者，謂佛佛吐戀師佛說啼淚大小明王出世經，開元括地變文，齊天論，五來子曲之類。其法不茹葷飲酒，晝寢夜興，以香爲信，陰相交結，稱爲善友。一旦郡邑有小隙，則憑狠作亂，如方臘、呂昂輩是也。如此魔教，愚民皆樂爲之。其徒以不殺不飲不葷辛爲至嚴。沙門有爲行弗謹，反遭其譏。出家守法，可不自勉？

良渚即僧宗鑑。右所引即釋門正統斥僞志。二宗經即摩尼教經。其所舉不根經文，未必盡爲魔尼教經。據今京師圖書館摩尼教經所述，則摩尼教尚有應輪經、寧萬經等。其所以罪之者，謂其不茹葷飲酒，交結善友；吾不知不茹葷飲酒，交結善友，果有何罪？至曰一旦郡邑有隙，則憑狠作亂，舉方臘、呂昂爲證；夫方臘、呂昂是否摩尼教，前已辨正。如以五代時毋乙之反爲例，則五代時政治之紛亂，豈能禁人革命？至於沙門爲行弗謹，反遭其譏，可知當時沙門，其操行尚不如摩尼教徒之謹，不啻自暴其醜也。佛祖統紀卷五四，又以末尼、火祆、白雲菜、白蓮菜等爲事魔邪黨。良渚曰：

此三者皆假名佛教，以誑愚俗，猶五行之有沴氣也。今（南宋）摩尼尚扇於三山，而白蓮、白雲，處處有習之者。大抵不事葷酒，故易於裕足；而不殺物命，故近於爲善。

愚民無知，皆樂趨之。有識士夫，宜加禁止。

南宋士夫既以摩尼與方臘混。南宋釋子又以摩尼與白雲、白蓮諸教相提，目爲邪黨。自是而後，政府嚴加禁止，典籍上罕見有末尼教之名。摩尼只得祕密傳教。元史卷一〇五刑法志禁令云：諸以白衣善友爲名，聚衆結社者禁之。白衣善友，即指摩尼教。所謂陰相交結，稱爲善友者，明、清律亦禁之也。明律集解附例卷十一云：

凡妄稱彌勒佛、白蓮社、明尊教、白雲宗等會，一應左道亂正之術，扇惑人民，爲首者絞，爲從者各杖一百，流三千里。（原註：西方彌勒佛，遠公白蓮社，牟尼明尊教，釋氏白雲宗，是四様。）

清律因之。安南律亦因之。聞今法領安南，此律尚仍而未改。其實安南當日未必有牟尼明尊教，惟明初則實有之，故特著爲禁令。明尊云者，明教之尊，所以稱明使，亦猶佛氏之稱世尊也。迄今祕密教派中，其徒往往有屏絶嗜慾，陰相交結，自爲風氣，至死不變者。恐其受摩尼教影響不少。西紀三四百年，亞細亞西境，歐羅巴東境，修士之風盛行，克治私欲之法，斷絶嫁娶之説，出家修道之事，一時極盛。論者亦謂爲是摩尼教之流風所被。至於十二世紀間，盛行法國南部之加利他會，尤與摩尼相類。今其説雖佚，然可從基督教史傳中得其涯略。是時東方佛教徒既毁摩尼爲邪黨，而西方羅馬會適以是時用兵力痛剿其人，抑何巧耶？兹將京師圖書館及倫敦博物院、法國圖書館所藏摩尼教經殘卷各一種，附録於後，亦可見佛教徒所詆爲魔教者，其魔何在也。

〔完成於一九二二年六月，發表於國學季刊第一卷第二號（一九二三年四月）。發表後，作者於一九二三年九月、一九三四年十月又作過兩次校訂。現採用一九三四年十月之校訂本。〕

附：摩尼教殘經一

原本出敦煌莫高窟，今藏京師圖書館宇字第五十六，卷長十九尺五寸

……若不遇緣。無由自脱。求解……宍(肉)身本性。是一爲是二耶。一切諸聖。出現於世。施作方便。能救明性。得離衆苦。究竟安樂。作是問已。曲躬恭敬。却住一面。……尒時明使告阿馱言。善哉善哉。汝爲利益无量衆生。能問如此甚深祕義。汝今即是一切世間盲迷衆生大善知識。我當爲汝分别解説。令汝疑網永斷無餘。汝等當知即此世界未立以前。淨風善母二光明使入於暗坑无明境界。拔擢驍徤。常勝。□□。□大。智甲。五分明身。策持昇進。令出五坑。其五類魔。黏五明身。如蠅著蜜。如鳥被黐。如魚吞鉤。以是義故。淨風明使以五類魔。及五明身。二力和合。造成世界。十天八地。如是世界。即是明身醫療藥堂。亦是暗魔禁繫牢獄。其彼淨風及善母

等。以巧方便安立十天。次置業輪及日月宮。並下八地。三衣三輪。乃至三災鐵圍四院
未勞俱孚山。及諸小山大海江河。作如是等建立世界。禁五類魔。皆於十三光明大力以
爲囚縛。其十三種大勇力者。先意淨風各五明子。及呼嚧瑟德。㗘嘍噗德。並窣路沙羅
夷等。其五明身猶如牢獄。五類諸魔同彼獄囚。淨風五子如掌獄官。説聽喚應如喝更
者。其第十三窣路沙羅夷如斷事王。

於是貪魔見斯事已。於其毒心。重興惡計。即令路傷及業羅泱。以像淨風及善母等於中
變化。造立人身。禁囚明性。放大世界。如是毒惡貪慾肉身。雖復微小。一一皆放天地
世界。業輪星宿。三災四圍。大海江河。乾濕二地。草木禽獸。山川堆阜。春夏秋冬。
年月時日。乃至有礙。无礙。无有一法。不像世界。喻若金師。摸白象形。寫指環內。
於其象身。无有增減。人類世界。亦復如是。

其彼淨風。取五類魔。於十三種光明淨躰。囚禁束縛。不令自在。魔見是已。起貪毒
心。以五明性。禁於肉身。爲小世界。夂灬(亦)以十三无明暗力。囚固束縛。不令自在。
其彼貪魔。以清淨氣。禁於骨城。安置暗相。栽蒔死樹。又以妙風禁於筋城。安置暗
心。栽蒔死樹。又以明力禁於脉城。安置暗念。栽蒔死樹。又以妙水禁於肉城。安置暗
思。栽蒔死樹。又以妙火禁於皮城。安置暗意。栽蒔死樹。

貪魔以此五毒死樹。栽於五種破壞地中。每令惑亂光明本性。抽彼客性。變成毒菓。是暗相樹者生於骨城。其菓是怨。是暗心樹者生於筋城。其菓是嗔。其暗念樹者生於脉城。其菓是婬。其暗思樹者生於肉城。其菓是忿。其暗意樹者生於皮城。其菓是癡。如是五種骨筋脉肉皮等。以爲牢獄。禁五分身。亦如五明囚諸魔類。又以怨憎嗔恚婬慾忿怒及愚癡等。以爲獄官。放彼淨風五驍健子中間貪慾。以像喝更説聽唤應。饞毒猛火。恣令自在。放窣路沙羅夷。

其五明身既被如是苦切禁縛。廢忘本心。如狂如醉。猶如有人以衆毒虵。編之爲籠。頭皆在内。吐毒縱横。復取一人倒懸於内。其人尒時爲毒所逼。及以倒懸。心意迷錯。無暇思惟父母親戚及本歡樂。今五明性在肉身中爲魔囚縛。晝夜受苦。亦復如是。

又復淨風造二明船。於生死海運渡善子。達於本界。令光明性究竟安樂。怨魔貪主。見此事已。生嗔妬心。即造二形雄雌等相。以放日月二大明船。惑亂明性。令昇暗船。送入地獄。輪迴五趣。備受諸苦。卒難解脱。

若有明使出興於世。教化衆生。令脱諸苦。先從耳門降妙法音。後入故宅。持大神呪(本字)。禁衆毒虵及諸惡獸。不令自在。復賫智斧斬伐毒樹。除去株杌。並餘穢草。並令清淨。嚴餝宮殿。敷置法座。而乃坐之。猶如國王破怨敵國。自於其中。庄餝臺殿。

安處寶座。平斷一切善惡人民。其惠明使亦復如是。既入故城。壞怨敵已。當即分判明暗二力。不令雜亂。先降怨憎。禁於骨城。令其淨氣俱得離縛。次降嗔恚。禁於筋城。令淨妙風即得解脱。又伏婬慾。禁於脉城。令其明力（明力原作妙水，據文義改）即便離縛。又伏忿怒。禁於肉城。令其妙水即便解脱。又伏愚癡。禁於皮城。令其妙火。俱得解脱。貪慾二魔。禁於中間。飢毒猛火。放令自在。猶如金師。將欲鍊金。必先藉火。若不得火。鍊即不成。其惠明使喻若金師。其嚘嚁而云嚧。猶如金釙。其彼飢魔。即是猛火。鍊五分身。令使清淨。惠明大使於善身中使用飢火爲大利益。其五明力住和合體。因彼善人。銓簡二力。各令分別。如此肉身。亦名故人。即是骨。筋。脉。肉。皮。怨。嗔。婬。怒。癡。及貪。饞。婬（婬字兩見）。如是十三。共成一身。以像元（原作无）始无明境界。第二暗夜（原本無第一暗夜）。即是貪魔毒惡。思惟諸不善性。所謂愚癡。婬慾。自譽。亂他。嗔恚。不淨。破壞。銷散。死亡。誑惑。返逆。暗相。如是等可畏无明暗夜。十二暗時。即是本出諸魔記驗。以是義故。惠明大智以善方便如此肉身。銓救明性。令得解脱。於己五體。化出五施。資益明性。

先從明相化出怜愍。加被淨氣。次從明心。化出誠信。加被妙風。次從明念。（此十二字原脱，據文義補入）化出具足，加被明力。又於明思化出忍辱。加被淨水。又於明意化出智惠。

加被淨火。呼嚧瑟德。㘃嘍㗘德。於語藏中加被智惠。其氣。風。明。水。火。憐愍。誠信。具足。忍辱。智惠。及呼嚧瑟德。㘃嘍㗘德。與彼惠明。如是十三。以像清淨光明世界。明尊記驗。持具戒者。猶如日也。

第二日者（原本無第一日）。即是智惠十二大王。從惠明化像日圓滿具足記驗。第三日者。自是七種摩訶羅薩本每入清淨師僧身中。從惠明處受得五施。及十二時。成具足日。即像窣路沙羅夷大力記驗。如是三日及以二夜。於其師僧乃至行者。並皆具有二界記驗。惑（本文或惑二字通用）時故人與新智人共相鬬戰。如初貪魔擬侵明界。如斯記驗。從彼故人暗毒相中。化出諸魔。即共新人相體鬬戰。如其新人。不防記念（本字）。廢忘明相。即有記驗。其人於行。无有憐愍。觸事生怨。即汙明性清淨相體。寄住客性。亦被損壞。若當防護。記念警覺。逆逐怨憎。當行憐愍。明性相體。還復清淨。寄住客性。離諸危厄。歡喜踴躍。禮謝而去。

惑時新人忘失記念。於暗心中化出諸魔。共新明心當即鬬戰。於彼人身有大記驗。其人於行。无有誠信。觸事生嗔。寄住客性。當即被染。明性心體。若還記念。不忘本心。令覺驅逐。嗔恚退散。誠信如故。寄住客性。免脱諸苦。達於本界。

惑時新人忘失記念。即被无明暗毒念中化出諸魔。共彼新人清淨念體即相鬬戰。當於是人有大記驗。其人於行。无有具足。慾心熾盛。寄住客性。即當被染。如其是人記念不忘。於具足體善能防護。摧諸慾想。不令復起。寄住客性。免脱衆苦。俱時清淨。達於本界。

或時於彼无明思中。化出諸魔。共新人思即相鬭戰。如其是人廢忘本思。當有記驗。其人於行。即无忍辱。觸事生怒。客主二性。俱時被染。如其是人記念不忘。覺來拒敵。怒心退謝。忍辱大力還當扶護。寄住客性。欣然解脱。本性明白。思體如故。

或時於彼无明意中。化出諸魔。即共新人意體鬭戰。如其是人忘失本意。當有記驗。其人於行。多有愚癡。客主二性。俱被染汙。如其是人記念不忘。愚癡若起。當即自覺。速能降伏。策勤精進。成就智惠。寄住客性。因善業故。俱得清淨。明性意體。湛然无穢。

如是五種極大鬭戰。新人故人。時有一陣。新人因此五種勢力。防衛怨敵。如大世界諸聖記驗。憐愍以像持世明使。誠信以像十天大王。具足以像降魔勝使。忍辱以像地藏明使。智惠以像催光明使。爲此義故。過去諸聖。及現在教作如是説。出家之人。非共有礙。肉身相戰。乃是无礙。諸魔毒性。互相鬭戰。如此持戒。清淨師等。類同諸聖。何以故。降伏魔怨。不異聖故。

或時故人兵衆退敗。惠明法相。寬泰而遊。至於新人五種世界。无量國土。乃入清淨微妙相城。於其寶殿敷置法座。安處其中。乃至心念思意等城。亦復如是。一一遍入。若其惠明遊於相城。當知是師所説正法。皆悉微妙。樂説大明。三常五大。神通變化。具足諸相。次於法中。專説憐愍。

或遊心城。當知是師樂説日月光明宫殿。神通變化。具足威力。次於法中。專説誠信。

或遊念城。當知是師樂説大相窣路沙羅夷。神通變化。具足默然。次於法中。專説具足。

或遊思城。當知是師樂説五明。神通變現。次於法中。專説忍辱。

或遊意城。當知是師樂説明使過去未來及現在者。神通變化。隱現自在。次於法中。專説智惠。

是故智者諦觀是師。即知惠明在何國土。若有清淨電那勿等如是住持无上正法。乃至命終不退轉者。命終已後。其彼故人及以兵衆。无明暗力。墮於地獄。无有出期。當即惠明引己明軍清淨眷屬。直至明界。究竟无畏。常受快樂。應輪經云。若電那勿等身具善法。光明父子及淨法風。皆於身中每常遊止。其明父者即是明界无上明尊。其明子者即是日月光明。淨法風者即是惠明。寧萬經云。若電那勿具善法者。清淨光明。大力智惠。皆備在身。即是新人。功德具足。

汝等諦聽。惠明大使入此世界。顛倒耶（邪）城。屈曲聚落。壞朽故宅。至於魔宮。其彼貪魔。爲破落故。造新穢城。因己愚癡。恣行五慾。惑時白鴿微（原作徵）妙淨風勇健法子大聖之男。入於此城。四面顧望。唯見煙霧周鄣屈曲无量聚落。既望見已。漸次遊行。至於城上。直下遥望。見七寶珠。一一寶珠。價值无量。皆被雜穢。纏覆其上。時惠明使先取膏腴肥壤好地。以己光明无上種子。種之於中。又於己體脱出模樣。及諸珍寶。爲自饒益大利興生種種莊嚴。具足内性。以爲依柱。真實種子。依因此柱。得出五重无明暗坑。猶如大界。先意淨風各有五子。與五明身作依止柱。於是惠明善巧田人。以惡无明崎嶇五地而平填之。先除荆蕀。及諸毒草。以火焚燒。次當誅伐五種毒樹。其五暗地既平殄已。即爲新人置立殿堂。及諸宫室。於其園中。栽蒔種種香花寶樹。然後乃爲自身莊嚴宫室寶座臺殿。次爲左右无數衆等。亦造宫室。其惠明使以自威神建立如是種種成就。又翻毒惡貪慾暗地。令其顛倒。於是明性五種淨體。漸得申暢。其五體者則相心念思意。是時惠明使於其清淨五重寶地。栽蒔五種光明勝譽无上寶樹。復於五種光明寶臺燃五常住光明寶燈。

時惠明使施五施已。先以斸逐无明暗相。伐却五種毒惡死樹。其樹根者自是怨憎。其莖剛强。其枝是嗔。其葉是恨。菓是分拆。味是泊淡。色是譏嫌。其次漸逐无明暗心。伐却死樹。其樹根者自是无信。其莖是忘。枝是諂惰(原作墮)。葉是剛强。菓是煩惱。味是貪慾。色是拒諱。其次漸逐无明暗念。伐去死樹。其樹根者自是婬慾。莖是怠惰(原作墮)。枝是剛强。葉是增(原字)上。菓是譏誚。味是貪嗜。色是愛慾。諸不淨業。先爲後誨。次逐暗思。伐去死樹。其樹根者自是忿怒。莖是愚癡。枝是无信。葉是拙(原作柮)鈍。菓是輕蔑(蔑)。味是自高。色是輕他。次逐暗意。伐去死樹。其樹根者自是愚癡。莖是无記。枝是嫚鈍。葉是顧影。自謂无比。菓是越衆莊嚴服餝。味是愛樂瓔珞真珠環釧諸雜珎寶串佩其身。色是貪嗜百味飲食。資益肉身。如是樹者。名爲死樹。貪魔於此无明暗窟。勤加種蒔。時惠明使當用智惠快利钁斧。次第誅伐已。以(原本兩以字)已五種无上清淨光明寶樹。於本性地而栽種之。於其寶樹溉甘露水。生成仙菓。先栽相樹。其相樹者根是憐愍。莖是快樂。枝是歡喜。葉是美衆。菓是安泰。味是敬慎。色是堅固。

次栽清淨妙寶心樹。其樹根者自是誠信。莖是見信。枝是怕懼。葉是警覺。菓是勤學。味是讀誦。色是安樂。

次栽念樹。其樹根者自是具足。莖是好意。枝是威儀。葉是真實莊嚴諸行。菓是實言。無虛妄語。味是說清淨正法。色是愛樂相見。

次栽思樹。其樹根者自是忍辱。莖是安泰。枝是忍受。葉是戒律。菓是齋讚。味是勤修。色是精進。

次栽意樹。其樹根者自是智惠。莖是了二宗義。枝是明法辯才。葉是權變知機。能摧異學。崇建正法。菓是能巧問答。隨機善說。味是善能譬喻。令人曉悟。色是柔濡美辭。所陳悅衆。

如是樹者。名爲活樹。時惠明使以此甘樹。於彼新城微妙宮殿。寶座四面。及諸園觀。自性五地。於其地上而栽種之。

其中王者即是怜愍。其怜愍者即是一切功德之祖。猶如朗日。諸明中最。亦如滿月。衆星中尊。又如國王花冠。於諸嚴餝最爲第一。亦如諸樹。其菓爲最。又如明性。處彼暗身。於其身中。微妙无比。亦如素璽。能與一切上妙餚饌而作滋味。又如國王印璽。所印之處。無不遵奉。亦如明月寶珠。於衆寶中而爲第一。又如膠清。於諸畫色而作牢固。亦如石灰。所塗之處。无不鮮白。又如宮室於中有王。因彼王故。宮得嚴淨。其怜愍者亦復如是。有怜愍者則有善法。若无怜愍。修諸功德。皆不成就。緣此事故。故稱爲王。

其怜愍中復有誠信。其誠信者即是一切諸善之母。猶如王妃。能助國王撫育一切。亦如火力。通熟萬物。資成諸味。又如日月。於衆像中最尊无比。舒光普照，无不滋益。怜愍誠信。於諸功德成就具足。亦復如是。怜愍誠信。亦是諸聖過去未來。明因基址。通觀妙門。亦復三界煩惱大海。側足狹路。百千衆中。稀有一人。能入此路。若有入者。依因此道得生淨土。離苦解脱。究竟无畏。常樂安淨。

又惠明使於魔暗身通顯三大光明惠日。降伏二種无明暗夜。像彼无上光明記驗。第一日者即是惠明。十二時者。即是勝相十二大王。以像清淨光明世界。无上記驗。第二日者即是新人清淨種子。十二時者即是十二次化明王。又是夷數勝相妙衣。施與明性。以此妙衣。莊嚴内性。令其具足。拔擢昇進。永離穢土。其新人日者。即像廣大窣路沙羅夷。十二時者。即像先意及以淨風各五明子。並呼嚧瑟德。嗷嚧嘍德。合爲十三光明淨體。以成一日。

第三日者。即是説聽及喚應聲。十二時者即是微妙相心念思意等。及與怜愍誠信具足忍辱智惠等。是其此喚應第四（疑三之譌）日者。以像大界日光明使。怜愍相等。十二時者。即像日宮十二化女。光明圓滿。合成一日。其次復有兩種暗夜。第一夜者。即是貪魔。其十二時者。即是骨筋脉肉皮等。及以怨憎嗔恚婬慾忿怒愚癡貪欲飢火。如是等輩。不淨諸毒。以像暗界元（原作无）始无明第一暗夜。第二夜者。即是猛毒慾熾熖。十二時者。即是十二暗毒思惟。如是暗夜。以像諸魔初興記驗。時惠明日對彼无明重昏暗夜。以光明力降伏暗性。靡不退散。以是義故。像初明使降魔記驗。又惠明使於无明身種種自在降伏諸魔。如王在殿。賞罰無畏。惠明相者。第一大王。二者智惠（原字）。三者常勝。四者歡喜。五者懃修。六者平等。七者信心。八者忍辱。九者直意。十者功德。十一者齊心一等。十二者内外俱明。如是十二光明大時。若入相心念思意等五種國土。一一孳滋。无量光明。各各現果。亦復无量。其菓即於清淨徒衆而具顯現。

若電那勿具足十二光明時者。當知是師與衆有異。言有異者。是慕闍拂多誕等。於其身心常生慈善。柔濡別識。安泰和同。如是記驗。即是十二相樹初萌。顯現於其樹上。每常開敷无上寶花。既開已。輝光普照。一一花間。化佛无量。展轉相生。化无量身。

若電那勿内懷第一大王樹者。當知是師有五記驗。一者不樂久住一處。如王自在。亦不常住一處。時有出遊。將諸兵衆嚴持器仗。種種具備。能令一切惡獸怨敵。悉皆潛伏。二者不慳。所至之處。若得儭施。不私隱用。皆納大衆。三者貞潔。防諸過患。自能清淨。亦復轉勸餘修學者。令使清淨。四者於己尊師有智惠者而常親近。若有无智樂欲戲論及鬬諍者。即皆遠離。五者常樂清淨徒衆。與共住止。所至之處。亦不别衆獨寢一室。若有此者。名爲病人。如世病人。爲病所惱。常樂獨處。不願親近眷屬知識。不樂衆者亦復如是。二智惠者。若有持戒電那勿等内懷智性者。當知是師有五記驗。一者常樂讚歎清淨有智惠人。及樂清淨智惠徒衆。同會一處。心生歡喜。常無厭離。二者若己智根見解狹劣。聞他智者智惠言語。心無妬嫉。三者諸有業行。常當勤學。心不懈怠。四者常自勤學智惠方便。諸善威儀。亦勸餘人同共修習。五者於其禁戒。慎懼不犯。若悞犯者。速即對衆發露陳悔。

三常勝者。若有清淨電那勿等内懷勝性者（者字原脱）。當知是師有五記驗。一者不樂讒諂狠悷。如有是人。亦不親近。二者不樂鬬諍諠亂。若有鬬諍。速即遠離。强來鬬者。而能伏忍。三者若論難有退屈者。不得承危。唛以稱快。四者輙不漫陳。不問而説。若有來問。思忖而答。不令究竟因言被耻。五者於他語言。隨順不逆。亦不强證。以成彼過。若於法衆。其心和合。无有分析。

四歡喜者。若有清淨電那勿等内懷歡喜性者。當知是師有五記驗。一者於聖教中所有禁戒。威儀進止。一一歡喜。盡力依持。乃至命終。心无放捨。二者但聖所制。年一易衣。日一受食。歡喜敬奉。不以爲難。亦不妄證。云是諸聖。權設此教。虛引經論。言通再受。求解脱者。不依此或。三者但學己宗清淨舌（正）法。亦不求諸邪敗教。四者心常卑下。於諸同學。而无憎上。五者若謂處下流。不越居上。身爲尊首。視衆如己。愛無偏黨。

五勤修者。若有清淨電那勿等内懷懃性者（者字原脱）。當知是師有五記驗。一者不樂睡眠。妨修道業。二者常樂讀誦。勵心不怠。同學教誨。加意喜謝。亦不因教。心生怨恨。己常懃修。轉勸餘者。三者常樂演説清淨正法。四者讚咀（本字）禮誦。轉誦抄寫。繼念思惟。如是等時。无有虛度。五者所持禁戒。堅固不缺。

六真實者。若有清淨電那勿等内懷真實性者。當知是師有五記驗。一者所説經法。皆悉真實。一依聖教。不妄宣示。於有説有。於无説无。二者心意常以真實和同。不待外緣。因而取則。三者所持戒行。每常真實。若獨若衆。心无有二。四者常於己師。心懷決定。盡力承事。不生疑惑。乃至命終。更無別意。五者於諸同學。勸令修習。以真實行。教導一切。

七信心者。若有清淨電那勿等内懷信心性者。當知是師有五記驗。一者信二宗義。心淨无疑。棄暗從明。如聖所説。二者於諸戒律。其心決定。三者於聖經典。不敢增減一句一字。四者於正法中所有利益。心助歡喜。若見爲魔之所損惱。當起慈悲。同心憂慮。五者不妄宣説他人過惡。亦不嫌謗。傳言兩舌。性常柔濡。質直无二。

八忍辱者。若有清淨電那勿等内懷忍辱性者。當知是師有五記驗。一者心恒慈善。不生忿怒。二者常懷喜。不起恚心。三者於一切處。心無怨恨。四者心不剛强。口無粗惡。常以濡語。悦可衆心。五者若内若外。設有諸惡煩惱。對值來侵辱者。皆能忍受。歡喜无怨。

九直意者。若有清淨電那勿等内懷直意性者。當知是師有五記驗。一者不爲煩惱之所繫縛。常自歡喜清淨直意。二者但於法中若大若小。所有諮問。恭敬領受。隨喜善應答。三者於諸同學言无反難。不護己短。而懷嗔恚。四者言行相副。心恒質直。不求他過。以成鬬競。五者法内兄弟。若於聖教心有異者。當即遠離。不共住止。亦不親近。共成勢力。故惱善衆。

十功德者。若有清淨電那勿等内懷功德性者。當知是師有五記驗。一者所出言語。不損一切。恒以慈心善巧方便。能令衆人皆得歡喜。二者心恒清淨。不恨他人。亦不造愆。令他嗔恚。口常柔耎。離四種過。三者於尊於卑。不懷妬嫉。四者不奪（本字）徒衆經論弟子。隨所至方。清淨住處。歡喜住止。不擇華好。五者常樂教悔一切人民善巧智惠。

令修正道。

十一齊心一等者。若有清淨電那勿等内懷齊心性者。當知是師有五記驗。一者法主慕闍拂多誕等所教智惠善巧方便。威儀進止。一一依行。不敢改换。不專己見。二者常樂和合。與衆同住。不願别居。各興異計。三者齊心和合。以和合故。所得儭施。共成功德。四者常得聽者恭敬供養。愛樂稱讚。五者常樂遠離調侮(原作悔)戲笑。及以諍論。善護内外。和合二性。

十二内外俱明者。若有清淨電那勿等内懷俱明性者。當知是師有五記驗。一者善拔穢心。不令貪慾。使己明性。常得自在。能於女人作虚假想。不爲諸色之所留難。如鳥高飛。不殉羅網。二者不與聽者偏交厚重。亦不固戀諸聽者家。將如己舍。若見法外俗家損失及愁惱事。心不爲憂。設獲利益及欣喜事。心亦如故。三者若行若住。若坐若卧。不寵肉身。求諸細滑。衣服卧具。飲食湯藥。爲(本字)馬車乘。以榮其身。四者常念命終。險難苦楚。危厄之日。常觀无常。及平等王。如對目前。無時暫捨。五者自身柔順。不惱兄弟及諸知識。不令嗔怒。亦不望(原字)證。令他惡名。常能定心。安住淨法。」

如是等者。名爲十二明王寶樹。我從常樂光明世界。爲汝等故。持至於此。欲以此樹栽於汝等清淨衆中。汝等上相善慧男女。當須各自於清淨心栽植此樹。令使增(原作憎)長。

猶如上好無砂鹵地。種一收萬。如是展轉。至无量數。汝等今者若欲成就无上大明清淨菓者。皆當莊嚴如寶樹。令得具足。何以故。汝等善子。依此樹菓。得離四難。及諸有身。出離生死。究竟常勝。至安樂處。

尒時會中諸慕闍等。聞説是經。歡喜踴躍。歎未曾有。諸天善神。有𢑱无𢑱。及諸國王羣臣士女四部之衆。无量无數。聞是經已。皆大歡喜。悉能發起无上道心。猶如卉木。值遇陽春。無不滋茂。敷花結菓。得成熟。（句有脱字）唯除敗根。不能滋長。

時慕闍等頂禮明使。長跪叉手。作如是言。唯有大聖。三界獨尊。普是衆生慈悲父母。亦是三界大引道師。亦是含靈大醫療主。亦是妙空能容衆相。亦是上天包羅一切。亦是實地能生實菓。亦是衆生甘露大海。亦是廣大衆寶香山。亦是任衆金剛寶柱。亦是巨海巧智船師。亦是火坑慈悲救手。亦是死中與常命者。亦是衆生明性中性。亦是三界諸牢固獄解脱明門。

諸慕闍等又啓明使。作如是言。唯大明一尊。能歎聖德。非是我等肉舌劣智。稱讚如來功德智惠千萬分中。能知少分。我今勵己小德小智。舉少微意。歎聖弘慈。唯願大聖垂怜愍心。除捨我等曠切已來无明重罪。令得銷滅。我等今者不敢輕慢。皆當奉持无上寶樹。使令具足。緣此法水。洗濯我等諸塵重垢。令我明性。常得清淨。緣此法藥。及大神呪。呪療我等多刧重病。悉得除愈。緣此智惠。堅牢鎧伏。被串我等。對彼怨敵。皆得强勝。緣此微妙衆相衣冠。莊嚴我等。皆得具足。緣此本性光明模樣。印禞我等。不令散失。緣此甘膳百味飲食。飽足我等。離諸飢渴。緣此无數微妙音樂。娱樂我等。離諸憂惱。緣此種種奇異珍寶。給施我等。令得富饒。緣此明網於大海中。撈渡我等。安置寶舩。我等今者上相福厚。得覩大聖殊特相好。又聞如上微妙法門。蠲除我等煩惱諸穢。心得開悟。納如意珠威光。得履正道。過去諸聖。不可稱數。皆依此門。得離四難。及諸有身。至光明界。受无量樂。唯願未來一切明性。得遇如是光明門者。若見若聞。亦如往聖及我今日。聞法歡喜。心得開悟。尊重頂受。不生疑慮。時諸大衆。聞是經已。如法信受。歡喜奉行。

摩尼教殘經二

原本出敦煌莫高窟，前半藏倫敦博物院，至「逐令出法，海雖至廣，不」止；後半藏巴黎圖書館。其末行適當兩紙騎縫處，後紙已脱，尚可辨認爲「四法弟七」四字。

摩尼光佛教法儀略一卷

開元十九年六月八日大德拂多誕奉詔集賢院譯

託化國主名号宗教第一

佛夷瑟德烏盧詵者（本國梵音也）。譯云光明使者。又号具智法王。亦謂摩尼光佛。即我光明大慧无上醫王應化法身之異号也。當欲出世。二耀降靈。分光三體。大慈愍故。應敵魔軍。親受明尊。清淨教命。然後化誕。故云光明使者。精真洞慧。堅疑克辯。故曰具智法王。虛應靈聖。覺觀究竟。故号摩尼光佛。光明所以徹内外。大慧所以極人天。无上所以位高尊。醫王所以布法藥。則老君託孕。太陽流其晶。釋迦受胎。日輪叶其爲。資靈本本。三聖亦何殊。成性存存。一貫皆悟道。按彼波斯婆毗長曆。自開闢初有十二辰。掌分年代。至第十一辰。名訥。管代二百廿七年。釋迦出現。至第十二辰。名魔謝。管代五百廿七年。摩尼光佛誕蘇隣國跋帝王宮。金薩健種夫人滿艷之所生也。婆毗長曆。當漢獻帝建安十三年二月八日而生。泯然懸合矣。至若資稟天符而受胎。齋戒嚴潔而懷孕者。本清淨也。自胸前化誕。卓世殊倫。神驗九徵。靈瑞五應者。生非凡也。又以三願四寂五真八種無畏。衆德圓備。其可勝言。自天及人。拔苦與樂。謏德而論矣。若不然者。曷有身誕王宮。神凝道慧。明宗真本。智謀特正。體質孤秀。量包乾坤。識洞日月。開兩元大義。示自性各殊。演三際深文。辯因緣瓦（疑互）合。誅耶祐正。激濁揚清。其詞簡。其理直。其行正。其證真。六十年内。開示方便。感四聖以爲威力。騰七部以作舟航。應三宮而建三尊。法五明而列五級。妙門殊特。福被存亡也。按摩訶摩耶經云。佛滅度後一千三百年。袈裟變白。不受染色。觀佛三昧海經云。摩尼光佛出現世時。常施光明。以作佛事。老子化胡經云。我乘自然光明道氣。飛入西那玉界蘇隣國中。示爲太子。捨家入道。号曰摩尼。轉大法輪。説經戒律定慧等法。乃至三際及二宗門。上從明界。下及幽塗。所有衆生。皆由此度。摩尼之後。年垂五九。我法當盛者。五九四十五。四百五十年。教合傳於中國。至晉太始二年正月四日。乃息化身。還歸真寂。教流諸國。接化蒼生。從晉太始至今開（開下當有元字）十九歲。計四百六十年。證記合同。聖跡照著。教闡明宗。用除暗惑。法開兩性。分別爲門。故釋經云。若人捨分別。是則滅諸法。如有修行人。不應共其住。又云。鳥歸虚空。獸歸林藪。義歸分別。道歸涅槃。不覈宗本。將何歸趣。行門真實。果證三宮。性離無明。名爲一相。今此教中。是稱解脱。略舉微分。以表進修。梵本頗具。此未繁載。

形相儀第二

摩尼光佛頂圓十二光王勝相。體備大明。無量祕義。妙形特絶。人天無比。串以素帔。倣四淨法身。其居白座。像五金剛地。二界合離。初後旨趣。宛在真容。觀之可曉。諸有靈相。百千勝妙。寔難備陳。

經圖儀第三　凡七部並圖一

第一大應輪部　譯云徹盡萬法根源智經
第二尋提賀部　譯云淨命寶藏經
第三泥萬部　譯云律藏經。亦稱藥藏經
第四阿羅瓚部　譯云祕密法藏經
第五鉢迦摩帝夜部　譯云證明過去教經
第六俱緩部　譯云大力士經
第七阿拂胤部　譯云讚願經
大門荷翼圖一　譯云大二宗圖

右七部大經及圖。摩尼光佛當欲降代。衆聖贊助。出應有緣。置法之日。傳受五級。其餘六十年間。宣說正法。諸弟子等隨事記録。此不載列。

五級儀第四

第一。十二慕闍　譯云承法教道者
第二。七十二薩波塞　譯云侍法者。亦號拂多誕
第三。三百六十默奚悉德　譯云法堂主

第四。阿羅緩　　　　譯云一切純善人
第五。耨沙喭　　　　譯云一切淨信聽者
右阿羅緩已上。並素冠服。唯耨沙喭一位。聽仍舊服。如是五位。禀受相依。咸遵教命。堅持禁戒。名解脱路。若慕闍犯戒。即不得承其教命。假使精通七部。才辯卓然。爲有愆違。五位不攝。如樹滋茂。皆因其根。根若憊者。樹必乾枯。阿羅緩犯戒。視之如死。表白衆知。逐令出法。海雖至廣。不……(前半截至此止)
□宿死屍。若有覆藏。還同破戒。

寺宇儀弟五

經圖堂一。齋講堂一。禮懺堂一。教授堂一。病僧堂一。
右置五堂。法衆共居。精修善業。不得别立。私室厨庫。每日齋食。儼然待施。若無施者。乞丐以充。唯使聽人。勿畜奴婢。及六畜等。非法之具。
每寺尊者。詮簡三人。
第一阿拂胤薩　　　　譯云讚願首。專知法事。
第二呼嚧喚　　　　譯云教道首。專知獎勸。

第三遏換健塞波塞　譯云月直。專知供施。皆須依命。不得檀(擅)意。

出家儀弟六

初辯二宗。

求出家者。須知明暗各宗。性情縣隔。若不辯識。何以修爲。

次明三際。

一初際。　二中際。　三後際。

初際者。未有天地。但殊明暗。明性智慧。暗性愚癡。諸所動静。無不相背。中際者。暗既侵明。恣情馳逐。明來入暗。委質推移。大患猒離於形體。火宅願求於出離。勞身救性。聖教固然。即妄爲真。孰敢聞命。事須辯折。求解脱緣。後際者。教化事畢。真妄歸根。明既歸於大明。暗亦歸於積暗。二宗各復。兩者交歸。

次觀四寂法身。

四法弟七

陳垣全集之六

元西域人華化考

安徽大學出版社

元西域人華化考卷一

緒論

一　元西域範圍

西域之名，漢已有之，其範圍隨時代之地理知識及政治勢力而異。漢武以前，大抵自玉門關、陽關以西，至今新疆省止，爲西域。其後西方知識漸增，推而至葱嶺以西，撒馬兒干、今俄領土耳其斯坦，及印度之一部，更進而至波斯、大食、小亞細亞，及印度全部，亦稱西域。元人著述中所謂西域，其範圍亦極廣漠，自唐兀、畏吾兒，歷西北三藩所封地，以達於東歐，皆屬焉。質言之，西域人者色目人也。不曰色目而曰西域者，以元時分所治爲蒙古、色目、漢人、南人四色，公牘上稱色目，普通著述上多稱西域也。陶宗儀輟耕録卷一載蒙古七十二種，色目三十一種，漢人八種，錢大昕元史氏族表譏其重複謬舛，惜無他書是正。然藉此可略知元時蒙古、色目之别，又可知元時所謂漢人、南人者，以金宋疆域爲判，故契丹、女直、高麗稱漢人。據元史選舉志，又以平定先後爲判，故雲南、四川，亦稱漢人，而江浙、湖廣、江西三行省，及河南行省中之江北、淮南諸路稱南人。所謂江浙者，包含今閩、浙，江西含今贛、粤，湖廣含今湘、黔、桂，江北、淮南含今蘇、皖、鄂。當時鄉會試，蒙古、色目爲右榜，漢人、南人爲左榜。元史列傳編纂法，亦蒙古、色目爲一類，漢人、南人爲一類。其有色目人因戴漢姓而誤置於漢人、南人之列，如趙世延、郝天挺者，史臣失檢也。趙翼陔餘叢考十四、廿二史劄記二九謂「列傳三十二卷已載元末死事諸臣余闕等，而三十三卷以後又以開國諸臣耶律楚材等編入，前後倒置，係分二次進呈，未將前後兩書重加編訂」云，其説非也。以錢大昕十駕齋養新録卷九、廿二史考異九七所説爲是。

本編所論，既限於元西域，故蒙古、契丹、女直諸族不與，亦以契丹等文化幼稚，其同化華族不奇，若日本、高麗、琉球、安南諸邦，則又襲用華人文字制度已久，其華化亦不奇。惟畏吾兒、突厥、波斯、大食等國，本有文字，本有宗教，畏吾兒外，西亞諸國去中國尤遠，非東南諸國比，然一旦入居華地，亦改從華俗，且於文章學術有聲焉，是真前此所未聞，而爲元所獨也。徐㘽序元人十種詩曰：「天錫、易之，崛生窮髮不毛之域，流商刻羽，含英咀華，駸騷閫作者之室，豈非奇渥温氏帝天下，而風會極一時之盛歟！」天錫者，薩都剌；易之者，迺賢也。是不可以不記。

二　元時西域文化狀況

未言西域人華化之先，不可不知元時西域人文化之狀況。元時西域文化，本由祆教而佛教，而景教，而回教，更唱迭和，浸淫濃鬱者數百年，最後役於西遼，受大石林牙之漢化，耳濡目染者又近百年。當元人未據西域之先，大石林牙已將漢族文明炫耀於中亞大陸，耶律楚材懷古百韻有「後遼興大石，西域統龜兹。萬里威聲震，百年名教垂」之句，注：「大石林牙克西域數十國，幅員數萬里，傳數主，凡百餘年，頗尚文教，西域至今思之。」見湛然居士集十二。西遼五主，凡八十八年，皆有漢文年號，可知其在西域，必曾行使漢文。東歐人至今稱中國爲契丹，亦始於此際，猶之耶律楚材、丘處機等遊記，統稱西域爲回紇，皆以其所與接觸者舉近概遠也。西域人既雜受印度、猶太、波斯、希臘、亞剌伯諸國之文明，復曾睹中國文明之一綫，其渴望身親見之之情可想也。元軍先定西域，後下中原，西域人之從軍者、被虜者、貿易者，接踵而至，平昔所想望之聲明文物，盡觸於目前，元制色目人又自由雜居，故一傳再傳，遂多敦詩書而説禮樂。兹編之作，正所以著其盛也。

三　華化意義

至於華化之意義，則以後天所獲，華人所獨者爲斷。故忠義、孝友、政治、事功之屬，或出於先天所賦，或本爲人類所同，均不得謂之華化。即美術、文學，爲後天所獲矣，而其文學爲本國之文學，或其美術非中國之美術，亦只可謂之西域人之文學、西域人之美術，不得謂之西域人之中國文學、西域人之中國美術。又有西域人久居漢地，歸化中國，然不能於漢族文化中有特别可紀，如漢書地理志上郡有龜兹縣（今陜西榆林縣）。師古曰：「龜兹國人來降附者，處之於此，故以名云。」又開元釋教録第二優婆塞支謙傳：「支謙，大月支人，祖父法度，以漢靈帝世，率國人數百名歸化。」又漢書西域傳温宿國條下，師古曰：「今雍州醴泉縣北，有山名温宿領者，本因漢時得温宿國人，令居此地田牧，因以爲名。」凡此種種，可見西域人歸化中國之事，古所恒有，特其人不能於中國文化有所表見，亦無足述。又有嫻習華言，博綜漢典，如高僧傳中之西域翻經沙門，及明末清初之耶穌會士，可以謂之華學矣，然不得謂之華化。今特舉元以前華化者數人爲例。

四　西域人華化先導

李彦昇　安世通　蒲壽宬

元以前西域人仕中國者多武人，以文事著者絶少。回教人著述有以米芾爲回回人者，以尚無確據，姑置之，而論其有確據者。唐末有大食國人李彦昇，李彦昇純漢姓名，睹其名即知其受華化已深矣。文苑英華三六四辯論文，有一篇曰華心，爲陳黯作。華心者，人非華而心則華也。文曰：

大中初年，大粱連帥范陽公，得大食國人李彦昇，薦於闕下。天子詔春司考其才，二年，以進士第名顯，然常所賓貢者不得擬。或曰：「帥受命於華君，仰禄於華民，其薦人也，則求於夷，豈夷人獨可用邪！」曰：帥薦才不私其人也，苟以地言，則有華夷，以教言，亦有華夷乎！夫華夷者辨在心，辨心在察其趣嚮。有生於中州，而行戾乎禮義，是形華而心夷也；生於夷域，而行合乎禮義，是形夷而心華也。若盧綰、少卿之叛亡，其夷人乎！金日磾之忠赤，其華人乎！繇是觀之，皆任其趣嚮耳。今彦昇來從海外，能以道祈知於帥，帥故異而薦之，以激夫戎狄，俾日月所燭，皆歸於文明，蓋華其心而不以其地而夷焉。作華心。

大梁連帥范陽公，汴州刺史、宣武軍節度使盧鈞也。鈞嘗爲嶺南節度，嶺南蕃坊多大食國人，故鈞得識李彦昇而薦之。詔春司考其才，以進士第名顯，是所試者爲唐試進士法。彦昇之才，必通五經而明時務也，以唐試進士有時務策、有五經故。唐時太學，本許外夷子弟入學，然未聞西域子弟有以華學名，諸夷蕃將尉遲勝、哥舒翰等之子弟，亦未聞有以華學名。若尉遲樞之能爲南楚新聞，尉遲偓之能爲中朝故事，已絶無僅有。故盧鈞之舉李彦昇，時人以爲奇，而陳黯乃爲文釋之也。

宋末有安世通，安世通疑爲安息人。以安息人而入青城山學道，不可謂之不奇也。宋史隱逸傳有安世通傳，曰「青城山道人安世通者，本西人。其父有謀策，爲武官，數以言干當路，不用，遂自沈於酒而終。世通亦隱居青城山中不出。吴曦反，乃獻書於成都帥楊輔曰：「世通在山中，忽聞關外之變，不覺大慟。世通雖方外人，而大人先生亦嘗發以入道之門。竊以爲公初得曦檄，即當聚官屬軍民，興仗義之師，以順討逆，而士大夫皆酒缸飯囊，不明大義，徒爲婦人女子之悲，所謂停囚長智也。區區行年五十二矣，古人言可以生而生，福也，可以死而死，亦福也，決不忍污面戴天，同爲叛民也。」輔有重名，蜀中士大夫多勸以舉義，而世通之言尤切至。輔不能決，遂東如江陵，請吴獵舉兵討曦。未幾曦敗，獵使蜀薦士，以世通爲首」云。

吳曦之叛，在開禧二年。安世通不肯附曦，而爲忠義憤發之論，實難能可貴。然此不得謂之華化，今所取者，取其能以西人而入道，純全中國化也。何以疑安世通爲安息國人？漢時譯經者有安世高，名安清，安息國王太子，西方賓旅，呼爲安侯，見開元釋教録卷一。以國爲姓，自昔然也，支謙爲月支國人，竺法蘭爲中天竺國人，安世與安息音相近，安世通其一例歟。「可以生而生，可以死而死」二語出列子力命篇。安世通蓋深於莊、列之旨者矣。

宋末又有蒲壽宬。壽宬西域人，爲泉州市舶使蒲壽庚之兄。工詩，知梅州，有惠政。光緒嘉應州志十九引舊志云：「蒲壽晟，咸淳七年知梅州，一毫無取於民，居處飲食儉約。見曾井遺澤在民，遣人還籍取家資，建石亭其上，日汲井水二瓶，置諸公堂，欲常目之而踵其武也。州進士楊圭題其楔曰：『曾氏井泉千古洌，蒲侯心地一般清。』今祀名宦祠。」

曾井者，南漢時程鄉令曾芳所遺之井。壽宬景仰流風，思則效之，而州人深許其能媲美也。循吏可貴，然亦不得謂之華化。今所取者，取其能以西域人而工中國之詩，純華化也。壽宬有心泉學詩稿，已佚，清人在永樂大典中輯爲六卷，余家藏有寫本。四庫提要別集類十八稱「其詩沖淡閒遠，在宋、元之際，猶屬雅音」。西域中國詩人，元以前唯蒲氏一家耳。今彊村叢書有心泉詩餘一卷，即四庫本附於心泉學詩稿末者。明人著述，對壽宬兄弟多致微詞，弘治八閩通志八六云：

宋季益廣二王從福州航海幸泉州，守臣蒲壽庚拒城不納。壽庚武人，其計皆兄壽宬所籌畫。部署既定，壽宬着野服，隱法石山中，自稱處士，示不臣二姓之意。忽二書生踵門求謁，閽人以處士晝寢，弗爲白，遂各賦詩一首。其詩曰：「梅花落地點蒼苔，天意商量要入梅。蛺蝶不知春去也，雙雙飛過粉牆來。」「劍戟紛紛扶主日，山林寂寞閉門時。水聲禽語皆時事，莫道山翁總不知。」書畢，不著姓名而去。

曹學佺泉州府志勝卷五、乾隆福建通志六六、泉州府志七五均有同樣記載。其詞旨雖譏壽宬，然壽宬之能詩，反於此可證，使壽宬而不知詩，雖刺之何益。閩書一五二及心史，記壽宬兄弟事頗詳；日知録十三、鮚琦亭外集三三，均有貶壽宬語。然吾據丘葵釣磯詩集，將爲壽宬訟冤。丘葵者，宋末泉州人，吕大圭弟子。大圭死於蒲壽庚之難，而葵釣磯詩集卷三有與壽宬倡和詩，卷四復有挽心泉蒲處士詩二首，云：

把釣秋風辱贈詩，傷心無路送靈輀。欲書誄語應難盡，獨倚寒梅照石漪。

欲持鷄絮列墳前，俗了青霞頂上仙。只合化爲溪畔鷺，乘風飛去弄清泉。

是葵對壽宬始終無異詞，所謂「水聲禽語皆時事，莫道山翁總不知」者，特春秋責備賢者之意耳。近日本桑原騭藏氏考壽庚事極詳盡，見史學雜誌廿六、七編。四庫提要謂壽宬之名不見於史，不知元史世祖紀至元十三年二月辛酉條下，大書伯顏遣不伯、周青招泉州蒲壽庚、壽宬兄弟也。安世通爲青城山道人，蒲壽宬爲法石山處士，南宋兩西域人，足開有元一代西域人華化之先聲矣。西域之範圍明，華化之意義定，可以進言元西域人之如何華化。

元西域人華化考卷二

儒學篇

一 西域人之儒學

高智耀　廉希憲　不忽木
巎巎慶童　沙班　泰不華
回回　伯顏師聖　欣都
也速答兒赤　丁希元　家鉉翁

儒學爲中國特有產物，言華化者應首言儒學。元初不重儒術，故南宋人有九儒十丐之謡，然其後能知尊孔子，用儒生，卒以文致太平，西域諸儒，實與有力。其最先以儒術説當世者爲高智耀，輟耕録卷二高學士之條云：「國朝儒者，自戊戌選試後，所在不務存恤，往往混爲編氓。至於奉一札十行之書，崇學校，奬秀藝，正户籍，免徭役，皆翰林學士高公奏陳之力也。公河西人，今學校中往往有祠之者。」

戊戌爲元太宗十年。據元史太宗紀及選舉志，太宗九年八月下詔考試諸路儒士。蓋詔下於九年八月，而選試於十年戊戌也。元史高智耀傳：「智耀世仕夏國，登本國進士第。夏亡，隱賀蘭山。皇子闊端鎮西涼，儒者皆隸役，智耀謁藩邸，言儒者給復已久，一旦與厮養同役，非便，請除之。皇子從其言。」是智耀爲儒者盡力之第一次。

「憲宗即位，智耀入見，言：『儒者所學堯、舜、禹、湯、文、武之道，自古有國家者，用之則治，不用則否。宜蠲免徭役以教育之。』帝問：『儒家何如巫醫？』曰：『儒以綱常治天下，豈方技所得比。』帝曰：『善。前此未有以是告朕者。』詔復海内儒士，徭役無有所與。」是智耀爲儒者盡力之第二次。

「世祖即位召見，又力言儒術有補治道，反覆辯論，辭累千百。帝異其言，鑄印授之，命凡免役儒户皆從之給公文爲左驗。時淮、蜀士遭俘虜者皆没爲奴，智耀奏言：『以儒爲驅，古無有也。陛下方以古道爲治，宜除之以風厲天下。』帝然之，即命循行郡縣區别之，得數千人。貴臣或言其詭濫，帝詰之，對曰：『士譬則金也，金色有淺深，謂之非金不可，才藝有淺深，謂之非士亦不可。』帝悦。」是智耀爲儒者盡力之第三次。

智耀姓高，非漢姓。其孫納麟，元史一四二别有傳，不戴高姓也。五代而後，河西陷西夏者二百年，諸羌雜處，元人謂之唐兀氏，爲色目之一種。元史卷一一八至一四五，爲蒙古、色目人列傳，卷一四六至一八八，爲漢人、南人列傳。高智耀傳在卷一二五，固明示其爲色目而非漢人也。智耀雖色目人，然西夏夙習漢化，廟祀孔子，智耀之尊儒，不足爲異。王惲秋澗集八六有彈高智耀狀，言「智耀事佛敬僧，乃其所樂，跡其心行，一有髪僧耳。」是智耀固儒而釋者，不純爲儒也。

西域人純爲儒者有廉希憲。希憲，畏吾兒氏，史稱其篤好經史，手不釋卷。一日方讀孟子，聞召急懷以進。世祖問其説，以性善、義利、仁暴之旨對，世祖嘉之，目曰廉孟子。歲甲寅，世祖以京兆分地，命希憲爲宣撫使。希憲日從名儒若許衡、姚樞輩，諮訪治道，首請用衡提舉京兆學校，衡之應召，自此始也，而希憲實爲舉主。國制，爲士者無隸奴籍，京兆多豪强，廢令不行。希憲至，悉令著籍爲儒。己未，世祖渡江取鄂州，希憲引儒生百餘，拜伏軍門，言：「今王師渡江，凡軍中俘獲士人，宜官購遺還，以廣異恩。」世祖納之，還者五百餘人。時方尊禮國師，帝命希憲受戒，對曰：「臣受孔子戒矣。」帝曰：「孔子亦有戒耶？」對曰：「爲臣當忠，爲子當孝，孔子之戒，如是而已。」

希憲事跡，詳元史一二六本傳、元名臣事略卷七及元明善所爲希憲神道碑（見元文類六五）。元色目人中，足稱爲理學名臣者，以希憲爲第一。希憲系出畏吾兒，去中原益遠，較高智耀之系出唐兀，其沾被華化倍難。然希憲篤信好學，過於智耀，斯爲可貴。

希憲而後有不忽木。不忽木世爲康里部大人，元史廿四仁宗紀謂不忽木爲蒙古人者，以其全部曾被虜於蒙古，給事東宮也。不忽木師事太子贊善王恂，恂從北征，乃受學於國子祭酒許衡，衡亟稱之，謂必大用於時，名之曰時用，字之曰用臣。至元十三年，與同舍生堅童、太答、禿魯等上興學疏，凡千言，力言儒學之要，規畫學校制度及考試之法甚備。文詳元史一三〇本傳。趙孟頫爲文貞康里公碑（見松雪齋集卷七），言：「上每與公論古今成敗之理，謂公曰：『曩與許仲平論治，仲平不及汝遠甚。先許仲平有隱於朕耶？抑汝之賢過於師耶？』」可見世祖目中之不忽木，固超過許衡也。康里在元時，爲朮赤所封地，在今日爲南俄，其地去中原又比畏吾兒爲遠，而其人能崇儒重道若此，是真可驚異者矣。

不忽木之子爲巎巎。巎巎幼肄業國學，博通羣籍，其正心修身之要，得諸許衡及父兄家傳。既以重望居高位，四方士大夫翕然宗之。元史一四三本傳有愛儒答問一則，備録如下：「達官有怙勢者，言曰：『儒有何好，君酷愛之？』巎巎曰：『世祖以儒足以政治，命裕宗學於贊善王恂。今祕書所藏裕宗倣書，當時御筆，於「學生」之下，親署御名「習書謹呈」，其敬慎若此。世祖嘗暮召我先人坐寢榻下，陳說四書及古史治亂，至丙夜不寐。世祖喜曰：「朕所以令卿從許仲平學，正欲卿以嘉言入告朕耳。卿益加懋敬，以副朕志。」今汝言不愛儒，寧不念聖祖神宗篤好之意乎？且儒者之道，從之則君仁臣忠、父慈子孝，人倫咸得，國家咸治；違之則人倫咸失，家國咸亂。汝欲亂而家，吾弗能禦，汝愼勿以斯言亂我國也。儒者或身若不勝衣，言若不出口，然腹中貯儲有過人者，何可易視也。』達官色慚。」巎巎之豐儀可見矣。

巎巎之後，康里氏之崇儒術者有慶童。兩浙金石志十八、越中金石記卷十有紹興路儒學教授朱鐔所爲御史大夫康里公勉勵學校記，碑陰題名，多西域人之官斯土者，凡此皆足爲西域人熱心儒學之一證。

然此皆西域人之握政權者耳，有離却政權而特注意於社會教育者，沙班也。沙班色目人，居杭州，字子中，舉進士，授建安經歷。吳克恭寅夫集有送沙子中經歷建寧詩。沙班既致仕，乃熱心興學，劉基誠意伯集卷四有沙班子中興義塾詩序，云：「至正十一年春，沙班子中來言曰：『杭於江南，視他郡爲大，民多而儒少，豈教育之未至乎！吾嘗得隙地於慶遠，願築室以爲義學，招子弟以教。』余聞而歎曰：『方今天下郡縣無不有學，名山古跡，又有書院，咸設學官。杭之城郡縣學及書院凡四處，生徒蟻集，省憲臨焉，又何俟於子之室乎！』子中曰：『噫！是子不知余也。子以爲予之學，猶官之學與？非也。予請爲子言學。夫學也者，學爲聖人之道也，學成而以措諸用，故師行而弟子法之。今之學主以文墨爲教，弟子上者華而鮮實，下者習字畫以資刀筆，官司應酬廩粟之外，無他用心，其亦異乎予之所欲爲者乎！夏之校，殷之序，周之庠，吾不得而見之矣，而有志焉。吾固將以盡吾心，終吾年，縱不能行於今，庶幾或垂於後。』予聞而壯之，書其言以爲序。」沙班之志，蓋不滿意於官學之專爲利禄，而欲獨創一正誼明道之私學，以行其素志，中國之學者未能或之先也。

宋、元以來，中國儒學史上，有所謂理學或稱道學之一派，吾不知其稱名當否，然其實確與漢、唐以來之儒學不同，蓋儒學中之雜有道家及禪學之成分者也。元儒學既有此一派，吾言西域人之儒學，不可不於此求之，則宋元學案有二人焉，曰趙世延，曰泰不華。世延，雍古部人，基督教世家，爲榘庵同調，列卷九五蕭同諸儒學案中，吾以其晚年好道，於佛老篇論之，今先論泰不華。元史一四三本傳：「泰不華，字兼善，伯牙吾台氏。初名達普化，文宗賜以今名。世居白野山，父塔不台，歷仕台州録事判官，遂居於台。家貧好讀書，能記問，集賢待制周仁榮養而教之。年十七，江浙鄉試第一，明年至治元年，進士及第，授集賢修撰。」先是廷試第一皆國人，泰不華既以第一及第，故或稱爲蒙古人，其實伯牙吾台，是色目之一，非蒙古。錢大昕元史氏族表，泰不華列色目表，不列蒙古表，是也。至正元年，泰不華除紹興路總管，行鄉飲酒禮，教民興讓，越俗大化。禮讓者，中國人所以化西北强悍之族，而泰不華乃以化越人，奇也。泰不華爲本心門人，宋元學案列卷八一北山四先生學案中。元史一九〇周仁榮傳稱仁榮所教弟子多爲名人，而泰不華實爲進士第一，其引重可知也。泰不華雖書生，然膂力過人，猶有西北方氣概。當其守台州也，方國珍降而復叛，泰不華乘潮而前，搏敵船，射死五人，敵躍入船，復斫死二人。敵舉槊來刺，輒斫折之，敵羣至，欲抱持過船，泰不華瞋目叱之，脱起奪敵刀，又殺二人。敵攢槊刺之，中頸死，植立不仆。年四十九，時至正十二年壬辰三月也。劉基爲賦吊之，見誠意伯集卷九。楊維楨挽達兼善詩注，則謂其辛卯八月殁於南洋，傳聞異詞也。延祐庚申，泰不華江浙鄉試第一，年十七，至正壬辰死節，年四十九，正符，辛卯則四十八耳，應以史爲正。史又稱：「泰不華尚氣節，不隨俗浮沉。太平爲臺臣劾去相位，泰不華獨餞送都門外。太平曰：『公且止，勿以我累公。』泰不華曰：『士爲知己死，寧畏禍耶！』後雖爲時相擯斥，人莫不韙之。」曹安讕言長語卷下有泰不華佚事一則，亦足見其清節。云：元達不華爲台州守，有所廉察。夜宿村家，聞鄰婦有娣姒夜績者，娣曰：「夜寒如此，我有瓶酒在牀下，汝可分其清者，留以奉姑，濁者吾與爾飲之。」姒如其言，起而注清者於他器，且曰：「此達元帥也，吾等不得嘗矣。」娣曰：「到底清邪！」遂笑而罷。不華聞之，未曙即去。其清節感人若此。惟泰不華著述，今無傳者，元詩選顧北集僅録其詩，元史本傳祇言事功，不言學業，宋元學案更疏略，僅綴拾本傳數語，無可考見。余在滋溪文稿二四發見蘇天爵有與達兼善郎中書，述皇極經世書之授受源流頗詳，知泰不華曾有志於邵子之學。時泰不華爲江浙行省左右司郎中，距死節之年，尚十餘歲，未知其後造詣何如也。書云：

君子之仕，固欲行其志也，然事之齟齬者，十常八九，欲舍而去之，不知者以爲忘斯世矣。閣下以進士得官二十餘年，始以文字爲執業，人則曰儒者也，及官風紀，屢行而屢止，孰知其志之所存乎。向諭印祝泌皇極經世説，謹裝潢納上。某嘗學於臨川吴先生（澄），聞其言曰：「邵康節天人之學也，雖其子弗克傳焉。蜀人張行成蓋能得其彷彿，行成既没，其學又弗傳矣。祝泌生於宋季，所學者風角鳥占之術，特假皇極之名張大之耳。撫州人有傳其術者，睹物即知休咎，嘗欲以學授予，予弗從而止。」某又嘗學於太史齊公（履謙），每見公讀邵子書不去手。晚歲又釋外篇，令某傳録，其言曰：「皇極之名見於洪範，皇極之數，始於經世書，數非極也，特寓其數於極耳。經世書有内外篇，内篇則因極而明數，外篇則由數以會極。某嘗欲集諸家釋外篇者爲一書，顧未能也。」又聞國初李徵君俊民、李翰林治皆能通邵子之書，或言徵君得於河南隱士荆先生，而翰林不知得於何人也。世廟在潛邸時，嘗召徵君問之，徵君既亡，復召翰林問之。以某觀之，二公不過能通其數耳，而康節之學，蓋未易言也。故曰欲知吾之學者，當於林下相從二十年，方可學也。因閣下求祝泌之書，偶言及此。

祝泌之書，今傳者有觀物篇解五卷，附皇極經世解起數訣一卷，清四庫著録子部術數類。朱彝尊經義考又有泌所撰皇極經世鈐十二卷。未知泰不華所求及蘇天爵所與者何種。然天爵此書，實可補宋元學案之闕也。

西域儒者，廉希憲、不忽木，均曾從許衡游，而宋元學案皆無傳。巎巎兄回回，字子淵，元史附巎巎傳，稱其「敦默寡言，嗜學能文。與弟巎巎皆爲時之名臣，世號雙璧」，而不言其學術。余在吴文正集廿二發見有時齋記，蓋澄爲回回作，而後知回回曾從澄游，好讀易，不止能文善書已也。記云：

康里子淵卜築於國子監之西，而名其齋居之室曰時。大矣哉時之義乎！昔先文貞公（不忽木）爲國名臣，從賢師知聖學，其行於身，施於家，發於事業，固已得中得宜而當其可矣。子淵淳正明敏，益之以平日家庭之所聞，衆人紛紛競進，而退然閒處，若無意斯世者。然苟所當辭，雖近而怯就，苟所當受，雖遠而勇去。所謂中，所謂宜，所謂可，蓋亦無忝於其先公，此所以名其齋室之意也。雖然，時之爲時，莫備於易，先儒謂之隨時變易以從道，夫子傳六十四象，獨於十二卦發其凡，而贊其時與時義時用之大。時之百千萬變無窮，而吾之所以時其時者一而已。子淵好讀易，予是以云。

回回不見草廬學案中，此文亦可補其闕。

元史儒學傳尚有一西域儒學大師，宋元學案應爲立傳而遺之者，曰伯顏師聖。伯顏學無師承，崛起鄉里，講求實用，自成一家。譬之清儒，於顏元爲近，而魄力過之，所謂平民學者也。宋元學案中應補伯顏學案。惜乎其著述毁於兵燹，徒令人想望低徊而已，然百世之下，聞者莫不興起也。傳録如下：

伯顏一名師聖，字宗道，哈剌魯氏，世居開州濮陽縣。六歲從里儒授孝經、論語，即成誦。蚤喪父，其兄曲出買經傳等書以資之，日夜誦不輟。稍長，受業宋進士建安黄坦，坦曰：「此子穎悟過人，非諸生可比。」因命以顏爲氏，且名而字之焉。久之，坦辭曰：「余不能爲爾師，羣經有朱子説具在，歸而求之可也。」伯顏自弱冠即以斯文爲己任。其於大經大法，粲然有睹，而心所自得，每出於言意之表。鄉之學者來相質難，隨問隨辨，咸解其惑。於是中原之士聞而從游者日益衆。至正四年，以隱士徵至京師，授翰林待制，預修金史。既畢辭歸，四方之來學者至千餘人。蓋其爲學專事講解，而務真知力踐，不屑事舉子詞章，而必期措諸實用。士出其門，不問知其爲伯顏氏學者。至於異端之徒，亦往往棄其學而學焉。十八年，河南賊蔓延河北，伯顔將結其鄉民爲什伍以自保，而賊兵大至，伯顔乃渡漳北行，邦人從之者數十萬家。至磁，與賊遇，賊知伯顔名士，生劫之，不屈，與妻子俱死之。年六十有四。有司上其事，謚文節。太常謚議曰：「以城守論之，伯顔無城守之責；以風紀論之，伯顔無在官之責。以平生有用之學，成臨義不奪之節，乃古之所謂君子人者。」時以爲確論。平生修輯六經，多所著述，皆毁於兵。

凡此皆可稱爲西域理學名儒也。

當科舉之初興也，蒙古、色目人即有應試者，可知其讀書實在未興科舉以前。延祐二年，舉行第一次進士，胡長孺有送欣都朱盧饒諸生會試京師詩序，見水東日記十二，其文曰：「皇帝龍飛御天之三年，十有一月，詔天下郡縣，興賢者能者。明年行江浙中書省試士錢唐，凡一千二百有奇。九月辛未，列合格名士里寓於書，上丞相府，蒙古、色目五人，欣都舉首，江浙閩二十八人，朱嶸第九，盧可繼第二十一，江西行省試士南昌，饒抃第七。四人者嘗授經永康胡長孺，故欣都生之行也，長孺繫以詩而叙之。」

揭傒斯文安公集卷九有送也速答兒赤序。也速答兒赤，亦事科舉者。其文曰：「至元初，從軍襄樊有抄兒赤者，合禄魯人也，以功爲千夫長。抄兒赤傳秃魯罕，秃魯罕傳秃林台，三世皆戍建昌，而三世皆賢。秃林之子也速答兒赤，從郡人李宗哲學進士業有聲。今年夏，從其婦翁增城左君至京師，拜余程文憲公故宅，貌粹而氣和，才清而志鋭，他日必爲明進士。然君子之學，非所以爲富貴利達之謀也，所以進其德而達其才者也，故其學不止於爲進士。子歸第務學焉，勿以科舉廢興爲去就。」

鄭元祐僑吴集卷八有送丁希元序，曰：「淮西公告老於朝，天子不允，召拜翰林學士。於是公乘傳入覲，而以其甥丁希元從。公與希元皆斡端（于闐）國人，斡端與國朝地若犬牙錯列，去江浙二萬餘里。希元初侍其親，讀書江浙間，稽經質疑，問學大備，使對策大廷，其取必右選，若探囊發所素有。會舉選暫罷，人惜其學成而時違，而不知其藴用以俟時也。」

由此可見色目人之讀書，大抵在入中國一二世以後。其初皆軍人，宇内既平，武力無所用，而炫於中國之文物，視爲樂土，不肯思歸，則惟有讀書入仕之一途而已。

陸文圭牆東類稿卷六有送家鉉翁序，言色目人初入仕，有司事不素講，莫諳士論，猶可見西域人改從華俗之跡。曰：「五方之人，言語不通，嗜欲不同，性善則一。先皇帝武定内難，文致太平，舉中原百年之曠典，天下之士，雷動響應，殊方異俗，釋棚掉甲，理冠帶，習俎豆，來游來歌，莫不洗滌，思奉明詔，立躋膴仕。然有司事不素講，學識淺陋，莫諳士論。家君鉉翁畏吾兒氏，其先居北庭，脱脱太師寧國公之裔孫。幼穎悟，自命不凡，脱去紈袴習，修孔氏之業，讀文公之書，應江浙進士舉及格，閩憲聞其才而辟之。泰定三年丙寅，余自曁陽出應容山縣聘，授生徒於學。君至縣，一見握手如舊交，相與道家世出處本末，慨然久之。君貌嶷嶷，美髯如戟，神采逼人，必能曉暢官事，年富氣鋭，功業未可量。余老，惜不及見之。」

家鉉翁爲畏吾兒氏，與宋使臣被留於元之家鉉翁，號則堂，元文類三八録其中州詩集跋者，另一人。陸文圭稱其美髯如戟，神采逼人，想猶是色目人習氣。其相見即道家世出處本末，想猶念念其爲色目人，而以能修孔氏之業自慰也。此亦可稱西域人之儒學也。

二　基督教世家之儒學

馬祖常　闊里吉思

上章所舉，爲普通西域人之儒學，其人本身或先世信仰何教，未能確指也。今有可以確證其人本身或先世信仰他教，而改奉儒教或服膺儒教者，請先論基督教。

元代版圖最廣，括有中亞細亞全部，故當時回教各國，及基督教、摩尼教流行之地多隸之。種人來往頻繁，散居中原内地者衆，久而信仰改宗之事遂不可掩。其最著者爲基督教世家馬祖常也。

元時典籍無基督教之名，其稱也里可温者，即指基督教各派也。說詳拙著元也里可温教考。顧何以知馬祖常爲也里可温世家？吾友張君星烺近譯註馬可孛羅遊記，舉出三證，定馬祖常爲基督教：一、凡元史中雍古部人傳，每多基督教徒之名，祖常爲雍古部人。二、馬祖常所作其曾祖月合乃神道碑，叙述家世人名，漢式名二十五，蒙古名一，基督教徒名十有四。三、月合乃祖名把造馬野禮屬，此名基督教聶思脱里派中尤多見之。說詳馬可孛羅遊記卷一第五十九章附註。余於張君所舉三證之外，發見更有力之證據五：

一、楊維楨西湖竹枝集馬祖常小傳云：「馬雍古祖常，字伯庸，浚儀可温氏。」浚儀者開封，可温者，也里可温之省文或脱文無疑也。

二、黄溍金華文集卷四三馬氏世譜，祖常有族祖名奥剌罕，楊子縣達魯花赤。據至順鎮江志卷十六：「丹徒縣達魯花赤馬奥剌憨（康熙志誤作悠），也里可温人，元貞二年六月至。」其與奥剌罕同爲一人，先後爲楊子、丹徒兩縣達魯花赤，無疑也。奥剌罕爲也里可温，祖常當然爲也里可温。

三、馬氏世譜，祖常又有從諸父名世德，以國子生擢進士第，由監察御史遷中書檢校官。據余闕青陽集卷三合肥修城記云：「馬世德，字元臣，也里可温人。由進士第歷官中書檢校。」即此人也。世德爲也里可温，祖常當然爲也里可温。

四、元也里可温，大概包涵羅馬、希臘、聶思脱里各派。馬祖常之先究屬何派，據馬氏世譜開宗明義第一句即云：「馬氏之先，出西域聶思脱里貴族，始來中國者和禄罙思。」則馬祖常之先，也里可温中之聶思脱里派，而又嘗掌高等神職者也。

五、更有一事，富有宗教意味。元好問遺山集二十七，有恒州刺史馬君神道碑，馬君即祖常之高祖。碑云：「君諱慶祥，字瑞寧，姓馬氏，以小字習里吉斯行，出於花門貴種。宣、政之季，與種人居臨洮之狄道，蓋已莫知所從來矣。金兵略地陝右，盡室遷遼東，因家焉。太宗嘗出獵，恍惚間見金人挾日而行，心悸不定，莫敢仰視，因罷獵而還。勅以所見者物色訪求，或言上所見殆佛陀變現，而遼東無塔廟，尊像不可得，唯回鶻人梵唄之所有之。因取畫像進之，真與上所見者合。上歡喜讚歎，爲作福田以應之。凡種人之在臧獲者，貰爲平民，賜錢幣縱遣之。君之祖諱迭木兒越哥，父把騷馬也里黜，又遷静州之天山。天山占籍，今四世矣。」金史一二四馬慶祥傳即採此。此文極有宗教意味。當未解釋此文之先，余有一聲明，吾國學者，對於外來宗教，每辨别不清，以甲作乙，如顧炎武之以摩尼爲回教（日知録廿九），杭世駿之以回教爲景教（道古堂集廿五）是也。元好問生金、元間，亦何能逃此例。曰「出於花門貴族」，即誤以聶思脱里爲回鶻，不若黄溍馬氏世譜之明瞭矣。回鶻自唐以來崇奉摩尼，摩尼禮拜之所恒有像設，今曰「尊像不可得，惟回鶻梵唄之所有之」，則又以聶思脱里爲摩尼矣。然有像不獨摩尼，聶思脱里亦有之，景教碑述貞觀詔，所謂「遠將經像，來獻上京」者是也。金太宗所遇，與新約使徒行傳九章三節保羅所遇相類，固明明基督教影響也。好問曾續夷堅志，故於此等神話，靡靡道之。以此而言，馬祖常之爲基督教世家，毫無疑義。

據馬氏世譜，和禄罘思於遼道宗咸雍間（西一〇六五至一〇七四）來中國，道宗官之，不就，遂家臨洮。二世始仕遼爲馬步軍指揮使。三世當宣、政之季，被金兵擄至遼東，久之因獻像事，被釋放，遷靜州之天山。四世即習禮吉思馬慶祥，始仕金爲鳳翔兵馬判官，遷浚都，遂爲汴人。五世月合乃，仕元爲禮部尚書，是爲祖常之曾祖。二世、四世均官名有馬，故馬氏世譜及元史月乃合（應作合乃）傳謂馬氏始於二世，而禮部尚書馬公神道碑及蘇天爵馬文貞公墓誌（滋溪文稿卷九），則謂馬氏始於四世也。

馬祖常之家世既明，可進言馬祖常之儒學。馬祖常非出自中國，本人並不以爲諱，且津津樂道之，故其爲馬公神道碑，則云：「我曾祖尚書世非出於中國，而學問文獻，過於鄒魯之士，俾其子孫百年之間，革其舊俗。」其爲銘又有云：「懿矣我祖，百年於兹，衣冠之傳，實爲啓之。世多王公，亦多華靡，惟不革俗，而忽其圮。」則其厭惡舊俗傾慕華俗之情，概可見矣。石田集卷一又有飲酒詩六首，其第五首云：

昔我七世上，養馬洮河西，六世徙天山，日日聞鼓鼙。金室狩河表，我祖先羣黎，詩書百年澤，濡翼豈梁鵜。嘗觀漢建國，再世有日磾，後來興唐臣，胤裔多羌氏。春秋聖人法，諸侯亂冠笄，夷禮即夷之，毫髮各有稽。吾生賴陶化，孔階力攀躋，敷文佐時運，爛爛應璧奎。

以日磾、羌氏自擬，以夷狄進於中國自慰，以得受孔道陶化爲幸，以努力攀躋孔階自矢，磊落光明，莫有倫比。而朋輩中之稱道之者，亦輒不忘其所自，而竭力揄揚之。文矩子方集送馬伯庸御史奉使關隴起四句云「聖朝啓文運，同軌來無方，夫君起天關，崛起千仞翔」，明指其非出自中國也。許有壬至正集四六馬文貞公神道碑亦云「公先世已事華學，至公始大以肆」，又云「部族有儒，文貞伊始」，又曰「後承聿修，講學諸夏」。王守誠爲石田集序，亦云公系出西裔，斤斤於華學，於部族，於諸夏，而不能忘其非中國人，深贊其能用夏變夷也。

惟馬氏既世奉基督，至何時始舍基督而歸儒，在祖常本身乎？抑祖常之先已有開其端者乎？是亦吾人所亟欲聞者也。據祖常所自述，及許有壬所稱道，馬氏之儒學，肇自祖常曾祖月合乃。復據袁桷所著祖常父漳州路同知馬公神道碑（清容集二六），則馬氏之儒學，成於祖常父馬潤，至祖常乃大以肆也。碑云：「禮部尚書諱月合，植德秉志，贖士人之爲孥者，後皆爲達官，而子孫更業儒術，卒致光顯。禮部子諱世昌，傾貲粟結雋彦，家日困落，子孫益用儒自振。是生漳州諱潤，以文墨入官，守光州，取官粟之羨者，廣弟子員以食。光久爲用武地，司馬丞相生於光，公歲率諸生以祠，民始知爲儒以自重。」

又據蘇天爵所著祖常弟祖謙墓碣銘（滋溪文稿十九）：「祖謙母楊氏，生母李氏。」是祖謙爲祖常異母弟，而馬潤實有二妻也。祖常亦有二妻，蘇天爵馬文貞公墓誌云「公娶索氏，次怯烈氏」。二妻爲基督教人所大戒，祀鬼亦爲基督教律所不容，而馬潤既有二妻，復率諸生祀司馬光之鬼，其悍然不守基督教律可知也。及至祖常，對於祠祭，更隨俗浮沉而無所忌，故石田集有陪可用中議祠星於天寶宫詩，其他類此者不一而足，蓋已蕩盡基督教之藩籬矣。袁桷馬潤碑三致意於馬氏子孫之用儒自振，必有所見而云然也。馬氏世譜叙和祿罘思至祖常之子凡九世，祖常從諸父中尚有基督教徒之名，如岳難、雅古、保六賜之屬，至祖常同懷七人，則無一基督教徒名矣。其從昆弟中尚有一基督教徒之名，即蘇天爵石田集序所稱「公既没，其從弟察院掾易朔出公詩文若干篇」之易朔是也。由此種種精密觀察，尚可見祖常一家背基督歸儒之經過。其曾祖雖好儒術，尚未至於背基督，其父行則不然，其季父名節者，且入王屋山爲道士（詳佛老篇），是背基督當自其父行始，即馬氏世譜之七世也。

八世至祖常，且特爲儒張目矣。石田集卷四有蜀道士歸儒詩，云：

青城羽客燒丹罷，要近東家問六經。却笑山陰痴道士，白鵝閒覓寫黄庭。

由此觀之，則其季父之爲道士，亦祖常所不悦。所謂士各有志，不能强同。馬氏一家，老輩皆奉基督，後生則爲道爲儒，分道揚鑣，可謂極信仰之自由者矣。

馬氏而外，基督徒之尊崇儒術者，有高唐王闊里吉思。闊里吉思本身爲基督徒，與馬潤、馬祖常之世代爲基督徒者不同。世代爲基督徒者其信仰屬於遺傳，吾謚之曰「世襲信仰」，世襲信仰非出於自由，唯自由信仰乃真信仰。闊里吉思之爲基督徒，屬於自由信仰者也。然在漢籍中實無左證。據近人之考察，則闊里吉思，即馬可孛羅遊記之佐治王，其所據者爲現存羅馬之西紀一三〇五年（元大德九年）一月八日主教蒙哥未諾在燕京所發之第一書，其所述之信教佐治王地位、事跡及卒年、遺孤等，均與駙馬高唐王之闊里吉思相合。駐華東正教拍雷狄斯主教以元史本傳有「尚忽答的迷失公主，繼尚愛牙失里公主」之語，疑基督徒同時有二妻，爲不可解。張君星烺據元文類廿三閻復著駙馬高唐忠獻王碑，稱「忠獻王前尚皇姊忽答的美實，繼尚皇女愛失里」，知前尚之皇姊已死，後乃繼尚皇女，並非同時有二妻。元史闊里吉思傳以閻復碑及劉敏中撰駙馬趙王先德碑爲藍本，碑見元刻本中庵集卷四（四庫本缺載）。趙王即闊里吉思子术安。碑稱：「忠獻先尚主忽答的迷失，繼尚愛牙失里。一子术安，即趙王，繼出也。」元史删一「先」字，遂啓後人疑竇。然吾據闊復碑所述，闊里吉思之祖武毅王，則實有姬侍。曰：「初武毅未有子，公主爲進姬侍，以廣嗣續，鞠育之恩，不啻己出。」嗣續云云，正昔人多妻之唯一口實。然則闊里吉思之祖，尚非基督教徒。近人因闊里吉思爲汪古部長（即雍古），元史本傳載其兄弟姊妹又皆用基督教徒之名，其父愛不花，伯父君不花，又皆熱心之基督徒，遂斷定爲即馬可孛羅遊記及蒙哥未諾第一書之佐治王，宜可信也。此節既明，則可以言闊里吉思之儒學。

據蒙哥未諾第一書，闊里吉思初信聶思脱里派之基督教，遇蒙哥未諾，始改信羅馬派，而其兄弟仍守聶思脱里派也。然閻復碑云：「忠獻王生長北方，金革之用，固其所長，而崇儒重道，出於天性，興建廟學，裒集經史，築萬卷堂於私第，講明義理，陰陽術數，靡不經意。」元史本傳則據劉敏中碑稍易其詞，云：「闊里吉思性勇毅，習武事，尤篤於儒術，築萬卷堂於私第，日與諸儒討論經史，性理陰陽術數，靡不該貫。」是闊里吉思既信基督，又好儒術也。蒙哥未諾書稱其曾於治所建聖堂，未識與閻復碑所謂「興建廟學」者是一是二。吾人於絶不相謀之中西記述，披挲而互勘之，偶有異同，其樂正無極也。閻復碑又稱：「闊里吉思弟阿里八斛尚宗王完澤女奴倫公主，耽嗜儒術。」予近在順治吉安府志二五儒行傳又發見闊里吉思嘗從吉人吳鄹問易，足見史稱其「日與諸儒討論經史」一語，不爲虚譽。志云：「吳鄹，永新人。宋末兵亂，避仇轉徙山西，改姓名張應珍。注周易，宗程、朱而不爲苟同。元駙馬都尉高唐郡王闊里吉思嘗從之質疑焉，爲刻其書於平陽路，且序其里居爲詳。」今菉竹堂、千頃堂書目均有張應珍周易注十卷，經義考四四題爲吳鄹，疑即闊里吉思刻於平陽路者。鄹先改名張應珍，仕元爲祕書少監，大德九年復更姓名吳鄹，見元祕書監志九。闊里吉思從鄹質疑時，鄹固名張應珍也。闊里吉思之好儒學，又多一證。

三　回回教世家之儒學

贍思丁　忽辛　贍思溥博

勖實戴

回回教世家中有地位與闊里吉思相若，而崇儒好學，又復相類者，爲咸陽王賽典赤贍思丁。元史一二五本傳稱：「贍思丁回回人，別庵伯爾之裔。其國言賽典赤，猶華言貴族也。至元十一年，拜平章政事，行省雲南。雲南俗無禮儀，男女往往自相配偶，親死則火之，不爲喪祭。無粳稻桑麻，子弟不知讀書。賽典赤教之拜跪之節，婚姻行媒，死者爲之棺槨奠祭，教民播種，爲陂池以備水旱。創建孔子廟、明倫堂，購經史，授學田，由是文風稍興。」

贍思丁之爲回回教世家，元史已證明，不若闊里吉思、馬祖常等之史無明文，必須旁搜佐證。別庵伯爾者，猶言天使，蓋指摩訶末。劉鬱西使記所謂「師名癖顏八兒，經文甚多，皆癖顏八兒所作」是也（秋澗文集九五）。闊里吉思封高唐王，贍思丁封咸陽王；闊里吉思興建廟學，裒集經史，築萬卷堂，贍思丁創建孔子廟，購經史，授學田，二人所爲，抑何類也。吾甚不解贍思丁以摩訶末嫡裔，而尊崇孔子若是，史有溢詞，抑果實録也？然雲南孔子廟，確爲贍思丁所創建，贍思丁卒後，廟田曾爲僧徒所奪，其子忽辛力争之，事見忽辛傳（同卷），稱：「忽辛，大德九年改雲南行省右丞。先是，贍思丁爲雲南平章時，建孔子廟爲學校，撥田五頃，以供祭祀教養。贍思丁卒，田爲大德寺所有，忽辛按廟學舊籍奪歸之，乃復下諸郡邑，遍立廟學，選文學之士爲之教官，文風大興。」其父子媲美如此，此雲南人士所亟應記念者。今雲南回教徒甚衆，人皆知爲贍思丁所遺，孰知雲南孔教勢力之伸張，亦不出於孔子之徒，而爲別庵伯爾之裔贍思丁父子所引進也，此孔教徒所不及料者也。

尤可異者，元史儒學傳有阿剌伯人贍思，爲元好問再傳弟子。以漢文著書十餘種，並文集三十卷，清初黄虞稷撰千頃堂書目時，諸書尚存，真元朝儒學之特色也。贍思系出大食，其爲回回教世家不必問。今節録其本傳如下：

贍思字得之，其先大食國人。國既内附，大父魯坤，乃家真定。父斡直，始從儒先生問學。贍思生九歲，日記古經傳至千言。比弱冠，以所業就正於翰林學士承旨王思廉之門，由是博極羣籍，汪洋茂衍，見諸踐履，皆篤實之學，故其年雖少，已爲鄉邦所推重。延祐初，詔以科第取士，有勸其就試者，贍思笑而不應。泰定三年，詔以遺逸徵至上都。時倒剌沙柄國，西域人多附焉，贍思獨不往見，倒剌沙屢使人招致之，即以養親辭歸。天曆三年，召入爲應奉翰林文字，賜對奎章閣，文宗問曰：「卿有所著述否？」明日，進所著帝王心法，文宗稱善。詔預修經世大典，以論議不合，求去。後至元二年，拜陝西行臺監察御史，即上封事十條，皆一時羣臣所不敢言。戚里有執政陝西行省者，恣爲非道，贍思發其罪而按之，輒棄職夜遁。三年，除僉浙西肅政廉訪司事，以浙右諸僧寺私蔽猾民，有所謂道人、道民、行童者，類皆瀆常倫，隱徭役，使民力日耗，契勘嘉興一路，爲數已二千七百，乃建議請勒歸本族，俾供王賦，庶以少寛民力。朝廷是之，即著以爲令。贍思歷官臺憲，平反大辟之獄，先後甚衆，然未嘗故出人罪以市私恩。著審聽要訣。至正十年，召爲祕書少監，議治河事，皆辭疾不赴。十一年，卒於家，年七十有四。謚曰文孝。贍思邃於經，而易學尤深。至於天文、地理、鐘律、算數、水利，旁及外國之書，皆究極之。家貧，饘粥或不繼。其考訂經傳，常自樂也。

贍思著述，今存者有河防通議二卷（守山閣本），輯諸永樂大典。其所著老莊精詣、西國圖經、西域異人傳等，皆不可得見，徒令人想望其瑰異而已。

回回教中著名儒者，尚有丁鶴年。鶴年通詩、書、禮三經，以其晚而逃禪，詳佛老篇。名不甚著，而通詩毛氏箋，折衷以朱、吕之傳，發爲文辭，其光燁然者，有溥博。博字子淵，西域阿魯渾人，回回儒者也。見宋濂鑾坡集卷七西域浦氏定姓碑文。

又有勖實戴者，字士希，河南伊川鳴皋鎮回回砲手軍總管。以家財創立書院，十年始就。其子慕顔鐵木，復建稽古閣，貯書萬卷。延祐間詣京師，因集賢學士陳顥以聞，奉勅賜名伊川書院，令翰林直學士薛友諒撰文，集賢學士趙孟頫書之。此亦回回人之好儒學者也。潛研堂金石文跋尾卷十九，有勅賜伊川書院碑跋。

四　佛教世家之儒學

阿魯渾薩理

元時佛教世家，無過阿魯渾薩理。三世精佛學，父爲釋教總統，身受業於國師八思馬。以此世襲信仰，其思想宜不易動摇也，而抑知事實上不然。特患其不通中國之文，不讀中國之書耳，苟習其文，讀其書，鮮有不愛慕華風者。今將趙孟頫所爲趙國公全公神道碑銘（松雪齋集卷七）節録如下。元史一三〇阿魯渾薩理傳即從此出者也。碑云：

太祖皇帝既受天命，略定西北諸國，回鶻最强，最先附。自是有一材一藝者，畢效於朝。至元、大德間，在位之臣，非有攻城野戰之功，而道包儒釋，學際天人，寄天子之腹心者，惟趙國文定公而已。公諱阿魯渾薩理，回鶻北庭人，今所謂畏吾兒也。以父字爲全氏。祖諱阿台薩理，父諱乞台薩理，早受浮屠法於智全末利可吾坡地沙，圓通辯悟，當時咸推讓之。生公兄弟三人。公從國師八思馬學浮屠法，不數月，盡通其書，旁達諸國及漢語。世祖知其材，俾習漢文書。頃之，遂通諸經史百家，若陰陽、曆數、圖緯、方技之説，靡不精詣。會國師西還，携與俱。歲餘乞歸省，師送之曰：「以汝之學，非爲我佛弟子者，我敢受汝拜耶！勉事聖君。」相泣而别。比至闕，師已上書薦之裕宗，得召入宿衛，日以筆札侍左右。至元二十年冬，有二僧西來見，自言知天象，上召通象胥者數輩與語，莫能解。有脱烈者，言公可使，立召與語，僧乃屈謝不如，上大悦。公明時務，識大體，初爲世祖所知，即勸以治天下必用儒術，江南諸老臣及山林藪澤有道藝之士，皆宜招納，以備選録。於是置集賢院，下求賢之詔，遣使天下。天下聞風而起，至者悉命公館之，禮意周洽，皆喜過望。其有不稱旨者，亦請厚賚而遣之，以勸來者。而集賢長貳，極一時名流，盡公所薦用。又請置國子監學官，增博士弟子員，優其廩既，學者益衆。

本篇最可注意者，爲阿魯渾薩理之學，先釋而後儒。元時隆禮國師，過於孔子，苟無二三西域人之服膺孔學者搘拄其間，釋氏之徒，且欲以其道易天下，藉兵威之所及，非盡變中國爲佛教國不止。中國儒者，其得國主之信用，遠不逮西域儒者，是故高智耀之入見憲宗也，力言儒者之道，帝曰：「前此未有以是告朕者。」不忽木之與世祖論道也，世祖曰：「曩與許仲平（衡）論治，仲平不及汝還甚。」（均見前章）當是時，百漢人之言，不如一西域人之言，一西域人儒者之言，不如一西域人釋者之言之尤爲有力，而得國主之信用也。許衡、吳澄之徒之所以能見用於時者，純恃有二三西域人後先奔走之，而孔子之道之所以能見重於元者，亦純賴有多數異教西域人，誦其詩，讀其書，傾心而輔翼之也。國師之送阿魯渾薩理曰：「以汝之學，非爲我佛弟子者，我敢受汝拜耶！」國師蓋深知阿魯渾薩理之不能爲佛教張目，而將爲儒教效其勞者也。故阿魯渾薩理初見用於世祖，即勸以治天下必用儒術，「天下」云者，中國耳。治中國非用儒術不可，阿魯渾薩理由中國歷史觀察，熟審當時情形，以爲惟此於元有利，遂主張以此收服中國之人心也。

元史本傳叙阿魯渾薩理先世，有足補趙孟頫碑之闕者，曰：「阿魯渾薩理祖阿台薩理，精佛氏學。生乞台薩理，襲先業，通經、律、論。業既成，師名之曰萬全。至元十二年，入爲釋教都總統。」以釋教都總統之子，而主張用儒術治天下，亦猶高智耀之本事佛敬僧，而力言儒術有補治道也，此佛教世家之儒學也。

五　摩尼教世家之儒學

高昌偰氏

摩尼教興於波斯，唐時入中國，因爲回鶻所信奉，更藉回鶻之勢力，延蔓於中華。回鶻既分佈甘、和諸州，摩尼教徒遂隨之轉徙。觀余闕述西夏風俗，有極類曾受摩尼化者。其送歸彥溫赴河西廉使序云：「予家合淝，淝之戍軍皆夏人，其性大抵質直而上義，平居相與，雖異姓如親姻。凡有所得，雖簞食豆羹，不以自私，必召其朋友。朋友之間，有無相共，有餘即以與人，無即取諸人，亦不少以屬意。百斛之粟，數千百緡之錢，可一語而致也。予初以爲此異鄉相親乃爾，及以問夏人，凡國中之俗，莫不皆然。其異姓之人如此，其親姻可知矣。」（青陽集卷三）凡曾讀摩尼教經者，即知此等有類於共産之風俗，爲摩尼教之風俗；即曾考究南宋時閩、浙摩尼教情形者，亦知此爲摩尼教風俗。西夏既以回鶻流入之故，受摩尼教之感化，則原爲回鶻地之高昌等處，其受摩尼感化必更强。摩尼教元時中國尚有，余前在閩書卷七發見泉州華表山有元時所遺留之摩尼教庵，近又於談遷棗林雜俎義集目録天主教條下，發見有「明教附」三字小注。明教即摩尼教。惜余所見之棗林雜俎，爲宣統間排印本，此條特注「缺」字。有録無書，想因天主教事有所避諱而刊落之也，安得談氏原稿而讀之！明時中國既尚有摩尼教，則原爲回鶻地之高昌等處，其摩尼教必更盛。宋史高昌傳述北宋初王延德使高昌，尚見有摩尼寺波斯僧，此其證也。

摩尼教流行歷史略明，則可揭出吾所欲述之摩尼教世家爲誰氏。吾所欲述之摩尼教世家，高昌偰氏也。元時高昌人多矣，何以獨推偰氏？則以偰氏自唐以來，世爲回紇相，而唐時回紇相之與摩尼，又極有密切之關係。如舊唐書回紇傳，長慶元年，回鶻入朝，則與宰相、都督、公主、摩尼等俱。白氏長慶集與回鶻可汗書，賜物回鶻，則與内外宰相及判官、摩尼師等俱。摩尼既爲回鶻尊崇，可汗常與共國，則其國相豈能獨外。兹將歐陽玄高昌偰氏家傳之前段，節録如下，以明偰氏爲摩尼教世家之證。傳云：「偰氏，偉兀人也。其先世曰暾欲谷，以女妻默棘速可汗爲可敦。默棘速卒，國亂，故地盡爲回紇所有，暾欲谷子孫遂相回紇。回紇嘗自以其鷙捷如鶻，請於唐，更以回鶻爲號。偉兀者，回鶻之轉聲也。今偉兀稱高昌，地則高昌，人則回鶻也。高昌王有印，曰『諸天敬護護國第四王印』，即唐所賜回鶻印也。言『諸天敬護』者，其國俗素重佛氏，因爲梵言以祝之也。暾欲谷子孫，既世爲偉兀貴臣，因爲偉兀人。又嘗從其主居偰輦河上，子孫宗暾欲谷爲始祖，因以偰爲氏焉。相傳暾欲谷初爲國相，適當唐天寶之際。唐以安氏之亂，求回鶻援兵，暾欲谷與太子闕特勒帥師與討安禄山有功，封太傅忠武王，進位司空，年百二十而終。傳説世至克直普爾，襲爲本國相，答剌罕，錫號阿大都督。」（圭齋集十一）

此傳有事實錯誤者二，有文字異同者二，先爲辨正，而後推求其與摩尼教有關焉。據舊唐書突厥傳，毗伽可汗默棘連，乃闕特勤之兄，以開元四年即位，時暾欲谷年七十餘。開元二十年（新書作十九年），闕特勒死，上自爲碑文；同年默棘連死，李融爲碑文。二碑於清光緒十五年（西一八八九）與九姓回鶻可汗碑同出土。元耶律鑄雙溪醉隱集卷二取和林樂府自注有云：「和林城，苾伽可汗之故地也。城東北七十里，有唐明皇開元壬申御製御書闕特勤碑。案唐史突厥傳，闕特勤，苾伽可汗之弟也，名闕。開元十九年闕特勤卒，詔爲立碑，上自爲文。其碑額及碑文，『特勤』皆是『殷勤』之『勤』字，唐新舊史凡書『特勤』皆作『銜勒』之『勒』字，誤也。諸突厥部之遺俗，猶呼其可汗之子弟爲『特勤』，則與碑文符矣。」李文田和林金石詩（靈鶼閣本）所謂「因思移剌（即耶律）雙溪集，字字分明闕特勤」，指此也。而偰氏傳乃循兩唐書作「勒」，其異一。默棘連，兩唐書均作「連」，李文田詩「遺址荆棒默棘連，大唐祠像舊香煙」是也，而傑氏傳獨作「速」，其異二。此猶文字之小小異同者也。

安禄山之亂，在天寶末年，闕特勤之死，在開元十九年，其碑之立，在開元二十年，是安氏亂時，闕特勤死已二十餘年矣。而傑氏傳乃謂「暾欲谷與闕特勤帥師討安禄山有功」，其誤一。且闕特勤是突厥可汗太子，而助唐討安禄山者，是回紇太子，舊唐書回紇傳「至德元載七月，肅宗即位靈武，遣使回紇，修好徵兵。二載九月，回紇遣太子葉護，領其將帝德等兵馬四千餘衆，助國討逆，收復兩京，加司空，封忠義王」是也。而傑氏傳乃以闕特勤爲回紇太子，其誤二。究其所以致誤之由，則因史有「乾元元年八月，回紇又使王子骨啜特勤等助國討逆」之言，而誤以骨啜特勤爲闕特勤乎？不可知也。

突厥之滅，據新唐書突厥傳謂在天寶四年，是暾欲谷由突厥入回紇時，年已百有餘歲，其助唐討逆時，年百一十歲。史稱開元四年（西七一六）暾欲谷年七十餘，與傑氏傳稱暾欲谷助唐討逆後，年百二十而終，其説正相合。果暾欲谷之卒，在代宗初年，去大曆三年（西七六八）勅建摩尼大雲光明寺之年，不過一二年，回紇爲摩尼護法，傑氏世爲回紇貴臣，其與摩尼教有關，尚何待論。

顧家傳既明言其國俗素重佛氏，何以猶謂之摩尼？則以唐時回紇，自天寶而後，全國已改奉摩尼（說見摩尼教入中國考）。唐所賜回鶻印，係在天寶求援回鶻以後，當然以其所信奉者祝之，豈復有以佛氏語祝之之理。吾恒言中國人對於外來諸教，辨別輒不明瞭，如新唐書一五〇常衮傳稱「回紇有戰功者，得留京師，創邸第、佛祠」，「佛祠」云云，實摩尼寺也。九姓回鶻可汗碑言摩尼開教回鶻事甚明，今日可爲鐵證。然此碑出土時，江標和李文田金石詩，猶以摩尼爲佛，則前此之謬指爲佛者更何足怪。江標詩云：

大字先題登里囉，可汗名字曰毗伽，半從佛法治天下，莫怪年來景教多。

「佛法」云云，謂摩尼明教也。閩書亦稱摩尼佛，又稱「至道中，懷安士人得佛像於京城」，「佛像」云云，亦摩尼像也。則偰氏傳所稱之佛，正可證其爲摩尼佛。舊唐書回紇傳謂摩尼爲回鶻所信奉，與家傳所謂「其國俗素重佛氏」者正同。偰氏之先，既世爲偉兀貴臣，且曾與於安史之役，則其爲摩尼教世家，毫無疑義也。

偰氏爲摩尼教世家之説既明，則可與言偰氏之儒學。克直普爾者，合剌普華之高祖。合剌普華見元史忠義傳。其孫偰玉立、偰哲篤等六人，皆登進士第，其曾孫之登進士第者三人，一門兩代，凡九進士，時論榮之。許有壬爲合剌普華墓誌，黄溍爲合剌普華神道碑，皆以爲「積德累仁之報」，然無論是否爲「積德累仁之報」，其孫、曾能以儒術致通顯若此，不可謂非色目人之特色也。

偰哲篤，延祐首科進士，與馬祖常、歐陽玄、許有壬、黄溍等爲同年。偰玉立，延祐五年進士，至正中爲泉州路達魯花赤。閩書卷五三文莅志稱其「興學校，賑貧乏，考求圖志，搜訪舊聞，聘寓公三山吴鑒成清源續志二十卷，以補一郡故事。郡人皆勸於文學」。顧嗣立元詩選有偰玉立世玉集，偰哲篤詩附焉。千頃堂書目二十八有偰遜近思齋逸稿，注「回鶻人，初名百遼」，即偰哲篤子也。碑刻中亦時見偰氏昆仲文字。偰氏昆仲雖掇高第，能文章，然區區科名，詎得謂之儒學！今亦以儒學目之者，隨俗稱也。且吾之爲是篇，亦以證明西域人之同化中國而已，曾謂科名之盛如偰氏，不讀孔氏之書而能然耶！元時科目，蒙古、色目與漢人、南人各一榜，蒙古、色目人中選比漢人、南人爲易，程度比漢人、南人爲低。元史選舉志載考試程式：蒙古、色目人第一場經問五條，大學、論語、孟子、中庸内設問，用朱氏章句集注。第二場策一道，以時務出題，限五百字以上，其義理精明、文辭典雅者爲中選。今自偰玉立、偰哲篤二人於政事文章有可考見外，其他七人學問深淺，無可考見。然既中選，則必「義理精明，文辭典雅」可知也。此摩尼教世家之儒學也。

附：偰氏一門九進士圖。數目字，著其登第之先後。由延祐二年乙卯至至正八年戊子，凡三十四年。

- 合剌普華
  - 偰文質
    - 二、偰玉立（延祐五年）
    - 四、偰直堅（泰定元年）
    - 一、偰哲篤（延祐二年）
      - 七、偰百僚遜（至正五年）
    - 三、偰朝吾（至治元年）
    - 六、偰列篪（至順元年）
  - 越倫質
    - 五、善　著（泰定四年）
      - 八、正宗（至正五年）
      - 九、阿兒思蘭（至正八年）

元西域人華化考卷三

佛老篇

一　西域詞人之佛老

貫雲石　迺賢　馬時憲
亦都忽立　剌馬當

佛教非出於中國，然元時佛教之入中國，已千三百餘年。本分禪、教兩大宗，其禪宗早已成爲華化。倘其人之佛學得自梵文，或得諸西域，固不可謂之華化；倘其佛學係由漢譯經論，或由晉、唐以來之支那撰述而得，而又非出家剃度、身爲沙門，僅以性耽禪悅，自附於居士之林，則不得不謂之華化。阿魯渾薩理以釋教總統之子，先學佛於國師八思馬，學成而復習儒書，故吾名曰佛教世家之儒學。若西域人既邃於漢學，又以境遇或性近之故，去而談禪，則可謂之「雙料華化」矣。吾於此得二人焉：曰小雲石海涯、丁鶴年。丁鶴年爲回回教世家，將别論之，今先言小雲石海涯。

小雲石海涯，爲平宋功臣阿里海涯之孫。阿里海涯者，畏吾人。趙翼廿二史劄記三十謂：元初諸將多掠人爲私户，而莫甚於阿里海涯。張雄飛傳：阿里海涯行省荆湖，以降民三千八百户，没入爲家奴，自置吏治之，歲收其租税，有司莫敢問。世祖本紀：至元十七年詔覈阿里海涯等所俘三萬二千餘人，並放爲民。十九年，御史臺言阿里海涯占降民爲奴，而以爲征討所得。有旨，降民還之有司（二事並見卷一二八相威傳）。宋子貞又以阿里海涯所庇逃民千人，清出屯田。可見其所佔之户，以千萬計，兵權在握，恣意營私也。此阿里海涯即小雲石海涯之祖父。今非欲暴小雲石海涯祖父之惡，然非此無以證小雲石海涯爲濁世佳公子。其家世如此，其思想遂不禁别有所感覺也。

小雲石海涯之家世既明，則可言小雲石海涯之歷史。元史一四三有小雲石海涯傳，然不足證明小雲石海涯之學佛，因元史本傳採自歐陽玄貫公神道碑（圭齋集卷九）而删節其詞，故小雲石海涯學佛之精神亦被刊落。今欲證明小雲石海涯之佛學，當舍元史本傳而用貫公神道碑。貫公即小雲石海涯，父名貫只哥，因以貫爲氏，元人著述通稱貫雲石。雲石文學，另詳文學篇。其佛學則神道碑開始一段已可證明。碑云：「至治三年秋，玄校藝浙省，既竣事，出而徜徉湖山之間，故人內翰貫公與玄周旋者半月餘。及將去杭，薄暮携酒來別，謂玄曰：『少年於朋友知契，每別輒繾綣數日。近年讀釋氏書，乃知釋子朞有是心，謂之記生根焉，吾因以是爲戒。今於君之別，獨不能禁，且何哉！』言已，悽然而別。」此節在當日不過著者叙述與雲石之交情，正史本傳自無留存之必要，而在今日欲考察西域人之寓中國，曾否染有中國之佛化，則不可謂之閒文。碑中叙雲石與漁父易蘆花被後，尚有雲石與中峰和尚論道一節，亦係閒情。乃本傳於蘆花被事，則點竄入傳，而於見中峰事，則一字不提，若爲雲石諱者。雲石本非以儒學自任，談禪何足爲諱！茲録碑文大略如左，亦可見雲石之出處及人生觀矣。曰：「公辭歸江南，十餘年間，歷覽勝概，著述滿家。所至縉紳之士、逢掖之子、方外奇人，從之若雲。得其詞翰，片言尺牘，如獲拱璧。乃東游錢塘，入天目山，見本中峰禪師，劇談大道，箭鋒相當。每夏坐禪包山，暑退始入城。自是公之蹤跡，與世接漸疏，道味日濃，世味日淡，去而違之，不翅解帶。」中峰禪師者，名明本，號中峰，爲元世高僧，有中峰廣録、中峰懷淨土詩等著述行世。則雲石之學佛，無可爲諱。七修類稿三二云：「貫雲石嘗休暑鳳凰山，今北山棲雲庵，其藏修之所也。」是以碑復論之曰：「公武有戡定之策，文有經濟之才，固爲斯世難得，然承平之代，世禄之家，勢宜有之。至如銖視軒冕，高蹈物表，居之弗疑，行之若素，泊然以終身，此山林之士所難能。斯其人品之高，豈可淺近量哉！」雲石蓋有得於禪者也。

西域詞人中，才名與雲石相埒，而愛慕道家者，有迺賢。迺賢字易之，元史無傳。元人著述稱合魯易之，或稱葛邏禄迺賢。合魯，元譯，葛邏禄，唐以前譯，漢言馬也，故又稱馬易之。世居金山之西，元興，西北諸部仕中國者，隨便住居，故迺賢稱南陽人。後隨其兄塔海仲良官江浙，遂卜居於鄞。甬上耆舊詩傳卷三謂其師事鄞人鄭以道，以道集有贈門人馬易之序。迺賢善歌詩，一再遊京師，盡交其名士，有金臺集。又性好古，所至訪求名跡，摩挲斷碣，發爲詠歌，著河朔訪古記，劉仁本羽庭集、王褘忠文集均有序。原書久佚，乾隆時在永樂大典中搜得一百三十餘條，聚珍版印行之。迺賢之愛慕道家，傳無明文，吾在金臺集發見之。集共詩一百八十餘篇，紀遊詠古之外，爲道士賦者占十之一。試録其目，亦知其香火氣之深也。

一、送陳道士復初歸金華。

二、玄圃。爲上清周道士賦。

三、題崇真宮陳煉師壁間竹梅。

四、送道士袁九霄歸金坡道院。

五、虚齋。爲四明王煉師賦。
六、鶴齋。爲道士薛茂弘賦。
七、送道士張宗岳還龍虎山。
八、挽清溪徐道士。
九、赤城。金閣山在赤城西，祁洞明真人修煉之所，山中盛産青李來禽諸果。
十、次上都崇真宫，呈同遊諸子。
十一、病中答張元傑宗師惠藥。
十二、崇真宫夜望司天臺。
十三、雨夜同天台道士鄭蒙泉話舊，並懷劉子彝。注：蒙泉時奉祠上京崇真宫，子彝嘗於四明東湖築天壇道院，以待蒙泉東歸。
十四、陽明洞丁元善尊師携酒過余夜飲。
十五、玄教大宗師吳全節哀詩。
十六、南城詠古十六首。序云：至正十一年秋，太史宇文公、太常危公偕燕人梁處士九思、臨川黄君殷士、四明道士王虚齋、新進士朱夢炎，與余凡七人，聯轡出遊燕城，覽故宫之遺跡，各賦詩十有六首。

十七、長春宫。全真丘神仙處機之居。太祖嘗召至西域之雪山講道，屢勸上以下殺。

十八、玉虚宫。大道教以供薪水之勞爲其張本。宫主張真人，其貌甚清古。

十九、題王虚齋所藏鎮南王墨竹。

二十、送陳煉師奉香歸四明，慶醮玉皇閣，寄王致和真人。

詩人結識道士之多，罕有若迺賢之衆者也。方以類聚，同志爲朋，則迺賢之好道無疑義矣。更觀詩之内容，則迺賢所好之道，實神仙服餌之一派，故「苓芝、青精」等句，輒見於行間。

如玄圃云：

明年我亦山中去，賸采瑶芝滿藥囊。

桃花山水圖云：

我昔捫蘿探山谷，青精煮飯松邊宿，至今瞳子有神光，細字猶能夜深讀。

送袁道士歸金坡道院云：

君還煉石髓，九轉成玄霜，他時肯分贈，碧落同翺翔。

松巢云：

茯苓倘可餐，永矣謝城邑。

望泰山云：

懸崖芝草承甘露，溜雨松根長伏苓。

送張宗岳還龍虎山云：

後夜相思京雒士，黄精還許寄來嘗。

挽清溪徐道士云：

碧乳分茶烹雪水，青精煮飯薦冰蔬。

答張元傑惠藥云：

卧病臨高館，丹芝幸見分，明朝得强健，長禮紫虚君。

贈空谷山人歸武當云：

小甕春風紫术香，長鑱落日黄精熟。

送陳煉師歸四明云：

山中芝草還分得，贈我能令白髮稀。

正春秋繁露所謂「意之重，詞之複，其中必有美者」，後之人可因此以知其性之所近也。迺賢與雲石不同，雲石志在遺世，故佯狂詠歌以卒歲；迺賢不忘用世，故希藉修煉以長生。其環境不同，其思想遂隨之而異，一禪一道，所以分途也。張起巖題金臺集云「長使馬周貧作客，令人千古媿常何」，歎廼賢之不用也。廼賢於神仙境界，時寄遐想，如登崆峒山有云：

路逢一道士，高結冠巍巍，恐是廣成子，再拜欲問之。長歌入深林，棄我忽若遺，靈蹤邈難及，千載生遐思。

其神往低徊之意，溢於言表。其對於元初丘處機，尤殷慕之，詠之至再，京城雜言云：

丘公神仙流，學道青海東。扣馬諫不殺，嘉辭動天容。保此一言善，元祚垂無窮。

自注：「世祖納全真丘處機之一言，國家始終好生不殺。」其長春宫又云：

羸驂蹋秋日，迢遞謁琳宫，草昧艱難日，神仙第一功。

可謂傾倒之至矣。其所與游之燕人梁九思，名有，亦一好古而慕仙之人，與廼賢性相近。廼賢有河朔訪古記，梁有有文海英瀾；廼賢好神仙，梁有有續列仙傳。文海英瀾者二百卷，彙録南北金石刻三萬餘通，續列仙傳十卷，均見廼賢寄梁九思詩注。詩中有「泗水中流尋漢刻，泰山絶頂得秦碑。仙人久致青牛約，弟子能修白鹿規」之句，梁有亦儒而好道者也。元朝著名道士張雨，號句曲外史，廼賢以西域詩人，亦自號河朔外史。凡此種種，皆足爲廼賢好道之一證。

有佯狂似雲石，而不忘用世似廼賢者，未知其學佛乎？學仙乎？號曰笑笑道人，則似於道家爲近。然六朝以道人爲沙門之稱，雲石學佛，固亦嘗號蘆花道人、酸齋道人也。學佛抑學仙，本無庸細辨，今所欲説明者，西域人中有此一派耳。則笑笑道人之行誼可一述也。王禮送馬時憲還維揚詩序，見麟原集卷四：

西域馬君時憲，以胄監弟子員舉進士，爲翰林編修官，志不屑也。性重默，無汎交，跡絶權貴之門，衆以是奇之。一日，聞有笑笑道人者，荷笠披紙衣，擊筇行歌於市，憩江東雷岡亭，飛舞而上馬祖巖，歌聲若金石，悲壯激越，林木爲動，田翁樵子，棄業而聚觀，意其散仙也，怪而察焉，則時憲耳。噫！其果於忘世，若楚狂接輿者耶？抑猶豪傑不偶之士，雄才莫施，輒佯狂詭其跡，輕世肆志，以泄憤懣無聊之氣耶？矧燕、趙素多忼慨悲歌之士，安知不猶有曩之風烈耶！余有以知時憲倜儻不羈之情矣。

此等舉動，不論其所託者爲佛爲仙，皆可表明其爲一不得志於時者之詩人。其系出西域，爲可異也。

劉壎水雲村稿卷八有杏林公墓誌銘，云：「亦都忽立，其先回鶻人。所居種杏成林，因以自號，卒年六十有七。男四：曰馬合，曰大都驢。殁三日，夫人使子來乞銘，因思西北人材率雄傑悍鷙，尚武而嗜殺，而公獨禀和易，趨尚文雅，通儒書，禮秀士，喜談仙佛，善作大字，綽有中州風度。其鍾天地之仁氣者歟？胄出西土，而鍾靈特異者歟？噫！善人亡矣。」

亦都忽立之名其子，未脱西域人舊俗也，而其自號，及劉壎所述，則已深染華風。通儒書不奇，奇其喜談仙佛也。名其子曰馬合，疑其先固回回人。然貫雲石等四人，皆未嘗爲僧爲道士，不過其學術思想趨嚮於是耳。

吾於王逢梧溪集發見一西域人入全真教爲道士，真可謂應有盡有矣。梧溪集卷五有儉德堂懷寄，凡二十二首，每首各有小序。其第八首序云：「剌馬當文郁，西域人。由父蔭累遷南臺御史，今寄跡全真教中。」詩云：

清修馬道士，憶過小林丘，脱略青驄跡，追隨白兔游。君親心獨耿，河海淚同流，好在醫閭北，徘徊紫氣浮。

剌馬當其名，文郁其字，其名譯西域音，其字取中國義。玩王逢詩意，剌馬當之入道似在元亡而後。寄跡黄冠，亦勝國遺臣之恒事，特出於西域人，則安世通不得專美於前矣。

二　回回教世家由儒入佛

丁鶴年

貫雲石、迺賢等，雖系出西域，然其家世及原奉宗教不明，故只可概括之曰西域詞人之佛老。若其家世及原奉之宗教，確有可考者，當專論之，則丁鶴年之經歷最奇也。前篇曾論回回教世家之儒學，丁鶴年亦回回教世家之儒者，然其後復由儒而入佛，則其所受中國化之濃厚，又比專門儒者爲甚也。丁鶴年生三十三歲而元亡，至明永樂末年始卒，年九十矣，故元史無傳。明史入文苑傳，敘述甚略，蓋本戴良所撰高士傳而節損之。今考鶴年生平，當仍採之高士傳。九靈山房集十九高士傳云：

鶴年，西域人，曾祖阿老丁，與弟烏馬兒，皆元初巨商。祖苫思丁，累官至臨江路達魯花赤。父職馬祿丁，重義輕財，盡取祖父遺資，賑諸親故之不足，及他士之貧者。性尚豪邁，不喜榮名。年四十，辟主臨川縣簿，陞武昌縣達魯花赤，有惠政。解官之日，父老爲築種德之堂，請曰：「吾縣蓋公之桐鄉，願留居毋去。」遂家焉。生子五人，鶴年最幼。武昌公死時，鶴年年甫十二，其俗素短喪，所禁止者獨酒，鶴年以爲非古制，乃服斬衰三年。家有遺資，悉推與諸兄，不留一錢自遺也。武昌公在時，以鶴年倜儻類己，甚鍾愛，畀蔭從父桓州職，鶴年辭謝不敢有，惟益厲志爲學，清貧自苦。或曰：「汝貴家子，顧乃過自矯激如此？」鶴年曰：「吾宗固貴顯，然以文學知名於世者恒少。吾欲奮身爲儒生，豈碌碌襲先蔭、苟取祿位而已耶！」鄉之諸儒長者，以其年幼而有志，多樂教之。年十七，通詩、書、禮三經。豫章周懷孝，楚大儒，時寓武昌，獨器重鶴年，且欲同歸豫章，而妻以愛女。鶴年以母老，諸兄皆官千里外，辭不行。明年，淮兵渡江，襲武昌，鶴年奉母夫人以行。夫人捐館舍，鶴年哀毁盡癯，鹽酪不入口者五年。聞從兄吉雅謨丁避地越江上，徒步往依焉，辟從事，舉校官，舉孝廉，俱不應。南臺大夫沙藍答兒被召還朝，思得文儒之士，以備諮訪，復以從事辟之，江西、閩海二道肅政府，又以其省儒學提舉薦，皆不就。留四明，或旅食海鄉，爲童子師，或寄居僧舍，賣藥以自給。行囊稍裕，每好赴人之急，人之享其惠者，蓋數數然也。鶴年天質穎悟，讀書過目輒成誦。善詩歌，而尤工於唐律，爲文章有氣，至於算數、道引、方藥之説，亦靡不旁習。然專以躬行爲學，非其食不食，非其衣不衣，重然諾，尚氣節，有東漢高士之遺風。員外郎馬子英，不妄許可人，嘗曰「吾友多矣，可託妻子者，惟鶴年一人」，世以爲知言。

戴良之卒，先鶴年四十年。此傳作於洪武初年，爲鶴年所親見，故鶴年寄九靈先生詩有「萬言椽筆今無用，閒向林泉紀逸民」之句。注「先生嘗爲予作傳」，即此傳也。此傳所述，關於鶴年前半世事略備。此傳之後，有烏斯道丁孝子傳（春草齋集卷七），紀鶴年夢得母墓事，亦可參考。惟學佛一節，兩傳皆無明文，蓋是時鶴年學佛之跡尚未著也。兩傳紀鶴年部族，僅泛稱爲西域人，鶴年集自署亦只曰「西域鶴年」，何以知其爲回回教世家也？則有下列之諸證據。

明史文苑傳云「丁鶴年者，回回人」，其說蓋本諸瞿佑歸田詩話。歸田詩話梧竹軒條，謂鶴年爲回回人。瞿佑曾在杭見鶴年，鶴年爲佑審閱鼓吹續音，示以著述之法，佑深感之。明史文苑傳稱「方國珍據浙東，最忌色目人，鶴年轉徙逃匿」，即歸田詩話語也。證一。鶴年集附録鶴年從兄吉雅謨丁及鶴年次兄愛理沙詩，據元末人選元音卷十二二人小傳，均稱回回人。其兄回回，其弟當然回回。證二。元史回回人多名丁，鶴年曾祖阿老丁，祖苫思丁，父職馬禄丁，皆回回人名。楊士奇跋丁鶴年詩（東里集卷十）云：「西域人多名丁，既入中國，因以爲姓，故鶴年亦丁姓。余在武昌遇之，時已老矣。」是鶴年本亦名丁也。證三。回回人居中國者馬姓至多，吉雅謨丁字元德，亦取馬姓。劉仁本羽庭集卷五有送馬侯元德任奉化州序，戴良又有題馬元德伯仲詩後（九靈山房集廿二），伯即吉雅謨丁，仲即鶴年也。馬子英爲鶴年族兄，鶴年集有題族兄馬子英進士梅花詩，是鶴年亦可馬姓也。證四。賽典赤贍思丁爲回回教祖別庵伯爾之後，已見儒學篇。鶴年集有贈表兄賽景初詩，注：「景初，咸陽王賽典赤之孫也。」表兄爲回回人，表弟宜亦回回人。證五。回回俗葬無棺椁，丁孝子傳言鶴年訪母墓時，見平陸土有陷下者，意謂母葬時無棺椁，此回回葬法也。高士傳又謂「其俗素短喪，所禁止者獨酒」。證六。回回入中國者，多以賣藥爲業，其俗至今尚存。京師圖書館善本室有回回藥方三十六卷。高士傳謂鶴年「於導引、方藥之説，靡不旁習」，「在四明或賣藥自給」，此亦回回風也。證七。鶴年父重義輕財，鶴年亦倜儻類其父，每好赴人之急，此尤爲回回教所尚，所謂五功之一也。證八。

有此八證，鶴年爲回回教世家，毫無異義。至於鶴年本身，則實一儒家，讀高士傳已可概見：當其父死時，年十二耳，即以短喪爲非古制，而服斬衰三年，其自幼已沾被儒風也。又欲奮身爲儒生，年十七即通詩、書、禮三經，爲大儒周懷孝所器重，今鶴年集有奉懷先師豫章周孝思先生詩，即其人也。鶴年既以儒學名，故凡思得文儒之士相助爲理者，皆舉鶴年，鶴年皆不之赴，所以爲「高」也。集中亦常以儒自命，有「腐儒避地海東偏」，「落魄乾坤一腐儒」等句。其他舉動之與回教相背者，可於孝子傳見之：一作母主，蚤暮以拜，二陳酒肉以祭，三改葬用棺，皆非回教所宜有，惟儒教似之。戴良鶴年吟稿序云「鶴年兄弟俱業儒，伯氏之登進士第者三人」，皆足爲鶴年儒教之證。而孰知其又不終於儒，此則與環境極有關係者矣。

始吾讀明史鶴年傳，見有「晚學浮屠法」一語而疑之，以回回與浮屠絕不相入也。及讀藝海珠塵本丁孝子詩集，見其與僧侶唱酬之作極多，而知明史之語有所本（明回回詩人金大車、大輿兄弟，亦多與僧侶唱酬之作。見金陵叢書丙集）。復獲琳琅祕室本丁鶴年集，原分四集，第三卷曰方外集，與僧侶唱酬之作悉隸焉。核其所與游之僧，見之詩者凡三十一人，又較迺賢所與游之道侶爲多矣。兹按方外集次第，舉其名如下，漏載者據藝海珠塵本補之。

文極禪師　諸暨上人　僧淨皓

甬東椿上人　慈谿懋上人　鐵佛寺盟長老

鐵佛寺益公了庵　見心長老　濟汝舟長老

菩提寺主　恕中慍禪師　龍門海禪師

濬天淵長老伯仲　鍠聲外侍者　信立庵長老

古鼎銘長老　慈谿潤上人　慈谿敉上人

姑蘇潤上人　平江韞上人　貞長老

琦公宗師　義上人　祖庭興上人

壁東文上人　大年椿上人　龍門禪師（補衲）

右二十七人，見琳琅祕室本丁鶴年集卷三方外集。

濟古舟　新古銘（二人皆浙東名僧）　秋月長老

鉉宗鼎　染上人

右五人，從藝海珠塵本丁孝子詩録補。

鶴年集兩本互有詳略，今獨取琳琅本者，以其特標方外一集，足明鶴年學佛之説不誣而已，非重其爲元刻也。且此本並非元刻本，將於文學篇辨之。

鶴年以工詩寄跡叢林，榜所居曰逃禪室，所與游者盡緇流，莫不以得其一言爲幸，故編帙遂日積而日富。觀其所自述，及親族所觀察，鶴年似真有意於空門，如送鐵佛寺益公有云：

世尊出西域，教化極東土。大道本無爲，盛德人所慕。只今滅度二千年，授經弟子如親傳。我生懶僻苦貪佛，或謂三生有勝緣。

題古鼎銘鍾秀閣云「我亦逃禪雲水客，便應蕭散共松扃」，寄鉉宗鼎云「萬里思鄉瞻北斗，十年學道事西宗」，宿染上人溪舍云「見性本圖先作佛，勞形翻愧早成翁」，皆自證其學佛之經過也。鶴年集附録其從兄吉雅謨丁詩，亦有「鶴年弟盡棄紈綺故習，清心學道，特遺楮帳，資其淡泊之好，仍侑以詩」等語，在宗族眼光觀之，亦共證其爲專心學道也。然以吾人今日研究之結果，鶴年之依佛，殆一種避禍不得已之苦衷，暫行遯跡空門而已。讀其逃禪室諸詩，較然明白。如逃禪室卧病柬諸禪侣云：

高秋多病客，古寺寄黄昏，野迥常疑虎，天寒早閉門。離愁燈下影，鄉淚枕邊痕，賴有諸禪侣，情親似弟昆。

又逃禪室與蘇伊舉話舊云：

不學揚雄事草玄，且隨蘇晉暫逃禪，無錐可卓香嚴地，有柱難擎杞國天。謾詫丹霞燒木佛，誰憐青露泣銅仙，茫茫東海皆魚鼈，何處堪容魯仲連！

一種恐懼憂患之情，溢於言表，何與於禪！無怪乎曰「寄黄昏」、「暫逃禪」耳。又有逃禪室述懷十六韻，文繁不能備録，然其中如「恥灑窮途泣，閑修淨土緣，有相皆虚妄，無才幸苟全。高蹈慚真隱，狂歌愧昔賢，惟餘空念在，山寺日逃禪」等句，皆足證明其始非有真知灼見必須學佛，不過借此苟全性命耳。

然始而避地，繼而參禪，終而高蹈，濡染既深，詎無所獲。藝海本有贈秋月長老一首，爲琳琅本所無，其意境亦爲全集所未有，當係晚年參禪有得之言也。詩云：

秋月既虚明，禪心亦清淨，心月兩無虧，炯然大圓鏡。流光燭萬物，萬物咸鮮瑩，倒影入千江，千江悉輝映。情塵苟不掃，倏忽迷真性，所以學道人，於此分凡聖。視身等虚空，無得亦無證，偉哉寒山翁，與汝安心竟。

三　基督教世家由儒入道

馬節　　趙世延

基督教世家之入道，最著者爲馬祖常之季父馬節。節入王屋山爲道士，説見元文類六七禮部尚書馬公神道碑。碑爲馬祖常撰，自述家世，至可信據。王屋山在今河南濟源縣西北百里，爲唐司馬承禎修道之所。乾隆濟源縣志十六載林靈素游天壇三十二韻，有云「林泉何處愜予心，收拾圖書將卜築，崎嶇不敢千里辭，東至太行入王屋」是也。馬節入山後，無所表見，元人著述，亦鮮及之者，其甘心隱遁可知也。欲考馬節家世，可觀馬祖常之家世。其祖爲元名臣，又生元盛時，非有不得已必須隱遁之情可見也。家世奉基督，何以棄基督而入道，奇也。祖常爲節猶子，祖常父子棄基督而入儒。讀石田山房文集，祖常亦好與道士往還，集中贈道士詩，占全集十四分之一，與迺賢金臺集相埒。然吾不以祖常爲學道者，則以石田集贈道士詩雖多，皆酬酢之詞，未嘗有傾仰之意，與金臺集絶異。集中求如寄舒真人云「憑師消鄙吝，猶可採山薇」等句，已不可多得。其稱許道家處，亦不過如王道士慶壽堂「生男不必皆富貴，學道亦足傳其家」而已。所以多與道士往還者，因祖常夙負詩名，諸黄冠咸以得其片詞爲幸，祖常亦樂此不疲，故題舒真人鶴峰云：

山中道士索題詩，柿葉千層寫好詞。不見籠鵝空揖去，此生雖老可臨池。

可見其來者不拒之態度及道士求詩之衆矣。至道士之好儒者，祖常更樂與之游，集中有蜀道士歸儒一首，已見儒學篇。祖常之與道士往還，虛與委蛇而已。然證以馬節之入道，則基督教世家與道家之接近，此中亦自有因緣。

馬節而外，有趙世延，與馬節同爲雍古部人。雍古部爲昔年基督教聶思脱里派流行之地，故元史雍古部人多基督教人名。吾友張星烺馬哥孛羅遊記譯註，謂世延之父及子，皆用基督教徒之名，斷趙世延爲基督教世家，説不誣也。世延雖基督教世家，然其本身所學則爲儒，宋元學案九五列蕭同諸儒學案中，稱爲「榘庵同調」，榘庵者，同恕也。茲先將元史趙世延傳節録如下：

趙世延，字子敬，其先雍古族人。曾祖黠公，祖按竺邇。幼孤，鞠於外大父術要甲，謌爲趙家，因氏爲趙。父黑梓。世延天資秀發，喜讀書，究心儒者體用之學。延祐元年，省臣奏：「比奉詔漢人參政，用儒者，趙世延其人也。」帝曰：「世延誠可用，然雍古氏非漢人，其署宜居右。」遂拜中書參知政事。三年，劾奏權臣太師右丞相帖木迭兒罪惡十有三，尋拜四川行省平章政事。仁宗崩，帖木迭兒復相，鋭意報復，誘世延從弟胥益兒哈呼誣告世延罪，逮世延置對。至夔，路遇赦，帖木迭兒遣使督追至京師，煅煉使成獄。會有旨，事經赦原，勿復問。帖木迭兒更以它事白帝，繫之刑曹，逼令自裁，世延不爲動。居囚再歲，胥益兒哈呼自以所訴涉誣欺，亡去。中書左丞相拜住屢言世延亡辜，得旨，出獄就舍養疾。帖木迭兒死，事乃釋，世延出居金陵。泰定元年，召還朝。至順元年，詔與虞集等纂修皇朝經世大典。屢奏：「臣衰老，乞解中書政務，專意纂修。」秋，以疾移文中書，致其事，明日即行，養疾於金陵之茅山。世延歷事九朝，敭歷省臺五十餘年，負經濟之資，而守之以清介，飾之以文學，而於儒者名教，尤拳拳焉。爲文章波瀾浩瀚，一根於理。嘗較定律令，彙次風憲宏綱，行於世。五子，達者三人，野峻台，次月魯、伯忽。

吾録此傳，而特詳於世延被誣入獄一事者，吾認此爲與世延之學道極有關也。許有壬至正集七六有辯平章趙世延文，即爲此事，可參考。鐵木迭兒傳（二〇五）及英宗本紀（二七）亦可參考。鐵木迭兒必欲置世延於死地，由成都逮捕至京，陵虐禁錮，前後三年纔出獄，時世延年六十餘矣。凡人經歷艱險，則信仰宗教之念悠然而生，佛老生涯又多與林泉接近，人即不信宗教，而情甘隱遁，自易與佛老爲緣，丁鶴年之念佛，趙世延之學道，皆不能逃此例也。惟世延學道，史無明文，本傳謂其事釋後出居金陵，所謂金陵，蓋茅山也，下文謂其養疾於金陵之茅山是也，史特諱言耳，然此亦何庸諱。世延著述，今傳者不多，吾所見者，南唐書序、茅山志序外，有京師東嶽廟昭德殿碑，文見圖書集成職方典廿六，有盩厔重陽宫勅藏御服碑，見拓本。其存目待訪者，有句容白雲崇福觀碑，見寰宇訪碑記，皆與道教有關者也。又世延之詩，元詩選癸集所收僅七首，而詠道院之作，已占其五，蓋選自茅山志卷三十者：

一、玉晨觀懷古。

二、許長史井。

三、白雲觀即景用韻。

四、華陽道院石亭。

五、出茅山，宿青玄觀

其許長史井云「因觀長史陰陽井，始悟混元玄牝門」，其華陽道院云「何當借我東偏屋，靜掩巖扉學煉形」，其宿青玄觀云「莫道歸途清興減，夜來和月飲刀圭」，似世延所學，亦服食煉形一派，而非虛談玄理者比。

世延歸里後，有鳩資創建文昌帝君祠一事，見清河内傳卷九趙延之（太原人）文昌帝君行祠記，尤足爲世延學道之證。曰：「後至元二年，前奎章閣大學士、魯國公趙世延告老還成都，不忘舊德，拳拳於張君，甫下車，先侍生而卜焉。予因以建祠事告，公曰：『積歲存心，願莫之遂，若相神庥，敢披肝膽以勖。』六月甲寅，遂卜其事，步城内外，擇異處焉。祠事始定，公自爲疏若干以鳩其資。」又曰：「主盟勝概者趙相也。晨夕劬躬，拮據卒徒者，侍生楊世仁也。」則世延之學道，又可於道家著述證明之。「張君」云者，道家稱文昌帝君爲即詩經之「張仲孝友」也。

更有一事，足覘世延家學儒道雜糅，而與基督實不相容。陳旅魯郡夫人趙氏墓誌（安雅堂集十一）云：「夫人趙氏，魯國公世延之女。魯公之平章蜀省也，姦臣以詔逮公繫請室，夫人年十三，即却葷肉，向北斗拜禱，凡三年。」禮拜北斗，正道家法。又云：「魯公以其能誦易，嘗教之筮，諸陰陽家書，皆能通之。」陰陽術數，亦與道家爲近。此世延家學之帶有道家色彩者也。世延晚年，尤深黄老之術，權衡庚申外史載：「元統元年，太師燕帖木兒溺於酒色，宴趙中丞家，男女共坐，名爲鴛鴦筵席。」元史一三八燕鐵木兒傳采此事，改鴛鴦筵席爲鴛鴦會。然無論爲筵席爲會，此何等事，而世延乃曲忍之，不惜以自邸爲彼荒淫地，與昔年彈劾鐵木迭兒之氣概，一何判若二人乎！豈閱世既深，則趨避熟乎？無惑乎當時有監察御史葛明誠者，劾世延固位取容，無補於事，請斥歸田里也（元史三四）。此學黄老者之蔽也。然則世延之父及子，雖用基督徒之名，實不過一種基督化惰力耳。

元西域人華化考卷四

文學篇

一　西域之中國詩人

泰不華	迺賢	余闕
聶古柏	斡玉倫徒	三寶柱
張雄飛昂吉、完澤	伯顏子中	薛超吾
郝天挺	辛文房	馬彥翬
阿里		

前篇所論，如巙巙、馬祖常、泰不華、貫雲石、迺賢、丁鶴年等，皆有詩名。巙巙詩傳者

不多，顧嗣立元詩選癸集僅據石刻及元風雅選其數首。巎巎本以書名家，故詩名爲書名所掩，詳美術篇。貫雲石有酸齋集，見元詩選。酸齋以樂府名，將别論之。馬祖常爲基督教世家，丁鶴年爲回回教世家，亦將别論之。

泰不華死於方國珍之難，元詩選有顧北集，與余闕青陽集並列，推爲元季詩人第一。其言曰：「自科舉之興，諸部子弟類多感勵奮發，以讀書稽古爲事。迨至正用兵，勳舊重臣往往望風奔潰，而挺然抗節，秉志不回，乃出於一二科目之士，如達兼善、余廷心者，其死事爲最烈。然後知爵禄豢養之恩，不如禮義漸摩之澤也。故論詩至元季諸臣，以兼善爲首，廷心次之，亦足見二人之不負科名云。」

至於迺賢，則有金臺集傳世，楊彝跋盛稱其潁州老翁、西曹郎、巢湖、新鄉媪、新堤諸篇，撫事感懷，有得於風人之旨。潁州老翁篇幅太長，今特介紹新鄉媪一篇如下：

蓬頭赤脚新鄉媪，青裙百結村中老，日間炊黍餉夫耕，夜紡綿華到天曉。綿華織布供軍錢，倩人輾穀輸公田，縣裏工人要供給，布衫剥去遭笞鞭。兩兒不歸又三月，衹愁凍餓衣裳裂，大兒運木起官府，小兒擔土填河決。

茆檐雨雪鐙半昏，豪家索債頻敲門，囊中無錢甕無粟，眼前只有扶牀孫。明朝領孫入城賣，可憐索價旁人怪，骨肉生涯豈足論，且圖償却門前債。

數來三日當大年，阿婆墳上無紙錢，涼漿澆濕墓前草，低頭痛哭聲連天。恨身不作三韓女，車載金珠爭奪取，銀鐺燒酒玉杯飲，絲竹高堂夜歌舞。黄金絡臂珠滿頭，翠雲繡出鴛鴦裯，醉呼閹奴解羅幔，牀前熱火添香篝。

詩中大意可分三截：第一截寫專制政體之横暴，第二截寫豪門勢力之壓迫，第三截寫貧富階級之懸殊，抑何其言之沈痛也。

迺賢，葛邏禄人。葛邏禄今爲俄地，其殆開後來俄國文學之先路乎！而同時詩人則固以迺賢爲被中原之化者也。金臺集李好文序謂：「嘗愛賀六渾陰山勅勒歌，語意渾然，不假雕劌，顧其雄偉質直，善於模寫，政如東丹突欲畫本土人物，筆跡超絶，不免有遼東風氣之偏。惟吾易之之作，粹然獨有中和之氣，非聖人之化，仁義漸被，詩書禮樂之教而致然耶！」貢師泰序則謂：「予聞葛邏禄氏，在西北金山之西，與回紇壤相接，俗相類，其人便捷善射，又能相時居貨，媒取富貴。易之世出其族，而心之所好獨異，宜乎見於詩者卓乎有以異於人也。」程文序則謂：「易之葛邏禄人，在中國西北數千里之外，而能被服周公、仲尼之道。家固有閥閲勳榮，可藉以取富貴，而棄不就，臞然一寒生，專以詩名世。」則迺賢與托爾斯太一流正有些相類。而戴良爲丁鶴年集序，歷數元時西域詩人，獨不及迺賢，抑亦異矣。

琳琅祕室本鶴年集序，與九靈山房集鶴年吟稿序，稍有異同，琳琅本爲初稿，九靈本爲定稿也。琳琅本云：「我元受命，西北諸國若回回、吐蕃、康里、畏吾兒、也里可溫、唐兀之屬，率先臣順，奉職稱藩。積之既久，文軌日同，而子孫遂皆舍弓馬而事詩書。至其以詩名世，則貫公雲石、馬公伯庸、薩公天錫、余公廷心，其人也。論者以馬公之詩似商隱，貫公、薩公之詩似長吉，而余公之詩，則與陰鏗、何遜齊驅而並駕。他如高公彦敬、巙公子山、達公兼善、雅公正卿、聶公古柏、斡公克莊、魯公至道、三公廷圭輩，亦皆清新俊拔，成一家言。此數公者，皆居西北之遠國，其去豳秦，蓋不知其幾千萬里，而其爲詩，乃有中國古作者之遺風，足見我朝王化之大行，雖成周之盛莫及也。」

右所舉西域詩人十二人，獨闕迺賢。九靈本則僅留馬、薩、余三人，並貫雲石、高彦敬等九人而去之。此十二人者，其詩名高下不同，而其可與中國作者抗衡則一也。戴良初以十二人並舉，正可見其同負時名，足爲今日言西域詩人者之參考。兹將十二人中之已見或未見於前者，疏其略歷如下：

馬伯庸即馬祖常，達兼善即泰不華，薩天錫、魯至道爲回回教世家，雅正卿爲基督教世家，別有專論。高彦敬名克恭，亦回回人，有房山集，見元詩選。善畫墨竹山水，詩名爲畫名所掩，詳美術篇。

余廷心名余闕，河西人。河西古諸羌，李元昊據之爲西夏，元初累征之不服。其人剛直守義，蕃語謂之唐兀氏，爲元色目人之一。其俗自别舊羌爲蕃，河西陷没人爲漢，余闕蓋蕃而非漢也。據元史本傳，余闕父名沙剌藏卜，據元統癸酉進士録，余闕父名屑耳爲，祖及曾祖均名銑節，皆非漢姓，故余闕實西域人。至正十八年守安慶死節，有青陽山房集，今傳於世。元史稱其詩體尚江左，高視鮑、謝，徐、庾以下不論也。四庫提要稱其詩以漢魏爲宗，優遊沈涵，於元人中别爲一格。胡應麟詩藪外編六云「元人製作，大概諸家如一，惟余廷心古詩近體，咸規倣六朝，清新明麗，頗自足賞。惜中厄王事，使成就當有可觀。泰兼善絶句温靚和平，殊得唐調，二人皆才藻氣節兼者」云。

聶古柏官吏部侍郎，據黎崱安南志略三，至大四年，聶古柏曾奉使安南。元詩選三集有侍郎集。魯貞桐山老農集二有送聶古伯主簿序，疑同名異人也。傅習元風雅採聶古柏詩七首，其番禺道中一首，各家選本皆採之。末有句云「中朝耆舊如相問，鳥語啾啁正未堪」，竟笑吾粤爲鴃舌南蠻，而不自審其出於何族也。

斡克莊，名斡玉倫徒，徒或作都，或作圖。西夏人。虞集弟子，道園學古録三九有海樵説，即爲斡玉倫徒作。元文類十八選虞集撰西夏相斡公畫像贊，斡公即玉倫徒之高祖。元詩選癸之丁，有斡玉倫徒詩，癸之戊又有王倫徒詩，「王」爲「玉」之訛，元詩選誤作二人。虞伯生詩續編卷首，有監丞玉倫徒詩，刻本亦或誤作「王」，元風雅則作「玉」，實一人也。斡玉倫徒爲纂修宋史二十三人之一，見圭齋集十三進宋史表。陔餘叢考十三刻本譌爲幹三倫徒，皆誤。

三廷圭，名三寶柱，畏吾人。元史一四四附星吉傳。元詩選癸之丙有三寶柱詩。凡此諸人，其詩今日或傳或不傳，然在當日則皆有聲於時，然後爲戴良所論列也。唐兀去中國最近，其地又頗崇儒術，習覩漢文，故入元以來，以詩名者較他族爲衆。余闕、斡玉倫徒之外，尚有張雄飛、昂吉、完澤等。

張雄飛，登延祐首科進士，與馬祖常、許有壬等同科，至正集三三有張雄飛詩集序，云：「延祐首科，國人曁諸部列右榜者十六人，唐兀氏張君雄飛，首科右榜有聞者也。尤工於詩，佳章奇句，不可悉舉」云云。與元史之張雄飛字鵬舉者，同名異人，一漢人，一唐兀氏也。

昂吉字啓文，至正八年進士。楊維楨送啓文會試詩有「西涼家世東甌學，公子才名久擅場」之句。玉山名勝集有昂吉倡和詩，元詩選有啓文集。

完澤字蘭石，西湖竹枝集稱其聰敏過人，善讀書，尤工詩律。

元詩選二集有子中集。伯顔子中，亦西域人。明史一二四附陳友定傳。子中卒於洪武十二年，故元史無傳，濟陰丁之翰爲作傳，載七修類稿十六中。傳云：

伯顔，字子中，世家西域，其祖父宦江西，遂爲進賢人。幼讀書，通大義，稍長，無所好，惟耽典籍，手不釋卷。從鈞臺夏溥習進士業，以春秋經領江西鄉舉，授龍興路東湖書院山長，改建昌路儒學教授。壬辰兵興，全閩、二廣皆歸附國朝，伯顔由是潛形遁跡，隱約江湖間。以先世有墓廬在彭蠡之涯，乃卜進賢之北山，誅茅剪荆，躬自爲創竹屋三間，左圖右史，閉户澹如，時寓其忠憤於詞翰之間而已。洪武十二年己未秋，朝廷搜求博學老成之士，江西布政使沈本立（明史及明史稿作立本）聞伯顔名，遣從事以禮來徵。伯顔聞使者至，慨然曰：「是不可以口舌爭也。」先一夕具牲醴，作七哀詩，祭其先與昔時共事死節之士，復手書短歌一篇，飲藥而卒。

王禮麟原集卷四有伯顔子中詩集序，云：「子中既斷髮自廢爲民，忠憤邑鬱，仰屋浩歎，付之無可奈何，而心不能自平，時時以其慷慨之情、憔悴之色，一寓於詩。又記其舊作，輯爲一卷，俾予序之。余三復而歎曰：『美哉！渢渢乎殆有唐之正音，而陽明之氣也。』子中今無民社之責，將翔於青原白鷗之間，肆其力於文字，則余也葛巾野服，陪乎杖履之末，尚取新作玩繹之。」其推挹極矣。

西域人中，更有其詩不傳，而其詩集序跋尚見於他人文集，可以略窺其造詣者，有薛昂夫。松雪齋文集卷六有薛昂夫詩集序，云：「嗟夫！吾觀昂夫之詩，信乎學問之可以變化氣質也。昂夫西戎貴種，服旃裘，食湩酪，居逐水草，馳騁獵射，飽肉勇决，其風俗固然也。而昂夫乃事筆硯，讀書屬文，學爲儒生，發而爲詩樂府，皆激越慷慨，流麗閒婉，或累世爲儒者有所不及，斯亦奇矣。蓋昂夫嘗執弟子禮於須溪先生之門，其有得於須溪者，當不止於是。而余所見者詞章耳。他日昂夫爲學日深，德日進，道義之味，淵乎見於詞章之間，則余愛之敬之，又豈止於是哉！」

元時西域人華學之盛，論者輒謂與科舉有關，吾不謂然也。當延祐未興科舉前，如不忽木、回回、巎巎等，文采斐然，何嘗由於科舉！然此猶得謂不由科舉而由學校也。若廉希憲、瞻思、趙世延等，又何嘗出身學校！即以科舉既興論，貫雲石、迺賢、丁鶴年等，又何嘗出身科舉！馬祖常等出身科舉矣，而延祐首科即已中選，其文章學問，必早蓄於未興科舉之前，豈爲科舉而求學也。薛昂夫亦生於元初，科舉未興，未嘗入國學，徒以愛慕華學，執業於宋遺民劉辰翁之門，其華學遂燦然有爛，趙孟頫所以驚爲奇事，而深信學問之可以變化氣質也。

辰翁子將孫養吾齋集二四有薛超吾字説，云昂夫爲超吾之字，而不言爲西域人。天下同文集十五有王德淵所爲薛昂夫詩集序，述昂夫家世較詳，以爲回鶻人能讀中夏之書，破天荒而出類拔萃也。曰：「薛超吾，字昂夫，其氏族爲回鶻人，其名爲蒙古人，其字爲漢人。

人之生世，封域不同，而能氏不忘祖，孝也；仕元朝明聖之代，名不忘國，忠也；讀中夏模範之書，免馬牛襟裾之誚，字不忘師，智也。惟孝與忠、智，根本立矣，文藻柯葉，又何難爲！今觀集中詩詞，新麗飄逸，如龍駒奮迅，有並驅八駿一日千里之想，振珂頓轡，未見其止。昂夫今甫三十有一，余欲與期之於十年之後，必有非復前日吳下之歎。且金日磾珥貂於漢，哥舒翰建節於唐，率多武臣，少見文士，昂夫誠能簣進川增，獨破天荒，異時列名於儒林、文苑傳中，出類拔萃，超越前古，顧不偉歟！」

昂夫詩集今不傳，昂夫詩吾亦未一見，然由趙、王兩序之保證，不能不認爲西域詩人之一，固不得以其詩之不傳而屏之也。

西域詩人中，又有其詩傳者不多，而別以與詩有關係之著述傳者，則郝天挺之唐詩鼓吹注，及辛文房之唐才子傳是。蘇天爵爲元文類，蒐輯殆二十年，而西域詩人僅採五家，馬祖常、高克恭、趙世延外，辛、郝二家而已。

郝天挺，字繼先，號新齋，出於朵魯別族。父和上拔都魯，以武功稱。天挺幼受業於遺山元好問之門，多所撰述，注唐詩鼓吹十卷外，又修雲南實録五卷，事跡具元史一七四本傳。天挺色目人，而元史與漢人同列，一時失檢也。天挺詩傳者僅一二篇，其麻姑山一律，元風雅、元文類並採之，而康熙御定全金詩四二乃據以補入金人之郝天挺卷中，不知金、元之間，有兩郝天挺，一爲元好問師，一爲好問弟子。池北偶談卷六、元詩選癸之乙先後辨之，四庫提要總集類三亦引池北偶談説，釋陸貽典之疑。乃新元史一四八郝天挺傳中，又羼入金人郝天挺語。原語見中州集卷九郝天挺小傳，金史隱逸傳採之，曰：「讀書不爲藝文，選官不爲利養，唯通人能之。」又曰：「男子生世，不耐飢寒，則雖小事不能成，子試以吾言求之。」此元好問述其師郝天挺語，而新元史以爲是好問弟子郝天挺之言，亦一時失檢也，特附識於此。唐詩鼓吹者，元好問所編，而郝天挺注之，趙孟頫序云：

鼓吹者何？軍樂也。選唐詩而以是名之者何？譬之於樂，其猶鼓吹乎！遺山之意深矣。中書左丞郝公，當遺山先生無恙時，嘗學於其門，其親得於指授者，蓋非止於詩而已。公以經濟之才坐廟堂，以韋布之學研文字，出其博洽之餘，探隱發奧，人爲之傳，句爲之釋，或意在言外，或事出異書，公悉取而附見之，然後唐人之精神情性，始無所隱遁焉。嗟夫！唐人之於詩美矣，非遺山不能盡去取之工；遺山之意深矣，非公不能發比興之蘊。此政公惠後學之心，而亦遺山裒集是編之初意也。（松雪齋文集卷六）

趙序僅言天挺爲好問弟子，而未嘗注意其爲色目人。姚燧序則注意及之。曰：「鼓吹，軍樂也。遺山選唐詩近體六百餘篇，以是名。遺山代人，雲南參政郝公新齋，視爲鄉先生，自童子時嘗親几杖，得其去取之指歸，恐其遺忘，既輯所聞與奇文隱事之雜見他書者，悉附章下，則公可當元門忠臣。公將種也，父兄再世數人，皆長萬夫，於鼓吹之陪㩧稍而導繡幰者，似已飫聞，乃同文人詞士，以是選爲後部寂寂而自隨，無亦太希聲乎！其亦宏壯而震厲者，亦有時乎爲用也。」（牧庵集卷三）

則直以郝天挺爲原出將門，至是乃講求文學也。今通行本唐詩鼓吹，無趙、姚二序，而有徐乾學序，四庫提要謂：「天挺所注，雖頗簡略，而但釋出典，不涉穿鑿，與明廖文炳等所解横生枝節者不同。」廖文炳爲吾鄉人。觀今通行本，廖文炳等所解，卒不能廢，蓋初學便之也。

辛文房亦有詩名，陸友研北雜誌云：「王伯益執謙以字行，大名人。同時有辛文房良史，西域人，楊載仲弘，浦城人，並以能詩稱。」楊仲弘集卷七有元日早朝，次韻辛良史七律一首，句曲外史集卷四亦有元日雪霽，早朝大明宮，和辛良史省郎二十二韻。辛文房詩不多見，元文類卷四、卷八載其蘇小小歌及清明日游太傅林亭二篇，四庫提要傳記類二謂僅一篇者，沿池北偶談十二説也。王士禛據楊東里集卷十，知辛文房有唐才子傳，恨不得見。乾隆時纂四庫全書，始在永樂大典中輯爲八卷。後三間草堂、粤雅堂得日本刊足本十卷重雕之，此書遂復傳於世，孰料西域人乃有此著述也。四庫提要稱其「較唐詩紀事叙述有條理，文筆亦秀潤可觀，傳後綴論，多掎摭詩家利病，足以津逮藝林」。伍崇曜跋稱其「評騭精審，似鍾嶸詩品；標舉新穎，似劉義慶世說；而叙次古雅，則又與皇甫謐高士傳等相同」，稱之者至矣。惟唐才子傳三百九十七人中，無一西域人焉，則運會之異也。予在馬祖常石田集，發見文房有披沙詩集，與唐李咸用詩集同名，恨未得見，安得如唐才子傳之復出人間也。兹將石田集卷二題辛良史披沙集詩録左，亦可窺見文房詩格之一斑。詩云：

未可披沙揀，黄金抵自多，悠悠今古意，落落短長歌。秋塞鳴霜鎧，春房剪畫羅，吟邊變餘髮，蕭颯是陰何。

陰、何，陰鏗、何遜也。以此相比，深許之矣。無惑乎其與王執謙等齊名，而楊載等與之倡和也。

西域人有不以詩名，而由贈詩者之衆，亦可知其人之風雅。楊翮佩玉齋類稿卷四有送馬彦翬赴江西省管勾詩序，曰：「金陵寓官馬彦翬，由進士爲江西行省管勾。行有日，其故人劉獻可具請於彦翬之所嘗與游尤長於詩者，詠歌之以張其行，得詩一卷，謂上元楊翮習文詞，宜爲序，虚其右方屬焉。予惟金陵爲江左文物之邦，歷晉、宋、齊、梁、陳及南唐爲都會，其俗特善歌詩。天朝克定季宋，金陵獨未嘗被兵，涵煦五六十載，人才輩出。彦翬自早歲寓金陵，有賢名，與合郡之學士大夫盡交焉，故其上官之日，具得其詩，而四方秀人名公卿之在金陵者，亦附詩卷中，由是卷之詩美且富。惟彦翬以西域世胄，入天子太學，擢右科進士，其年正强，才德方懋，憲官御史將交章論薦，何假於詩。然江西幕府，若大梁崔公、河南王公，皆當世之號能詩者，彦輩往而有同寅之好，他日將從容取吾鄉之詩而觀之，則是詩烏可少。」

又有官於此縣，而他縣人贈之詩者。如安仁縣人之於弋陽縣監縣阿里是也。李存，安仁人，安仁爲弋陽之鄰縣，而俟庵集十九有弋陽縣阿里公宣差詩卷序，云：「至正四年秋，西域阿里公受命於朝，來監信之弋陽縣。公世居燕南，以孝友稱，故御史季公、學士賈公、參政蘇公、郎中王公，或詩以美之，或文以紀之。前乎此嘗監膠水，有惠政，其民述而刻之石。今玆未幾，而邑人歌詠之者，復盈耳而載路。顧安仁之於弋陽也，壤地相接，聞而知之，亦有不能已於言者，桂君才甫集而次焉，何其聲之似弋陽也。」

此真有合於風人之旨者也。不問其本人是否能詩，然邦人士既各以詩投之，則其人必爲風雅之士。

二　基督教世家之中國詩人

馬潤　　**馬祖常**　　**馬世德**

雅琥別都魯沙

西域詩人中有爲基督教世家者，莫著於雍古馬氏。馬祖常父馬潤，所爲詩曰樵隱集，見袁桷所撰神道碑，此馬祖常之家學也。樵隱集今不傳。馬祖常石田集則至元五年奉旨爲之刊行，蘇天爵序稱其詩「接武隋唐，上追漢魏，後生爭慕效之，文章爲之一變」。四庫提要亦稱「其詩才力富健，如都門壯游諸作，長篇巨製，迴薄奔騰，具有不受羈勒之氣」。集中昆仲倡和之作亦夥，風流文采，萃於一門，彬彬稱盛矣。

祖常從父馬世德，爲保禄賜之子。由進士第，歷官應奉翰林文字，曾爲庸田僉事，城姑蘇；後爲淮南廉訪僉事，又城合肥。余闕青陽集有合肥修城記，即頌馬世德之功德者也。記稱「世德字元臣，也里可温國人，與余前後爲史氏」云。世德亦工詩，元詩選癸之丁有馬世德過靈泉寺二絶，云「世德浚儀人，官刑部尚書」，而闕其字。考馬氏自祖常高祖習禮吉思始遷浚都，西湖竹枝集稱馬祖常爲浚儀可温人是也。元詩選癸之己有潘煌陪侍尚書元臣公寓靈泉寺詩，由此可知過靈泉寺之尚書馬世德，即合肥修城字元臣之馬世德，城合肥時爲淮南廉訪僉事，過靈泉寺時爲刑部尚書也。元詩選癸之癸據王賓虎丘山志，有馬世德題虎丘詩，遂别出一馬世德，不知即爲過靈泉寺之人，由其曾城姑蘇一事推之，則題虎丘正其爲庸田僉事時也。今録其詩如下，亦足覘其鱗爪。

滄海何年湧此峰，亭亭秀出玉芙蓉。高低樓觀毗盧室，表裏江山太白封。寶劍有時能化虎，石潭無際却潛龍。小吳軒畔登臨處，致我青雲第一重。

馬氏而外，基督教世家詩人當推雅琥。雅琥，字正卿，元詩選二集有正卿集。顧何以知雅琥爲基督教世家？其證有三：一、傅與礪詩文集卷三有憶昔行，送雅琥正卿參書南歸作，原注「初名雅古，登天曆第，御筆改雅琥」。雅古爲亞伯拉罕之孫，基督教徒恒以此爲名。元詩選此詩，猶存此注，康熙御選元詩卷五將此注删去，而雅琥爲基督教世家之證據，缺其一矣。二、孫原理選元音卷九採雅琥詩，稱爲可温人。曹學佺歷代詩選，元詩卷七雅正卿詩，亦題「元可温雅琥著」，此與西湖竹枝集之稱馬祖常爲可温人同一例，蓋也里可温之省文也。四庫本元音卷七改爲「雅哈，衮諾爾人」，令人不知爲何語，謬甚。三、元祕書監志卷十題名「著作佐郎雅古，賜進士出身，字正卿，也里可温人。泰定元年十一月二十六日以承事郎上」。爲著作佐郎在前，登進士第在後，故志仍雅古名，而追紀其賜進士出身也。有此三證，雅琥之爲基督教世家無疑問矣。琥曾爲奎章閣參書，元史三五文宗紀「至順二年三月，御史臺臣言奎章閣參書雅琥阿媚奸臣，所爲不法，宜罷其職」。所謂奸臣者，泰定帝時宰相倒剌沙、烏伯都剌等，文宗黨惡之，目爲奸臣。魏源元史新編四一平反之，允也，不足爲雅琥病。馬祖常石田集卷九有送雅琥參書之官靜江詩序，云：「雅正卿以文學才諝遇知於天子，出貳郡治，館閣僚友及京師聲明之士，各忻然爲文章以美其行，而請余爲之序。」雅琥詩名藉甚，瞿佑歸田詩話卷下盛稱其御溝流葉詩，云：「雅正卿有四美人圖詩，惟御溝流葉最佳。詩云：『彩毫將恨付霜紅，恨自綿綿水自東。金屋有關防虎豹，玉書無路託鱗鴻。秋期暗度驚催織，春信潛通誤守宮。莫道人間音問杳，明年錦樹又西風。』琢句甚工。」

胡應麟詩藪外編六論元詩，亟賞馬伯庸「吳娃盪槳潮生浦，楚客吹簫月滿樓」，雅正卿「梅花路近偏逢雪，桃葉波平好渡江」，「一聲鐵笛千家月，十幅蒲帆萬里風」等句，以爲「句格莊嚴，詞藻瑰麗，上接大曆、元和之軌，下開正德、嘉靖之途。今以元人，一概不復過目，故稍爲拈出，以俟知音」云。可見元人之詩，久不在明人目中也。

貴遠賤近，向聲背實，自古而然，賢者不免。即雅琥本人之論詩，亦嘗犯此病。許有壬跋雅琥所藏鮮于伯機詞翰云：「鮮于伯機詩，予知之已四十年，吉甫段君嘅言人知其書，詩則知否相半。予方自幸在知者之中，而夷陵監郡雅琥正卿知之雖晚，愛之甚篤。正卿素言晉後雖有書，終不能如晉，唐後雖有詩，終不能如唐。予謂詩發於人心，天地無窮，人心無窮，不當主世代計也，書視詩，又藝之藝耳，正卿不屈也；及其觀伯機書，則謂真十七帖，觀其詩，又謂軼蘇州，入彭澤矣：若然，則晉、唐而後，書復有晉，詩復有唐矣。予非好勝，竊喜因正卿之言，使不知伯機之半，行皆左袒，且以釋吉甫之嘅焉。」（至正集七三）則雅琥初持復古論，繼亦改持進化論者，許有壬嘲之，亦藝林佳話也。

雅琥婿別都魯沙，亦有詩名，黄鎮成秋聲集卷三，有雅正卿婿別都魯沙迓憲使歸漢陽詩。

三 回回教世家之中國詩人

薩都剌 **丁鶴年**吉雅謨丁 愛理沙

魯至道哲馬魯丁 別里沙 仉機沙 **買閭**

回回教世家之詩人，莫著於薩都剌、丁鶴年。薩都剌字天錫，有雁門集傳世，毛晉跋之曰：「天錫以北方之裔，而入中華，日弄柔翰，遂成南國名家。今其詩諸體俱備，磊落激昂，不獵前人一字。半山云『看似尋常最奇崛，成如容易却艱辛』，余於天錫亦云。」顧嗣立元詩選薩都剌小傳云：「有元之興，西北子弟，盡爲橫經，涵養既深，異才並出，雲石海涯、馬伯庸以綺麗清新之派，振起於前，而天錫繼之，清而不佻，麗而不縟，真能於袁、趙、虞、楊之外，別開生面者也。於是雅正卿、達兼善、迺易之、余廷心諸人，各逞才華，標奇競秀，亦可謂極一時之盛」云。

顧何以謂薩都剌爲回回教世家？一、據楊維楨西湖竹枝集，謂「薩都剌爲答失蠻氏」，答失蠻者，長春真人西遊記譯爲大石馬，云「國中有稱大石馬者，識其國字，專掌簿籍」是也。元史二三武宗紀：「至大二年六月，宣政院奏免儒、道、也里可温、答失蠻租税。」錢大昕廿二史考異元史二據元典章，謂「答失蠻，爲回回之修行者」，至元辯僞録卷三作達失蠻。此可證薩都剌爲回回人也。二、據陶宗儀書史會要卷七謂「薩都剌爲回紇人」。回紇，唐元和間改爲回鶻，其族類本在葱嶺之東，夙奉摩尼教，與回回之在葱嶺以西奉伊斯蘭教者迥殊。五代時回鶻既衰，漸有改奉伊斯蘭教者。元初諸人對此等外教，多不能辨别，故統目之爲回紇。長春西遊記、劉郁西使記之所謂回紇，皆指伊斯蘭教國也。其後漸覺有不同，於是以畏吾、偉兀等代表昔日之回鶻，以回回代表奉伊斯蘭教之回紇，凡元史所謂畏吾兒者回鶻也，其稱回紇者回回也。王惲玉堂嘉話卷三云「回鶻今外五，回紇今回回」是也。元史太祖紀「汪罕走河西、回鶻、回回三國」，是元人目中回鶻與回回二也。卷十世祖紀言回回人中阿合馬才任宰相，而姦臣傳則稱阿合馬爲回紇人，是元人目中回紇與回回一也。余將有專論詳之，此不過證明薩都剌爲回回人而已。

更有謂薩都剌非回回人，而適足反證其爲回回人者。蔣一葵堯山堂外紀卷七二，謂「薩都剌本朱氏子，冒爲西域回回人」，其説本之孔齊至正直記。正可證明薩都剌當時必自認爲回回人，而人亦以回回人目之，然後可詆爲冒也。至於「朱氏子」云云，實因回回教人不食豕肉，諱言猪，猪與朱音同，謂其爲朱氏子者，誣之也。加異教以惡謚，自昔有之，輟耕録廿八有嘲回回一條，薄俗也。今雁門集卷首有薩都剌遺像，其丰采純然一回回人。集中客中九日詩，有「佳節相逢作遠商」之句，薩都剌曾爲商，遠商亦波斯、大食人本俗。據薩氏家譜，薩都剌弟名剌忽丁，剌忽丁回回教人名也。四庫提要因干文傳雁門集序有「薩都剌即華人所謂濟善」一語，曲解薩都剌爲蒙古語，遂謂薩都剌爲蒙古人，謬甚。至於薩都剌本人，是否仍守回回舊俗，實一疑問，其溪行中秋玩月詩，則固以儒自命，曰「有子在官名在儒」，此西域人習華學者之通例也。

薩都剌而後，回回教詩人首推丁鶴年。丁鶴年由儒入禪，前篇已詳論之，至其詩則實爲元季詩人後勁。戴良鶴年吟稿序稱：「鶴年古體歌行，皆清麗可喜，而注意之深，用工之至，尤在於五七言律。其措辭命意，多出杜子美，而音節格調，則又兼得我朝諸閣老之所長，其入人之深，感人之妙，有非他詩人之所可及。」今鶴年集通行者有二本，藝海珠塵本三卷，題曰丁孝子詩集，琳琅祕室叢書本四卷，題曰丁鶴年集。以余所考，二本所收，皆明刻，而黄丕烈諸人則以四卷本爲元刻，不知其一時疏略，抑自欺欺人也。黄丕烈跋云：「此元刻元人丁鶴年詩，余友顧澗濱歲試玉峰時所收，而以歸之余者也。余向藏正統重刻本，止三卷，今元本分四集，一曰海巢集，二曰哀思集，三曰方外集，四曰續集，以附録終焉。嘗取與明刻校勘，分卷分體，俱非其舊，即如海巢一詩，元刻在卷一，或以是名集，職是之故，明刻列諸卷二中，失其旨矣。他如哀思以下三卷，皆有取意，而後之稱者，僅據至仁一序，悉以海巢名之，有是理乎！得此可證廬山面目，益歎元本之不致淪没者幾希。」此黄丕烈以四卷本爲元刻本之説也。然試一考本集内容，則夢得先妣墓一首在焉。序云「己未夏五月，還武昌遷葬。兵後陵谷變遷，先妣封樹，竟迷所在，久尋不得，露禱大雪中。冬十一月廿日夜，忽感異夢，翌日遂得其處，賦詩一首，以紀歲月」云。己未，洪武十二年也，元刻何能有洪武詩。此非元刻，證一。鶴年還武昌在洪武十二年，而集中守墓陳情上武昌太守傅藻詩，於「太守承恩下玉京」，及「擁經東出辭儲館」等句，「恩」字另行平抬，「玉京」「儲館」，均空一格。此爲明刻，證二。鶴年從兄馬元德，卒於昌國州任，當其任昌國前，曾任奉化州。劉仁本羽庭集卷五有送馬侯元德任奉化州序，爲至正二十二年夏作，則元德之卒，至早亦當在至正廿三四年，而集中有「先兄太守死事之十有七年，於故史董文中家見所題竹詩，因雪涕次其韻」一首，又當在洪武己未後矣。此非元刻，證三。又其第四卷續集，爲門人向誠編次，注曰「兵後還武昌作」，則此卷更爲入明以後作可知。故輓衛知事胡公鼎有云「江海論交四十年，故家文物羨君賢」，若爲元刻，則元亡鶴年才三十三歲，豈能説論交四十年耶！此非元刻，證四。據明史文苑傳，至正壬辰，武昌被兵，鶴年奉母出走，年僅十八，由此至洪武己未還武昌，中間二十八年，鶴年年四十五矣。故逃禪室述懷有「他鄉二十年」之句，兵後還武昌有「亂後還家兩鬢蒼」之句。顧廣圻、黄丕烈亦明知此集在還武昌遷葬以後作，顧題詞云「須知海巢集，只説武昌前」，黄題詞云「廬墓全親孝，居山謝世緣」是也。然何以不一考鶴年還武昌廬墓係在何年，而遽斷此爲元刻，此真不可解矣。其始顧廣圻以紿黄丕烈，而黄丕烈誤信之，其後張金吾以假胡珽，而胡珽刊之校之，皆不復考究，甚矣板本家之不可靠也。

抑有言者，此本戴良序，末署「至正甲午秋」云云，亦殊誤也。至正甲午，鶴年才二十耳，而序末云「鶴年之清節峻行，已别有傳，兹不著」，是此序之作，尚在高士傳後，而高士傳述鶴年事，已至其避地四明時，非至正甲午，一也。高士傳述壬辰淮兵襲武昌，「鶴年奉母夫人以行。夫人没，鶴年鹽酪不入口者五年」，壬辰之後，加以五年，至少亦在丁酉，非甲午，二也。至正甲午，去元亡之年尚十有三年，而序中有「鶴年遭夫氣運之適衰」一語，曾謂甲午而有是言耶！非甲午，三也。序又言「鶴年伯氏之登進士第者三人，其一即任奉化州之馬元德」。據雍正浙江志一五二引成化四明志，馬元德至正十七年丁酉進士，尚在甲午後三年，非甲午，四也。據九靈山房集，此序在鄞游稿内，亦惟鄞游稿始有與鶴年倡和詩。

至正甲午，鶴年未至鄞，戴良亦未游鄞，非甲午，五也。以余考之，甲午當爲丙午之譌。丙午爲元亡之前二年，時東南已非元有，故可云「氣運之適衰」。九靈山房鄞游集八余爾公手帖後題云：「至正丙午秋，良與臨安劉庸道，同客四明。」末署九月朔，此序之作，當同在此時，時鶴年避地四明，而戴良適游鄞也。鄞游集傳第一篇，爲高士傳，序第一篇，爲鶴年吟稿序，題跋第一篇，爲余爾公手帖後題。就編輯常理言，此三篇部居同，其撰著之時當同。余爾公手帖後題爲丙午九月作，此序爲丙午秋作，毫無假借。序作於至正丙午，二人適同居鄞，而集則刻於洪武己未鶴年還武昌之後。其丙午誤爲甲午者，猶之雁門集干文傳序之至正丁酉誤爲丁丑也。至正無丁丑，薩龍光雁門集注以爲己丑之譌，據日人島田翰刻永和本薩天錫逸詩序，則丁丑實爲丁酉。（超案：一九六四年援庵有一批語：「黄溍金華集廿七干公神道碑，干文傳卒於至正十三年癸巳，何能於至正十七年丁酉爲雁門集作序。干序至正丁丑當爲至正丁亥之譌。」下文八卷二節亦應改正。）兩回教詩人集序干支均誤，可謂無獨有偶矣。胡珽校刊此集時，一字不苟，而於此等緊要關目，獨遺略之。其識語又云「此集四庫全書止有一卷」，今考四庫本實三卷，而總目、簡明目録誤爲一卷，不應遽信總目而不考閣書之實在也。四庫總目謬誤恒有，烏斯道作丁孝子傳，未嘗以申屠蟠比鶴年，而總目謂烏斯道、戴良爲作傳，皆以申屠蟠擬之；高士傳謂吉雅謨丁爲鶴年從兄，而總目謂爲鶴年長兄，皆欠精審也。

至鶴年之高行，間世猶稱道之。全祖望鮚埼亭集外編十八有海巢記，云「殘元遺民，以文苑巨子，不屈節，而爲吾鄉之寓公者三人：九靈戴先生良，玉笥張先生憲，暨丁先生鶴年也。鶴年以朝不坐燕不與之身，豈有故國故君之寄託，況又出自西域，非有中原華閥之系望，乃欲以藜牀皂帽，支持一代之星火，其亦間世之豪傑也已。至鶴年之詩，頡頏於馬伯庸、薩天錫、余廷心之間，則前輩表章已多，尚其小焉者」云。

吉雅謨丁，字元德，亦有詩名。戴良有題馬元德伯仲詩後（鄞游稿八）曰：「元德騎鯨上天六七年矣，平生詩詞流落人間者，六丁取之殆盡，獨此三詩，猶爲其弟鶴年所蓄。鶴年聯之爲卷，且追書和答之作，並題四韻於後。予得而讀之，於是知二君之詩爲足傳矣。」今鶴年集附有吉雅謨丁與愛理沙詩，愛理沙字允中，亦鶴年兄，至正間進士，官應奉翰林文字。

戴良鶴年集序舉西域詩人十二人，中有魯至道。至道潭州路總管，楊瑀山居新話有魯至道挽樊時中寶哥兩參政詩，元詩選缺載。王逢梧溪集有訪魯至道總管詩。元祕書監志卷九有「伯篤魯丁，字至道，進士，至正元年四月由禮部侍郎遷祕書太監」，當即此人。元詩選癸之丁有伯篤曾丁浮雲寺詩：「答失蠻人，進士，至元三年任嶺南廣西道肅政廉訪副使」，癸之己有唐兀氏買住和伯篤魯丁浮雲寺詩，則「曾」爲「魯」之譌，即魯至道也。

其他回回教詩人之見於元詩選者，癸之丙有哲馬魯丁，字師魯，鎮江儒學教授。癸之丁有別里沙，字彦誠，西湖竹枝集作別羅沙，而癸之戊又別出別羅沙，一人重出也。癸之辛有仉機沙，字大用，顧嗣立疑即西湖竹枝集之掌機沙，然掌機沙字密卿，當另一人也。

回回教詩人中有爲元詩選所不及選，而見於賴良大雅集者，曰買閭。買閭字兼善，大雅集選其詩至十篇，稱爲會稽人，御選元詩稱爲西域人。王逢梧溪集卷四有贈買閭教授詩，序云：買閭字兼善，西域人。元初，祖哈只仕江南，遂家上虞。父亦不剌金，力資兼善學，以禮經領至正壬寅鄉貢，擢尹和靖書院山長。禮部尚書李公尚絅言之朝，勅授嘉興儒學教授。會政屬淮閫，屏居幽遐。今春，訪予最閒園，風雨花落，離索滿目。觀其志尚孤卓，殆忘世之薦變，身之益貧也，乃酌之酒贈之詩云：

顒卬西域士，鄉薦十年前，隴畝心中越，山河枕上燕。尊同漂梗地，門掃落花天，

慕殺柴桑老，詩題甲子編。

余因其祖名哈只，父名亦不剌金，知爲回回教世家。哈只爲曾朝天房者之稱，亦不剌金或譯亞伯拉罕，回回教人恒用以爲名也。

四 西域之中國文家

趙世延　**馬祖常**　**余闕**
孟昉　**貫雲石**　**瞻思**亦祖丁
察罕

考元西域文家，比考元西域詩家其難數倍。因元西域人專集，其傳者類皆有詩無文，而元詩總集今傳者尚衆，如元風雅、草堂雅集、大雅集、乾坤清氣集、元音、元詩體要等，皆元末明初人選本，復有陳焯宋元詩會、顧嗣立元詩選、康熙御選元詩等集其大成，一展卷而西域詩人悉備。至於西域人專集之詩文並傳者，今只有馬祖常、余闕二家。元文總集只有天下同文集及元文類。同文集限於大德以前，西域人作品無有；元文類詩有五家，文有馬祖常、趙世延二家，趙世延只有南唐書序一首。至正間詔修遼金宋三史，西域人預纂修之役者，遼史有廉惠山海牙，金史有沙剌班、伯顔師聖，宋史有斡玉倫徒、泰不華、余闕，皆一時之雋。至順間詔修經世大典，趙世延爲總纂，虞集爲其副，然官書公同編纂，不能確指某篇爲某人手筆也。王士禎論馬祖常石田文集云：「元代文章極盛，色目人著名者尤多，如祖常及趙世延、孛术魯翀、康里巙巙、貫雲石、辛文房、薩都剌輩，皆是也。」（居易録卷二）然薩都剌以詩名，巙巙以書名，其文並不概見。貫雲石詩文爲程鉅夫、鄧文原所稱述，而文亦不傳。辛文房唐才子傳，志在談詩，雖非專意爲文，而文尚琅琅可誦。孛术魯翀則系出女直，本不列於色目人，則元西域人之文實寥寥可數也。

趙世延文傳者南唐書序外，有茅山志序，見道藏；有天禧寺碑，見金陵古金石考；有靈谷寺鐘銘，見靈谷寺志；有鍾山崇禧萬壽寺碑，見客座贅語。據寰宇訪碑録，則有：

加封聖號詔碑（皇慶二年）　長安

重陽宮勅藏御服碑（延祐二年，趙孟頫書）　盩厔（余藏有拓本）

東嶽廟昭德殿碑（天曆三年三月）　大都

白雲崇福觀碑（元統元年）　句容

任城郡公札思忽兒觧墓碣（後至元三年三月）　濟南（攈古録作濟寧）

元史一八〇世延傳稱「世延爲文章，波瀾浩瀚，一根於理」，惜乎存者不多也。永樂大典臺字韻有世延撰御史臺題名記，删節不全。

論西域文家，仍推馬祖常。今石田文集完全具在，且有影印本行世。蘇天爵序稱：「公少嗜學，非三代兩漢之書不觀。文則富麗而有法，新奇而不鑿。」故元文類選祖常文多至二十一篇，爲全集之冠。而石田文集亦天爵與祖常從弟易朔所輯，請旨刊諸維揚郡學者也。易朔爲基督教徒恒用之名，近譯以撒，亞伯拉罕之子，雅各之父也。

馬祖常外，西域文家厥推余闕。闕以忠烈顯，重其人者兼重其文，故青陽集傳本較多，有五卷本，有六卷本，有明刊九卷本。四庫本六卷，總目、簡明目録誤作四卷。史稱其「爲文有氣魄，能達所欲言」。原集具在，吾人可自得之。元文類不録其文，實因其行輩較晚也。

與余闕同時，同爲唐兀人，而以古文名者有孟昉。元史類編三六文翰傳：「孟昉，字天暐，西域人，寓居北平。至正中由翰林待制官南臺御史。工書法，有孟待制文集。多歌曲，精究聲韻之學」云。孟待制文集，千頃堂書目尚存。陳基夷白齋集二二有序，稱爲西夏人，傳與礪文集卷四有孟天暐文稿序，稱爲河東人，蓋唐兀氏也。孟昉文不多見，元詩選癸之辛有十二月樂詞，並序一篇，兩浙金石志十八有杭州路重建廟學記一篇，略可見其梗概。惟余闕、蘇天爵、宋褧等集，均有題孟天暐擬古文後。青陽集卷五云：「孟君天暐，善模倣先秦文章，多似之。」滋溪文稿卷三云：「太原孟天暐，學博而識敏，氣清而文奇。觀所擬先文，實開後來李夢陽、何景明一派，特余闕等對之皆有微詞耳。

至貫雲石，則本爲元古文家姚燧弟子。歐陽玄貫公神道碑稱：「燧見其古文峭厲有法，及歌行古樂府，慷慨激烈，大奇其才。」惜不永年，年僅三十九。有碑銘、記叙、雜著、詩詞行世。今其文不可得見，僅元詩選輯録其詩，讀鄧文原貫公文集序，亦可知其造詣所至。序云：「余往在詞林，獲事翰林承旨姚先生，於當世文章士，少許可，然每稱貫公妙齡，才氣英邁，宜居代言之選。越二年，公來游錢塘，過余，相見若平生歡。示所著詩若文，予讀之盡編，而知公之才氣英邁，信如先生所言，宜其詞章馳騁上下，如天驥擺脱羈羈，一蹴千里，而王良、造父，爲之愕眙却顧。吁，亦奇矣！儒先有言，古之名將，必出於奇，然後能勝，然非審於爲計不能，此天下偉男子所爲，非拘牽常格之士所知也。公之先大父丞相長沙王，功在旂常。公襲其休澤，嘗爲萬夫長，韜略固其素嫻，詞章變化，豈亦有得於此乎！如予者，自少好爲文，僅謹守繩尺自程，終亦不能奇也，視公能不有愧哉！嘗觀古今能文之士，多出於羈愁草野，今公生長富貴，不爲燕酣綺靡是尚，而與布衣韋帶角其技，以自爲樂，此誠世所不能者。夫名者天下之公器也，公亦慎勿多取也夫。」（巴西集上）亦傾慕之至矣。

程鉅夫亦有酸齋詩文跋，云：「故勳臣楚國武定公之孫酸齋，皇慶二年二月，拜翰林侍讀學士，與余同僚，因出此稿。余讀至送弟之永州序，懇款教告，五七言詩、長短句，情景淪至，乃歎曰：妙年所詣已如此！聽其言，審其文，蓋功名富貴有不足易其樂者，世德之流，詎可涯哉！」（雪樓集二五）惜今傳者詩詞而外，文僅陽春白雪集一序而已。

元西域人中有著述甚富而文亦不傳者，爲大食國人贍思。贍思事跡具儒學篇。其所著，於經有四書闕疑、五經思問，於易有奇偶陰陽消息圖，於史有西域異人傳、金哀宗紀、正大諸臣列傳，於地理有鎮陽風土記、續東陽志、重訂河防通議、西國圖經，於子有老莊精詣，於法家有審聽要訣，於集有文集三十卷，皆見元史一九〇本傳。千頃堂書目悉著於録。今存者只河防通議二卷，輯於永樂大典，餘皆不可得見。吾嘗在常山貞石志發見贍思文五篇，五篇中關涉佛教者占其三，則贍思誠九流三教無所不通者也，真可謂異人矣。今介紹其目如下，倘好事者再事搜羅，所得當不止此。

加號大成詔書碑陰記（至治三年五月）　　獲鹿（見常山貞石志十九）

哈珊神道碑（隸書並篆額，至順三年十二月）　　欒城

善衆寺創建方丈記（並篆額，元統三年二月）

龍興寺鈔主通照大師碑（至正六年八月）　欒城（見常山貞石志廿一）

龍興寺住持佛光弘教大師碑（年月同上）　正定

詔書碑陰記署真定贍思識，善衆寺方丈記署大食贍思記，贍思不忘大食也。余藏有此碑拓本。善衆寺在直隸欒城，同治欒城志十四亦載此碑，而寰宇訪碑録十二誤作陝西，元統三年亦誤作元年，趙之謙補録不誤。　正定（見常山貞石志廿二）

元統中有亦祖丁，撰魏鄭公諫録序，亦回回也。

西域人中有文名不甚顯，而能盡翻譯之能事者，有察罕。察罕，西域板勒紇城人。魁偉穎悟，博覽强記，通諸國字書。暮年居德安白雲山别墅，以白雲自號。程雪樓集卷廿九壽白雲山人詩，有「白雲山人起西域，陽春爲心玉爲德」之句。「嘗譯貞觀政要以獻，帝大悦，詔繕寫遍賜左右。且詔譯帝範，又命譯脱必赤顔，名曰聖武開天記，及紀年纂要、太宗平金始末等書，俱付史館。」（元史一三七）前二書譯漢爲蕃，聖武開天記則譯蕃爲漢也。脱必赤顔疑即今所傳元祕史。黄虞稷撰千頃堂書目，諸書尚存。元人本有白話文一派，察罕所譯，未必悉爲白話文。今黎崱安南志略有察罕序，辭旨典雅，足窺察罕文品一斑。「察罕」蒙古語爲「白」，故察罕賜姓白氏。徐明善芳谷集卷二有白雲察罕平章賜姓白氏序，以白居易比之，想其文老嫗都解耶！此亦元西域文家應備之一派也。

五　西域之中國曲家

貫雲石　馬九皋　瑣非復初
不忽木　蘭楚芳等十二人

元人文學之特色，尤在詞曲，而西域人之以曲名者，亦不乏人，貫雲石其最著也。楊朝英朝野新聲太平樂府，選雲石曲至夥，如塞鴻秋、殿前歡、水仙子、清江引、憑闌人、陽春曲、醉高歌、上小樓、點絳脣、新水令、鬥鵪鶉、好觀音諸調，皆有雲石作品。雲石之曲，不獨在西域人中有聲，即在漢人中亦可稱絶唱也。姚桐壽言海鹽人以能歌名於浙右，而其始實得自雲石之傳。其所著樂郊私語云：「州少年多善歌樂府，其傳皆出於澉川楊氏。當康惠公存時，節俠風流，善音律，與武林阿里海涯之子雲石交善。雲石翩翩公子，無論所製樂府散套，駿逸爲當行之冠，即歌聲高引，可徹雲漢，而康惠獨得其傳。」所謂州，海鹽也。康惠，楊梓也。雲石爲阿里海涯之孫，云子者，傳寫譌也。姚桐壽以海鹽之曲推楊氏，而楊氏實傳諸雲石，則雲石爲當時宗匠可知也。王士禛香祖筆記卷一云：「今世俗所謂海鹽腔，實發於貫酸齋，源流遠矣。」酸齋，雲石號。選太平樂府之楊朝英號淡齋，淡齋與酸齋游，酸齋曰：「我酸子當淡」。遂以號之。語見太平樂府序。同時有徐姓者，號甜齋，亦負時名，人稱酸甜樂府，皆一時佳話也。

雲石而外，西域人中善歌者有馬九皋。太平樂府選九皋作品亦多，有塞鴻秋、叨叨令、慶東原、陽春曲、山坡羊諸曲。據陶宗儀書史會要補遺，「九皋回紇人，以篆書名，太平路總管。」蓋能歌兼能篆者也。太平樂府又有阿里耀卿、里西瑛、沙正卿、孛羅諸人作品。西瑛爲耀卿子，觀其氏名，疑皆西域人，以未有確證不述。使馬九皋而無書史會要之證明，亦無由知其爲回紇也。元人目中所謂回紇即回回，而回鶻則畏吾兒也，辨見前章，不復贅。道園學古録二八有寄三衢守馬九皋詩，知九皋曾爲三衢守，雁門集則有三衢守馬昂夫索題爛柯山石橋詩，又有寄馬昂夫總管詩，薩龍光注（十二）謂是一人，先爲三衢守，後爲太平路總管也。元風雅有馬昂夫送僧詩，注曰達魯花赤，疑即此人。然元曲選載涵虚子詞品，評元代曲家，有云：

貫酸齋如天馬脱羈，馬九皋如松陰鳴鶴，阿魯威如鶴唳青霄，薩天錫如天風環珮，薛昂夫如雪窗翠竹，不忽木如閒雲出岫，馬昂夫如秋蘭獨茂。

是分馬九皋、馬昂夫爲二人也。

余在周德清中原音韻，發見有西域人瑣非復初者，精音律，爲德清所推服。德清中原音韻後序云：「泰定甲子秋，予既作中原音韻並起例，訪西域友人瑣非復初，讀書是邦。同志羅宗信見餉，携東山之妓，開北海之樽，復初舉杯，謳者歌樂府四塊玉，至『彩扇歌，青樓飲』，宗信止其音而謂予曰：『彩字對青字，而歌青字爲晴。吾揣其音，此字合用平聲，必欲揚其音，而青字乃抑之，非也。』予因大笑，越其席，捋其鬚而言曰：『信哉，吉之多士！』語未訖，復初前驅紅袖而白同調歌，曰：『買笑金，纏頭錦，則是矣。』乃復歎曰：『予作樂府三十年，未有如今日之遇宗信知某曲之非，復初知某曲之是也。』遂捧巨觴於二公之前，口占折桂詞一闋，煩皓齒歌以送之，以報其能賞音也。」則德清之傾倒於瑣非復初者，至矣。

瑣非復初中原音韻序亦曰：「余勳業相門，貂蟬滿座，列伶女之國色，歌名公之俊詞，備嘗見聞矣。如大德天壽賀詞普天樂云：音亮語熟，渾厚宫様，黄鐘大吕之音也，跡之江南，無一二焉。吾友挺齋周德清，以出類拔萃通濟之才，爲移宫换羽製作之具，所編中原音韻，並諸起例，能使四方出語不偏，作詞有法，皆發前人之所未發者。以余觀京師之目，聞雅樂之耳，而公議曰：德清之韻，不獨中原，乃天下之正音也；德清之詞，不惟江南，實當時之獨步也。」末署西域拙齋瑣非復初序。

觀此，則其一唱一和，互詡知音，相得極矣。瑣非復初號拙齋，德清號挺齋，以齋爲號，亦當時顧曲家風尚。「勳業相門」云云，瑣非復初蓋貴介公子，貴介公子與聲色狗馬之好易近，瑣非復初、貫雲石之所爲，蓋開納蘭性德諸人之先例者也。

西域貴介之擅名樂府，而在貫雲石之先者，有不忽木。不忽木作品，傳者特少，太和正音譜僅録其鵲踏枝散套，云：

臣則待醉江樓，卧山丘，一任教談笑虚名，小子封侯，臣向仕路上爲官倦守，枉沉埋了錦帶吳鈎。

元詩選癸之乙，僅録其過贊皇五馬山泉七絶一首，云：

相彼山泉源本清，太平君子濯塵纓。泠泠似與遊人説，説盡今來往古情。

雖一爪一鱗，然流麗可喜。涵虚子詞品比之爲閒雲出岫，必有所見也。鍾嗣成録鬼簿以與貫雲石、薩都剌並稱，特許爲公卿居要路者所獨擅，而深致不滿於平民。其言曰：「前輩已死名公，有樂府行於世者，不忽木平章、貫酸齋學士等三十一人。方今名公，薩天錫照磨等十人。右前輩公卿居要路者，皆高才重名，亦於樂府留心。蓋文章政事，一代典型，乃平日之所學，而歌曲詞章，由於和順積中，英華自然發外，自有樂章以來，得其名者止於此。蓋風流藴藉，自天性中來，若夫村樸鄙陋，固不必論也。」鍾嗣成蓋以歌曲詞章之事出於天才，惟貴介爲易得名。而元時貴介，西域人特多，此西域人所以在元朝文學界中占有重要地位也。

永樂間，賈仲明撰録鬼簿續編，尚有西域曲家多人，曰蘭楚芳、沐仲易、虎伯恭及其弟伯儉、伯讓，西域人。丁野夫、賽景初，回回人。全子仁，名普庵撒里，委兀兒人。月景輝、金元素，名哈剌，及其子文石、武石，也里可温人。樂府皆有名。

元西域人華化考卷五

美術篇

一　西域之中國書家

廉希貢等二十五人　**巎巎**　**泰不華**
貫雲石　**余闕**　**盛熙明**
贍思　**賽景初**沐仲易　虎伯恭

書法在中國爲藝術之一，以其爲象形文字，而又有篆、隸、楷、草各體之不同，數千年來遂蔚爲藝術史上一大觀。然在拼音文字種族中，求能執筆爲中國書，已極不易得，況云工乎！故非浸潤於中國文字經若干時，實無由言中國書法也。元人主中國不及百年，色目人醉心華化，日與漢字相接觸，耳濡目染，以書名當世者大不乏人。欲考此種事實，比他篇爲易，以有元末人現成之書史會要，具載歷代書家，直至於元，略爲鈎稽，即可知西域人能書者有若干人，不勞遍覽羣籍也。兹將書史會要中元時西域書家鈎稽如下，其有色目誤爲蒙古者並附正之。

「廉希貢，字薌林，畏吾人。官至昭文館大學士，善扁榜大字。」

鮮于樞困學齋雜録作于闐人。

「貫雲石，北庭人。官至翰林侍讀學士。豪爽有風概，富文學，工翰墨。其名章俊語，流於毫端者，怪怪奇奇，若不凝滯於物，即其書而知其胸中之所養矣。」

「余闕，武威人。登進士第，官至浙東肅政廉訪司副使。風采峭整，工篆隸，字體淳古。」

「盛熙明，其先曲鮮人，後居豫章。清修謹飭，篤學多材，工翰墨，能通六國書。至正甲申以所編法書考八卷進，上覽之徹卷，命藏禁中。」

「甘立，字允從，河西人。官至中書檢校。才具秀拔，亦善書札。」

「巎巎，號正齋、恕叟，康里人。官至翰林學士承旨。風流儒雅，博涉經史，刻意翰墨，正書師虞永興，行草師鍾太傅、王右軍。筆畫遒媚，轉摺圓勁，名重一時。評者謂國朝以書名世者，自趙魏公後，便及公也。」

「回回，字子淵，巙巙弟。官至中書平章政事。正書宗顔魯公，甚得其體。」

回回係巙巙兄，回回生至元二十年，巙巙生元貞元年，此云弟者，誤也。

「阿尼哥，字西軒，蒙古人，官至大司徒，善大字。」

元史方技傳作尼波羅國人。新元史誤作阿尼哥尼。

「泰不華，元名達溥化，御賜今名，號白野，蒙古人。狀元及第，官至浙東宣慰元帥。以清厲顯名，骨鯁不同於物。篆書師徐鉉、張有，稍變其法，自成一家。行筆亦圓熟，常以漢刻題額字法題今代碑額，極高古可尚，非他人所能及。正書宗歐陽率更，亦有體格。」

泰不華，伯牙吾氏，是色目，非蒙古，辨見儒學篇。元順帝后燕鐵木兒女欽察氏（元史一一四），據燕鐵木兒傳（元史一三八）稱女爲伯牙吾氏，是伯牙吾氏乃欽察也。曾廉元書卷八二直書曰泰不華欽察人。

「斡玉倫都，字克莊，西夏人。官至山南廉訪使。文章事業，敻出人表，書跡亦佳。」

「薩都剌，回紇人。官至淮西廉訪司經歷。有詩名，善楷書。」

「道童，字石巖，蒙古人。官至江西行省平章政事。姿儀雄偉，尤工大字，能作雙鈎書。」

元史一四四作高昌人。

「慶童，字正臣，康里人。官至中書右丞相。器量弘重，善大字。」

元史一四二字明德。

「沙剌班，字惟中，蒙古人。官至集賢大學士。善大字。」

元史類編三十六：「沙剌班，字敬臣，號山齋，畏吾人。順帝時學士。能詩文，兼工大字。」疑即此人。

「達識帖木兒，字九成，康里人。官至江浙行省丞相。知讀書，能詩，大字學釋溥光，小字亦有骼力。」

「伯顏不花的斤，字蒼巖。高昌國王子，鮮于太常甥。官至江東廉訪副使。介立不羣，草書似其舅氏。」

元史一九五忠義傳：「字蒼崖，畏吾兒氏。」

「康里不花，字普修，也里可温人。官至海北廉訪使。篤志墳籍，至於百氏數術，無不研覽。書宗二王。」

「榮僧，字子仁，回紇人。登進士第，官至江浙行樞密經歷。楷書師虞永興。」

「喜山，字近仁，畏吾人。官至集賢都事。工書。」

佩文書畫譜三十六引,誤作進仁。

「隱也那失理,字處元,畏吾人。楷書學虞永興。」

右二十人,見書史會要卷七。

「邊魯,字魯生,鄴下人。工古文奇字。」

據西湖竹枝詞,知爲北庭人。

「馬九皋,以字行,回紇人。官至太平路總管。能篆書。弟九霄,亦能之。」

「哈喇,字元素,也里可温人。登進士第,官至中政院使。能文辭,書宗巙正齋。」

録鬼簿續編作「金元素,康里氏,名哈剌。隨元駕北去,不知所終」。

「趙夫人鸞,字應善,雍古部氏。中書平章世延女,中書參政許有壬室。朗惠厚靜,能琴書,善筆札。」

據陳旅撰墓志銘,字善應。

右五人,見書史會要補遺。

元代西域書家略備於是。觀其次第,大約不依時代,隨手記録,如余闕在巙巙之前是也。西域人書名,巙巙最盛,元史一四三本傳稱巙巙書「得晉人筆意,單牘片紙,人爭寶之,不翅金玉」。式古堂書考二十載張欒趙巙二公翰墨歌,有云:

元朝翰墨誰擅場，北巙南趙高頡頏，二公才名蓋當世，片楮傳播如珪璋。子山學士位館閣，天水王孫登玉堂，官居位望正相似，後先雙璧聯輝光。

北巙南趙係當時通稱，然巙書實不如趙，其有此稱譽者，半因位望甚高，半因系出西域，希有可貴也。巙巙墨跡及碑刻傳世者，亦遠不如趙之衆。式古堂書考十七著録者，有：

十二月十二日帖

臨懷素自叙卷

書梓人傳卷

三希堂石渠寶笈二十三册有：

漁父辭

顔魯公書論

皆有聲於時者也。然其碑刻之見於寰宇訪碑録十二者，有：

贈禮部尚書晁公神道碑（無年月）　山東鄆城

大都城隍廟碑（至順二年）　直隸大興

敕修曲阜宣聖廟碑並碑陰題名（至元五年十一月）　山東曲阜

贈江南行省參知政事張思忠碑（至王八年九月）　河南鞏縣
與王由義書（至正元年）　陝西朝邑
王氏世德碑（至正元年）　陝西朝邑
集慶路卞將軍新廟記（至正五年十一月）　江蘇江寧
少林寺達摩大師碑（至正七年）　河南登封
王節婦碑陰清風篇（無年月）　浙江山陰

共九種。其見於吳式芬攈古録十九者，有：

寧國路總管府推官楊載墓誌（泰定三年）　江蘇吳縣
飛騎尉楊君世慶碑（元統三年三月）　河南澠池
中順大夫竹溫台碑（至元元年）　烏蘭城（城原作坡）
中順大夫達魯花赤□公碑（至元四年五月）　烏丹城
佛慧圓明正覺普度禪師斷崖義公塔銘篆額（至元六年三月）　浙江□□
慕容氏先塋碑篆額（至元六年五月）　山東城武

共六種。倘全拓而影印傳之，亦一美舉也。

嘍嘍，康里部人，康里爲朮赤所封地，在鹹海北岸，今爲南俄羅斯地。時人嘗仰慕俄國文學，豈知此間六百年前，乃有多數邃於華學之人耶！

然須知巎巎等之得名，用力至深，用功至勤，非浪得時名者比。山居新話、輟耕録十五均載有巎巎與客問答一則，云：「江浙平章子山公，書法妙一時，自松雪翁之後便及之。嘗問客：有人一日能寫幾字？客曰：聞趙學士言，一日可寫萬字。公曰：余一日寫三萬字，未嘗以力倦而輟筆。」其精力如此，實爲可驚，不知今日青年聞之作何感想也。

泰不華，伯牙吾氏。伯牙吾一作白野，故泰不華恒自署白野泰不華，人亦稱爲白野尚書。蘇天爵滋溪文集三十有題泰不華自書所作詩後云：「白野尚書，向居會稽，登東山，泛曲水，日與高人羽客游。間遇佳紙妙墨，輒書所作歌詩以自適，清標雅韻，蔚有晉唐風度。予猶及見尚書先考郡侯，敦龐質實，宛如古人，而於華言尚未深曉。今有子如此，信乎國家文治之盛，而貢舉得賢之效，益可徵焉。」讀天爵此文，可證元時西域人同化之速。始予研究此事，以爲西域人同化中國，必其人入居中國已一二世，或百數十年。今觀天爵所言，則泰不華之父尚純然一西域人，華言尚未深曉，而其子乃能邃於華學若此，可見文化之感人，其效比武力爲大。天爵歸功於貢舉，特皮毛之論耳。巎巎、貫雲石何嘗出於貢舉也。惟泰不華遺跡之傳於今者，比巎巎更少。近年海上有珂羅版印元八家法書，中有泰不華行書贈堅上人重往江西謁虞閣老七言律一首，爲元詩選顧北集所未載：詩云：

昔年曾到楚江干，探得驪珠振錫還，憶著匡廬成獨往，眼中秦望共誰攀。 聲華牢落金閨彦，煙雨淒迷玉笥山，絶代佳人憐庾信，早年詞賦動天顔。

風華掩映，可稱美絶，不知何人所藏。 寰宇訪碑録十二有泰不華所書碑四通：

一、重修南鎮廟記，八分書（至正四年四月） 浙江山陰

二、重建鳳山上乘寺記（至正七年八月） 浙江上虞

三、祈澤治平寺佛殿碑（至正九年四月） 江蘇上元

四、即王節婦碑，篆書，其碑陰巎巎書也。 浙江山陰

泰不華並通小學，善篆隸，温潤遒勁，嘗重類復古編十卷，元史一四三本傳稱其「考正譌字，於經史多有據」。御選元詩五六載郯韶贈泰不華詩，有句云「古篆久知通史籀，新詩端擬過黄初」，其才華之美可想。 泰不華篆額見於攈古録卷十九及二十者有：

覺苑寺興造記（至正三年三月） 浙江蕭山

重建儒學記（至正五年七月） 浙江會稽

重建旌忠廟記（至正七年） 浙江會稽

重修鄞縣學記（至正九年九月） 浙江鄞縣

重修后土廟記（至正十一年七月） 陝西渭南

重修后土祠記（至正十四年）　拓本

貫雲石亦工書，陳基夷白齋外集卷下跋其書歸去來辭云：「酸齋公如冥鴻逸驥，不受矰繳羈靮，而其蟬蛻穢濁，逍遥放浪，而與造物者游，近世蓋未有能及之者。其自謂平日不寫古今人詩，而獨慕陶靖節之爲人，書其歸去來辭。觀者殆不可以尋常筆墨蹊徑求之也。」

余闕篆亦有名，宋濂芝園續集卷六題余闕篆書後云：「右四大篆，豳國忠宣公余闕爲浦陽戴君叔能書。至正九年，公持使者節來鎮浙部，濂偕叔能往見，公獎勵甚至，且各書齋扁爲贈。公文與詩，皆超逸絶倫，書亦清勁，與人相類。其忠義之氣，可以懼亂賊、清惡厲，雖所書不工，猶當傳之萬世，况能臻其妙者乎！此紙所在，定有神物呵護，不可徒以翰墨視之。」佩文書畫譜三八引紫桃軒又綴云（崇禎本又綴無此語）：「余忠宣小字似不經意，而豐處有褚遂良，潦倒處有楊景度、林藻，豈漫不留意於墨池者所能符合邪！」書以人重，美者固美，即不甚美者，即將以景仰之意而美化之矣。

西域人中有著書專論書法者，龜兹盛熙明也。熙明以能書辟奎章閣書史，著法書考八卷進呈，清四庫著録，楝亭十二種刻之。卷首有虞集、歐陽玄、揭傒斯三序。揭序稱「盛氏之先，曲鮮人，今家豫章」。書史會要之説即本於此。道園學古録卷三有題東平王與盛熙明手卷詩，作「曲先盛熙明」，元史類編三六誤曲鮮爲鮮卑。歐陽序謂「熙明爲龜兹人。刻意攻書，而能研究宗原，作爲是書。運筆之妙，評書之精，非老於斲輪者，疇克如是」云云。夫以西域人而工中國之書，已屬難能，況又以其研究所及，著爲成書，以詔當世，豈非空前盛業乎！朱彝尊曝書亭集卷四十三有是書跋，稱「其文約，其旨該，不意九州之外，乃有此人」云。熙明並學佛能詩，著補陀洛迦山考，見道光普陀山志十五。元詩選癸之壬，録其游補陀洛迦山七言律一首。龜兹本佛國，其學佛固不奇也。

元時西域人能書，而書史會要不載者，有贍思。張相文先生曾示我哈珊神道碑，請爲之跋，蓋贍思所撰並八分書也。體勢波磔，用力極深，而竟無書名，其書名爲文名所掩也。録鬼簿續編稱：「賽景初，天性聰明，幼從巎文忠公學書法，極爲工妙，文忠屢嘉之。」又：「沐仲易，西域人。故元西監生。工於詩，尤精書法。」又：「虎伯恭，西域人。詩學韋、柳，字法獻、羲」。皆書史會要所未載者。

二　西域之中國畫家

邊魯　高克恭　伯顏不花

丁野夫　薩都剌

中國畫有中國畫特色。以元版圖之大，即有西域畫家挾羅馬、波斯、土耳其之畫法，以顯於中國，如清之郎世寧、艾啓蒙者，亦並不奇；然此之所謂畫家，乃中國畫法，非西域畫法，故不曰西域畫家，而曰西域之中國畫家也。考元代畫家，亦有極現成之書，即元夏文彦之圖繪寶鑒，其叙述歷代畫家，直至元季，與陶宗儀書史會要相同。今特鈎稽其卷五中西域人善中國畫者，以張吾西域人華化之説。

「邊魯，字至愚，號魯生。善畫墨戲花鳥。」

「高克恭，字彦敬，號房山。其先西域人，後居燕京。官至刑部尚書。善山水，始師二米，後學董源、李成，墨竹學黄華，大有思致。怪石噴浪，灘頭水口，烘瑣潑染，作者鮮及。」

「伯顔不花，高昌世子，鮮于伯幾甥，號蒼巖。官至江東廉訪副使。工畫龍。」

「丁野夫，回紇人。畫山水人物，學馬遠、夏圭，筆法頗類。」

邊魯，北庭人。據西湖竹枝集，魯善古樂府詩，尤工畫花竹，權貴人不能以勢約之；書史會要並稱其工書也。

元時畫家有大名，能與趙孟頫抗行者，惟高克恭。克恭兼有詩名，元文類選西域人詩五家，馬祖常外，選高克恭詩比三家特多。輟耕録二六詩畫題三絶一條云：「高文簡公一日與客游西湖，見素屏潔雅，乘興畫奇石古木，數日後文敏公爲補叢竹，虞文靖公題詩其上，有『國朝名筆誰第一，尚書醉後妙無敵（元詩選房山集小傳誤稱爲趙孟頫詩）。趙公自是真天人，獨與尚書情最親』等句，此圖遂成三絶。」以高配趙，正與書家之以巙巙配趙相同。元朝書畫，推趙獨步，然與趙頡頏者，書畫皆西域人，亦足見元西域人天資學力，不讓漢人也。董其昌對於以高配趙之説，初頗懷疑，後乃翕服，試觀畫旨所述，前後持論不同。畫旨云：「元季四大家，以黄公望爲冠，而王蒙、倪瓚、吳仲圭與之對壘。此數公評畫，必以高彦敬配趙文敏，恐非耦也。」而其後又云：「高彦敬尚書，載吾松上海志。元末避兵，子孫世居海上。余曾祖母，尚書之雲孫女也，余好爲山水小景，似亦有因。勝國名手，以趙吳興爲神品，而雲林以鷗波、房山所稱許者，或有異同，此由未見房山真跡耳。余得大桃村圖，乃高尚書真跡，煙雲澹蕩，格韻俱超，果非子久、山樵所能夢見也。」又云：「趙集賢畫爲元人冠冕，獨推重高彦敬，如後生事名家，而倪迂題黄子久畫云，雖不能夢見房山，特有筆意，則高尚書之品，幾與吳興埒矣。」

初則曰「高與趙恐非耦」，再則曰「未見房山真跡耳」，三則曰「高之品幾與吳興埒矣」，終更推爲「古今一人」，曰：「詩至少陵，書至魯公，畫至二米，古今之變，天下之能事畢矣。獨高彦敬兼有衆長，出新意於法度之中，寄妙理於豪放之外，所謂游刃餘地，運斤成風，古今一人而已。」今將高克恭畫之見於元人題詠者，略舉其目如下：

桑落洲望廬山圖　雲林煙嶂圖　越山圖
山村圖　夜山圖　秋山暮靄圖
墨竹圖　青山白雲圖　滄洲石林圖
倣老米雲山圖　煙嶺雲林圖　山村隱居圖
秋山過雨圖　春雲曉靄圖　墨竹坡石圖
雲山雙鶴圖　越山春曉圖

其尤習見者，爲夜山圖及秋山暮靄圖二幀，當時有名詩人，題詠殆遍。盲詩人侯克中亦有二絶句，夜山圖云：「幽人清夜思高閒，誤落龍眠筆研間。萬仞峰巒千里月，廣寒宮裏看三山。」越山春曉圖云：「滿目煙嵐滿意春，江山如畫畫如真。巖巖萬壑千峰秀，可惜中間無一人。」見侯克中所著艮齋詩集卷十，所謂無目者且知其姣也。今故宮博物院所藏高克恭畫，爲吾所見者，尚十餘軸，雖真僞一時莫辨，然已震而驚之矣。鄧文原巴西集卷下有尚書高公行狀，述克恭生平行誼至詳，稱其「畫墨竹妙處不減文湖州，畫山水初學米氏父子，後乃用李成、董源、巨然法，造詣精絶。公卒後，購公遺墨者，一紙率百千緡。」其爲時見重如此。其畫純中國法，且爲米氏父子以來之變法，與帶有匠氣之界畫，迥然不同。其爲詩亦不尚鈎棘，自得天趣。柳貫待制集十八題姚子敬書高彦敬絶句詩後有云：「高公畫入能品，故其詩神超韻勝，如王摩詰在輞川莊，李伯時泊皖口舟中，思與境會，脱口成章，自有一種奇秀之氣。」胡應麟詩藪外編六云：「宋以前詩文書畫，人各自名，即有兼長，不過一二。勝國則文士鮮不能詩，詩流靡不工書，且時旁及繪事，亦前代所無也。」高克恭即詩畫兼長之一人。

然克恭究爲西域何許人，亟欲研究之，惜書闕有間矣。據鄧文原高公行狀，已言「譜牒散佚，莫跡其所始」，然尚知其祖名樂道，父名亨，字嘉甫。觀其命名，知其受華化已深。又言「嘉甫力學，不事權貴，朝夕講肄，遂得大究於易、詩、書、春秋及關、洛諸先生緒言」，則儼然儒者也。「克恭蚤習父訓，於經籍奥義，靡不口誦心研，務極源委」，則亦純然儒者也。然克恭之壻爲烏伯都剌，烏伯都剌者何人？泰定帝時中書平章政事，文宗朝所目爲奸臣者也。此元朝家事，吾人今日正不必爲左右袒。惟元史不爲烏伯都剌立傳，烏伯都剌事跡僅散見於本紀及宰相表中。烏伯都剌爲回回人，其父益福的哈魯丁，有大勲勞於回回文字，此研究元朝文化史者不可不注意之事也。元史釋老傳：世祖至元六年以前，施用文字悉用漢楷及畏吾兒字。六年頒行蒙古新字，凡璽書頒降，並用新字，仍各以其國字副之。選舉志言至元二十六年，尚書省言亦思替非文字，宜施於用。今翰林院益福的哈魯丁能通其字學，乞授以學士之職，凡公卿大夫與夫富民之子，皆依漢人入學之制，日肄習之。帝可其奏。是歲八月，始置回回國子學，至仁宗延佑元年四月，復置回回國子監（參百官志）。黃溍金華文集卷八翰林國史院題名記云：「先是蒙古新字及亦思替非，並教習於本院，今回回學士亦省，而亦思替非以待制兼掌之。」試綜合此種種史料，則知元初只用畏吾兒字及漢字，至元六年始頒行蒙古新字，至元二十六年又以與西域諸國交通頻繁，始置回回國子學，教習亦思替非文字。文宗以後，中央勢力大衰，西北三藩漸失其統馭能力，交通幾乎斷絕，而亦思替非之用亦稀，故以待制兼掌之，而回回學士亦省也。蓋元制文字用途之區別，雖以蒙古新字爲主，而不甚通行，有所頒佈，須各以其國字爲副。大抵漢字用於中國本部，畏吾兒字用於葱嶺以東，亦思替非文字用於葱嶺以西諸國也。亦思替非簡稱亦思替。元典章吏部一，正七品官有教習亦思替文字博士。吾始疑亦思替爲粟特之異譯，粟特國見魏書西域傳，粟特語唐以前盛行於中亞細亞，回教興後，波斯語漸代之。亦思替非又爲波斯古代都城之名，未知所謂回回國子學者，是否與波斯文字有關。益福的哈魯丁既能通其字學，爲回回國子學開始教授之一人，則必大有勳勞於元時回回文字者也。

益福的哈魯丁元史亦無傳，何以知爲烏伯都剌之父？則據程鉅夫雪樓集卷二有烏伯都剌三代封制，烏伯都剌祖爲札剌魯丁，曾祖爲木沙剌福丁，皆回回人名。四庫本改烏伯都剌爲額卜德哷勒，改益福的哈魯丁爲伊卜德噶羅丹，不知作何語矣。烏伯都剌爲高克恭之壻，益福的哈魯丁爲高克恭之親家，以此斷高克恭爲回回人，即後有發見，亦可信其無誤。倪瓚清閟閣集卷九云：「高房山清節雅尚。有馬先生，亦其國人，遂號彦敬，蓋司馬慕藺之意。」所謂馬先生者，疑亦回回國人。清河書畫舫「緑」字號曰「高士安，字彦敬，回鶻人」，未知何據。内閣書目三謂「高文簡公名亨」，亦誤，應作父名亨。四庫總目以高克恭爲金人，反譏元藝圃集載入元詩爲失斷限，尤荒謬。今所欲知者，爲高克恭本身是否仍守回回教是也。據鄧文原高公行狀：「克恭卒之日，命喪葬用朱文公法，此心不以生死亂，衆謂講學之驗」云。則克恭已棄回從儒者也。然吾細察鄧文原所著行狀，有爲克恭隱飾意，應用「回回」處，輒易以「西域」，此元代文人習慣，其實系出回回，有何可諱。釋大訢題高彦敬墨竹云「西域高侯自愛山，此君冰雪故相看」（蒲室集），柯九思題秋山暮靄圖云「三代以來推盛世，九州之外有斯人」（丹丘生稿），周伯琦題青山白雲圖云「西域才人畫似詩，雲山高下墨淋漓」（式古堂畫考十七），危素題高房山畫云「房山居士高使君，系出西域才超羣」（鐵網珊瑚卷三），凡此皆不能忘其爲西域人，而未聞有以「回回」二字入詩者。西域之名，出於漢以前，回回之名，起於晚近，貴遠賤近，人情然也。

謂丁野夫爲回紇人，亦此意。元人公牘文字多從俗用回回，至於士夫執筆爲文，則輒易回回爲回紇，以回紇之名較古雅也。朱德潤題高彦敬房山圖云「高侯回紇長髯客，唾灑冰紈作秋色」（存復齋集卷十），其例也。迺賢合魯人，而必稱之爲葛邏禄者，亦用唐以前名也。今吾人目中又與元人異，回回係指伊斯蘭教徒，回紇則北方一種族，曾有功於唐，改名爲回鶻，高昌、北庭其餘裔也，元人謂之畏吾兒，邊魯、伯顔不花其人也。據繪事備考，邊魯作品有羣鴉話寒圖、蘆汀宿雁圖、水墨牡丹圖等，皆中國畫，非西域畫。伯顔不花以龍名，繪事備考載有衮霧戲波龍圖、坐龍圖、出山子母龍圖、戲龍圖等，亦中國畫所特有也。

元西域人無畫名而有畫傳於世者，故宫博物院有薩都剌嚴陵釣臺圖一軸，又有梅雀一軸，爲延祐二年春寫，並題句云「香滿疏簾月滿庭，風檐鳴鐵研池冰。夜寒人静臯禽語，却憶羅浮雪外登」，頗有高致。

三　西域人之中國建築

也黑迭兒燕京宫闕

凡考一代之美術，必兼考其建築遺物，顧吾國言建築者向無專書，而元西域人建築之存於今者尤罕。廣州之懷聖寺塔，修於至正十年，有郭嘉爲之記，見道光南海志廿九；泉州之清淨寺塔，修於至正九年，有吳鑒爲之記，見閩書七；杭州有真教寺。延祐間建，見西湖遊覽志十八；四明有禮拜寺二，延祐以後建，見至正四明續志十，略可代表元時回回教建築。鎮江有也里可温寺八，杭州有也里可温寺一，至元十八年以後建，見至順鎮江志九及西湖遊覽志十六；甘州有十字寺，見元史三十八；揚州有十字寺，見元典章三十六，略可代表元時基督教建築。泉州華表山有摩尼教草庵，見閩書七，略可代表元時摩尼教建築。然此諸建築，今多不存，即存，亦只可謂爲西域人建築，不可謂爲西域人之中國建築。

元時西域人中國建築，有極偉大而爲吾人所未經注意者，無過於今北京之宫殿及都城。雖以朱彝尊之該博，而日下舊聞略之；雖以孫承澤之熟諳掌故，而春明夢餘録亦略之，非有所諱言，即從來輕視工程學者之故也。予近從歐陽玄圭齋集卷九馬合馬沙碑發見元時燕京都城及宫殿，爲大食國人也黑迭兒所建。也黑迭兒爲馬合馬沙之父，父子世綰元工部事，以大食國人而爲中國如許工程，實可驚也。碑云：

也黑迭兒系出西域，唐爲大食國人。世祖即祚，命董茶迭兒局，茶迭兒云者，國言廬帳之名也。至元三年，定都於燕，八月，領茶迭兒局諸色人匠總管府達魯花赤，兼領監宫殿。屬以大業甫定，國勢方張，宫室城邑，非鉅麗宏深無以雄視八表。也黑迭兒受任勞勚，夙夜不遑，心講目算，指授肱麾，咸有成畫。太史練日，冬卿掄材。魏闕端門，正朝路寢，便殿掖庭，承明之署，受釐之祠，宿衛之舍，衣食器御，百執事臣之居，以及池塘、苑囿、游觀之所，崇樓阿閣，縵廡飛簷，具以法。歲十二月，有旨命光禄大夫安肅張公柔、工部尚書段天祐，暨也黑迭兒同行工部，修築宫城。乃具畚鍤，乃樹楨幹，伐石運甓，縮版覆簣，兆人子來，厥基阜崇，厥址矩方，其直引繩，其堅凝金，又大稱旨。自是寵遇日隆，而筋力老矣。

也黑迭兒元史無傳，世祖紀記修築宫城事，只稱「至元三年十二月丁亥，詔安肅公張柔行工部尚書、段天祐等同行工部事，修築宫城」，而不及也黑迭兒。故自昔無人知有也黑迭兒也。遼、金故城，在今城西南，至元遷拓東北，分十一門，東西南三面皆三門，北二門。至明乃大殺其北面，而稍拓其南面，東西各留二門，故至今九門，其面積已不若元時之大矣。然今人游北京者，見城郭宫闕之美，猶輒驚其鉅麗，而孰知篳路藍縷以啓之者，乃出於大食國人也。也黑迭兒雖大食國人，其建築實漢法。元史一二五高智耀傳言：「西北藩王遣使入朝，謂本朝舊俗與漢法異，今留漢地，建都邑城郭、儀文制度，遵用漢法，其故何如？」此即建築燕京時，西北藩王所來之質問也。然何以當時宫闕必用漢人制度，則以元起朔漠，所居者特廬帳耳。也黑迭兒所典之茶迭兒局，即掌廬帳者。使以當王爲貴，則廬帳實貴於宫闕，而元人自知廬帳之陋，不如漢家宫闕之美，故雖以武力征服其人，而既入主中原，則不能不改從中原制度，所謂馬上得之，不能以馬上治之也。此亦元人自審除武力外，文明程度不及漢人，故不惜舍廬帳而用宮闕。也黑迭兒深知其意，故採中國制度，而行以威加海内之規模，夫如是庶可懾服中國人，而不虞其竊笑矣。輟耕録二一有宮闕制度一篇，垂四千五百言，知不足齋叢書有故宮遺録一篇，垂二千六百餘言，述元時宮闕規模，宏偉極矣。吾人讀歐陽玄文，既知爲也黑迭兒所爲，今日不能不以此光榮還諸勞力勞心之原主。雖當時行工部尚書者不止一人，元制，工部尚書三員，正三品，掌天下營造百工之政令。然張柔爲張弘範父，元史一四七有傳，武夫不諳工事，且翌年即卒，未覩其成，可無論矣。段天祐元史亦無傳，僅一七七吳元珪傳有云：「至元二十六年，繕修宮城，尚書省奏役軍士萬人，留守司主之，元珪亟陳其不便，乃立武衛，繕理宮城，以留守段天祐兼都指揮使。」知段天祐亦武人。至元三年與也黑迭兒修築宮城後，二十六年復修宮城，曾任大都留守司兼武衛親軍都指揮使。元史卷九十百官志：「大都留守司，秩正二品，掌守衛宮闕都城，調度本路供億諸務。」卷八六：「武衛親軍都指揮使司，秩正三品，掌修治城隍及京師内外工役之事。」（參兵志）此段天祐之職掌也。而也黑迭兒則領茶迭兒局諸色人匠總管府，元史卷八五百官志：「茶迭兒局總管府，秩正三品，管領諸色人匠造作等事。」「諸色人匠總管府，秩正三品，掌百工之技藝。」試以二人職掌相比勘，則段天祐猶今步軍統領，而也黑迭兒則土木工程局長也。且也黑迭兒四世領茶迭兒局，授工部尚書，倘非工程世家，曷克有此。歐陽玄碑中所論，亦專以考工爲言，而深贊其建邦之能，世官之美。試登景山一望，當時之泱泱風度，恍惚猶在目前，而元史遺之，至創造主名，竟歸湮没，不有此墓前片石，則也黑迭兒之心血，不與草木同腐者幾希。即云諛墓之文，恐有溢美，然世領工部，何能捏造。新元史一三一爲之補傳宜矣，惟尚嫌未能發揮也黑迭兒建築之精神，竊以爲應置諸方技傳之首也。且氏族表作也黑，傳與目作也里，亦應改正。

舊史世祖紀：「中統四年三月，亦黑迭兒丁請修瓊花島，不從。至元元年二月，修瓊花島。」亦黑迭兒丁即也黑迭兒，丁爲回回人名常用之尾音。瓊花島即今北海。當未修築宫城之先，也黑迭兒曾請修北海，此又圭齋集所未言，而足證其爲工程學者也。

元典章刑部三闌入禁苑條，有監修官也黑迷兒丁呈，捉獲跳過太液池圍子禁牆人楚添兒一事，狀招於六月二十四日帶酒，見倒訖土牆，望潭内有船採打蓮蓬，跳過牆去，被捉到官云云。此事有月無年，當係至元間修瓊花島時事。惟「迭兒」作「迷兒」，想是誤字也。

四庫總目政書類存目考工之屬，有永樂大典本元内府宫殿制作一卷，不著撰人名氏。提要稱其記元代門廊宫殿制作甚詳，而譏其詞「鄙俚冗贅，不類文士所爲，疑當時營繕曹司私相傳授之本。」惜其書不傳，或即也黑迭兒之徒所撰未定，固不能以文士之文繩工程學者也。

元西域人華化考卷六

禮俗篇

一　西域人名氏效華俗

魯古訥丁　沙的行之　木撒飛
玉元鼎　合剌思　米少尹
鮁思永　札馬魯丁　怯里木丁
拜住劉君定　李公敏　趙榮　劉因反對種人效漢姓
吳海反對漢人冒國姓　里氏慶源圖
浦氏定姓碑文

趙翼廿二史劄記三十有元漢人多作蒙古名一條，以爲「自有賜名之例，漢人皆以蒙古名爲榮，故雖非賜名，亦多倣之。且元制本聽漢人學習蒙古語，惟其通習，故漢人多以蒙古語爲名，一時風會使然也」。然以余所考，則與此所論適得其反。試一檢元人文集，種人之請字請名者觸目皆是，其人皆慕效華風，出於自願，並非有政府之獎勵及强迫，而皆以漢名爲榮。且元制不禁種人學習漢文，故種人多以漢語爲名，亦一時風會。廉希憲、郝天挺、高克恭、趙世延、馬祖常、顏師聖、丁鶴年等無論矣。安熙默庵文集卷四有御史和利公名字序一篇，云：「近世種人居中國者，類以華言譯其舊名，且或因名而命字焉，是雖非人道所當先，而亦古人遺意也。監察御史魯古訥丁，系出奈蠻和利氏，歷監濬、邳兩州（畿輔叢書本作「西州」），惻怛愛民，興學禮士。既終，家居待次，益自力問學，以求其所未至。間從予游，刻意清苦，吾黨之士，鮮能及之。於其請字也，爲取崧高之詩，所謂『戎有良翰，文武是憲』者，以良翰易其名，且以周書『亂爲四輔』之語，合而字之曰憲輔。」蓋亦因其舊名，而又因名以制字也。末署大德甲辰著，是大德八年以前，西域人已多有華名者，故篇首云云也。

吳澄文正集字說更多，凡八十餘篇，其中西域人請字者（卷五），有沙的行之字說，云：「上古有名而無字，質也；中古有名而有字，文也。九州之内尚文，則如中古之後；九州之外尚質，則如上古之時，其俗之不同也舊矣。皇朝區宇之廣，鴻濛以來所未有，九州内外，靡不臣屬，合諸國諸郡而爲一家，蓋各從其俗，而莫之或同者也。建康貳侯沙的公，西北貴族，其治所至有聲，同列嘉之，字之曰行之，以從中夏之俗。夫所貴乎中夏之俗者，以周公、孔子之禮法可慕也，所慕乎周公、孔子之禮法者，以行之爲貴也，慕之切而行不繼，則虛文耳，尚文而虛，不若尚質之實也。行之之行，既取信於同列，行之之字，非直倅其名而已，抑亦表其實云。爲之書者吳興趙子昂，爲之說者臨川吳澄也。」此則以漢名爲榮，既請名人爲之說，復請名人爲之書，雖非出於君主之賜，而出於同人之賜，其獎勸蓋在社會不在政府。故一方政府以蒙古名賜漢人，而熱中利禄者趨之；一方社會以漢名贈色目人，而醉心文化者亦赴之也。

吳文正集卷六又有崇仁縣元侯木撒飛仁甫字說，於此義尤顯，幾有「一字之褒，榮於華衮」之意。曰：「崇仁夙稱壯邑，生齒之繁，習俗之美，他縣莫及。木撒飛承務郎自州倅陞縣長，前時足跡不到江南，而莅政以來，凡所施設，無一不使民悦服，咸曰仁哉元侯，二三十年所未有也。侯慕效華風，欲立字以副其名，夫字者匪但副其名而已，蓋將表其德也，於是表其可表之德，而字之曰仁甫，喜崇仁縣之得此仁侯也。」木撒飛純然爲一回教人名，因其治化之美，而以中國之唯一美詞字之，褒之也。

同集同卷，又有玉元鼎字説，元鼎一學者，蓋先有漢名，而欲就其名以取得訓誨之義，亦近取諸身之法也。澄之言曰：「學者阿魯丁，以玉氏，以元鼎字，其先西域人也。始祖玉速阿剌，從太祖皇帝出征，爲勳舊世臣，名載國史，今其苗裔，乃能學於中夏，慕周公、孔子之道，可謂有光其先者矣。以其字而請教訓之辭，予語之曰：鼎者重大之器，其在於易，巽下離上之卦爲鼎，蓋取卑遜於内，文明於外之義。卑遜者進德之基，文明者進學之驗，進德在於克己，進學在於窮理。元鼎讀大學、論語，其習所謂窮理克己，實用其力而已。筆之爲元鼎字説以贈。」此則望文生義，而致勸勉之詞者也。

王惲秋澗集四六亦有西域人字説，而皆以「英甫」字之。其一爲忽治中名字説，曰：「予官御史時，聞今治中別乘合刺思，意功名，樂善言，而與士君子游。至元壬申秋，得同僚平陽，相接如平生歡。一日請名於予。君姓忽氏，蓋父字也，世爲唐瀚海軍都護府人，其國郊於乾兑之間，其人多沈潛剛克，内明而外毅。吾子秉彝奇特，表著於一時，故以德輝名君，而英甫字之。蓋英者德之光發見於外者，甫者男子之美稱也。」

其二爲米少尹名字説，曰：「劍倅米君，世爲西域人。性開敏，樂於爲善。予過劍浦，米來求名，因訓之曰闓。闓者生其善心，顯其可踐跡也，内不先開，英何爲而發，故字曰英甫。」末署庚寅九月十二日。至元庚寅上距至元壬申凡十八年，而兩西域人先後求名，皆以英甫字之，未知其偶合耶？抑以爲同是西域人，特取前時所以字西域人者字之耶？

許有壬至正集六五亦有西域人字説，其一爲巙思永字説，曰：「西域生巙，大父嘗持憲數道，世賞在巙，自以年未及，學未充也，日種學績文，非儒生不交，紈綺氣習，濯刮殆盡。予與其外舅和叔監郡游，時從過予，俾賦詩，每俄頃成，且清麗不苟。暇日請曰：『巙幸承下風，昆季爲華學，率以思冠其字，先生幸字之。』予觀世之人，習於近而不究其遠，狃於短而不求其長，天下之通患也。若世家子，則此疾尤痼，蓋不知思永之過也。書不云乎，『慎厥身修思永』，故從其昆季之以思爲字也，而以思永字之。」凡元人所謂紈綺氣習者，大抵指武功起家之色目人而言，未有指以詩書致卿相之漢人也。故其人多不學，而巙則盡反其故習，非儒生不交，可謂有華學之癖者矣。

其二爲丁慎之字説。丁慎之者，中書省玉典赤，玉典赤者，服役人也。非勳閥而執賤役，無所謂紈綺氣習矣，而習聞諸先生緒論，亦愛慕華風。許有壬曰：「中書玉典赤從予最久者，西域札馬魯丁，慎而寡言，若詩書漸習之有素者。再拜請曰：『細人世西域而生中國，又得親公之教，幸閔而訓之字，得服以自勵。』予素愛其人，且服役幾年，所直幾官，而獨有見於吾輩，其可進也。於是即其人之長，字之曰慎之，且語之曰：『若知慎之爲義乎？慎於言而言無過，慎於行而行無失，無所往而不慎，則將進乎善而爲成德之君子矣。慎之其益慎之哉！』」

王沂伊濱集十七亦有西域人怯里木丁字説。以玉爲西方之物，遂取以名其人，不知古所謂出玉之國，實指于闐，于闐在葱嶺以東，其去波斯、大食，尚較去中原爲遠也。曰：「監深州郡怯里木丁，西域人，世居什納什勒國。唐初西域主阿喇愈氏，始用其國言撰字修書，以教其人。怯里木丁之先，有能通其書與字者，故因其地而賜姓什納什勒。國初天戈西指，其四世祖某，以技藝故得徙中原，占籍趙之中山。監郡君與其弟舍克布問名與字於余。史稱漢使通西域，採玉石以歸，然則玉故西方之物也。什納什勒氏爲西域之鉅族，必知玉之所以爲貴，故余名監郡君曰瓚，字之曰清之，名舍克布曰璋，字之曰敬之。夫思其名之貴，則知其所以自貴，思其字之美，則知所以全其美矣。」

凡此皆西域人之喜有漢名者也。喜有漢名之不已，又從而爲之説，一人爲之説之不已，更有以其名字爲題，遍徵當世士大夫詩文以爲樂者，此真西域人愛慕華風之甚者也。

陳基夷白齋稿外集卷下有書太古字説後一篇，云：「河東運使高昌拜住公，字太古。中朝諸名公爲文爲詩，以發明其義，無餘藴矣，復俾某一言，以申其説。」則太古字説當不止一篇矣，吾所見者有宋褧燕石集卷十三一篇，曰：「監察御史高昌拜住，字太古。諗予曰：朋友命以字，舊矣，君文人，幸衍其義教我。予辭曰：予不啬不文，且有疑焉。太古當泰定初，丞祕書監，予嘗備員典校，時相先後，未始識其人，然聞公卿大夫士交口薦譽者十有五年矣。其言曰：太古不崖岸，不畦畛，不陷阱機巧，真淳樸茂，洞達樂易。今乃識其人，服用冠佩，車馬屋室，殊非洪荒之世，大庭赫胥之民，無標枝野鹿之態。或者哂曰：子論人以心乎？顧以跡乎？不崖岸，不畦畛，不陷阱機巧，真淳樸茂，洞達樂易者，爲今人乎？爲古人乎？予斂衽歎服其言之能釋予疑，遂志之爲太古字說。」觀此則太古之神情如繪矣，蓋明明一西域人，而愛慕華風者也，是不啻太古之像讚也。

然此所論特名字耳，西域人於名字上效漢人加姓，亦當時風尚。燕石集卷五有太學生劉君定挽詩，原注云：「君定西域人。延祐七年，中大都鄉試。」石田集卷九有送李公敏之官序，云：「余在河南，即聞于闐人李君公敏能尊孔子之教，而變其俗。」明史一七一有趙榮傳，云：「其先西域人。」此西域人之加漢姓者也。然種人加漢姓，當時學者實反對之，劉因靜修文集十九有古里氏名字序一篇，發表其極端反對之論，至將古里氏數世稱吳之例推翻之，而復乎古里，此則講學家之矯情奪理者也。其言曰：「吳景初請予制其子名，自叙其爲女真人，本姓古里氏，以女真諸姓各就其近似者易從中國姓，故古里氏例稱吳，已數世矣。予聞之，大以爲不可。夫姓氏乃先世有所受而傳之子孫，其脈絡截然有不敢毫髮亂者，今非有所禁，而自絶本根，附於他裔，顧乃因仍苟且，徇於流俗而不卹。彼兒子之名，何所不可，而反以爲問乎？今先爲正其姓，然後名其子承，字之延伯，蓋示其不忘所天，而且有所貽也。」夫吳景初所請者名耳，而劉因乃推翻其姓，何以爲情！古里氏是女真，非色目，女真在元，本與漢人同列，其改漢姓猶不可，況色目乎！劉因之説若行，則馬祖常、趙世延等皆須去漢姓，然祖常、世延等之漢姓可去，魏書官氏志所載元魏以來種人所改之漢姓，何從而去之！種族狹隘之見，不應出於大一統之時。劉因之反對種人冒漢姓，防種族混合耳，然種族混合，於人類社會之進化爲害爲利，必有能言之者。後來吳海又持反對漢人冒國姓之論，其用意與劉因正同。

吳海聞過齋集卷一有王氏家譜叙，曰：「河西古諸羌，宋李元昊據之爲邊患，相繼用兵，士有陷没者，雜爲夏人，元初得天下，賜姓唐兀氏，俾附國籍，次蒙古一等。河西而仕宦者，皆舍舊氏用新氏，國家尚寬厚，雖占舊氏不禁，然能存者僅一二數。今福建、江西行省郎中王君翰，先世齊人没元昊者，乃冠舊氏名上。一日出家譜相示，自曾祖以來，皆著私名，而以河西名綴，其意謂新氏乃天子所命而不敢違，舊氏乃祖宗所傳而不可棄，故兼録之。噫！世薄俗漓，人惟功利之趨，固有自毁其祖而冒國籍，以求仕之顯者，安有既授賜姓，猶不忍舍其舊乎！吾閲是譜，不覺爲之感歎，彼自棄其祖者使得觀是譜而能動心焉，庶亦可改也。」

雖然，以名爲姓，古所恒有。貫雲石以父名首字爲姓，薩都剌以自名首字爲姓，而稱薩氏子焉。不獨色目人如此，凡無氏姓之種人胥如此。揭傒斯文安集卷九有送燮元溥序，云：「廬州舒城長燮元溥，蒙古人，名燮理普化，無氏姓，故人取名之首字加其字之上，若氏姓云者，以便稱謂，今天下之通俗也。」可見以名爲姓，實一極自然之稱謂，無得而議者。

程鉅夫雪樓集十五有里氏慶源圖引，述里氏定姓之由，可以推知西域各姓，皆有慕乎中華氏族之制而效之者也。曰「氏族之制，所以定親疏、別嫌疑、厚人倫也。西北諸公，以名稱相呼，以部落爲屬，傳久而差，失真尤甚，此里氏慶源圖之所以作乎！里氏者，隆禧院使約著所自氏也。按里氏世高昌人，其俗大抵與諸國類，又世蹀金革，雖豪王大族，能自系其所自出者無幾。惟里氏世仕其國爲大官，自大父撒吉思仗義歸朝，佐定中夏，其後列朝班寄方伯者六十人，亦既盛矣。而隆禧君大懼世代日益遠，生齒日益衆，無命氏以相別，終亦茫唐杳眇不可知而已。乃以身事本朝者，實自大父始，而大父之名，從世俗書，有從土從田之文，考若伯考之名，皆有里字，而春秋有里氏，遂自氏曰里氏。又溯而求之，定其可知者，至於今九世，系以爲譜，號曰里氏慶源圖，而隆禧爲七世」云。

約著大父爲撒吉思，俗書吉從土，思從田，田土合而爲里，望文生訓，故以里爲氏。四庫本改撒吉思爲薩奇蘇，不獨失其命氏之意，且不知從土從田之謂何矣。

宋濂鑾坡集卷七有西域浦氏定姓碑文，述古今定姓之法尤詳，今節録之，亦可見元西域人同化之往跡也。曰：「浦君，西域阿魯温人。高祖以上忘其名，曾祖哲立理，元太祖時遷幽之宛平，生同知温州路總管府事道吾，道吾生剌哲，剌哲生道剌沙、溥博，即浦君，其字爲仲淵。性穎悟，從名師傳，通毛氏箋，中至正壬寅江浙鄉闈一榜，辟教諭嘉興，遂占籍焉。夫西域諸國，初無氏系，唯隨其部族以爲號，蓋其族淳龐，其事簡略，所以易行。若吾浦君，居中夏聲名文物之區者三世，衣被乎書詩，服行乎禮義，而氏名猶存乎舊，無乃不可乎！於是與薦紳先生謀，因其自名，而定以浦爲姓。昔者代北羣英，隨北魏遷河南者，皆革以華俗，改三字四字姓名爲單辭，而其他遵用夏法。今浦君之爲，上符古義，下合時宜，非卓見絶識，不得與於此。彼拘拘守常之士，則曰我先祖未之能行也，是惡足以論變通之故。」

變通云者，即同化也。溥博明係回回人，其兄名道剌沙，尤爲元代回回人習用之名。至溥博而字仲淵，則明明取中庸「溥博淵泉」之義，復通詩毛氏箋，則彬彬乎進文明之域矣。彼拘守常義，謂我先祖未之能行者，凡變一法，革一俗，必有同類阻撓之力，無古今中外皆然，浦氏定姓，不能獨免，故宋濂奬之，宋濂之識過劉因遠矣。

二 西域人喪葬效華俗

凱霖　丁鶴年　廉希憲

趙世延　别的因　也黑迭兒部人

畏吾兒喪事體例　禁色目人效漢法丁憂

封建社會最大之禮制，莫過於喪葬。然考元人喪葬，較考元人名氏爲難，因宋元人習慣，喜求人爲名字説，故易於考見，而關於喪葬之記載，則諸家著述極稀。許有壬至正集五三有西域使者哈只哈心碑，言凱霖一家改革舊俗事甚詳，名氏、喪葬，均改從華俗而不衈。凱霖兄弟交許有壬久，故有壬備知之。其言曰：「公諱哈只哈心，阿魯渾氏，西域人。隸王旭烈邸，王邸在極西，遣公入覲計事，公夙慕中土，挈家行。初至和林，元帥荀公奇之，妻以女，生二子，長阿合馬，次阿散。麥砧哈檐，西域名族，念公賢，贅阿散其家，生二子，長暗都剌，次凱霖。暗都剌兄弟鞠於外家，攻儒書。既長，益習禮訓，謀於師友曰：『古之姓，或官或封，無常也。吾其從祖母之荀乎！』遂姓荀氏。又曰：『我兄弟讀書學禮，無名字其可？名則不敢忘吾先，而字則從華可也。』於是師友相與字暗都剌曰平叔，凱霖曰和叔。」此言凱霖兄弟名氏改從華俗之經過也。又云：「和叔寶慶路邵陽縣達魯花赤，移彰德路臨漳縣，更移安陽。愛其山水，思妥其先，卜地司空村，有飄風旋塵爲渦，導馬首者七，衆皆見之。下馬默禱：『若吾祖考宜此地，當止。』風即泯。買而爲兆域，遷祖考妣、考妣、兄，以泰定四年二月葬焉。以公西來而爲使也，表之曰『西使之阡』。嫂侄繼母弟相繼没，俱祔焉。」又云：「我元始征西北諸國，西域最先内附，故其國人柄用尤多。大賈擅水陸利，天下名域區邑，必居其津要，專其膏腴，然而求其善變者則無幾也。居中土也，服食中土也，而惟其國俗是泥也。和叔則曰：『予非敢變予俗，而取擯於同類也，其戾於道者變焉。居是土也，服食是土也，是土之人與居也，予非樂於異吾俗，而求合於是也。居是而有見也，亦惟擇其是者而從焉。自吾祖爲使而入中國，委骨於是，若詩、書、禮、樂，吾其可不從乎！俗之不同，理之頓異，吾其可從乎！』於戲！若和叔者，孟子所謂善變者也。其俗不銘，而銘其先，其俗墓近人，而必遠五害，此其變之小者也。」此言凱霖遷葬其先人改從華俗之經過也。凱霖實回回人，其善變華俗如此，其持論之平允和藹又如此，字曰和叔宜矣。

凱霖而後，西域人喪葬改從華俗最著者爲丁鶴年。戴良高士傳（九靈山房集十九）云：「鶴年父武昌公死時，鶴年年甫十二，已屹然如成人。其俗素短喪，鶴年以爲非古制，乃服斬衰三年。及夫人捐館舍，鶴年哀毀盡瘁，鹽酪不入口者五年。」此言鶴年喪制從華俗也。烏斯道丁孝子傳（春草齋集卷七）言：「鶴年避地二十餘年，兵後還武昌，訪生母葬地，自秋至冬，遍詢莫知者。鶴年作母主，蚤暮拜母主前，求五旬浹有報，拜至七日夜，夢母氏出高堂中，以慟即寤。晨起，鄰老楊重者至，云：『吾昨夜夢子之母氏，堂宇間自内出，以酒肉見賜。』鶴年以夢母氏與鄰老同，試即其地物色之。見平陸土有陷下者，意謂吾聞母葬時無棺槨，上覆敗舟板，人與板腐盡乃爾。遂陳酒肉以祭，祭畢斸其土，骨果見。然恐他墓偶有同者，復嚙指血骨上，良久拭去，血骨通變茜色，乃收骨棺斂葬是鄉。鶴年廬墓終身，一時論者咸稱爲孝子。」此言鶴年葬法從華俗也。作母主以拜，陳酒肉以祭，皆漢法，非回回法。血骨棺斂，亦華俗，非回回俗。至於夢示葬處，與凱霖之風導馬首，同爲吾國説部習見之詞調，足見其受印象於華俗者深也。

然三年之喪及丁憂之制，元初西域人已有行之者，不自鶴年等始也。元史一二六廉希憲傳：「至元元年丁母憂，率親族行古喪禮，勺飲不入口者三日，慟則嘔血，不能起，寢卧草土，廬於墓傍。宰執以憂制未定，欲極力起之，相與詣廬，聞號痛聲，竟不忍言。未幾，有詔奪情起復，希憲雖不敢違旨，然出則素服從事，入必縗絰。及喪父亦如之。」又卷一八〇趙世延傳：「元貞元年，除江南行御史臺都事，丁内艱不赴。」時丁憂之制尚未著爲令甲也，然廉希憲、趙世延已自行之。元典章吏部五官吏丁憂終制叙仕條，載大德八年詔書，曰：「三年之喪，古今通制，今後除應當怯薛人員、征戍軍官外，其餘官吏父母喪亡，丁憂終制，方許叙仕。」是大德八年以前實無丁憂限制也。故元史卷一七八梁曾傳云：「大德元年，除杭州路總管。四年，丁内艱。先是丁憂之制未行，曾上言請如禮。」此漢人自請如禮也。廉希憲、趙世延非漢人，而亦熱心古禮。且元制凡關於中國禮俗之事，必令蒙古、色目人除外，無限制之者。元史卷八三選舉志：「大德二年詔，凡值喪，除蒙古、色目人員各從本俗外，管軍官並朝廷職不可曠者，不拘此例。」斤斤然唯恐漢法之拘束之，而廉希憲、趙世延乃樂於受古禮之拘束，此猶謂文人曾讀孔氏書者然耳，而亦有非文人而用中國禮者。據黄溍金華集卷二八答禄乃蠻氏先塋碑，乃蠻曲出禄後人，有别的因者，至元間爲池州、台州兩路總管府達魯花赤，居喪用中國禮。黄溍稱之曰：「公之至孝，出於天性。蓋北方喪禮極簡，無衰麻哭踊之節，葬則刳木爲棺，不封不樹，飲酒食肉無所禁，見新月即釋服。迨公居張夫人之喪，始悉用中國禮，踰年乃從吉。」據碑，張夫人之卒在至元二十一年，時三年之喪未定，而别的因自行之，可見其受華化甚早也。别的因元史一二一有傳，而不言其居喪用中國禮。

又有一事，足證元時西域人模倣中國習俗，應有盡有。前吾聞天主教人有不滿於利瑪竇者，謂其「京師阜成門外葬地，有翁仲等供地下之驅遣，幸義和團來始發其覆。」吾初疑其誣巇利瑪竇過甚，及見歐陽玄所爲馬合馬沙碑（圭齋集卷九），乃信天下事無奇不有，有非思想所能及者。馬合馬沙之父也黑迭兒，建築燕京宮城，已詳美術篇。碑稱也黑迭兒以修築宮城有功，「部人鑿石作像，髭髯咸肖，設置墓舍。族屬見之，謂其非法，謀棄隱處。世祖夜夢也黑迭兒，若有愬事，狀如生平。明發召詰其家，以像事告，亟命止之。」斯事也，與天主教人誣利瑪竇之事甚相類。也黑迭兒爲回回教徒，回回教之厭惡偶像，比天主教過無不及，而也黑迭兒之墓舍，竟有石像焉，此石像非出於華人，而出於部人，雖出於部人，而其子馬合馬沙任之，尤奇焉。特原碑所稱「亟命止之」者，止而不設乎？抑止而不棄乎？部人設置之，族屬謀棄之，也黑迭兒之示夢，取何態度？歐陽玄文不明瞭，若也黑迭兒而不欲棄此石像也，則眞死心於中國化者矣；即也黑迭兒而欲棄此石像，然其部人已設置之，亦可表示其部人之中國化。

尚有其他方法足證元時西域人喪葬有效漢俗者：

一、元典章禮部三有畏吾兒喪事體例，禁止畏吾兒效漢兒體例，必其有所效，而後有所禁也。其條文有云：「休似漢兒體例行者，搭麻花、掛孝、穿團頭，都休穿帶者。燒了收骨殖呵，休似人模樣包裹者，休暖墓兒者，休引靈者，或是揀莫那個七條裏，休依漢兒體例。紙做來的金銀、紙房、紙人、紙馬、襖子，休做者。」

又云：「中書省劄付：畏吾兒田地裏，從在先傳留下底各自體例有來。這漢兒田地裏的衆畏吾兒每，喪事體例有呵，自己體例落後了，隨着漢兒體例。又喪事多宰殺做來的勾當每，上位聽得上頭帖薛、不速蠻也喪事裏，依各自體例行有。從今已後，這漢兒田地裏底衆畏吾兒每，喪事裏只依在先自己體例行者，漢兒體例休隨者。」

「漢兒田地裏的畏吾兒」，即雜居漢地之畏吾兒。畏吾兒雜居漢地，即沾被漢化，雖有此反覆叮嚀之禁戒，奈衆楚人咻之何！帖薛，謂基督教徒，至元辯僞録卷三所謂「迭屑人奉彌失訶，言得生天」，迭屑即帖薛，彌失訶，近譯彌賽亞也。不速蠻謂回教徒，長春西遊記卷上所謂：「至阿里馬城，鋪速滿國王領諸部人來迎。」鋪速滿即不速蠻，或作木速兒蠻也。

二、元史三十泰定帝紀：「致和元年夏四月己亥，塔失帖木兒、倒剌沙請，凡蒙古、色目人效漢法丁憂者，除其名。」丁憂之制，本蒙古、色目人除外，其後蒙古、色目人效漢法者衆。塔失帖木兒代表蒙古人，倒剌沙以回回代表色目人，各欲限制其本俗。然流風所被，莫之能禦也。元史三十二文宗紀：「天曆元年（即致和元年）十二月戊午，詔蒙古、色目人願丁父母憂者，聽如舊制。」此即取銷四月時倒剌沙之議。文宗黨深惡泰定黨，故特反其所爲，然亦因效漢法者慣例已成，除名不勝除，不若聽之爲便。元史八十三選舉志：「天曆二年，詔官吏丁憂，各依本俗。蒙古、色目倣傚漢人者，不用部議，蒙古、色目人願丁父母憂者聽。」此與文宗紀所記本同一事，特詳略稍殊。彼云天曆元年，此云天曆二年，因天曆元年十二月己丑朔，十二月戊午，除夕也，故選舉志繫之二年。「不用部議」者，不除其名，聽其自便也，不啻明許之矣。

王禮麟原集卷六有義冢記一篇，言西域人以中國爲樂土，而不肯西歸。其詞曰：「義冢者何？西域氏族塋也。營之者誰？吉安達魯花赤也。於是可知混一之盛矣。何也？西域之於中夏，言語嗜欲殊焉，雖漢唐以來，婚媾有之，然各懷舊族，不能雜處他土，顧安有生西域而葬江南者。惟我皇元，肇基龍朔，創業垂統之際，西域與有勞焉。洎於世祖皇帝，四海爲家，聲教漸被，無此疆彼界，朔南名利之相往來，適千里者，如在户庭，之萬里者，如出鄰家，於是西域之仕於中朝，學於南夏，樂江湖而忘鄉國者衆矣。歲久家成，日暮途遠，尚何屑屑首丘之義乎！嗚呼，一視同仁，未有盛於今日也！」首丘之義不顧，尚何論乎葬儀，恐從華俗者衆矣。

三　西域人祠祭效華俗

馬慶祥褒忠廟　　馬合麻生祠

凱霖五龍廟　　馬合謨白龍潭廟

答失蠻靈隱寺佛像

古者有功於民則祀，建祠造像，所以崇德報功，其爲用與今之鑄銅像、立紀念碑者無異。或一鄉一族中，不能不有一公共聚會之場，於是立廟建祠，置彼此所共崇拜古先之像或主於其中，以伸景仰，亦人情所不能已也。愚者爲之，則信偶像之有靈，有向之禱祀邀福者矣，一神教徒所以以拜偶像爲大戒，而不容此等祠宇之存在也。然此特末流之失耳，與有功於民則祀之初旨何關！今人遊建國偉人銅像之旁，免冠致敬，瞻仰徘徊而不忍去，又胡爲者！不能以習俗儀節之不同，遂謂露天矗立之銅像爲優，而廟貌森嚴之偶像爲劣也。明乎此，可以與言元時西域人關於祠祭之觀念。

始吾讀元遺山集二七恒州刺史馬君神道碑，知爲馬祖常之高祖馬慶祥，固明明基督教世家也（說見儒學篇）。而馬慶祥没後，金人爲立像汴京褒忠廟，歲時致祭。吾極疑之，以爲不應以此施之基督徒，既而思之，立像猶鑄銅像耳，歲時致祭，紀念云爾，所異乎銅像者，廟祀而已，有何不可。及讀周霆震石初集卷七，又有義兵萬户馬合麻安塘生祠記，始知元人對於回教徒亦以此施之，所謂有功於民則祀也。其詞曰：「今義兵萬户馬合麻公致遠，撫士卹民，盡心報國，始終不渝。公之先，自西域徙京師，宦遊四方，子孫益盛。致遠侍親杭浙，以蔭補官，授廬陵井岡巡檢，職在察姦求盜，而所至書策自隨，深有意濂洛之學。事上接下，溫厚和平，至綱常大義所關，則正色凛然，不可毫髮忤。臨危涉險，慷慨出萬死如履坦途，蓋由詩書講貫之餘，有以察夫天理民彝，而此心之涵養有素也。於是里之父老相率立祠江滸，以繫其思，若召南甘棠之詩，西都循吏之傳，張益州畫像之仿佛其平生衣冠狀貌，有不自知其然而然者。雖公之德業聞望，不繫祠之有無，然人情感慕之誠，則必因祠以著。」

此文最能代表中國人所以立廟建祠之故，與一神教徒所排斥之偶像，其性質絶對不同。所謂甘棠之思，感慕之誠，純爲紀念性質，何嘗有絲毫邀恩祈福之意！此而不許，非人情也。回教徒惡偶像比基督教徒尤甚，今安塘人乃以施之回教徒，未聞馬合麻有拒絶之詞也。以較也黑迭兒墓舍之石像，又進一步矣，因彼之像在翁仲，而此之祠在本身也；以較馬慶祥汴京之褒忠廟，亦進一步矣，因彼之廟在死後，而此之祠在生前也。然此皆受人祠祭者耳，猶可謂其權不操諸己也。更有致祭於羣祀者，在元西域人中亦恒見之，奇其出於基督教及回教徒也，是真深染中華習俗者矣。馬祖常石田集有陪可用中議祠星於天寶宫詩，薛漢宗海集又有送馬少卿伯庸南祀嵩恒淮瀆詩，固已絶非基督教世家所宜有矣。然其他詩文集中如此類題尚衆，且或出於回教徒，不勝引。夫嵩、恒、淮瀆，爲古諸侯所祭，載在典禮，馬祖常既歸儒，宜可往祭。然有事不師古，跡涉荒唐，非佛非儒，等於迷信者，亦時見有一神教徒隨俗祭之，奇也。今舉安陽金石録卷十五龍廟、白龍潭二碑，以著其例。

五龍廟碑爲許有壬撰。其略曰：「彰德路安陽縣西北五里，洹水之陽有五龍廟。廟之下水黑而深，洹水至是瀦而後泄，其龍居之淵乎！太原元裕之效虞初書，言明昌中，風拔廟樹，印地有跡，事頗涉怪，而不及廟之建始何時。其號五者，具五方爲象設爾。以其禱之屢孚也。路達魯花赤苟公凱霖、同知阿藍、判官毛剌真，嘗修其廢，築臺其前。至元四年戊寅，夏旱甚，苗盡槁，苟公曰：『五龍廟效靈自昔，協恭精禱，神其憫乎！』於是率僚屬，齋沐，具香幣禱焉。戊子行事，雲乃起，是夕微雨，越翌日，雨大作，三日乃止。苗之槁者浡而興，市之閉遏者發，人之轉徙者息，病者以蘇，訛言以寂，豐兇笑顰，變乎旦夕。既報祀，安陽縣尹趙君時敏刻石以昭神貺，以達邦君之休。」原案：「碑久毁没。」今據至正集五二補入。凱霖即前章西域使者哈只哈心碑之凱霖，固明明回教徒也。「五龍」云云，與舊約書中以色列人之金牛犢何異，而凱霖竟隨俗祭之。出於中國官吏不奇，出於其他西域官吏亦不奇，出於回回教世家之官吏則奇，習俗移人，抑官守有限也。

白龍潭廟碑爲王博文撰並書。其略曰：「距城西南二十里潘流村有白龍潭者，叢祠蔚然，其水不經見，其詳不得而考焉。故老相傳，中有神物居之，頃年旱暵，有禱輒應。泰定丙寅，燕人馬合謨來守是邦，越明年丁卯秋旱，禪而果雨，遂割俸金，一新廟貌，所以答神貺也。又明年戊辰，實致和改元，正月不雨至六月，蹇陽肆兇，麥無完穗。太守有憂之，躬率僚屬，絕膻葷，去巾襪，徒步而詣所謂白龍潭者。即事之始，先以絳帕冪二瓶，置香案，謂之請聖水。得請則水滿其瓶，不得請則瓶空如故。於是祝奠如儀，肅拜無算。未幾，瓶中水滿，而絳帕不濡，舉水以歸，崇奉惟謹。居二日，陰雲四合，而雨乃大作，槁苗浡興，人心敉寧，歲號小稔。嗚呼，龍固靈物也！不有僉判等之精誠，無以見其神異，不有太守閔農憂，無以盡其虔禱之勞。太守固賢二千石，不有視民如傷之心，無以回天地之和氣。嗚呼，盛矣哉！」

原案：「碑亦佚。」據鄴乘刪節本補入。碑所云云，實爲神話，而太守之虔禱，乃出於精誠，吾不知其信仰改變之心理若何。道光廣東通志二四一宦績録，有馬合謨，字端卿，回回人。後至元三年爲海北海南廉訪司副使。重農勸學，夏旱祈禱，令儒生齋戒集文廟，誦雲漢之詩，告祝懇至，即日大雨。與守安陽之馬合謨事極相類，名適相同，未識是否一人。而中華習俗之移人，真有可驚者，魯人獵較，孔子亦獵較，吾見今一神教徒之躋登顯要，輒改其故步，亦可持此解嘲乎！其他元代祠廟碑刻中之西域人題名，不勝枚舉。大抵一廟一碑之立，凡官於斯土者，例得列名碑陰，不論其與本身之信仰若何也。攈古録十八載山東臨朐縣碑刻，有沂山東鎮廟祭春記，爲至大四年馬合麻撰並書，皆西域人祠祭之效華俗者。前清時回回教徒有官至三品即須反教之謡，吾聞而疑之，綜觀以上事實，其説不爲無因歟！

兩浙金石志卷十五有元答失蠻重裝佛像記，云：「靈隱禪寺，伏承大功德主、江浙等處行省□□左丞相順□□答失蠻，布施金子彩色，重裝佛國山諸佛菩薩聖像，所集洪因，端爲祝延皇帝萬歲。至大三年九月日，住持僧正傳謹題。」記在西湖飛來峰，摩崖正書，字徑一寸。答失蠻元史無傳，然以答失蠻爲名，當爲回教徒。重裝佛像何事，而可出於回教徒者！元史武宗紀載：「至大三年九月，御史臺臣言：江浙省丞相答失蠻於天壽節日毆其平章政事孛蘭奚，事屬不敬」云云。與此題記年月正合，是答失蠻一面出資重裝佛像，一面於大庭廣衆中毆人，亦元西域人之特色。出於鉅官，載之正史，均可爲發噱者也。

四　西域人居處效華俗

馬祖常石田山房　　余闕青陽山房

張閭益清堂　　馬季子懷静軒

斡朵忽都魯忠順堂　守中霜月軒

錢寶臣容膝軒　答里麻識理一清堂

買閭一樂堂　偰公遠近思齋

仲禮九思堂　薩德彌實瑞竹堂

伯顏子中池亭　偰玉立絳守居園池

舍甫剌丁池圃　答彥修雲溪小象

居處能表現人之精神，簞瓢陋巷，顏子樂之；環堵蕭然，五柳先生晏如也。然此非所論於元西域人，因元西域人豐裕者多，貧乏者寡，無論如何不致有環堵蕭然之景況也。惟名園別墅則有之，此唐風也。自唐以來，莊園之風極盛，離宮別館，榱棟相望，風氣所趨，西域人亦競相倣傚，此其故半因豪富，半因愛慕華風。迨乎建置既繁，題榜署名，輒相因襲，王士點禁扁之作，即所以標異避同，其盛可想也。

馬祖常於淮南築別業，名石田山房，自爲圖記（石田集附録），指韻求詩。其詞有曰：「屋側有崇丘，可五七丈，溪水傍折而出。岸碕之上，嘉樹苞竹，薈蔚蔽虧，前爲木梁，梁溪而行，周垣悉編菅葦，門屋覆之以茨。歲時里鄰，酒食往來，牛種田器，更相貫貸，寒冬不耕，其父老各率子若孫，持書笈來問孝經、論語孔子之説。其耕之土雖磽瘠寡殖，不如江湖之沃饒，然猶愈於無業也。」此馬祖常之所居，以山房爲名，而以耕讀相標榜也。

余闕亦於淮西築别業，名青陽山房。儲書其中，屬新安程文爲之記（青陽集附録），余公曰：「青陽山房在今廬州東南六十里巢湖之上，因山以爲名，武威余公讀書之處也。余公之未第也，躬耕山中，以養其親。即田舍置經史百家之書，釋耒則却坐而讀之，以求古聖賢之學，是時未有青陽山房之名也。及其出仕，不忘其初，乃闢其屋之隘陋而加葺焉，益儲書其中，冀休官需次之暇，以與里中子弟朋友講學於此，始有青陽山房之名。」此余闕之所居，以山房爲名，而以耕讀相標榜也。

山房之名，宋始有之，大抵爲山居讀書之所。蘇軾東坡文集五三有李君山房記，云：「李公擇少時讀書廬山白石庵。公擇既去，山中之人思之，指其所居爲李氏山房，藏書九千餘卷。不藏於家而藏於故所居之僧舍，此仁者之心也。」宋史四一六曹豳傳：「豳知建昌縣，復故尚書李常山房，建齋舍以處諸生。」是山房者實含有藏書以供人就讀之意，馬祖常、余闕以是名其居，猶是宋人遺俗也。

張閭有益清堂，迺賢金臺集卷一題益清堂詩序云：「閩海憲使合魯桓穆公，歸休嵩山之下，鑿池引流，列植卉木，扁其燕處之堂曰愛蓮。公没，堂池逮廢，其孫國子生張閭伯高，謙恭好學，思繼先志，乃復增葺而新之，國子先生陳伯敷易其名曰益清。伯高謂余曰：『與君世寓南陽，且支裔聯屬，不可無作。』因賦律詩十有四韻，以復其命。」詩有「吾宗多秀發，公子獨清修」之句。張閆之張，漢姓也，不有此序，孰知其與迺賢同宗。今以益清名其堂，蓋有取於愈進文明去舊俗愈遠之意乎！

然亦有雖進文明，而不忘舊俗者，馬祖常之從子馬季子是也。馬季子有懷静軒，王逢梧溪集卷四下題懷静軒詩序云：「懷静軒者，居延馬季子之所創也。季子之先曰月哥，曰理术，自雍古部族居静州天山。一傳爲習禮吉思，仕金死節，二傳爲月忽那，從世皇南征，以勞拜禮部尚書，三傳爲世昌，四傳爲禮，五傳爲祖中、仲氏祖常，六傳爲季子，居於淞之竹岡。軒以懷静名，示不忘本也。」

静者静州，馬季子祖所居也。元時西域世族，類能以詩書化其樸野，其祖若父雖起家甲胄，一二傳即沾被華風。其舊俗譬之江河，中國文明則海也，海無所不容，故無所不化，而其所以能化之速者，首由物質供給之豐腴，而詩書禮義隨其後，所謂衣食足則禮義興也。

斡朵忽都魯有忠順堂。劉敏中中庵集（元刻本卷廿三）云：「高唐監郡斡朵忽都魯，系出西城（四庫本卷三作域），讀書樂善，士夫稱之。兄弟六人，而君爲季。其父獨以君襲是職，監郡凡三世矣。作忠順堂居之，因郡人元恒齋正卿來徵言，贈以二詩。」詩有「系族來何遠，文儒夙所耽」之句。元恒齋爲高唐王闊里吉思客，斡朵忽都魯爲高唐王屬吏，忠順堂者，其讀書宴客之所也。中庵集十四又有樗亭銘，四庫本十九注云「爲回紇人作」，然則樗亭者，亦回紇人之中國建築歟！

守中有霜月軒。王毅木訥齋集卷一有霜月軒詩序，云：「高昌守中，榜其讀書之室曰霜月軒，求予叙其卷端。守中無亦操履嚴潔，有似於霜，心術光輝，有似於月，故名其軒以見志邪！守中家世顯榮，德性謙退，謝綺紈之習，敦詩書之好。予愛其德，由是而勖之，則將凜凜乎其有守，昭昭乎其有見，丙夜讀書軒中，庶幾斯名之稱情也。」

錢寶臣有容膝軒。陳高不繫舟漁集卷十四有容膝軒銘，曰：「高昌錢寶臣氏，名所居之室曰容膝軒，昭其儉也。」

答里麻識理有一清堂。舒頔貞素齋集卷一有一清堂記，云：「前江淮知府理侯來宰吾邑（績溪），官安而吏多暇，築堂於寓舍之隙，爲燕息之所，扁曰一清。侯高昌人也，仕於南國歷年多，見世之汩泥揚波者衆，懼辱於己，乃棄大府而僻壤是依，潔身治事，若甚宜之，扁堂曰清，侯之心可見矣。」

買閭有一樂堂。孟子曰：「父母俱存，兄弟無故，一樂也。」梧溪集卷五有懷哲操序，云：「懷哲，美買閭教授敬親愛弟也。惟敬愛也，不以禍亂窮羈少渝焉，搆堂名一樂。前朝儒公卿頌述備至，而琴操缺遺，故予補之」云。

偰公遠有近思齋。孔子曰：「切問而近思，仁在其中矣。」鄭元佑僑吳集卷七有近思齋箴，注曰：「爲高昌偰公遠作。」有「聖徒示訓，在思之近，譬則升階，斂步而進。級盡一級，學博理窮，篤志切問，仁在其中」之句。

仲禮有九思堂。孔子曰：「君子有九思。」趙汸東山存稿卷四九思堂記云：「九思堂者，高昌仲禮公閒居之所也。至正十一年冬，公莅兩浙鹽政，命前所治邑休寧諸生趙汸爲文以記之。汸聞諸君子，一言而可決天理人欲之幾者，曰思而已，故吾夫子之教，欲人即身心日用以慎夫所宜思，其目雖九，而思則一。公能取之以名其堂，信乎知所先務者矣。」

薩德彌實有瑞竹堂。吳澄文正集十三有瑞竹堂經驗方序云：「盱江郡侯，莅官餘暇，注意於醫藥方書之事，遇有得必藏之，積久彌富，題曰瑞竹堂經驗方。侯名薩德彌實。瑞竹堂者，往時侯插竹爲樊，竹再生根，遂生枝葉，人以爲瑞，而侯以扁其堂」云。瑞竹堂經驗方今不傳，所傳者清四庫輯永樂大典本，固中國藥方，而非西域藥方也（元有回回藥方院）。可見元時西域人居處服食，無所往而不華化矣。

此外建築物之見於儒學篇者，有闊里吉思之萬卷堂，回回之時齋，見於文學篇者，有察罕之白雲山別墅，皆西域人佳構之慕效華風者。文學篇又稱伯顏子中卜居進賢之北山，躬自創竹屋三間，讀書其中。讀元詩選劉聞容窗集，有咏顏子中池亭二首，猶可想見其風景。

詩云：

池浄天容湛，窗虚水氣通，遠山來户外，飛雨灑亭中。薛荔含朝景，蒹葭集晚風，平生江海念，相對興無窮。

種樹年年長，開窗面面涼，雨苔生砌緑，秋葉墮池黄。得句閒拈筆，拋書懶近牀，旅懷隨所至，誰復計行藏。

其風景固江南風景也。

元詩選偰玉立世玉集有絳守居園池詩，序云：「乙酉之秋，七月既望，余自河中讞獄還司，過絳，登守居園池。昔日亭墅，悉已埋没，獨洄漣亭、花萼堂復構以還舊觀，流泉蓮沼，猶仍故焉。堤柳陰翳，徑花鮮妍，庭竹數竿，清風泠然，有塵外之思，即事賦詩」云云。

偰玉立以一摩尼教世家（見儒學篇），對於古人遺跡加意保存，發爲詠歌，寄其遐想如此，此又西域人之愛慕林泉者也。林泉之好，爲人類所共，不能謂爲中華所獨，然元西域人率以武功起家，其性質宜與林泉不相近，而有時飄然物外，輒令人神往，不料其爲西域人者，不得不謂之華風。

阮元兩浙金石志十六有舍剌甫丁墓碣，爲泰定元年物，得諸南屏山麓。無額，上刻雲月之形。雲月形者，回回教徽號，即今新月旗也。碑稱：「公以伯顔丞相薦，充嘉興上海縣達魯花赤，累調紹興之山陰、衢之常山、建康之句容，過化之地，皆有恩澤及民。乃急流勇退，隱居於杭之豐樂橋東，築池圃，植花竹，爲高世避賢之舉，以禮義教子孫，以詩酒交親友，視富貴如浮雲，得逍遥物外意，易所謂『知進退存亡』者，公有之云。以至治三年卒，年七十有四。子五人，長木八剌沙，次納速魯丁，孫三人，長阿老丁，葬於錢塘之西湖南園。」

舍剌甫丁爲回回教世家，當無疑義。惟阮元跋據杭州府志，謂其長孫阿老丁，曾於文錦坊南建真教寺，俗名禮拜寺，則未必然也。據西湖遊覽志十八真教寺爲延祐間回回大師阿老丁所建，今碑稱舍剌甫丁卒於至治三年，是真教寺之建，在舍剌甫丁未卒前七八年。阿老丁爲舍剌甫丁長孫，時年當未滿三十，未必可稱爲回回大師。且祖若父并存，即有建白，亦未必自居其名。則建真教之阿老丁，當另一人也，不能以其同名而一之，因西域人同名者衆也。

回回教世家有高致不減舍剌甫丁，而爲同時文人所稱慕者，有荅失蠻彦修。彦修於至正十年爲祕書少監，危素説學齋集卷四有雲松隱者圖序，云：「雲松隱者，西域彦修君之别號也。彦修世胄高顯，蚤游成均，歷官清要，襟度夷雅，恬淡自得，居京師修文坊，恒杜門却埽，留情詩書文藝之間。嘗誦唐李翰林廬山巢雲松之詩，而愛其山，屹立江上，飛泉怪石，佳花美木，往往而見。徒以縻於職守，未遑置身其地，故寄興是圖，朝夕覽觀焉。嗚呼，世之人亦孰窺其高致哉！」

何以知爲答失蠻？則以李士瞻經濟集卷六有甲午歲題江漢王粲樓，和答石蠻彦修韻一首。甲午爲至正十四年，故知其爲雲松隱者之彦修也。許有壬至正集六七又有答失蠻彦修雲溪小像贊，尤具有出塵之想，蓋涵煦百年，而北鄙殺伐之聲絶響矣。其詞曰：

厭膏粱之腴，而採山釣魚，捨鮮華之服，而博帶長裾，拂朝市之塵，而居巖壑之僻，刷貴介之習，而為山澤之臞。棲神於澹泊，遊心乎詩書，長松蔭庭，春酒在壺，人間富貴之樂，有及此迂疏者乎！政恐不免於用世，而亦將為一琴一鶴之徒也。

趙翼廿二史劄記三十謂元季士夫風雅相尚。豈獨中國士夫，西域士夫其高致不讓華人也。丁復檜亭集卷八有送答彦修御史調西臺詩，答即答失蠻之簡稱。

元西域人華化考卷七

女學篇

一　西域婦女華化先導

李舜絃

一代之史，一方之志，卷末必附列女，今言西域人華化，不可不於婦女求之。始吾元西域人華化考稿成，王國維、英斂之二先生先後告我以前蜀李珣事。據黄休復茅亭客話卷二、何光速鑒誡録卷四，均稱珣爲土生波斯，有詩名，所著有瓊瑶集，可補吾西域人華化先導一節。吾因李珣而聯想及王衍昭儀李舜絃。舜絃，李珣妹，全唐詩第十一函有李舜絃詩，楊慎詞品云：「王衍昭儀李舜絃，饒詞藻，有鴛鴦瓦上一首，誤入花蕊夫人集。」詞云：

「鴛鴦瓦上瞥然聲，晝寢宮娥夢裏驚，元是我王金彈子，海棠花下打流鶯。」一作王建詩。全唐詩又作王衍宮人李玉簫詩。然無論此詩爲誰作，李舜絃固以波斯女而能詩也。圖繪寶鑒卷二言「李夫人西蜀名家，善屬文，尤工書畫。郭崇韜伐蜀得之，夫人鬱悒不樂，月夕獨坐南軒，竹影婆娑可喜，即起揮毫濡墨，模寫紙窗上，明日視之，生意具足」云。是李舜絃復以波斯女而能畫也。李珣可爲元西域人華化之先導，李舜絃可爲元西域婦女華化之先導矣。

二　西域婦女之華學

趙世延女貫雲石女　　**偰哲篤妻**

丁鶴年姊鐵鉉二女

前美術篇引書史會要補遺，有「趙夫人鸞，中書平章世延女，中書參政許有壬室。能琴書，善筆札」云云。應詳求趙夫人歷史。至正集六四有亡室高陽郡夫人趙氏誌，夫人名定，永平人，與此雍古部氏絕非一人。惟同志未有「夫人子燕山，繼夫人趙氏子之如己子」一語，則此當爲許有壬之繼室。安陽金石録十二有魯郡夫人趙氏墓誌銘，夫人諱鸞，誌中亦有「前趙夫人有子曰燕山，撫育如己出」一語，即書史會要所稱道者也。據金石録，「此石藏小營村民家，乾隆二十一年出土，字多没滅。今移置許文忠公祠，後半截殘缺不完」云。其文爲陳旅所撰，安雅堂集十一載之，武億蓋未之見，今撮録以補安陽金石録之闕。文云：

中書參知政事安陽許公有壬之夫人趙氏，諱鸞，字善應，魯國公諱世延之女，母劉氏。魯公本雍古部人，繇公業儒，始氏趙氏。夫人朗惠而厚静，幼時古文歌詩入耳輒能記，七歲誦周易書，屬對，九歲使顓學女事，則論語、孟子、小學書皆成誦矣。魯公之平章蜀省也，姦臣以詔逮公繫請室，夫人年十三，即却葷肉，向北斗拜禱，凡三年。旦夕哭泣，至翳其兩目，魯公難解，目遂明如初。魯公文學政事重海内，而女又賢明，選壻稱難其人。初，參政以進士廷對，魯公為讀卷官，及參政為兩淮轉運使，喪偶且期，值魯公還金陵别業，因請婚，於是夫人歸焉。魯公以其能誦易，嘗教之筮。自廣陵如鄂，未至金陵三十里，聞魯公與劉夫人偕來，筮得觀之益，曰：「納甲法，乾宫金用，土為父母，陽土伏而不出，其飛來者陰土也，切身且動，吾母其獨來乎！」已而果然。至鄂，聞城中火，且及所居，參政以為憂。筮得坎，其占為傷財，夫人曰：「此則不必以納甲論，當冬占火而得坎，火能神乎！」火果止。其識類非師傅方册所有者，諸陰陽家書，皆能通之。魯公嘗言「吾教之一，其自得蓋六七」云。能琴，居五年，參政不知，偶攜琴自怡，夫人始一鼓，乃作十餘曲。又善筆札，皆不自表襮。生長將相家，而服食約素，遇親舊不擇貴賤，一巽抑若寒門女，其善行蓋有不可殫言者。

自「魯公以其能誦易」句以下，安陽金石録全闕。此文可注意者，趙世延本基督教世家，予既由種種方法證明其晚年好道，隱居金陵之茅山（詳佛老篇）。今此文言其女拜斗，善卜，通陰陽家言，可知世延家學，實雜孔、老、陰陽、術數爲一堂，色目人沾染華俗之深，無逾於此。

貫雲石晚好浮屠，元史一四三本傳據歐陽玄貫公神道碑，謂：「雲石女一人，有學識，能文章。適懷慶路總管段謙。」名父之女，皆慕華學，二女可稱無獨有偶。

畏吾兒偰氏，爲摩尼教世家（詳儒學篇）。孔齊至正直記卷三云：「高昌偰哲篤世南，以儒業起家。在江西時，兄弟五人同登進士第，時人榮之。且教子有法，爲色目本族之冠。其子偰伯僚遜，至正五年進士，歷官翰林應奉文字。」人知偰哲篤教子有法，不知非獨哲篤能也，其夫人亦賢母也。黄溍金華文集三九有魏郡夫人偉吾氏墓誌銘，云：「今吏部尚書偰哲篤公之夫人卒，尚書既親志於幽堂，其子偰伯僚遜等，復以尚書之命，徵予銘。予辱與尚書有同年之雅，不敢以不文辭。謹按夫人諱月倫石護篤，字順貞，系出偉吾氏，曾祖而上，世仕本國。夫人生而聰慧，稍長能知書，誦孝經、論語、女孝經、列女傳甚習，見前史所記女婦貞烈事，必再三復讀而歎慕焉。年十七歸於偰氏。偰氏本突厥之貴戚，自唐以來，世相偉吾氏，遂爲其國人」云。

誌中叙夫人事姑教子事甚詳，以闕婦德，不備述。非輕婦德，以爲婦德者何族蔑有，不得指爲華學，本篇所論是華學，非婦德也。偉吾氏文字與漢文異，夫人所習之孝經、論語，當非畏吾兒文，而爲漢文，故謂之華學。孝經、論語或有畏吾兒譯本，然女孝經、列女傳及前史所記女婦貞烈事，未必有畏吾兒譯本。且此諸書，即使有畏吾兒譯本，而其原本究爲華文，故能習此者，即謂之華學。可見元時華學之廣被，且化及西域閨門也。

回回教世家丁鶴年，前篇論之屢矣。丁鶴年以詩名家，孰知其幼時所學，皆出其姊所口授也。鶴年姊名月娥，明史列女傳列卷首，然不詳。其所取在死節，與予所取異趣也。烏斯道春草齋集卷七有月娥傳，較詳，明史即本於此。今節録其文如下：

月娥者，蕪湖葛通甫之妻，武昌邑長職馬録丁之女，西域人也。少聰慧静幽，諸伯氏皆明經，工舉子業，月娥隨而誦説，通奥義。及長，歸通甫，事上撫下，凛如禮法，諸婦諸女，咸淑其化。既而寇羣起，據豫章，自上游而下，勢張甚，月娥挾諸婦諸女避郡城。未幾，寇果至，城陷，月娥抱所生女赴水死，諸婦諸女亦相與死水中，凡九人。父老議曰：「十節同志死，不可異壙。」乃於故居之南黄池里作巨穴，同葬焉，題其名曰

「十節墓」。其弟鶴年，相與樹碑墓下，以昭節行。鶴年富於經史，有操行。幼時讀書，皆月娥口授。月娥，幼名也。

十節墓，明史作十女墓。城陷，婦女未必即須死節，此亦得諸中華禮教者歟！然吾所取者其華學也。

七修續稿卷五有鐵氏二女詩，爲鄧州色目人鐵鉉女。鉉革除間參政，因忤成祖被誅，二女發教坊司，女誓不受辱。已而放出，各上詩一律謝恩，其長詩有「舊曲聽來猶有恨，故園歸去已無家」之句，傳誦一時。事並見震澤紀聞。然則元時西域婦女之華學，其流風至明未艾也。惟錢謙益列朝詩集閏四，謂此詩非鐵氏作。

元西域人華化考卷八

結論

一　總論元文化

綜計全書所論，凡百六十有八人：儒學篇三十，佛老篇八，文學篇五一，美術篇三二，禮俗篇四一，女學篇六，去其各篇互見者三十六人，尚存百三十二人。此百三十二人中，有著明部族者，有泛稱西域或色目者，惜不能一一確指爲今何地，然可略分葱嶺東西兩大部，列表如下：

葱嶺東部　五十六人

唐兀八　畏吾兒十一　回鶻二　高昌十七

北庭一　龜茲一　乃蠻二　合魯二
哈剌魯二　雍古八　斡端一　于闐一
　葱嶺西部　六十八人
西域廿三　回回二十　回紇三　答失蠻三
大食二　阿魯渾二　板勒紇城一　康里五
伯牙吾氏一　也里可温八
　其他　八人
朶魯別族一　尼波羅國一　色目六

其中有一地而二名，或一族而數譯者，皆用名從主人之例列之。如合魯即哈剌魯，斡端即于闐，回鶻、畏吾、高昌、北庭，元人本視爲一，回回、回紇，元人亦視爲一，説詳文學篇。

凡此諸人皆見諸載籍，於中國文化有表見者。其有載籍不載，或載而今已佚，或未佚而爲余疏陋所未及見者，當不止此。蓋自遼、金、宋偏安後，南北隔絶者三百年，至元而門户洞開，西北拓地數萬里，色目人雜居漢地無禁，所有中國之聲明文物，一旦盡發無遺，西域人羨慕之餘，不覺事事爲之倣傚。且元自延祐肇興科舉，每試，色目進士少者十餘人，多者數十人，中間雖經廢罷，然舉行者猶十五六科，色目人之讀書應試者甚衆。馬祖常送李公敏之官序言：「天子有意禮樂之事，則人皆慕義嚮化，朔方、于闐、大食、康居諸士之士，咸囊書橐筆，聯裳造庭，而待問於有司。」（石田集卷九）故儒學、文學，均盛極一時。而論世者輕之，則以元享國不及百年，明人蔽於戰勝餘威，輒視如無物，加以種族之見，横亘胸中，有時雜以嘲戲，王夫之夕堂永日緒論外編謂「胡元詩人貫雲石、薩天錫欲矯宋詩之衰，而膻氣乘之」云云，其一例也。清人去元較遠，同以異族入主，間有一二學者平心静氣求之，則王士禎、趙翼兩家之言可參考也。趙翼廿二史劄記三十，有元諸帝多不習漢文條，云：「元起朔方，不惟帝王不習漢文，即大臣中習漢文者亦少，如小雲石海牙、孛术魯翀、巎巎、薩都剌等，當爲翹楚矣。」言外頗有不滿於元朝文物之意，然同卷又有元季風雅相尚一條，云：「元季士夫好以文墨相尚，獨怪有元之世文學甚輕，當時有九儒十丐之謡，科舉亦屢興屢廢，宜乎風雅之事，棄如弁髦。乃搢紳之徒，風雅相尚如此。蓋自南宋遺民故老，相與唱歎於荒江寂寞之濱，流風餘韻，久而弗替，遂成風會，固不繫乎朝廷令甲之輕重也。」據此，則趙翼亦知元人文化不弱，且不繫乎政府之提倡，第以此歸其功於南宋遺民，則遺民何代蔑有。須知文化與政治雖有關係，但畢竟不是一事，政治之紛擾，孰甚於戰國、六朝，而學術思想之自由，亦惟戰國、六朝爲最；漢、唐號稱盛世，然學術思想輒統於一尊，其成績未必即優於亂世。「風雨如晦，鷄鳴不已」，吾人亦行其素焉耳。

以論元朝，爲時不過百年，今之所謂元時文化者，亦指此西紀一二六〇年至一三六〇年間之中國文化耳。若由漢高、唐太論起，而截至漢、唐得國之百年，以及由清世祖論起，而截至乾隆二十年以前，而不計其乾隆二十年以後，則漢、唐、清學術之盛，豈過元時！且元時並不輕視儒學，至大元年加號孔子爲大成至聖文宣王，延祐三年，詔春秋釋奠，以顔、曾、思、孟配享，皇慶二年，以許衡從祀，又以周、程、張、朱等九人從祀，至順元年，以董仲舒從祀，至正廿一年，以楊時、李侗等從祀。又並不輕視文學，延祐五年七月，加封屈原爲忠節清烈公，致和元年四月，改封柳宗元爲文惠昭靈公，後至元三年四月，且謚杜甫爲文貞，其崇尚文儒若此。此中消息，王士禛參之最透，故居易録卷二之論石田集也，則謂：「元代文章極盛，色目人著名者尤多，如祖常、趙世延輩是也。」其論燕石集也（卷三），則謂：「此與石田集皆奉旨刊行。元時崇文如此，或謂九儒十丐，當是天曆未行科舉以前語。」天曆應作延祐。九儒十丐之説，出於南宋人之詆詞，不足爲論據。謝枋得送方伯載歸三山序（疊山集卷六）云：「滑稽之雄，以儒爲戲者曰：我大元制典，人有十等，一官二吏，先之者貴之也；七匠八娼，九儒十丐，後之者賤之也。吾人品豈在娼之下、丐之上乎！」此一説也。鄭思肖大義略序（心史下）曰：「韃法：一官二吏，三僧四道，五醫六工，七獵八民，九儒十丐，各有所統轄。」又一説也。然七八之目，二説已自不同，況謝枋得明謂爲「滑稽之雄，以儒爲戲者」云爾，非元制果如是也。池北偶談卷七列舉元代色目文人，持論至爲平允。曰：「元名臣文士，如廉希憲、貫雲石，畏吾兒人也；趙世延、馬祖常，雍古部人也；迺賢，葛邏禄人也；薩都剌，色目人也；郝天挺，朵魯别族也；余闕，唐兀氏人也；顔宗道，哈剌魯氏人也；贍思，大食國人也；辛文房，西域人也，事功、節義、文章，彬彬極盛，雖齊魯、吴越衣冠士冑，何以過之！」其所見較趙翼爲獨到，予兹所論，正與王士禛同也。試更進而考察親見元時西域人華化者之言論，以完吾説。

二　元人眼中西域人之華化

危素　　干文傳　　戴良

家鉉翁

危素之叙金臺後稿也，在至正十一年辛卯，其言曰：「昔在成周之世，採詩以觀民風，西方之國，豳得七篇，秦得十篇而止。自豳、秦而西，未見有詩，豈其風氣未開，習俗不能以相通也歟！　易之，葛邏禄氏也。彼其國在北庭西北金山之西，去中國遠甚，太祖皇帝取天下，其名王與回紇最先來附，至今百有餘年。其人之散居四方者，往往業詩書而工文章。

易之伯氏既登進士第，易之乃泊然無意於仕進，退藏句章山水之間。其所爲詩，清麗而粹密，學士大夫多傳誦之。然則葛邏禄氏之能詩者，自易之始，此足以見我朝文化之洽，無遠弗至，雖成周之盛，未之有也。」此危素以成周比元，而謂其能化行西域也。

干文傳之叙雁門集也，在至正十七年丁酉，亦以成周之化比元。其言曰：「我元之有天下，拓基啓祚，皆始於西北，去周之邠、鎬益遠，是以人生其間，多質直端重，才豐而氣昌。觀之馬文清（應作貞）、達兼善、巙子山輩，其所爲詩，往往宏偉舂容，卓然淩於萬物之表，可以軼漢、唐而闖風雅，有周忠厚之氣象，爲之一新。若吾友薩君天錫，亦國之西北人也。君幼岐嶷不羣，稍長愈穎敏，爲文詞雄健倜儻，迥邁乎人人。嘗出其所作之詩曰雁門集者見示，予得以盡觀，周人忠厚之意具在，一掃往宋委靡之弊。國家元氣，肇自西北，以及於天下，有源而有委，讀是詩者尚有以見之。」

戴良之叙鶴年吟稿也，在至正二十六年丙午，説亦云然。曰：「昔者成周之興，肇自西北，西北之詩見之於國風者，僅自豳、秦而止，豳、秦之外，王化之所不及，民俗之所不通，固不得繫之列國以與邶、鄘、曹、檜等矣。我元受命，亦由西北而興，而西北諸國，如克烈、乃蠻、也里可温、回回、西蕃、天竺之屬，往往率先臣順，奉職稱藩。其沐浴休光，霑被寵澤，與京國内臣無少異。積之既久，文軌日同，而子若孫遂皆舍弓馬而事詩書。至其以詩名世者，皆居西北之遠國，其去豳、秦，蓋不知其幾萬里，而其爲詩乃有中國古作者之遺風，亦足以見我朝王化之大行，民俗之丕變，雖成周之盛莫及也。」

危素、干文傳、戴良皆南人，其人皆生元季，其論元人之化洽西域也，同出一詞，所謂輿論者非耶！

元好問生金末元初，其所選詩，號中州集，宋人之留元者有家鉉翁，爲題其後。文見元文類三八，曰：「世之治也，三光五嶽之氣，鍾而爲一代人物。其生乎中原，奮乎齊魯、汴洛之間者，固中州人物也；亦有生於四方，奮於遐外，而道學文章爲世所崇，功化德業被於海內，雖謂之中州人物可也。故壤地有南北，人物無南北，道統文脈無南北，雖在萬里外，皆中州也。暇日獲觀遺山元子所裒中州集，百年而上，南北名人節士所爲詩，皆採録不遺。盛矣哉，元子之爲此名也！廣矣哉，元子之用心也！夫生於中原，而視九州四海之人猶吾同國之人，胸懷卓犖，過人遠甚，若元子者，可謂天下士矣。數百載之下，必有謂予言爲然者。」此又宋人之先見，而其後竟言中者也。蓋鉉翁留元十餘年，得覩元初人物氣象，與宋季之偏激狹隘，迥然不同，知其後必昌，故爲是論。豈知不用百載，而西北子弟之成就，已過乎鉉翁所期也。

三　元西域人華文著述表

漢、唐以來，翻經沙門，傳教教士，華文著述衆矣，然大抵皆宣揚本教、發揮西學之書，求可以稱華學者蓋寡。元西域人不然，百年之間，作者至三十餘人，著述至八十餘種，經史、詞章、老莊、申韓、輿地、藝術、陰陽、醫藥之屬無不具。且皆華法，非西法，與徒誇彼善俗、思革吾華風者不同，此元人特色也。元史無藝文志，清金門詔、倪燦、錢大昕諸家補之，互有詳略。今兹所録，不過西域人之部，然已有出諸家補志外者，則疏漏仍恐不免，姑俟異日續補之。

人名	書名	備考
蒲壽宬（回回）	心泉學詩稿	四庫輯永樂大典本。
		倪志誤以壽宬爲壽庚弟。
	心泉詩餘	彊村叢書本
巎巎（康里）	大元通制	删修人之一，見順帝紀三。
馬潤（雍古）	樵隱集	見清容集馬公神道碑。

馬祖常（雍古）

英宗實録　以下六種，見元史本傳。

皇圖大訓

承華事略

列后金鑑

千秋記略

章疏一卷　又見千頃堂書目。

石田山房集　有影印元四家集本。

帝王心法　以下十四種，見本傳。

四書闕疑

五經思問

奇偶陰陽消息圖

老莊精詣　「詣」，千頃堂書目作「語」。

鎮陽風土記

績東陽志

河防通議　四庫輯永樂大典本。

贍思（大食）

西國圖經

西域異人録

金哀宗紀

正大諸臣列傳

審聽要訣

文集三十卷

偰玉立（回鶻）　世玉集　元詩選。

偰百僚遜（回鶻）　近思齋逸稿　見千頃堂書目外國類。明詩綜九五亦有偰遜詩。

泰不華（伯牙吾氏）重類復古編十卷本傳。

顧北集　元詩選。

宋史　分撰廿三人之一，見圭齋集進宋史表。

伯顏師聖（哈剌魯氏）金史　分撰六人之一，見進金史表。

貫雲石（畏吾兒）　直解孝經一卷　本傳。

貫公文集　巴西集有序。

酸齋文集　千頃堂書目。

酸齋集　元詩選。

迺賢（合魯氏）

河朔訪古記　四庫輯永樂大典本。

金臺集　近日翻元本。

金臺後集　說學齋集有序。

前岡詩集　見宋元詩會。

海雲清嘯集　見千頃堂書目。

丁鶴年（回回）

丁鶴年集　琳琅祕室叢書本。

丁孝子詩集　藝海珠塵本。

皇元風雅　九靈山房集有序，與蔣易、傅習等所編同名。

趙世延（雍古）

經世大典　纂修人之一，見元文類經世大典叙録。

風憲宏綱　本傳。

余闕（唐兀）

五經傳注　本傳。

易說五十卷　見九靈山房集余豳公手帖後題。

青陽山房集　有四卷、五卷、六卷、八卷各本。

宋史　分撰廿三人之一，見圭齋集進宋史表。

高克恭（西域）　房山集　元詩選。
　高尚書文集　式古堂畫考有王士熙跋。
　高文簡公集七卷　見千頃堂書目。
聶古柏　侍郎集　元詩選。
斡玉倫徒（唐兀）　宋史　分撰廿三人之一，見圭齋集進宋史表。
張雄飛（唐兀）　張雄飛詩集　至正集有序。
昂吉（唐兀）　啓文集　元詩選。
伯顔子中（西域）　子中集　元詩選。
薛超吾（回鶻）　薛昂夫詩集　松雪齋集、天下同文集有序。
郝天挺（朵魯别族）雲南實録五卷　本傳。
　唐詩鼓吹注十卷　通行本。
辛文房（西域）　唐才子傳十卷　粤雅堂本、日本本、近翻元本。
　披沙集　石田集有題披沙集詩。
　布都公行狀　見雪樓集。布都公，察罕父。
雅琥（也里可温）　正卿集　元詩選、曹學佺歷代詩選。

薩都剌（答失蠻）　雁門集　有三卷、六卷、八卷、二十卷本。

薩天錫詩集二卷　千頃堂書目。士禮居藏十卷。

集外詩一卷　毛晉刻。

薩天錫逸詩　日本刻。

西湖十景詞　見元史類編。

沙剌班（畏吾兒）　金史　分撰六人之一，見進金史表。

廉惠山海牙（畏吾兒）遼史　分撰四人之一，見進遼史表。

仁宗實録　以下二種，見本傳。

英宗實録

孟昉（西域）　孟待制文集　夷白齋集有序。

孟天暐擬古文　燕石集、滋溪集有題詞。

察罕（西域板勒紇城）聖武開天記　千頃堂作皇元太祖聖武開天記。以下三種，均見本傳。

紀年纂要　雪樓集有序，千頃堂作帝王紀略纂要。借月山房重訂本。

盛熙明《龜兹》　太宗平金始末
法書考八卷　楝亭十二種本。
補陀洛迦山考　見普陀山志。
薩德彌實　瑞竹堂經驗方　四庫輯永樂大典本。吴文正集有序。
保八（色目）　易原奥義一卷　以下三種，見四庫總目，統名易體用。松鄉集有序。
周易原旨六卷
周易尚占三卷
戈直　貞觀政要集論十卷　通行本。
札馬魯丁（西域）　萬年曆　見曆志，至元四年進。
可里馬丁（西域）　萬年曆　見仁宗紀，皇慶二年上。
忽思慧　飲膳正要三卷　道園學古録有序。

附　徵引書目

漢書　舊唐書　新唐書

宋史　金史　元史
元史類編　元史新編　新元史
元書　元史氏族表　補元史藝文志（錢大昕）
補遼金元三史藝文志（倪燦）　補遼金元三史藝文志（金門詔）
元名臣事略　明史　廿二史考異
廿二史劄記　南唐書　安南志略
至順鎮江志　至正四明續志　西湖遊覽志
八閩通志　泉州府志勝　閩書
順治吉安府志　雍正浙江通志　乾隆福建通志
乾隆泉州府志　乾隆濟源縣志　道光廣東通志
道光南海縣志　道光普陀山志　同治欒城縣志
光緒嘉應州志　耶律楚材西遊録　長春真人西遊記
劉郁西使記　張星烺馬可孛羅遊記譯注
元祕書監志　元典章　兩浙金石志
越中金石志　常山貞石志　安陽金石録

和林金石録
和林金石詩
寰宇訪碑録
補寰宇訪碑録
攈古録
潛研堂金石文跋尾
金陵古金石考
經義考
内閣書目
菉竹堂書目
千頃堂書目
四庫總目提要
宋元學案
書史會要
圖繪寶鑒
畫旨
清河書畫舫
鐵網珊瑚
繪事備考
式古堂書畫彙考
佩文齋書畫譜
三希堂石渠寶笈
元八家法書
茅亭客話
鑒識録
玉堂嘉話
困學齋雜録
研北雜志
山居新話
至正直記
輟耕録
故宮遺録
庚申外史
讕言長語
樂郊私語
客座贅語
七修類稿
震澤紀聞
堯山堂外紀
棗林雜俎
日知録
居易録
池北偶談
香祖筆記
十駕齋養新録

陔餘叢考
茅山志
元也里可温教考
鄭思肖心史
元好問遺山文集
任士林松鄉集
劉因靜修文集
安熙默庵文集
程鉅夫雪樓集
釋大訢蒲室集
馬祖常石田集
揭傒斯文安集
黃溍金華文集
許有壬至正集
薩都剌雁門集
開元釋教録
清河内傳
蘇軾東坡文集
丘葵釣磯詩集
陸文圭牆東類稿
趙孟頫松雪齋集
劉將孫養吾齋集
王惲秋澗集
徐明善芳谷集
侯克中艮齋詩集
虞集道園學古録
丁復檜亭集
歐陽玄圭齋集
宋褧燕石集
陳旅安雅堂集
至元辯僞録
摩尼教入中國考
謝枋得疊山集
耶律楚材湛然居士集
鄧文原巴西集
吳澄文正集
耶律鑄雙溪醉隱集
姚燧牧庵集
袁桷清容居士集
劉敏中中庵集
楊載仲弘集
王沂伊濱集
柳貫待制集
黃鎮成秋聲集
傅若金與礪詩文集

李存俟庵集
蘇天爵滋溪文稿
余闕青陽集
李士瞻經濟集
迺賢金臺集
貢師泰玩齋集
劉仁本羽庭集
陳高不繫舟漁集
張雨句曲外史集
柯九思丹丘生稿
朱德潤存復齋集
鄭元祐僑吳集
吳海聞過齋集
丁鶴年集
舒頔貞素齋集
周霆震石初集
王逢梧溪集
魯貞桐山老農集
戴良九靈山房集
楊翮佩玉齋類稿
倪瓚清閟閣集
王禮麟原集
趙汸東山存稿
陳基夷白齋稿
王毅木訥齋集
高克恭房山集（自此至子中集十二種據元詩選）
雅琥正卿集
貫雲石酸齋集
聶古柏侍郎集
偰玉立世玉集
劉聞容窗集
文矩子方集
吳克恭寅夫集
泰不華顧北集
薛漢宗海集
宋濂學士集
昂吉啓文集
伯顏子中集
危素說學齋集
劉基誠意伯集
王禕忠文集
朱彝尊曝書亭集
烏斯道春草齋集
楊士奇東里集

王夫之薑齋詩文集　全祖望鮚埼亭集　杭世駿道古堂集
文苑英華　天下同文集　元文類
元風雅　西湖竹枝集　大雅集
玉山名勝集　元音　乾坤清氣集
元詩體要　元人十種詩　宋元詩會
全金詩　御選元詩　元詩選
列朝詩集　明詩綜　甬上耆舊詩
樂府新編陽春白雪　太和正音譜　中原音韻
朝野新聲太平樂府　元曲選　歸田詩話
詩藪　録鬼簿　録鬼簿續編
詞品

〔作於一九二二至一九二三年。前四卷發表於一九二三年底北京大學國學季刊第一卷第四號，後四卷發表於一九二七年底燕京學報第二期。一九三四年冬出版全書的木刻本。一九六三年修訂後交中華書局排印，後未能實現。此次即據一九六三年的修訂付印本排印。〕

陳垣全集之七

宗教史論文

安徽大學出版社

重刊鐸書序

鐸書一卷，明韓霖撰。霖山西絳州人，字雨公，號寓庵，天啓元年舉人。絳州志稱霖爲文有奇氣，書法在蘇、米間。性嗜遊，爲聚書計，嘗南至金陵，東覽虎邱，泛舟南下至武林，西南探匡廬，復由淮南北上，謁孔林，撫手植檜。前後購書極衆，日與門人數十人講誦不輟。又嘗學兵法於徐光啓，學銃法於高一志。董其昌韓氏卅乘藏書樓記，稱韓之先，京兆、司空多祕籍，鴻臚景伯繼之，合得萬餘卷，雨公悉推與景伯，而身則重購之四方，每遊都邑及委巷小市，必窮其耳目之所未睹，或見之他所莫能得，則展轉抄録而後已。王漢守圉全書協力篇序，稱雨公有用世之才，其於天下士，虛懷下之，大度包之，有片長微善，必使聞於人。孫錫齡絳州救荒協義傳，稱明崇禎六七年，頻年荒旱，至十四年而極。其首倡勸賑者，則有韓鄉宦雲兄弟，闔州衆紳，咸有輸助，獨雨公先生霖，捐五百金，券貸三百，會借二百。其好學好善好義如此，此其爲人概可知矣。其所著書，有救荒書、守圉全書、神器譜、炮臺圖說、士範、俎談、清風録、絳帖考、燕市和歌、寓庵集、兩園詩集、卅乘樓書目等十數種。是書則取明太祖聖諭六言，以中西古近聖賢之説，爲之逐條分疏，演繹詳解，而一本於敬天愛人之旨，獨標新義，掃除一切迂腐庸熟之談，其真切感人，能令讀竟者忘其爲循例宣講之書，淵然以思，蘧然以覺，泰然以安，而凡與生俱來及習俗黄染之種種惡德，如驕、如傲、如忿、如妬、如貪、如吝、如怠、如饕、如淫等，均將飄然遠颺，不敢爲祟，而其分可以見上帝，是真救世之奇書也。邇年以來，余篤信敬天愛人之學，以爲非此不足以救世，間嘗搜求昔賢學説之与此旨合者。去年冬，道出海上，見是書於徐匯書樓，亟欲寫副，匆匆東渡未果。今年秋，馬相伯先生乃以抄本寄京。全書都四萬餘言，卷首有闕名序，考其年代爵里，當爲李建泰著。建泰曲沃人，與韓霖鄉榜同歲，天啓五年進士，歷官國子監祭酒。崇禎十七年正月，李自成逼山西，建泰以宰輔督師，抵保定，城陷，爲賊所執。賊既敗，清召爲内院大學士，未幾罷歸。順治六年姜瓖反大同，建泰遥應之，兵敗被禽伏誅。見明史本傳。其所以闕名者，則是書刻於崇禎十五年，而是本則印於建泰被誅以後，削去其名，避清人之忌也。次有河東道李政修序，政修河南河内人，萬曆四十四年進士。次爲較刻諸人姓氏，主之者爲絳州知州孫順。順貴州安化籍，四川綿州人，崇禎十年進士，以十四年知絳州，志稱其下士愛民，循聲卓著。計是書著者序者刻者，非山西之士紳，即山西之官吏。吾友李君楓圃，山西人也。嘗爲余言其鄉士大夫近設洗心社於郡學明倫堂，以敬上帝、愛國家爲宗，每七日集紳民演講，並發刊來復雜誌，以推行其所演講者於四鄉。余維鐸書亦當時宣講之書也，其言敬天愛人之道，與洗心社同；其恐宣講難遍而刊爲成書也，亦與來復雜誌之意相類，吾今將以山西人之著述，還諸山西人，不亦佳話乎？李君曰善，因爲言於山西省長閻百川先生，適先生以事晉京，聞李君言欣然，屬即重刊以餉當世。余爲校讐一過，其有疑義不可通者姑仍之，以孤本無可對勘也。原刻於言天言帝，皆高擡示敬，今取便印刷，不復如舊。原刻每篇文義相連，不分段落，而間標子目於眉端，今爲分段別行，眉端標題從省。

夫此書之湮没，幾三百年矣，因其所講演者爲明聖諭，在清有故國之忌，在今日又有帝制之嫌。然考其所謂聖諭，不過孝順父母，尊敬長上，和睦鄉里，教訓子孫，各安生理，毋作非爲六語。成湯之誥，不見黜於姬周；拿翁之言，豈遂諱於法國。吾知山西人必無如是固也。共和七年，各省兵匪不息，獨山西秩序未嘗大亂。吾嘗一遊大同，觀其所爲六政，地雖邊鄙，可見一斑。若更得是書爲遒人之徇焉，山西之治，必不止此。抑有言者，韓霖雖山西人，其所與遊，則大抵海内外方聞之士，其所言敬天愛人之説，亦不盡囿於吾國古先昔賢之書，故所言往往有中國士夫所未聞。其所引七克，則西班牙人龐迪我著也；齊家西學、童幼教育，則意大利人高一志著也；滌罪正規，則艾儒略著；哀矜行詮，則羅雅谷著，皆非中國人也。公蓋非一鄉一國之善士，尚友古人，而又能友天下之善士者也。十七世紀之間，山西有此通學，可不謂難能哉！宜乎今山西人材之蔚起也。

一九一八年十二月新會陳垣序

是書初次活版，晉人貽我數百本，頃刻散盡，本年六月遂重付活版。同時友人慕君再版於溧陽。今天津友人又屬爲重印，此其第四版矣。原本眉端標題外，並有評語，詞旨警策，疑亦李建泰所爲，初版未經刊入，今爲移置行間。其原有標題，則範以複圈，用存古本。一九一九年九月陳垣再識。

〔載於新會陳氏校刊鐸書單行本。此次加了標點。〕

休寧金聲傳

金聲字正希，一字子駿，徽州休寧人。明萬曆廿六年生西一五九八，自幼即有學道志。四歲入塾，問師孔子爲何人？師曰聖人。曰，今安在？當往拜之。曰，孔子没二千餘年，今無復聖人矣。即大哭不止。十一歲，隨父商於楚之嘉魚，從邑名士龍韜學，至弱冠，未嘗更師。十四歲，入嘉魚籍。十八歲，補博士弟子員。翌年，還徽，讀書於歙之臨塘寺。萬曆四十五年西一六一七，錢塘葛寅亮督楚學，嘉魚人久不第，寅亮拔聲卷首諸生，拔熊開元卷首童子，更以開元名入諸生榜，次聲後，兩人故莫逆，後皆取高第，以八股文名當世。四十七年西一六一九，遊武林，從寅亮問業，讀書西湖上。先是嘉魚有張湘渚者，學兼儒釋，開元師事之，所謂覺來大師是也。天啓三年西一六二三，開元介聲往謁，與談性命之理，甚歡。舉恩貢。甲子西一六二四廷試，與竟陵譚元春同入京，肄業北雍，祭酒羅喻義亟賞之，每試輒第一，以爲明興以來所未有，舉順天鄉試。時耶穌會士艾儒略、畢方濟等方以修曆留京師，公車士子，多與往還。聲居京師一年，乙丑西一六二五下第，始歸里。開元則以是科成進士，有妓以千金自贖，願歸之，聲貽書曰，魚山即未舉子，奈何以天所與之子，委若輩乎？開元即日遣之。越數年，開元與聲相去遠，復有願歸如前者，開元卒受之，入門必歎曰，不見吾子駿，遂有此過舉，蘂籠中物，可一日無耶？此開元自述也。聲在徽，嘗晤廬山半偈和尚，半偈曰，君能如壯士展臂，獅子遊行，方得大無畏，若有毫髮許未盡，即是生死根本。聲頷焉。六年西一六二六冬，羅喻義移主南雍，邀聲讀書鷄鳴寺，令南雍拔俊從聲學。聲集有城南葉氏四續譜序，疑即此時作也。序曰：葉翁鵬季，爲吾鄉隱君子，余自總角時見翁，翁爲余改竄文字。比壯，而翁之季子來問業。翁成其家譜以示余，謂余通家好，徵序焉。余適與泰西宿儒論學，頗相感觸，其言萬物最初一大父母，今四海之内，皆爲兄弟，回念而愛其大父母，遂相推心以及此兄弟，而相愛焉，此大旨也。親親有殺，古謂之天秩，天秩定而萬物各得其所，夫是之謂大同，比而同之，是亂天下也。泰西不爲是説，學尊性命，而明物察倫，斷斷焉，井井焉，其必不可意假借而私游移。吾喜其與中土聖人大道往往符合也。愛無差等則墨矣。天啓七年西一六二七，聲年適三十，故曰比壯。時南京教案甫息，畢方濟承徐光啓之召，佈教於南京，序中所謂適與泰西宿儒論學者，畢方濟也。湖北開教頗遲，徽州西士罕至，聲之得聞西説，北京而外，當爲南京。崇禎元年西一六二八，再上公車，舉進士，選庶吉士，與西士遊益密。維揚人有女請爲妾，已貽之簪珥矣，至是命他適。人莫明其故，聲曰，吾將經營四方，何以家爲。其實蓋有得於西士也。二年西一六二九東師薄蘆溝橋，慷慨言防禦策，薦僧申甫有將才，即授申甫爲副總兵，聲爲御史，參其軍。甫出戰，陣没，聲言浸不用，遂告歸。四年西一六三一，講學休寧還古書院，謂儒門重立志，猶佛門貴發心，來學者必先立爲聖人之志而後可。已聞泰西氏之教，則又率子弟從事泰西。五年西一六三二至嘉魚，覺大師已前寂，聲造其廬，用泰西教，不禮佛菩薩像，獨拜師神主，哭不輟。開元曰，先師故事佛，子駿不然其所事，而哭之慟，何與？聲曰，祇覺先師遺訓，率由無斁，他非所知也。坐定，開元力斥泰西學，至手口交作，氣驚一座，聲未即降。開元曰，子駿口雖不服，心未安也。聲曰，予若安，則聖人矣。故一時學者咸詆聲闌入異道，開元獨信聲求道急，暫行歧路，不久即當還。開元母李亦以信開元故信聲，無間言。不數月，聲果廢然返。開元爲聲傳語如此。傳又言聲過廬山，仍往見半偈暨宗寶和尚，且迎寶至家，限一關靜究，家人自大母外，無得叩關者。已而歎曰，感恩淺，知己深，吾固當得之吾友母，不更深耶？開元曰，聚諸聖於一堂，尚不無都俞吁咈之異，末世凡夫，互相然諾，僞也。昔人上殿爭，下殿不失和氣，謂爲盛事，若吾與子駿，正爭時純是和氣，豈待下殿而後不失哉。十月，大學士徐光啓主修曆，疏薦聲思致沈潛，文辭爾雅，博涉多通，兼綜理數，請委聲董其事。六年西一六三三，聲上書光啓，力陳不能、不忍、不敢三端，并言已發願譯書傳道，以不仕爲宜。其詞略曰：聲思路疏闊，敬服西儒，嗜其實學，乃在理道，及修行法律，至於象數，全所未諳，即太老師所譯幾何原本，幾番解讀，必欲終集，曾不竟卷，輒復迷悶。況曆法淵浩，對以淺思狹識，所不能也。老父行年七十有二，老母六十有三，並多疾病，捐棄庭闈，絕裾而來，何以堪忍。且又有宜忌，分應遲回者，聲之謬膺斯舉，非聲有干於左右，太老師之以聲承乏斯職，亦非有私於不才，而流俗之人，或謂聲爲禄位，乃以學術依附明公，則有所不敢也。況聲近發薄願，欲倡明大法，盡區區筆舌，將次第譯授西學，流布此土，并爲人廣細宣說。此非十年不仕，優閒專精，未易卒辦；非身豎坊表，出處進退之間，卓然有以見信於天下，亦未易徑牖人心，遽信其書及其言也。故聲今日爲大道計，聲處或流通有日，聲仕恐闡明無期。雖微前三者，太老師救世心切，尚應念之。熊開元謂治曆非聲志，徐善泰西，不欲往，亦一端，誣也。既還休寧，請江右監司萬尚烈及歙人吴士奇同講學於還古書院。七年著大學中庸說。八年銓部起山東臬僉，疏辭。十一年西一六三八開元年四十，走潤州海門，就問石禪師決擇，邀聲同往。問石重頓悟，聲重修持，於諸師行解，少所然可。語開元曰，禪子戒德未增，而遽責之悟道，是不能三年而小功察，放飯流歠而齒決問也。開元以告海門，海門笑曰，此何等事，可以世間持犯相提論量，如渠言，則真察小功，問齒決耳。居一月退去。十二年，海門入楚，聲與晤於小塔，退而具書曰：戊寅盛夏，詣山中奉扣，實以信魚山者信師，爲求師了決此事。及入小塔，則無復此意，自分此事非師所能決矣。師今匡徒領衆，某俗漢，固無增山益海分，若魚山兄，則生死以之，誓不忍相棄也。因録惟清禪師鉗錘妙密語一則以進。會開元是日亦有書抵海門，曰：子駿兄近日禮佛奉戒，於轉法輪者全信不及，其說使人易惑，未始非斯道憂。某與此兄氣誼之篤，甚於同胞，獨此處不能合，用爲耿耿。海門得書大笑，即舉以報聲曰：好一則因緣，且道誰是誰非，孰得孰失，果能向者裏了却，則偷心死盡，惟清所謂言下脱生死者，豈有他哉。更以書報開元曰：此公是一個漢，爲道爲友之心，人所不及，惜乎修行習氣重。百丈云，祖師西來，不爲人除穢邊垢，爲人除淨邊垢，以除穢易，除淨難。予所言皆真藥，如不服何。雖然，更須如此公習氣，在本分中是爲道障，若以他人習氣較之，萬不及一也。觀此，則聲所受西儒踐履篤實之影響，與禪家所尚之機鋒警悟，終格格不相入，而開元以己好佛故，必欲强聲相從，亦無謂矣。十三年西一六四〇，聲女道炤，年十七，當適楚撫唐暉之孫，已治奩，忽得女書，請從父清修，不嫁。聲大喜，罷奩不復治。子弟皆變色，謂開元曰，非公莫能回此者。開元纔啓口，聲曰，彼方欲爲聖賢，吾忍牽其裾使下耶。女果以童貞入道。後聲過吴門，訪頂目徹和尚，不契。尋走明州，謁天童悟和尚，亦不契。十五年，丁父憂，喪葬並用古禮。十六年西一六四三奉特旨，以翰林院修撰起用。修撰專以授進士一甲一名，餘無得遷轉者，末世不循常格矣。乙酉，福王即位南京，擢左僉都御史，不赴。清兵破南京，率師拒守，會唐王入閩，改元隆武，詔至徽，加兵部右侍郎，兼都察院右都御史，總督諸軍，進兵下寧國、旌德諸縣。清兵間道襲之，被執不屈死。子敦涵間道走閩，爲開元述其事，開元爲請謚曰文毅。所著有尚志堂集，卒年四十八。子二，長敦涵，諸生，次敦滋，開元以爲壻。女二，長道炤，不嫁，次法炤，字編修吴能天長子。

論曰，金君以時文名一世，其死節又甚著，故其學道之名，爲死節及文名所掩。明史徒叙其死節，熊魚山爲君傳，則極力援君入禪。然吾據君集上徐玄扈書，及葉氏世譜序，知君所服膺者爲耶穌。魚山亦述君休妾，及率子弟從事泰西，不禮佛菩薩像，并謂一時學者咸詆君闌入異道，則君之信仰皎然矣。既謂君不數月廢然返，又述君晚年與海門不合，與徹和尚不契，與悟和尚亦不契，則又何耶？君女道炤不嫁，從父清修，耶耶？釋耶？喪葬用古禮，儒耶？耶耶？雖無明文，然古禮云云，其不狥俗延僧禮懺可知也。此皆魚山所親記，愈洗濯而愈顯，愈掩飾而愈明。夫士各有志，不能强同，信仰爲尤甚。魚山不應以後死之故，誣其死友。吾故將魚山所爲君傳改作之，以俟後之君子論定焉。

〔作於一九一八年底或一九一九年初，最先發表於青年進步第九九册（一九二七年一月）。今據原稿校訂。〕

罪言序

宗教上所謂罪,異乎法律上所謂罪也。宗教上所謂罪,自覺而已,人不覺也;神知而已,人不知也。罪而至於爲人所知覺,則國家刑罰得制裁之,否則,社會清議亦得制裁之,毋庸宗教家之喋喋爲也。十誡有曰:毋殺人,毋姦淫,毋貪人所有,豈以事實論,以行爲論哉,亦問其心之有無此動念耳! 今人撫心自問,輒曰吾生平未嘗爲惡,此真不自覺之甚者也! 以孔子之聖,曰「假我數年,五十以學易,可以無大過」,豈真謙詞云耳哉? 過之有無,惟孔子自知之耳! 若必以人所知者方爲惡,則何需乎慎獨? 何貴乎能見其過而内自訟? 然則天下之撫心自問,以爲吾生平未嘗有大過者,妄矣! 即此一念,已犯文過飾非之罪,不可救藥矣! 夫人必自覺有病,然後肯求治,今乃不自覺其有罪,奚肯求滌罪之方哉? 所以謂不可救藥也! 陳子敏應憂之,著罪言若干章,示人以認罪之法,滌罪之方。始吾讀陳子言,而覺吾身之無處非罪,跼蹐而不自安,繼吾讀陳子言,而覺吾罪雖多,然可藉神之力,以爲驅除,吾心乃稍自慰,而終則泰然以安也。陳子索序,因即以吾所覺者爲序。

一九一九年三月新會陳垣序

〔載於青年進步第二五册(一九一九年七月)。罪言,金陵神學院教授陳金鏞著。〕

萬松野人言善録跋

余之識萬松野人，因言善録也。言善録每述明季西洋人譯著，有爲余所欲見而不可得者，靈言蠡勺、七克其尤著也。童時閲四庫提要，即知有此類書，四庫概屏不録，僅存其目，且深詆之，久欲一睹原書，粤中苦無傳本也。丁巳春，居京師，發願著中國基督教史，於是搜求明季基督教遺籍益亟，更擬倣朱彝尊經義考、謝啓昆小學考之例，爲乾隆基督教録，以補四庫總目之闕，未有當也。已而得言善録，知野人藏此類書衆，狂喜，貽書野人，盡假而讀之，野人弗吝也。余極感野人，野人亦喜有人能讀其所藏，並盼他日彙刻諸書，以編纂校讐之任相屬，此余訂交野人之始也。顧野人憊矣，雖年未滿六十，然生平用力至勤，及今精力已遠不如昔，雖欲復事鉛槧，一展卷而目眩矣。言善録中言將重刊靈言蠡勺，以餉當世，久而未刊者，亦以校讐之未得其人也。余今未至野人之年，故野人再版言善録，猶得爲野人執校讐之役，且因是得復讀言善録一通，以寡其過，余之幸也。使余至野人之年，未知精力如何，又未知能有野人之年否，余心悚然，懼吾德之不修，而又不能竟余曩所欲竟之業也，則少壯真當努力矣。校刊既竣，野人顧余一言，因即書此以自警。

一九一九年四月新會陳垣跋

〔載於青年進步第二四册（一九一九年六月）。言善録，英華著，單行本一九一九年八月出版。〕

耶穌基督人子釋義序

吾友張子仲如，好以佛説談耶理，以是爲一般拘泥之基督教牧所不悦，仲如不顧也。仲如蓋確有所見，謂中國現有諸教，堪與基督把臂入林者，惟佛庶幾耳。恒人不入人室，而妄在門外評騭人室中鋪陳之美惡，未見其能有當也。佛教始至自外國，其遭中國士夫之詬謗，倍於今日之耶教，觀弘明集及廣弘明集、佛道論衡集，略可見矣。昌黎以後，宋明儒者更例有一二篇闢佛之文以相標榜，未知其果出自本衷，抑恐被擯於兩廡，而故爲此剖白也。六朝士夫稱尚佛矣，然對於沙門不拜俗等事，聚訟紛如，至欲迫以帝王之力，則與今之譏耶教徒不祀先者何以異？佛教史上所謂三武一宗之厄，燬佛像，焚佛經，坑沙門，又與雍、乾諸帝之禁基督教，及數十年前之仇教者何以異？皆以其爲外國之教而排斥之也。吾讀史至此，未嘗不掩卷而悲，與有同感，以其可以施諸佛者，即可施諸耶也。然當時佛教，並未因此稍衰，士大夫之潛心内典者，反因此益盛。吾甚不解，今耶教徒猶有引用前人闢佛之文以闢佛，而佛教徒則岸然自大，漫議基督也。吾嘗謂耶教徒非博覽佛典，不可以議佛；佛教徒非精研耶理，不得議耶。仲如知其然，始讀耶氏之書，繼鑽釋迦之訓，積有年所，豁然貫通，以爲辯生於末學，佛之高妙，實有合於耶。於是所著論，恒援佛入耶。近出耶穌基督人子釋義相示，亦以佛爲注脚者也，屬余爲序。余所見不必與仲如悉合，余於佛所知亦極稀，顧嘗聞大秦寺僧景淨曾與沙門般若有同事繙經之雅（貞元釋教録十七），會昌毁佛，大秦、穆護同受摧殘（唐會要四十七），基督教之與佛，可謂患難之交矣。使二教有志之士，能盡如仲如之互易其經，虚心研誦，不爲門外之空辯，固必有最後覺悟及最後決定之一日也。又何必深閉固拒，鰓鰓然懼歧路之多亡哉！

一九一九年四月新會陳垣序

〔載於青年進步第二四册（一九一九年四月）。原書天津南開學校教習張純一撰。〕

重刊靈言蠡勺序

靈言蠡勺二卷，明畢方濟譯撰。方濟字今梁，意大利人，以利瑪竇卒後三年至中國，時萬曆四十一年也。方濟事跡，漢籍不概見，明史外國傳僅一見其名。聖教奉褒載崇禎十二年冬，方濟疏陳時事四端，曰：明曆法以昭大統，辨礦脈以裕軍需，通西商以官海利，購西銃以資戰守。得旨，畢方濟着劉若金伴往海上商議澳舶事宜。聖教史略載方濟傳教南京、松江、淮南、常熟諸郡，得人甚衆，瞿式耜父汝説，亦受洗於其門。又嘗傳教開封，與福王常洵友善，北京陷，常洵子由松稱帝於南京，謀遣使澳門借葡兵拒敵，即以方濟往，既至而南京亦陷矣。唐王聿鍵故嘗得罪被廢，親族多離貳，方濟獨厚待之，及稱帝，招方濟入閩，欲有所謀。未幾聿鍵敗，瞿式耜奉永曆守桂林，復遣龐天壽與方濟至澳門繼續前議。永曆元年三月，拒清人於桂林，有洋兵三百助戰，方濟之力也。方濟在華三十餘年，卒於杭州。初方濟至京師，即習爲華言，與其士大夫遊。是書成於天啓四年，即其至中國後十一年也。爲之筆録者徐光啓，時光啓年六十三矣。李之藻輯天學初函，以此書隸理編。其器編即幾何原本等十種，均著録文淵閣，後人分收於守山閣、指海等叢刻中，世間多有傳本。

理編九種，惟職方外紀四庫著録，收於守山閣外，畸人十篇、天主實義、辯學遺牘、七克等，均見屏於四庫，然今天主堂尚有刊本；惟靈言蠡勺、西學凡、交友論、二十五言等，則絶版久矣。諸編中靈言蠡勺説理最精，余從萬松野人假得鈔本，酷愛之，即欲重刊，近復得崇禎間慎修堂重刻天學初函本，因屬樊君守執細爲比勘，遂付活版。天學初函在明季流傳極廣，翻板者數本，故守山閣諸家均獲見之。惟理編自遭四庫屏黜以來，校刻家不敢過問。然吾人今之所以能知有是書者，實賴四庫此一斥，四庫明謂「特存其目以著之藻左袒異端之罪也」，今反以是喚起吾人之注意，豈紀昀等所及料哉！方濟所著尚有睡答、畫答二編，曾見李之藻所爲睡畫二答引，未睹原書也。

一九一九年五月新會陳垣序

〔載於新會陳氏校刊本靈言蠡勺（一九一九年）。此次加了標點。〕

重刊辯學遺牘序

辯學遺牘一卷，舊本題利瑪竇撰。前編爲利復虞淳熙書，此書爲袾宏和尚所已見，雲棲遺稿答虞淳熙書曾提及之；後編爲辯竹窗三筆天説，殆非利撰。據袾宏自叙，竹窗三筆刊於萬曆四十三年乙卯，而利已於三十八年庚戌物故，豈其書未刻，其説先出，故利得而辯之？然天説四篇皆三筆編末之文，庚戌與乙卯相距五年，利未必得見；且細考原辯語意，明在三筆刊行以後，而其中並無一語可確指爲利作之據，如復淳熙書之屢自稱竇云云者，則又顯非志在託名利作以動人觀聽者也。當時天教人材輩出，西士中士中能爲此等文者不少，此必教中一名士所作，而逸其名，時人輾轉傳鈔，因首篇係利復虞書，遂并此篇亦題爲利著，李之藻付梓時，偶未及考，故未訂正耳。之藻跋謂此係得自友人一鈔本，則其文爲之藻本來所未見可知也。萬松野人主天津大公報時，曾以此卷刊入報中。今欲再版，屬余訂正。余以舊題由來已久，姑仍其舊，而揭之如此，并補刊彌格子跋一篇。彌格子者，楊廷筠也。此跋崇禎間閩刻本有之，天學初函本無有。又袾宏和尚答虞淳熙一書亦附録之，足見袾宏始輕慢而後戒嚴，實因利説日熾，以至所謂名公皆爲所惑，乃有四天説之作也。

不然，既以利說爲漁牧蚊蛙不足辯矣，又胡爲至再至三而辯之。然自吾人觀之，辯學固美事也。

一九一九年八月新會陳垣序

〔載於辯學遺牘、大西利先生行跡、明浙西李之藻傳合訂本（一九一九年）及青年進步第二七册（一九一九年十一月）。今採用合訂本，並加標點。〕

大西利先生行跡識

按艾儒略字思及，利子同國人。萬曆四十一年至，先入都，徐光啓迎歸上海，轉入越，葉向高又延入閩。明季西士中博通漢籍能爲流暢之漢文者，儒略其一也，閩中稱爲「西來孔子」，漢文著述極富。此篇無載筆年月，篇中稱葉向高爲文忠公，向高卒於天啓七年丁卯，崇禎初始謚文忠；篇末又有今相國吳公、今太僕李公之文，吳宗達以崇禎三年六月相，李之藻以崇禎三年十一月卒，此篇蓋作於宗達入閣後，之藻未卒前，崇禎三年秋冬之間也。

一九一九年八月新會陳垣校畢附識

〔載於辯學遺牘、大西利先生行跡、明浙西李之藻傳合訂本。今即用此本，並加標點。〕

浙西李之藻傳

李之藻者，杭州仁和人也，字振之，又字我存，萬曆二十六年會魁。二十九年，意大利耶穌會士利瑪竇至京，瑪竇精通儒術，一時名士均樂與之遊，之藻過從尤密，問商以事，往往如其言則當，不如其言則悔，遂大傾服而問道焉。萬曆三十一年，瑪竇著天主實義，即與之藻等質疑送難而成者也。論道之餘，兼及理數，明季學者，喜言心性，而之藻於天文、地理、幾何、算術、美術、音樂、工藝諸學，皆能致精思。楊廷筠嘗曰：「往余晤西泰利公京邸，與譚名理數日，頗稱金蘭，獨至幾何圜弦諸論，便不能解。公歎曰：自吾抵上國，所見聰明了達，惟李振之、徐子先二先生耳。振之夙禀靈心，兼容武庫，而復孜孜問學，意有所向，輒屏營一氣，極慮研精，以求至當，故獨至之解，每不可及，用志不分也。」徐光啓亦亟稱之藻，曰：「吾友李水部振之，卓犖通人，生平相與慨歎算術之書，大都古初之文十一，俗傳之言十八。既而相與從西國利先生游，其言道言理，皆返本蹠實，絶去一切虛玄幻妄之談。惜余與振之出入相左，振之兩度居燕，譯得算術如干卷，既脱稿，余始間請而共讀之共講之，大率與舊術同者，舊所弗及也；與舊術異者，則舊所未有也。」之藻居燕數年，與瑪竇譯成乾坤體義，復自著渾蓋通憲圖説、圜容較義等。其序渾蓋通憲圖説曰：「昔從京師識利先生，示我平儀，其制約渾爲之，刻畫重圜，上天下地，得未曾有，耳受手書，頗亦鏡其大凡，旋奉使閩之命，往返萬里，測驗無爽，不揣爲之圖説，間亦出其鄙譾，會通一二。」其序圜容較義曰：「昔從利公研窮天體，因論圜容，拈出一義，次爲五界十八題，譯旬日而成編，名曰圜容較義，殺青未竟，被命守澶，時戊申十一月也。」之藻雖交瑪竇十年，而未嘗領洗。領洗者，奉教時一種典禮，用以滌蕩前愆者也。其未受洗時所著，尚有頖宫禮樂疏十卷，清四庫著録史部政書類，盛稱其因數制律，自成一家，爲宋以來所未有。其書言歷代崇祀孔子之禮，並孔廟禮器樂器，圖繪工細，參西洋畫法。之藻於音樂，不獨明其理，且習其法，故疏解特詳，而終於鄉飲酒鄉射禮，稽古證今，考辨賅博，其樂舞疏持論尤精，謂：「人生而成童，血氣筋骨，漸以充盈，有所不容遏，聖人因而導之以舞，迨身心性命之學興，而此道遂絶，已逾千載。」蓋有慨乎言之也。是書不知撰自何年，其論射儀，有「二百五十年來，文盛教洽，士大漸思復古」之説，所謂二百五十年者，當爲萬曆四十五年，然觀其從祀沿革，則止於萬曆二十二年從祀啓聖祠之周輔成，而不及四十二年從祀兩廡之羅從彦，是此書必成於萬曆四十二年以前，明二百四十年以後，爲之藻未受洗前一二年所著也。萬曆三十八年二月，之藻忽患病，京邸無眷屬，瑪竇躬爲調護，親切如家人。及病篤，自忖必死，立遺言，請瑪竇主之。瑪竇慰藉備至，之藻幡然，參徹於生死之際，遂受洗禮，聖名良，因號涼庵居士，并捐百金爲聖堂用。已而病愈，語人曰：「此後有生之年，皆上帝所賜，應盡爲上帝用也。」之藻病愈未久，而瑪竇卒，乃爲瑪竇經紀其喪，復爲瑪竇同會龐迪我、熊三拔疏請於朝，賜瑪竇葬地。時南京、上海，久已開教，而杭州尚付闕如。三十九年，之藻丁父憂，告歸，乃邀郭居靜、金尼閣二司鐸，及修士鍾明仁入越，館於家，喪葬儀式，悉從教禮。其後別僦一屋爲聖堂，一六一一年五月八日，行第一次彌撒禮於杭州，之藻招致二司鐸之力也。之藻里人楊廷筠，字仲堅，萬曆二十年進士，閩人丁志麟嘗記其事跡，附刻楊所著代疑編後。之藻父喪，廷筠往弔，因晤郭、金二司鐸，與論道，娓娓不倦，繼請領洗，司鐸以廷筠有妾，靳弗予。之藻廷筠謂之藻曰：「泰西先生奇甚，僕以御史事先生，詎不能容吾一妾耶！」之藻歎曰：「惟其如是，乃可以挽頹俗。」廷筠感悟，終屏妾異處而受洗焉，時年五十五矣。洗之日，朝服入堂，以之藻爲其代父。是時武林佛教正盛，袾宏和尚，説法雲棲，聲氣遍東南，而天主實義、畸人十篇等，適以是時先後至杭，之藻一一序而行之。廷筠故禮佛，今亦以之藻之紹介，逃佛歸真，遂大惹佛教人之側目，居士虞淳熙有天主實義殺生辯，袾宏和尚有四天説，皆浙人對於當時天教下攻擊者也。袾宏並云：「現前信奉士夫，皆正人君子，表表一時，衆所仰瞻以爲向背者，予安得不辯。」即指之藻、廷筠輩也。初，欽天監推三十八年十一月壬寅朔日食不驗，禮部奏精通曆法如邢雲路、范守己，請改授京卿，共理曆事，翰林院檢討徐光啓、南京工部員外郎李之藻，精心曆理，可令同譯西法，疏入留中。未幾，雲路、之藻皆召至京，參預曆事，雲路據其所學，之藻則以西法爲宗。四十一年，之藻已改銜南京太僕寺少卿，奏上西洋曆法，言：「監官推算日月交食，每多差謬，有大西洋國陪臣龐迪我、熊三拔、龍華民、陽瑪諾等，慕義遠來，讀書談道，俱以穎異之資，洞知曆算之學，携有彼國書籍極多，久漸聲教，曉習華言，在京仕紳，樂與講論。其言天文曆數，有我先賢所未及道者。迪我等不徒論其度數而已，又能明其所以然之理，所製窺天窺日之器，種種精絶。昔年利瑪竇最稱博覽超悟，其學未傳，溘先朝露，士論惜之。今迪我等年齡向衰，失今不圖，政恐後無人解。乞勅下禮部亟開館局，首將陪臣龐迪我等所有曆法，照依原文，譯出成書，其於鼓吹休明，觀文成化，不無裨補也。」事詳明史曆志。其時庶務因循，未暇開局。之藻復演利瑪竇之旨，著同文算指十卷，曰：「往遊金臺，遇西儒利瑪竇先生，精言天道，旁及算指。其術不假操觚，第資毛穎，喜其便於日用，退食譯之，久而成帙。僕性無他嗜，自揆寡昧，遊心此道，今廟堂議興曆學，通算與明經並進，傳之其人，儻不與九執同湮也。」先是之藻等既以講道招武林沙門之謗，今復以修曆引京朝監官之嫌，忌者愈多，巨禍遂作。四十四年八月，南京教案，主之者爲之藻里人吳興沈㴶，㴶事跡具明史本傳，世所傳南宮署牘，即㴶署南禮部時公牘也。中有參遠夷疏三篇，其第一疏有曰：「臣初至南京，即欲修明本部職掌，禽治逆夷，而説者或謂其類實繁，其説浸淫人心，即士君子亦有信向之者，況乎閭左之民，臣不覺喟然長歎。」其第二疏有曰：「若使士大夫峻絶，不與往還，猶未足爲深慮。然而二十年來，結交既廣，搢紳且習爲故常，玩細娛而忘遠略，比比皆是。」所謂士君子、士大夫，亦指之藻、廷筠輩也。之藻、廷筠、淮，皆浙人，曩嘗同官京朝，相知極稔。淮既有意與教士作難，又有大學士方從哲爲其内應，從哲亦浙人，以故不候朝旨，遽興大獄，王豐肅、鍾明禮、鍾明仁等三案，逮捕至二十六人。王豐肅者，意大利司鐸；二鍾兄弟，廣東新會人，修士也。王後更名爲高一志，明仁曾與於杭州開教之役，出獄後卒於廷筠家。當是時護教最力者，内則有徐光啓，傳誦一時之辯學疏，即爲淮疏而辯者也；外則爲之藻與廷筠，辛苦艱難，年餘其禍始熄。天啓元年三月，瀋、遼繼陷，京畿籌戰守甚急，之藻素研銃術，以光啓之薦，授光禄寺少卿，兼管工部都水清吏司郎中事。五月，之藻疏請取澳商西銃來京，曰：「香山西商所傳大銃，臣向經營有緒。其銃大者長一丈，圍三四尺，口徑三寸，中容火藥數升，雜用碎鐵碎鉛，别加精鐵大彈，亦徑三寸，重三四觔，火發彈飛，二三十里之内，攻無不摧，其餘鉛鐵之力，可及五六十里。其製銃或銅或鐵，每銃約重三五千觔。其放銃之人，明理識算，禄秩甚優，不以斷養健兒畜也。臣在籍時，少詹事徐光啓奉勅練兵，欲以此銃在營教演，託臣與原任副使楊廷筠合議，遣臣門人張燾往購，得大銃四門，此去年十月間事也。值光啓謝事，諸人回澳，臣與光啓、廷筠，慚負西商報効之志。今光啓奉旨召回，而臣不才，又適承乏軍需之事，反復思惟，此器不用，更有何器。近聞張燾將銃運至江西廣信地方，尤宜馳取。原議澳工頭目，每名每年安家銀一百兩，日用衣糧銀一百三十六兩，餘人每名每年銀四十兩，緣此善藝澳工，非此無以致之也。如謂廩費太重，則今各處所養無能之將，無用之兵，歲糜若干，寧堪查覈。」疏上，沈㴶復入相，陰尼之藻等，不能盡用所長也。而南京部員徐如珂、余懋孳等，迎合㴶意，復劾之藻與光啓、廷筠三人，爲邪教魁首，氣燄更張。諸西士咸被放逐，其竄杭州者，分匿於之藻、廷筠家，始獲免。二年七月，沈㴶罷，外患日亟，内亂乘之，紅丸移宮，黨禍迭起。明年，之藻復告歸，廬居靈、竺間，名其園曰存園，自號存園寄叟。專心譯著，不聞外事，自天算輿地以外，更及物理名理諸書。艾儒略職方外紀成，之藻序之曰：「萬曆辛丑，利氏來賓，余從僚友數輩訪之。其壁間懸有大地全圖，畫綫分度甚悉，利氏曰：『此我西來路程也。』因爲余説地以小圓處天大圓中，度數相應，俱作三百六十度。余依法測驗良然，廼悟唐人畫方分里，其術尚疏，遂爲譯以華文，刻爲萬國圖屏風。居久之，有瀆呈御覽者，旋奉宣索，因其版已携而南，中貴人翻刻以應。會閩税璫又馳獻地圖二幅，皆歐羅巴文字，得之海舶者。時利已即世，龐、熊二友留京，奉旨繙譯。龐附奏言地全形凡五大洲，今闕其一，不可不補。乃先譯原幅以進，別又製屏八扇，楷書貼説甚細。余以甲寅赴補，幸復睹焉。此圖延久未竟，龐、熊旋卒，余友楊仲堅氏與西士艾子，增輯爲職方外紀，吾欲引伸其説，作諸國山川經緯度數圖十卷，風俗政教武衛物産技藝又十卷，以當職方之一鏡，有志未及也。」是年長安居民，掘地得碑，題曰大秦景教流行中國碑，碑稱唐貞觀九年，景教已至長安，宰臣郊迎，翻經内殿，法流十道，寺滿百城。岐陽張賡虞搨一紙寄之藻曰：「此教未之前聞，其即利氏西泰所傳聖教乎！」之藻得碑，讀之果與聖教悉合，大喜，爲之書後，力表之，載陽瑪諾景教碑頌正詮。恒情是古非今，至是而數十年來學者疑信參半之聖教，乃得一有力之佐證，天下翕然向風矣，惜乎瑪竇不及見也。修士傅汎際者，明史「汎」作「兆」，誤。波爾杜曷學士也，以天啓元年至中國，入杭州。之藻與譯希臘古賢亞利斯多特勒之書，已成者有寰有詮六卷，名理探十卷，其價值不在歐幾里得幾何下，而不甚見稱於世，則以讀者之難其人也。寰有詮序曰：「余自癸亥歸田，即從修士傅公汎際，結廬湖上，形神並式，研論本始，每舉一義，心眼爲開，遂忘年力之邁，矢佐繙譯，誠不忍吾當世失之。惟是文言敻絶，喉轉棘生，屢苦困難閣筆，乃先就諸有形之類，摘取形天土水氣火所名五大有者，而創譯焉。諸皆借我華言，翻出西義而止，不敢妄增聞見，致失本真。是編竣，而修士於中土文言，理會者多，從此亦漸能暢所欲言矣。於是乃取推論名理之書而嗣譯之。」書刻於崇禎元年，明史藝文志列之道家，彼蓋以物理化學諸端，爲鑪鼎丹鉛之屬也。名理探譯筆比寰有詮尤邃奥，其論愛知學原始，曰：「愛知學者，西云斐録鎖費亞近譯哲學，乃窮理諸學之總名，譯名則知之嗜，譯義則言知也。古有大知者三人，一索加德，一霸辣篤，一亞利斯多特勒。亞利爲歷山大王之師，所著書四百卷，物物之性，性性之理，無不備解。其設教必務透明義理，因人識力有限，首作此書，引人開通明悟，辨是與非，辟諸迷謬，以歸一真，名曰絡日伽近譯邏輯。此云推論名理，大旨在於推通，而先之十倫以啓其門，博斐略又爲五公稱之論，以爲十倫先資矣。」此學在中國今日，尚未有一正名，豈知三百年前，已譯有此巨帙。此二書成，而之藻鬚髮俱白矣。始譯至訖事，蓋五易寒暑云。崇禎二年五月，乙酉朔日食，大統回回所推食分時刻，又與禮部侍郎徐光啓所推互異，而光啓法驗。朝旨切責監官，禮部再請開局修改，曰：「臣於萬曆四十等年，疏舉五人，爲史臣徐光啓，臬臣邢雲路，部臣范守己、崔儒秀、李之藻，今三臣俱故，獨臣光啓現任本部，臣之藻以南京太僕寺少卿丁憂服滿在籍，似可效用。」報可。九月設局於宣武門内東城根首善書院，顔曰「曆局」，光啓爲監督，之藻佐之，召西洋人龍華民等參其事。新法算書百卷，即當時所修，未成而之藻卒，時崇禎三年十一月，之藻奉教後二十年也。之藻未卒之前年，尚刻天學初函二十種，曰「初函」者，擬續刻也。而畢方濟睡答、畫答，楊廷筠聖水紀言等，亦均之藻梓行之。之藻博學多通，時輩罕有其匹。其爲文汪洋浩瀚，才氣四溢，時西士寓書羅馬者，無不稱之藻爲此間才士，以故之藻於西土，殊有名。瑪竇本記憶學專家，之藻序畸人，稱瑪竇經目能逆順誦，之藻效之，相傳二人偶過一碑，共讀已，瑪竇背誦如流，之藻逆誦誤一字，瑪竇歎服，其聰穎有如此。其於聖教，未信時，不輕信，既信後，則拳拳服膺而弗失。其後半生精力，更盡瘁於譯書刻書，輸入西洋學術，以弘聖教，業亦偉矣，後人僅以疇人視之，淺乎哉！之藻子某，亦以傳教著，崇禎八年釋圓悟辨天二説，有「我存李先生公子引人入教」之語，可知也。夫杭之有基督教，不始於明。據馬可孛羅遊記，元時杭州第二市區，已爲基督教徒所住。萬曆杭州志，元江浙行省左丞，有哈剌者，也里可温人，並曾爲浙西廉訪司僉事。也里可温者，元稱基督教也。書史會要謂哈剌字元素，能文辭，工書，登進士第，官至中政院使。今年春，余遊西湖，閱西湖遊覽志，薦橋東有元也里可温寺，地極宏敞，嘉靖間始改爲謝三太傅祠，此寺之與哈剌，必與有關係者矣。哈剌之於杭州基督教，必與有鉅力焉者矣。然以哈剌問浙人，鮮知者，余深懼今後之視之藻，亦如視哈剌，因搜集其遺著並諸家記載而爲之傳，時之藻卒後二百八十九年也。

〔作於一九一九年十月以前，載於辯學遺牘、大西利先生行跡、明浙西李之藻傳合訂本及青年進步第二六册（一九一九年十月）。今即用合訂本，並加標點。〕

三版主制羣徵跋

主制羣徵二卷，明季日耳曼人湯若望撰。若望字道未，以天啓二年至中國。利瑪竇卒後，名業與瑪竇相並，堪稱爲耶穌會之二雄者，若望也。若望值晚明多故，益從事於西力之發揮，崇禎新法曆中，若望著述至二十餘種，崇禎十三年，若望鑄礮至五百二十門，欽賜扁額褒獎，清兵雖慓悍，礮術實遜於明也。明亡以後，若望門人龐天壽，南走閩粤，與西士畢方濟、瞿紗微、卜彌格，活動於南明，而若望則留守於北京。清兵既入京，若望即陳明布教宗旨，請其保護。既而皇室採用新曆法，授若望欽天監監正，順治三年，加太常寺少卿銜，七年賜地建堂，九年賜「欽崇天道」扁，十年賜號通玄教師康熙初，避諱改通微。十四年，御製天主堂碑記，名其堂曰「通玄佳境」，御書扁額，並授若望通政使司通政使。每有召對，稱瑪法而不名，瑪法者清語，尚父也。尤奇者，教士不婚不宦，學道離家，乃清廷既授之以官，更强予以此間之三代一品封典，十八年康熙登極，復强令以一異姓爲孫，蔭入太學。同年若望七十生日，一時前朝二臣及新朝佐命之與若望有舊者，咸騁辭摛藻，奉觴上壽，何其盛也！忽然而有康熙三年之變，楊光先一劾，若望論死，京内外教士如南懷仁等均被逮，若望門人李祖白等，且或斬或流，又何酷耶！ 論者謂當是時順治已殁，而統一亦已定，永曆亦已平矣。順治初元，永曆奄有西南七省，雖播遷靡定，然永曆年號，實與順治相終始。文臣如瞿式耜，武臣如焦璉，又皆基督教徒，戮力一心，以圖恢復。永曆兩宮皇太后皇后及皇太子先後受洗，龐天壽與畢方濟兩次使澳，卜彌格且奉太后之命，遠使西歐，今諭書猶存羅馬文庫。（東方雜誌第八卷五號有原書撮影。）太子聖名當定，瞿紗微且屬望以爲中國之恭思當定大帝。其時公教之入中國，已七八十年，西士遍於腹地，若望負西士重望，道德學問，傑出一時。由是觀之，清廷之所以尊崇若望者，豈徒然哉！ 是故順治十四年，監官吴明烜曾劾之而不動，十七年楊光先亦曾劾之，而亦不動，康熙三年乃一劾而動，後雖省釋，然西士自是被嫌忌者十年。康熙十二年，三藩禍興，南懷仁始以礮術復得見召，而若望已於康熙四年卒矣，若望固未嘗爲清人鑄礮攻明也。綜其在中國四十餘年，其半在明，其半在清，實明末清初聖教會絶續安危之所繫，所以與利瑪竇稱爲耶穌會之二雄也。惟其著述，言曆算天文者衆，談道者僅此編及主教緣起五卷，真福訓詮一卷，世尚罕見，故若望談道之名，反爲其曆算天文所掩。此編卷末載同訂者三人，高一志崇禎十三年卒，是編當著於明。萬松野人深喜之，一九一五年重印於天津。近復謀再印，末附贈言一帙，則清初諸文士贈若望之作，其詩爲前印所未有，新從徐匯書樓鈔得者，録而存之，亦可想見當年之盛也。

一九一九年十月新會陳垣跋。

〔載於主制羣徵第三版及青年進步第二八册（一九一九年十二月）。此次加了標點。〕

舊約三史異文考

余於基督教，所知至淺，所見又頗異於時賢，故於義理方面，不欲多所論列，惟於考訂方面，略有致力。嘗以乾嘉諸儒治史之法，治舊、新約，有所獲輒隨手記録，八年以來，遂積巨帙。同志中每慫恿發表，以非專業，恐貽燕石之誚，未敢率爾也。今因真理周刊出版，義不可無一言，特以舊約三史異文考寄之。

三史者，撒母耳記以下六卷也。三史記載，時有異同，其顯而易見者爲世系及數目之屬。世系如歷代志上七章與八章所記之便雅憫後裔，八章與九章所記之掃羅後裔，名氏世次各異。余於此曾剖析原文，演成圖譜，以便比勘。兹復取其同記一事而數目不同者另著於篇，宜亦治舊約者所有事也。撒母耳記簡稱撒，列王紀簡稱王，歷代志簡稱代。

代上七章六節，便雅憫的兒子是比拉、比結、耶疊三人；代上八章一、二節，便雅憫生長子比拉，次子亞實別，三子亞哈拉，四子挪哈，五子拉法。

既曰三子，又有五子，何耶？據創世記四十六章二十一節，便雅憫且有十子也。

撒上六章十九節，伯示麥人擅觀主底約匱，主擊殺了他們五萬零七十人。

伯示麥一小村耳，能容五萬餘人乎？是非有異文，特對於其數目有異義，故及之。

撒下十章六節，招募了步兵二萬，又招募了屬瑪迦王的人一千，多伯人一萬二千；代上十九章七節，就雇覓了三萬二千輛戰車。

一曰步兵二萬，人一萬三千；一曰戰車三萬二千輛，同乎異乎？

撒下十章十八節，大衛毀滅了亞蘭人底戰車七百輛、馬兵四萬；代上十九章十八節，亞蘭人在以色列人面前逃遁，大衛毀滅了亞蘭人的戰車七千輛，殺死步兵四萬。

戰車七百輛與七千輛不同，馬兵與步兵又異。

撒下八章四節，大衛擒獲他底馬兵一千七百，步兵二萬；代上十八章四節，大衛擒獲他的戰車一千輛，馬兵七千，步兵二萬。

馬兵一千七百與戰車一千輛、馬兵七千，數目實相懸絕。

撒下二十三章八節，他一時將槍一掄，殺死了八百人；代上十一章十一節，他一時將槍一掄，就殺死三百人。

八百人與三百人不同。

撒下二十四章九節，以色列能拔刀的武士共有八十萬，猶大有五十萬；代上二十一章五節，以色列人能出兵的，共有一百一十萬，猶大人能出兵的，共有四十七萬。

八十萬與一百一十萬，五十萬與四十七萬，皆不同。其尤不同者，則此兩章之一節，並附見如下：

撒下二十四章一節，主又向以色列人發怒；代上二十一章一節，撒但要害以色列人。

主與撒但不兩立，然一則曰主，一則曰撒但，至可異也。

撒下二十四章十三節，或在你國中有七年饑荒。代上二十一章十二節，或饑荒三年。

饑荒七年、三年不同。

撒下二十四章二十四節，大衛就用五十舍客勒銀子買了禾場並牛；代上二十一章二十五節，於是大衛平了六百舍客勒金子，給了阿耳楠，買了那塊地。

五十舍客勒與六百舍客勒，相差至十餘倍，銀子與金子又不同，價目少者並多買有牛也。

王上五章十一節，所羅門給希蘭麥子二萬歌珥，清油二十歌珥；代下二章十節，我必賜給他們嘉麥二萬柯珥，油二萬罷特。

歌珥以量定質，罷特以量流質，清油二十歌珥是否與油二萬罷特相同，恐相差遠矣。

王上五章十五節，此外所羅門又用三千三百督工的監管作工的人；代下二章二節，三千六百人督工，十八節同。

監督工作者三千三百人，與三千六百人不同。

王上六章二節，所羅門爲主所建的殿，深六十尺，寬二十尺，高三十尺；代下三章四節，殿前底廊檐，長二十尺，與殿寬一樣，高一百二十尺。

殿高不過三十尺，檐高至一百二十尺，其然乎？

王上七章十五節，他製作兩根銅柱，每根高十八尺；代下三章十五節，在殿前作了兩根柱子，高三十五尺。

一曰高十八尺，一曰高三十五尺，大不同矣。

王上七章二十四及二十六節，在海邊之下，四圍有野瓜樣式環繞，每一尺有十條，可以容二千罷特；代下四章三及五節，在海邊下，四圍有牛像環繞，每一尺有十牛，可以容三千罷特。

二千罷特與三千罷特不同；海邊四圍有野瓜様環繞，與有牛像環繞又不同。

王上九章二十三節，所羅門有五百五十督工底人；代下八章十節，所羅門有二百五十督工底人。

五百五十人與二百五十人不同。

王上九章二十八節，從俄斐得了黄金四百二十他連得；代下八章十八節，在那地方得了金子四百五十他連得。

四百二十他連得與四百五十他連得不同。

王上十章十七節，又用次金打造擋牌三百面，每一擋牌用金三彌那；代下九章十六節，又用金葉打造盾牌二百面，每一盾牌用金三百舍客勒。

三百面與二百面不同，三彌那與三百舍客勒又不同，盾牌與擋牌又互異也。

王上四章二十六節，所羅門有套車底馬四萬厩；又十章二十六節，所羅門聚集戰車和馬兵，有車一千四百輛；代下一章十四節同；又九章二十五節，所羅門有四千處安頓馬與戰車。

一曰馬四萬厩，一曰車一千四百輛，一曰四千處安頓馬與戰車，可謂之同乎？

代下十三章三節，亞比雅用挑選底軍兵四十萬擺陣，耶羅波安用挑選底勇士八十萬；又十七節，以色列人仆倒死亡的壯士有五十萬。

八十萬其數固多，死去五十萬，其數亦可驚。然此兩節之四十萬、八十萬、五十萬，拉丁本乃作四萬、八萬、五萬也。

王上十五章三十三節，猶大王亞撒第三年，亞希雅底兒子巴沙在得撒作了以色列衆人底王，作王二十四年；代下十六章一節，亞撒王第三十六年，以色列王巴沙上來要攻擊猶大。

巴沙於亞撒三年即位，作王二十四年，是巴沙之卒，在亞撒二十六年也。然何以亞撒三十六年，猶有巴沙之來攻乎，計是時巴沙已死去十一年矣。

王下八章二十五節，以色列王亞哈的兒子約蘭第十二年，猶大王約蘭的兒子亞哈謝作王；王下九章二十九節，這猶大王亞哈謝登基底時候，正是亞哈底兒子約蘭第十一年。十二與十一相差一年，未爲遠也，然下文亞哈謝作王歲數，則相懸極矣。

王下八章二十六節，亞哈謝作王底時候，年二十二歲；代下二十二章二節，亞哈謝登基底時候，年四十二歲。

一曰二十二歲，一曰四十二歲，相差至二十年也。

王下十六章一、二節，猶大王約坦底兒子亞哈斯作王，作王底時候，年二十歲，在耶路撒冷作王十六年；代下二十八章一節同；王下十八章一、二節，猶大王亞哈斯底兒子希西家作王，他作王底時候，年二十五歲；代下二十九章一節同。

亞哈斯作王底時候二十歲，作王十六年，是亞哈斯卒年三十五歲也；而其子希西家作王底時候二十五歲，是亞哈斯十一歲時生希西家矣，然乎？

王下二十四章八節，約雅斤作王的時候，年十八歲；又十五節，將約雅斤王和王母、王后都從耶路撒冷擄到巴比倫去了；代下三十六章九節，約雅斤登基底時候，年八歲。

約雅斤被擄時，既有王母王后同去，則十八歲之說爲近。若云八歲已有王后，早婚極矣。

右所徵引，爲凡治舊約者所習見，並非隱僻之文。惟漢文著譯中，尚無人爲之綜合比附，綴輯成篇，至爲憾事。今特小發其端，亦猶治詩者之考三家詩異文，治春秋者之考「三傳」異同云爾。

一九二三年三月十五日新會陳垣

〔載於真理周刊第二至五期（一九二三年四月）。此據作者的修訂稿。〕

基督教聖經審定之經過

基督教聖經，有舊、新約。舊約本猶太教聖經，猶太教聖經之審定，具見於廣學會聖經辭典舊約聖書之審定一條。惟基督教舊約與猶太教聖經不盡相同，基督教會對於舊、新約聖經審定之經過，基督教會史罕言之，今特取夙昔聞於師友之言，分六期論列如左：

基督教初年，異説流行，僞經雜出，其間通行而未公認爲聖經者甚多。屬於舊約者約二十餘種；屬於新約者，約八十餘種。當時基督教會所公認爲聖經者，舊約只有三十八部，即今耶穌教會所用之舊約，而無以斯帖記是也。新約只有二十部，即今新約，而無希伯來，雅各，彼得後，約翰第二、三，猶太等書及啓示録是也。是爲基督教聖經之初期。

西紀三百二十五年，基督教學者，會議於尼吉亞城，討論亞利烏所傳之異説，訂定尼吉亞信經，同時討論通行而未經公認之各書，結果加認猶滴傳爲舊約聖經，於是基督教會所公認之舊約有三十九部，新約仍二十部。是爲基督教聖經之第二期。

越四十餘年，至西紀三百六十四年，基督教學者又開魯底亞會議，加認以斯帖記爲舊約聖經，希伯來，雅各，彼得後，約翰第二、三，猶大等六書爲新約聖經。於是公認之舊約有四十部，新約有二十六部。是爲基督教聖經之第三期。

又越三十餘年，至西紀三百九十七年，復開克爾提希治會議，始承認所羅門智訓，便西拉智訓，多比亞傳，瑪喀比傳上、下等五書爲舊約聖經，並承認巴録書爲耶利米書之一部分；又承認啓示録爲新約聖經。凡此諸書，皆前兩次大會所否決，歷時七十餘年，至是始列爲聖經者也。於是舊約有四十五部，新約有二十七部。是爲基督教聖經之第四期。

又越多年，開會議者三次，始將巴録書五章，離耶利米書而獨立。於是舊約始有四十六部，即今羅馬教會所用之舊約是也，是爲基督教聖經之第五期。

自是以來，基督教人對於聖經雖時有異論，而大體尚維持原案者千年。更正教興，乃將千五百年來，六次大會所公決之聖經，删去舊約中之所羅門智訓，便西拉智訓，猶滴傳，多比亞傳，瑪喀比傳上、下卷，巴録書，等七部，只認爲外傳，不認爲正經。於是舊約仍爲三十九部，即今耶穌教會所用之舊約是也。是爲基督教聖經之第六期。

第六期舊約三十九部，有以斯帖記，無猶滴傳，第二期舊約三十九部，有猶滴傳，無以斯帖記。第五期以前之以斯帖記有十六章，第六期之以斯帖記，則删去其第十章第四節以下。第五期以前之但以理書有十四章，其第三章第二十三節後，又有三人之歌。第六期之但以理書則删去其第十三、十四章，並删去三人之歌。故今耶穌教會與羅馬教會所用之舊約，卷帙不同，取舍互異。譬之于儒，則今古文尚書之各有宗尚也。觀聖經之既往，測聖經之將來，謂聖經一成不可變，則變者已六回；謂聖經一字不可删，則删者且七卷。此猶舉其大者顯者，人所共見者，其他一章一節之疑難，一宗一派之意見，尤不可勝數。計自第六期至今，四百有餘歲矣，基督教聖經之審定，果終止於第六期已乎？

〔載於真理週刊第六期，一九二三年五月六日出版。編者對首段作了修改，現據原稿復原。〕

中國基督教史講義目略

前編

一　中國基督教史之分期

第一期　唐景教

第二期　元也里可温教

第三期　明天主教

第四期　清耶穌教　東正教附

二　史料之搜集

史部史料

正史類　如舊唐書、新唐書、元史之屬

編年類　如通鑑、續通鑑之屬

詔令奏議類　如大唐詔令集之類

地理類　如兩京新記、長安志之類

職官類　如元祕書志之屬

政書類　如通典、唐會要之屬

金石類　如石墨鐫華、金石萃編之屬

子部史料

藝術類　如書史會要之屬

雜家類　如能改齋漫録、西溪叢語之屬

小説家類　如揮麈前録、山居新語之屬

釋家類　如貞元釋教目録、至元辯僞録之屬
道家類　如長春真人西遊記之屬
集部史料
詩類　如李太白集三上雲樂、杜甫石筍行詩注、蘇軾遊大秦寺詩注之屬
文類　如舒元輿重巖寺碑、李德裕賀廢毁佛寺德音表之屬

三　唐景教史料

景教碑之發見
清人對於景教碑之考證
錢謙益氏考證最先　見有學集，人多誤爲錢大昕作
朱一新氏考證最詳　見無邪堂答問
教外人考證多偏於感情，不承認景教爲今基督教：杭世駿誤爲回回，道古堂集有續景教考。四庫提要誤爲祆教，雜家類存目西學凡。朱一新誤爲火教，而又誤祆教爲婆羅門。其他謬誤準此。

教中人考證多注重教義而略於史事：陽瑪諾有景教碑頌正詮天主教。楊榮誌有景教碑文紀事考正廣州。近人有景教碑文注釋，讀法多誤聖公會。

景教碑史料之内容

太宗朝阿羅本東來六三五

波斯寺之勅建（貞觀十二年、西六三八），天寶間改爲大秦寺四載，七四五

高宗朝諸州各建寺

武后時教爭

羅含及烈之中興

玄宗朝之優禮

肅宗朝靈武五郡重建寺

代宗朝之禮遇

僧伊斯之豪舉

景教碑著者之佛經翻譯

武宗朝景教受毁佛之影響會昌一品集廿、唐會要四七、新唐五二食貨志、通鑑二四八

佛教史中之大秦教　貞元釋教目録、僧史略、釋門正統宋、佛祖統紀元志磐、佛祖

通載元

成都大秦寺之存疑杜詩石筍行，分類集注杜詩十三

盩厔大秦寺之易主金石萃編百四十有草堂寺題名，章惇題與蘇軾同遊終南大秦寺

燉煌石室之新發見

譯經目録已譯卅部卷，宣元至寶經、至玄安樂經

語體經論

四　元也里可温教史料

宋末元初塞外之也里可温教

黑龍江　乃顔汗國蒙兀兒史第五册乃顔傳

汪古部　亦稱雍古，今内蒙四子部落

怯烈部　亦稱克烈，今外蒙土謝圖部蒙兀兒史五鎮海傳

和林　今西庫倫蒙史二斡歌歹本紀

乃蠻部　亦稱乃馬真，今外蒙三音諾顔部蒙史三塔陽罕傳

高昌　今新疆揮麈前録

輪臺　今新疆長春西遊記

奉也里可温之兩皇后

太宗后脱列哥那　乃馬真氏

睿宗顯懿莊聖皇后　怯烈氏

鎮江杭州之也里可温寺至元十八年一二八一建，至順鎮江志

揚州甘州之十字寺元典章、元史

也里可温依僧例給糧

也里可温免租税

也里可温免徭役

也里可温停止軍籍

也里可温設專官掌管元史百官志、元典章

與道教之爭論祝讚先後：一和尚，二先生，三也里可温

與佛教之爭論金山寺：雲山、聚明，至順鎮江志

也里可温人數之比例六十三人中一人，一六七户中一户，至順鎮江志

五　綜合研究

景教單獨史料絶稀

也里可温單獨史料亦稀

景教名稱並不通行

也里可温名稱之解釋

景教之異名　大秦法，見杜環經行記。彌尸訶教，見貞元釋教録。波斯教，見唐會要天寶詔書。

宋人對大秦教之觀念　宋敏求、趙抃、吳曾、張邦基、姚寛

以醫傳道之先例

杜環謂大秦善醫眼及痢　波斯有景教醫學修道院極有名

僧崇一醫愈唐玄宗弟舊唐書九五。全唐文七〇三，李德裕疏南詔寇成都，掠去九千人，中有「醫眼大秦僧一人」，此太和三年八二九事

聶只兒醫愈元駙馬山居新語

奇巧豪侈之印象

及烈進奇器　見册府元龜五四六諫諍部

成都大秦寺真珠樓杜甫石筍行

和録罕思進遼大珠

兩代教運之早衰

歷史上所得之鑑戒

文化上影響少

社會上毁譽少

信徒中名士少

貴顯信徒改宗　如馬祖常父子

漢譯經論淺陋

名山寺宇闕乏

六　餘論

景教之起源

景教與希羅兩派鼎峙之形勢

在東亞命運千年　南齊末至明初，西五〇〇至一四〇〇

在唐命運二百年　貞觀至會昌，西六三五至八四五

在遼元命運三百年　遼咸雍間至西遼末百三十年，元一百七十年，西一〇七〇至一三七〇

景教衰滅之兩大原因

回回勢力之壓迫　教會政治之集權

中　編

第三期　天主教

一　耶穌會之起源

二　沙勿略謀傳教中國

三　利瑪竇　路德卒後六年生

大西利先生行跡

萬曆九年一五八一入粵　萬曆廿三年過贛至南京　萬曆廿八年一六〇〇至京　萬曆卅八年卒馬禮遜一八〇七年到粵，即嘉慶十二年，後利瑪竇二百二十六年。至今民十三年，一百十七年

利瑪竇生平

奮志漢學　贊美儒教　結交名士：李贄、李日華、葉向高等均有贈利瑪竇詩

排斥佛教　介紹西學　譯著華書：交友論等爲利自著有據

四　教中三傑

徐光啓　近人輯有徐文定公集
李之藻　拙著有李之藻傳
楊廷筠　丁志麟有淇園楊公行實

五　爲聖教作序之名士　僅舉天學初函諸書爲例（印刷書籍悉用漢裝或佛經裝）

許胥臣　熊士旂　王家植　周炳謨　馮應京　瞿汝夔　彭端吾　陳亮采　曹于汴　鄭以偉　葉向高　瞿式穀　樊良樞　周子愚　孔貞時　王應熊　周希令　汪汝淳　劉胤昌　崔　淐　汪元泰　程廷瑞

六　南京教難　萬曆四十四年，一六一六

發難者南禮部侍郎沈漼　沈漼三參遠夷疏：均見南宮署牘　南禮部移都察院咨　會審王豐肅等案

平民奉教之熱誠　會審鍾鳴禮等案　會審鍾鳴仁等案

士夫保教之毅力　徐光啓辨學疏

七　名士攻教

虞淳熙利夷欺天罔世：虞德園集有畸人十篇序　林啓陸誅夷論略　鄒維璉闢邪管見録　王朝式罪言　鍾始聲天學初徵及再徵　許大壽聖朝佐闢　李生光儒教辨正

八　景教碑發見　天啓三年，一六二三

陽瑪諾詮釋碑文　卜彌格介紹歐陸　景教碑效力：投榮古虐今之見　合言文行遠之旨　樹上好下效之型

九　艾儒略入閩（天啓四年）與閩人攻教

施邦曜示禁傳教　黄問道闢邪解　陳侯光辨學芻言　李維垣等上蔣德璟公揭黄貞不忍不言　黄貞請顔茂猷闢天主教書　黄貞輯破邪集　左光先示勸進教

十　名僧辨教

袾宏即雲棲天説四篇：利瑪竇有辨學遺牘，張廣湉有證妄説　圓悟即密雲辨天説三篇　通容即費隱原道闢邪説四篇　如純天學初闢九篇　右四僧著述甚

富，見續藏經　普潤輯誅左集

十一　明季教徒之事功

徐光啓講農田水利：有農政全書、泰西水法

韓霖講守圉：有守圉全書、愼守要録

王徵講製器：有奇器圖説、諸器圖説

孫元化守登萊

金聲守徽州

瞿式耜守桂林：右四人皆死節

諸西士修曆：有西洋新法曆書

湯若望鑄炮：有則克録

十二　永曆宮廷之奉教：兩太后、皇后、太子　永曆太后上羅馬教皇書：宣統二年東方雜誌八卷五號有影片

永曆太監龐天壽上羅馬教皇書

十三　名媛奉教之誠篤

金聲女道炤　許纘曾母徐氏：徐光啓孫女

十四　明季教士之分工

湯若望留守北京　畢方濟活動南明

世祖御製天主堂碑記：見日下舊聞考

廷臣贈湯若望七十壽序

諸名士贈湯若望詩：余刻湯著主制羣徵末有贈言一卷

十五　康熙三年之獄

發難者楊光先略歷：見明季北略

楊光先闢邪論及不得已書

利類思不得已辨

李祖白等五人處斬

佟國器、許之漸、許纘曾等罷官

此獄之平反：康熙八年

王士禎、阮元之公論：見池北偶談及疇人傳

十六　名士晚節信仰之疑問

金聲著述有信教之據：但熊開元力爲金聲洗刷

瞿式耜著述無信教之徵

許纘曾文集多違教之作：余近得許文集抄本

十七　康熙中葉教務

南懷仁見用順十六至，傳教陝西，十七年召入京修曆，康八授欽天監　修曆：有靈臺儀象志等

鑄炮：有神威圖説

康熙帝留心西學：見庭訓格言有康熙幾暇格物編二卷

御製天主堂扁聯：見日下舊聞考

吴歷晚年學道：吴爲名畫家，號漁山小石山房叢書有墨井集

中國人主教：羅文藻

法教士東來：張誠、白進等康熙廿六年至由法王路易十四派遣，不由教皇　法國保護遠東教務權之創始

中俄畫界事件：徐日昇、張誠等，康熙廿八年

十八　清初諸儒對天教之評論

黄宗羲論上帝：見黄著破邪論
張爾岐論利瑪竇：見蒿庵閒話
應撝謙論天主：見姚椿國朝文録
邱嘉穗論天主教：見切問齋文集
張鵬翮示禁傳教：浙江巡撫，康熙三十年　傅山論登天堂：見霜紅龕集叙靈感梓經

十九　尊孔敬祖之爭議

耶穌會主張之分歧：向分利瑪竇、龍華民兩派　羅馬查辦員不諳漢學　各會反對耶穌會
一七〇四年康四三查辦員鐸羅故宫有諭多羅硃諭
一七一五年康五四查辦員嘉樂康五九年十一月到京，故宫有嘉樂來朝一月記

一七四二年乾七並禁稱上帝或單稱天故宮有教皇上諭。舊著不肯發行

康熙帝意見與羅馬不相容故宮有康熙諭西洋人

葡商不喜教士牽累

二十　各省輿圖之測繪：康熙四七年始，五八年止，派教士九人，爲中國前此所未有（中間十二年）

廿一　康雍間教難迭起

御史樊祚紹之奏：康五十年

廣東總兵官陳昂之奏：康五十六年

奉教宗室被戮：雍元年蘇努諸子

閩浙總督滿保之奏：雍元年

閩浙總督李衛之奏：雍八年　李衛改天主堂爲天后宮記，見經世文編

廿二　乾隆後教務不振

戴進賢、劉松齡撰儀象考成：乾十九年

郎世寧意大利、艾啓蒙奧地利以畫見召

羅馬解散耶穌會：一七七三乾卅八解散，一八一四嘉十九恢復中間四十二年

欽天監西士停止：自順治元年湯若望入監始，至道光十七年高守謙回葡國止，欽天監用西士者一百九十四年

廿三　綜論天主教與中國文化

人倫道德：交友論一種，教外書籍選録者至四五家

天文算法：以下兩類著述均採入四庫

輿地學

美術：西洋畫

音樂：鐵絲琴、風琴等
醫藥：金鷄納等
製造：自鳴鐘、火器等
論理學：有名理探
物理化學：有寰有詮、主制羣徵
中學西傳

廿四　天主教前盛後衰之總因

前百年耶穌會士深通漢學：一六〇〇萬曆廿八至一七〇〇康熙卅九
後二百年各會士不講漢學：一七〇四年禁尊孔敬祖後至今

附録

明末清初教士小傳　即聖教信證附録
明末清初教士譯著現存目録：說教之部

〔約作於一九二四年，據作者印發的油印稿。小字爲作者後加的批注。後編未見，亦可能未作，内容應爲清代耶穌教。〕

基督教入華史略

余夙擬著中國基督教史，現尚未成功，因此項史料甚難蒐集，今只就現有史料説明而已。

灕口某學院出版路得改教始末有後漢馬援征交趾時，基督教已入中國之説。北京天主教某主教著燕京開教略有三國時關雲長奉基督教之説。此種説法，太無根據，吾人不能相信，故今説基督教入華，仍自景教始。

前人對於景教之解説，甚不一致。例如：清代考證家杭世駿誤認景教爲「回回」。朱一新强認景教爲「火祆教」，謂「景」即「丙」字，避唐高祖父諱「昞」，改丙爲「景」，丙丁屬火，故景教即火教云云，見朱所著無邪堂答問。朱所據者爲明時錢謙益之景教考，而誤認爲清乾隆時錢大昕作，因錢謙益文集在前清爲禁書，後人引用避其名，稱之曰「錢氏景教考」，故朱一新氏有此誤。其實錢大昕所作景教碑文跋尾，考證甚略，遠不如錢謙益景教考之詳也。四庫提要批評景教碑，即根據錢謙益所引，然亦誤認爲「拜火教」。

以上錯誤，有兩原因，一因當時史料太少，一因著者偏於感情，不願認景教爲基督教。現經種種考證，景教實即基督教。不過非近時之基督教，亦非羅馬教，乃當時所稱爲異端者，元時譯爲聶思脱里派 Nestorian，見黄金華文集。此派之歷史，非今日研究所及，故不具論。

景教於唐貞觀九年六三五至中國今陝西省城，傳教者爲阿羅本。彼時中華與波斯大食交通頻繁，伊大約由海路來也，景教碑有「望風律以馳艱險」句。

景教碑發現於天啓三年或云五年，或言長安民掘地而得，或言西安守埋葬死兒時所獲。此碑在景教考證上最有價值，明季天主教士目爲至寶。碑文係唐代文字，上列詔文語句，與他書如唐會要、册府元龜等相符，不過稍改過幾個名詞而已。細玩碑文，即可見當時景教之盛，如「寺滿百城」、「法流十道」等句是也。

碑建於唐建中二年七八一，距來華時已一百四十六年，其傳教之效果，不如今日之速。因馬利遜入華至今不過一百十七年也。

景教之衰滅，在唐武宗會昌五年八四五，因當時禁止佛教，毁寺殺僧佛教在華有三武之厄，此其一，連累外來諸教。故摩尼教、大秦教即景教、拜火教同時皆被禁止，而景教即由此滅跡。

計景教在華有二百一十年歷史，只遺下一碑文足供考證。近年始於敦煌石室發現大秦景教三威蒙度讚寫本，内有「譯得三十部卷」等語。又有宣元至本經、志玄安樂經、一神論、一天論、世尊布施論等。前二種存贛人李盛鐸手，余未得見。後三種爲日人所藏，余獲有副本，均唐代白話文，現不易句讀，故譯經淺陋，亦其不能傳諸久遠之一原因也。此外景教竟無他種史料可見，即有之亦在前人筆記中零星小段而已。唯佛教史中尚有可借鏡者，如僧史略，佛門正統，佛祖統紀，貞元釋教目録等，均有排斥大秦教之記載。

景教於當時文化，無何等影響，惟以醫傳道之例，由來甚久，唐書諸王傳有僧崇一醫愈唐玄宗兄之事。余承認此僧爲景教僧，有種種證據。杜環經行記亦云：「大秦善醫眼及痢，或未病先見，或開腦出蟲」，聶思脱里派固以醫學著名也。

此外景教留遺於世人印象者，有「豪侈」一事。册府元龜載：「波斯僧及烈進奇器，被劾」，此及烈即景教碑之及烈，爲景教高僧。宋人註杜甫石笥行，有成都大秦寺以珍珠爲簾之語。遼時聶思脱里貴族又有進遼大珠九粒之語。雖此等傳説不足據，然可見當時景教徒豪侈之一斑，故以此印象留遺於後世。

又有一可紀念之事，爲吾人所不能忘者，即著景教碑之景淨與和尚同繙譯六波羅密經，事見貞元釋教目録。惜未譯畢而稿被毁，亦景教與佛教史中一段趣聞也。

以上爲基督教入華之第一期。

景教滅後，至元代有稱也里可温教者復盛於時。也里可温即拜上帝者之意，爲基督教各派之總名，不能如景教之確指爲何宗也。

也里可温何時入華無考。唯元太宗五年一二三三詔令中已見有也里可温之名，與「和尚」「先生」並稱。先生者道士也。可知也里可温於元世祖未下江南時，已盛行於北地。元后有乃馬真氏與怯烈氏均奉也里可温教。也里可温有專官掌管，官名崇福司。

元時文學大家馬祖常，其先世亦奉也里可温教。始吾誤認爲回教，後由種種考察，始知其爲也里可温教，有馬氏家譜可據。

元代各地如甘州、揚州等，均有也里可温寺，或稱十字寺。最著名者鎮江也里可温寺，其一乃奪佛寺改建者，後又被佛教收回，有趙孟頫、潘昂霄碑文可證，見至順鎮江志。即今金山寺對面之銀山，銀山之名即由當時也里可温教徒所命，以與金山對峙者。

又有寺，名大興國寺，其碑三四十年前猶在北固山下，聞今已没入江灘，碑文猶見至順鎮江志，亦也里可温寺，爲馬可孛羅遊鎮江時所見。據至順鎮江志户口，僑寓户六十三人中有也里可温一人，一百六十七户中，有也里可温一户，其盛可想。杭州有謝三太傅祠，現已改爲市場，其先亦一極大之也里可温寺也，見西湖遊覽志。

元典章中有也里可温與道士爭論祝讚先後事，甚有趣。也里可温至將道士毆打，結果和尚在前，次道士，也里可温在後。

元亡，也里可温即絶跡於中國。蓋也里可温皆色目人，現尚未發現有中國人爲也里可温教者，更講不到本色教會也。

以上爲基督教入華之第二期。

第三期入華者，爲明時天主教。先是耶穌會有沙勿略者，謀傳教中國，卒於廣東台山縣屬之上川島一五五二。至萬曆九年一五八一利瑪竇來廣東，先住肇慶天寧寺，學華語華文，服華服，後居韶州。萬曆二十三年過贛至南京，又五年至北京，交結天下名士，深通漢學，著作典雅，書均線裝，如中國式。四庫提要謂利文爲士夫潤色，並舉交友論爲王肯堂所改爲證。余近得王肯堂改本交友論，正可見現在所通行之交友論爲利自作，而王所删改者另一本也。兩本相較，王所改未必優，利原本未必劣，四庫提要之説，實不足據。利之得力弟子有徐光啓、楊廷筠、李之藻稱教中三傑等，皆一時名士，首先奉教，故從者如雲。其所刻天學初函，一半論道，一半論當時科學，爲作序者二十餘人，皆士大夫表表一時者。綜論利氏生平，可分六項。（1）奮志漢學，（2）讚美儒教，（3）結交名士，（4）排斥佛教，（5）介紹西學，（6）譯著華書。

利氏卒後六年一六一六，南京發生教案，主動者爲南禮部侍郎沈漼，有三參遠夷疏見南宫署牘。此外名士攻教者亦復不少，如虞淳熙著利夷欺天罔世，林啓陸著誅夷論略，鄒維璉著闢邪管見録，王朝式著罪言，鍾始聲著天學初徵及再徵，許大受著聖朝佐闢，李生光著儒教辯正等，指不勝屈。其所攻擊者皆論道之言，無有挖人眼睛等事。蓋挖人眼睛之説，起於雍乾以後，天主教初來百年，無此攻擊也。

天啓四年一六二四艾儒略入閩，閩中官紳，攻教者有施邦曜示禁傳教，黄問道闢邪解，陳侯光辨學芻言，李維垣等上蔣德璟公揭，黄貞請顔茂猷闢天主教書，又著不忍不言，并輯破邪集。而同時東林黨首領葉向高則介紹艾儒略於搢紳間。左光斗之弟左光先爲建寧縣知縣，則示勸進教。一迎一拒，真奇觀也。

至佛教高僧攻教者，先則有袾宏和尚即雲棲著天説四篇，後則有圓悟即密雲著辨天説三篇，通容即費隱著原道闢邪説四篇，如純著天學初闢九篇，普潤至輯爲誅左集。蓋當時佛教徒視天主教爲勁敵，不得不下總攻擊也。

當時名士高僧攻教雖烈，而天主教並不因此少衰。明季教徒事功，其足稱者，除天文、算法、地理外，徐光啓講農田水利有農政全書，韓霖講守圉有守圉全書、慎守要録，王徵講製器有奇器圖説、諸器圖説，皆有裨實用之學。其盡瘁國事者，則孫元化之守登萊，金聲之守徽州，瞿式耜之守桂林，皆所稱忠臣義士者也。至西士方面，則修曆外，德人湯若望鑄炮最有名有則克録。明亡，教士乃分工，湯若望留守北京，畢方濟則活動於南明。永曆兩宮皇太后皇后及皇太子，均奉教受洗。有永曆太后、永曆太監龐天壽上羅馬教皇書可證。其名媛奉教者則有金聲之女道炤，許纘曾之母徐氏（徐光啓孫女）。金聲爲有名之八股大家，許纘曾則雲南按察使，曾爲楊光先所劾者也。

清初甚重用西士，清世祖有御製天主堂碑記，清聖祖有御製天主堂詩及楹聯（見日下舊聞考），清初廷臣贈湯若望壽序及諸名士贈湯若望詩者甚衆，余刊湯著主制羣徵，末附有贈言一卷，足見當時聲氣之廣。

其後有南懷仁等見用於康熙，戴進賢等見用於乾隆，大抵任修曆（有靈臺儀象志），鑄炮（有神威圖説），測繪各省輿圖等職務，本與傳教無關。最可誌者康熙間名畫家漁山吳歷五十一歲始往澳門學道，後爲神甫二十餘年。又有福建人羅文藻以中國人立爲主教。皆前此所未有也。

顧何以康熙以後，天主教大不如前，則有原因在。先是利瑪竇派以爲中國人尊孔敬祖，與崇拜偶像不同，可以通融辨理。而龍華民派則反對甚力。其後他會教士至者漸衆，大都不通漢學，力斥耶穌會士之非，遂以其事訟於羅馬。教皇先後派欽差鐸羅（一七〇四）、嘉樂（一七二五）來華查辦。二人皆不諳漢語，何論漢學，故貿然判定尊孔敬祖爲異端，不許通融。而是時康熙帝則堅持不許尊孔敬祖即不准在中國傳教。羅馬與康熙兩方意見不能相容，傳教事業遂幾乎中斷。

康雍之間，教案迭起，疆吏奏禁天主教者紛至沓來。加以乾隆三十八年一七七三羅馬解散耶穌會，耶穌會士絕跡。所有從前利瑪竇等著述，他派會士之不諳漢學者，多疑其中含有異端之道，不甚願意刊行，而教務遂一蹶不振。計天主教在華命運，只有百年可稱爲極盛時代一六〇〇—一七〇〇，後此不足道矣。

以上爲基督教入華之第三期。

至耶穌新教之來華，則自馬利遜起，距今百十七年，可稱爲第四期。今各省教堂林立，信徒號稱四十萬，其在華歷史，尚易考見，時間短促，不能具述。惟吾總覺得基督教文化未能與中國社會溶成一片。即以文學一端論，舊約詩篇及雅歌等，皆極有文學興味，何以百年來未見有以此爲詩料者。如「寺」，如「僧」，如「禪」，皆可入詩，何以福音堂，牧師，神甫等，不可入詩。試將基督教與佛教比較。

佛教於漢明帝永平十年六七入中國，至漢獻帝興平二年一九五始有民間建造的佛祠，及民間所行的佛事，前此皆官家所立也。魏正元元年二五四始有沙門朱士行受戒，前此中國僧人只剃髮，不能受戒也。晉惠帝末年三〇〇始有中國人帛法祖自譯經論，前此皆西僧所譯也。

至於佛語入詩，則自晉人王齊之始有念佛三昧詩四首見廣弘明集，東晉末支道林有四月八日讚佛詩一首，時佛教入中國，已二百餘年矣。至劉宋時，謝靈運、鮑照輩，唱酬漸盛，謝有過瞿溪山僧詩，鮑有秋日示休上人詩等，時佛教入中國已三百餘年矣。至唐，則「禪房花木深」，「僧敲月下門」，「姑蘇城外寒山寺」等句，俯拾即是。白居易詩中用佛語最多，然每以禪對酒，以妓對僧，亦可見其對於佛之觀念何如矣。

天主教入中國百年，詩人即有以入詩者，康熙初尤侗外國竹枝詞有「音聲萬變都成字，試作耶穌十字歌」，「天主堂開天籟齊，鐘鳴琴響自高低」等句，居然以天主、耶穌入詩，然猶可謂遊戲文章。若明時葉向高贈泰西諸子詩有云：「著書多格言，結交皆賢士，我亦與之遊，泠然得深旨」；李日華贈利瑪竇詩云：「蠲潔尊天主，精微别歲差」，則直出於至誠，非戲謔矣。明時更有以主禱文入詩者，沈光裕崇禎庚辰進士贈湯若望詩有云：「旨出爾行地，曆成吾道東，君糧不徒與，我信豈誠空」，此真可謂基督化的文學矣。必如此方見基督教與中國文化有關係。不然，如唐時之景教，及元時之也里可温教，求人之贊許，固不可得，即求人之攻擊，亦不可得，又何怪其隨時代以俱滅耶。譚元春過利瑪竇墳有句云：「私將禮樂攻人短，别有聰明用物殘，行盡松楸中國大，不教奇骨任荒寒」，惟利瑪竇始有受教外人憑弔之價值也。

此單就文學一方面論，其他爲時間所限，只好從略。古語云「前事不忘後事之師」，乾嘉以前，中國聲明文物，爲西人所羨，故耶穌會士，通漢學者極多。道咸以來，中國國力暴露無遺，陵夷以至今日，欲求西國諸人，從事華學難矣。

〔作者在華北第十六次大學夏令會上的講演稿，何志新記録，登載於真理周刊第二年第十八期（一九二四年七月）。作者有中國基督教史講義目略（油印本），即此次講演之提綱。現根據目略作了校訂。〕

基督教入華史

限我一點鐘的功夫，要講這麽大的一個題目，實屬不易，如同以一張小紙，叫我寫全部基督教入華史，實在無法令人滿意，衹好大略講講而已。

要講這個題目，最好分爲四期講。第一期是唐朝的景教。第二期是元朝的也里可温教。第三期是明朝的天主教。第四期是清朝以後的耶穌教。

在講基督教來到中國之前，應知中外交通是很早的。據古書，在漢末中國已有與羅馬交通的記載了。

關於基督教入華的記載，有好些説法。最可笑者是湖北灄口德國信義會出版的一本小册子，書名路得改教始末記。書上説中國知道基督教是極早的。在馬援征交趾的時候，基督教已入中國。我看後覺得很奇怪，遍查中國書籍，没有此項記載。最近，無意中在神仙道鑑找出來了。這本書是近代道教中人做的，用章回體，記載開天闢地以後的中外歷史，把回回教，耶穌教，佛教，道教一塊兒講。寫到漢朝時候，不知怎的把馬利亞生耶穌和馬援征交趾，並列爲一章的回目，其實是没有關係的。大概這位外國朋友就誤以爲馬援和耶穌是有關係的，遂推測中國在馬援的時候已經知道基督教了。

另外有一位法國主教樊國樑，在光緒年間著了一本燕京開教略。他說三國時基督教已入中國，因爲在廬陵——歐陽修的家鄉——發現一個作交叉狀的鐵十字架。這十字架是聖安得烈派的徽號。十字架上有一個對子：四海慶安……並且還有赤烏的年號。考用此年號者，只有三國時候的吳王，由此，遂以之證明三國時中國已有基督教傳來了。中間還説關雲長羽也是奉基督教的。這書原文是法文，已經譯出。以上這種傳説都没有真實憑據，在作歷史學的人，遇見這種情形，最不可妄信，因爲妄信的結果是十分危險。若是以所有的十字架代表基督教並且著書出版，照我看，這很難得到人們的信仰。

一、唐代之景教

要講基督教入華史，還是要從唐代的大秦景教流行中國碑講起。景教碑發現于天啓三年，現存西安省政府裏面，講景教何時來到此地，傳佈情形如何……很詳細，現在不能費時多談。以前關於景教的解釋的爭論很多，現經種種考證，景教定即基督教無疑。然並非近時的基督教，亦非天主教，乃當時被天主教斥爲異端的聶思脱里派而已。

關於景教碑中的文字，大半都可解釋。「景」字解釋作「大」也，「光明」也。最近在敦煌發現的經文中有「景通法王」四字，不知指何人。「景通」二字，尤費解説。我假定景通即基督之不同繙法，景教即基教。最近我見唐代抄的志玄安樂經，文章極好，寫的字却不很好。我所見的景教經不多，約有五六種，但以此本的文章最好。經中有一段説景通法王對衆説法事，並涉及景通法王乃拿撒拉人，由此我斷定景通法王就是耶穌。關於這點，我尚未以文字發表，現在我只表示我的意思。至于這個解釋能否站得住，就靠將來繼續的發現了。

關於景教的命名，因爲找不出第二個解釋，我想大概是譯音的。景教碑中有這麼一句話：「真常之道，妙而難名，功用昭彰，强稱景教。」到底景教是否聶思脱里派不是呢？據種種考據，景教就是聶思脱里派。第一，要是景教是天主教，我們一定能在羅馬找出記録。然而羅馬教廷中並無一點關於這種的記載，所以絶對不是羅馬派來的天主教。第二，在唐代聶思脱里派對東方傳教的勢力極大，由此又可推測景教就是聶思脱里派。第三，景教是從波斯來的，而當時聶思脱里派的大本營是在波斯，於此又可證明景教就是聶思脱里派。

聶思脱里派初入中國，就叫做波斯教，寺叫做波斯寺。同時自波斯傳入者還有摩尼教，拜火教等，也叫做波斯教，惟不盛；因此名容易混淆不清，過了相當時期以後，就改爲大秦教。景教碑中引用貞觀十二年詔書，原文是「波斯」寺，而刻碑時改爲「大秦」寺。景教碑旁邊的文字都是波斯文，但波斯文當時只有聶思脱里派使用。所以也可證景教就是聶思脱里派。

在別部書上，没有載景教之字樣者，有者只是稱大秦教，大秦法，彌賽亞教，波斯教等等，所以景教二字的通用是很後的，刻碑時祇有教中人用之而已。敦煌藏經發現之後，在三威蒙度讚中始見大秦景教等詞，然都是本教中人用的。

碑文中所載之寺滿百城，法流十道，有自誇没有，我們不得而知，無法證明，但我們總可相信它盛極一時是無可疑的。

唐貞觀九年，景教傳至今陝西省城。這樣興盛的教，同時中國大詩人杜甫、李白，對這樣的事，無論贊成、反對或批評，總應有意見發表才對，然而他們没有，這是很奇怪的一件事。

最近在李白集第三卷中，有一篇叫上雲樂裏，蛛絲馬跡，不無發現。這裏是講異教外人替皇祝壽事。所描寫外人則眼深鼻高，我想這指的是景教僧，然無確實證據。

杜甫亦是如此。没有什麽清楚的記載。杜詩中有一篇石筍行，述四川有一石筍，其起處不可考，下雨後有帶眼小珍珠出現。有人説這是海眼；又有人説，西域胡人，在此蓋有大秦寺，寺奢甚，以珍珠作簾，後不知爲何寺毁，日久埋没地下，天雨後，所以就有帶眼珠露出。然此説，並非出自杜甫口，乃宋人所解釋者，故確否不可知也。

景教碑中又載唐明皇信景教，然這乃指唐明皇亦贊成景教之傳佈，並非領洗入教也。唐明皇曾命諸兄弟來寺，有一次且詔大秦僧佶和等於興慶宮做功德按即做禮拜也。又據唐書諸王傳，明皇長兄名憲，患病，請僧崇一醫之。病霍然愈，乃大賞之。我在高僧傳中，找不着一僧名崇一者。考僧中一字輩極少。唐代曾有以一置之名上者，如一行等，然以一列下者，則遍找不得。由此我想崇一乃景教僧。

另外一個證據，唐天寶年間有將名杜環者，乃著通典杜佑之同族。他隨了高麗人高仙芝征西域，不幸大敗而被俘。後釋放，經海道回國，著經行記，述沿途所見所聞，及各教情形，講回教最詳；中有一段說大秦法善醫。的確，聶思脱里派是負有醫名的。我們看凡在教堂旁，總有醫院一所，至今猶然。由此我們決定，僧崇一乃景教僧無疑。然設有人能證明崇一乃佛家中人，則我可收回我的話。

以前景教碑中有好些人名，無從考其傳略，現在新的發現日多一日，但大都爲外人于中國書内所發現，希望國人努力才好。碑中有一人名及烈，今乃爲日本博士在中國書册府元龜中發現其名，「波斯僧及烈」，並發現其來華是爲進貢奇器云。

至作碑之僧景淨，以前不知道他是什麽人，最近日人高岸博士在貞元釋教目録中發現其名。當時景淨，曾同佛僧般剌若同譯六波羅密經，工作已過十之六，然爲人在皇前指摘其不當，遂燒其所譯經卷。貞元釋教目録一書，十年前中國尚無此本，最近才轉抄。然書本中國者也，今既在高麗宫中發現，則不能稱之爲中國的發現。諸君勿自得，以爲中國文化古遠，中國人不但不能看書，且不會看書，更無論保存古書也。

關於景教的記載，除了景教碑之外，就要算敦煌藏經了。法國巴黎圖書館中，藏有大秦景教三威蒙度讚，此經乃一讚美詩，末尾附有尊經及法王名號，摩西、馬太等等，都載入其中；這類人名，大都可以證明，所不可解者，袛景通法王一名，但考證的結果，也很滿意。

除此之外，還有一神論三種，也出自敦煌，所述大都爲馬太中材料，字很好。談起寫字，近來我看見一本經，名序聽迷詩所經，我見的經不多，有幾千本。此經文字之美，在唐經中，可算數一數二。字之美否，雖不能代表其國學程度，然非高級儒人，焉克臻此。序聽迷詩所經的字，與志玄安樂經之文，可稱雙絶。以前我以爲景教之不發達，乃不與士大夫交往所致。現在見了這兩本經，觀念爲之一變。因爲唐經是手寫本，並不是請人代寫的。景教碑的字很好，可以請别人代寫，並不能代表景教中人的字好；然在經文中如能找出好字，我們可以相信寫經的人能寫好字的。

景教傳至中國約二百年後，至唐會昌五年，爲中國宗教史上一可紀念之年。在這一年，無論那個宗教，全毁了一次。原來那時李德裕當國，他痛恨外教，凡非中國的教，全加以壓迫，佛典中稱之爲三武之厄。景教當然也遭了一劫。雖然如此，黄巢亂時，據阿拉伯人游記所載，廣府廣州外人被殺者，仍有十二萬，由此可知那時還有如許外人在廣東，景教也未全絶，所謂毁教，衹毁教堂而已，信教者不能全滅也。

經此一劫，中國本部的景教，彷彿消沉下去了。然當時聶思脱里派在中亞細亞的權力，却極大。在中國雖被禁止，而在長城以外，凡中國命令不能到達之處，還非常之發達。

二、元代之也里可温教

講到這兒，一二期已混合而不可分了。

北宋的命運同遼的一樣，爲金所滅。當時曾有南宋在今之浙江，遼亦有西遼。中國的聲名能達到歐洲，西遼有極大的功勞，且慢慢的説來。遼爲金所滅後，在一一二四年，即西遼一年，西遼王耶律大石帶兵過葱嶺，克回回，在沙末耳城建都，傳八十八年。其在中亞細亞的戰功，使歐洲各國驚異不置，因此中國的名，得以大傳。那時回教正和聶思脱里派戰爭，回教忽遭此意外打擊，乃大敗。聶思脱里派却以爲耶律大石特來幫助，乃封之爲葛兒罕。此事在遼史中並無記載。關於耶律大石是否基督徒，無法證明，不得而知。然聶思脱里派在西北中亞細亞勢力極盛一事，乃無疑的。據元初記載，西遼末年，外蒙古一帶幾全信聶思脱里派之基督教。一一七七年，羅馬教廷中聞耶律大石助基督教平回事，曾派使臣至葛兒罕處，勸其歸正宗之基督教，勿信異端之聶思脱里派。

第二次，元太祖成吉斯汗大敗回回，歐洲各國，也引爲同志。然實則成吉斯汗並非基督徒也。此錯誤的由來，是因蒙古有好幾個部落，如外蒙之克烈，外蒙之乃蠻，貝加爾湖東部之蔑里乞等等全是信奉基督教者。克烈及乃蠻的王和后，甚至成吉斯汗的后和好些親戚，都領過洗，由此可知蒙古一帶，大都是聶思脱里派的信徒。

至新疆一帶，則畏吾兒雖轉過好幾次教，也曾有一時信奉過聶思脱里派的基督教。今日北平城外白雲觀的祖師長春真人曾去西域求經，傳記中載有一次迭屑的頭目來迎他。至迭屑之解釋，有人説是景教碑中的「大速」。據佛教書籍至元辯僞録述佛道之爭，謂爭論達于皇帝面前，皇帝乃下詔勸之曰，道士説道教好……迭屑人奉彌賽亞教的説彌賽亞好。于此可以證明長春真人所説的迭屑，乃基督教。于此又可知聶思脱里派已達西部之新疆一帶。

稍後，元世祖忽必烈的姪子乃顔封在契丹故地，即遼東，今之黑龍江。一日忽叛，舉十字大旗爲號。由此可見北部之黑龍江亦已奉聶思脱里派矣。

在內蒙汪古部，元時名人傳中，多半用基督教中名字，如「約翰」、「安挪」等，這些名字除了基督教中人，決不用它，因爲舊約中名字如摩西等，也許在回教中有人用之，至新約中之名字，則除了基督教中人，以外沒有用它的。

由此可見外蒙，內蒙，黑龍江，新疆，全有聶思脱里派的脚蹤了。不過以上所得，全部是書上所載之考據，最近尚陸續有新發現。最近聖公會在大同之西北挖出好些銅十字架。此種十字架乃十一二世紀聶思脱里派祭司所用者。至此，可以總括一句説，自唐後中國內地的基督教勢力，雖日漸消沉，而內外蒙古一帶，則還是繼續興盛着。

在琉璃河，車站旁，有一寺，名曰十字寺，內有好些石十字架，還有叙利亞的名字，然不知如何轉爲佛寺，想當時亦一景教的禮拜堂也。

聶思脱里派在蒙古一帶叫做也里可温教，尤其是在元書上見的時候多。于也里可温的碑，我所蒐羅的不多，約有十四五方之譜，最古的乃太宗五年的。當時因教派很多，爲保護教堂及教民起見，都請求保護，結果則官府出示保護，就好似現在總司令出告示保護教堂一樣，教中人勒之於碑，樹於堂旁。

所發現之聖旨碑中，最早者，太宗五年，在趙州之柏林禪寺。其中有：凡是也里可温與道教……一律不得騷擾等語。在河南林州之寶巖禪寺，有太宗九年同樣的碑。陝西之汧陽縣萬壽宫及鳳翔之長春觀，則有太宗十年之聖旨碑及公據。這些碑專爲保護道教者。北平之護國寺大殿迤西有至正十四年的聖旨碑一方，然比較前數碑已後百餘年矣。此碑亦以之保護也里可温教的。聖旨碑之流落於海外者不少，荷蘭國就存有十餘方，不過年代都是很後的。

江蘇鎮江有也里可温廟一所，中有十字碑，原碑馬相伯先生曾親見之，今碑已失，而文則録入至順鎮江志中。碑文中有「忽木剌」七個，作何解不知。最近在鳳翔長春觀碑中，發現有也里可温的胡木剌，先生的觀與院，和尚的寺，一律不許騷擾等詞，於是我乃斷定「忽木剌」即教堂也。

鳳翔長春觀碑中又有一新名詞，寫的是「也立喬」，也不易了解。其實以廣東音念「也立喬」就是也里可温。

由此可以證明，也里可温在元代一定很興盛，不然，何必憑空與和尚、先生之寺觀同樣保護呢？

講到這裏，已完全入第二期了。至於也里可温教的解釋，則極爲雜亂。無論其爲聶思脱里派，羅馬教，希臘教，一律名之爲也里可温教。

三、明代之天主教

元代之基督教，以後無甚驚人之造就，現在轉入明代之天主教。一提到天主教，則吾人腦中就想到利瑪竇。他名聲雖然這樣大，然而他不是第一位來華的，更不是在教中佔第一職位的。他以前已有天主教正式派來的使臣。在元定宗時一二四五年教廷已派使臣名柏朗嘉賓者來華，此乃羅馬正式使臣之第一人。至馬可孛羅乃商人而已，並非傳教者。以後爲協商抵抗回回，乃被派來華。教廷之代表，連續不斷，如隆如滿，羅柏魯等都在馬可孛羅以前。

一二九〇年正式派蒙高未諾來，後授爲駐北京的總主教。他在中國三十六年，享壽八十三，死於中國，據其著作，中國當時有六萬多教徒。然因蒙主教不與士大夫往來，故其名幾無人知悉。他有三封很有歷史價值的信：一在印度發的，二在北京發的，所述皆關教務上的事，現在都保存在巴黎圖書館。

另外還有安德肋，阿多理在華十幾年等等，都在馬可孛羅之先。他們二人都寫遊記。在湖北有人已爲之作傳，而譯其遊記。此二人之後，另有一位接任者，未抵中國而死于途。一三三六年元順帝曾託羅馬教人帶信到羅馬，羅馬也有回信。至今元順帝的信還在羅馬保存着。這事都在利瑪竇之前二百多年。

元末至明初，教廷代表曾中斷一時，在一五六八年，羅馬又派加爾內略爲駐華總主教，駐在澳門，專管西人與中國和日本的教徒。沙勿略曾傳教於廣東，後死於台山之上川島。以後又有一位非正式的代表來華，此後才是利瑪竇。

利瑪竇之所以成功，係於六個條件，這六個條件可以定其成功，也可以定以後來華之外人成功與否。（一）奮志漢學。他喜歡漢文，知道真正的中國文學。以前外人來華習漢文者大半始自三字經等等。利瑪竇能另闢途徑，而得中文之精華，這是他了不得的地方。（二）結交名士。他所結交的，並非鄉人或下級社會的人，要結交士大夫。然第一他要有與士大夫往來的願望；第二要名士肯與之往來。兩者缺一不可。事實上名士既願與之往來，可以想見他中國話中國文之高深。（三）介紹西學。當時在文藝復興時代，利瑪竇介紹算學、地理等學來華。（四）譯著漢書。利瑪竇肯將西書譯華，其文筆亦非凡雅致，有文學意味。（五）尊重儒教。他對於儒教，特別的尊敬。對中國的舊俗，如拜祖先，尊孔子，都認爲與天主教義一無衝突。因此而外人皆譏之爲屈學阿習。（六）排斥佛教。他一面交結儒教中人，一面極力攻擊佛教。因非難佛教的文字而引起辯論，儒教中人都幫助他，他的地位，於是漸漸的增高起來。

在一六〇〇年到一七〇〇年的西學，差不多全受他的影響。然而他死後，天主教在中國，漸漸的衰落下去。所以如此的緣故有二：（一）利瑪竇屬耶穌會派，當時另外有教士名龍華民者，資格和利瑪竇相若，然極不贊成儒教，所以就攻擊利瑪竇，因自相搗亂而天主教漸漸的站不住。（二）以後耶穌會解散一次。所有耶穌會的書籍，全交俄國教堂保存。現在俄國教堂又將此項書籍轉交西什庫天主教堂保存。

清初對教中人猶極重視，自順治元年至道光十七年，欽天監要職，向由西人充任。西人之任此職，相續計一百九十四年之久。

四、清代之基督教

嘉慶時一八〇七年馬利遜來華，造成現今的基督教，距今亦已百二十餘年矣。以前是很沉悶的，到近二十年才有生氣。至今各省教堂林立，信徒四十萬，其在華歷史，尚易考見。對之有研究者極多，現在時間不早，我也不再往下講述。

至傳教文字方面，以前外人不甚注重，大都用白話文，但對中國文學界，不生若何影響。最近胡適之博士等，一再鼓吹白話文而大盛。白話文經教會之提倡不興，經另一般新文化運動者提倡而大興特興。這點我解答不了，諸君去想吧。

〔作者在一九二七年左右的講演記録稿，湯理勝、彭清愷記録。記録稿未經作者看過。此次據作者的基督教史目録（油印本）、講演提綱等作了一些文字上和史實上的訂正。〕

附　明末清初教士譯著現存目録

只録説教之部，其天文曆算地理藝術之部從略

（一）現有刊本通行者

天主實義	利瑪竇	萬曆三一	津滬港蜀
畸人十篇	利瑪竇	萬曆三六	港蜀滬
辯學遺牘	利瑪竇	萬曆三八	京
受難始末	龐迪我	萬曆四二	
闢釋氏諸妄	徐光啓	萬曆	港蜀滬
天主聖教約言	蘇如望	萬曆	蜀滬
代疑篇	楊廷筠	天啓元	港滬

性學粗述	艾儒略	天啓四	滬
靈言蠡勺	畢方濟	天啓四	閩蜀港滬
三山論學記	艾儒略	天啓七	
滌罪正規	艾儒略	天啓	滬港
彌撒祭義	艾儒略	天啓	滬港
萬物真源	艾儒略	崇禎元	閩津京港鄂蜀
萬有真源	艾儒略	崇禎元	閩
聖體要理	艾儒略	崇禎三	滬
聖母行實	高一志	崇禎四	港蜀滬
聖記百言	羅雅谷	崇禎五	滬
哀矜行詮	羅雅谷	崇禎六	滬
主制羣徵	湯若望	崇禎一一	
口鐸日鈔	李九標	崇禎一四	滬
天主降生言行紀略	艾儒略	崇禎一五	港津滬
聖經直解	陽瑪諾	崇禎一五	港滬

欽主孝親禮義	陽瑪諾	崇禎一五	
十誡直詮	陽瑪諾	崇禎一五	滬
七克	徐光啓	崇禎一六	滬港
景教碑頌正詮	陽瑪諾	崇禎一七	滬
答客問	朱宗元	崇禎	港京滬
拯世略說	朱宗元	崇禎	京滬
輕世金書	陽瑪諾	崇禎	滬
輕世金書直解	朱宗元	崇禎	京
天主教四字經	艾儒略	崇禎	港京閩滬
天主聖教百問答	柏應理	崇禎	滬
教要解略	高一志	崇禎	滬
天主降生引義	艾儒略	崇禎	蜀滬
天階	潘國光	順治七	滬
提正編	賈宜睦	順治一六	滬
天神會課	潘國光	順治一八	滬

十誡勸論聖跡	潘國光	順治	滬
不得已辨	利類思	康熙四	滬
教要序論	南懷仁	康熙九	閩津京港鄂蜀
善惡報略説	南懷仁	康熙九	滬
真福直指	陸安德	康熙九	滬
永福天衢	利安定	康熙一三	滬
四末真論	高一志	康熙一四	滬
聖教要理選集	陸安德	康熙一五	滬
聖教明徵	萬濟國	康熙一六	港
初會問答	石鐸琭	康熙一九	閩京蜀港鄂
人罪至重	衛方濟	康熙三七	滬
默想神功	石鐸琭	康熙三九	京港閩
逆耳忠言	殷弘緒	康熙三九	滬
四終略意	白多瑪	康熙四四	滬港
醒世迷編	郁　蓀	康熙五三	滬

聖教淺説		康熙五四	閩京
真道自證	沙守信	康熙五七	閩津京港蜀滬
哀矜鍊室説	石鐸琭	康熙	滬
主經體味	殷弘緒	康熙	滬
濟美編	巴多明	康熙	滬
訓慰神編	殷弘緒	康熙	滬
聖教總牘撮要	萬濟國	康熙	閩
德行譜	巴多明	雍正四	滬
聖教切要	白多瑪	雍正一二	港京閩滬
崇修精蘊	林安多	乾隆三	滬港
聖年廣益	馮秉正	乾隆三	渝
盛世芻蕘	馮秉正	乾隆五	閩津京港鄂蜀
聖經廣益	馮秉正	乾隆五	滬港津京
性理真詮	孫璋	乾隆一八	滬
性理真詮提綱	孫璋	乾隆一八	滬

易簡禱藝　沈若瑟　乾隆二三　滬
照永神鏡　林德瑶　乾隆三四　京
家學淺論　乾隆四五　京港
善生福終正路　陸安德　乾隆五九　港津
婚配訓言　乾隆　京

（二）現無刊本通行者

交友論　利瑪竇著　萬曆二十七年
二十五言　利瑪竇著
西學凡　艾儒略著　崇禎
代疑續編抄本　楊廷筠
天主聖教小引　范中述龐天壽較梓　崇禎六年
勵修一鑑　李九功撰　崇禎己卯
天學傳概抄　在欽命傳教約述中　壬辰進士福建黄鳴喬撰　崇禎十二年

超性學要	利類思著　全部共二十一本　順治甲午版
億説	耶穌會陸修士思默著　康熙丁卯版
永暫定衡抄	石鐸琭著　康熙三十五年
天學本義抄	有韓菼序　康熙四十二年
天儒同異考抄	張星曜撰　集經書典故以證公教之合儒道　康熙乙未
宗元直指抄	葉宗賢著　内釋聖教要理末解十誡缺第十誡　康熙癸巳
徐啓元先生行實抄	陸丕誠著　康熙四十年
崇正必辨抄	何世貞撰吳漁山閱　康熙壬子版
御覽西方要紀刻版	利類思安文思南懷仁三人同上　康熙八年
息妄類言抄	方壎纂上下二卷　乾隆三十一年
歸真集抄	教友徐依納爵輯撰闢異端之書也　乾隆十二年
御史黄恩彤奏請删禁天主教之條文	道光二十八年
易經本旨	以易經通於教理解説

格致奧略　羅明堯著
辨學抄　靜樂居士撰
天釋明辨抄　楊廷筠著
炤迷鏡抄　孟儒望著
詮真指妄抄　無名氏　辨道勸世書
真福訓詮抄　湯若望撰　殘字不少
譬學警語抄　高一志撰古絳段袞參閱　寓意頗有味趣
欽命傳教約述抄　無名氏編輯　内有諭旨及士大夫褒奬之文
瞻禮日鐸抄上下二本　道理頗佳抄版似古
東國教友上教皇書抄　高麗國教友奏明教友致命被難情形此書頗寶貴
性理參證抄　無名氏辨道論説
主教緣起　湯若望著
龐迪我熊三拔具揭抄
代疑論　陽瑪諾譯
畢方濟奏摺抄

天學雜選抄	内選公教論十七篇
指迷小引抄	教友施鑒儀撰
物元實證抄	利類思著
身心四要	周志撰
寰宇始末抄	高一志撰上下
道學家傳	
經書精蘊抄	以經書典故引證教理
上古真傳抄	無名氏　小説體共二卷古史
天學略義抄	孟儒望著張賡序
則聖十篇抄	高一志撰孫元化序
天主精義抄	沈宗彦撰　與瑣言分類同本一卷
補儒文告	耶穌會士著　五卷
求説	羅雅各著
天主聖教豁疑論	朱宗元述
祭祖答問	教友徐慕義著

正學鏐石抄	方濟各會利安當述
天主聖教實録	羅明堅述　萬曆甲申版
齋旨抄	利瑪竇撰
妄占辨	南懷仁著　駁楊光先之妄占
西學荅問抄	艾儒略述　第一次版崇禎十年第二次重印崇禎十五年此爲雍正六年抄本
性學醒迷抄上下二卷	
聖洗規儀	穆迪我撰畢嘉潘國良閲訂　康熙己巳
英居凶惡勸	殷弘緒繼宗著戴進賢鑒定
聖若撒法始末述略	龍華民譯張賡訂
人類真安	歐加略撰漳州嚴謨序　千七百年
聖教撮要	康熙丙戌
十慰	高一志撰
龐子遺詮四卷	龐迪我著
聖水紀言	楊廷筠撰孫學詩述張文禜校

鴞鸞說

用夏解

聖母堂記抄

西學十誡注解

廣放生說

或問

彌撒解

同文紀

古今敬天鑒抄

聖人行實七卷

艇燈閒論

悔罪要指

改過良規

神慰奇編

告解原義一卷

正教奉傳福建建寧縣告示　崇禎十四年六月

湯若望

楊廷筠　楊公行實

楊廷筠　代疑篇十八頁

代疑篇十八頁

代疑篇二十九頁

代疑篇三十四頁

高一志　崇禎間　宗徒列傳序

郁　蓀　醒世迷編劉序　康熙五十三年前

聖體要理

聖體要理

言善録

南懷仁

聖體答疑　南懷仁

（附録）

徐文定公集　徐光啓　宣統元　京

墨井集　吴歷　康熙　滬

聖教史略　蕭若瑟　光緒卅一　津

正教奉褒　黄伯禄　光緒九　滬

萬松野人言善録　英華　民國四

〔作者在師範大學講授宗教史時印發之講義，青年會季刊第二卷第二期（一九三〇年六月）曾登載，此次據原稿校訂。〕

跋天主正道解略碑

右碑於一九二五年五月一日在西安糖房街出土，今存西安天主堂。碑額爲十字形，圍以蠟頂字。其正文分三截，截二十行，行十字，下又有蠟頂字大小二行，譯爲「泰西耶穌會士鐫於主降生一六四四年」，末有隸書碑記，略如景教碑式。碑文爲崇禎十三年十一月湯若望上皇帝書，郭梅二教士特删節數語，改署今名。其中「戢隱真威同人出代亭午昇真」三句，採自景教碑；「遺經六十三册」句，「六」當爲「七」之訛；「總之天主正道」句，「總」上「要」字疑衍。碑立於「萬曆後二十三載癸未仲冬」，爲崇禎十六年十一月。據明史：「李自成以十月破西安，改西安爲長安，明年正月改元永昌。」據中國耶穌會士傳略：「李自成破西安，郭梅二教士被逮，旋即釋出。」此碑之立，當在此時。時崇禎年號已革，新元未建，故稱萬曆後二十三載。記中兩稱長安而不稱西安，恐亦因此。崇禎癸未爲西紀一六四三年，而碑中西文稱一六四四年者，大約此碑立於十一月廿二日以後，因是年西曆元旦爲中曆十一月廿二日也。二教士皆葡萄牙人，郭尤有名，漢文著述外，首以蠟頂文介紹吾大學及論語前五篇於歐洲大陸者，即其人也。聖名郭納爵，西名 Ignace da Costa，以一六六六年卒於廣州。墓在廣州河之南，吾幼時嘗識其處。邇年迭經兵燹，不知有變遷否也？

一九二五年六月新會陳垣跋

再論遵主聖範譯本

閱語絲周刊第五十期，有遵主聖範一則，特將敝藏所藏此書漢譯諸本，介紹於衆：

一、輕世金書：一六四〇年陽瑪諾譯，一八四八年上海重刊本。

陽瑪諾，葡萄牙國人。一六一〇年至中國，傳教北京、江南等處，後駐浙江。一六五九年卒，墓在杭州方井南。其所譯者，尚有聖經直解、十誡直詮、景教碑頌正詮、天問略等。天問略曾刻於藝海珠塵中。

此書用尚書謨誥體，與所著聖經直解同，其文至艱深，蓋鄞人朱宗元所與潤色者也。宗元爲天主教信徒，順治五年舉人，康熙鄞縣志稱其博學善文。所著有拯世略說、答客問等，文筆酣暢，與此書體裁絶異。宗元之意，以爲翻譯聖經賢傳，與尋常著述不同，非用尚書謨誥體不足以顯其高古也。結果遂有此號稱難讀之輕世金書譯本。兹録其小引如左，亦可見其譯筆之一斑。

客瞥書額，訝曰：「世熱讓劣，人匪晦曖，僉知，先生譯兹，毋乃虚營？」答曰：「世讓誠然，克振拔者幾！聖經云，衆人竟敗，靈目悉眯，鮮哉冀明厥行，詎云虛營？」幾欲操觚，獲篤瑪大賢書，覼縷厥理。若翫茲書，明悟頓啓，愛欲偷發。洞世醜，曰「輕世」，且讀貴若寶礦，亦曰「金書」。翫而弗斁，貧兒暴富，無庸蒐廣籍也。統括四卷，若鍼南指，示人遊世弗舛。初導興程，冀人改愆，却舊徙新識已。次導繼程，棄俗幻樂，飫道真滋，始肆默工。次又導終程，示以悟入默想，已精求精。末則論主聖體，若庬豐宴福，善士竟程，爲程工報。茲四帙大意也。書理夷而奇，咀而愈味。但人攻忮鼓，或弦遵誡，或强希聖，雖趣志人殊，然知翫僉裨，是書奚可少哉！昔賢歷回回邦，王延觀國寶，既閱羣書藏，出茲書曰：「知是書耶？」賢曰：「茲乃聖教神書，王不從，焉用？」王曰：「寡人寶聚皆貴，茲書厥極，蓋寶外飾，是書內飾，欽哉！」西士鑽厥益曰：「人或攖疑，或罹患，罔策決脫，若應手攤書，即獲決脫，厥效神哉！」又擬曰：經記昔主自空命降滋，味謂瑪納，因字教衆，奇矣其奇，味雖惟一，公含諸味，人貪某味，瑪納即應，書惟一。諸德之集，自逞之抑，自諉之勖，失心之望，怠靈之策，妄豫之禁，虛恐之釋，惡德之阻，善德之進，靈病之神劑也。自天降臨瑪納，信乎，諸會士日覽，貲若神粻，是故譯之。友法茲探驗，靈健，蒙裨奢矣。極西陽瑪諾識。

二、輕世金書便覽：一八四八年呂若翰撰，一九〇五年廣東重刊本。呂若翰，粵之順德人，天主教士。以陽瑪諾輕世金書難讀，特倣日講書經解義體，爲之注解，詞旨條達，可爲陽譯功臣。

三、遵主聖範：一八七四年田類斯序，一九一二年北京救世堂本。此即語絲第五十期所介紹之本。田類斯爲味增爵會北京主教。觀其序，似遵主聖範譯名，並不始於此本，此本不過據舊譯重爲删訂而已。余見重慶聖家堂書目，有遵主聖範一種，未識爲何本。此本純用語體，比輕世金書易曉，故頗通行。又田序言舊譯尚有神慰奇編，余求之十餘年，未之見。

四、遵主聖範：一八九五年柏亨理重譯，一九〇四年上海美華書館本。柏亨理爲耶穌教士。此本即據田類斯本，改語體爲文體，凡田本「的」、「這」、「我們」等字，均易以「之」、「此」、「我等」。凡稱「天主」處，均易以「上帝」。其自序言：「著此書者乃根比斯之篤瑪，德國人。生於一千三百八十年，十九歲入修士院，在彼七十餘年，至九十二歲而卒。其書乃其六十一歲時所著，原文用拉低尼語，至今繙譯已經六十餘種話語。今特將天主教會主教類斯田所删定之本，略改數處，免門徒見之，或生阻礙。其字面有更换者，乃爲使其尤易通行」云。柏亨理之意，蓋以文體爲比語體通行，然細審其書，文筆平凡，似無謂多此一舉。

五、師主編：一九〇一年蔣升譯，一九〇七年上海慈母堂本。

蔣升爲天主教耶穌會士，其凡例稱：「是書譯本，已有數種，或簡故奇倔，難索解人；或散漫晦澀，領略爲難；或辭取方言，限於一隅。今本措詞清淺，冀人一目了然。」又云：「各譯本題額不同，或名輕世金書，或名神慰奇編，或名遵主聖範，似與原本顔名不甚符合，故區而别之，顔之曰師主編」云。神慰奇編余未見。此本所譏簡故奇倔，似指輕世金書；辭取方言，似指遵主聖範；然則散漫晦澀，當指神慰奇編也。此譯純用文言，詞句比較淺達，似視柏本爲優矣。河間獻縣亦有刊本。

六、遵主聖範新編：一九〇五年香港納匝肋静院本。

此本似係將田本改譯，其用語比田本更俗。重慶聖家堂書目，亦有遵主聖範新編，未識與此本同否。今特以語絲第五十期所舉田譯之卷一第五章譯文爲例，將陽譯輕世金書、蔣譯師主編，與此本譯文，並録如左，比類而觀，亦可見諸家之優劣矣。

輕世金書譯文——恒誦聖經善書。

誦聖經等書，求實勿求文。主併諸聖以聖意敷書，吾亦可以聖意誦之。圖裨靈明，毋圖悦聽。章句或雅或俚，吾惟坦心以誦，勿曰作者何士。行文淺深，惟視其書之旨，作者骨雖已朽，其精意偕主真訓，恒留書内。主冀吾聆，不判彼此，奈人喜察超理，卒莫承裨。夫欲承之，則宜遜矣。勿怙己睿，勿以言俚而逆意，勿以理在而加損，以沽儒者名。或時值理有不決，可虚衷以問，勿遽輕古賢喻，古之賢者皆有爲也，敢不欽哉。

師主編譯文——論讀聖經。

人於聖經宜求者，真實也，非詞章也。閲諸聖經者，宜體作者之心。吾儕於聖經，寧求實益，毋求言詞之高妙。書之平易熱心者，吾宜樂誦之，如誦高深者。著書者之才力，或小或大，無干於汝，惟愛實理之心引汝誦閲耳。汝毋究言此者何人，惟留意於所言者何理。

人固往焉，而主之真實永存。天主以多式訓我，無分人之彼此。吾儕好異之心，屢阻我誦閲聖經，蓋當闕疑之處亦欲深知推究也。汝若欲收其益，宜謙遜純樸忠誠而誦之，終不願有博知之名。汝宜甘於請問，默聽聖德之言，勿厭古人所設之喻：蓋決非無故而設此喻也。

遵主聖範新編譯文——讀聖經看善書的正法。

看聖書不要貪高妙的文法，只要想真實的道理，看聖經的意思，該當體合造聖經的志向纔是。總是咱們不該在聖經上找細微的言詞，只該專務有益的教訓。若聖經以外能彀動心的善書不論是美妙深奥的，或是樸素無文的，都該要一樣的愛看。你别悮工夫，搜尋做書的是何等人，他的學問高低，何如引着你看書的，只要有一個愛慕純實道理的心纔好。你也别問這話是誰説的，你只管在那話的意思留神。

人再没有個不死的，只有天主的真理，是永遠不會變的。天主不論是何等人，千方百計都一齊要教誨的。但屢屢的有肯察訪肯窮究的毛病，耽擱了看聖經讀書的神益。因爲有該老實信從的道理，我們反倒儘子要推論要細究。你要看聖書取個神益，該謙遜，該老實着信服看纔是，總不要圖一個博學的虚名。你該情願領聖人們的教，嘿嘿的留神聽他的話。就是古聖賢的俗語，你也不要嫌他，因爲這些訓言，都不是無緣故的説給你聽的。

又語絲第五十期所舉卷二第十二章十四節之文，今亦將諸本譯文列下：

陽譯　自視如殂，遺世僞樂，靈性始生。

蔣譯　汝宜需死以度生，當知爲確實之理，凡愈死於己者，始愈活於天主。

新編　你還要知道你在世上的暫生，該是一個常死，一個人越死於自己，他越活於天主。

七、輕世金書直解：一九〇七年王保禄撰，一九〇九年北京刊本。

王保禄爲北京味增爵會士。原序不著姓名，余從經書目録知爲王保禄撰。唯經書目録稱此書爲一九〇三年重印，而原序則末署光緒丁未秋，丁未爲一九〇七年，疑目録誤耳。序稱此書倣南華發覆作。南華發覆者，坊間莊子注本，本文大字，而以疏解之文作小字，納入本文中，俾讀者聯貫而讀之，其能免續鳧斷鶴、削趾適屨之譏者鮮矣。然觀其自序，可見田本遵主聖範之不能盡滿人意；而後人興反古之思。其序有曰：「輕世金書乃聖教神修之妙書也。明末極西耶穌會士陽瑪諾譯入漢文，甬上朱子宗元訂正之。而字句簡古，文義玄奧，非兼通西文者往往難得真解。今之淺文遵主聖範，即同一書也。然雖有遵主聖範，而人多以能讀輕世金書爲快，求爲講解者甚夥。」即其證也。又云：遵主聖範與現今通行之西文本相同，而輕世金書則與現今通行之西文本繁簡迥異，疑當時所據者另爲一本。今遵主聖範、師主編卷三，均五十九章，而輕世金書卷三則六十四章。細相比勘，知第三、第十五、第二十七各章之下，輕世金書均多一章，第二十三章之下，輕世金書則多二章。其篇章分合不同，抑詞句多寡有別，非得三百年前蠟頂文原本校之不可，是在好學君子。

一九二五年十月三十一日北京

〔載於語絲第五十三期（一九二五年十一月十六日）。〕

跋教王禁約及康熙諭西洋人

右教王禁約一道，康熙諭西洋人一道，現陳列於故宫博物院文獻部之樂壽堂，爲中國傳教史上極有關係之史料。先是天主教入中國，對於祀先、敬孔二事，即有爭論，龍華民等以爲異端，利瑪竇等以爲非異端，其後二派訟於羅馬教廷。一七〇四年教王格勒門第十一，徇一派之議，立禁約七條，并派主教多羅使中國，申明此旨，大爲康熙帝所不悦，亦以不准傳教爲抵制，至是久居中國深通漢學之西洋人，乃請教廷收回成命。一七一〇年復下部議，結果仍維持原案，一七一五年再派主教嘉樂使中國，重申此項禁約。嘉樂以康熙五十九年十一月抵京，此禁約即嘉樂所携來之禁約譯本。此諭西洋人，即康熙未見嘉樂前，特召見在京西洋人，告以應對嘉樂之方法也。禁約末有硃批，諭西洋人亦經硃筆删改。此事西洋教史言之綦詳，而中國記載則甚缺乏，得此可見當時中西思想之不相容，而此二道公文適足爲兩方代表，亦後世得失之林也。禁約中教王亞勒桑多第七，以一六五五年即位，格勒門第十一，以一七〇〇年即位。殷諾深爵第十二，以一六九一年即位，格勒門第十一，以一七〇〇年即位。康熙諭中西洋人多供職内廷，其白晉、費隱、雷孝思、麥大成、湯尚賢、馮秉正等，則曾派往各省測繪輿圖，穆敬遠則雍正初與於阿其那、塞思黑之難，戴進賢則乾隆初與修靈臺儀象志，羅懷忠以醫名，馮秉正、殷弘緒有漢文著述多種。唯不可解者，硃筆中字句均有訛誤，一似不甚經意者，然何以又保存至今也。

中華民國十四年十一月十八日陳垣跋

〔載於教王禁約及康熙諭西洋人影印本。據原稿校訂。〕

名理探跋

右名理探五卷，明西洋人傅汎際與李之藻同譯。汎際西名 Franciscus Furtado，明史藝文志道家類訛爲兆際，字體齋，葡萄牙人。一五八七年生，一六零八年入耶穌會，一六二一年即天啓元年至中國，傳教浙江、陝西等處，一六五三年即順治十年陽曆十一月廿一日卒，葬於澳門。譯有寰有詮六卷、名理探十卷。寰有詮爲三百年前之物理化學，名理探爲三百年前之名理學。原譯十卷，此本僅五卷。丁巳間予得自英斂之先生，斂之得自馬相伯丈。辛酉、甲子，章行嚴、胡適之二君先後從余録一副本。癸亥秋，富陽趙君恂如彬肆業北京師範大學，主余家，爲余重寫一通，即此本也。乙丑，行嚴任編譯館總裁，介彭澤劉君子行奇假余原本覆校，欲付刊未果。今年春，涇陽吴君雨僧宓過余齋，見此書，慫恿付印。乃商之公教大學輔仁社，爲影印數百部以傳之，并以拙著李之藻傳附卷末，而誌其來歷如此。輔仁社者，英先生慕徐光啓李之藻之風所創，以培植同道後進。重刊此書，正先生遺志也。

丙寅夏五新會陳垣跋

〔載於名理探影印本，公教大學輔仁社印，一九二六年六月。〕

華亭許纘曾傳

許纘曾字孝修，號鶴沙，松江華亭人。曾祖樂善，明隆慶五年進士，官御史至通政使，有直聲。父遠度，諸生，娶滬城相國徐光啓孫女，女自幼入天主教，聖名甘弟達，熱心事主，十六歲歸遠度，天啓七年生纘曾，居家節儉，喜施捨，以善言懿行爲化，十餘年間，舉家奉教。纘曾亦自幼領洗，聖名巴西略。崇禎末，順治初，江南教務大興，甘弟達所建之堂，三十餘座，刊布經典無算數。順治五年，纘曾以上海籍舉於鄉，明年成進士，改庶吉士。八年授檢討，會父病歸，十年丁父憂。許太夫人傳言太夫人年三十，夫卒，誤，應作年四十六。聖教史略言甘弟達與夫居十四年，亦誤，應作卅一年。十二年服闋入都。十四年補右春坊右中允，兼翰林院編修，翻譯大學衍義。十五年分校禮闈，旋外補江西驛傳道副使，理郵政，除蠹蠹，商民便之。並迎母於南昌署中，建天主堂，所在扶翼聖教，爲西士所倚恃。十七年陞四川布政使司，分守上下川東道參政。時蜀疆初闢，川東未通，夔門左右，尚不知有清正朔，乃奉母僦居漢口，依妹夫李姓以居。舍舟登陸，由汝寧經兩河潼關雲棧以入蜀。十八年四月抵重慶，從征萬州，取大昌大寧雲陽等邑，盡入版圖。西士穆格我始至川，纘曾體母意，善待之，遇事予以便宜，成都保寧重慶各府，次第開教，施洗六百餘人，重慶尤盛，教衆多薦紳士子。纘曾母僑居漢口，亦請西士穆迪我來鄂傳教，武昌府建有新堂，四年之間，教衆至二千二百人。康熙三年，調補河南按察使司，夔門仍梗阻，復溯流而上，取道漢江，至漢口謁母，囑妹夫送母回籍，由信陽關赴豫，抵任甫三月，推敲平反，開釋極刑並大辟重囚一百四十餘人，未有遭駁詰者，寮屬皆異之。時河南西士爲恩理格，開堂佈教，漸有端緒。纘曾至，特建新堂，河南教基，因之大定。四川、湖廣、河南三省，兵燹之後，教務復興，西士莫不歸功於纘曾母甘弟達。會徽人楊光先以曆法修釁欽天監監正湯若望，監官李祖白等五人棄市。湯若望罷黜，各省教士悉放逐，都御史佟國器、御史許之漸、河南按察使許纘曾等或爲天主教作序，或爲天主教捐銀，同時革職。纘曾在豫一年，至是歸里，時康熙四年十月也。當是時，各省教士，殆陷於窮境。甘弟達陰託江南西士潘國光爲寄資斧以濟之，人二百兩，凡二十五人。纘曾幼雖受洗，然宗教觀念，並不明確，其意以爲天主教者亦勸人爲善而已，故罷歸後輯有勸戒圖説八卷。自謂「三年而後成，母見之，猶以其旁涉二氏，非吾儒本旨，須删削改正，乃可行世」。則其母子宗教觀念之不同可見也。康熙八年八月，湯案得白，楊光先論死，西士南懷仁復進，從前罷黜諸人，均以原官起用。九年十月，以纘曾爲雲南按察使，到滇未及一年，即辭職歸養。十一年四月抵里，著有滇行紀程、東還紀程各一卷。乾隆間修四庫書，附史部傳記類存目，今説鈴及龍威祕書皆有刊本。是年冬十一月，吴三桂殺巡撫朱國治，據滇叛，人服纘曾有先見之明。自是奉母家居，二十餘年不復出。一日，母謂纘曾曰，汝家居年餘，果有善事足以慰我者乎。纘曾慚無以對。乃謀之當道曰，京省俱有育嬰所，而雲間獨未舉行，苟明府創建於前，某將奉行於後。乃與同里諸子連名呈請當道，出示勸捐，不一年而育嬰所遂告成立。每年收救道上棄嬰二百五十餘名，自康熙十四年正月起，至三十五年九月，計共收嬰五千四百八十名，其規畫悉載所著育嬰編中，皆本於母訓者也。十九年八月，甘弟達疾，謂侍者曰，吾九月初將謝世，但朔二日吾子誕辰，誕辰與忌辰同日，非所願也。至朔三日，乃與纘曾訣曰，汝爲我故，誤汝八年進步，此後汝當自勉矣。遂安然領終傳禮而逝，年七十三。八年云者，湯案五年，守制又將三年也。甘弟達臨卒，復獻地百畝爲松江聖堂公産。訃至羅馬，耶穌會總統頒行天下，命會士爲甘弟達行彌撒禮三日。彌撒者，教中邀福大祭也。甘弟達卒後，纘曾承母志不墜，遷育嬰所於菜園之東北隅，晨夕將事，以爲定課。菜園故爲宅北野田，纘曾東歸日，别築亭臺，以爲娱親之所，日久遂成丘壑。育嬰而外，日課子姪讀書，並與同里之恬淡莫逆者，觴詠其中，擊筑彈絲無虚日。二十六年，姬人張氏卒，集中有遺葬清河侍兒詩，詞旨哀艷，時纘曾年六十一，蓋母卒後所蓄妾也。卅一年臘杪，偶得疾。明年爲子女姪十五人析産，房中執巾櫛者數人亦遣去。卅五年，年七十。手編生平所爲詩文，並輯日南前事，及天台馮甦滇考若干條，爲寶綸堂稿十二卷，未刻。所刻者滇行紀程、東還紀程、育嬰編外，尚有三奇記院本一卷行世。

論曰，余曩讀江南傳教志，知崇禎順治間，江南教務之興，甘弟達實與有力。既又稱其子巴西略熱心聖教，有聲於時，余心識之。後於京師得許纘曾原本殿試策，以爲瑰寶。壬戌秋南返省親，道出海上，攜以見馬相伯丈，轉贈徐匯藏書樓。甲子夏，復得許纘曾手定寶綸堂稿原寫本，稿與陳洪綬齊召南集同名，大喜。細讀之，知許君善人也，孝子也，能吏也，名士也，然與天教無與。天教禁祀鬼，而許君入蜀，有重建巫山縣漢前將軍祠及城隍廟祭文。天教禁蓄妾，而許君自序謂房中執巾櫛者數人。余嘗以示亡友英斂之，斂之始驚喜而終愕然。余因有感於幼年知識未定之人，其領洗不盡足恃，以其信仰非自動而被動也。夫李之藻楊廷筠輩，其信教均在中年以後，用能終始不渝，爲世法則。許君雖受母太夫人之煦育，而終不能敵世俗之薰陶。觀其專心致志所輯之勸戒圖説，取舍已與太夫人相左，則其晚年之徵歌選色，放任不羈，無足異已。上海、華亭諸志，方以君母熱心天教故，對於君母子事跡，黜而不書，而孰知君固未嘗與世俗違也。西士柏應理撰許太夫人傳，年月頗有訛舛，君所撰鶴沙自序，宜可信據，今此傳多採之。遺葬侍兒詩五首，並附如後。集爲君所手定，君未嘗以此爲諱也。

丁卯臘月遣葬清河侍兒

許纘曾

雲鬟霧縠竟何之，咄咄書空長繫思。綺閣零膏猶在眼，春蠶作繭不成絲。哀年畏見傷心事，歲晚愁逢話別時。記取青衫兩行淚，可能重證玉簫詩。

其二

綵雲巫岫漫相依，雲去山空事已非。鬬草漸嫌人數少，穿針常怪語聲稀。霜林向晚烏啼急，街鼓催更燭影微。倚徙芸窗渾不寐，寒花庭院雨霏霏。

其三

此去茫茫別緒多，平原蔓草奈愁何。月明環珮歸簾幙，露冷松杉泣薜蘿。花下藏鈎餘綠蟻，燈前剪綵剩宮羅。石榴裙上三生夢，腸斷淒涼子夜歌。

其四

屋梁落月費尋思，忽忽縈懷無盡時。攬鏡不留雙鬢影，開箱空貯合歡枝。巫山雲斷音塵絕，紫玉煙銷歸夢遲。記得去年逢解粽，還將五色染長絲。

其五

生綃圖畫寫相思，窄袖纖腰似舊時。一片煙雲迷蝶夢，五更風雨葬花枝。螟蛉宛轉隨人泣，女伴叮嚀絮語遲。屈指傷心寒食近，紙錢斜帶緑楊絲。寶綸堂稿卷三

〔作於一九二七年四月。載於真光雜誌第五卷第六號。據一九三五年三月校訂本校訂。〕

跋明季之歐化美術及羅馬字注音

右西洋宗教畫四幅，說三則，見程氏墨苑卷六下卅五葉後，未編葉數者，書成後所增也。又利瑪竇贈文一篇，見卷三，自爲葉數，亦書成後所加。今所傳墨苑，有闕此圖及說者，有圖存而西洋字盡闕者，疑禁天主教時所削去。此爲通縣王氏嗚晦廬藏本，圖說皆全，實爲難得。墨苑分天、地、人、物、儒、釋道六集，今書口題曰「緇黄」者，即釋道合爲一集，而以天主教殿其後也。時利瑪竇至京師不過五六年，而學者視之竟與緇黄並，其得社會之信仰可想也。

程氏名大約，字幼博，別字君房，徽人，以墨名家。行輩在方于魯先，而墨苑之成，則在方氏墨譜後。四庫提要置墨苑在墨譜前，置程幼博集在方建元集後，皆爲顛倒。且墨苑題曰「程君房撰」而程幼博集則題曰「程大約撰」，又於方建元集言于魯有方氏墨譜已著録，而於程幼博集不言大約有墨苑已著録，疑四庫館所見墨苑爲不全本，故不知君房即大約也。

明季有西洋畫不足奇，西洋畫而見採於中國美術界，施之於文房用品，刊之於中國載籍，則實爲僅見。其說明用羅馬字注音，亦前此所無。金尼閣著西儒耳目資，即師其法，當時以此爲西洋人認識漢字之捷訣。其間偶有誤注，如以「寶」爲「賓」之類，則不可解也，今並表出之，以資參考。

末附汪廷訥坐隱弈譜羅馬字一則。汪亦徽人，其書刻於萬曆卅六七年，亦遍徵當世名人題贈。據自跋，此則爲萬曆卅三年利瑪竇所贈。坐隱集并有詶利瑪竇贈言一絶。然試譯之，詞句不可通，蓋割裂墨苑利瑪竇贈文及圖説而成，殊可笑也。今譯其漢音如後：

外且相問答談論[1]

涯則曰倘是天主[2]信道之[3]行天命火[4]無疑我信無信[5]道之人踵[6]解兆衆之[7]日在船恍惚[8]何人而以此文[9]九州棼[10]其土宜物產曾不多[11]則聲[12]誌卧坐不言[13]者再三脩[14]大乎立[15]幸得與幼博程[16]廓助作者吾[17]異吾乃諗[18]也

歐羅巴利瑪竇撰[19]

連題歘凡九十四字，可分爲十九截，第一及第九至十八截，採自墨苑利瑪竇贈程大約文；第二至第八及第十九截，則墨苑「信而步海」文也。或三四字或五六七字信手剪裁，任意聯綴，不顧其漢音文義如何，欺當時識羅馬字者希，特取其奇字異形，託之利贈，以驚世炫俗，可見當時風尚，士大夫以得利瑪竇一言爲榮也。

一九二七年九月八日陳垣識

〔載於輔仁大學明季之歐化美術及羅馬字注音影印本。〕

康熙與羅馬使節關係文書影印本叙録

康熙四十四年及五十九年，羅馬教王格勒門第十一兩次使節來華，漢文記載極少，中國教會史對此事叙述亦極略。今所影印者十四通，皆有康熙親筆删改，爲極可寶貴之漢文史料。原存故宫懋勤殿。最先發見者爲第十一及十四兩通，時在民國十四年七月；其次發見者爲第一至第七及十二、十三等九通，時在民國十七年三月；又次發見者爲第八、第九、第十等三通，時在民國十九年二月。其所以能保存至今者，亦因有康熙硃筆，例應保存也。去年文獻叢編第六輯，曾照康熙改稿排印一次，閲者以未見原稿爲憾。今復照原稿影印，並略考定其年代次第，因其中有不著年月者，有有月無年者，頗費鈎稽也。中華民國二十年十月新會陳垣識。

康熙爲白晉事諭多羅硃筆。第一。康熙四十五年

何以知爲康熙四十五年？因多羅到京後移住北堂，係在康熙四十四年十月十九日，第一次覲見係在十一月十六日，康熙派沙國安、白晉赴羅馬答拜，係在多羅第一次覲見之

後。此云「白晉已與沙國安不和，叫回白晉何如？」知其時白晉已首途，總在康熙四十五年春初矣。

康熙硃筆諭多羅，凡今年來明年去之人，不得在内地居住。第二。康熙四十五年

何以知此諭在前諭之後？曰「前日曾有上諭，多羅好了陛見之際再諭」，即指前諭也。又曰「今聞多羅言，我未必等得皇上回來」。據康熙實録，康熙四十四年十一月二十日謁孝陵，十二月十九日還京；四十五年二月四日又出巡近畿，二十九日還宫。「未必等得皇上回來」，即指康熙出巡時也。

康熙教西洋人帶信與多羅説。第三。排印本第四。康熙四十五年三月十六日

何以知此三月十六日爲康熙四十五年？因多羅以康熙四十五年六月出京回澳門，此言「不如聽我們的話，悄悄回去罷」，知此時多羅尚未出京也。

康熙在蘇州諭衆西洋人。第四。排印本第五。康熙四十六年三月十七日

何以知此三月十七日爲康熙四十六年？因末有「俟朕回鑾時，在寶塔灣同江寧府方西滿等十一人，一同賜票」之語，正康熙南巡駐蹕蘇州時也。

康熙爲多羅事傳旨與衆西洋人。第五。排印本第三。康熙四十九年

何以知爲康熙四十九年？因其中有「多羅所寫奏本，擡頭錯處，字眼越分，奏摺用五爪

金龍」等語。據康熙四十九年閏七月十四日，兩廣總督趙弘燦奏報多羅病故摺稱：奉旨，爾等差人問哆囉：你國並無用五爪龍邊之理，皇字亦非爾等之話，種種違式，與例不合。所言與此實同一事，故知爲康熙四十九年也。

康熙硃筆删改德理格、馬國賢上教王書稿。第六。排印本第十一。康熙五十四年

何以知爲康熙五十四年？因其中有「臣等在中國御前五年」之語。據北平西郊栅欄德理格墓碑，德理格以康熙五十年奉召進京，在御前五年，當爲康熙五十四年也。

康熙面諭德理格并德理格誓詞。第七。排印本第六。康熙五十五年九月二十九、三十日

康熙諭廣東巡撫調查費理薄等是否係教王差使。第八。康熙五十六年

何以知爲康熙五十六年？因其中有五十五年之語，知必在五十五年後。又有「前歲山遥瞻已病故」之語，據北平西郊栅欄山遥瞻墓碑，山遥瞻奉命往雲南測繪地圖，以康熙五十三年十一月卒於道中。此云前歲，故知爲五十六年也。

康熙諭新來西洋人探問艾若瑟去信消息。第九。康熙五十六年

何以定此爲康熙五十六年？一因此件與前件同裝一匣，且紙式、字體及傳旨之人大概相同，前件既在五十六年，此件亦當相隔不遠。二因艾若瑟、盧若瑟、龍安國、博賢世四人，於康熙四十六年十月派赴羅馬，四十九年九月兩廣總督奏，據海關報告，龍安國於出

洋時淹死，博賢世不知下落。而艾若瑟則於五十八年復航來東，患病道卒，六十一年四月遣官營葬於廣州。此云「至今數年没有信來」，當在未得艾若瑟死信以前，故假定爲五十六年。三因異域録載，圖理琛於康熙五十四年三月經俄羅斯還京，俄羅斯達喇嘛跟隨來京居住。又龍沙紀略載，俄羅斯康熙丙申歲來文，稱一千七百一十六年，丙申爲康熙五十五年，此云「與鄂羅斯的人又帶信去，想是到去了」，或即於此二年間使鄂羅斯人帶信去，故亦假定爲五十六年也。

康熙諭利國安。第十。康熙五十八年十月二十二日

康熙於嘉樂來時面諭西洋人。第十一。排印本第十二。康熙五十九年十一月十八日

康熙爲德理格不寫名字諭嘉樂。第十二。排印本第七。康熙五十九年

何以定此爲康熙五十九年？因此言「德立格昨日不寫名字」，即指嘉樂來朝日記末頁無德立格名字也。嘉樂來朝日記末段稱康熙已允將嚴璫、德里格從寬不究，後因德里格不署名此日記，仍將德立格監禁，至雍正元年始行釋出。此硃筆乃康熙閲嘉樂來朝日記後批示嘉樂，其中兩「爾」字，係指嘉樂。嘉樂來朝日記成於康熙五十九年年底，故定此爲五十九年也。

康熙硃筆删改嘉樂來朝日記。第十三。康熙五十九年十一月二十五日至十二月二十四日記事

教王禁約譯文。第十四。康熙五十四年重定，五十九年十二月二十一日譯呈

何以知爲五十九年十二月二十一日譯呈？說見嘉樂來朝日記。

〔載於此書影印本（故宫博物院編，一九三二年三月）。此次加了標點。〕

雍乾間奉天主教之宗室

上編　蘇努諸子

一　蘇努之世系及略歷
二　蘇努父子獲罪之原因
三　勒什亨烏爾陳之發遣及在戍情形
四　蘇努之發遣及卒日
五　蘇努身後之治罪及諸子之處置
六　蘇努諸子奉教之熱誠
附一　蘇努父子獲罪年表
附二　蘇努諸子表
附三　教會史載蘇努事勘誤表

一　蘇努之世系及略歷

蘇努爲清太祖努爾哈齊之四世孫，與雍正爲從昆弟行。努爾哈齊第一子爲褚英，褚英第一子爲杜度，杜度第六子爲杜努文，杜努文一子爲蘇努。褚英、杜度，皆有戰功，封貝勒，故乾隆四十六年撰宗室王公功績表傳卷九皆有傳；惟杜努文無戰功，故無傳。蘇努以獲罪削籍，其名字幾不傳於玉牒，亦無傳。教會史言蘇努父子事，多據當時簡牘，本可信據，惟譯者不諳清朝典制，涉筆易訛。蕭若瑟聖教史略卷十四，天主教傳行中國考卷七，謂蘇努係太祖之孫，太宗之胞姪，與順治爲叔伯兄弟，與康熙爲從叔姪，與雍正爲從祖孫，皆不合。

蘇努雖無專傳，然其生平所歷，散見於實録及八旗通志，細爲鈎稽，尚可得其梗概。惟王先謙東華録摘抄實録，每多省略。如康熙實録，康熙十九年四月庚辰，以纂修玉牒告成，賜總裁輔國公都統蘇努等銀幣有差。二十七年二月丁卯，纂修玉牒，命宗人府左宗人鎮國公蘇努爲總裁官。二十九年六月癸酉，兵部遵旨議發八旗滿洲蒙古兵，命宗室公都統蘇努統領全軍。

據此三條，蘇努在康熙間，曾以輔國公鎮國公，任都統，宗人府左宗人，及纂修玉牒總裁官，而東華録皆不載。又牟其汶宗室王公世職表，謂蘇努順治十四年襲封鎮國公；清史稿列傳三緒英傳，附蘇努事跡一行，亦謂蘇努初襲鎮國公。今康熙實録乃謂十九年蘇努爲輔國公，誤也。

宗室王公世職表又謂蘇努康熙三十七年封貝子。懋勤殿雍正未刊硃批諭旨，有雍正四年二月二十一日江蘇巡撫張楷奏報吳縣拿獲旗人周篤明，供主子是蘇努貝子，康熙六十一年正月，到上海縣，爲主子索海關部照銀兩。是康熙末年，蘇努猶爲貝子，六十一年十一月，康熙崩，蘇努始封貝勒。而樊國樑漢譯燕京開教略卷中謂蘇努爲親王，稱蘇努之子爲世子，亦不合也。

八旗通志宗人府年表，謂康熙十二年五月，蘇努爲左宗人，二十二年八月免；二十四年九月復任，四十七年十一月免，在職凡三十五年。八旗大臣年表，謂康熙十八年正月蘇努任鑲紅旗都統，雍正元年正月免，在職凡四十四年。直省大臣年表，謂康熙三十七年四月，蘇努爲奉天將軍，四十七年正月免，在職凡十年。聖教史略謂蘇努以正紅旗都統兼遼東總督，即鑲紅旗都統兼奉天將軍之訛，清初固無遼東總督之名也。

惟聖教史略謂蘇努獲罪之年，年七十七，尚爲可信。據宗室王公世職表，杜努文以順治五年九月卒，蘇努至遲生於是年，至雍正二年，正七十七歲也。

二　蘇努父子獲罪之原因

蘇努曾助允禩謀繼立，大爲雍正所忌，實爲獲罪之唯一原因。初，康熙立第二子允礽爲太子，既廢而復立，立而復廢者再，第八子允禩謀繼立，蘇努等助之。康熙既崩，第四子胤禛立，是爲雍正，而允禩黨遂不得不以次削除矣。燕京開教略因蘇努諸子奉天主教，遂謂蘇努之獲罪，爲庇護聖教，非也。謂有叛黨謀廢雍正皇帝，有人捏誣蘇努與叛黨同謀，亦非也。今將雍正實録及上諭内閣、上諭八旗中關於蘇努之罪狀條舉之。語曰，相詈無好言，吾人亦分别觀之可也。

雍正二年八月壬辰諭曰：蘇努等懷挾伊祖舊讐，專意離間宗支，使互有煩言，人人不睦。朕即位以來，棄伊過惡，格外施恩，欲其改過從善。伊等不從，仍鑽營構亂，毫不悛改。朕當以國法懲之，豈可容其如此。所謂伊祖舊讐者，褚英曾在太祖時獲罪也。

三年三月辛亥諭曰：前朕議處蘇努吴爾占之罪，伊等並非與朕舊有隙怨。祇以骨肉之内，彼此傾陷，互爲仇敵，一有微隙，羣起而攻之，則其人何所容身乎。今我宗室内互相仇陷之習，皆由蘇努所致。降此諭時，蘇努已死，誠無所謂嫌隙，不過因忌允禩而並忌之耳。

五月癸亥諭曰：盛京風俗，甚屬不堪，俱因蘇努爲將軍八年，俯徇無知小人之心，沽取虛名，私恩小惠，逞其機詐，惟利是圖，風俗由是大壞。

據八旗通志、盛京通志，均載康熙三十七年四月，蘇努爲奉天將軍；惟清史稿疆臣表則謂爲三十八年四月。然至四十七年正月解任，均不止八年。此言蘇努爲將軍八年者，諭旨誤記也。

十月辛巳諭曰：貝勒滿都護、保泰、蘇努、七十、馬爾齊哈等，同謀結黨，衆所共知。朕雖屢次訓諭，而伊等結黨之心，堅如鐵石，毫不移易。

四年六月甲子諭曰：阿靈阿之子阿爾松阿，蘇努之子勒席恒等，皆繼其父志，而奸惡過焉。似此毫無忌憚，父子相承，先後濟惡，種類遞傳，安有止極，實爲國家之大患，必貽後日之深憂。

此二條實録不載，而上諭八旗載之。勒席恒或譯勒什亨，康熙五十九年十一月，羅馬使臣嘉樂來朝，勒什亨時爲乾清門頭等侍衛，曾奉命存問嘉樂，見懋勤殿檔嘉樂來朝日記。聖教史略所稱爲熱心奉教者也。

五年正月壬寅諭曰：年羹堯之結黨，爲時尚淺，易於解散；阿其那、塞思黑、蘇努、阿靈阿、鄂倫岱等之黨，固結甚深，如膠如漆，牢不可破。

此條實録亦不載，而上諭内閣載之。阿其那即允禩之改名，譯言犬；塞思黑即允禟之改名，譯言豕。前既曰「堅如鐵石，毫不移易」，今又曰「如膠如漆，牢不可破」，其取忌宜矣，然究與奉教無關也。

正月乙巳又諭曰：從前奉天將軍蘇努等，深負皇考委用之恩，於任内之事，漫不經心，内懷狡詐，飾貌沽名，將朝廷法紀，滿洲制度，盡行廢棄，侵蝕庫帑，虧空倉糧，種種罪惡，不可枚舉。著將蘇努家産交與嵩祝、唐保住查明，再將伊等所有貲財，俱帶往盛京，以爲兵丁搬移入城之費。

夫蘇努罷奉天將軍，至雍正五年，已二十年，果有侵蝕庫帑，虧空倉糧之事，應早罪之。至於内懷狡詐，飾貌沽名，空洞之詞，豈得爲罪。適足見其無確實之罪名可舉而已。

十二月癸卯又諭：當日蘇努、阿靈阿、鄂倫岱等，同惡相濟，結爲邪黨。凡屬在朝臣工，其庸懦無能者，則棄置之；而於聰明才智之人，或動之以利，或怵之以害，或震懾之以權勢，或誘惑之以美名，使其人不得不墮其術中。

此則結黨者普通之手段，蘇努等用之以爲擁戴允禩之資，事在雍正以前。至是其黨已削除淨盡，雍正猶嘵嘵不休，必欲故甚其罪者，深恐人之議其後也。

三 勒什亨烏爾陳之發遣及在戍情形

勒什亨爲蘇努第六子，聖名類思，烏爾陳爲蘇努第十二子，聖名若瑟，此聖教史略之説也。燕京開教略則謂若瑟爲兄，第十二，類思爲弟，第十三。證以雍正諭旨，勒什亨實爲烏爾陳之兄，燕京開教略誤也。

蘇努父子獲譴最先者爲勒什亨。勒什亨康熙六十年十一月任蒙古正黄旗副都統，六十一年四月調滿洲正紅旗副都統。雍正元年二月初十日庚申諭曰：勒什亨憸邪小人，伊父蘇努，係七十之黨，結爲生死之交。朕於蘇努父子，宥其罪戾，封蘇努爲貝勒，授勒什亨領侍衛内大臣，亦冀其感念國恩，悛改舊惡。豈知伊等仍然結黨，護庇貝子允禟，將朕所交之事，顛倒錯謬，以致諸事掣肘，難於辦理。又朕諸弟兄家，有姦惡太監數人，種種引誘伊主，若明正其罪，詳審究擬，則牽連伊主之處甚多。朕念兄弟之情，加意保全，不加明訊，將此輩發遣遐方，令其疏遠。曾謂勒什亨曰，此不過懲治家人，其事甚細，不必記在檔案。而勒什亨顯背朕旨，記在檔案。復以懇給佐領，冒昧陳請，狂妄背謬。勒什亨不可在内廷行走，著革職發往西寧，跟隨允禟效力。

勒什亨罪狀，計分三欵，而皆與奉教無關。第一欵爲袒護允禟。允禟爲康熙第九子，亦嘗謀繼立，至是發往西寧，而勒什亨陰尼之。第二欵爲記載檔案。以直筆而獲罪，史家尤予同情。吾人今日研究清廷軼事，固常感檔案不足也。

勒什亨既遣，其弟烏爾陳又爲陳請，於是同時發遣。此事未見當時記載，惟雍正二年五月丙辰諭曾追述之，曰：朕將勒什亨派往西寧，伊弟烏爾陳指稱武備院奏事入內，於朕前顯露憤恨之容。勒什亨係獲罪之人，例不得奏請訓旨，而烏爾陳將伊兄引入紫禁城內，殊屬不合，是以並將烏爾陳同伊兄一併發往軍前。此烏爾陳罪狀也。聖教史略謂雍正即位，其疾惡聖教之效，首及二人，殆即指此。然其時二人實未奉教，其奉教蓋在獲罪以後也。

勒什亨、烏爾陳既到西寧，年羹堯適以川陝總督管理撫遠大將軍印務。雍正元年十月，年羹堯率師自甘州至西寧，恒有密摺到京，附陳允禟動靜。懋勤殿檔曾發見雍正硃批羹堯密摺，中有涉及勒什亨、烏爾陳史料，實爲希世之珍。其一摺有曰，勒世亨見臣問好，其狂詐之態如故，臣實不解；庫爾臣一言不發，滿肚懷疑之狀；西洋人穆近遠，搖尾乞憐之外，無他技也。

雍正於勒世亨旁批云：「勉强耳，小人之長態。」於庫爾臣旁批云：「此人了不得，大可惡者，着實有一番心膽的人在此。」於穆近遠旁批云：「内中此人留心。」

其二摺有曰，勒世亨兄弟兩人，不時令家人裝扮，於西大通城外探問閒事。近又買民房十餘間，故意使人聞之，若將終身焉，此其山鬼伎倆也。雍正批云：「此等伎倆，如何逃得出你的範圍，但絲毫不可輕忽。」

其三摺曰，貝子允禟近日行事光景，頗知收斂。臣此次路過西大通，未曾見面。蓋自臣參奏之後，恨臣固深，而其上下人等，亦自此始知畏法。臣已留人在彼，凡貝子允禟有何行事之處，臣皆得聞知也。惟勒世亨、吳爾慎兩人，接臣十里，其語言神氣，純乎詐僞而已。臣惟以大義曉之，令其感恩悔過，亦明知有人使其見臣來探口氣也。雍正批云：「蘇努實國家宗室中之逆賊，真大花面也，其父子之罪，斷不赦他也。」

三摺皆無年月，蓋或爲附片，或年月記在封套，散亂不可復理。唯尋繹摺中事實及文義，知第一摺當在雍正元年十月，第二摺在二年二月，第三摺在二年三月。烏爾陳或作吳爾慎，譯音無定字。唯第一摺作庫爾臣，殊不可解。庫爾臣爲蘇努第十一子，據雍正五年四月七月兩諭見第六章，庫爾陳與烏爾臣並舉，明是二人，而年羹堯墨跡不應有誤，雍正硃批亦不應不察覺，疑莫能明也。

又第一摺之穆近遠，或譯穆金遠，乃葡萄牙國神父，與年羹堯之兄年希堯交厚，與允禟亦密，曾隨允禟至西寧。允禟寄京家書，用西洋字拚音，疑亦穆近遠所授。勒什亨、烏爾陳之奉教，即從穆近遠領洗。穆近遠從西寧押解回京後，死於獄。雍正四年五月庚子諭有曰：從前阿其那、允禟、允禵等結黨營私，凡僧道喇嘛，醫卜星相，甚至優人賤隸，以及西洋人，俱留心施恩，以備其用。所謂西洋人，即指穆近遠也。懋勤殿檔有穆景遠口供，曾刊文獻叢編第一輯，兹從略。

雍正二年七月，法國神父巴多明曾函寄歐洲，言蘇努父子獲譴事，謂五月十一日，川陝總督年羹堯有密摺控勒什亨、烏爾陳同入天主教，并捐資建堂，與教士穆敬遠交接聖心報二八九號。今原摺尚未發見。宣統三年四月至民國五年十月，上海聖心報有巴函選譯，述蘇努諸子事甚詳，可補漢文史料之闕，惟傳述轉譯，舛誤時不免耳。

四　蘇努之發遣及卒日

蘇努之發遣，後於勒什亨、烏爾陳者年餘。燕京開教略叙蘇努發遣於前，二子充軍於後，實爲倒置。雍正二年五月丙辰諭曰：從前皇考時，審訊與允禩相面之張明德，供出賴士、普奇一案。皇考在乾清門降旨曰：蘇努之祖阿爾哈圖土門譯言廣略貝勒褚英薨逝時，太宗特降諭旨云，此人若在，必亂國家。大抵此一宗支，向日原有嫌隙，即如蘇努於我父子兄弟骨肉之中，讒譖離間，暗中鑽營，惟擾亂國家是務。朕防之有年矣。爾等其知之，每事留意。此諭旨乃衆阿哥及諸大臣等所共聞也。今蘇努以七十病故，退有後言，是仍念伊等舊日黨與，擾亂國家之心，毫無悛改也。蘇努不可留在京師，煽惑衆心，著革去貝勒，其屬下佐領，著撤回存貯公所，止留伊府佐領，著伊同在京諸子，於十日内帶往右衛居住。到彼之後，若不安靜自守，仍事鑽營，差人往來京師，定將蘇努明正國法。

數蘇努之罪，而追溯其曾祖之惡，並述及康熙之遺言，又從康熙遺言中述及太宗之遺言。計褚英之卒，在天命改元之前一年乙卯西一六一五，至雍正二年甲辰西一七二四，已百一十年矣。骨肉之親，何深仇若是。曰「此諭旨乃衆阿哥及諸大臣等所共聞也」，嘗考康熙實録，康熙四十七年十月丙午諭曰：允礽親近匪類，行止悖亂。允禩乘間，處處沽名，欺誑衆人，希冀爲皇太子，邀結蘇努爲黨與。蘇努自其祖相繼以來，即爲不忠。其祖阿爾哈圖土門貝勒褚燕，在太祖皇帝時，曾得大罪，置之於法。伊欲爲其祖報仇，故如此結黨，敗壞國事。

雍正所述，即此諭也。然康熙實録修於雍正之時，於諸皇子輒加醜詆，康熙原諭，是否如此，殊不可信。且褚英得罪，在太祖時，雍正乃誤記爲太宗，當時諸臣不敢言其誤，後來修雍正實録者亦不知其誤也。

蘇努之發遣在右衛，右衛爲今山西右玉縣，舊隸朔平府，與甘肅之西寧渺不相涉。聖教史略混言遣發西寧右衛，又謂此爲雍正元年六月間事，皆誤。蓋與勒什亨、烏爾陳之發遣，混爲一地一年也。

蘇努既至右衛，情形如何，檔案中尚未發見有何記載。巴函選譯聖心報二九六號謂蘇努以雍正二年十一月十九日卒於戍所，應爲西曆一七二五年一月三日。燕京開教略謂爲西曆一月二日，譯者又譯爲雍正三年，均誤。因西曆新歲之首，尚係清曆舊歲之末，苟計年不計日，輒相差一年也。

巴函選譯聖心報二九四號又謂蘇努卒時，皇十六子爲宗人府宗正，不即奏聞，上不悦，罷其宗正之職。今考八旗通志宗人府年表，莊親王允禄，以雍正二年十一月任宗人府宗令，三年二月罷，與巴函正合。足證蘇努之卒，實在雍正二年之冬，燕京開教略誤爲雍正三年。巴函選譯則誤宗人府宗令爲宗正，宗正例以貝勒貝子爲之，若親王則應爲宗令也。

聖教史略又謂雍正三年，中國神甫樊守義，曾喬裝販夫，到右衛探視蘇努子孫，奉教之誠，有增無減。其言蓋本之巴函聖心報三〇二號，亦可信據，因右衛去京不過八九日程，比之西寧，尚爲邊近也。

五　蘇努身後之治罪及諸子之處置

蘇努既以雍正二年冬卒於戍所，然宗室猶未除名。雍正四年正月戊戌，因削去允禩宗籍，遂連及允禟蘇努等，一概除名。諭曰：允禟、蘇努、吳爾占，結黨構逆，靡惡不爲，此三人者，亦斷不可留於宗姓之内，著將允禟、蘇努、吳爾占，革去黄帶子，並令宗人府將允禩、允禟、蘇努、吳爾占名字除去。三月丙申，宗人府奏，允禩、允禟、蘇努、吳爾占等，既已削出宗籍，應將伊等本身及其子孫，俱撤去黄帶，更改舊名，歸併各該旗各佐領，其有品級之女，一併銷去品級。奉旨允行。

同年五月庚子又諭曰：從前降旨詢問查弼納凡八次，伊將蘇努、七十、隆科多，互相串通鑽營之處隱匿，並不據實舉出，是以將伊革去兩江總督，拏交王大臣詢問。伊今供稱，蘇努、七十、阿靈阿、揆叙、鄂倫岱、阿爾松阿，結爲朋黨，協力欲將阿其那致之大位，蘇努屢稱允禟氣象大方，蘇努結交七十，特爲結交允禟之故等語。既據實供出，著將查弼納之罪，悉行寬免。今蘇努、七十，雖已身故，應如何追治其罪，以彰國法，議奏。

二十八日己未，康親王崇安等議奏：蘇努、七十，係阿其那、塞思黑黨亂助逆之罪魁，雖經身死，應照大逆律，戮屍揚灰，抄没家産。蘇努之第四子，原任副都統赫世亨，見在甘州，請提拏正法。得旨：蘇努、七十，照議治罪，以彰巨惡。伊等家産，諒已隱匿，何必抄没。蘇努之子赫世亨，見在軍前，著提解刑部監禁。蘇努、七十之子孫内，有奸惡不可留者，俱著詳察，指名奏請候旨。

尋議：蘇努、七十之子孫内，赫世亨等十二人，實係奸惡，俱請即行正法。得旨：蘇努、七十，結爲黨援，擾亂國政，伊等子孫，理當加以誅戮。但將如許人正法，朕心不忍。蘇努之子勒什亨、烏爾陳，著仍在誠親王允祉處禁錮，俟阿其那、塞思黑事定，另降諭旨。赫世亨、魯爾金、福爾陳、書爾陳、木爾陳、庫章阿，不可令在一處，著押往河南、山東、山西、江南、蘇州、浙江等處，分交該督撫，於衙門内禁錮。其餘俱著交與右衛將軍，入於右衛兵額内，嚴行約束。

聖教史略謂蘇努第九子，時爲甘州副都統，一併革職，而未舉其名。今觀實録，赫世亨實爲蘇努第四子，原任副都統，時在甘州，聖教史略誤四爲九，又誤譯爲甘州副都統。不知清代官制，雍正間無甘州副都統之名也。八旗通志八旗大臣年表，康熙五十六年十月至五十九年間，滿洲正黄旗副都統，有宗室赫世亨名，所謂「原任副都統」者此也。

曰「蘇努、七十之子孫赫世亨等十二人」，内四人爲七十子孫，今從略。蘇努子孫八人，知名者尚有蘇爾金、庫爾陳二人，不在奸惡之内，故仍留右衛。勒什亨、烏爾陳本隨允禟在西寧，何時遞解回京，未見明文。據巴函選譯聖心報三一八號雍正五年四月二十七日，烏爾陳僕人報告，同主人在監已二年有四十一日，是勒什亨二人之解京，總在雍正三年三月之前，中間且曾一度解往右衛守孝，然後回京交允祉禁錮也。

至於其他六人，分禁各省後情形如何。據聖教史略謂蘇爾金在開封府獄，曾領聖體一次，實誤。蘇爾金爲蘇努第三子，先禁右衛，後禁北京，未嘗禁開封。禁開封者爲蘇努第四子赫世亨，已否領洗，尚不可知，未領洗何能領聖體。據巴函選譯聖心報三五三號，謂雍正五年保祿曾領告解及聖體一次。保祿爲蘇努第十子書爾陳，先禁右衛，後禁南京。聖教史略蓋誤書爾陳爲蘇爾金，又誤南京爲開封也。且即使禁開封，亦當在河南巡撫衙門，不當在開封府獄，因前諭明著分交該督撫於衙門内禁錮也。

懋勤殿雍正未刊硃批諭旨，曾見有雍正四年十月十九日署理山東巡撫塞楞額奏摺一件，曰：查臣署内有奉旨著在巡撫衙門内給房一間牢固圈禁之罪人魯爾斤一名。臣問及向日如何圈禁看守，以及衣食等物如何給與之處。據臣標中軍遊擊程簡回稱，向日奉撫臺吩咐，令其家人一名，在圈禁處所伏侍。每日派兵四名，千把一名，輪流看守。至於衣服茶飯，係伊家人劉柱在外租房三間居住，日逐出入供應。所用盤費，係伊莊頭自京發來等語。臣思魯爾斤係蘇努之子，本應即行正法之人，皇上不即加誅，分發圈禁，已屬法外施仁，今若聽其家人出入圈禁處所，恐將來日久，不免生事。臣到任後，即諭令兵弁，嚴行看守，不許伊家人出入，致通消息。臣衙内每日給與飯食二飡，以養其命。其家人劉柱，相應遞解歸旗。謹奏。硃批：如此方是。朕欣悦覽之，嚴之又嚴可也。

據此摺亦稱在巡撫衙門内圈禁，則聖教史略開封府獄一語，實爲誤譯。巴函選譯又謂蘇爾金分禁濟南聖心報三〇八號，又謂雍正四年十一月十五日魯爾金在西寧三〇九號，據此摺則分禁濟南者爲魯爾金，巴函選譯亦誤也。

雍正四年十月乙酉諭曰：蘇努之子孫，係獲重罪應行正法之人，前經議政王大臣議請將伊等即行正法，特施恩寬宥。若令皆在京中，恐生事端，因分發各處看守，將魯爾金發往山東。今據塞楞額奏稱，魯爾金携帶家人居住，其家人並無拘管，任意出入等語。魯爾金起初發遣之時，該旗爲何不行詳察，竟聽其將家人帶往。蘇努家人，皆係官人，其所帶係何項人。再陳世倌身爲巡撫，爲何不行查參，又不拘管。理應將該旗大臣及巡撫即行治罪，但其中或另有情由，亦未可定，著察問該旗大臣，並行令巡撫陳世倌明白回奏。

雍正五年四月甲午又諭曰：近聞外間議論，有謂塞楞額署山東巡撫事務，精明嚴刻者。既加以精明之譽，復加以嚴刻之譏。蘇努之子魯爾金，係獲重罪之人，今免死安置山東，輒敢縱家人出入無忌，塞楞額略加管束，此亦可謂之嚴刻乎。此二諭見上諭内閣，而實録未載。既頒之後，蘇努諸子之分禁各省者，其受虐恐更不堪言矣。

六　蘇努諸子奉教之熱誠

如前所述，蘇努父子之被譴，既與奉教無關，則蘇努諸子奉教之説，可信乎。曰，奚爲而不可信也，正爲其奉教，而又受重罰，乃有此誤傳。故謂雍正因惡蘇努父子而並惡天主教可也，謂雍正因惡天主教而並惡蘇努父子，則倒果爲因，絶非史實矣。吾考檔案，涉及蘇努父子罪狀者，無慮數十起，其中關涉天主教者僅三通；且懲治允禩、蘇努父子案，前後亘五年，直至諸人相繼云亡，始言及奉教；而勒什亨、烏爾陳之發遣，本在二人未奉教之先，蘇爾金、庫爾陳，二人奉教至誠，乃獨不在奸惡不可留者八人之内。其非因奉教而恨蘇努父子，更顯然矣。

雍正五年，葡萄牙國使臣買德洛來朝，四月初八日上諭有曰：今日爲佛誕之期，恰遇西洋國使臣上表稱賀，兩事適然相值，故於在廷諸臣奏事之暇，偶將朕意宣諭爾等知之。

向來僧道家極口詆毀西洋教，而西洋人又極詆佛老之非，彼此互相訕謗，指爲異端。此等識見，皆以同乎己者爲正道，而以異乎己者爲異端，非聖人之所謂異端也。中國有中國之教，西洋有西洋之教，西洋之教，不必行於中國，亦如中國之教，豈能行於西洋。如蘇努之子烏爾陳等，愚昧不法，背祖宗，違朝廷，甘蹈刑戮而不恤，豈不怪乎。此雍正對天主教之意見，並蘇努案第一次涉及天主教之官文書也。

四月十九日王大臣等議奏，蘇努之子烏爾陳等，與阿其那等結黨亂政，復私入西洋邪教，請將烏爾陳等淩遲處死。奉諭：烏爾陳、蘇爾金、庫爾陳等，不遵滿洲正道，崇奉西洋之教，朕令伊等悛改，屢次遣王大臣等降旨，分晰開導，乃伊等固執己見，堅稱不願悛改，如此昏庸無知，其心固已先死，何必加以誅戮。烏爾陳等非鄂倫岱、阿爾松阿、阿其那、塞思黑等，力能搖動政事，斷不可姑容於世者可比，此等人正法與否，並無關係。今王大臣等因蘇努父子從前所行大逆不道，請將烏爾陳等即行正法，所奏雖是，但朕從前已將伊等之罪暫行寬宥，今復將伊等正法，西洋人不知其故，必以爲伊等因入西洋之教被戮，轉使伊等名聞於西洋。著將烏爾陳等交與步軍統領阿齊圖，擇一地方，牢固鎖禁，俾得用力窮究西洋道理。伊等如知西洋敬天之教，自然在朕前奏請改過也。

從前歷數蘇努及勒什亨、烏爾陳罪狀，迄未涉及西洋教，今因四月初八日諭旨，偶一提及，王大臣等即以此爲烏爾陳等之加雜罪，可謂善承意旨者矣。然得此旨而吾人對烏爾陳等之奉教，更得一佳證。雍正不肯顯戮之，恐其名聞於西洋，而不知其所以名聞西洋者，正爲此也。

據教會史，蘇努諸子中奉教最熱誠者，爲書爾陳、蘇爾金、庫爾陳、烏爾陳、勒什亨等五人。今此諭不及書爾陳者，因其禁錮在南京，不在北京；其不及勒什亨者，疑勒什亨是時已卒。然據巴函選譯聖心報三三二號，則烏爾陳卒時，勒什亨尚未卒也。

是年六月，雍正又發見蘇努一加雜罪，因十四日康親王崇安等查奏蘇努遺漏未繳康熙硃批奏摺。奉諭：蘇努於聖祖仁皇帝硃批奏摺面頁，與諭旨中間，任意塗寫，如此之人，豈有不加誅戮，仍令其子孫長進之理。著將此摺交與奏事之諸王大臣，閱看參奏。

右二旨，實録不録，而上諭内閣録之。以兩旨比較，雍正之意，對於崇奉西洋之教之罪輕，而塗寫硃批諭旨之罪爲不可赦也，尚得謂雍正因奉教之故，而罪蘇努父子耶？

十六日，諸王大臣合辭具奏，蘇努悖逆妄亂，其子孫俱應照叛逆例正法。特召入王大臣等諭曰：蘇努雖已削籍離宗，然原係宗室之人。爾等請將伊之子孫，即行正法，此事甚有關係。爾等具本之時，隨衆列名，或不便獨抒己見，今特面加詢問，爾等衆人中，或有一人意見不同，可即於此時據實面奏。諸王大臣僉奏云：蘇努罪大惡極，今又查出聖祖仁皇帝硃批奏摺，蘇努敢於御筆之旁，狂書塗抹，臣等將伊子孫請照叛逆例治罪，實屬至當。又問滿都護、查弼納之意何如，亦俱奏稱應照叛逆例治罪。上諭曰：觀滿都護今日光景，似出實心。至於查弼納欲將蘇努子孫盡行正法，所懷者私心也。蓋查弼納與蘇努既固結於先，恐連累於後，不若將伊子孫盡行翦滅，永除己身將來之禍耳。

七月二十五日，刑部等衙門又奏，蘇努將聖祖仁皇帝硃批諭旨，狂書塗抹，悖逆已極，應將伊子孫照叛逆例治罪。奉諭：朕從前在藩邸時，與蘇努並無絲毫嫌怨，祇因蘇努爲人陰險姦邪，引誘宗親，要結匪類，欲以擾亂政事，煽惑人心，其害實有關於宗社，誠爲元惡渠魁。朕即位後，冀其改過自新，封爲貝勒，而伊並不感恩悔過，仍復怙惡不悛。又見朕防範嚴密，不得遂其結黨之私，復教導諸子，肆行不法。甚至蘇爾金、庫爾陳、烏爾臣，信從西洋外國之教，經朕屢次降旨，諭令悛改，伊竟公然抗違，奏稱願甘正法，不肯改易。似此忘本背君，藐視國法，喪心蔑理，聞者莫不駭異。今查出昔年聖祖仁皇帝硃批奏摺，蘇努竟於御筆中間狂書塗抹，見者無不心寒髮指。是其背叛之心，顯然昭著，罪實同於大逆。本應將伊子孫照法司所議，俱行正法，但伊子孫多至四十人，悉行正法，朕心有所不忍。倘分別存留，於法又覺未協。今從寬暫免其死，仍照前禁錮。著將蘇努父子前後所犯罪案，及朕所降諭旨，遍行曉諭伊之子孫等，若嗣後伊等安靜守法，再無過犯，則開恩全其性命，倘諸人中有一人犯法者，不論情罪之輕重，定照此本所議，將伊即行正法。

據燕京開教略，烏爾陳若瑟於西曆一七二七年，聖母升天瞻禮前一日卒，是爲陽曆八月十四日，即清曆雍正五年六月二十七日，此說蓋本之巴函聖心報三三二號，其言若確，則此諭頒時，烏爾陳已亡。今諭中仍著其名者，殆追述之。觀四月諭尚以烏爾陳名居前，今獨置其名於後，已死之說，或可信也。此諭以奉教與塗抹諭旨兩罪並舉，而詞意仍側重後罪，可見教會史謂蘇努以庇護聖教而獲罪，其說實爲誤會。至謂烏爾陳死後焚屍揚灰，更爲無稽，蓋誤以雍正四年追治蘇努之事，爲烏爾陳之事，而不知雍正於烏爾陳兄弟既不肯凌遲於生前，何爲焚屍於死後，此理之必無，載筆者未加深考耳。

附一　蘇努父子獲罪年表

雍正元年二月	允禟、勒什亨、烏爾陳，發往西寧。
二年五月廿四日	蘇努及諸子發往右衛。
十一月十九日	蘇努卒於右衛。
三年二月	勒什亨、烏爾陳押回右衛守孝。
五月廿七日	勒什亨、烏爾陳押解回京。

四年正月初五日　允禩、蘇努削籍。

三月　允禩改名阿其那。

四月十八日　允禟押解回京。

五月　允禟改名塞思黑。

廿八日　蘇努戮尸，諸子分禁各省。

八月廿四日　允禟卒於保定。

九月　允禩卒。

五年閏三月　蘇爾金、庫爾陳由右衛押解回京。

四月初八日　諭旨始提及烏爾陳等奉教。

六月十四日　發見蘇努塗寫康熙諭旨。

廿七日　烏爾陳卒。

七月　蘇爾金卒。

附二　蘇努諸子表

巴函選譯聖心報二八七號謂蘇努有子十三人，二人前卒，獲罪時存者十一人。今考十一人中，知名者九人，官書舉本名，教會史舉聖名，細爲勘合，尚可得其次第年歲及受洗先後，並知其前卒者第五第八子也。諭旨中復有庫章阿一人，當爲蘇努之孫，沙勿略之子，並附於末。

	本名	聖名	受洗年	先後禁所	年歲
一		沙勿略	雍二	右衛	雍二卒，年五九。
二			雍四	右衛	
三	蘇爾金	若望	康六十	右衛　北京	雍五卒，近六十。
四	赫世亨			甘州　開封	
六	勒什亨	類思	雍元	西寧　北京	雍五，年四九。
七	魯爾金	伯多禄	雍四	右衛　濟南	
九	福爾陳			右衛　太原	
十	書爾陳	保禄	康五八	右衛　南京	雍五，年三五。
十一	庫爾陳	方濟各	康六十	右衛　北京	
十二	烏爾陳	若瑟	雍元	西寧　北京	雍五，年三三。
十三	木爾陳	若翰達尼老	雍三	右衛　蘇州	雍五，年二十。
	庫章阿			右衛　杭州	

附三　教會史載蘇努事勘誤表

謂蘇努因庇護聖教獲罪，誤。
謂有叛黨謀廢雍正皇帝，有人捏誣蘇努與叛黨同謀，誤。
稱蘇努爲王，稱蘇努諸子爲世子，誤。
謂類思爲若瑟弟，誤。
謂類思爲蘇努第十三子，誤。
謂西曆一七二五年，一月二日，爲雍正三年，誤。

右燕京開教略誤者六事。

謂允禟奉旨駐防西寧，爲統兵大將，誤。
蘇努世系誤。
謂蘇努爲正紅旗都統，兼遼東總督，誤。
謂蘇努第九子爲甘州副都統，誤。
謂蘇努舉家遣發西寧右衛充軍，誤。
謂蘇爾金在開封府獄，誤。

謂蘇努發遣在雍正元年六月，誤。

右聖教史略誤者七事。

謂康熙第十四子允禵爲允禔，誤。（聖心報二八七號、二八八號）

謂蘇努任盛京將軍，回京後入軍機，誤。（二八七號）

謂雍正爲章皇帝，誤。（二八七號）

分阿爾哈圖土門貝勒爲二人，又謂爲蘇努父，誤。（二九六號）

謂蘇努第十子保禄爲第二子之兄，誤。（三〇七號）

謂蘇努第十子保禄爲第十一子庫爾陳之弟，誤。（三〇九號）

謂右衛爲西寧，誤。（三〇九號、三一三號、三一六號、三二三號）

謂蘇爾金分禁濟南，魯爾金分禁西寧，誤。（三〇八號、三〇九號）

謂若望蘇爾金爲若瑟烏爾陳，誤。（三二〇號）

右巴函選譯誤者九事。

謂烏爾陳卒後焚尸，誤。

右三家同誤者一事。

下編　簡親王德沛

一　德沛之世系及略歷

清宗室中與蘇努諸子同時，而奉天主教者有德沛。德沛爲清顯祖塔克世之五世孫，亦與雍正爲從昆弟行。塔克世第三子爲舒爾哈齊，舒爾哈齊第八子爲芬古，芬古第四子爲富喇塔，富喇塔第五子爲福存，福存第八子爲德沛。

德沛字濟齋。康熙三十九年福存卒，德沛應襲鎮國公，以讓其兄德普，入西山讀書，凡三十年。果親王允禮薦於朝，雍正十三年五月，封三等鎮國將軍，八月授兵部左侍郎，乾隆元年七月，任古北口提督，二年二月授甘肅巡撫，九月擢湖廣總督，三年十二月攝襄陽鎮總兵，四年七月調閩浙總督，六年七月兼理浙江巡撫，七年四月調兩江總督，八年二月内召，六月授吏部侍郎，十二月兼國子監祭酒，十年七月教習庶吉士，十二年三月兼署户部左侍郎，十二月擢吏部尚書，十三年七月，以疾解任，九月襲封和碩簡親王，十七年七月薨，年六十五，無子，謚曰儀。所著有易圖解、實踐録、鰲峰書院講學録，各一卷，周易補注八卷。

小倉山房文集卷二有和碩簡親王碑，爲德沛碑傳之最先刊布者，然叙述多譌，不盡足據。德沛襲封王爵在乾隆十三年，今開宗第一句即作十四年，誤一。富喇塔、福存俱封貝子，今謂福臘闔封貝勒，誤二。德沛少應襲鎮國公，今謂應襲鎮國將軍，誤三。德沛少讓爵於兄德普，今謂讓爵於從子恒魯，誤四。恒魯，德普子，雍正七年始襲輔國公，去康熙三十九年德沛應襲鎮國公之時，相差一世矣。德沛遷古北口提督，在乾隆元年，巡撫甘肅，在乾隆二年，今謂在世宗朝，誤五。德沛乾隆十七年薨，今謂封王一年薨，誤六。德沛薨年六十五，今謂六十九，誤七。據德沛序朏圖理象解原，謂年將五十，筮仕策名。雍正十三年始仕時，年四十八，故云。若薨年六十九，則雍正十三年，德沛已五十二矣，何得云年將五十？德沛所著易圖解一卷，周易補注八卷，實踐録一卷，今謂周易解八卷，實踐録二卷，誤八。其尤謬者，謂乾隆七年，淮揚大水，奏動地丁關税鹽課銀一千萬，據宗室王公功績表傳，纔十萬耳。其他顛倒舛漏，不備舉。測海集卷二，八旗文經卷五十七，均本此碑爲德沛小傳，其誤與碑同。頗疑此碑係袁枚自撰，非德沛後嗣之所請求。彭紹升二林居集卷四，有與袁枚論小倉山房文集書，曾據八旗通志、硃批諭旨等以證其中碑傳之多誤，而測海集小傳又採之何也。

清史稿列傳二德沛傳，係删宗室王公功績表傳而成，其誤較少。然謂乾隆十二年五月，德沛署山西巡撫，亦誤。其時署山西巡撫者準泰也。清史稿又謂德沛曾祖費揚武一名芬古，舒爾哈齊第六子，亦誤。芬古，舒爾哈齊第八子。德沛世系，載在玉牒，傳之國史，粲然可考，與蘇努之曾經削籍者不同，然諸書牴牾若此，甚矣載筆之難也！

二　德沛奉教説之由來

德沛奉教之説，漢籍無明文，教會史亦無明文，惟巴函選譯聖心報二八八號述蘇努長子勸蘇努奉教，謂有同宗某，與蘇努爲兄弟行，已入教，名若瑟，妻名瑪利亞，女名保辣。若瑟有才德，蘇努長子與父談，屢讚之。蘇努初不介意，後心動，欲見之，長子以告若瑟，乃約期會於教堂，聚談良久，所談皆教理，蘇努頗心折。此一說也。

聖教史略卷十四叙蘇努第三子蘇爾金之奉教，謂蘇努之從弟，蘇爾金之堂叔，亦宗室貴胄，首先領洗，聖名若瑟。並注云，此人性好隱居，當時不甚知名，故聖教窘難時未被害，乾隆朝爲浙江巡撫，又遷湖廣總督，其妻子均領洗入教。此又一說也。

其後叙乾隆時各省教難，又謂湖廣有某宗室奉教，爲蘇努之從弟，勒什亨之堂叔，聖名若瑟，乾隆初年爲該省總督，從容坐鎮，不容屬下地方官仇教，故較他省平安。此又一說也。

三說，同爲宗室，同爲蘇努從弟，同名若瑟，後二說同爲乾隆初年湖廣總督，其爲一人無疑。然徒知其聖名若瑟，而不知其本名爲誰。嘗屬門人李鏡池考之，李君謂非德沛莫屬，蓋乾隆初年，以宗室爲湖廣總督者，祇德沛一人；論其輩行，又正蘇努之從弟也。惟德沛以乾隆二年任湖廣總督，六年始以閩浙總督兼理浙江巡撫，與聖教史略先爲浙撫之說，微有不符，然此可認爲聖教史略之誤譯也。

反而求之漢籍，則德沛奉教之說，尚無確證。宗室王公功績表傳卷六德沛傳，凡千八百餘言，不可謂簡略，然皆叙其筮仕以來之政績，與超性之學無關。唯袁枚簡親王碑，叙其少時讀書西山，晚歲講學成均，有希聖希賢之志，似與俗學殊科，然仍不得其奉教的證也。

袁碑叙德沛總督閩浙時，謂越俗尚機，有五通神爲祟，王毁其像，似可爲信教之一證。

然究係單文，未爲定論。

袁碑又云德沛薨，無子。而鰲峰書院講學録四三葉，自述其爲學經過，有曰：「余分支玉牒，承蔭天潢，凡孟子所云堂高數仞，榱題數尺，食前方丈，侍妾數百人，未生而咸備，稍長而裕如，無所俟於得志。苟其果屬可好，而好之無害於大體，何必避之若浼。惟是認得大體二字頗真，誠恐稍便其小體，即爲孟子所不許，故自髫齡向學，至今歷五十年，未嘗敢一日自肆。」實踐録二葉又言，生育雖傳繼之正道，然必發自慾情，縱慾徇私，何善之有。據此，則德沛當無妾媵，似亦可爲信教之一證。惜乎德沛出仕，已在雍正禁教而後，德沛既未因此獲罪，如烏爾陳、蘇爾金等之可得反證；後來記載，又皆爲賢者諱，德沛雖奉教，孰從而記之。吾將證之德沛學說。

三　德沛之性理學説

德沛所著易圖解，易補注，與天主教理無關，不具論。其所著實踐録，及鰲峰書院講學録，雖未明言天主教，而其言心性，言格致，與西説及教理相通者甚衆。試介紹之如下。

實踐録刊於乾隆元年，時德沛方初出爲兵部侍郎；鰲峰書院講學録刊於乾隆六年，時德沛任閩浙總督，恒到鰲峰書院講學，此其與諸生問答之詞也。二書皆闡明孟子大體小體之理，而格致之説附焉。今所據者皆原刊本，未經後人改竄。其實踐録自序，謂秉之天者，大體也；受之父母者，小體也。大體終古不毀，小體則順時而既。人有二體，徇其小以亡其大，遂莫能與天地準。蓋隱然承認父母之外，有天父也。

嘗解天命之謂性，曰天命之謂性者，受親之育之，謂小體之身；承天之命之，謂大體之性也。天乃無聲無臭，全美至神；性則不睹不聞，純善至靈。

嘗闡慎獨之理，曰人之靈性，雖不睹不聞，其隱微非陰陽所能管轄，然造物無聲無臭之上天，鑒臨洞察，莫見莫隱，而無遯情。雖在邇室屋漏之獨，可不慎乎。俱實踐録十四葉

論人爲萬物之靈，曰禽獸饑則思食，渴則思飲，其知覺運動，何嘗不類於人，乃究竟止成其爲物者，以人能轉移陰陽，而物則不免囿於陰陽也。即如寒暑之時，鳥獸希革，鳥獸氄毛，造化每有意曲成萬物，而人則此身總屬依然。且大寒墮指裂膚，置爐炭於房中，則寒可變而爲熱；大暑流金礫石，置冰于室，扇以風車，則熱可變而爲寒。是陰陽之氣，且聽轉移于人，此人之所以爲萬物之靈也。講學録四十五葉論去熱而扇以風車，似爲前此未有之新説。

門人問古來修德而未必昌，怙惡而未必亡，豈天道不可知歟？曰：積善之家，必有餘慶；積不善之家，必有餘殃，此實天道之常。人徒見武穆、椒山以忠而見罪，秦檜、嚴嵩以

好而善終，幾疑天道亦有不可知之數，而不知小體之便安適意者，皆聖賢之所不齒；大體之心安理得者，實性分之所獨尊。凡一切宫室車馬之美，衣服玩好之具，飲食妻妾之奉，皆天所以豢養庸流，而使之惰其志氣，昏其性靈者也。武穆、椒山克盡臣節，奮不顧身，忠藎之忱，可矢天日，迄今稱之者有餘榮，思之者有餘慕，何啚如之。若秦檜、嚴嵩，不過竊柄於一時，炫耀於流俗，卒致身敗名裂，爲世詬詈，甚至子孫恥言其祖父，豈得謂怙惡而未必亡。故君子惟務其大體天理之所當爲，而小體人爵之榮，君子所勿尚也。講學録六十七葉

問羅近溪以快活解樂字，果與聖賢之樂合否？曰人不易言樂也，而世俗紛華靡麗之境，樂尤不與存焉。夫人之以生世爲樂者，長一年謂多生一歲。以余觀之，過一歲即已死一年也。蓋已往之日，如夢如幻，不可復留，即與死無異，而未來之歲，多生一日，即與死漸近一步。且修短不能預知，生死難以意料，人固有甫當强壯，忽而夭亡者。又有罹於禍災，變生不測者。是以古之聖賢，以及時修德爲亟亟，而不以及時行樂爲繫懷。倘如羅近溪所解，活之爲言生也，快之爲言速也，活而加快，生意活潑，是即聖賢所謂樂，如此解樂字，恐人之誤以快活爲樂者，鮮不以小體之貪生好逸爲快活，而以大體之克己復禮爲困苦也。講學録五十九葉

問陳烈閉門静坐百餘日，謂可收放心，不知静坐時當用何工夫？曰：收放心不是静

坐便得，亦不是靜坐時有別樣工夫。蓋心之放也，由於紛紜四出，既思這件，又思那件，此心焉得不放。惟靜則純一而專，心專則何事不成。故古人正其誼，不謀其利，明其道，不計其功。若一心正誼，又一心謀利，則誼必不能正。一心明道，又一心計功，則道必不能明。人能屏去紛雜之念，凡一切便安小體之事，絶不營心，惟專心致志用力於大體，則人欲浄盡，天理常存，此心何患放失。倘不於純一處着力，每日閉門靜坐，亦屬無益。且恐涉於釋氏之冥悟頓解，諸生不可不察。講學録四十七葉

凡此皆德沛之性理學説，與宋明諸儒之説不盡同，而與利瑪竇之畸人十篇、天主實義相近。其中慎獨之理，人禽之辨，昌亡之分，苦樂之境，皆能令頑廉懦立，一變至道。是可爲德沛奉天主教之旁證者一也。

四　德沛之格致學説

德沛之格致學説，尤與西説相合。焦循曾採其雲行雨施及浮土成石等説，以入里堂道聽録卷三十。其雲行雨施之説有曰：雲之行也，非能即雨，其所以雨者，乃日曝地中濕熱之氣，上沖空際，遇冷域陰寒之氣，遂致大雨滂沱也。陰陽相薄成雨者，如冬日早行，口中

之煖氣乍出，空際之寒氣甚濃，陰陽相薄，而堅冰在鬚也。若夏日則絶無者，口氣雖暖，外亦純陽，陽與陽合，即不相薄也。然夏日貯冰於堅硬之器，外必有水痕流出；冬夜屋之熱氣，觸於寒窗，即有凝結，亦陰陽相薄而成也。至於雨發自東者必久，發自西者不長，西方多山少水，故所致之雨驟而不長；東則大海處於其間，故欲竟日連旬之雨，必待東風吹送，此屢驗不易者也。講學録七十二葉

又嘗論龍掛之理，曰世謂龍掛取水於川澤者，鄉曲之論也。蓋雨之所施，實非龍所噴歕，乃濕雲之行，適遇川澤上升濕熱之氣，順其濕痕而下降，氣之旋繞，如龍蜿蜒，非實有龍掛也。講學録一〇四葉

又嘗論日月食之故，曰日之食也，每在朔日，乃月在日前，月體遮住日光之故。月體不及日十分之一，故日食多不全虧。然亦有時食既者，譬如以尺許之物，持障目前，則數丈之物，皆爲尺許之物遮蔽。月近日遠，厥由於此。月之食也，每在望日，乃月與日正對之夕，爲山河大地之影所隔，故月食而無光。至於日食，年有數次，月則每望必食，其不全見者，蓋天形如鷄卵，地形如卵黄，人處地中，高下懸絶，固有此地甫經日出，而彼地已見日没者，日月之不同時見食，亦猶是耳。即以各省而論，京城見日食月食幾分，而河南山東等省，其分數即不同，及至四川雲貴，其分數又大不同矣。講學録七十五葉

或問日之出没，其體何以較大？曰大地乃積陰之物，譬如地有萬丈之闊，則陰氣上浮有百丈之高。日之初出，離地未遠，積一夜之陰氣，映照日光，故日之質不甚明亮，而日之體甚大，陰氣引之而近也。譬如至遠之物，以千里鏡照之，則其形反近，此鏡光接引，縮之使近也。今試置一錢於虚器中，遠望之不見錢影，及注水滿器，則遠近畢見，此乃水浮其影而上耳。至日到正中，陰氣漸消，其光甚烈，而其體反小，無以引之也。及日將西没，其體復大，陽氣漸虧，陰氣漸盛，引之使近耳。然卒不如清晨之大者，則以歷一日之久，陰氣散而始聚，不能如竟夜之濃厚。如以十數重之千里鏡照物，則物形甚大，以一二重之千里鏡照物，則物形不甚大，所引之物漸薄，則影亦隨之漸小也。講學録七十九葉

嘗論以鏡取火之理，曰以晶鏡取火，與日相隔，其光轉烈。蓋物之光，聚則斂，散則浮。日月之照臨四方，豈必盡成水火，然其光有以聚之，則雖遠亦可縮之使近。故用晶鏡以取火者，火隔鏡而得，以晶鏡之質圓，圓則其光聚而下注，故火由隔層而生。用銅鏡以取火者，火返照而得，以銅鏡之制凹，凹則其光攝而内聚，故火由對照而生也。講學録六十九葉

又嘗論記含之理，曰人之記含在腦，如思遺忘之事，或仰頂，或搔頭，不期而然，只在腦之左右也。他肢雖傷，未必隨時即死，若損心腦，即刻不生，以心爲人之宫，腦爲人萬類之藏，宫頽藏敗，其家必破，故不可損也。以腦記事物，如蠟印圖章。幼稚者隨記隨忘，似蠟

之嫩而不乾，印則受形，印起復平。老者踰硬而乾，告之不易容會，印之難以留形。中年者嫩硬乾濕，無過不及，印之則受，記之則留也。實踐録十葉

此等學説，在今日中小學生或能言之，然在二百年前，則未讀湯若望之主制羣徵及遠鏡説者，恐未必能言之也。德沛之説，悉本於西師，而不明言其所自者，以時方禁教，但求其説之行，不必問其主名誰屬。是可爲德沛奉天主教之旁證者二也。

五　德沛之闢妄學説

昔徐光啓著書名闢妄，蓋闢世俗拘墟之見，而引之歸正道者也。德沛講學録闢妄之説尤夥，凡足爲大道障者，均詞而闢之，期摧陷廓清而後已。其與天主教接近，又較格致學説爲進步。

或問人物被雷擊，果屬天刑否？曰雷乃地陽熱之毒，爲衆陰重寒圍繞，奮極成聲而突出。其擊物也，遇剛硬之物，則化爲虀粉；遇柔虚之物，則通透而過。蓋陽爲陰寒逼迫，不能相讓，奮迅而出，人物適遇其所出之處，遂被震壞，非天刑也。或謂雷擊之處，必有妖物，此尤鄉曲鄙俚之論。如果天以雷擊妖物，何不刑之於四時，而獨擊之於夏秋。豈妖物能肆

志于冬春，而獨懦怯於夏秋耶？　此理之所必無者也。　然觀史氏所載，如雷擊謹身殿，則書之者何，蓋恐懼修省，乃聖賢之所借以自儆也。（講學録八十二葉）

或問釋氏輪回之說，曰釋教輪回之說，以人之生也，魂脱體於前生，人之死也，魂轉生於來世，兇暴者魂變爲猛虎，淫惡者魂化爲婦人，固不經之甚者也。　蓋人之生也，禀父母之精血而成胎，至十月滿足而始育，如謂誕生之時，必有前世之魂，投入胎内，彼處乍死，此處即生，然世固有嬰兒在母腹時，至七八月而作啼者，豈魂一半猶在彼處，一半已入腹中耶？且一魂止投一胎，則一魂亦止可轉生一人，宇宙之内，勢必生人有一定之數，而莫可少增，何以後人漸多於前而不覺？　況脱生如果屬真，其理更有大謬悖亂者。　設以祖父之魂，而脱生於子孫之胎，豈不尊卑倒置耶？　夫明有禮樂，何等森嚴，而幽冥世界，如此悖亂，豈可爲訓。　至若兇暴者變爲猛虎，設虎而食人，其魂又將何變？　淫惡者化爲婦人，設婦而不貞，其魂又將何化？　此理之不可信者也。（講學録九十七葉）

或曰，輪回之說誠難信，然含冤之鬼，作厲一方，其故何耶？　曰此所謂福自己求，妖由人作也。　大抵其人素行有虧，屋漏不能無愧，往往目若有所見，耳若有所聞，此亦非冤魂之果能顯跡，實因其人天君昏亂，神志喪亡，故鬼物憑焉，豈真厲鬼之能作祟哉。　世之言鬼者，動曰縊死者魂必帶索，刃亡者血必滿身，恍若果有其狀，而不知魂實無形者也。　且繩索乃有質之物，靈魂乃陰陽不測之神，豈有超乎聲臭之靈魂，尚帶有形質之具耶？ 況妖孽之興，多憑附於昏庸失德之小人，而不能移禍於修德行仁之正士，亦可知其由來之故矣。講學録九十九葉

或問高宗夢賚良弼，以形求而得傅説，夢果有徵驗歟？ 曰夢幻之事，徵應無常，驗與不驗，均可不講也。殷高宗夢帝賚予良弼，以形求而得傅説，史傳其事，後世遂謂夢有徵驗，不知此皆偶然幻合之境，未可以爲常也。 蓋人五臟之火，上蒸於腦而成夢，凡夢之所應者，皆腦之所記。 故南人不夢車，北人不夢舟，以非其所記故。 然亦有生平意想不到之境，無端而夢之者，則以火虛動而不定，夢亦愈煩而不清，其所致之夢，往往忽彼忽此，亦由幻而成也。 夢賚之事，或因高宗寤想賢臣，精誠感格而致，亦未可定，然執此以爲夢必有驗，則又惝恍而不可爲訓也。講學録六十二葉

或問易爲卜筮之書，有驗與不驗何耶？ 曰易之爲道，廣大精微，無理不備，故聖人設卦觀象以斷吉凶。 然所謂吉凶者，合乎理則吉，不必其事之果吉也，如龍逢以諫而死，武穆以功而死，天祥以節而死，椒山以忠而死，其事雖凶，其理實吉。 悖乎理則凶，不必其事之果凶也。 後世以五行生剋旺相之數言卜筮，已戾乎聖人卦爻之至理，而所言之吉凶，又祇顧一身之利害，以爲趨避之計，不與聖人示人以貞吉之意大相悖哉？ 故無論其言不驗，即

占而倖中，亦屬偶合之事，而不可據以爲常。况謀之不以其道，雖得吉卦，終亦必凶。如南蒯獲黃裳元吉，而占者知其必敗，所謂非其人則無其事也。人亦可以知吉凶在我而不在卜筮矣。講學録二十八葉

或問朱子上疏彈韓侂胄，爲何畏縮？曰此門人之誣朱子也。吾儒行事，要做就做，豈有欲彈韓侂胄，因門人取卦卜之不利，遂取疏而焚之。夫吉凶利害，聖賢原所不計，求當乎理而已。即如朱子書中，門人多記載風水之說，皆不經之談，亦斷非朱子所言。信有此事，何得爲大儒，甚矣門人之誣朱子也。講學録九十六葉

或問五行生剋之理。曰五行生剋，其說紕繆不經。夫萬物皆生於土，豈獨生金。千章之木，葱鬱成林，而甲坼必資乎抔土，非木生於土耶？江漢之水，其源自山，而崇山實載於坤厚，非水生於土耶？西蜀之井，其火燎原，而火焰下出於地中，非火生於土耶？是相生之說不足憑矣。如謂土能剋水，然水之泛漲，亦能剋土。謂水能剋火，然火之燥烈，亦能剋水。謂火能剋金，然真金不畏火煉，陶融適所以成金，何謂之剋。謂金能剋木，然火發而木爲之燼，木不止金能剋之也。木能剋土，然金亦可以相克，且木腐朽而更化爲土，是木轉可生土也。凡此相剋之說，悉屬無稽。講學録四葉

或又曰，人生有命，八字安排，窮通不能自主也。曰果若人言，試取干支縱横配合，顛

倒推算，其格不及百萬，而遇此格者即成此命，將必上下數千年，其人之富貴貧賤壽夭，悉宜一致，何以萬有之狀，人各不同。夫長平之坑，降卒四十萬，豈果皆同年月同日時之所生耶？不特此也，以世俗之見而論，必以富貴而壽者爲貴格，以貧賤而夭者爲賤格，然顔子簞瓢陋巷，年三十二而卒，盗跖坐擁富厚，享年亦永，相提而論，無不羡盗跖而憎顔子矣，乃顔子振古常榮，盗跖至今蒙垢，是命之貴賤，惟視其能立大體與否，誠非八字所得操其權也。講學録一百葉

又嘗論造物之尊，無形無狀。曰或疑造物之尊，若有端冕垂拱於上者，此荒謬不經之論也。夫人禀造物陰陽之氣以成形，而性即因以賦畀，吾性之靈明不測，在於不睹不聞之中。造物之神妙無方，超於無聲無臭之表。人於一身之内，尚不能狀性爲何物，又安能測造物之端倪而狀其像貌？故六合之外，聖人存而勿論，誠以受造者必不能知造之者，理固然也。彼以造物幻爲神靈之尊者，不亦大可笑耶？講學録二十六葉

此德沛闢妄之説也。自科學昌明，迷信之俗日減，而星命風水之説，至今猶有娓娓言之者，惟天主教徒無是。是可爲德沛奉天主教之旁證者三也。有此三證，則聖教史略所謂奉教之某宗室，其爲德沛，似無疑義。

當未有聖教史略所謂奉教某宗室問題提出以前，吾人讀實踐、講學二録，已深覺其與

天主教接近。然因其刊佈在禁教而後，初不料其奉教。今考聖教史略，則蘇努諸子之奉教，實始於康熙五十八年，最先領洗者爲書爾陳，其施洗神父爲蘇霖，而某宗室之領洗，更在書爾陳之先。其時西士之供奉内廷者甚多，類能嫻習滿語，與旗人之接觸尤易。吾人今日既可因聖教史略之記載，證明德沛之奉教；聖教史略亦可因吾人之研究，證明奉教之某宗室爲誰，豈非相得益彰哉？

六　清人對德沛之推崇

德沛未仕以前，時人知德沛者稀。既出爲兵部侍郎，復刊行易圖解、實踐録，時人始稍知德沛。穆堂别稿卷二十四有易圖解序，李鍇有實踐録序，睫巢集卷五有上宗侯德少司馬詩，八旗文經卷三十三又有李鍇上濟齋夫子求書墓表書。李紱與德沛同僚，李鍇則乾隆元年博學宏詞德沛所舉士。德沛之見稱於世，自乾隆元年始也。

易圖解有甘汝來序，至比之漢楚元王諸孫，曰：先生以天潢貴派，取富貴如寄，而獨淡然無營，輟寢食，抱遺篋，數十年而不替。昔漢河間獻王修學好古，身端行治，楚元王受詩浮邱伯，其後辟彊、德、向，世以儒術顯。先生天性孝友，兄病，親侍湯藥，共卧起者三年餘，人以爲難。先生之學，則一以主敬存誠爲務，一言一動不肯苟，其視河間王與楚元王諸孫爲何如也。

望溪集外文補遺卷一，有送德濟齋巡撫甘肅序，曰：吾友德公濟齋，系出太宗，少藝勇絶人。年二十，櫜弓韜劍，篤志聖賢之學，閉户窮經三十年。其躬行則以養大體爲宗，而實踐之。嘗避所應承公爵，俾兄子嗣焉。方苞以古文名，其爲文喜講義法，而疏於事實，曾爲李紱所譏。德沛系出顯祖，今謂系出太宗，其差誤乃至二世。德沛讓爵於兄，今謂讓爵於兄子，其誤亦與袁枚所撰碑同。文人之文，不檢若是，欲據爲信史，難矣。然德沛爲方苞所稱道，則事實也。同卷尚有與德濟齋論臺灣鹿耳門險阻書，時德沛正督閩浙也。

嘯亭雜録卷五，有德沛逸事二則，稱爲濟齋夫子，備極推崇。昭槤爲德沛宗人，所述宜可信據。然謂德沛少應襲公爵，讓其弟，亦誤。據宗室王公世職表，襲公爵者福存第二子德普，德沛兄也。又謂怡賢親王薦於朝，即任户部侍郎，亦誤。怡王允祥之卒，在雍正八年，德沛之起用，在雍正十三年，當云果毅親王薦於朝，即任兵部侍郎也。

白下瑣言卷二，有德沛逸事一則，謂德沛乾隆初總督江南，尤愛士，每朔望躬莅鍾山書院講學，諸生公服環聽，咸宗仰之。今書院講堂之左，奉王神位，春秋致祭。堂隅有石碑，刻曰，濟齋夫子講學處。士林景慕，没世不忘云。所謂今者，當爲道光間甘熙目睹之詞，至今又越百年，不知其石碑猶在否也。

郎潛二筆卷一，對德沛尤傾服。謂本朝宗藩學術之正，政治之醇，莫如簡儀親王德沛；又謂本朝滿洲儒臣，未有膺孔庭從祀之榮者，如王等無愧兩廡人物，惜無人爲之抗章乞請云。陳康祺熟諳清朝掌故，當有所見而云然。唯康祺、甘熙述德沛事跡，多循袁碑之誤。史源不清，濁流靡已。彭紹升與袁枚書，所謂采道路之傳聞，傳之異日，是非瞀亂，不如舉而删之爲得計者，此也。康祺又謂德沛爲太祖皇帝弟濟爾哈齊四世孫，濟字亦誤，當云舒爾哈齊。若濟爾哈朗，則舒爾哈齊之第六子也。聖教史略謂某宗室曾奉天主教，而推崇德沛者謂其宜祀孔庭，似乎鑿枘不合。然自利瑪竇以來，有以天主爲中心，儒家爲面目者矣，亦猶宋明儒之禪心儒貌云爾。況從表面觀之，虔誠之天主教徒，與踐履篤實之道學家，恒無以異也。

附　諸家載德沛事勘誤表

謂德沛少應襲鎮國將軍，誤。	小倉　測海　白下　郎潛　文經
謂德沛少讓爵於從子，誤。	小倉　測海　白下　郎潛
謂德沛襲封王爵在乾隆十四年，誤。	小倉　測海　白下　文經
謂德沛遷古北口提督，巡撫浙江，在世宗朝，誤。	小倉　測海　郎潛

謂乾隆七年奏動地丁關稅鹽課銀一千萬，誤。　小倉　測海　郎潛

謂德沛封王一年薨，誤。　小倉　測海　文經

謂德沛薨年六十九，誤。　小倉　文經

謂德沛著實踐録二卷，誤。　小倉　文經

謂德沛祖福臘闥封貝勒，誤。　小倉

謂德沛系出太宗，誤。　望溪

謂德沛讓爵於兄子，誤。　望溪

謂德沛讓爵於弟，誤。　嘯亭

謂怡親王薦德沛，誤。　嘯亭

謂德沛初任户部侍郎，誤。　嘯亭

謂德沛爲濟爾哈齊四世孫，誤。　郎潛

謂芬古爲舒爾哈齊第六子，誤。　清史稿

謂德沛乾隆十二年五月署山西巡撫，誤。　王公傳　清史稿

〔載於輔仁學誌第三卷第二期（一九三二年七月）。據原稿校訂，並加標點。〕

從雍乾間奉天主教之宗室説到石老娘胡同當街廟

即日閲大公報文學副刊評拙著雍乾間奉天主教之宗室一文。不吝賜教，何幸如之。唯穆敬遠之死，評者謂其死於西寧，似非史實。今故宮懋勤殿檔有雍正四年五月初二日果郡王允禮等在京審穆敬遠口供，曾載文獻叢編第一輯。其中有一條，問穆敬遠：你由西寧起解的時節，你向允禟的住處，磕頭大哭，這是衆耳衆目的事，可見你的心腸是始終依戀允禟的了。供：楚仲把我拿了，上了鎖，起解出了城，我原望着天，給天主磕頭的。據此，穆敬遠是雍正四年五月以前押解回京，未聞再押往西寧。僕於穆敬遠事，本另有考證，此節因與蘇努諸子無關，故前文從略。不意評者竟謂其死於北京爲誤，並信其曾遭焚屍也。

夫焚屍之刑，係因生前未經顯戮，故於死後戮屍以彰其罪。雍正四年五月二十八日已未諭旨之於蘇努、七十，即照此治罪。至於穆敬遠既係生前受戮，何爲又焚其屍？此不可信者也。

至於烏爾陳、蘇爾金之死，西人記載，亦謂有焚屍事。拙著以爲西人不諳當時體制，故有此傳説，國人熟諳當時掌故，自知其謬，故特略之。今評者竟信以爲真，不得不略爲一辯。雍正五年四月十九日，王大臣曾議將烏爾陳等凌遲處死，諭曰：朕從前已將伊等之罪暫行寬宥，今復將伊等正法，西洋人不知其故，必以爲伊等因入西洋之教被戮，轉使伊等名聞於西洋。此雍正不肯將烏爾陳等凌遲處死之本意也。若於其死後焚屍揚灰，豈不與前旨之意相戾？其不可信一也。

前旨又謂烏爾陳等非阿其那、塞思黑等力能摇動政事者可比，此等人正法與否，並無關係。而阿其那、塞思黑之死，王大臣等亦曾議請戮屍示衆，諭曰：諸王大臣等所奏，乃執法定罪至公之論。但阿其那、塞思黑既伏冥誅，其戮屍之罪，著從寬免。此雍正四年九月廿九日戊午諭也。阿其那、塞思黑且不戮屍，烏爾陳等何爲戮屍？其不可信二也。

若謂戮屍之舉，不必見諭旨，可以仰承意旨爲之，此不諳清朝掌故者之言也。塞思黑從西寧押解回京，因未請旨，擅加鎖拏，曾治押者以重罪。雍正四年八月廿八日丁亥諭：朕前差胡什禮前往帶領塞思黑回京，伊並未請旨，私與楚宗商議，擅將塞思黑用三條鎖鎖拏；後又故意將鎖寬鬆，任其脱卸。彼時朕即欲將胡什禮、楚宗拏問，治其任意之罪；又恐衆人不知，或因此謂朕欲寬待塞思黑，或因此謂朕欲加嚴於塞思黑，是以未曾究問。今塞思黑既伏冥誅，則從前胡什禮、楚宗等擅將塞思黑上鎖，後又私自寬釋，明係有意欺罔，罪不可逭。著將胡什禮鎖拏，交副都統御史常泰；並將楚宗鎖拏，一同嚴審具奏。楚宗即押解穆敬遠之楚仲。不待諭旨，擅自鎖拏，尚且不可，曾謂不待諭旨，任意焚屍，有是理乎？其不可信三也。

雖然，此種傳説，至今北平居民尚有之。西四牌樓北，石老娘胡同東口，大道之旁，原有南向小廟一，俗名當街廟。民國五年京都市政公所實測内外城地圖，猶載其名，改修馬路後始拆去。相傳雍正間曾有奉天主教王爺焚屍於此，車馬過之輒顛覆，乃建廟壓之。燕京開教略所謂京西之四里園，殆即石老娘之誤譯歟。齊東之言，想因蘇努、七十之事誤傳耳，似不得因西人記載，遂篤信不疑也。拙見如此，仍盼識者正之。

三月十三日陳垣

〔作於一九三三年三月。載於大公報文學副刊第二七二期（一九三三年三月二十日）。據原稿抄録，並加標點。〕

許之漸軼事

許之漸，字青嶼，江南武進人。順治十二年進士。由户部主事考選江西道御史，風采甚著。康熙三年七月，楊光先誣告湯若望等與各省傳教西士陰謀不軌，許之漸、許纘曾等，以附逆，俱罷黜。先是楊光先著不得已，有與許青嶼侍御書，略云：茲天主教門人李祖白者，著天學傳概一書，而弁其端者，曰「康熙三年，歲在甲辰，春王正月，柱下史毘陵許之漸敬題」，噫吁戲異乎哉，許先生而爲此耶！學士大夫如徐光啓、李之藻、李天經、馮應京、樊良樞，爲天主教作序者多矣，或序其曆法，或序其儀器，或序其算數，至進呈書像一書，則罔有序之者，實湯若望自序之，可見徐李諸人，猶不敢公然得罪名教也。而先生序之曰：「二氏終其身於君臣父子，而莫識其所爲天，即儒者或不能無弊。」噫，是何言也！或者彼邪教人之謀，以先生乃朝廷執法近臣，又有文名，得先生序以標斯書，使天下人咸曰許侍御有序，以摇天下人心，爲邪教證將來，必非先生筆也。雖然，光先能信必非先生筆，但此序出未二月，已傳徧長安，非先生筆而先生不亟正之，恐後之人未必能如光先能信必非先生筆也。請先生速鳴攻之之鼓，以保立言之命名，以消身後之隱禍，幸先生亟圖之云云。意存恐嚇，許置不理，遂被禍。

康熙八年七月，利類斯、安文思、南懷仁等，呈請昭雪，和碩康親王傑淑等題稱：「臣等會議得湯若望等，建造天主堂，供獻天主，係伊國之例，並無誘人作惡，結黨亂行之處。祇因供獻伊國原奉之天主緣由，將湯若望官職并所賜嘉名革去；又因入教捐銀作序情由，將許纘曾等革職，俱屬冤枉。應將湯若望通微教師之名，復行給還，該部請照原品級賜䘏；其許纘曾、許之漸等，應令該部查明，給還原職。」至是是非始大白。

〔載於輔仁美術月刊第二期（一九三三年五月）。當時作者以「寧遠堂叢録」的名義在該刊上發表了一系列短文，這是其中的一篇。〕

陳白沙畫像與天主教士

康熙四十四年，羅馬教宗派使臣多羅來華議禮，不合，多羅被禁於澳門。康熙四十六年，教廷擢多羅爲樞機主教，由信德部派修士五人賫命東來。既至澳，多羅乃薦其中精天算之山遥瞻，精音律之德理格，精繪畫之馬國賢，三人留華效力，時康熙四十九年也。未幾多羅卒於澳，三人進京。山遥瞻出差雲南，病卒。德理格與於律吕正義纂修之役。馬國賢西名理拔，在内廷供奉十年，雍正元年回西洋，創建聖家修院於納玻理府，培植傳教中國人材，殊有名。然人言清初西洋畫家，多舉郎世寧、艾啓蒙，而不舉馬國賢者，因馬國賢作品流傳較少也。吾嘗見懋勤殿舊檔有粤督進呈馬國賢所畫陳白沙遺像摺，今此像不知下落，特録其摺如下：

總督廣東、廣西等處地方軍務，兼理糧餉，兵部右侍郎，兼都察院右副都御史，戴罪圖功，臣趙弘燦，巡撫廣東等處地方，提督軍務，兼理糧餉，都察院右副都御史，臣范時崇，謹俯伏恭請皇上聖安。伍月拾柒日，臣等家人柴逢智、王宗，賫回摺子，奉聖旨：「知道了，近夏月西洋船到時，問明速報，欽此。」又於伍月貳拾伍日，臣等家人薛廷士、焦德，齎回摺子，奉趙昌、王道化、張常住、李國屏，傳聖旨：「爾等差人問哆囉，你國並無用伍爪龍邊之理，『皇』字亦非爾等之話，種種違式，與例不合。念爾係外國之人，或不諳中國之法，或中國無知之徒寫的，亦未可知。爾再詳察，若認錯不知，即速改來，本部院轉奏；若不改不認錯，本部院不但不奏，並將中國寫漢字之人，從重治罪。再西洋新來之人，且留廣州學漢話，若不會漢話，即到京裏亦難用，等他會話之時，爾等再寫奏摺奏聞，欽此。」又於伍月貳拾捌日，接到鑲黃旗參領臣范時御，轉傳趙昌口傳聖旨：「西洋技巧叁人中之善畫者，可令他畫拾數幅畫來，亦不必等齊，有叁肆幅隨即差齎星飛進呈。再問他會畫人像否，亦不必令他畫人像來，但問他會與不會，差人進畫時，一併啓奏，欽此。」欽遵，臣等查得西洋船柒月已盡，尚未聞有報到，俟後有到時，另摺奏聞。至傳旨指示臣等詰問哆囉情由，查哆囉已於伍月拾貳日病故，並無別情，取結在案，無庸申飭。前所奏技巧叁人，山遥瞻、馬國賢、德里格，已安插廣州府天主堂内，令伊等學習漢話，俟伊等會時，另行啓奏。馬國賢所畫之畫，今止送到山水壹幅，人物壹幅，遵旨先行進呈，俟伊復有畫到，再行差送。及問伊曾否會畫人像，據伊口稱會畫，事關啓奏，不敢冒昧，著令廣城天主堂掌教郭多禄，出具甘結。據布政司詳稱，郭多禄不肯出結。臣等乃以本地配饗孔廟理學名臣陳獻章遺像，令伊摹倣。今將馬國賢所畫陳獻章遺像，一併進呈御覽。臣等再啓，柒月初三日報，有香山本澳船壹隻，於上年拾貳月往小西洋貿易，今該船附有要進京西洋人兩名，一名楊廣文，一名麥大成，據稱俱曉天文曆法，應否差人伴送來京，或同山遥瞻等亦在廣州學習漢話，恭候聖旨遵行。為此具摺，差家人柴逢智、王宗，齎進請旨，臣等謹奏。康熙肆拾玖年閏七月拾肆日。硃批：朕安，楊、麥二人已有旨了。

〔以「寧遠堂叢録」名義發表於輔仁美術月刊第三期（一九三三年六月）。〕

從教外典籍見明末清初之天主教

上編

下編

九　教徒之安分
十　奉教之熱誠
十一　教勢之興盛
十二　教徒之教外著述

一　可補教史之不足

欲研究教史，有教會典籍在，何須教外典籍？其理由：一可補教史之不足。教史多譯自西籍，故詳於西士，而於中國修士或略焉。例如鍾鳴仁、鍾鳴禮兄弟，廣東新會人，自幼隨父念山在澳門入教。鳴仁從利瑪竇最久，萬曆廿八年復隨利瑪竇進京，在京七八年；又往南京佐王豐肅傳教三年；又往浙江佐郭居靜傳教一年。鳴禮則先在江西佐羅如望，後往南京佐王豐肅。萬曆三十八年利瑪竇死，鳴仁兄弟同往北京會葬，葬畢仍至南京。萬曆四十五年南京第一次教案，鳴仁兄弟被逮，南京禮部認鳴仁爲登壇執牛耳者，又認鳴禮爲謀主，故二人受刑獨酷。沈漼南宫署牘有二人供詞，共八百餘字，余嘗據此爲二人補一小傳。鳴仁長鳴禮廿一歲。鳴仁與香山人黄明沙同時入耶穌會，艾儒略撰利先生行跡，稱爲粤中有志之士。聖教史略則稱鍾念江、黄明沙爲熱心少年，念江當即鳴仁。艾儒略弟子丁志麟撰楊淇園先生事跡，稱粤中會士鍾念江與公論道，即鳴仁也。父名念山，子字念江，不以爲嫌。此可補教史之不足者也。

又休寧金正希先生聲，明史有傳，英斂之先生認爲天主教徒，而教史無名。余嘗據熊開元所撰金文毅公傳，爲君作一小傳，論曰：「金君以時文名一世，其死節又甚著，故其學道之名爲死節及文名所掩。明史徒叙其死節，熊魚山爲君傳，則極力援君入禪。然吾據君集上徐玄扈書，及葉氏世譜序，知君所服膺者爲耶穌。魚山亦述君休妾，及率子弟從事泰西，不禮佛菩薩像，并謂一時學者咸詆君闌入異道，則君之信仰皎然矣。既謂君不數月廢然返，又述君晚年與海門不合，與徹和尚不契，與悟和尚亦不契，則又何耶？君女道炤不嫁，從父清修，耶耶？釋耶？喪葬用古禮，儒耶？耶耶？雖無明文，然古禮云云，其不狥俗延僧禮懺可知也。此皆魚山所親記，愈洗濯而愈顯，愈掩飾而愈明。夫士各有志，不能强同，信仰爲尤甚。魚山不應以後死之故，誣其死友。吾故將魚山所爲君傳改作之，以俟後之君子論定焉。」此又可補教史之不足者也。

至於歷年教案，自雍正以來，有軍機處舊檔可據，近故宫文獻館陸續在文獻叢編發表。余嘗注意廣東教務，有雍正十年六月廣東巡撫鄂彌達奏廣東省城設立教堂情形一摺，於教堂所在地及堂主，入教人數，均詳細叙明；並知當時男女分堂，爲一極新史料。其文過繁，今改列爲表，以便省覽。

雍正十年廣東省城天主堂調查表

街名	堂主西洋人	副堂	同堂	入教人數
西門外揚仁里東約	安多尼	西洋人艾色		一千四百餘人
揚仁里南約	戈寧	順德人劉若德		一千餘人
濠畔街	謝德明		增城人歐歌 山東人魏若韓	一千二百餘人
蘆排巷	方玉章	西洋人朱耶芮		一千一百餘人
天馬巷	羅銘恩	順德人劉伊納爵	順德人梁家相	一千三百餘人
清水濠	彭覺世 卜如善	西洋人張爾仁 赫蒼碧	江南人王弘義	二千餘人

（續表）

街名	堂主 西洋人	副堂	同堂	入教人數
小南門內	閔明我	新會人汪四	始興人黃紹興 張瑪略 南海人劉若敬 增城人勞贊成 番禺人郝若瑟 區良祐何伯衍	一千四百餘人
花塔街	華姓	西洋人卞述芳		三百餘人

右男天主堂八處，入教男子約萬人。

地名	堂主	入教婦女
清水濠	順德人譚氏劉氏	四百餘人
小南門內	順德人陳氏	三百餘人
東朗頭鹽步兩堂	順德孀婦梁氏	六百餘人
西門外變名聖母堂	順德孀婦何氏	二百餘人
大北門天豪街變名聖母堂	正藍旗人余氏	三百餘人
小北門內火藥局前	順德孀婦蘇氏	二百餘人
河南滘口	南海人唐瓊章妻戴氏 同堂孀婦盧氏唐氏	三百餘人

右女天主堂八處，入教女子二千餘人。

閲者注意！　此表所列人數，係廣東省城附近一隅，且在雍正二年嚴厲禁教之後；教史希有之史料也。

又乾隆十一年，廣州海防同知張汝霖，以澳門有諸夷寺外，别立天主堂，名唐人廟，專引内地民人入教，特密揭臺院封閉之。其文見張所撰澳門紀略，曰：「澳門一處，唐夷雜處，除夷人自行建寺奉教不議外，其唐人進教者有二種：一係在澳進教；一係各縣每年一次赴澳進教。其在澳進教者，久居澳地，漸染已深。其各縣每年一次赴澳進教者，緣澳門三巴寺下，建有天主堂，名進教寺，專爲唐人進教之所。建於康熙十八年，五十八年重修闊大；係蕃僧倡首，而唐人醵金建之。每年清明前十日，各持齋四十九日，名曰封齋。至冬至日，爲禮拜之期。附近南、番、東、順、新、香各縣赴拜者接踵，間有外省之人；惟順德縣紫泥人爲最多。禮拜之後，有即行返棹者，有留連二三日者。既經進教，其平時因事至澳，亦必入寺禮拜。」

余爲廣東人，且略研究教史，此種進教之法，實未之前聞。因不往各鄉傳教，而鄉人反往澳門進教，頗合禮聞來學不聞往教之旨；非植基甚固，不能得此結果。凡此皆可補教史之未及者也。

二　可正教史之偶誤

凡人撰述，鮮能無誤，教史譯自西籍，於官名地名年月，尤易舛訛，史以傳信，不能不慎。余撰雍乾間奉天主教之宗室一文，據官書及檔案，於蘇努諸子傳後，附一教會史載蘇努事勘誤表，凡二十餘事，亦爲此也。例如聖教通考卷二新經鑑略，末附聖教傳入中國始末，謂：

大臣學士中領洗奉教者，江南松江府有徐光啓閣老，浙江杭州府有楊淇園尚書，湖州府有朱宗元解元，福建有葉相國、李之藻等。

葉相國當指葉向高。向高好與西士往來，是否奉教，尚爲疑問。李之藻係杭州人，蒙上文福建二字似不妥。幸而李之藻名甚著，讀者易知其誤。惟楊淇園是御史，非尚書，朱宗元係寧波府順治五年舉人，非湖州府，亦非解元。是年浙江解元係王嗣皋，慈谿人，均有教外典籍可據，不能信筆寫來，以訛傳訛也。

光緒八年，徐匯益聞館，譯柏應理司鐸所撰許太夫人傳爲漢文。許太夫人者，徐文定女孫，許遠度室，許纘曾母也。傳謂太夫人年三十，夫卒，前後守節四十三年。余據許纘曾殿試策所填三代脚色，稱父遠度，存，不仕云云。纘曾係順治六年進士，時遠度尚未卒。又據許纘曾自序，順治十年年二十七，丁父憂。始知漢譯許太夫人傳，誤以順治十年一六五三爲崇禎十年一六三七，相差凡十有六載。當云太夫人年四十六，夫卒，守節二十七年。未知係柏司鐸原文之訛，抑譯者之訛也。聖教史略謂許太夫人與夫偕居十四年，其誤與漢譯許太夫人傳同，應作與夫偕居三十一年。

又太夫人之子許纘曾，教史所稱爲熱心奉教者，其實大不然。余有許纘曾傳，其傳論曰：「余曩讀江南傳教志，知崇禎順治間，江南教務之興，甘弟達實與有力。既又稱其子巴西略熱心聖教，有聲於時，余心識之。後於京師得許纘曾原本殿試策，以爲瑰寶。壬戌秋南返省親，道出海上，携以見馬相伯丈，轉贈徐匯藏書樓。甲子夏，復得許纘曾手定寶綸堂稿原寫本，稿與陳洪綬齊召南集同名，大喜。細讀之，知許君善人也，孝子也，能吏也，名士也，然與天教無與。天教禁祀鬼，而許君入蜀，有重建巫山縣漢前將軍祠及城隍廟祭文。天教禁蓄妾，而許君自序謂房中執巾櫛者數人。余嘗以示亡友英斂之，斂之始驚喜而終愕然。余因有感於幼年知識未定之人，其領洗不盡足恃也。夫李之藻楊廷筠輩，其信教均在中年以後，用能終始不渝，爲世法則。許君雖受母太夫人之煦育，而終不能敵世俗之薰陶。觀其專心致志所輯之勸戒圖説，取舍已與太夫人相左，則其晚年之徵歌選色，放任不羈，無足異已。上海、華亭諸志，方以君母熱心天教故，對於君母子事跡，黜而不書，而孰知君固未嘗與世俗違也。西士柏應理撰許太夫人傳，年月頗有訛舛，君所撰鶴沙自序，宜可信據，今此傳多採之。」遺葬侍兒詩五首，今録其一如後。集爲君所手定，君固未嘗以此爲諱也。

丁卯臘月遺葬清河侍兒五首之一　　許纘曾

生綃圖畫寫相思，窄袖纖腰似舊時。一片煙雲迷蝶夢，五更風雨葬花枝。螟蛉宛轉隨人泣，女伴叮嚀絮語遲。屈指傷心寒食近，紙錢斜帶緑楊絲。

丁卯爲康熙廿六年，時許君年六十一。曰螟蛉宛轉隨人泣，此妾似已生子；曰紙錢斜帶緑楊絲，然則墓祭亦用紙錢也。

又康熙四年，因楊光先之劾，與許君同時罷黜之許之漸，教史亦稱爲奉教大員。然據楊光先與許書，則謂其爲天學傳概作序耳。許纘曾自序，記此事云：

徽人楊光先，修釁於遠西湯道未，波連都御史佟，御史許，與余三人：或係作序，或係捐銀，同時罷官。

未云因奉教也。夫作序不能爲奉教之證，只可謂與教表同情。惟康熙廿八年釋紀蔭撰宗統編年，亦有許之漸序。末稱：

皈依三寶弟子，七十八老人許之漸，法名濟霈，頓首謹撰。

據此，則許之漸又佛教徒矣。凡此種種，皆可證教史之偶誤也。

三 可與教史相參證

有教史未必誤，而教外典籍無法證明者。如瞿式耜之奉教，教史言之鑿鑿，而吾人至今尚無法在教外典籍證明之，頗疑其後人彌縫之密也。熊開元力爲金聲辯護，而金聲奉教之跡愈彰；張縉彦爲王徵墓誌，有公通西學，與利瑪竇之徒羅君善，造天主堂以居之，著畏天愛人論，爲前人所未發等語，見康熙陝西通志，康熙涇陽志引此文刪之。吴漁山歷晚年入教，漁山不自諱，而蘇州志謂其晚年絶人逃世，浮海不知所之。然則瞿式耜奉教之跡，爲其後人所削，亦或有之。然終無法證明也。

有教史不著其名，而可以教外典籍證明者。如清簡親王德沛，據吾人所考證，即教史中之宗室若瑟，毫無疑義。此教外典籍可以與教史相參證者也。

永曆太后奉教，人皆信之。崇禎奉教，當時有此謡言，教史言之，教外典籍亦言之。烈皇小識云：

上初年崇奉天主教。上海徐光啓，教中人也。既入政府，力進天主之説，將宫内供養諸銅佛像，盡行毁碎。至是悼靈王病篤，上臨視之。王指九蓮華娘娘現立空中，歷數毁壞三寶之罪，及苛求武清云云。言訖而薨。上大驚懼，極力挽回，亦無及矣。此崇禎十一二年事也。悼靈王慈煥，崇禎第五子。九蓮花娘娘者，萬曆母李太后，好佛，宫中像作九蓮座，故云。武清爲后父李偉封號，時誅求后父家助餉，明史李偉傳，疑中人搆乳媪教皇五子言之。此可與教史相參證者也。

其他檔案足與教史相參證者尤夥。乾隆四十九年十一月十一日上諭：西洋天主教，於雍正年間，即奉嚴禁，不許内地人傳習。乃呢嗎、方濟各等，初則爲内地人勾引至廣，繼則紛紛潛至各省傳教。時閲二十餘年，地則連及數省，各該地方官何竟毫無知覺。現在陝省已將呢嗎、方濟各、馬諾及延請該犯等在家居住之徐宗福等拿獲。至山西、山東、湖廣、直隸各省，據供俱有西洋及内地人輾轉傳教，著劉峨、農起、明興、特成額、陸燿，一體嚴密查拏。

又乾隆五十年二月，兼署四川總督，成都將軍保寧，奏拏獲西洋人來川傳教一案，於乾隆十九年以後，五十年以前，四川傳教歷史，最爲詳悉。其中有云：「該犯等携貲遠出，究係何所圖謀？再歷年遣人赴粤取銀，係何項銀兩？有無騙人財物，及私立主教神甫名目，藉以勾引煽惑之處？ 嚴加究詰，據供西洋國向重天主教，以傳教爲行善，如能在中國行教，更以爲榮。 是以情願遠來，並無別有圖謀。 其來時携帶及節年接濟銀兩，俱係彼國同教會中公捐，及親友幫助之項，遇便寄存十三行，繼續支取供用，並無騙人財物情事。 又供西洋傳教之人，向來俱稱神甫，馮若望、李多林，衆人俱呼爲神甫，並無主教之名。 其川省從教之人，從無神甫名目」等語。 據聖教史略，則明明稱四川馮主教，係法國人，何以云並無主教之名？ 此又可與教史相參證者也。

又嘉慶十年四月，刑部奏：「據江西巡撫盤獲廣東民人陳若望，搜有西洋字及漢字各書信，併山東登州等處地理圖一張。 經軍機大臣訊明地理圖係天主堂西洋人德天賜託寄。 臣等查天主教曾于乾隆四十九五十等年，節次嚴查懲辦，聖諭煌煌，自宜共知感畏，何以迄今仍有各處傳教之事？ 雖此時傳惑已衆，勢不能逐名究辦，亦應將聽從西洋傳教，如號稱神甫等項，嚴行究懲，俾愚民各知例禁。 當向德天賜詳細訊問，供認天主堂共有南北東西四堂，德天賜在西堂辦事。 四堂共有先生八人，現在各堂講經講道，管理一切傳教事宜。 又于嘉慶七年間，將海甸楊家井地方舊有西洋人寓所，改爲聖母堂，分男女兩堂」等語。 可知雍正乾隆以來，對於天主教，禁者自禁，傳者自傳，並未停止。 皆可與教史相參證也。

四 可見疑忌者之心理

佛教入中國，雖嘗遭中國學者之排斥，然皆因習俗思想之不同，未嘗牽涉國際也。天主教入中國，何以獨遭疑忌？其原因：一，明人久怵於外患；二，奇技利器可畏；三，明末畢方濟等實曾助明拒清；四，清初南懷仁實曾爲清人鑄炮。有此諸因，疑忌遂起。民國八年，余撰靈言蠡勺序，謂畢方濟卒於杭州，實循抄本聖教信證之誤。畢方濟自永曆元年，以洋兵三百，拒清人於桂林後，越二年即卒於廣州。民國十一年，余南返省親，在廣州小北門外流花橋，訪明紹武君臣冢，復在大北門外，訪畢方濟墓，低徊留之不能去。其爲清人疑忌宜也！

疑忌有由於習俗思想之不同者。算學家梅文鼎有寄懷青州薛儀甫先生詩，可以代表之。薛鳳祚儀甫，從穆尼閣司鐸習算術，在清初有盛名；或謂其已奉教，或謂其未奉教。康熙十九年，梅文鼎年四十八矣。其寄懷薛先生詩，第二首有云：

竊觀歐羅言，度數爲專功。思之廢寢食，奥義心神通。唯恨棲深山，奇書實罕逢。我欲往從之，所學殊難同。詎忍棄儒先，翻然西説攻。或欲暫學曆，論交患不忠。立身天地內，誰能異初終。晚始得君書，昭昭如發蒙。曾不事耶穌，而能彼術窮。乃知問郯者，不墜古人風。安得相追隨，面命開其矇！

梅氏之意，以爲須奉教乃能習算，後知不奉教亦能習算，其言可代表當時一般學者心理。然其第三首對徐文定，又極表同情，云：

乃若兵家謀，亦復資巧思。我讀守圉書，重下徐公淚。神威及曠遠，良哉攻守器。當時卒用公，封疆豈輕棄。執轡果何人，歷險失騏驥。國論歸黨同，嘉謨阻深忌。

其所以與徐公表同情者，羨其攻守之器也。攻守之器可羨，反言之自必可畏。故國際間疑忌之心理，仍不能除。乾隆初全祖望有二西詩，其一西爲歐羅巴，詩云：

五洲海外無稽語，奇技今爲上國收。別抱心情圖狡逞，妄將教術釀橫流。天官浪詡龐熊曆，地險深貽閩粵憂。夙有哲人陳曲突，諸公幸早杜陰謀。

此直國際間之疑忌耳，與教何異！然必牽涉及教，此教之不幸也。全祖望此詩，亦可代表當時一般心理。

軍機處檔案有乾隆四十九年十月十四日上諭：據特成額奏拏獲焦振綱、秦禄各犯，并查出天主經一本，洋字書信十封。西洋字內地無人認識，焦振綱、秦禄由西安赴湖南廣東，何以帶有西洋字書信？是西安必先已有西洋人在彼潛住，且必不止一人。況西洋人即欲傳教，亦當在廣東附近之廣西、福建、湖南、江西等省，何必遠赴西安？此皆關係案内緊要情節，必須徹底根究。已交軍機大臣存記，俟案犯解到時，務究出西洋字十封，係何人所寫，寄與何人之信。至畢沅覆奏，西安天主堂自飭禁後，舊存房屋，現係同教之杜興智居住，中五間係劉義長賃居，屋内供有十字架。秦禄往來西安，亦於此作寓。上年秦禄與焦振綱商議，欲請西洋人來陝念經，託劉義長修葺等語。杜興智本係私習天主教之人，劉義長屋内又供有十字架，則于焦振綱延請西洋人傳教之事，該犯等斷無不預同商議之理。該犯等雖已就獲解京，而西安省城内似此私習天主教者必多，恐尚有西洋人在彼藏匿。並因何西洋人俱欲遠赴陝省傳教，又有洋字書信寄往之處，俱著畢沅留心嚴密訪查，據實具奏。

乾隆時考證之風極盛，此諭旨亦饒有考證家風味。特成額係湖廣總督，畢沅時任陝西巡撫，亦乾隆間有名學者，然不明教士往陝西傳教理由，祇成爲一種不解之謎而已。

軍機處檔又有乾隆五十年正月陝甘總督福康安附片一件，云：臣接奉廷寄諭旨：「近聞西洋人與回人本屬一教。今年甘省逆回滋事，而西洋人前往陝西傳教者，又適逢其會。且陝甘兩省，民回雜處，恐不無勾結煽惑情事。著傳諭福康安、畢沅務須不動聲色，留心防範，嚴密訪查，欽此。」仰見聖明遠慮，杜漸防微之至意。伏查此案拏獲潛來内地傳教之西洋人，適值甘省逆回滋事之時，臣竊恐西洋人與回教相通，當查辦之始，即留心察訪。隨訪得天主教中人均食猪肉，其過年與漢民無異。兹審訊劉多明我各犯，嚴加究詰，據供天主教每七日内持齋二日，其餘日子，葷酒猪肉，都是吃的。除持齋持戒外，一切與衆百姓無異。我們敬的是天主神，誦的是十戒，並不認識回經等語。臣隨閲其所誦十戒，止係勸人行善之詞，尚無荒誕不經之語，似可信其不與回人一教。

此摺亦饒有考證家風味，並可見乾隆時對於外來宗教之知識，如此幼稚，殊可異也。乾隆四十九年十二月初五日上諭，有西洋人向不奉佛，何以劉二彪家又藏有金佛？是否即係十字架銅像？並著特成額一併查明覆奏等語。知西洋人向不奉佛，此考證亦未爲大誤。

然此種疑忌，利瑪竇初來時已有之。沈德符萬曆野獲編曾特爲利瑪竇解釋，云：「利瑪竇，字西泰，以入貢至，因留不去。近以病終于邸，上賜賻葬甚厚。往時予游京師，曾與卜隣，果異人也。初來即寓香山嶴，學華言，讀華書者，凡二十年。比至京，已斑白矣。今中土士人授其學者遍宇内，而金陵尤甚。蓋天主之教，自是西方一種釋氏所云旁門外道，亦自奇快動人。若以爲窺伺中華，以待風塵之警，失之遠矣。」是必當時有此疑，然後沈德符有此解釋，皆可於教外典籍求之也。

五　反對口中可得反證

或謂教外典籍，有時詆毀教會，教中人不宜閱看，似也。然欲研究教史，則不能不參考教外典籍，要視其能善用之否耳。能得人推許固佳，能得人攻擊，亦必須有攻擊之價值，且每每可利用此攻擊，以警惕內部，或固結內部。孟子所謂入則無法家拂士，出則無敵國外患者，國恒亡。崇禎間蘇州人鍾始聲著天學初徵，攻擊天主教。後薙髮爲僧，即世所稱蕅益大師是也。曾寄稿與際明禪師。際明復書曰：

接手教，兼讀初徵，快甚。居士擔當聖學，正應出此手眼。山衲既棄世法，不必更爲辯論。若謂彼攻佛教，佛教實非彼所能破。且今時釋子，有名無實者多，藉此外難以警悚之，未必非佛法之幸也。刀不磨不利，鐘不擊不鳴，三武滅僧而佛法益盛。山衲且拭目俟之矣！

際明態度，即欲利用天主教之攻擊，以警惕佛家內部者也。康熙間粵東詩僧跡删和尚，有詠澳門三巴寺詩云：「相逢十字街頭客，盡是三巴寺裏人。」又云：「年來吾道荒涼甚，翻羨侏離禮拜頻。」澳門天主堂，當時稱三巴寺，天主教名畫家吳漁山，晚年曾學道於此；

吴漁山詩有三巴集。跡删見天主教禮拜之頻，而深慨當時佛教之荒涼，亦欲借天主教以勵佛教也。

有極口詆毁，可視爲極口推崇者。東林黨有名人物鄒維璉，於崇禎間著闢邪管見録，攻擊天主教，曰：「昔人有言，莊周道家之儀秦，王通孔門之王莽。若乎利妖，電光之舌，波濤之辯，真一儀秦；拔佛家之幟，登素王之壇，真一王莽！」其言是詆毁利瑪竇，其實推崇利瑪竇已極。鄒維璉何人？東林點將録所號爲地走星飛天大聖者也。

康熙四年六月，楊光先辭監正疏，有云：「皇上因星變地震，大赦天下，非爲湯若望一人而赦也。今民間訛傳，稱若望是真聖人，其教是真天主，故於若望將刑之時，天特爲之星變，地特爲之震動，朝廷乃不敢殺，仍令其主天主堂，可見真聖人真聖教之不可滅。小民不知大義，易爲邪言煽惑。此言一行，即傳天下，將見天下人民盡化爲邪教之羽翼，是臣以攻異端之法語，反爲邪教增重其聲價。」

吾人在教史中知有人稱艾儒略爲西來孔子，未聞稱湯若望爲真聖人也。有之，得於反對湯若望者楊光先之口，此亦可謂極力推崇者矣。

康熙三十六年，錢塘郁永河撰裨海紀遊云：「有利馬豆者，能過目成誦，終身不忘。明季來中國，遍交海内文士，於中國書無不讀。多市典籍，教其國人，悉通文義，創爲七克等書。所言雖孝悌慈讓，其實似是而非。又雜載彼國事實以濟其天主教之邪說。中國人士被惑，多皈其教者。今各省郡縣衛所，皆有天主堂，扃閉甚密，不耕不織，所用自饒。以誘人入教爲務，謂之化人。」其言雖不滿天主教，然實不啻爲天主教宣傳也。

六 旁觀議論可察人言

不獨此也，同是一種稱許天主教史料，如果出於教外之書，其價值亦比見於教内書者爲大。曾記正教奉傳有崇禎十四年福建建寧縣左光先告示，勸人崇奉天主教。左光先爲名臣左光斗之弟，事跡見明史本傳。如果此告示出於教外之書，可爲天主教一極有價值之史料。

又如順治十八年，湯若望七秩壽辰，朝士贈言者，有金之俊、魏裔介、龔鼎孳、胡世安、王崇簡等，其文均見正教奉褒，而各家文集皆不載。近年龔氏後人重刊定山堂集，始將此文加入。蓋自雍乾禁教後，刻集者或將此等文删去，或原本即不載此文。總之此等稱揚天主教史料，以得之教外爲更有價值；孔子稱：「孝哉閔子騫，人不間於其父母昆弟之言。」亦是此意。

又如天學初函諸書，各家序跋，不下數十篇，皆當時名人推許天主教之作。若並其他各書序跋，彙而輯之，可以作天主教之弘明集。弘明集者，係晉宋齊梁同情於佛教者之作品，宣揚佛教之利器，亦佛教史上之重要史料也。天主教之絶徼同文紀，即倣此。然天學初函諸序，有見於各家文集者，有不見於各家文集者，其原因非爲後人删去，即原本未載。偶爾逢之，不啻空谷足音，如曹于汴仰節堂集之載七克序是也。然與利瑪竇辯論之虞淳熙德園集，亦有畸人十篇序，爲今畸人十篇所無。蓋利好結納，請虞作序，虞序而詈之，故畸人十篇不載，而德園集反載之也。凡爲人作序，不作則已，作多推崇，虞淳熙反之，亦明知爲利所不取，特借以伸其攻擊之説耳。

又聖教史略載宣武門内天主堂，有康熙御書「萬有真元」扁額，及「無始無終」一聯。如果聖教史略注明此等扁聯，並見日下舊聞考，豈不更可表明此非一家之私言乎？今將明末清初學者批評天主教議論，不見於教中典籍者，略舉一二，以察人言。

鄒元標願學集，有答西國利瑪竇書，云：「得接郭仰老，已出望外，又得門下手教，真不啻之海島而見異人也。門下二三兄弟，欲以天主學行中國，此其意良厚。僕嘗窺其奥，與吾國聖人語不異。吾國聖人及諸儒發揮更詳盡無餘，門下肯信其無異乎？中微有不同者，則習尚之不同耳。門下取易經讀之，乾即曰統天，敝邦人未始不知天，不知門下以爲然否？」鄒元標爲理學名臣，明史有傳，東林點將録號爲天傷星武行者。郭仰老係郭居靜，字仰鳳。

謝肇淛五雜俎云：「天主國在佛國之西，其人通文理，儒雅與中國無别。有利瑪竇者，自其國來，四年方至廣東界。其教崇奉天主，亦猶儒之孔子，釋之釋迦也。其書有天主實義，往往與儒教互相發，而於佛老一切虚無苦空之説，皆深詆之。余甚喜其説爲近於儒，而勸世較爲親切，不似釋氏動以恍惚支離之語愚駭庸俗也。與人言恂恂有禮，詞辯扣之不竭。異域中亦可謂有人也已！」

沈德符野獲編云：「利西泰發願力以本教誘化華人，最詆釋氏。曾謂余曰：君國有仲尼，震旦聖人也。然西狩獲麟時已死矣。釋迦，亦葱嶺聖人也。然雙樹背痛時亦死矣。安得尚有佛？余不謂然，亦不以爲忤。性好施，能緩急人，人亦感其誠厚，無敢負者。其徒有龐順陽，名迪峨，亦同行其教，居南中，不如此君遠矣。」

支允堅異林云：「大西洋國利瑪竇，入中國來，日夜觀經史，因著友論，多格言。所挾異寶，不可縷數。最奇者有方金一塊，長尺許，起之則層層可披閲，乃天主經也。」

張爾岐蒿庵閒話云：「利瑪竇萬曆辛巳來貢，上命馮琦叩所學，惟嚴事天主，精器算耳。瑪竇初至廣，下舶，髡首袒肩，人以爲西僧，引至佛寺，摇手不肯拜，譯言我儒也。遂儆館延師讀儒書。未一二年,四子五經皆通大義。乃入朝京師。所言較佛氏差爲平實,大指歸之敬天主,修人道。寡慾勤學,不禁殺牲。專以闢佛爲事,見諸經像及諸鬼神像,輒勸人毁裂。」

張爾岐者,顧炎武廣師篇所謂獨精三禮,卓然經師,吾不如張爾岐,即此人也。右所舉諸人,皆負時望,其批評天主教如此,可見當時士論之一斑。雖然,反對口中,每造謡言,旁觀議論,或出誤會。然正可由謡言之所由起,或誤會之所由生,而得事實之真相。此教外典籍之所以有裨於教史也。

七　教士之品學

今試從教外典籍,窺當時教士之品學。李日華,明史文苑傳有傳,撰紫桃軒雜綴,有云:「大西國在中國西。世廟末年,國人利瑪竇航海入廣東,居廣二十餘年,盡通中國語言文字。瑪竇紫髯碧眼,面色如桃花,見人膜拜如禮;人亦愛之,信其爲善人也。余丁酉秋,遇之豫章,與劇談,出示國中異物。瑪竇年已五十餘,如二三十歲人,蓋遠夷之得道者。汗漫至此,已不復作歸計。余贈之詩云:浮世常如寄,幽棲即是家。彼真以天地爲階闥,死生爲夢幻者。較之達磨流沙之來，抑又奇矣。」

丁酉爲萬曆廿五年。曰善人，曰得道者，可見利瑪竇之品；曰盡通中國語言文字，可見利瑪竇之學。明史意大里傳亦云：「其國人東來者，大都聰明特達之士，意專行教，不求禄利。其所著書，多華人所未道，故一時好異者咸尚之。」又曰：「公卿以下重其人，咸與晉接。」

西甌李王庭著誅邪顯據録，詆教之書也。有云：「記函一件，其鄙夷不屑我輩，莫此爲大。夫天生聰明，將自我作古，即一目十行，一覽無遺，何代無之。乃託名倒記背誦，既使下愚之夫希其捷，即中材之士認爲真，孰知此萬萬無有之理。」

三山陳侯光著辨學蒭言自叙云：「近有大西國夷，航海而來，以事天之學倡。其標號甚尊，其立言甚辨，其持躬甚潔。闢二氏而宗孔子，世或喜而信之，且曰聖人生矣。」

仁和應撝謙，學者稱潛齋先生，著天主論，闢天主教云：「萬曆間有利瑪竇者，與其徒浮海而來，傳其國宗天主之教。自竇來後，其國人往往有至者，大抵聰明才辯，多有俊士。竇初入中國，一字不識，數年之後，能盡通經史之説。」

凡此皆明季至康熙初年之議論也。天主教初來，教士多喜讀漢籍，如利瑪竇、艾如略、龐迪我、陽瑪諾、湯若望、利類思等，皆注意中華文字。惟故宫懋勤殿有羅馬使節嘉樂來朝日記，記康熙五十九年十二月廿二日康熙諭旨，謂在中國之衆西洋人，並無一人通中國文理者，惟白晉一人，稍知中國書義，亦尚未通云云。使利類思當時尚在，康熙必不能爲是言。可見康熙末年教士之風氣，與前已不盡同矣。

八　教徒之流品

今又試從教外典籍窺當時教徒之流品。聖教史略引南宮署牘參遠夷第一疏云：「臣初至南京，聞其聚有徒衆，營有室廬，即欲擒治驅逐。而說者或謂其類實繁，其説浸淫人心，即士君子，亦有信向之者。臣不覺喟然長歎。」此教徒流品，由沈㴶疏中見得，實爲教史最佳史料。明史沈㴶傳亦云：「西洋人利瑪竇入貢，因居南京，與其徒王豐肅等倡天主教，士大夫多宗之。」曰士君子，曰士大夫，其爲知識階級可知也。

袾宏和尚撰天説云：「一老宿言，有異域人爲天主教者，子何不辨？予以爲教人敬天，善事也，奚辨焉。老宿曰：彼欲以此移風易俗，兼之毁佛謗法，賢士良友，多信奉故也。」又云：「現前信奉士友，皆正人君子，表表一時，衆所仰瞻以爲向背者，予安得避逆耳之嫌，而不一罄其忠告！」奉教者爲賢士良友，正人君子，此反對者之言也。

黄貞闢天主教書云：「邇來有天主教中人利瑪竇會友，艾姓，儒略名，到吾漳，而鈍漢逐隊皈依，深可痛惜。更有聰明者，素稱人傑，乃深惑其說，堅爲護衛，煽動風土，更爲大患。」皈依有鈍漢，深惑其說者有人傑，亦反對者之言也。

雖然，明末天主教，是否偏於士大夫，而忽略一般民衆？曰，不然，不然，有南宫署牘鍾鳴仁、鳴禮兩案所載逮捕人犯之供詞在。文繁改製爲表，可以窺見當時教徒職業之一斑，未嘗忽略一般民衆也。

萬曆四十五年第一次南京教案人名表一

姓名	年歲	籍貫	職業	進教緣由	判案結果
鍾鳴禮	三四	廣東新會	修士	其父入教	送法司定罪
張寀	二二	山西曲沃	推水	因同鄉稱説	同
余成元	二九	南京衛原籍江西	種園	因表叔曹秀勸	同
方政	三二	安徽歙縣	描金	其叔入教	同
湯洪	三二	上元	未詳	其兄舅皆入教	同
夏玉	三三	南京衛	賣糕	因曹秀勸	同
周用	六八	江西東鄉	刷印	因王豐肅勸	釋放
吳南	二四	羽林衛	刷印	未入教	

萬曆四十五年第一次南京教案人名表二

姓名	年歲	籍貫	職業	進教緣由	判案結果
鍾鳴仁	五五	廣東新會	修士	其父入教	送刑部定罪
曹秀	四〇	江西南昌	結帽	因妻疾祈福	同
姚如望	六一	福建莆田	挑脚		同
游禄	五三	江西南昌	髭頭	因羅儒望勸	同
蔡思命	二二	廣東新會	書童	投王豐肅家	同
王甫	三一	浙江烏程	看園	因余成元勸	遞解回籍
張元	三二	江西瑞州	結帽	因仰慕王豐肅	發縣看管
王文	三〇	江西湖口	補網	因姐夫曹秀勸	釋放
劉二	三九	江西都康	木匠	因王豐肅勸	同
周可斗	二七	江西湖口	結帽		同
王玉明	二九	福建邵武	煮飯		同
三郎	一五	上海	孤兒	祖父送入天主堂	遞解回籍
仁兒	一四	直隸保定		由父賣與龐迪我	發僧録司收養
龍兒	一四	直隸淶水	孤兒	伯父賣與龐迪我	同
本多	一四	廣東東莞	父當軍		交伊父領回
熊良	一四	江西南昌	父木匠		同

其中姚如望者，乃一六十老人，以挑脚爲生。案作，手執黄旗，口稱願爲天主死，遂被獲。

教徒流品，在清人中有一特別階級，旗人是也。宗室中如蘇努諸子，簡親王德沛等，足爲其代表。嘉慶十年五月廿日上諭有云：「前因京師西洋堂人有與旗民往來習教，並私刊清漢字書籍傳播之事，當交軍機大臣將檢出書籍查看。旋據簽出各條，如婚配訓言內，稱外教者如同魔鬼奴才等語。又稱當時有一貝子，終日行非禮之事，福晉極力勸之不從等語。貝子福晉之稱，西洋人何從知悉，自係與旗人談論，知此稱號，妄行編載。」此考據並不誤，嘉慶十年發見旗人奉教之案多起。

四月刑部奏審明德天賜託寄地圖案內，有旗人佟恒善，雖非先生會長，而蠱惑尤深，並有雖奉諭旨，亦不敢違悖天主之語。又有佟瀾，身係旗員，諭以如願出教，尚可仰邀格外天恩，免其治罪。乃再三開導，該員執迷不悟，堅稱不願出教等語。又有副參領李慶善，事任職官，膽敢違禁，潛習洋教。經臣等面加訓誨，多方開導，竟仍執迷不悟等語。

九 教徒之安分

至於當時教徒之是否安分，亦可從反對者口中見之。民國十四年，余在故宮懋勤殿發見康熙親筆刪改諭西洋人摺一件，中述康熙五十九年十一月十八日，上召西洋人蘇霖等十八人至乾清宫西暖閣，上面諭「爾西洋人自利瑪竇到中國，二百餘年，並無貪淫邪亂，無非修道，平安無事，未犯中國法度」云云。貪淫二字，係康熙硃筆所加，寥寥數言，勝於教會史自説百句。

雍正二年十月，兩廣總督孔毓珣奏，亦有云：「臣思西洋人在中國，未聞犯法生事，於吏治民生，原無大害。然曆法算法各技藝，民間俱無所用，别爲一教，原非中國聖人之道。」

乾隆四十三年正月，陝西巡撫畢沅奏，查獲陝省商州天主教人犯一摺，稱「四十二年冬至後，趙金城正欲聚會念經，即被訪聞拿獲。再四刑詰，堅供並無别項邪術，煽惑不法，以及藉名斂錢治病等事。查天主教久奉例禁，趙金城輒敢携帶祖遺圖像，聚集念經。雖究無書符呪水，夜聚曉散等事，亦屬不法。」

乾隆五十年二月，護理江西巡撫李承鄴奏在萬安縣劉桂林山寮内，拏獲傳教西洋人李瑪諾，搜出經卷圖像，念珠十字架洋錢等物。别無不法字跡。

同年五月，福建巡撫雅德，奏在邵武縣拏獲原有天主教犯案之吴永隆等，搜出破舊經本，並不全十字架，查無别樣不法字跡等情。又拏獲自江西貴溪縣來閩之西洋人方濟覺一名，並先經容留方濟覺之伊益德等，又於該犯等家起出十字架齋單等物，亦無别樣不法字跡。

乾隆五十年十月初八日上諭：前因西洋人吧哋哩呋等，私入内地傳教，經湖廣省查拏，究出直隸、山東、山西、陝西、四川等省，俱有私自傳習之犯。業據各該省陸續解到，交刑部審擬，定爲永遠監禁。第思此等人犯，不過意在傳教，尚無别項不法情事。

嘉慶十年十一月，大學士管理刑部事務董誥等奏：内閣抄出兩廣總督那彦成等奏，拏獲接引西洋人欲赴山西傳教之李如，審明定擬一摺。臣等提犯嚴詰，李如等堅供伊等學習天主教，只係禮拜吃齋，悔過勸善，並無不法别情。質之若亞敬，亦稱伊等西洋人習教，不過勸善改過，是以隨同接引，前往傳教，實無别項情弊。矢口不移，似無遁飾。查核譯出番字經卷，祇係鄙俚虚誕之詞，誘人傳習，尚無違悖字句。

曰未聞犯法生事，曰並無别項邪術，曰别無不法字跡，曰尚無不法情事，曰實無别項情弊，曰尚無違悖字句，此等證明，比任何宣傳爲有力。此當時教徒之安分，可從歷朝檔案證明之者也。

十　奉教之熱誠

至論人民奉教之是否熱誠，則頃所説奉教旗人，雖奉諭旨，亦不敢違背天主，可謂極奉教之熱誠矣。此與蘇努諸子，甘願正法，不肯改易，志節正同。明末建溪魏濬撰利説荒唐惑世云：「利瑪竇以其邪説惑衆，士大夫翕然信之。竇既死，其徒所至譸張，南宗伯參論驅逐，始散去。然惑于其説者，堅而不可破。人情之好異如此。」

又破邪集有崇禎十年十一月初一日福建巡海道施邦曜告示，施邦曜明史有傳，其示略云：「天主教自利瑪竇航海而來，闡揚其説，中國之人，轉相慕效，莫覺其非。本道細閲其書，大概以遵從天主爲見道，以天堂地獄爲指歸，人世皆其唾棄，獨有天主爲至尊。巧詞深辨，足新好異之聽聞；細小伎能，足動小民之嗜好。於是窮鄉僻壤，建祠設館，青衿儒士，投誠禮拜，堅信其是而不可移。如生員吳伯溢，以縉紳之後，甘作化外之徒；黄尚愛等，田野匹夫，堅爲護法之衆。本道諭令尚愛等悔悟從教，免其戒責，彼則寧受責而不肯悔，但云秀才不從，則某等亦不從矣。是何異教之令人信從，牢不可破如此。最可異者，方具詳間，有生員黄大成、郭邦雍，忿忿不平，直赴本道，爲夷人護法，且以本道爲古怪不近情者。此等情狀，似不普天下而入夷教不已。」

所謂縉紳之後者，指寧德吳國華，萬曆四十四年進士，兵科給事中。天啓間閹黨曹欽程，父事魏忠賢，爲十狗之一，國華劾之，朝右爲之動色。奉教之吳伯溢，即其後也。

軍機處檔案有乾隆十三年八月福建巡撫潘思榘密奏一件，略稱「臣等留心傳察，福寧府屬福安縣民人陷溺蠱惑於天主一教，既深既久，自查拿之後，稍知儆懼。然革面未能革心。節次密訪各村從教之家，凡開堂誦經，及懸掛十字架念珠等類，彰明較著之惡習，雖已屏除，而守產不嫁，不祀祖先，不拜神佛，仍復如故。本年閏七月內，司府各官，訪有省城居民李君宏、李五，兄弟二人，向係崇奉天主教。今西洋夷人華敬等，監禁省城，伊等復爲資送物件進監，并代爲傳遞消息。隨飭提拿嚴究，訊之李五等，其送食物進監，并有福安縣民繆上禹等，浼其轉送物件，已直供不諱。由此以觀，是民間堅心信奉天主教之錮習，終始不能盡除。華敬等夷人，向係伊等奉爲神明之教長，在閩一日，伊等繫念邪教之心，一日不熄。」

又乾隆五十年五月，福建巡撫雅德奏：「在邵武縣拿獲原有天主教犯案之吳永隆等，前奉天主經教，已於二十四年獲案治罪。乃猶不知改悔，尚敢私自奉行。此等怙惡匪徒，若不嚴加懲創，無以端風俗而正人心。」

又嘉慶二十年三月二十六日上諭：「常明奏拏獲傳習天主教人犯一摺，此等傳教民人，煽惑鄉愚，執迷不悟，甚至以身罹王法爲得昇天堂。陷溺人心，愍不畏死，實屬可惡。此案傳教爲首之朱榮、童鰲，均著即處絞，其抗不悔教之唐正玒等，三十八犯，均應發新疆給額魯特爲奴。内張萬效一犯，雖年已八十，但曾因傳教案内發遣收贖。兹怙惡不悛，著與犯婦楊曾氏、夏周氏，均不准收贖。」常明係四川總督。諭旨所科之罪愈重，其人奉教之烈愈彰，此由教外典籍可以見之也。

十一　教勢之興盛

至明末清初教勢之盛衰，可以奉教之人數，及傳播之地域覘之。聖教史略叙明末教友數目云，崇禎末年，教傳十三省，教友約十五六萬。而教外典籍，則每張大其詞，不止此數。南宫署牘參遠夷第二疏云：「每月自朔望外，又有房虚星昴四日爲會期。每會少則五十人，多則二百人。蹤蹤如此，若使士大夫峻絶不與往還，猶未足爲深慮。然而二十年來，潛住既久，結交亦廣，今且習爲故常，玩細娯而忘遠略，比比皆是。」此萬曆間南京教務情形，從反對口中見得者也。而禮科給事中余懋孳則謂留都王豐肅、陽瑪諾等，煽惑羣衆，不下萬人，朔望朝拜，動以千計。此張大其詞也。

崇禎間山陰王朝式撰罪言云：「查南宫署牘，狡夷入中國者纔十三人耳，今則指不勝屈矣。建事天堂，聚衆惑民，止留都洪武岡一處耳，今則延及數省矣。擦聖油，淋聖水者，特八九擔豎，今則縉紳先生，且爲其書弁首綴尾，頌功揚德，加吾中國聖人數等矣。向使當日諸公及見如是，其痛哭流涕又可勝道耶！」

又黄貞闢天主教書云:「今南北兩直隸、浙江、湖廣、武昌、山東、山西、陝西、廣東、河南、福建福州興泉等處,皆有天主教會堂,獨貴州、雲南、四川未有耳。而今日縉紳大老士君子,入其邪説,爲刊刻天主教書義,爲撰演天主教序文,目睹所及甚多,可患可憤。」此崇禎間教務情形也。

康熙間楊光先與許之漸書云:「天主教開堂於京師宣武門之内,東華門之東,阜成門之西。山東之濟南,江南之淮安、揚州、鎮江、江寧、蘇州、常熟、上海,浙之杭州、金華、蘭谿,閩之福州、建寧、延平、汀州,江右之南昌、建昌、贛州,東粤之廣州,西粤之桂林,蜀之重慶、保寧,楚之武昌,秦之西安,晉之太原、絳州,豫之開封,凡三十窟穴。」

其爲天主教鼓吹,不亞於教會史,且可爲教傳十三省之説,作一注脚。康熙時教勢之興盛,可於楊光先口中見之。

萬斯同著明樂府,有句云:

天主設教何妄怪,著書直欲欺愚昧。流入中華未百年,駸駸勢幾遍海内。

序云:「歐邏巴去中華十萬里。其國人利瑪竇輩,始泛海而來。善天文曆數諸技藝。所設天主教,怪妄特甚,其徒相繼而來,幾蔓延於中國。中國人亦多惑其教者。」萬先生爲明史主撰人,其言如此,可見當時學者心目中之天主教矣。萬先生同鄉全祖望,詠湯若望日晷歌，亦有句云：

爲憶利生初戾止，一枝托跡擬微禽。香山旅舍聽夜雨，北平墓樹泣秋霖。如何所學頓昌大，不脛而走且駸駸。

全先生所見，在乾隆初年。時雖禁教，而其勢且駸駸，與康熙時同。吾人可根據兩先生之詩，而知康乾教勢之盛矣。

十二　教徒之教外著述

至於教徒之教外著述，關係教徒之學問品格，教史每不記載，亦可於教外典籍求之。如李之藻之頖宮禮樂疏，徐光啓之詩經六帖等，雖與教旨無關，近亦有人注意。頖宮禮樂疏，採入四庫全書，原本流傳間有。惟詩經六帖則久已不存。去年徐公三百周年紀念，余曾爲上海耶穌會徐司鐸抄得殘本一部，寄藏徐匯藏書樓。此外如楊廷筠之易顯六卷，見於經義考及明史藝文志，楊氏塾訓六卷，見於千頃堂書目。張星曜之通鑑紀事本末補後編五十卷，其手稿同治間爲丁禹生日昌所得，見莫友芝宋元舊本書經眼録。此等書籍，教會似應收集。張星曜字紫臣，仁和人，曾輯天教明辨二十卷，據其自序，謂康熙十七年領洗，時年四十六。序作於康熙五十年，時年七十九矣。通鑑紀事本末補後編，作於康熙廿九年庚午，亦清初教徒中之能述作者也。

乾隆初宗室德沛，著周易補注，余曾見八卷本，去年輔仁大學圖書館收得一部，十一卷，知余前所見本實缺三卷。

余嘗謂教徒應與教外發生關係。然欲與教外發生關係，必須有教以外之著述。利瑪竇諸西士之所以能與教外人士接近者，亦以其天文地理之著述也。利瑪竇以西説著友論，除單行本外，教外人翻刻者，以予現在所知，有：

寶顔堂祕笈　一瓻筆存　廣百川學海　小窗别紀

山林經濟籍　續説郛　堅瓠祕集　鬱岡齋筆塵

等八本。教士著述，爲教外人所翻刻者，鮮有若是之衆者也。其他天文地理之書，四庫全書亦不能不著録。清人考據之風極盛，考經書算學天文者，爲尚書釋天者，言觀象授時者，皆不能不引用利瑪竇、湯若望之説。非然者，一部經解，何能與天主教發生關係。憶民國十一二年間，英斂之先生介紹余與鮑潤生司鐸相識，云鮑正翻譯楚辭。余甚爲驚訝，以天主教與楚辭不易發生關係。惟明末西士陽瑪諾著天問略，後刊入藝海珠塵，天問二字，實本楚辭。雍正間山帶閣注楚辭遠遊、天問諸編，引用利瑪竇、陽瑪諾、傅汎際、湯若望之説，爲天主教與楚辭發生關係之始，蓋已二三百年於兹矣。其引利瑪竇説，稱爲利山人，因利亦曾自號爲大西域山人也。余有題鮑潤生司鐸譯楚辭二絶，今録如下，以博一噱：

屈子喜爲方外友，騫公早有楚辭音。如今又得新知己，鮑叔西來自柏林。

演西也是西來客，天問曾刊藝海塵。此日若逢山帶閣，引書定補鮑山人。

隋釋道騫楚辭音，最有名。陽瑪諾，字演西，故云。

〔載於北平圖書館館刊第八卷第二號（一九三四年三、四月）。據原稿校訂。〕

涇陽王徵傳

王徵，字良甫，號葵心，又號了一道人，陝西涇陽人。父應選，號滸北，以經算教授鄉里，著有算數歌款，滸北山翁訓子歌，各一卷。明隆慶五年一五七一徵生，性聰穎，七歲從里儒張鑑遊。鑑河東運司，有學行，鄉人私謚貞惠先生。徵少受父師之訓，有經世志。年十五，修庵尚翁一見異焉，妻以女。十六補弟子員，二十四中萬曆廿二年甲午一五九四舉人。九上公車不遇，芒履蔬食，以著書力田爲務。嘗慕木牛流馬之奇，自製虹吸鶴飲輪壺代耕，及自轉磨，自行車諸器。每當春夏耕作，即驅所製器從事隴畝，舂者，簸者，汲者，炊者，操餅杖者，抽風箱者，機關轉捩，宛然如生；至收獲時則以自行車捆載禾束以歸，邑人奇而效之，利甚溥。見所居室，竅一壁以傳語，每值冠昏喪祭，以一人語竅，則前後數十屋皆聞，名曰空屋傳聲。見者以爲諸葛孔明復出。當是時，耶穌會士利瑪竇講學京師，東南人士，如徐光啓李之藻輩，多與之遊。關中風氣較遲，然徵以屢上公車之故，亦時聞緒論，且性好格物窮理，尤與西士所言相契，遂受洗禮，聖名斐理伯。年五十二，成天啓二年壬戌一六二二進士。明年艾儒略著職方外紀成，徵見之，所載奇人奇器，絕非此間聞見所及，乃私心嚮往曰：「嗟乎，此等奇器，何緣得吾當世而一睹之哉。」尋補廣平推官，值白蓮獄興，株連無數，悉辯釋之。又濬清河水閘，溉田至千頃。教民以諸葛陣圖，曰：「天下不可以無事之治治也，猝有變，將何恃？」以繼母憂去，時一六二五金尼閣在山西，乃邀至陝開教。金尼閣者，比利時人，利瑪竇卒年至中國，曾集利瑪竇筆記爲蠟頂文中國開教史。又著西儒耳目資，以蠟頂字爲注音字母，西士入中國，能閱中土文字，多資焉。徵既從金尼閣習其文，乃自爲之序，并丐其鄉人前吏部尚書張問達序而刻之於陝，時天啓六年一六二六五月，徵年五十六矣。清乾隆間修四庫全書，得兩江總督採進本，以是爲音韻之書，本擬著録經部小學類，後因其卷帙殘缺，附之存目。迄今言中國人習蠟頂文最先者，猶當推陝人王徵也。是年冬，服闋入都，會龍華民、鄧玉函、湯若望以候旨修曆留京邸，徵得朝夕請益，乃以職方外紀所言奇器叩之，三人因出其所藏圖籍之專屬製器類者，令徵縱觀，無慮千百種，間有與徵曩所自製者相合，竊幸此心此理同也。閱其圖繪，精工無比。然有物有像者，尚可想而像之，其詮説則盡屬西文，徵雖嘗習西儒耳目資，爲日尚淺，苦不能明其義，請於鄧，譯爲中文。鄧本醫學專家，製器非其所擅，然以徵之請，欣然諾之曰：「是不難，第須先通測量計算比例而後可。」乃爲徵指陳一切。徵雖老，天資穎悟，算學其家學，製器又夙所習，性又近，故習之數日，即能曉其端倪。於是取諸器圖説全帙，由鄧分類口授，徵信筆疾書，不期其文，期能共諳。其自序謂「非切民生日用者不録，録其最切要者。切要矣，費工過鉅者不録，録其最簡便者。簡便矣，一器有多種不能盡録，録其最精妙者。」録既成，名之曰遠西奇器圖説録最，以天啓七年一六二七正月刻於京師，譯僅匝月而已，其精力有過人者。清四庫著録子部譜録類，今刻於守山閣叢書者是也。從今視之，所謂奇者未必奇，然在三百年前，則固未有奇於此者，況今日工學諸譯名，無不溯源於是書者乎。

補揚州推官，適三王之國，從者誅求無藝，民不堪其擾。徵挺身白王，王爲折節。徽州富民吴養春，與弟爭產，弟赴東廠首其兄佔黄山獲大利，魏忠賢提養春拷訊，詞連巨室數百人，下徵按問，徵據法爭之，全活甚衆。各省爲魏閹建生祠，揚州祠成，徵與淮海道陜人來復獨不往拜，時稱關西二勁。丁父憂去。島賊爲亂，登撫孫元化亦天教徒也，疏起徵爲山東按察司僉事，監遼海軍務。崇禎四年一六三一閏十一月，登州遊擊孔有德等叛，登州陷，元化被執，徵隻身航海歸。六年一六三三二月，官軍復登州，論罪遣戍，尋遇赦歸，不復出。關中寇盜充斥，三原令張縉彦乃從徵受方略，議戰守，爲連弩活機，自行車，自飛礮，以資捍禦，閭里獲安，皆徵力也。歲祲，結仁社賑之。十六年一六四三李闖入關，羅致薦紳，知不免，手題墓石曰明了一道人之墓。闖使至，徵引佩刀自誓，乃繫其子永春去。徵素德於鄉，鄉人以身贖者百人，永春得不死。十七年一六四四徵卒，年七十四。門人謚曰端節。所著書，自奇器圖説、諸器圖説外，尚有學庸解，百子解，天問辭，兩理略，了心丹，癡想語，任真語，耆鏡，士約，兵約，鄉兵約,兵誓,屯兵末議,甲戌一六三四紀事,草野杞談,感時俚言,特命録,忠統録,路公繪心録,元真人傳,張貞惠公年譜,崇正述略,事天實學,真福直指,歷代發蒙辨道説,畏天愛人論,憂旱禱天歌,西書釋譯,西洋音訣,山居題詠,景天閣對聯,籲泰三因等。籲泰衷言四卷,尺牘二卷,尺牘遺稿四卷,奏議一卷,文集二卷,又四卷,均存目待訪。又有經集全書二十七卷,不知爲何書,其卷數與新約聖經同,疑徵晚年家居所譯新約也。永春子填,填子承烈,清康熙己丑進士,刑部尚書。承烈子穆,雍正癸卯舉人,以詩書世其家。

論曰,陝西自昔爲國都,西域人至者,多取道敦煌以至於陝,其爲中西文明之樞紐宜也。明季西域梗塞,西士至者多由海道至東南,與陝宜風馬牛不相及。然以景教碑新出土一六二三之故,西士至陝訪碑者踵相接,秦晉教務,遂與東南倶。若王君者,亦徐李之流也。然王君奮興,尚在景教碑未出土之前,則所謂豪傑之士已。今陝西通志、涇陽志皆有王君傳,然不詳,且於其信仰均不之載。張縉彦爲君墓志稍詳矣,然徒稱其政績,其死節,於君學術無所闡揚。原墓志有公通西學,與利瑪竇之徒羅君善,造天主堂居之,著有畏天愛人論,爲前人所未發一段。康熙涇陽志亦删之,一若以此爲君諱者。予纂中國基督教史,掇拾諸書,爲補傳如此,又深歎明季諸儒之事西學,多在强仕服官以後,老而不倦,爲不可及也。

〔最初載於北平圖書館館刊第八卷第六號(一九三四年十一、十二月)。據原稿校訂。〕

記許纘曾輯刻太上感應篇圖說

許纘曾，號鶴沙，華亭人，順治六年進士，官至雲南按察使，著有滇行紀程、東還紀程、寶綸堂稿等。母爲徐光啓孫女，奉天主教至誠篤，殊有名。纘曾事母孝，然信仰不盡與母同，事跡具予所爲傳。寶綸堂稿卷九有感應篇徵事續，凡十五條，序云：感應篇圖說，余刻有全編矣，續有見聞，筆之於書，以示勸戒，其龐雜二氏者不録。據此，則感應篇圖說，當有許氏刻本，然久求未獲，故傳不之載。今肆上最通行之感應篇圖說，乃乾隆二十年處州鎮總兵官黄正元著，光緒十五年上海仁濟善堂石印，改名太上寶筏圖說者是也。其凡例有云：感應篇圖說，始於雲間許鶴沙先生，借印者則有梁公化鳳，繼刊者則有朱公作鼎，王公繼文，郝公玉麟，流傳海内。是編仍師鶴沙先生故步，而所引事實，多採新聞，無非欲動閱者之目，興起其從善去惡之心，質之鶴沙先生，諒不以爲戾也。又云：是編剞劂告成，欲廣佈博施，費繁力薄，謹法許鶴沙先生成規，將鏤成之板，公諸善信，有攜紙墨到署刷印者，概不敢吝。據此，則感應篇圖說之輯，實自纘曾始，不但出貲刊刻而已。

寶綸堂稿卷五有鶴沙自序，述一生經歷，云：康熙四年因湯若望案罷歸，輯有勸戒圖說八卷，母見之，猶以其旁涉二氏，尚須改正，乃可行世，至今生計日疏，無力删刻也。「至今」云者，當指康熙三十四年撰自序之時。時纘曾年已七十，勸戒圖說尚未删刻，則與感應篇圖說似另爲一書。近上海聖心報重譯耶穌會士柏應理著許母徐太夫人傳，謂纘曾所著書有涉及佛家報應者，母夫人命送天主堂燬板，譯者以爲即勸戒圖說。夫勸戒圖說未刻，從何燬板？自序謂母見之猶以其旁涉二氏，「猶以」云者，必其前已有旁涉二氏之書，今復有之，乃可云「猶」。然則感應篇圖說之刻，必在著勸戒圖說之前，果有所燬，亦感應篇圖說耳。然感應篇圖說既燬，何以復爲勸戒圖說，又爲感應篇徵事續，且徵事續記事有至康熙三十年者，纘曾時六十六矣，可見其未嘗以此舉爲非也。

寶綸堂稿卷七又有育嬰堂勸善文，云：吾於康熙乙巳後，家居五載，編輯感應篇圖說，以行於世，聞有見是書而遷善改行者，輒斤斤自喜，以爲不負此舉。康熙乙巳，即康熙四年，據此，則勸戒圖說似即感應篇圖說。然明云以行於世，何以自序又云無力删刻，豈燬版後無力再刻乎？日者有客以大批勸善之書求售，中有感應篇圖說多種。許氏之書，赫然具在，則順治十四年刻本也。其他諸本，或覆刻，或改刻，或增輯，追論原始，莫不以許氏此刻爲祖本。然順治十四年既有刻本，何以勸善文又云康熙乙巳後編輯，頗不可解。惟纘曾之家居五載，凡有二次，一爲順治八年辛卯，因父病告歸，至順治十二年乙未，服闋入都，凡五載。一爲康熙四年乙巳，因湯案罷歸，至康熙八年己酉，原官起用，亦凡五載。未識勸善文有錯誤否耳。今將感應篇圖説之時代較早者數本論列如後。

一 順治十四年許纘曾原刻本

書名太上感應篇圖説，無卷數，分金石絲竹匏土革木八册，凡八百三十一頁，五百二十二圖。第一册封面有廣告一段云：感應篇一書，海内名家後先發明者指不勝屈，此刻博採諸家纂述，彷彿通俗演義之意，訪求名筆，每事繪圖，又遍覔旌邑良工，雕鏤三載，方得竣事，俱用梨棗鑲成，製墨扣印，日後有翻板者，誠係好善一念，但恐圖畫草率，魯魚蒙刺，且滿文點畫，絲毫不可假借，外省梓人，未諳書法，必致以錯誤取咎。如有發願廣播者，不妨自備紙張，竟來刷印，因工料不敷，未能遍送故也。

封面後有順治十二年御製勸善要言序，蓋不自作序，即以此爲序也。次爲感應篇正文。次爲滿文翻譯感應篇，凡十四頁，廣告所謂滿文點畫，絲毫不可假借者指此。纘曾在翰林，固嫻習滿文也。次爲凡例十則，其第一則云：感應篇非孔孟之書，然其詞深有符於聖賢之旨，且本朝曾命詞翰諸臣翻譯刊布，則其非異端之書明甚。第三則云：雕梨刻棗，閲三年而始告成。語與封面廣告同。凡例末署：順治十四年，歲次丁酉，仲春穀旦謹記。以順治十四年而云雕刻三年，則此書之輯，必在順治十一年以前，而不在康熙四年以後，明矣。篇首書名後題：右春坊右中允，兼内翰林祕書院編修，加一級，許纘曾彙輯。此正順治十四年纘曾所補之官也，十五年以後即外補矣。書每半頁十行，行二十字，圖繪精美，第一圖有細款二行云：華亭价人李藩寫，旌邑鮑承勳刻。李藩善山水人物，見圖繪寶鑑續纂。圖説之外，每句先箋注，後引經。今肆上通行之翰苑分書感應篇引經箋注，則先引經，後箋注，始吾以爲皆惠棟注也，今始知其引經實與此本同，特不題許氏之名，而統題惠棟箋注耳。

二　順治末梁化鳳印本

書與許氏原本同，惟卷首多梁化鳳識語，云：雲間許鶴沙先生，敬刊此篇，繪圖釋事，集成八帙，余駐節兹土，奮然有同善之念，欲廣其傳，而鳩工翻鐫，未有若斯之盡美。謹遵原板，備紙刷印壹千部，施給請者。末署：關中梁化鳳謹識。無年月，何以定爲順治末，則以有青宫太保章也。據黄正元本卷首得子靈驗條云：陝西梁公化鳳，爲蘇松總鎮，海寇圍金陵，公率兵禦之，以功晉松江提憲，年踰五十，祇生長公子鼎，身弱多病，時以爲憂。一日覽許鶴沙先生感應篇圖說，大喜，捐俸資刷印五百部，廣爲勸戒，次年即生次公子鼐，鼐仕至浙閩制府。梁化鳳清史稿有傳。鄭成功圍金陵，順治十六年事，十七年化鳳擢蘇松提督，加太子太保。此本之刷印，當在順治十七年後，然則育嬰堂勸善文所謂康熙乙巳後編輯者何耶？

三　康熙間存桂齋張錡改刻本

此本無刊刻年月，惟凡例有云：原本李生畫手，固已擅場，鮑氏梓人，尤稱絶伎，今兩人一已故，一已老，遍覓良工不可得，但取其近似便爾滿望。以是推之，刻此本時，順治十四年原刻之梓人尚存，則此刻當在康熙三四十年之間，其所以必須改刻，不依許氏原本者，則以間有增減，然不及二十之一。惟許氏原本，前圖後說，翻閱不便。此改刻爲右圖左説，可省翻檢之勞，嗣後諸刻多從之，惟卷首十四頁滿文，此本縮刻爲十頁。

四　乾隆十年長蘆鹺使伊拉齊覆刻存桂齋本

此本板存長蘆運署，年已漫漶，因其右圖左説，知爲覆刻存桂齋本。卷首有嘉慶三年運使同興識語，稱其繪圖釋事，多出原任中允許先生手。稱纘曾爲中允，必其曾見許刻原題，苟爲康熙乙巳後輯，則結銜不稱中允矣。惟卷首滿文，此本已不復刻。

五　乾隆十九年嘉興朱日豐重訂本

此本亦由存桂齋本改刻，右圖左說，序云：爰取家之舊本曾經宫允許先生爲之引經徵理，繪圖徵事，而存桂齋主人張子附以論斷者，重加校訂，登諸梨棗。稱纘曾爲宫允，亦必曾見許刻原題，足證初刻時纘曾正爲宫允也。

六　乾隆二十三年蔚州僧際常覆刻許氏本

此本結銜稱中允，並有滿文十四頁，前圖後説，與許氏原本同，惟卷首有知蔚州事帥家相序，稱：太上感應一篇，自宋以來，爲之注釋引證者無慮數十百種。至雲間許氏復爲之圖說，援經據典，每條各列以圖，垂教之意，纖悉具備。余來治蔚之明年，僧際常將重鋟是書，偕檀施高璦諸人丐言於余云云。則此書又由道家轉入釋家之手矣。今許氏原本不易得，而以上諸本尚時遇於冷攤殘架之中，苟聚而觀之，亦足窺許刻之本來面目。惟勸善文康熙乙巳後編輯之語，究不知因何致誤，若以爲指勸戒圖説，則勸戒圖説尚未行世，若以爲即感應篇圖説，則感應篇圖説早已刊行，姑付諸闕疑之列可矣。

雖然，勸戒圖説是否即感應篇圖説，關係小；順治既有刻本，又云康熙時輯，即有錯誤，關係亦小；惟纘曾輯刻有感應篇圖説是事實，晚年尚爲感應篇徵事續亦事實。夫感應篇道家言也，而爲之圖説者，乃天主教世家，則關係大也。今人遊書林者，孰不見有感應篇圖説，然孰注意其著者爲何人，即通行之黄正元本明謂圖説始自雲間許鶴沙，然孰注意鶴沙爲何等人。茲特著其爲天主教世家，亦人所不及料也。寶綸堂集五卷，四庫附存目，有詩無文，余所藏舊鈔本寶綸堂稿十二卷，爲著者七十時所手定，鄭堂讀書記著録，與余藏本同，亦有感應篇徵事續，惟詩三卷作詩四卷，當係傳寫之訛，附識於此。

中華民國廿五年寒露

〔先後發表於大公報圖書副刊第一五三期（一九三六年十月二十二日）及北平圖書館圖書季刊第三卷第四期（一九三六年十二月）。據校訂本校訂。〕

燕京開教略畫象正誤

燕京開教略三卷，樊國樑原著，光緒卅一年北京救世堂排印，凡二百四十四葉，圖象四十七葉。先是樊國樑撰法文北京考略，專記北京軼事，間及中國歷史。繼又擇其中有關教會事跡，命譯爲華文，附以人物圖考，另題今名，爲研究教史者所必讀。其書之價值如何，自有公論，今專論其所附之畫象。

燕京開教略畫象可分五組，第四組爲清人象，第五組爲外國人象，今不論，論其前三組。第一組漢唐人象，有漢高祖、司馬遷、郭子儀，皆取材於晚笑堂畫傳；武則天取材於百美圖。四人除司馬遷外，並見芥子園畫傳四集，皆前人理想之象也，今採用之，未爲不可。

惟開篇第一象爲漢哀帝，以耶穌降生於漢哀帝元壽二年也。漢哀帝象本不可考，今乃以晚笑堂畫傳之顔杲卿象代之，僅去其笏，未解何意。孫權，鴻文石印本三國演義本有象，今乃不取三國演義，而以晚笑堂之東方朔象代之，可謂滑稽之雄也。至於唐太宗，則歷代帝王象本有象，譯者蓋未見，而以晚笑堂之郭子儀象改其冠笏而爲之。

第二組遼金元人象，有遼主、金主象，以明太祖功臣圖之沐英、李文忠二象代之，沐英象並見芥子園四集。元太祖、太宗歷代帝王象本有象，今乃以明功臣圖之郭子興爲元太祖，而添入髭鬚；以晚笑堂之狄青爲元太宗，而添入翎帽。又以明功臣圖之廖永忠爲元憲宗蒙哥，而易其劍佩，又以明功臣圖之吳復爲元親王巴圖，又以晚笑堂之蘇老泉洵爲長於天文之郭守敬，皆滑稽之甚者也。

且第一組孫權象既不取三國演義，而第二組之蒙王撒爾達克象乃取三國演義之關興爲之，去其所持之首級，而易以劍首。又元憲宗蒙哥之繙譯官，以三國之孫堅爲之，而捧璽如故。羅柏魯之繙譯官，則以赫赫之關壯繆爲之，此又極天下之滑稽者也。

第三組明人象，明洪武歷代帝王象本有象，今以晚笑堂之劉安世爲之，僅改其冠，去其笏。萬曆帝則以晚笑堂之顏真卿爲之。永曆帝則以三國演義之漢獻帝爲之。吳三桂則以張任爲之。李自成則以孫策爲之。皆不可解。

徐光啓教中赫赫人物也，本有遺象，乃以晚笑堂之蔡襄稍改其鬚而爲之。李之藻則更以三國演義之曹孟德爲之，僅去其劍，不知是何取義。楊廷筠則以三國之諸葛瑾爲之，而手添一軸。馬堂亦以諸葛瑾爲之，而去其鬚，則以馬本太監也。

統計右方所本，晚笑堂畫傳十一，明太祖功臣圖五，芥子園畫傳四集七，鴻文本增象全

圖三國演義九，爲表如下：

本書葉	人名	所本葉	人名	異同
上篇1	漢哀帝	晚笑25	顔杲卿	去笏
上篇1	司馬遷	晚笑8		
上篇4	漢高祖	晚笑1		
		芥傳1		
上篇6	孫權	晚笑7	東方朔	去劍
上篇12	唐太宗	晚笑27	郭子儀	易冠笏
上篇13	郭子儀	晚笑27		
		芥傳23		
上篇13	武則天	芥傳17		
上篇17	遼主	明功7	沐英	
		芥傳24		
上篇18	金主	明功4	李文忠	加冠
上篇18	元太祖鐵木真	明功37	郭子興	添鬢

上篇20	元太宗窩闊台	晚笑28 芥傳29	狄青	加冠
上篇21	元親王巴圖	明功41	吳復	
上篇35	元憲宗蒙哥	明功15	廖永忠	易劍佩
上篇38	蒙王撒爾達克	三國30	關興	易首級爲劍
上篇46	蒙哥繙譯官	三國43	孫堅	仍捧璽
上篇46	羅柏魯繙譯官	三國27	關羽	
中篇1	洪武	晚笑31	劉安世	去笏改冠
中篇4	萬曆	晚笑26 芥傳22	顏真卿	
中篇11	徐光啓	晚笑29	蔡襄	改鬚
中篇11	李之藻	三國54	曹操	去劍
中篇11	馬堂	三國47	諸葛瑾	去鬚
中篇18	楊廷筠	三國47	諸葛瑾	捧軸
中篇18	永曆	三國1	漢獻帝	

中篇22　郭守敬　晚笑4　蘇洵
中篇34　吴三桂　芥傳25　張任
中篇37　李自成　三國17　孫策
　　　　　　　　三國43

論曰：史以徵信也。晚笑堂畫傳、明太祖功臣圖，出於理想，是藝術，非歷史；三國演義繡象，亦出於理想，是小説，非歷史。叙述歷史，而插入理想之圖象以增人興趣可也。今乃取通行之畫傳小説襲其象，易其名，張冠而李戴之，如漢獻帝，三國開篇第一象也，乃以爲永曆，曹操，閲三國者最注意之人物也，乃以爲李之藻，豈非天下之至滑稽者乎！表而出之，亦欲讀者有所參考耳。

〔載於天津益世報人文周刊第二四期（一九三七年六月十八日）。〕

馬定先生在内蒙發見之殘碑

一九三七年寒假，有以馬定先生近在内蒙發見之殘碑照片見示者，審視之，其中略可辨認者二碑，一爲王傅德風堂記，一爲耶律公神道碑。

王傅德風堂記，數年前曾爲西北科學考查團吾友黄文弼君所發見。據吾理想，此碑蓋三石合爲一碑，形如屏風，樹立堂中，與尋常廟宇碑銘之樹立庭階兩側者不同。其碑額則應在當中之一石，今雖裂爲兩半，篆文仍完好。第一石即題目所在之一石，原在全碑之東邊，今存六百餘字，碑陰有帖木兒不花等題名。又一石，中有「風者天使也」等字，解釋德風意義，當爲中間一石之一部，碑陰有府尉、司馬等題名。西邊一石正面照片余未見，惟一小石有「王傅」「前任」字樣，又一小石有「見任」「降虎符」字樣，皆當爲西邊一石碑陰之一部。蓋全碑正面爲德風堂記，背面爲王府官屬題名，正面從東起，背面從西起，王傅題名自應在先，故知此爲西石碑陰也。

此碑之主人，即若望蒙哥未諾一三〇五年遺札所述佐治王闊里吉思之後裔，惟蒙哥未諾遺札僅叙至闊里吉思世子主安九歲時爲止。元史一一八闊里吉思傳係據閻復高唐忠獻王碑元文類廿三及劉敏中駙馬趙王先德碑而成，亦叙至主安尚公主，封趙王，歸葬闊里吉思遺骸而止駙馬趙王先德碑見北平圖書館藏元刻中庵集卷四，爲余所發見。四庫全書本中庵集缺載。主安何時卒，及其後代如何，均不詳。元史諸王表於主安後襲封趙王者，亦僅至阿魯禿、馬札罕而止，阿魯禿、馬札罕爲何人子，亦不明晰。此碑雖爲讚揚趙王歷任王傅而作，而其前半截則叙述趙王世德，故東邊第一石適可補元史趙王家世所未備。據碑，主安後襲趙王者爲阿剌忽都，尚趙國公主吉剌寔思，二子，長馬札罕，次懷都，馬札罕卒，世子八都帖木兒幼，由母弟懷都襲趙王位。此碑撰人稱前淨州路儒學教授臣三山林子良奉王鈞旨撰，王即懷都也。

佐治王闊里吉思之卒，在大德二年一二九八，世子主安時約三歲，由母弟术忽難襲封高唐王。元史武宗紀，至大二年一三〇九三月，「封公主阿剌的納八剌爲趙國公主，駙馬注安爲趙王」。是時主安年約十四。仁宗紀，皇慶元年一三一二四月，「趙王汝安郡告饑，賑糧八百石」。汪輝祖元史本證五謂「汝安郡」當爲「注安部」，其説可信。然自此年後，本紀即不復見主安之名。仁宗紀，延祐元年一三一四三月，「封阿魯禿爲趙王」。據此知主安之卒，當在皇慶元年四月之後、延祐元年三月之前，年不過十七八，阿魯禿必非其子也。阿魯禿，此碑作阿剌忽都，闊里吉思傳作阿魯忽都，蓋术忽難之子，曾爲主安王傅，護闊里吉思遺骸歸葬者也。英宗紀，至治二年一三二二正月，「公主阿剌忒納八剌下嫁，賜鈔五十萬貫」。是主安卒後，公主曾再嫁，亦足證明主安之早卒無子也。

阿剌忽都子馬札罕，尚趙國大長公主速哥八剌，元史公主表謂馬札罕爲囊家台子，實誤，觀下文世系表即明。又，元史諸王表謂馬札罕爲泰定元年一三二四封，亦誤，據英宗紀，至治元年一三二一八月，「賜公主速哥八剌鈔五十萬貫」。十月，「置趙王馬札罕部錢糧總管府」。是至治元年馬札罕已尚公主，封趙王也。懷都之襲，史無其名，據此碑則馬札罕於元統間一三三三—一三三五繼尚宗王晃兀帖木兒仲女，卒時世子尚幼。則馬札罕之卒，與懷都之襲，當在至元末、至正初一三三八—一三四一，此碑之立，亦即在此數年。惟元史文宗紀至順二年一三三一三月，有「趙王不魯納食邑沙、淨、德寧等處饑」一條，據碑，是時趙王爲馬札罕，不知史何以作不魯納，此節尚待新證解釋。今將趙王世系列表如下，其名不關此文考證者不録。

- 孛要合
  - 君不花——囊家台
  - 愛不花
    - 闊里吉思——主安
    - 朮忽難——阿剌忽都
      - 馬札罕——八都帖木兒
      - 懷都

趙王世系既明，吾欲推想主安後來之信仰。主安之名，本蒙哥未諾所命，蓋取己名名之，欲其繼佐治王之後也。不幸主安短命，其生前蒙哥未諾又不能常近左右，其諸父本信聶思托里，术忽難之子阿魯忽都，先爲王傅，後又繼襲趙王，其子馬札罕所尚晃兀帖木兒仲女，碑稱其崇敬三教，吾恐趙王一家，此時並聶思托里之信仰亦不能保持矣。惟東邊一石背面題名末行有管領也里可温八忽塔不花一名，隱約可辨，足證當時王府所屬，尚有也里可温。然德風堂諸石並無「十」字及叙利亞文諸標誌，除此題名外，尚無法證明趙王懷都仍奉也里可温也。元制，諸王均設王傅數員。堂名德風，取論語「君子之德風，小人之德草，草上之風必偃」之意。苟王傅中無熱心也里可温之徒，趙王日受其薰染，不能保守原有信仰，不足奇也。

耶律公神道碑爲馬定先生此次新發見。從來關於也里可温之元代碑，皆係得於寺觀，因保護僧道而兼及也里可温之聖旨碑，其爲也里可温本身之史料者絶少，著名之鎮江大興國寺碑爲也里可温本身惟一史料，然其原石久已不存，今所見碑文，僅從至順鎮江志得之而已。又如近年房山發見之十字寺碑，亦徒有「十」字標誌，其碑文與也里可温無涉。惟此碑明著爲管領也里可温者之墓，又有「十」字及叙利亞文諸標誌，其管領也里可温者又爲契丹貴族之耶律氏，皆前此所未聞，此所以可貴也。

惟此碑立於墓道，與德風堂記之立於堂中者不同，故漫漶特甚，字多不可辨認，徒恃照片，未得精拓本，不能悉其內容。惟碑額「管領諸路也烈□□荅耶律公神道之碑」，四行十六字，除第二行下二字不辨外，其他十四字，尚可辨認或推想而得。又如碑中「公諱于成」及「管領也里可温」等字，亦清晰可辨。耶律爲契丹貴族，元初中書令吾圖撒合里大鬍子耶律楚材，崇信佛教，與全真教丘長春爲宗教上之勁敵。其子耶律鑄爲忽必烈左丞相，曾在和林發見闕特勤碑，證明唐書上所有「特勒」之「勒」字應爲「勤」字，其説甚新。其生平則崇尚道教，與其父適相反，吾嘗撰耶律楚材父子信仰之異趣一文，載一九二九年燕京學報。今此耶律于成，又爲也里可温管領之人，在元代耶律氏中，實爲創見。故吾謂馬定先生此行之收穫，以此碑爲最，詳考當俟得精拓本以後也。

〔作於一九三八年二月。載於華裔雜誌第三卷第一期（英文）。此處用中文原稿。〕

明末殉國者陳于階傳

陳于階明史附高倬傳，南疆佚史與南都殉難諸臣劉成治等同卷，皆許其死節，而生平事跡不詳，吾得其家傳及諸家疏稿，乃參考志乘，爲補傳如左。

于階字瞻一，號仲台，上海百曲港人。祖天倖，號曲川，官福建邵武府拏口驛丞。父紹統，號華曲，官廣東增城縣巡檢，改浙江衢州府倉使。母徐光啓女兄也。于階性醇篤，嗜書，言笑不苟。幼從光啓學天算，又受神學於意大利人畢方濟，問銃法於日耳曼人湯若望。崇禎二年，以儒士佐光啓修曆，六年十月，光啓疾篤，疏治曆成模，稱其思精推測，巧擅繪製，非阿言也。七年八月十六夜月食，陰晴難料，先期，督修曆法李天經題奏，差員携器分詣山海關、登州公同撫臣測驗，山海關差鄔明著朱光大往，登州差于階及朱國壽往，蓋結隊觀測月食之事，中國早有之矣。事竣回京復命，清兵至宣府，京師戒嚴，于階目擊時艱，知非火器不足制敵，乃告歸，昭事之外，日與西士講求製造之學。松江知府方岳貢築石堤，開十字河，築倉城，于階亦時預其議，而不居其名，岳貢甚重之。十六年九月，南京兵部尚書史可法薦授欽天監博士，官雖司天，職實造礮。疏曰：爲特舉逸才，以資練備事。竊惟南兵之所長者火器耳，是必造之甚佳，儲之甚多，習之甚精，而後試之有效，非漫然嘗試者也。南都各營火器，不但不多，併亦不能造，不能習，總繇於知之者無其人。臣於善造善放者多方物色，而得一人焉，則上海縣儒士陳于階也。于階師事已故輔臣徐光啓，于銃器火藥置造演練之法，無一不窮其制，不極其精。而其人又渾樸老成，絶無炫燿求榮之想。憲臣方岳貢守松江十餘載，知之極真，一日言之於臣，以禮聘致，今相隨已三四月矣，目下造器造藥，練守練戰，斷非于階不能。乞勑下該部，將于階量授南欽天監博士職銜，教練諸營火器，俟有成效，另行優叙。臣部用人之法，較之督撫不同，原無監紀贊畫等官，可以創設，故不得不借一銜爲鼓舞之地，伏惟聖鑒施行。二十五日具題，十一月十八日奉旨，該部知道。時岳貢以副都御史，兼東閣大學士，居京師，頗爲于階游揚。故銓部覆疏有曰：戰勝攻取，以火器爲長技，而精於其術者，實難其選。今儒士陳于階，方外别傳，衝鋒破敵，定有專門。況其恬退不競，有輕裘緩帶遺風。留都重地，量加散局職銜，以示鼓舞，實用人要着也，應如議。十七年四月移咨劄付到時，北京已陷，于階雖視事，然爲時晚矣。五月福王至南京，可法以閣臣督師，薦陞兵部司務，仍督練火器。二十五日于階疏稱：臣草莽儒生，於崇禎二年，奉旨聘取修曆，七年登州測驗事竣，給假回籍。躬耕自贍，已經十年，每念時艱，深切痛心。憶臣母舅先輔臣徐光啓，日思報國，富强二計，講求有年。值奴犯之初，六疏陳情，當事各執己見，不用其說，遂致四郊多壘，釀成今歲之禍，先言一一驗矣。其戰守器藝，臣向隨侍，每爲指授，因諳什一。昨歲樞臣史可法，實心幹濟，蒐羅人才，不遺葑菲，咨及於臣，委以監督製造，題授今職，不期逆賊犯北，突遭國難，仇不共戴，恭逢陛下臨御金陵，諄諄以恢勦爲念，乃宗社之靈，生民之庇也。其防江進戰退守等事，陛下已面諭諸臣，必能仰體熟籌，諒不再圖徼倖。臣伏睹目前最急者有三要，曰嚴稽察，絕窺渡，堅守禦。臣惟明良喜起之會，不避忌諱，更有説焉，溯自奴酋始亂，繼以寇氛，爭戰二十六年，覆敗相尋，歲無虛日。致壞之端，總有四因，曰積弊不能除，情面不能破，賄賂不能絕，體貌不能下。今際此難端，不拘大小臣工，各宜發憤惕勵，悉反前轍。復有五病，不得不言，曰不得官之效，不得民之心，不得兵之力，不得器之功，不得財之用。何謂不得官之效？朝廷設官，本欲安内攘外，非爲各官榮顯地也。國家承平日久，一切用人行政，皆泥於積習，牢不可破。因至陷城亡國，喪及先帝，諸臣能不猛省，奮發忠勇，共襄中興大業乎？向來銓選，皆拘資格，無論堪任與否，比及三年，稍知職掌，又輪俸滿陞轉。如是將視官爲傳舍，遇事互相推諉，日盼瓜期解任，何繇幹辦實政乎？何謂不得民之心？夫民者國之本也，外官之與民最親者，莫如有司。不加體卹，任意苛求，胥役需索，甚於虎狼，員缺委署，惟飽囊橐。每郡縣派徵一分，百姓必損其十，朝廷恩宥十分，百姓不沾其一。中外因循，上下蒙蔽，致民苦無控告，遂視官如寇仇，民心因此而失矣。何謂不得兵之力？兵者戰守之基，古昔稱之爲士，貴之也，且遞陞之可以爲將，今視卒爲隸役，賤之至矣。竊見有身家顧體面者，稍知技藝，便希作將領，誰肯充行伍。其應募者皆遊手好閒，無復活計之徒，且養之至薄，日給二三分，至五六分而止，選鋒不得過一錢。嘗操應點，無非爲餬口塞責，其志不在破敵立功，臨陣或叛或潰。甚而搶擄得計，不思歸正，日積月累，人人爲寇，不可解散，既不得其死力，反受其荼毒矣。夫兵不在多而在精，自戊午以來，但聞用官，不聞用兵，宜乎決裂至此，若再不從將士器甲講起，而空言方略，終難勝敵也。何謂不得器之功？器之功全在鋒利精堅，自遼左兵興以來，京邊省直，製器不爲少矣，其如積習相沿，濫惡不堪，徒費工料，造者與用者痛癢無關，所以有名無實，不得其功也。應行省直該督撫責成監司，如法製造，不合式者重處，或將歲造銀兩解京，設局另造，或發軍前自辦，將士身命所係，誰不求精。如此器有實用，費不虛糜，庶無中外交困之患矣。何謂不得財之用？國家用財幾億萬，而不見絲粟之益，皆緣從省苟且之故也。養兵不加優厚，僅以薄餉支吾，養尩羸之弱卒，迨潰散之後，復行召募，雖欲省之，實重費也。又如製器不務精好，塗飾一時，臨陣不適於用，委棄溝壑，新兵復行請給，則製造無休息，糜費無限量，以致國困民貧，皆緣財用之無當也。臣憂時迫切，愚昧妄陳，自知位卑言高，難逭罪辜。幸逢明聖當陽，細草亦欣向榮，況屬通都積憒，痞寐耿懷，忘其越俎，冒干天威，不勝戰慄惶悚之至。二十七日奉旨，兵部知道。其言切中時弊，然非當時君相所能挽救也。旋陞本監五官挈壺正。十二月十八日，復有再陳火攻急着，以資戰守疏，論火銃及戰車戰船之製，凡二千言。其扼要之語有曰：倘敵人亦辨此器，我必以大，以多，以先發，以遠到，而勝之。又曰：督師輔臣史可法，以臣粗知器理，先委督造鳥銃，繼委管鑄大砲，近苦錢糧材料，百不應手，竟屬無米之炊，雖嚴檄屢催，何由克濟。又輔臣馬士英，經理樞務，日夕焦勞，委臣先造蜈蚣船一二爲式，奈所司工料未發，無從製造。臣因歎造船製器，爲當今第一要策，猶以庫匱不能料理，安望臨敵決勝，收允文采石之功，破苻堅投鞭之衆哉？疏上卒無效，益知事之不可爲矣。弘光元年三月，再陞本監中官正，可法贈以銀帶，四月清兵陷揚州，可法死之，于階聞大慟。五月初十日，福王出走，十五日清豫王多鐸入南京，總督京營戎政忻城伯趙之龍，禮部尚書錢謙益等，率衆迎降，大雨淋漓，百官搴裳恐後，十六晨多鐸受朝賀，遞職名參謁者如蟻。于階憮然曰：是謂中國無人也，雖然，今日之事，不降則死，不死則降，吾職雖微，惡可受辱，且他日何以見史公哉？遂沐浴具六品冠服，往鐵塔倉北天主堂默禱畢，從容就義於鷄鳴山之觀象台，年五十有一。子四人，不在側，僕宋千秋斂殯於雨花臺。初，紹統歸自南都，遇盜江中，千秋冒刃捍之，不克，紹統被害，千秋輿尸返，于階痛絶復甦，募壯士刃父仇。及于階殉難，千秋復斂葬之。

曰江中不死，爲歸櫬也，南都不死，爲收尸也，今可報兩主於地下矣。遂死墓側。

論曰，復仇，孝也，殉國，忠也，忠孝萃於一人之身，即其僕亦義僕也。崑山徐秉義撰明末忠烈紀實于階傳，謂異氏之學，至天主而黠甚矣，逃遁于無有之域，竊據于儒釋之間，敢爲大言，而無所用恥，至于淫污齷齪，比之狂禪，抑又甚焉。近者吾友以好學能文之子，陷溺其中，且三四載，雖以良朋之苦口，莫能挽其淪胥。今觀于階之義，光耀鏗鍧，乃出於聖水十字之門，然則吾友異日倘有一得，稍自建豎，以鳴盛國家，固未可定歟。其言若深有憾於天主教者。其友未知何人，既稱好學能文，必非庸俗之士。此康熙初年風氣，猶是明季之遺，自雍乾禁教以還，無復此時之盛矣。而秉義竟以無所用恥譏之，蓋以製器尚象之事，即孟子所謂爲機變之巧者也，其然，豈其然乎？嗚呼，秉義，元文兄，乾學弟也，吾閱僧鑒禪師語録，知秉義一家信佛，其不喜天主教固宜。然秉義顧亭林甥也，而于階則徐玄扈甥，一則盡忠祖國，一則委贄新朝。倘亭林與玄扈天上相逢，必將曰，吾甥不若而甥也，遑論個人信仰之是非哉？本傳記于階卒時卒地，與諸家所載不盡同，蓋據家傳云爾。

〔載於輔仁學誌第十卷第一、二合期（一九四一年十二月）。〕

國籍司鐸之新園地

余對司鐸諸君提倡文學，因時立言耳。傳教首重道德感化，捨道德而言文學，自係捨本逐末。但二百年來中華公教於文學一道，過於疏忽，有提倡之必要。將來文人輩出，文勝質之現象發生，然後反對文學，未爲晚也。達摩禪師以「不立語言文字」爲教，裴行儉以「士先器識而後文藝」爲誡，皆因六朝唐初，偏重文藝，故有是語耳。然惟文藝家方可詛咒文藝，如已故錢玄同先生，本係小學專家，方可提倡廢棄漢字之論也。

余近著南宋初河北新道教考，諸君皆已見過。此書多用道藏以外材料，蓋本論語之意。論語曰：「孝哉閔子騫，人不間於其父母昆弟之言。」誠以道教言道教，猶粵語所謂「老鼠跌落天秤，自稱自己」，無足爲貴。故新道教考之資料，出自教内者，僅什之二三，餘皆採自各大家文集碑版；左右逢源，美不勝收。足見道家與當時社會，已打成一片矣。

公教漢文譯著過少，而留存教外著作中之史料尤少。故宮檔案，雖有不少天主教史料，然多係無賴之徒，假公教名義，鬧出之教案，無關公教本質；且有礙教會令譽，不足稱道。求諸其他文獻，則乾嘉以後，公教非見擯斥，即被污衊；擯斥污衊，實可概二百年來中國學界對於公教之態度。如國内普通西洋史，論及中世紀，莫不謾駡公教；普通歷史教科書，除稱譽利、湯諸公外，對公教多無好感；普通書目，不載公教書；普通論文索引，不載公教雜誌論文（輔仁學誌之彌撒祭考，圖書季刊雖載其目，而不加評述，僅以「從略」二字了之）。此皆吾人身受之感覺也。

古代佛教則不然。劉宋王儉七志附載道佛二類，共爲九類。梁阮孝緒七録，佛道即爲七録之一，其書雖亡，而廣弘明集猶載其序目。隋志四部之外，附道經佛經；自後凡著目録，莫不有釋家一類。足見佛教已深入社會中心，欲去之而不能，去之，則其記載即有殘闕之感。

再考公教書籍，傅汎際之寰有詮曾載明史藝文志，天主教司鐸著作入國史書目，此爲創例。四庫全書雖著録幾何原本諸書，而存目中之西學凡等，均有污衊之評語；自後並污衊之評語亦不易聞矣。

佛教有開元釋教録一書。卅年前，余發願撰乾隆基督教録，曾與英斂之先生借閲公教諸書，終因材料太少，久未著成。又明末瞿忠宣公式耜爲公教信徒，公教史中，言之鑿鑿；余擬作瞿忠宣奉教事跡鉤沉，在教外文獻中，探覓左證，卅年未獲隻字。

凡此種種，皆因公教與社會隔離過遠。若南宋之新道教則不然。諸道流多能兼通儒學，廣結士林，其事跡散見各名家集中；故雖欲毁滅其史跡，勢有所不能。元初道藏曾焚燬二次，然道教史不絶；所謂百足之蟲，死而不殭者也。

根據上述，敢爲諸君進一言曰：與其在教内傳教，不如向教外傳教，换言之，與其在天主堂内講道，不如向天主堂外布道。以司鐸地位，諒不願加入政界軍界，然學術界教育界似無禁止加入之理。今有六點，希諸君注意：

一　與其辦公教雜誌，不如向教外雜誌投稿（因公教雜誌教外人少閲讀）。

二　與其辦公教日報，不如作教外日報記者。

三　與其辦教會學校，不如任教外學校教師（此就個人言，若教會團體，自然辦教會學校）。

四　與其任教會學校校長，不如任教外學校校長。

五　與其編公教學校教科書，不如編普通學校教科書。

六　與其著書專論公教，不如著書兼論公教。

數年前，方豪司鐸應浙江文物展覽會之徵，作杭州天主教史一文，在教外國風雜誌發表，余曾馳函致賀，認爲破天荒。今任國立浙江大學講師，爲國籍司鐸在國立大學教書之創舉，至可喜慰。

歐美教士東來，亦向教外傳教耳，則國籍司鐸，豈可局囿教會之内，不向教外發展耶？

西籍教士，能以學問才藝，充任大學教授，國籍司鐸，豈可不力圖充實，聞風興起耶？學術界教育界，當爲國籍司鐸之新園地！

余不諳司鐸規例，任意説來，不無違礙之處，見諒爲幸。

〔一九四二年一月十日在輔仁大學司鐸書院之演講，龔士榮筆記。〕

陳香伯公教論書後

本月初，陳祥春先生説富院長要請我給諸公一個考試，我想不出好題目，剛得到本家香伯先生新出公教論，覺得狠好，就拿來作題目。

我祇知道這書好，不知道這書的毛病，又不知道教會有這類同樣的書没有，所以向諸公請教。

現在得讀諸公大文，這書的毛病，大概知道了，先此謝謝。但我所謂教會近出漢文之書，係指宣教的。諸公每每提到鄙著，實在不敢當。因鄙著多屬歷史的，不是宣教的，不能相比。

諸公又謂新會人與天主教有關，到是實話。華籍第一個修士鍾鳴仁、鳴禮兄弟，就是新會人，一六〇〇年萬曆廿八年隨利瑪竇到京。因新會與澳門甚近，實得風氣之先。

諸公又謂陳香伯文筆甚似梁任公，亦有幾分相類，因任公先生是新會人，自易受其影響。

又有以天主實義與此書相比的，但天主實義是三百年前的書，不得謂教會近出之書。

有舉江司鐸著科學家與宗教的，這書祇對青年學子信科學不信宗教者說法，對老師宿儒無所用。因天主教在中國，所欠者是文學史學，不是科學，老師宿儒且每以科學與天主教聯想爲一氣。

又有舉劉韻軒所著天主教的，這書我亦見過，祇是將尋常宣教書改爲文言，心得少，新意亦少。譬之家常便飯，可以招待熟人，不足以招待生客。

且其書第一卷第四章，辨僞神與迷信，凡二十餘頁，祇是對文化低的人說法，若對智識分子言之，竟是笑話。

又其書第三卷第四章論釋、道、回回各教源流，亦占三十餘頁，膚淺無當，徒惹異教惡感，於本教宣傳，毫無利益。

且劉書在教會出板，我所見的，封面異常俗氣，不足登大雅之堂。文字雖過得去，但無出色動人之處。且書中稱教徒爲「教民」，尤俗不可耐。諸公文又有稱爲「教胞」的，此等名詞，似不宜再用。

陳書佳處，不獨文章好，而且見解好，組織亦好，能感動人，能備人的需要，如末二篇教史、教會，都是人所欲知的。

又能在教外出板，推行較易。傳教第一義，是先要人了解，第二義才是要人信從。如果要人了解，不妨附會。宣傳與考證不同，考證最忌附會，宣傳不忌附會。孟子對齊宣王，説太王好色，公劉好貨，都是附會，引人入勝。其實太王何嘗好色，公劉何嘗好貨。

陳書叙述教義，間有錯誤，祇可説他不是教士而原諒之，不必以爲教外人而原諒之。且所謂教外教内，祇爭領洗與未領洗而已。以陳君之熱心宣揚公教，那能説他不是公教信徒。

從前稱揚佛教的，祇分居士與和尚，一出家，一在家，没有聽見説他是佛教徒與非佛教徒。因此，熱心公教之徒，説教縱有訛誤，祇可説他不是教士，不必説他是教外人。此節請諸公注意，毋令熱心向道的人不快。

且諸公多數誇許陳書「儒家貴名」一句話，以爲新義，如果質之儒家的司鐸們，亦未必承認這話。所説釋家、道家的教義亦然，不過引人動聽便了，釋家、道家未必承認。

有兩位批評陳書的文章，有「尤其是」三字，以爲是俗語，其實此三字何嘗是俗語，即使是俗語，有時亦可用。古書中夾入俗語的狠多，除非八股文才不許用俗語，桐城派古文家亦忌之，但史、漢文中，有時插入一兩句俗語，格外覺生動傳神。所以語不論雅俗，要以能動人爲主。

陳書中有一序，恨此書不翻爲白話，不能普及，其説亦謬。有好些文章應用白話，翻爲文言，便失其精彩，如水滸傳等是；有好些文章，應用文言，翻爲白話，即失其價值，如陳君這書是。對粗人自宜用粗言，對文人自宜用文言。如果將陳書論儒釋道數章，翻爲白話，粗人亦不能解。比方對不諳數學的人，用極通俗的語言來講高等數學，不懂的依然不能懂。且教會白話作品夠了，不必再提倡了。諸公以爲何如？

至諸公此次的文章及書法，都大有進步。如龔、杜兩司鐸，本來是好的無論了，我拿前兩次記録比較，没有一個不進步的，尤其是李崇正司鐸，進步甚速，最可賀的。完了。

〔一九四二年六月廿日在輔仁大學司鐸書院的講話。此據手稿。〕

教海一楫

在神職班面前，教我來一個傳教工作的講演，實在是班門弄斧。今天這個題目，係我瞎編的。百年前有個包慎伯先生，著一書講作文與寫字，名藝舟雙楫；後來康有爲先生著一書專講寫字，也名廣藝舟雙楫。有人問他：還有一楫那裏去了？他笑說：一楫就可作雙楫用了。這雖是一時搪塞的話，但在中國社會中，有時字比文還切用。今天所講的就是說傳教工作寫字的重要。

中國社會，向來重字，字與畫並稱，都被視爲美術之一。論語說：「子所雅言，詩書執禮。」這個書字，是「書同文」的書，「子張書諸紳」的書，不是指書經，孔子平日所常講的，就是教人寫字。孔子又說：「志於道，據於德，依於仁，游於藝」，藝就包括寫字在内。

自漢魏六朝唐宋以至於清，無一代不注重寫字，社會既以寫字爲重，於是凡欲與社會接近的，就要先寫好一手字，不論是智識階級，是和尚，是道士，是女人，無不注重寫字，就是外國人，來到中國，亦無不注重寫字。這些以書名家見於記載的，和尚有個智永，道士有個陶弘景，女人有個衛夫人，外國人有個康昕，都是南北朝著名的書家。現在所流傳的字帖，如聖教序、黃庭經等等亦無不與佛教道教有關。又元朝外國人到中國後，能以書出名的尤多，詳見我所著的元西域人華化考。

自從鴉片戰爭以後，中國國勢衰弱了，世人都瞧中國不起，加以道咸同光四朝，凡是朝考殿試，都特別注重寫字，於是談時務，講變法的，就要攻擊寫字，説「字不過是一種符號，何必用畢生精力來講究他？」這句話是不錯的，可惜矯枉過正。教會遂受了這句話的影響了，今日全國教會都不甚注重寫字，大約由於這個關係，這真是「因噎廢食」了！

俗語説得好：「字乃文的衣冠。」試問衣冠不整，可以傳教麽？與人來往書札，行欵不講，錯字連篇，可以傳教麽？教堂所掛的扁額，所立的碑銘，字體惡劣，可以傳教麽？反過來説，教士寫得一筆好字，自易與人周旋，得人另眼看待。不論在鄉村，在都會，替人寫一條子，寫一廣告，寫一標語，如果寫得齊整，寫得漂亮，自然被認爲智識階級了。與人寫紀念册，人歡迎；與人寫扇面，人歡迎；與人寫條幅、寫中堂，人歡迎；與人來往書札，人歡迎，這真是極「遨遊人海」的快樂了。

現在中國社會，仍然是重字，不在中國傳教則已，要在中國傳教，非好字不可；不與中國人來往則已，要與中國人來往，非好字不可。我見傳教的，或利用音樂，或利用圖畫，或利用醫藥，或建築美麗的教堂，或練習一口流利的國語，無非是想引人入勝，何以對於中國社會共同尊重的字，獨不注意呢？難道真是受了前清末年談時務講變法的反對寫字的影響嗎？但康先生就著書專講寫字了。

寫字並不難，要寫到特別好自然難，但要寫到水平綫上並不難。我見近代的傳教士如雷鳴遠神父等，就寫到水平綫上了，雷神父所以能寫到水平綫上，係因親炙英斂之先生的緣故。近日輔仁大學司鐸書院的司鐸，多能注意寫字。「行易知難」，先要感覺到字的重要，並得名師的指示，就自然會向上了。我相信五年十年之内，中國教會必定有許多書家出來，可以一洗百年來的固陋。

〔作於一九四七年八月。作者爲傳教工作研究周寫的講稿，因回里奔喪未講，刊登於傳教之研究，上智編譯館一九四七年八月印行。〕

吳梅村集通玄老人龍腹竹解題

吳梅村家藏稿十一，有通玄老人龍腹竹歌云：

通玄老人來何方，碧臚頳面拳毛蒼。手披地圖向我説，指點西極天微茫。視彼萬里若咫尺，使我不得悲他鄉。京師公卿誰舊識，與君異國同周行。九州喪亂朋友盡，此道不絶留扶桑。牀頭示我龍腹竹，夜半風雨疑騰驤。尾燒鱗蜕飛不得，蒼皮倔强膺微張。此中空洞亦何有，得無頷下驪珠藏。漢家使者通大夏，仍來邛蜀搜篔簹。更踰葱嶺訪異種，攜歸上苑棲鸞皇。下略

自來注家如靳榮藩、吴翌鳳、程穆衡、楊學沅等，均不注通玄老人爲何人，龍腹竹爲何竹。余嘗考之，通玄老人者湯若望，龍腹竹者荷蘭人隆福所發見之竹類也。

順治實録，順治十年三月戊辰，賜湯若望號通懸教師。「懸」即「玄」，實録避康熙諱作「懸」。正教奉褒謂康熙朝因避廟諱，改爲通微教師，頗有語病。一、康熙時避康熙諱，應謂之御名，不得謂之廟諱。二、「通玄」之作「通微」，與實録之作「通懸」，皆後人臨文時以意改避，非有明令改爲「通微」也。故今蔣氏東華録及梅村集亦有作「通元」者，皆「玄」之改寫云爾。

龍腹竹之名，遍尋植物圖譜無有，蓄疑者有年。一日與英君千里談論及此，英君爲余檢外國植物辭典，龍腹竹仍無有。而辭典中常見隆福之名。隆福（George Everhard Rumphius）蓋十七世紀荷蘭之有名植物學者也。龍腹音譯非義譯，梅村詩作龍腹，故神其説耳。嘗以叩荷蘭友人胡魯士司鐸，司鐸爲余檢得隆福小傳，隆福生明天啓七年一六二七，卒清康熙四十一年一七〇二，曾任荷屬東印度安波拿島（Amboina）賀斗區（Hitoe）長官，對東方籐竹類之植物，特有研究，著安波拿植物誌六巨册，乾隆十五年一七五〇在荷蘭印完。

梅村此詩無年月，而集中排列在送沈繹堂太史之官大梁之後，送總憲龔公出使廣東之前。「廣東」，董刻梅村年譜作「山東」，誤。沈荃之分巡大梁，龔鼎孳之出使廣東，皆在順治十三年，然則此詩亦順治十三年作也。梅村以順治十年九月應召入京，十四年二月歸里，此詩正在京時作。

順治十三年七月，荷蘭使節抵京。使節爲荷屬東印度總督所派，攜有總督上清帝書，欲與中國締結通商條約，此書在廣州已被當地長官修改矣。時湯若望頗得清廷信用，荷使欲藉湯居間成全，深相結納，湯以荷使爲賈爾文派教徒，屢在清帝前作梗，清廷以荷使係廣東督撫奏送，仍認爲正式使節，然此行結果並不佳。部議五年一貢，届期可互市，詔特改爲八年一頁，實與湯之進言有關也。

據此則龍腹竹之由來略可知矣。隆福以順治九年一六五二抵荷印，十四年任安波拿島拉瑞克（Larike）城長，兼副商務官。當荷使東來時，隆福正在安波拿研究植物，發見安波拿棕竹類甚夥，然則此竹爲隆福本人或東印度總督以贈荷使，而荷使以贈湯若望，湯若望以示吴梅村，皆有可能也。

主制羣徵末，有胡世安撰道未先生邀同行屋貳公飲和蘭貢酒詩，道未即湯若望。孟子文王視民如傷，望道而未之見，「道未」蓋取與「望」字相應耳。王鐸有過訪西洋湯子道未聞海外諸奇詩。擬山園選集五十九，「道」字下删「未」字，校者蓋不知「道未」爲通玄老人之字也。行屋薛所藴，順治十一年任禮部侍郎，故稱貳公。胡世安、薛所藴、王鐸、龔鼎孶、吴梅村，皆明朝舊臣，時與湯若望交接。湯若望之荷蘭酒、龍腹竹，均得自荷蘭貢使，此節當無疑義。凡新發見之物，即以所發見之人名之，事本常有。此竹爲何竹，在吴梅村不過隨口一問，湯若望亦不過隨口一答，而詩人即以播諸歌詠，宜注家有所不解也。隆福所著，尚有安波拿古物誌及安波拿歷史與地理，康熙末雍正初出版云。

（載於一九四七年九月十九日天津大公報文史周刊第三八期。據原稿校核。）

天主教徒英斂之的愛國思想

前幾天我對輔仁的天主教徒講話，曾提到：「輔仁大學創辦人馬相伯、英斂之，就是因爲要作天主教革新運動，而受到他們神長的嚴重警告的。」有友人對我説，馬相伯愛國事實，知道的人較多，英斂之愛國事實，知道的較少，願意我再爲介紹一次。我就託英斂之老弟子徐希德，替我搜集一些資料，介紹如下。

一　英斂之的略歷

英斂之名華，字斂之，號安蹇，北京旗籍，世奉天主教，少習武藝，工書法，博極羣書，能文章。光緒末憤清廷政治腐敗，創辦天津大公報，譏彈時事，親貴側目。嘗彙印所著論説，爲也是集正續編。辛亥後隱居京西香山静宜園，創辦静宜女學、輔仁社，兼辦慈善事業，至今京西香山一帶五十歲以上的農人，很少有不識英斂之的。最後創辦輔仁大學，一九二六年正月卒，年六十一。著有萬松野人言善録，安蹇齋叢殘稿，勸學罪言等等。清史稿文苑傳，英華附斌良傳，因他們都是旗人的原故。

二　爲反對教士愚民政策上書教廷

三十年前，中國天主教悉掌握在法國人手裡，在法國的本國，雖不重視天主教，但在中國，天主教却由法國保護，英斂之曾極力運動天主教脱離法國羈絆。民國元年，上書羅馬，言傳教士不喜歡學問，專欲愚民，且宗派觀念甚深，各會互相猜忌，嗣後傳教，應不限定一國，不限定一會，並主張能大量養成中國籍傳教士，俾得自傳。這是今日三自運動中，最重要的一點，三四十年前，斂之已見及此。他上羅馬書說：

即以北京而論，我教不獨無大學、無中學，並高等小學而無之，只有一法文小學，學費之鉅，只可招教外人來學，學成之後，只可依法國人謀生。蓋來華傳教士，喜用學問誘掖人者有幾，教中所養成者，椎魯而已，苦力而已，求能略知時務，援筆作數行通順語者，寥落如晨星。亟望多遣當會博學良善而心謙者，廣爲師傅，其奉遣之人，能不拘何國，不限在會，似更相宜。倘拘定一國，則政治家視爲國教而啓猜疑；倘限定在會，則不但會與會此疆彼域，猜忌爭權，往往視不在會者，如征服之國民，防禦之惟恐不密，其有礙廣揚之道，尚待言乎？但一國之廣揚，以往例今，端恃本國之有神品者繼承不絶，譬如一家之内，貴能自食其力，萬不能專恃外債生存。

斂之選擇教士標準，要博學良善而心謙的，可見當時外國的傳教士學不盡博，心不盡謙，而又不盡良善了。百年來中國受帝國主義的壓迫，久已變成半殖民地，他們傳教士何必要博學的，何必要心謙的，又何必要良善的呢？只有一副帝國主義的心腸和面孔就够了。

三　爲教士排斥中國學問阻止教徒愛國特著勸學罪言

斂之是北京人，當時北京係法國傳教區，斂之的神長，自然係法國人，聽到斂之上羅馬的信，自然不滿。後來斂之又著勸學罪言，勸學罪言的意思，就是説因爲勸人學問，會得罪人。我現在把他勸學罪言摘録兩段出來，看他怎樣開罪了他的神長。他説：

豈不聞教宗訓示傳教者之言乎？爾輩到一國，勿將意國偕去，勿將法國偕去，勿將英、德等國偕去，惟應將聖教會偕去。然吾所目見耳聞者，則法教士惟歌功頌德於法、意、德等教士，惟歌功頌德於意、德。甚至著書立説，惟恐人之不已從，必欲我國教民，作爲彼國附屬之民，無不忠敬愛戴而後快。更有荒謬者流，斥我國教民不愛彼國者謂爲相反聖教會，謂爲不聽長上命。嗚呼！傳教之士，本爲愛主愛人，乃今以少數偏私之流，演出形跡，使其人竟如虎倀，其教竟同罪藪，使教外稍具知識之人，但觀皮相，不察實情，何肯歸向。嗚呼！以純正美善之聖教會，竟被諸君作一荆棘險仄之途，使我國人憎惡痛恨，是誰之過。

前歲比國被德殘毀後，該國樞機主教某公，發出勉勵國民書一篇，反復譬喻，諄諄以愛祖國爲訓。至理名言，無論有識無識，莫不感痛。至於我國宣道者，從未聞有提及愛國者，或有之吾未之聞也。豈聖教道理，獨於中國教民，當使之愛外國乎，真欲索解人而不得矣。

四　爲友人駁他勸學罪言覆友人的信

歛之勸學罪言出後，教中大爲震動，受到他的神長警告。就在這時，他的朋友表示同情者很多，但不以爲然的也不少。他南方有一個朋友來信勸他要謙遜、要忍耐、要聽神長的命，不應指斥長上之非。這個朋友，聞說是上海朱志堯，他是馬相伯的外甥，英歛之的至友。歛之因此又發表一篇覆友人駁勸學罪言書說：

反對學問之事，吾處自上至下，幾有一德同風之慨。緣居上峰者既非本國人，腦中每横亘一中國野蠻之見，既屬野蠻，安有學問之可言，教民視外國神父主教如天神，其所好所惡，皆奉爲模範，故於不知不覺中，已受其潛移默化。我北方向來對於報館學問，視如仇敵，百般詆毁，教中既無正當學堂，而教友有出外就學者，幾以背教視之，此等情形，閣下亦曾聞之否耶。

至於國際之憑陵，種族之畛域，黨派之攻擊，皆牢不可破。其違反誡命，拂逆人情之事，欲畢述之，窮年莫竟。總之此輩所挾持者，唯一勢力權位之見，竟有明目張膽向華鐸宣言者，云「若無我等，爾輩皆餓死矣。」所以華鐸蹝跼如轅下駒，悵惘如喪家犬，忍氣吞聲，震慴失措者比比然也。總之絶無公理之可言，誰使吾國不能强盛乎，然則聖教會果有國勢盛衰，種族强弱之别乎，此吾所以竟敢以公理爲爭，而絶不認吾輩生就永當居於奴隸地位也。

五　爲宣傳勸學罪言給他兒子的信

斂之上羅馬教廷書，主張多培植華籍神甫，但是華籍神甫和華籍修士，向來受外籍主教神甫的蔑視奴視，不讓他們出頭，不讓他們讀書，恐怕他們有了學問，有了知識，就不好管制，不好役使。斂之有一封信給他在比國留學的兒子，信上説：

前次我寫信，已略將中國教務情形，述説一二，爲教你知中國教務腐敗黑暗，而傳教諸人所汲汲皇皇者，惟知保存一派系之勢力，而某國利用此虎倀，利用此魚餌，絶不肯平白的舍棄其權利。傷哉我中國教民，痛哉我中國教務，但按如今光景，萬没有發達廣揚之望。請問我國中稍有知識，稍具人格者，誰肯甘心作一附屬品，而買定永世奴隸乎。我中國衆主教會議，爲修道者絶不准傳其高等學問，臘丁文亦劃定界限，不准多學，故修士中無論西文中文，能寫一明白通順之信者，幾如龜毛兔角。以如此之束縛壓制，焉望有出類拔萃之才乎。宗座屢屢催問，爲何中國不派修道生至羅瑪讀書，而應者寥寥，即此一端，衆傳教者，對待中國之心理，可揣想矣。中國果無一人可造就乎，果皆驕傲乎，果皆愚頑乎。前次我將勸學罪言兩本與你寄來，爲是你得便與衆人講説，今更將譯成法文之罪言，及上宗座書，掛號寄來，汝可交與該會重要人物參考，以免漢文或有悮會。我也不敢説我所見者一一皆是，到底我深願該會人等，於未來中國之先，心中先了然我國教務積弊，加意警惕，以免覆轍相循也。

六　爲刊印愛國愛教書籍給某教士的信

英斂之愛國愛教，憤外國傳教士阻止教徒學問，阻止中國籍神甫學問，又專播揚中國的缺點，抹煞中國的優點，所以他除刊佈他的勸學罪言外，又常刊印明末愛國天主教徒，像徐光啓、李之藻等所著書籍，廣爲傳佈，他集中有寄某公書説到此事。教徒印佈教中書籍，例應得主教許可，但他所印的書，多未經主教批准，因此也大受外國教士的指摘。他寄某公書上説：

我教中自屏斥中國學問以來，所受之損失不可紀極，而且自滿自是，毫不覺悟，安望其傳於中上社會耶。以上海爲教中文明中心，而司筆政管書樓者，皆不通之人，每爲我國肯研究道理之士夫所譏笑。教中掌大權者，若但知保持一派系或一國籍之勢力，則任其所爲，倘真有救拔中國，廣揚聖教之誠心，非痛改舊轍不可。憤悶所積，每一發言，則不免涉於激烈。然只足爲知者道也。

吾國教友，大都皆椎魯無識之輩，而外人又多存種族鄙薄之心，故決不知我所刊印之書爲可貴。北堂新出之拳時上諭，名稱及内容之惡劣不通，固不足責，然舊污重播，使人對於中國不能不生憎惡鄙薄之心，是其效果，而上海雜誌，反譽揚之。一羣無善知識之輩，任意妄爲，同惡相濟，誠堪痛惜。某所印各書，人皆以爲未有主教准定字樣爲懼。近見各處所出之書，命意之惡劣，文辭之俗鄙，往往使人閲之欲嘔，而皆有某某主教准字樣，主教之權，在吾國亦太浪用，吾反幸吾書之未有此。神父聞之，得無謂吾爲裂教乎。

這某公，係指中國籍神甫蕭若瑟，曾著聖教史略，是比較開明的神甫。斂之以一個忠誠的天主教徒，發憤著書，提倡愛國，受到外籍教士的種種恐嚇、威脅，而無一點懼心，真可謂「豪傑之士」了，他弟子徐希德搜集他的愛國資料，尚有兩件，並爲介紹。

七　爲反對袁氏稱帝給某教士的信

一九一五年年底，袁世凱預備稱帝，曾利用宗教界爲之捧場。當時天主教徒，辦有一個益世報，事前不敢讓斂之知道，事後竟發表有附和帝制的言論，大爲斂之所不滿。斂之素疾視袁世凱，又深惡當時益世報某教士左右的天主教徒，種種污濁，特寫信與某教士嚴斥之，信上說：

益世報之創辦，自始至終，諱莫如深，某亦何苦妄加干涉，然早斷其必無好果矣，因靛缸不能出白布也。乃報紙既出，果污詞穢語，不一而足。以教會教友之資本，作相反道理之提倡，已爲不合，乃愈出愈奇，「彌撒」「聖體」之字樣，竟與壯陽海狗腎同列於廣告，某誠不知何所取義也，其效果但令人識此惡劣之報，爲天主教人所辦而已。今者更窮促無歸，勢迫利使，遽變宗旨，醜態百出，犯社會之公怒，南北各報排斥之來者，已不一見矣。在教會出名之報，本當處於中立地步，前者以無端之邪火任意譏貶；今者又以無端之邪火百般諂媚，脅逼要挾，情形顯然，無怪人言之嘖嘖也。某固知言論有自由權，某亦何敢妄干人之自由。惟念我亦天主教一份子，今見此玷辱聖教道德，敗壞聖教名譽之事，倘緘嘿不言，天良何在。而公左右之人，非貪功之儔，即謀利之輩，終日慫慂覬覦，非升官即發財，而口中所託者，則廣揚聖教救人靈魂，以此，公遂爲其所賣，供其所役，雖至死而無悟矣。今益世報惡果已成，其已暴露之污點，非一時所能洗刷，最妙惟求公此後不必以聖教會之事之言，登之該報，以清界限，無重爲我聖教會羞，是所切盼。

信上雖未明言他們贊成帝制，但就是因爲他們贊成帝制，不過信上不便明白說出而已。三十五年前斂之已經反對教徒利用教會報紙向竊國大盜袁世凱獻媚，後來教會的敗類于斌之流又利用這個益世報向人民公敵蔣介石獻媚，和美帝國主義勾結在一起，這真是教會的罪人了。今日天主教徒對愛國運動還有遲疑和顧慮的，都是受了于斌之流的影響，這是不能否認的。

八　爲反對官僚媚外給某部長的信

斂之晚年居香山靜宜園，辦靜宜女學，上文已説過。當斂之居靜宜園時，有某部招待某國人遊園，不告而入，守者拒之，某國人拂袖而去，某部竟以「開罪洋人，有礙邦交」責成靜宜園。斂之憤慨異常，今文集有致某部長書一封，説：

鄙人自接領靜宜園以來，即請該汛守備，張貼布告，以杜人任意殘毁踐踏，併寫有英法德三國文字，以示外人。大致謂本園係有主權之地，凡欲進游者，必須先出名片，許可而後得入。間有不知自愛之洋人，挾其平素奴視華人之氣焰，或徑行闖入，或踰垣而入，或呼啓室而欲留宿，無不以理折之，而未嘗苟從。因我國勢雖弱，主權究在，非可任彼玩易，視爲戰利品也。前接貴部電話，言有部員兩人偕一洋人欲住梯雲山館，當即經同人打掃預備。詎至時部員未來，聞有洋人兩名，竟乘馬登山，直至梯雲山館，遣一不知誰何之人，欲索鑰啓門，問其洋人何來，不知，問其姓名，不知，同人以此等不通姓名，闖然直入之人，已不以體面自居，門首英法德三國文字，然則彼一不之識邪，如識則竟悍然不顧，此尚爲守禮法之人邪，是以令其下山而詳詢之。詎洋人下至學堂，作種種盛氣凌人狀，同人雖以平和對待，問姓名不答，竟拂袖而去。旋由貴部來人，謂本園開罪洋人，有悮邦交，併違部命。聽聞之下，不知所措。但小民下情，有不敢不上白者。按前張總長捐款修館時，雖有部員來此留宿之口約，然未有鄙人等執役伺應之契券也，更未有招待洋人之條件也。況修館之款，雖大數出於部員，而零件餘款，皆鄙人措辦。今竟以部員之爽約不來，而遷怒於本園，一似該館爲貴部獨有，同人爲貴部卒隷者，亦未免過於振作，勇於任事矣。同人無端受辱，分所當然，但此後應如何供應部員，恭順洋人之處，伏候頒示遵行，以免再有干冒。嗟嗟，生今之世，爲今之人，尚何言乎。長官對於小民，雖極優容，洋人對於華人，雖極含忍，奈小民不能先意承旨，摇尾乞憐何。奴隸牛馬，吾知其難免乎今之世矣，嗟乎，夫復何言。

信中的前張總長，係指南通張謇，某部長似係指農商部長周自齊。這信雖與教務無關，但斂之的愛國精神和民族氣節，是值得提倡的。

九　現在天主教徒應學習英斂之的愛國精神

以上種種，都係英斂之愛國愛教維護主權的表示，足爲現在的天主教徒榜樣。三十年前中國的天主教，本爲法帝國主義所把持，自第一次世界大戰後，各國的天主教，已漸漸轉移爲美帝國主義所操縱，這是中國天主教徒們，所應當注意的。我們久受帝國主義壓迫，尤其是受美帝思想侵略影響的天主教徒們，一定要認清當前的環境。斂之所説的種種現象，現在有的還存在，有的更加甚了。在舊社會裡，統治階級和帝國主義是互相勾結、利益一致的，老百姓受了欺侮和壓迫，没有人替你説話，且常常是在他們「盛氣凌人」之下，我們一定要作「奴隸牛馬」，不然就會「有礙邦交」，在這種情況下，斂之還能這樣的反對侵略，抗衡權貴。今天的社會，基本上已變了樣子，在新社會裡，我們任何一個中國人民，包括天主教徒在内，都不能再受帝國主義的欺侮和壓迫了，天主教徒們，更要認清反侵略就是愛國，只有發揮愛國主義思想，才是真正的天主教徒。斂之所説：「豈聖教道理，獨於中國教民，當使之愛外國乎？」這話是説得很沉痛的。肅清這些殘存的帝國主義侵略的思想影響，是非常必要的。

中國的天主教徒們，既有這光榮的愛國傳統，所以無論是教徒是神甫，都應當繼承和發揚這愛國的傳統，學習英斂之的愛國精神，和中國全體人民一道，用具體的實際行動，參加抗美援朝保家衛國運動，爲爭取全人類的永久和平而奮鬥。

一九五一年三月廿三日

〔載於光明日報，一九五一年四月二日。〕

記大同武州山石窟寺

距京綏路大同站西二十里，左雲縣雲岡堡有石窟寺，爲拓拔氏遺構，蓋千四百七十年於兹矣。以比伊闕石窟，尚早五十年。鑿山爲巖，因巖鐫佛，巖高者二百餘尺，可受三千許人；佛高者六七十尺，雕飾奇偉，冠於一世。「山堂水殿，煙寺相望」，水經注所稱賞也。「櫛比相連，三十餘里」，續高僧傳所誇許也。徒以遠處塞外，交通不便，故好遊之士，鮮探其奇。迄今京綏路通，旦夕可至，同人乃以戊午重九前三日，約往遊焉。循武州川溯流而上，經觀音堂，入武州塞口，則見石壁峭立，綿亘無際。壁多摩崖之碑，文體漫没，猶存廓形。路側有雙鈎佛字，高逾尋丈，殆所謂佛字灣者也。至左雲縣界，則石洞千孔，如來滿山，鬼斧神工，震駭耳目。漸近雲岡堡，則見緑瓦層樓，依山結構，高出林際，俯瞰晴川者，石佛寺也。據魏書，「佛」應作「窟」。寺僅三楹，堂奥淺隘。寺僧引入後洞，黑暗異常。佛圖四周，鉅細不一，燈光隱約，不可辨認，因致疑雕工精美，何取乎黑暗至此。既而登樓一覽，始知洞上有洞，本可透光，其所以黑暗者，寺掩之也。寺修於清順治八年總督佟養量，建築不得法，故光綫不足。像有剥蝕，敷以土堊，盡失原形。金碧輝煌，徒取炫目，泯絶古意。其實寺東西諸窟，有窟無寺，櫛比數里者，皆爲石窟寺，後人修其一寺，名曰石佛，陋也。其未經修飾諸窟，雖甚剥落，然遠望縹緲，容態轉真，窟别異形，無有複製。至於裸體神女，振翮淩空，寶相莊嚴，拈花微笑，則極畫像之奇觀，盡人工之能事矣。惜乎古洞荒凉，荆榛滿目，村民占居，十之七八，衽席炊爨，悉在佛前；斷瓦頹垣，横阻當路；或土埋佛身，已過半膝；或偷鑿全體，新留斧痕。過此不圖，日即湮滅，是則有司之責也。最可異者，同人遍歷二十餘窟，無古碑碣，足供考證。即遊客題名，亦絶無僅有。寺前有萬曆間宣城吴伯與遊石佛寺刻石，詞尚典雅。寺西有佛籟閣扁，寺東有碧霞洞雲深處朱廷翰等石刻，皆漫漶單簡，不足爲典要。以故龍門造像，宇内知名；武州石窟，言者蓋寡。同人因爲題名而返。余歸而神往者久之，乃摭拾羣籍，著爲斯篇，亦以補金石之缺略，俾後至者有所考證云爾。同遊六人，葉恭綽譽虎，俞人鳳翽梧，鄭洪年韶覺，翟兆麟瑞符，邵善聞文彪。俞、翟、邵三君，皆京綏路工程師也。

一九一八年十月新會陳垣記

魏書顯祖紀，皇興元年八月丁酉，行幸武州山石窟寺。卷六，時帝年十四

史紀魏帝之幸石窟寺，自此始也。皇興元年，當西曆之四百六十七年。前此聞幸武州

山，未聞幸石窟寺。魏書禮志，太宗永興三年三月，帝禱于武周、車輪二山是也。武州或作周，通永興三年，當西曆之四百十一年，此時未有石窟寺。惟自皇興元年以後，則帝幸石窟寺，凡七八次。或歲一幸焉，或間歲一幸焉。未知史有闕文否乎。蓋常有魏書紀者，北史無之矣。

抑有奇者，諸帝之幸石窟寺，多在沖幼之年，其殆太后所挾與俱往者乎，不可得知也。

四年十有二月甲辰，幸鹿野苑、石窟寺。卷同上，時帝年十七

高祖紀，延興五年五月丁未，幸武州山。卷七上，時帝年九歲

此未言幸石窟寺也，然以前後書法例之，則當然幸石窟寺。

太和元年五月乙酉，車駕祈雨于武周山。時帝年十一

祈雨未必至石窟寺，然車駕至武周山，則必經石窟寺。今石佛寺左側，尚有一龍王廟，其殆古之遺制乎。

四年八月戊申，幸武州山石窟寺。時帝年十四，北史不紀

六年三月辛巳，幸武州山石窟寺。時帝年十六

七年五月戊寅朔，幸武州山石窟佛寺。時帝年十七，北史不紀

八年六月戊辰，武州水泛濫，壞民居舍。

秋七月乙未，行幸方山石窟寺。時帝年十八，北史不紀，以上均卷七上

方山在今大同縣北五十里據通志，有拓拔氏二陵，及方山宫址在焉。此言幸方山石窟寺者，未知方山亦有石窟寺乎，抑幸方山又幸武州山石窟寺乎？以皇興四年幸鹿野苑、石窟寺之書法例之，則幸方山又幸石窟寺也。然方山既偏北五十里，武州山又偏西二十里，一日而幸二地，不無疑焉。抑方山别有石窟寺，因武州水泛濫後，不幸武州而幸方山乎。

且自是年以後，直至太和十八年遷洛以前，十年之間，不復見帝幸石窟寺。史闕文乎，不可知也。

肅宗紀，熙平二年四月乙卯，皇太后幸伊闕石窟寺，即日還宫。卷九，時帝年八歲

伊闕石窟寺，建於孝文遷洛之後。洛陽伽藍記曰：「京南關口有石窟寺靈巖寺」，亦緣武州山石窟寺得名也。自顯祖皇興元年，始幸武州石窟寺，至肅宗熙平二年，始幸伊闕石窟寺，其間適五十年，則二寺創建之先後，可概見矣。

孝昌二年八月戊寅，帝幸南石窟寺，即日還宫。卷同上，時帝年十七

謂伊闕石窟寺爲南石窟寺，則武州石窟寺爲北石窟寺也。

出帝平陽王紀，永熙二年正月己亥，車駕幸嵩高石窟靈巖寺。卷十一，時帝年二十四

崧高石窟靈巖寺，即伊闕石窟寺，由武州石窟寺得名。見釋老志、水經注及續高僧傳。魏帝之幸武州寺，史數數見，而幸伊闕寺祇三見，顧何以世人多稱伊闕之鉅制，而少言武州之偉觀，則以伊闕當中原六通四闢之衝，而武州則僻處塞外也。使吾人生鐵道未興之世，亦不易遊此。今伊闕寺有隴海路可達，武州寺又有京綏路可達，他日輶軒所及，武州寺之遺碑斷碣，必有新得于野老耕氓者。

魏書釋老志，太安初，有師子國胡沙門邪奢遺多、浮陀難提等五人，奉佛像三，到京師。皆云備歷西域諸國，見佛影跡及肉髻，外國諸王相承，咸遣工匠摹寫其容，莫能及難提所造者，去十餘步，視之炳然，轉近轉微。又沙勒胡沙門，赴京師致佛鉢並畫像跡。初曇曜以復佛法之明年，自中山被命赴京。帝後奉以師禮。曇曜白帝，於京城西武州塞，鑿山石壁，開窟五所，鐫建佛像各一。高者七十尺，次六十尺，雕飾奇偉，冠於一世。卷一百十四皇興中又構三級石佛圖。榱棟楣楹，上下重結，大小皆石，高十丈。鎮固巧密，爲京華壯觀。卷同上

武州塞之石窟，始鑿于曇曜，據此毫無疑義。曇曜之赴京，在復法之明年，即興安二年，西曆四百五十三年也。是時佛法初復，圖像大興，西域畫像，接踵而至。魏之先世，本有鑿石爲廟之風。見魏書禮志佛教又重偶像，故能致此奇偉。武州諸像，未識是否爲難提等

五人所造。然至今石質剥落，間有影跡模糊，近而即之，一若無有，遠而睇之，神態宛在者，正與所謂「遠視炳然，轉近轉微」之説相合，則真足代表五世紀東方美術之一斑也。

景明初，世宗詔大長秋卿白整，準代京靈巖寺石窟，於洛南伊闕山，爲高祖、文昭皇太后營石窟二所。初建之始，窟頂去地三百一十尺。至正始二年中，始出斬山二十三丈。至大長秋卿王質，謂斬山太高，費功難就，奏求下移就平，去地一百尺，南北一百四十尺。永平中，中尹劉騰，奏爲世宗復造石窟一，凡爲三所。從景明元年至正光四年六月已前，用工八十萬二千三百六十六。卷同上

景明在遷洛之後，去復法之歲，約五十年，則伊闕石窟後於武州石窟，亦約五十年。從景明元年西五〇〇至正光四年西五二三，其間二十四年，僅造窟三所，已費工如此，武州石窟，奚止三所，則其工程之鉅可知矣。

水經注灅水條下：其水又東北流注武州川水，武州川水又東南流，水側有石祇洹舍，並諸窟室，比邱尼所居也。其水又東轉逕靈巖南，鑿石開山，因巖結構，真容巨壯，世法所希。山堂水殿，煙寺相望，林淵錦鏡，綴目新眺。川水又東南流出山。魏土地記曰：平城西三十里，武州塞口者也。戴校本卷十三

水經注撰於後魏太和之世，去石窟寺之建，不過四五十年，其所記載，至可信據。據魏書

則曇曜所鑿者祇五所，而此已曰「山堂水殿，煙寺相望」，可知曇曜開山以後，鑿者甚衆，皆在酈道元注水經以前，而不盡在齊隋以後。又曰「林淵錦鏡，綴目新眺」，則當年景色，美麗可想。武州川水自西北來，先經石祇洹舍，則今石佛寺以西諸窟，必有比邱尼所居之遺跡，惜不能指其處矣。其水東轉所逕之處爲靈巖，是靈巖者本地名。有稱石窟寺爲靈巖寺者，寺因地得名也。

續高僧傳，元魏北臺恒安石窟通樂寺沙門釋曇曜傳：釋曇曜，未詳何許人也。少出家，攝行堅貞，風鑑閒約，以元魏和平年，任北臺昭元統，綏緝僧衆，妙得其心。住恒安石窟通樂寺，即魏帝之所造也。去恒安西北三十里，武州山谷，北面石崖，就而鐫之，建立佛寺，名曰靈巖。龕之大者，舉高二十餘丈，可受三千許人。面別鐫像，窮諸巧麗；龕別異狀，駭動人神。櫛比相連，三十餘里。東頭僧寺恒供千人，碑碣見存，未卒陳委。先是太武皇帝太平真君七年，司徒崔浩，令帝崇重道士寇謙之，拜爲天師，珍敬老氏，虔劉釋種，焚毁寺塔。至庚寅年太武感致癘疾，方始開悟。帝既心悔，誅夷崔氏。至壬辰年，太武云崩，子文成立「子」，應依開元釋教録作「孫」即起塔寺，搜訪經典。毁法七載，三寳還興。曜慨前陵廢，欣今重復，以和平三年壬寅此七字照開元釋教録加入故於北臺石窟，集諸德僧，對天竺沙門譯付法藏傳，並淨土經，流通後賢，意存無絶。卷一

「魏帝所造」，魏文成帝所造也。文成以前塔寺，既爲太武所毁，則此靈巖石窟，必爲文成復法以後所造，蓋即曇曜白帝所造也。曰「東頭僧寺，恒供千人」，疑即今石佛寺東之最大石窟，然已荒落不堪矣。既曰通樂，又曰靈巖，則寺非一寺，名非一名，記載缺略，至爲可憾。此傳成於貞觀十九年，當西曆之六百四十五年，古今譯經圖記、開元釋教録、貞元新定釋教目録，均沿用其文。貞元釋教録，成於西曆八百年，而於「碑碣見存，未卒陳委」二語，亦復沿用，未識當時碑碣，果否有流傳也。清初迄今，不過三百年，而道旁摩崖諸碑，已無一可辨。蓋此山之石，鬆而易泐，不耐風雨，造像猶可，刻碑未見其能永年也。

大唐内典録，後魏元氏翻傳佛經録：元氏之先，北代雲中虜也。西晉之亂，有拓拔盧，出居晉樓煩地，晉即封爲代王。至盧孫拾翼犍，或言涉珪，魏史云即道武皇帝，魏之太祖也，改號神瑞元年，當晉孝武太元元年也，出據朔州東三百里，築城立邑，號爲恒安之都。爲苻秦護軍，堅敗後，乃即真號。生知信佛，興建大寺。恒安郊西大谷石壁，皆鑿爲窟，高十餘丈，東西三十里，櫛比相連，其數衆矣。谷東石碑見在，紀其功績，不可以算也。其碑略云，自魏國所統貲賦，並成石龕，故其規度宏遠，所以神功逾久而不朽也。卷四

神瑞元年西四一四當晉安帝之義熙十年，非晉孝武太元元年也西三七六，其間相去，幾四十年。改號神瑞者，是魏太宗，非魏太祖也，其間相去，亦三十年。大唐内典録皆誤。魏太

祖天興元年西三九八始自雲中徙都平城，即今大同縣，所謂恒安之都也。魏書釋老志，天興元年，下詔勅有司於京城始作五級佛圖，太宗踐位，始於京邑四方，建立圖像。曰京城五級佛圖，則郊西石窟寺，必非建於太祖天興之世也。曰京邑四方建立圖像，則謂郊西石窟寺建於太宗神瑞之世，亦非絶無影響。然未有確切不疑之據。釋老志明謂文成復法以後曇曜白帝所鑿，魏收北齊人，魏書釋老志著於北齊天保元年西五五〇，去後魏之世至近，去曇曜開山之歲，亦不過百年，其言至爲可據。

大唐内典録撰於麟德元年，當西曆之六百六十四年。云「谷東石碑見在」，此碑當即釋道宣撰續高僧傳時所見之碑。碑稱魏國，並言神功久而不朽，則疑非魏碑，或齊隋以後之碑也，惜乎今不可得見矣。是録與續高僧傳，皆言石窟相連，三十餘里，以今考之，實無此數，則石窟圮夷者衆矣。特未知撰者有信口大言否耳。外人譏吾國遊記，里數至不足據，此或其一端也。

雍正朔平府志古跡左雲縣石佛寺：在縣東九十里雲岡堡，又名佛窑山。傳自後魏拓拔氏時，始於神瑞，終於正光，凡七帝，歷百十餘年。規制甚宏，原寺十所：一曰同升，二曰靈光，三曰鎮國，四曰護國，五曰崇福，六曰童子，七曰能仁，八曰華嚴，九曰天宫，十曰兜率。其中有元載所造石佛二十龕。石窑千孔，佛像萬尊，由隋唐歷宋元，樓閣層凌，樹木蓊鬱，儼然爲一方勝概。迤東數武，有石竇噴水，清冽可飲，行道多藉焉。題曰石窟寒泉，即四景之寒泉靈境也。康熙三十五年冬，聖祖仁皇帝西征回鑾幸寺，御書扁額「莊嚴法相」四字。卷三

武州石佛寺，唐以前均稱石窟寺，今山西通志亦稱石窟十寺。曰「始於神瑞，終於正光」，不知何所據。然康熙通志已言之，或明志沿大唐内典録神瑞元年之説及魏書釋老志正光四年之説而云然歟？神瑞之説，辨已見前；正光之説，乃指伊闕石窟，非武州石窟也。十寺之名，亦見康熙通志，未知其爲魏寺乎，抑隋唐以後所建之寺乎？曰「中有元載所造石佛二十龕」，康熙通志作元載所修石佛十二龕，雍正通志則曰内有元時石佛二十龕，光緒通志因之。修者修其所本有，造者造其所本無，未知是造乎修乎，「元載」是否即「元時」，「二十」與「十二」孰當，無可考也。曰「由隋唐歷宋元」者，筆誤也。由遼迄金，三百餘年，大同朔平，終非宋有，則此中石窟，宋人何嘗夢見。

「石窟寒泉」，或作「石窑寒泉」，「窟」、「窑」形近易混。今猶有水湧出，亦在道旁一巨窟中也。

「西征回鑾」者，康熙帝西征厄魯特噶爾丹回鑾，由歸化城入口，志稱其以十二月初十日次左雲縣，駐蹕生員范澎宅，十一日幸雲岡石佛寺云。今御書扁額猶在。

雍正朔平志，載清人題詠甚多，附録如後，以當輶軒之采。

胡文華遊石窟寺

西林天竺跡，春日上方遊。片石三千界，微塵四部洲。香花金粟現，鐘磬白雲悠。俯此羣生劫，何緣彼岸舟。

孫魯重陽後一日過雲岡次曹侍郎韻曹溶，秀水人，康熙初大同守道

郊原秋色滿山椒，出郭盤崖石蹬遥。巒隱旃檀藏寶相，碑殘拓拔紀前朝。雕甍丹雘開金刹，月渚依微湧海潮。披拂霜華尋鷲嶺，西風馬首上岧嶤。此首並見康熙山西志卷三十二

王儀石佛寺二首

巉崖暫憩嘯臨風，却愛空樓望不窮。淡淡湍煙移嶂岫，泠泠倒水出谿瀧。碑遺古院神工罕，經曬高臺夕梵同。淨接青蓮天地闢，石牀深洞月朦朧。

千仞孤峰百尺樓，雲天高併兩悠悠。西秦風雨當軒夢，北魏煙嵐半偈收。更有寒山支介石，豈無輪海泛虚舟。遠鷗獨立坡沙淺，分得尋常幾點秋。

王度雲岡佛閣

聳峰危閣與天齊，俯瞰塵寰處處低。億萬化身開絶嶂，三千法界作丹梯。乾坤再闢雷初奮，海岳重光月指迷。指西征回鑾我欲凌虚朝玉陛，好從靈鷲問金泥。

劉士銘石泉靈境劉宛平人，雍正間朔平知府

岺嵂崇岡遠潑藍，天容樹色落寒潭。千尋翠壁雲爲幔，丈六金身石作龕。在昔鸞旗朝鷲嶺，於今水月照瞿曇。靈湫清澈渾如鏡，手把龍團望朔南。

趙允烜雲岡石佛寺趙閩人

雲岡遥望近蓮臺，勝概留人去復回。色界有堂皆法相，化身無石不如來。楣題鳳篆龍飛額指康熙御書，夢入金光目絶埃。剞劂料非人力就，昔年端得五丁開。

鄭中選前題和韻

偶然登眺上樓臺，蒼翠層層至北回。峭壁遠從天際削，御書遥自日邊來。寒泉清冽多幽

致，剗石煙籠絶俗埃。不是神靈能效順，化身億萬那從開。

石碣韻石佛寺四首

崚嶒龕峇倚雲開，曇影繽紛天際來。三十二觀隨處是，石蓮浮動現金胎。
莖草原從帝釋開，妙同寶月印川來。推開慧海留生面，億萬恒沙結髻胎。
寶宫傑構五丁開，金粟飛花匝地來。何處是空何處色，須彌芥子一般胎。
心眼關頭不易開，維摩悟後謁飛來。飽參玉版三乘偈，笑指摩尼五色胎。

王達善寒泉靈境

一脈元從石罅來，湛於秋境緑於苔。羌人不解煎茶法，下馬爭分滌酒盃。以上均見卷十二

〔載於東方雜誌第十六卷第二、三號（一九一九年二、三月）。據校訂本校訂，並加了標點。〕

書内學院新校慈恩傳後

諸家記法師年歲互有矛盾

慈恩傳五卷，爲慧立未定稿。立卒後，其稿散佚，至彦悰乃蒐輯本文析爲十卷。故史料猶是，然錯綜箋補，已非慧立昔時之舊。以此傳與他傳校，牴牾恒有；以此傳前後互校，矛盾亦復不免。其顯而易見者：如武德五年法師年滿二十，貞觀三年年二十六，顯慶五年年六十五之類；試一推算，即知其説之訛。欲舍此傳而從他傳，其各自矛盾亦如是：如續高僧傳之玄奘傳，及冥詳之法師行狀，既謂武德五年爲二十一歲；又謂貞觀三年爲二十九歲；續傳更謂麟德元年爲六十五歲；皆自相矛盾者也。蓋諸師撰傳時，各據所聞，並未預先製爲年表月表，而後繫以事實，故有此誤。

六十九歲與五十六歲說不足據

惟劉軻以居士於法師寂後一百七十餘年，撰法師塔銘，爲避免矛盾計，芟夷武德、貞觀時一切年歲，獨標法師寂年爲六十九。近時梁任公即取其說，見本年東方雜誌第七號溯其所根據，蓋即根據本傳顯慶五年條下之六十五歲，而推算麟德元年爲六十九也。然何解於諸家武德五年二十一歲之說耶？如是孤證，殊不足據。欲得此事真諦，應在釋門諸說中求一統一之說，區區門外人一語，不能徵信也。舊唐書玄奘傳謂：法師顯慶六年卒，年五十六，尤謬。梁任公謂顯慶無六年，亦非；顯慶六年三月朔，始改元龍朔也。

六十三歲之精確，六十五歲之訛誤

今校本於法師寂年，特取六十三歲，至爲審慎。蓋綜合諸家記載，惟武德五年滿二十歲，即二十一歲，及麟德元年寂之說，唯能統一；校者即根據此說，推算爲六十三，而又與行狀合也。至本傳顯慶五年條下行年六十五之言，續傳、行狀均繫於麟德元年條下，校者據此定本傳爲誤繫，而又據行狀及武德五年二十一歲推算，定本傳與續傳之五字爲三字之訛。吾嘗取諸説參互考訂，而知其説之不苟。假使遷就六十五歲説，則必將諸家統一之武德五年二十一歲説全數推翻，烏乎可？

本傳貞觀三年年二十六誤，三年不誤

惟本傳於貞觀三年條下著年二十六，據武德五年二十一歲推算，應爲年二十八之訛；今校本反據年二十六，謂三年爲元年之誤，是則大惑也。夫法師年壽，據諸家記載，極調和統一之難，既如前述；猶幸「貞觀三年出遊，貞觀十九年歸京，中間十有七年」，其説尚能統一。今乃欲遷就元年二十六歲之説，遽斷三字爲訛，夫元年之説，本出法師請御製經序表，見廣弘明集第二十二，然據吾所考證，三年説必不可推翻，元年説必不能成立也。試將主張元年説最力之諸説條辨之。説見梁任公中國歷史研究法

法師非因霜儉出關

將謂法師之出關，係因霜儉，據唐書惟貞觀元年有霜害，以是改爲元年耶？霜儉之

說，出於續傳，開元録特襲其成文，法師自著之西域記，亦無是説。據本傳則法師之出關，迭被留難：一阻於涼州，再阻於瓜州，三阻於一烽，四阻於四烽；若果如續傳所云，「奉勅道俗，隨豐四出」，何至被阻若是？且法師在于闐上表，明謂冒越憲章私往；在洛陽謁帝，又明請專擅私行之罪，則霜儉之説，豈盡足據？不得以此改爲元年也。

貞觀三年亦有霜害

然即舍冒禁説而從霜儉説，亦不得改爲元年。何也？則以貞觀元二三年皆有霜害也。今徒據兩唐書本紀，謂貞觀元二年有霜害，貞觀三年無霜害，此未檢新書五行志者也。新書五行志卷三十六霜之條下，大書「貞觀元年秋，霜殺稼」，又書「三年北邊霜殺稼」，誰謂貞觀三年無霜害耶？魏徵十漸疏曰：「貞觀之初，頻年霜旱，畿内户口，並就關外，携負老幼，來往數千」，是也。全唐文一四〇不得以此改爲元年也。嘉慶本貞觀政要卷一，有貞觀三年關中豐熟語，「三」字誤，據卷二貞觀三年詔關中免二年租税條可證；又據册府元龜一四四，貞觀三年六月求言詔，有關輔之地，迎年不稔語可證。

葉護可汗係元年被殺，元年出遊不能見葉護

將謂三年出遊，即不能見葉護可汗，據通鑑葉護之被殺，係在二年耶？通鑑之語，本諸通典。通典卷一九九，明謂貞觀元年葉護爲其伯父所殺；舊唐書西突厥傳卷一九四下因之，太平寰宇記卷一九七亦因之，無二年被殺説也。自通鑑據通典所載，割裂原文，分隸於元二四年之末，而葉護之被殺，遂如在二年，其實通典、舊唐書之文，完全具在，可覆按也。倘猶以通典所載爲未足，則有册府元龜在。册府元龜九七四，大書「貞觀元年西突厥統葉護爲伯父所殺」也。册府元龜書唐事，多據實録，按事按年排纂，與新唐書等之調弄筆墨者不同，其史料最爲忠實。若新唐書西突厥傳，則削去葉護被殺之年矣。新唐書糾繆所謂「當書而反闕」者此也。葉護既係元年被殺，則不獨三年出遊不能見葉護，即元年出遊亦何能見葉護？然則元年説果不能成立也。

新唐書二年葉護死之説與通鑑矛盾

將據新唐書薛延陀傳有「貞觀二年葉護死」之言，以證通鑑之無誤耶？則請問新唐書

此語爲何而發？新唐書此語蓋爲薛延陀夷男之附突厥頡利發也。夷男之附頡利，是否在貞觀二年，請還質之通鑑。今將二書全文比較如下：

新唐書卷二一七下曰：回紇拔野古、阿跌、同羅、僕骨、白霫在鬱督軍山者，東附始畢可汗。乙失鉢在金山者，西役葉護可汗。貞觀二年葉護死，其國亂。乙失鉢孫曰夷男，率部帳七萬，附頡利可汗。

通鑑貞觀元年條下曰：回紇等六部在鬱督軍山者，東屬始畢可汗。統葉護可汗勢衰，乙失鉢之孫夷男，帥部落七萬餘家，附於頡利可汗。

此等記載，夫人皆知其同出一源，同據一書，而互有增損者也。新唐書所記，與舊唐書卷一九九下鐵勒傳同。而「貞觀二年」四字，通鑑無有，蓋删之也。通鑑何以删此四字？按據通鑑考異卷十曰：「舊鐵勒傳云貞觀二年葉護可汗死，其國大亂，夷男始附於頡利。按突厥傳元年薛延陀已叛頡利，唐會要九四北突厥條，册府九六七鐵勒條，作二年……安得二年始附頡利乎？」此通鑑所以删去「貞觀二年」四字，而特叙其事於元年之下也。夫夷男之附頡利，係因葉護已死，此兩唐書説也。夷男之附頡利，不在貞觀二年，此通鑑説也。葉護之死既與夷男之附頡利同不在二年二年夷男已叛頡利，則兩唐書誤也。通鑑既叙夷男之附頡利於元年矣，而葉護之被殺，仍繫於二年，則通鑑誤也。循環互勘，二説皆有訛誤，糾繆所謂「年月時世差互」者此也。則葉護二年被殺説仍不能成立也。

法師所見之葉護是肆葉護非統葉護

夫元年出遊既不能見葉護矣，三年出遊更何能見葉護？是又不然。元年被殺者統葉護，法師所見者統葉護之子肆葉護也。通典一九九曰：「貞觀元年……時統葉護自負其强，無恩於國，部落咸怨……爲其伯父所殺而自立，是爲莫賀咄屈利俟毗可汗……國人不附……時統葉護之子咥利特勒……亡在康居，泥孰遂迎而立之，是爲乙毗沙鉢羅肆葉護可汗。連兵不息，俱遣使來朝，各請婚於我。太宗不許，諷令各保所部，無相征伐……肆葉護既是舊主之子，爲衆心所歸，其西面……二部豪帥多來附之，又興兵以擊莫賀咄，莫賀咄大敗，遁於金山，國人乃奉肆葉護爲大可汗。」舊唐書、太平寰宇記全襲其文，通鑑則分繫於元二四年之末。

由此觀之，貞觀元年爲統葉護被殺時代，貞觀元二年爲俟毗與肆葉護爭立時代，貞觀三四年爲肆葉護統一西突厥時代；法師於三年秋出遊，四年夏至素葉，所逢方事畋遊戎馬甚盛之葉護可汗，固少葉護非老葉護也。假定法師果元年出遊，二年夏到素葉，則所見者正俟毗可汗。然是時俟毗方與肆葉護爭國，素葉以西，皆附肆葉護，法師何能安然通過？惟三年以後，肆葉護既統一西突厥，故法師得西行無阻。此又元年說不能成立，三年說不可推翻之一鐵證也。

新唐書貞觀四年俟毗請婚事不確

將據新唐書西突厥傳「貞觀四年俟毗可汗請婚，不許，詔曰，突厥方亂，君臣未定，何遽昏爲」之條，以證四年時當國者爲俟毗可汗耶？則又可據舊唐書、通鑑以證其說之不確。蓋「君臣未定，何遽婚爲」之語，舊唐書、通鑑皆載之，皆以此爲對肆葉護共同之言，不單爲俟毗而發；通鑑且繫其事於二年之下也。則「貞觀四年」四字，正糾繆所謂「宜削而反存」者也。

吾嘗稽之册府元龜卷九七〇：武德九年三月六月，均書西突厥葉護可汗遣使朝貢；貞觀元年正月十月，二年四月，三年十一月，則但書西突厥遣使朝貢，而不書可汗爲何。以時考之，則元年正月一役，猶是統葉護當國；元年十月及二年四月兩役，正兩汗爭立，各遣使請婚之時；三年十一月一役，則肆葉護統一之後也。自是四五六年，均不見西突厥來朝，則新唐書四年請婚之言，何自來耶？ 又糾繆所謂「以無爲有」者也。

元年出遊不能見李大亮

猶有一事，足證元年説斷不能成立，則涼州都督李大亮何時到任，極有研究之價值也。據諸書記載，法師以八月首塗于闐表作四月，則至遲九月中可到涼州； 然元年九月，李大亮不能到任也。 據兩書太宗紀，元年四月，涼州都督長樂王幼良伏誅； 兩書幼良傳，舊卷六〇，新卷七八或告王陰養士，詔遣宇文士及代爲都督，並按其事： 是元年四月以前，爲涼州都督者長樂王幼良也。 據兩書宇文士及傳，舊卷六三，新卷一百太宗即位，代封倫爲中書令，尋以本官檢校涼州都督，後爲殿中監； 據舊書太宗紀，宇文士及爲殿中監，在元年九月辛酉： 辛酉者九月十二，是元年九月以前，爲涼州都督者宇文士及也。 假令繼士及者即爲李大亮，然士及奉到詔書，至早需在十月，則李大亮之到任，至早亦需在十月後也。 據舊書李大亮傳： 卷六二大亮以貞觀元年，由越州都督轉交州都督，尋召拜太府卿，出爲涼州都督。 新書卷九九大亮傳同，而貞觀元年改爲貞觀初，亦當書反闕也一歲三遷： 由越州而交州，由交州而内調，復出而涼州。 東西南北之途，三月五月之任； 無論如何，元年十月之涼州，不能有李大亮足跡也。則元年説終不能成立也。照新書太宗紀，宇文士及檢校涼州都督在元年八月，宰相表亦然，與幼良傳不合，此又糾繆所謂「紀志表傳不相符合」者也

于闐表十七載之七字誤，貞觀三年之三字不誤，如必欲保存于闐表之十有七載，則必需推翻聖教序及諸書之十有七載

元年説之動機，梁任公謂因法師在于闐上表，有「貞觀三年出遊今已十七載」等語，而疑法師之還于闐，在貞觀十八年春夏之交；以此上推十七年，當爲貞觀元二年而非三年也。然吾以爲苟有疑於于闐表，則當由貞觀三年下推至貞觀十八年，而疑十有七載之訛；不當由貞觀十八年上推十有七年，而謂貞觀三年爲誤也。因十有七載之説，不獨見於于闐表，吾人少時臨褚遂良或集王羲之書聖教序，此語即深印於腦中；而求其所謂十有七載者，係指貞觀十九年歸國而言。于闐上表時，何能有是語。是必原文有誤，原文四月私往之四字亦疑誤或原文爲十有六載，後人習見聖教序諸書之十有七載而改之，而未計及其還到于闐與歸京，先後幾差一載也。如任公言，則是于闐表之十有七載無誤，而聖教序及諸書之十有七載皆誤也；因由貞觀十九年上推至貞觀元年，不止十有七載故。又如任公言，則須遍改諸書之

三年，又須遍改諸書之十有七載，而僅留于闐表之十有七載也。其然，豈其然乎？吾故曰貞觀三年出遊説必不可推翻，元年出遊説必不能成立也。至謂傳中所記歲月，非滿十六年有半之時日，不敷分配；則十七年中本有六閏，更事嚴覈，所差當無幾矣。

附本傳甲子紀誤

本傳所紀歲月，不易臆校。惟第六卷以下，月日差舛，尚易察覺。今校本全未注意，不無遺憾。曩讀常州天寧寺本，曾以長術校之，發現差舛不少，並録如後，識者幸是正焉！

本傳自卷六起，均以甲子紀日。卷六第六頁丁卯，蒙上文當爲六月，照傳録當爲五月。然貞觀十九年六月五月均無丁卯，丁卯當爲七月朔，則丁卯上應有「秋七月」三字。同頁辛巳，七月十五也。若蒙上文而不加七月，則丁酉朔之六月，又何能有辛巳耶？此其一。

同頁校注中有「録閏二月」云云，亦誤。貞觀二十年，閏三月非閏二月，日本縮刷開元録據麗本作閏三月，是也。宋元明本作閏二月，均誤。

同卷第十頁，常州本第九頁有六月庚辰。貞觀二十二年六月庚戌朔，無庚辰，庚辰爲七月朔，故此庚辰，非錯簡即誤字。此其二。

卷七第三頁，又有庚辰，蒙上文此庚辰亦爲六月。然貞觀二十二年六月既無庚辰，此庚辰當爲七月朔，則同卷第五頁「秋七月」三字，應在第三頁庚辰之上。此其三。

同卷第十五頁，常州本第十四頁夏五月乙卯，蒙上文當爲永徽三年。然永徽三年五月丁巳朔，無乙卯，非同卷第十三頁之三年有誤，即此五月乙卯有誤。此其四。

卷八第十八頁，「三月庚申」，蒙上文當爲顯慶元年。然是年三月乙丑朔，無庚申，庚申當爲二月二十六日也，以二月乙未朔故，則「三月」二字衍。此其五。

卷九第一頁，「顯慶元年春三月癸亥」，下文「甲子」。是年三月無癸亥，無甲子，癸亥爲二月二十九日，甲子爲二月三十日，則三月爲二月之訛，第二頁「乙丑」云云，乙丑三月朔也。則三月二字，應在乙丑上，第三頁景寅云云，則三月二日也。此其六。

本傳自卷九第五頁常州本第四頁四月八日起，改用數目紀日，不用甲子。然卷十第一頁，忽又有「元年秋八月戊子十九日」云云，蒙上文元年當爲顯慶元年。然顯慶元年八月癸巳朔非戊子，十九日亦非戊子，當有誤。此其七。

卷十第四頁，校注「傳作未」云，未當作末。

法師寂後第二十一甲子六月，陳垣書於北京勵耘書屋

〔作於一九二四年六月。載於東方雜誌第二一卷第十九號（一九二四年十月）。據原稿校訂。〕

耶律楚材父子信仰之異趣

耶律楚材是契丹的後裔，生長燕京。他的家就在玉泉、香山之間，故號玉泉。他寄妹夫人詩，有「三十年前旅永安」之句，湛然集卷十永安就是香山。他的墳墓在今萬壽山，本名甕山。

一千二百十五年，耶律楚材廿七歲，在燕京當金國的員外郎。元兵圍燕京，耶律楚材絶粒六十天。他平日本來好講佛，經過這番患難之後，他學佛的念頭更大了。他就再去訪聖安寺澄和尚。澄和尚說：你們官僚，並没有真心學佛，不過搜摘幾句語録來作談柄罷了，所以我向來没有和你深談。今看你有真心學佛的意思，如果照從前的敷衍你，實對你不起。但是我不通儒理，不能教你。萬松老人是儒釋兼備，宗説精通的，你可以去見他。從容録序他因此就去見萬松，佩服的了不得，於是無間寒暑，無日不參，廢寢忘餐的三年。萬松給他起了一個法號湛然居士從源。到了三十歲的時候，元太祖在西域想起用契丹的遺族，聽見他名，就召他到西域去。

他到西域一二年後，元太祖又召長春真人丘處機到西域。長春去西域時，途中作了許多詩。耶律楚材雖然不喜歡道教，但因爲在西域作詩的朋友少，所以見了丘長春之後，也未嘗不高興。他在邪米思干與丘長春倡和的詩，有好幾十首，都載在他湛然居士集裏。但是他一邊同丘長春倡和詩，一邊對於道教是不滿的。丘長春在燕京起行的時候，燕京士大夫都有贈行詩。這些士大夫，多數是耶律楚材的舊友。中間有一卷瑞應鶴詩係丘長春在燕京傳戒時，有五鶴翔空，當時以爲祥瑞，大家替丘長春題的。耶律楚材見了這卷詩，很不高興，所以他寄宣撫王巨川詩有兩句說：

昔日談禪明法界，而今崇道倡香壇。湛然集卷六

他的序說：王巨川本來喜歡談佛，現在又居然爲道教作起瑞應鶴詩來了。他寄南塘老人張子真詩，又有兩句說：

知來何假靈龜兆，作賦能陳瑞鶴祥。卷六

都是譏諷他好爲丘長春題瑞鶴圖的意思。瑞鶴詩卷中，獨李子進一人無詩。耶律楚材大爲歎賞，寄他的詩，有四句說：

只貪滯酒長安市，不肯題詩瑞應圖。我念李侯端的意，大都好事不如無。卷六

據這三首詩看來，耶律楚材是根本同丘長春意見不投的。湛然居士集裏，又有一個邵薛村道士姓陳的求他詩，他答覆道：

玄宮聖祖五千言，不説飛昇不説仙。燒藥錬丹全是妄，吞霞服氣苟延年。須知三教皆同道，可信重玄也似禪。趨破異端何足慕，紛紛皆是野狐涎。卷七

耶律楚材有一個朋友名劉子中，本來是出家入全真教，就是道教後來還俗了。楚材贈他詩，中有六句云：

君子慎擇術，痛恨倍全真。調心正是妄，堪笑學鳥伸。一日錯下脚，萬劫含酸辛。卷十

耶律楚材又有一個朋友號清溪居士陳秀玉。在楚材没有認得萬松時，陳秀玉曾勸楚材參萬松。到了楚材參萬松後，陳秀玉認得丘長春，極其推崇。楚材勸秀玉參萬松，秀玉總是不聽。楚材曾有戲秀玉詩，説：

不見桃源路渺茫，清溪招引到仙鄉。湛然幸得齁齁飽，擘與些兒不肯嘗。卷九

以上所説，都是耶律楚材對道教不喜歡的話，但是還不至破裂。到了一千二百廿七年，他卅九歲時候，奉命回到燕京，正值道教極盛之時，好些佛寺，都被改爲道觀。楚材見了，更爲不悦。他經過太原南陽鎮紫薇觀，曾有題壁詩，道：

三教根源本自同，愚人迷執强西東。南陽笑倒知音士，反改蓮宫作道宫。湛然集六

當時丘長春弟子尹志平有和他的詩，道：

三教雖同人不同，既言西是必非東。目前便是分明處，了一真通不二宫。

此詩見尹志平所著的葆光集卷上，也可見當時道教的氣焰。所以楚材到燕京後，就作了一部西遊録，有四千九百餘字，前半截是説西域情形，後半截是攻擊全真教的。是時丘長春剛死不過一年，楚材明白與全真教宣戰了。現在湛然居士集裏，所有在西域與丘長春倡和的詩四十餘首，滿將長春的名字删去。後人從他詩裏與長春西遊記所載的詩用韻相同者勘出來，才知道湛然居士集内有所謂「和人」者，就是和丘長春的，不過把長春名字改爲「和人」而已。因不喜歡長春，又捨不得把自己的詩删去，所以滿改爲「和人」。

他所著西遊録，本來有刻板的，但早就不傳了。前半截説西域情形的，約在一千二百九十五年的時候，盛如梓曾載在他所著庶齋老學叢談裏，他就説「此書人所罕見」了。計楚材成書在一千二百廿八年，至此不過六七十年，此書就説罕見，是什麽原故呢？西遊録後半攻擊丘長春的話，一千二百九十一年，祥邁著至元辯僞録時，曾詳引一千餘字，可見此書當時已經少見。不然，他可以教人看原書便了，何必詳細引在辯僞録呢？據我所知道的，一千六百零一年，明萬曆二十九年嘉禾包衡著清賞録，卷十一曾引用過西遊録一段，五十餘字，與盛如梓所引字句，稍有不同；與前年日本宫内省圖書寮所發見的足本鈔本西遊録，完全一樣。可見包衡所引，尚係原本。此書在中國萬曆時尚有流傳，不過明初修永樂大典時，已不見採入，即有流傳，亦極稀少了。

此書流傳稀少的原因，據我所研究，與耶律楚材的兒子極有關係，因耶律楚材父子信仰是不同的。

耶律楚材信仰佛教，排斥道教，既如上述。而他兒子耶律鑄是很喜歡道教的。他父親死後，此書當然禁止印行，或者是燬了板亦未定。因此書是他家刊行的，他兒子自然有銷燬的權。

耶律楚材死後，耶律鑄繼任爲中書丞相，年才二十三歲。他很好飲酒，很好作詩。他詩集名雙溪醉隱集，可惜如今不全。乾隆間修四庫全書，在永樂大典裏，零星採集，編爲六卷。雖不完全，但我們在詩集裏，就可以看出耶律鑄的信仰，與他父親不同了。

上文説過，燕京士大夫爲丘長春題瑞應鶴詩，是耶律楚材最不喜歡的。湛然集裏既有三首詩表示反對，他兒子不應該不知道。但是現在雙溪醉隱集裏，就有題長春宮瑞應鶴七律二首，卷四這不是明白與他父親作對麼？況且他題此詩時，丘長春早死了，一定是他在長春宮見了此圖，才追詠的。

他父親不喜歡與道士來往，所以有「燒藥錬丹全是妄，吞霞服氣苟延年」之句。卷七又有「茅山道士真堪笑，虛費工夫錬五金」之句。卷四而耶律鑄的詩集裏，與道士來往的極多，今略舉其目於下：

泊白鱮江廛外亭高道士携琴相訪一首卷三

永嘉周道人求詩一首卷三

奉寄郭仲益鍊師一首卷六

送田鍊師行一首卷六

重酬脩真宮鍊師一首卷六

讀書樓贈道士一首卷六

爲閱俳優諸相贈優歌道士一首卷六

寄白雲庵趙鍊師一首卷四

贈坐竿道士因寄長春李真人一首卷四

他同道士來往甚多，而集中的和尚僅一人。一人爲誰？就是一千二百五十五年，元憲宗五年與道教首先發難的福裕和尚。集中有「西園席上招雪庭裕上人」一首。卷三余疑他的招待裕上人，與調和釋道之爭有關。何以見得？他集中又有「西園春興，因贈雪庭上人兼簡張公講師」一首。卷三當時福裕的對手，就是張志敬。志敬是李志常即長春李真人的副手，與福裕在和林蒙哥皇帝面前爭辯的。此段故事，至元辯僞録言之甚詳。而耶律鑄詩兼簡二人，大有「杯酒息爭」之意。一千二百六十年，爲元朝第一次焚燬道經後第二年。耶律鑄在今北海瓊華島廣寒宮讌會，著有雪賦一首，卷一其中有「致靈景於明庭，延神光於清禁」二語。自注：「是日釋道會集，故有神光靈景之語。釋二祖慧可，初名神光。道書有靈景道君」云云。可見耶律鑄常常以一人之身，周旋於釋道二者之間也。鑄自號「獨醉道者」，又號「獨醉癡仙」。他詩集裏有答客問一首，說：

是佛盡居安樂國，無仙不住莫愁鄉。聽教共獻天花供，更管清明分外香。卷六

序云：「客有調余者曰，閱君獨醉園賦，君自謂蓮社上流，又爲獨醉癡仙。仙佛殊教，君之所謂，必有說矣。因以是答」云云。集中又有醉讀列子一首。云：

獨醉亭中獨醉仙，唯知仙道辨逃禪。等閒嚼蠟橫陳際，却味沖虛立命篇。卷六

右所述都是耶律鑄調和釋道的話。因爲他好道，他父親好佛，他不好意思明白反對佛，但他集中却有明白表示他自己是慕道的，曰：「李隱卿名谷，與青城劉翁同舟至蘭溪，卿大夫脩生者館之。道侶贈李詩云：李郎涉世似虛舟，片帆來度楚江秋。又毗陵家弟季天和此篇云：夢蝶豈知真是蝶，騎牛何必更尋牛。老夫亦慕道者，次韻和之，記劉李事跡。劉本書生，工詩奇異，飄然塵外也。」卷四「老夫亦慕道者」是他的明白表示。

他生在一個信佛的家庭，而自己獨好求仙，除上述諸詩外，集中關於遊仙宮觀等詩特

多，不一一列舉。惟有奉答翠華仙伯一首，自述他當初不信扶乩，後來纔信，亦可見他思想變遷之經過。奉答翠華仙伯詩序云：「張唐臣等諸公，夜祈大仙，仙批以詩云：玉皇香案晚朝回，小小星壇向夜開。一炷信香通鼻觀，翠鸞飛背酒仙來。或有問予行藏者，亦批以詩云：春來看取百花叢，粉白妖紅造化功。燕子鶯兒休調舌，花殘明日起熏風。祈求仙號，批以翠華仙伯。予平昔聞祈大仙，以爲兒戲而不之信也。是夜更有詩數首，並滿江紅詞一闋，氣語豪邁，篇什可觀。後因醮者，以此爲答」云云。卷四亦研究宗教思想史者一有趣問題也。而耶律楚材西遊録之所以流傳極少的原故，亦可於此明白了。

〔爲一九二九年九月三十日在燕京大學校舍落成典禮上宣讀之論文，載於燕京學報第六期（一九二九年十二月）。〕

附：丘耶西遊倡和詩

至魚兒濼　丘處機

北陸祁寒自古稱，沙陀三月尚凝冰。更尋若士爲黄鵠，要識修鯤化大鵬。蘇武北遷愁欲死，李陵南望去無憑。我今返學盧敖志，六合窮觀最上乘。

過閭居河四首　　耶律楚材

河冰春盡水無聲，靠岸鈎魚羡擊冰。乍遠南州如夢蝶，暫遊北海若飛鵬。隨堤柳絮風何處，越嶺梅花信莫憑。試暫停鞭望西北，迎風羸馬不堪乘。

北方寒凛古來稱，親見陰山凍鼠冰。戰鬭簷楹翻鐵馬，窮通棋勢變金鵬。五車經史都無用，一鶚書章誰可憑。安得衝天暢予志，雲輿六馭信風乘。

一聖龍飛德足稱，其亡凛凛涉春冰。千山風烈來從虎，萬里雲垂看舉鵬。堯舜徽猷無闕失，良平妙算足依憑。華夷一混非多日，浮海長桴未可乘。

自愧聲名無可稱，賢愚混世炭和冰。竊鹽倉鼠初成蝠，噴浪溟鯤未化鵬。賣劍學耕食粗遣，買山歸老價難憑。秋江月滿西風軟，何日扁舟獨自乘。

灤驛路　　丘處機

極目山川無盡頭，風煙不斷水長流。如何造物開天地，到此令人放馬牛。飲血茹毛同上古，峨冠結髮異中州。聖賢不得垂文化，歷代縱横只自由。

感事四首

耶律楚材

富貴榮華若聚漚，浮生渾似水東流。仁人短命嗟顔氏，君子懷疾歎伯牛。未得鳴珂遊帝闕，何能騎鶴上揚州。幾時擺脱閒韁鎖，笑傲煙霞永自由。

當年元擬得封侯，一誤儒冠入士流。赫赫鳳鸞捐腐鼠，區區蠻觸戰蝸牛。未能離欲超三界，必用麾旄混九州。致主澤民元素志，陳書自薦我無由。

得不欣欣失不憂，依然不改舊風流。深藏鳳璧毋投鼠，好蓄龍泉倏買牛。山寺幽居思少室，梅華歸夢遶揚州。萱堂温凊十年闕，負米供親媿仲由。

人不知予我不尤，濯纓何必揀清流。良材未試聊耽酒，利器深藏倏割牛。舊政欲傳新令尹，新朝不識舊荊州。眉山云邁歸商路，痛恪新詩寄子由。

南出金山臨河止泊三首

丘處機

八月涼風爽氣清，那堪日暮碧天晴。欲吟勝概無才思，空對金山皓月明。

金山南面大河流，河曲盤桓賞素秋。秋水暮天山月上，清吟獨嘯夜光毬。

金山雖大不孤高，四面長拖拽脚牢。横截山天心腹樹，干雲蔽日競呼號。

過金山和人韻三絶

耶律楚材

金山萬壑鬬聲清，山氣空濛弄晚晴。我愛長天漢家月，炤人依舊一輪明。

金山前畔水西流，一片晴山萬里秋。蘿月團團上東嶂，翠屏高掛水晶毬。

金山突兀翠霞高，清賞渾如享太牢。半夜穹廬伏枕卧，亂雲深處野猿號。

陰山途中

丘處機

高如雲氣白如沙，遠望那知是眼花。漸見山頭堆玉屑，遠觀日脚射銀霞。横空一字長千里，照地連城及萬家。從古至今常不壞，吟詩寫向直南誇。

過陰山和人韻

耶律楚材

八月陰山雪滿沙，清光凝目眩生花。插天絶壁噴晴月，擎海層巒吸翠霞。松檜叢中疏畎畝，藤蘿深處有人家。横空千里雄西域，江左名山不足誇。

夜宿陰山葡萄園

丘處機

夜宿陰山下，陰山夜寂寥。長空雲黯黯，大樹葉蕭蕭。萬里途程遠，三冬氣候韶。全身都放下，一任斷蓬飄。

過陰山和人韻

耶律楚材

羸馬陰山道，悠然遠思寥。青巒雲靄靄，黄葉雨蕭蕭。未可行周禮，誰能和舜韶。嗟吾浮海粟，何礙八風飄。

南望陰山三峰贈書生李伯祥

丘處機

三峰並起插雲寒，四壁横陳繞澗盤。雪嶺界天人不到，冰池耀日俗難觀。人云向此冰池之間觀看則魂識昏昧巖深可避刀兵害，其巖險固，逢亂世堅守則得免其難水衆能滋稼穡乾。下有泉源，可以灌溉田禾，每歲秋成名鎮北方爲第一，無人寫向畫圖看。

過金山用人韻

耶律楚材

雪壓山峰八月寒，羊腸樵路曲盤盤。千巖競秀清人思，萬壑爭流壯我觀。山腹雲開嵐色潤，松巔風起雨聲乾。光風滿貯詩囊去，一度思山一度看。

自金山至陰山紀行

丘處機

金山東畔陰山西，千巖萬壑横深溪。溪邊亂石當道卧，古今不許通輪蹄。前年軍興二太子，修道架橋徹溪水。三太子修金山，二太子修陰山今年吾道欲西行，車馬喧闐復經此。銀山鐵壁千萬重，爭頭競角誇清雄。日出下觀滄海近，月明上與天河通。參天松如筆管直，森森動有百餘尺。萬株相倚鬱蒼蒼，一鳥不鳴空寂寂。羊腸孟門壓太行，比斯大略猶尋常。雙車上下苦敦攧，百騎前後多驚惶。天池海在山頭上，百里鏡空含萬象。縣車束馬西下山，四十八橋低萬丈。河南海北山無窮，千變萬化規模同。未若兹山太奇絶，磊落峭拔如神功。我來時當八九月，半山已上皆爲雪。山前草木暖如春，山後衣衾冷如鐵。

過陰山和人韻

耶律楚材

陰山千里横東西，秋聲浩浩鳴秋溪。猿猱鴻鵠不能過，天兵百萬馳霜蹄。萬頃松風落松子，鬱鬱蒼蒼映流水。六丁何事誇神威，天台羅浮移到此。雲霞掩翳山重重，峰巒突兀何雄雄。古來天險阻西域，人煙不與中原通。細路縈紆斜復直，山角摩天不盈尺。溪風蕭蕭溪水寒，花落空山人影寂。四十八橋横雁行，勝遊奇觀真非常。臨高俯視千萬仞，令人凛凛生恐惶。百里鏡湖山頂上，旦暮雲煙浮氣象。山南山北多幽絶，幾派飛泉練千丈。大河西注波無窮，千溪萬壑皆會同。君成綺語壯奇誕，造物縮手神無功。山高四更纔吐月，八月山峰半埋雪。遥思山外屯邊兵，西風冷徹征衣鐵。

再用前韻

耶律楚材

河源之邊鳥鼠西，陰山千里號千溪。何云天險不易過，驌驦蹋蹵追風蹄。簽記長安五陵子，馬似游龍車如水。天王赫怒山無神，一夜雄師飛過此。盤雲細路松成行，出天入井實異常。王尊疾驅九折坂，此來一顧應哀惶。峥嶸突出峰峭直，山頂連天纔咫尺。楓林霜葉聲蕭騷，一雁横空秋色寂。西望月窟九譯重，嗟呼自古無英雄。出關未盈十萬里，荒陬不得車書通。天兵飲馬西河上，欲使西戎獻馴象。旌旗蔽空塵漲天，壯士如虹氣千丈。秦皇漢武稱兵窮，拍手一笑兒戲同。塹山陵海匪難事，剪斯羣醜何無功。騷人羞對陰山月，壯歲星星髮如雪。穹廬展轉清不眠，霜匣閒殺錕鋙鐵。

復用前韻唱玄　　耶律楚材

天涯流落從征西，寒盟辜負梅花溪。昔年學道頗得趣，魚兔入手忘筌蹄。殘編斷簡披莊子，日日須當誦秋水。誰知海若無津涯，河伯源流止于此。人間醬缶紙數重，太玄强草嗤揚雄。高卧蒿萊傲唐室，清風千古獨王通。曲者自曲直者直，何必區區較繩尺。一筆劃斷閒是非，萬事都忘樂岑寂。功名半紙字幾行，競羨成績書太常。只知牢筴饗芻豢，不思臨刃心悲惶。何如打坐蒲團上，參透昇平本無象。一鉼一鉢更無餘，容膝禪庵僅方丈。從教人笑徹骨窮，生涯元與千聖同。鳥道雖玄功尚在，不如行取無功功。來歸踏破澄潭月，大冶洪爐飛片雪。且聽石女鳴巴歌，萬里一團無孔鐵。

用前韻送王君玉西征二首

耶律楚材

湛然送客河中西，西域城名也乘輿何妨過虎溪。清茶佳果餞行路，遠勝濁酒烹駞蹄。結交須結真君子，君子之交淡如水。一從西域識君侯，傾蓋交歡忘彼此。當年君卧東山重，守雌默默元知雄。五車書史豈勞力，六韜三略無不通。詩詠珠璣無價直，青囊更有琴三尺。奉命西來典重兵，不得茅齋樂真寂。魚麗大陣兵成行，行師布置非尋常。先生應詔入西域，一軍駭異皆驚惶。武皇習戰昆明上，欲討昆明致犀象。吾皇兵過海西邊，氣壓炎劉千萬丈。先生一展才略窮，百蠻冠帶文軌同。威德洋洋震天下，大功不宰方爲功。隱居自有東山月，風拂松花落香雪。退身參到未生前，方信秤鎚元是鐵。

其二

先生應詔將征西，湛然送客涉深溪。徘徊一舍未忍去，兵車暫駐天駒蹄。猶憶今春送君子，桃李無言映流水。寒暑推遷奈老何，秋風革律重來此。關山險僻重復重，西門雪恥須豪雄。定遠奇功正今日，車書一混華夷通。先生純德如矢直，詎爲直尋而枉尺。功成莫戀聲利場，便好回頭樂玄寂。故山舊憶松千行，奇峰怪石元異常。前日盟言猶在耳，猿鶴思怨空悲惶。我擲直鈎魚不上，須信遊鱗畏龍象。宴鴻一舉騰秋空，誰羨文章光萬丈。道兮人作非天窮，區區何必較異同。語默行藏在乎我，退身奚論無成功。安東幸有閒山月，萬頃松風萬山雪。收拾琴書歸去來，修心須要金成鐵。

用前韻感事二首　耶律楚材

稱斤甘薺賣京西，誰信無人採五溪。鵬異衆禽全六翮，麟殊凡獸具五蹄。昔年學道宗夫子，盈科後進如流水。蟄龍猶未試風雷，萍泛蓬飄而至此。緼袍甘分百結重，不學亂世姦人雄。忘憂樂道志不二，守窮待變變則通。歲寒松柏蒼蒼直，摩雲直待高千尺。桃李無言蹊自成，此君冷淡人何寂。生平恥與噲伍行，杜門養拙安天常。澤民致主本予志，素願未酬予恐惶。否塞未能交下上，何日亨通變爻象。不圖廊廟爲三公，安得林泉參百丈。居士身窮道不窮，庸人非異是所同。筆頭解作萬言策，人皆笑我勞無功。流落遐荒淹歲月，贏得飄蕭雙鬢雪。謀生太拙君勿嗤，不如嗣宗學鍛鐵。

其二

金烏日日東飛西，滔滔緑水流長溪。流波一去不復返，逐日恨無八駿蹄。窮理達生獨孔子，歎夫逝者如斯水。歲不我與其奈何，兩鬢星星尚如此。曩時鑿破藩垣重，澤民濟世學英雄。風雲未會我何往，天地大否途難通。霜匣神劍蒼龍直，切玉如泥長數尺。利器深藏人未知，豐城埋没神光寂。讀書一目下數行，金石其心學王常。學術忠義兩無用，道之將喪予憂惶。有意攀龍不得上，徒勞牙角拔犀象。唯思仁義濟蒼生，豈爲珍羞列方丈。簞瓢陋巷甘孤窮，鴻鵠安與燕雀同。天與之才不與地，反令豎子成其功。安得光明依日月，功名未立頭如雪。問君此錯若爲多，使盡二十四州鐵。

南望大雪山

丘處機

造物峥嶸不可名，東西羅列自天成。南横玉嶠連峰峻，北壓金沙帶野平。下枕泉源無極潤，上通霄漢有餘清。我行萬里慵開口，到此狂吟不勝情。

過陰山和人韻

耶律楚材

陰山奇勝詎能名，斷送新詩得得成。萬疊峰巒擎海立，千層松檜接雲平。三年沙塞吟魂遯，一夜氈穹客夢清。遥想長安舊知友，能無知我此時情。

至回紇邪米思干大城

丘處機

二月經行十月終，西臨回紇大城墉。塔高不見十三級，以甎刻鏤玲瓏，外無層級，内可通行山厚已過千萬重。秋日在郊猶放象，夏雲無雨不從龍。嘉蔬麥飯蒲萄酒，飽食安眠養素慵。

河中春遊有感五首

耶律楚材

西胡尋斯干有西戎梭里檀故宮在焉構室未全終，又見頹垣遶故墉。緑苑連延花萬樹，碧堤回曲水千重。不圖舌鼓談非馬，甘分躬耕學卧龍。糲食粗衣聊自足，登高舒嘯樂吾慵。

異域河中春欲終，園林深密鎖頹墉。東山雨過空青疊，西苑花殘亂翠重。把欖碧枝初着子，葡萄緑架已纏龍。等閑春晚芳菲歇，葉底翩翩困蝶慵。

坎止流行以待終，幽人射隼上高墉。窮通世路元多事，巇險機關有幾重。百尺蒼枝藏病鶴，三冬蟄窟閉潛龍。琴書便結忘言友，治圃耘蔬自養慵。

西域渠魁運已終，天兵所指破金墉。崇朝馹騎馳千里，一夜捷書奏九重。鞭策不須施犬馬，廟堂良筭足夔龍。北窗高卧薰風裏，儘任他人笑我慵。

重玄叩擊數年終，大道難窺萬仞墉。舊信不來青鳥遠，故山猶憶白雲重。自知勳業輸雛鳳，且學心神似老龍。忙裏偷閑誰似我，兵戈横蕩得疏慵。

司天臺判李公輩邀遊郭西歸作

丘處機

陰山西下五千里，大石東過二十程。雨霽雪山遥慘淡，春分河府近清明。邪米思干大城大石有國時名爲河中府園林寂寂鳥無語，花木雖茂並無飛禽風日遲遲花有情。同志暫來閑睥睨，高吟歸去待昇平。

壬午西域河中遊春十首

耶律楚材

幽人呼我出東城，信馬尋芳莫問程。春色未如華藏富，湖光不似道心明。土牀設饌談玄旨，石鼎烹茶唱道情。世路崎嶇太尖險，隨高逐下坦然平。按：第一句知是和李公輩韻

三年春色過邊城，萍跡東歸未有程。細細和風紅杏落，涓涓流水碧湖明。花林啜茗添幽興，緑野觀耕稱野情。何日要荒同入貢，普天鐘鼓樂清平。

春雁樓邊三兩聲，東天回首望歸程。山清水碧傷心切，李白桃紅照眼明。幾樹緑楊摇客恨，一川芳草惹羈情。天兵幾日歸東闕，萬國歡聲賀太平。

河中二月好踏青，且莫臨風歎客程。溪畔數枝繁杏淺，牆頭千點小桃明。誰知西域逢佳景，始信東君不世情。圓沼方池三百所，澄澄春水一時平。

二月河中草木青，芳菲次第有期程。花藏徑畔春泉碧，雲散林梢晚照明。含笑山桃還似識，相親水鳥自忘情。遐方且喜豐年兆，萬頃青青麥浪平。

異域春郊草又青，故園東望遠千程。臨池嫩柳千絲碧，倚檻妖桃幾點明。丹杏笑風真有

意，白雲送雨太無情。歸來不識河中道，春水潺潺滿路平。

四海從來皆弟兄，西行誰復歎行程。既蒙傾蓋心相許，得遇知音眼便明。金玉滿堂違素志，雲霞千頃適高情。廟堂自有夔龍在，安用微生措治平。

寓跡塵埃且樂生，垂天六翮斂鵬程。無緣未得風雲會，有幸能瞻日月明。出處隨時全道用，窮通逐勢歎人情。憑誰爲發豐城劍，一掃妖氛四海平。

不如歸去樂餘齡，百歲光陰有幾程。文史三冬輸曼倩，田園二頃憶淵明。賓朋冷落絶交分，親戚團欒説話情。植杖耘耔聊自適，笑觀南畝緑雲平。

衰翁老矣倦功名，繁簡行軍笑李程。牛糞火熟石炕煖，蛾連紙破瓦窗明。水中漉月消三毒，火裏生蓮屏六情。野老不知天子力，謳歌鼓腹慶昇平。

復遊郭西二首　丘處機

二月中分百五期，元元下降日遲遲。正當月白風清夜，更好雲收雨霽時。帀地園林行不盡，際天花木坐觀奇。未能絶粒成嘉遁，且向無爲樂有爲。按：此和王君玉韻

深蕃古跡尚横陳，大漠良朋欲徧尋。舊日亭臺隨處列，向年花卉逐時新。風光甚解流連客，夕照那堪斷送人。竊念世間酬短景，何如天外飲長春。按：此和耶律楚材韻

遊河中西園和王君玉韻四首　耶律楚材

萬里東皇不失期，園林春老我來遲。漫天柳絮將飛日，遍地梨花半謝時。異域風光特秀麗，幽人佳句自清奇。臨風暢飲題玄語，方信無爲無不爲。

清明出郭赴幽期，千里江山麗日遲。花葉不飛風定後，香塵微斂雨餘時。彫鎸冰玉詩尤健，揮掃龍蛇字愈奇。好字好詩獨我得，不來賡和擬胡爲。按：第二首第一句知是君玉作主

異域逢君本不期，湛然深恨識君遲。清詩厭世光千古，逸筆驚人自一時。字老本來遵雅淡，吟成元不尚新奇。出倫詩筆服君妙，笑我區區亦强爲。

風雲佳遇未能期，自是魚龍上鈎遲。巖穴潛藏難遯世，塵囂俯仰且隨時。百年富貴真堪歎，半紙功名未足奇。伴我琴書聊自適，生涯此外更何爲。

河中遊西園四首按：第一首第一句知是楚材作主　耶律楚材

河中春晚我邀賓，詩滿雲牋酒滿巡。對景怕看紅日暮，臨池羞炤白頭新。柳添翠色侵凌草，花落餘香著莫人。且著新詩與芳酒，西園佳處送殘春。

河中風物出乎倫，閒命金蘭玉斝巡。半笑梨花瓊臉嫩，輕顰楊柳翠眉新。銜泥紫燕先迎

客，偷蕊黄蜂遠趁人。日日西園尋勝概，莫教辜負客城春。
幾年萍梗困邊城，閒步西園試一巡。圓沼印空明鏡瑩，芳莎藉地翠茵新。幽禽有意如留客，野卉多情解笑人。屈指知音今有幾，與誰同享甕頭春。
金鼓鑾輿出隴秦，驅馳八駿又西巡。千年際會風雲異，一代規模宇宙新。西域兵來擒僞主，東山詔下起幽人。股肱元首明良世，高拱垂衣壽萬春。

丘處機與耶律楚材宗教不同，而嘗同客西域。其始倡酬無虚日，耶和丘之作，動輒數疊韻。後以道不同故，積不相能，終至割席。耶著西遊録，詆丘甚力。惟其子與父異趣，獨黨丘，删詆丘之言，故今所傳西遊録有二本。其詩集則凡和丘之作，悉署「和人韻」、「用人韻」，而深没其名，褊心至爲可哂。幸丘弟子亦著西遊記，對耶不出惡言，所記詩詞則每與耶同韻，可考見兩家倡酬之跡。兹特輯爲一卷，以便勘證。其異韻者尚無從知爲和作否也。

中華民國十四年四月十一日新會陳垣識

雲岡石窟寺之譯經與劉孝標

大同雲岡石窟寺，自平綏路通後，漸漸有名於世。但遊者多注意其建築之奇偉，雕刻之精美，今特言其譯經事業。

雲岡石窟寺之創築者爲沙門曇曜，一九一八年余曾有雲岡石窟寺歷史論文發表。東方雜誌第十六卷第二、三號曇曜不獨爲石窟寺開山的創始者，亦爲石窟寺譯經的創始者。曇曜續高僧傳有傳，他所譯者爲：

大吉義神咒經二卷，

淨度三昧經一卷，

付法藏傳四卷。

大吉義神咒經，至今猶存。惟淨度三昧經及付法藏傳至七百三十年智昇撰開元釋教録時，已稱闕本。近年余在敦煌石室所藏經卷中發現有淨度三昧經兩卷：一卷，三紙，卅七行，首五行碎損，所説者係佛爲屏沙王説善惡諸報，卷尾題淨度三昧經卷上。又一卷，十三紙，二百九十四行，首亦碎損，中説：是經一名斷諸苦本，一名總持諸法門三昧，一名淨度三昧。卷尾題淨度三昧經卷下。前半爲佛化五百美女成男身作沙門，後半與恐畏長者及阿難説戒律及親近善知識。

此經是否爲曇曜譯本，未敢斷定，然有爲曇曜譯本之可能。不過與大唐内典録及開元釋教録所載曇曜譯淨度三昧經卷數不符，稍爲疑問耳。

付法藏傳今亦不存，今所存者，爲付法藏因緣傳六卷，亦雲岡石窟寺沙門吉迦夜所譯。吉迦夜續高僧傳無傳。開元釋教録稱吉迦夜爲西域人，以北魏孝文帝延興二年四七二「爲昭玄統沙門曇曜譯大方廣十地等經五部，劉孝標筆受」。據現存大藏經付法藏因緣傳六卷，題元魏西域三藏吉迦夜共曇曜譯。可見吉迦夜當時係以曇曜所譯者爲底本，而從新改譯，又在目上加「因緣」二字也。自吉迦夜譯本行，而曇曜譯本遂廢。以今存曇曜譯大吉義神咒經推之，曇曜所譯，較爲樸僿，不如吉迦夜譯之文采，亦未可知。此與筆受人極有關，吉迦夜譯筆受人爲劉孝標，孝標固南朝著名文學家也。

吉迦夜譯經，除付法藏因緣傳外，尚有：

雜寶藏經十卷，

佛説大方廣菩薩十地經一卷，

佛説稱揚諸佛功德經三卷，

方便心論一卷。

諸經今皆流傳。惟雜寶藏經亦題吉迦夜共曇曜譯;其餘三種均只稱吉迦夜譯。吉迦夜事跡不詳,惟與他筆受之劉孝標,極可注意。凡曾讀過文選中廣絶交論及辨命論的,没有不知道劉孝標。劉孝標名峻,以字孝標行,平原人。梁書、南史皆有傳。他既是南朝人,如何會在北魏都城外雲岡石窟寺作譯經事業,此事説來極有趣,從前人多未注意。

我們若是單據梁書,不見得孝標曾作和尚。梁書本傳卷五十説:峻生期月,母携還鄉里。宋泰始初,青州陷魏,峻年八歲,爲人所略,至中山。中山富人劉實南史作「劉寶」愍峻,以束帛贖之,教以書學。魏人聞其江南有戚屬,更徙之桑乾。峻好學家貧,寄人廡下,自課讀書,常燎麻炬,終夜不寐。齊永明中,從桑乾得還。所謂宋泰始初者,泰始五年四六九也。泰始五年,爲魏皇興三年。魏書獻文紀皇興三年「五月,徙青州民於京師」。峻之被徙,當在此時。但南史卷四九峻傳叙此事尤詳。南史稱:峻本名法武,父卒,其母許氏,携峻及其兄法鳳還鄉里。兄名法鳳,則峻本名法虎,南史避唐諱,改「虎」爲「武」也。南史又稱:峻徙代都,「居貧不自立,與母並出家爲尼僧,既而還俗」。是峻曾出家爲僧,與吉迦夜譯經,當在此時。唯開元釋教録説吉迦夜譯經在延興二年,四七二以泰始五年八歲推之,延興二年,峻方十一歲,文學未必甚優。但吉迦夜譯經多種,未必一時譯成。峻之逃奔江南,梁書、南史均謂在齊永明中。據文選重答劉秣陵沼書，李善注引峻自序，峻之逃還江南，實在齊永明四年四八六二月，斯時峻已二十五歲矣。八歲被略，至廿五歲，在魏凡十八年。此十八年中，正峻在魏都今大同讀書及譯經時也。南史又稱峻奔江南後，始「改名峻，字孝標」。其在魏時，名並不顯。但今開元釋教録稱孝標不稱法武，蓋根據大唐内典録；大唐内典録蓋根據道慧宋齊録。其所以稱孝標不稱法武者，蓋從孝標改名以後追稱之也。

孝標逃還江南後，有兩大著述：其一爲世説新語注，引書一百六十餘種，至今士林傳誦。其一爲類苑，一百二十卷，隋唐三志皆著録。南宋末陳氏撰書録解題時，始説不存。以今日觀之，孝標之注世説及撰類苑，均受其在雲岡石窟寺時所譯雜寶藏經之影響。印度人説經，喜引典故；南北朝人爲文，亦喜引典故。雜寶藏經載印度故事，世説及類苑載中國故事。當時談佛教故事者，多取材於雜寶藏經；談中國故事者，多取材於世説新語注及類苑，實一時風尚。南史稱：梁武帝每集文士，策經史事，加其賞賚。曾策「錦被」事，咸言已罄。帝試呼問峻，峻請紙筆，疏十餘事，坐客皆驚。及峻類苑成，帝即命諸學士撰華林遍略以高之。其博洽見忌如此。其根底全植於雲岡石窟寺爲沙門時也。

或疑孝標在魏都，雖有十八年，然魏都文化并不高，孝標雖勤，何從得書。不知魏時文化雖甚鄙野，然孝標被略至魏，正魏孝文振興文教之時，中原圖籍，必漸搜集；雲岡石窟寺新建，梵漢經典，正好貯藏。以今吉迦夜與孝標所譯諸經無一不存之例例之，則古刹保存經籍之功實大。

雲岡石窟寺今雖荒僻，然鐵路未通時，其荒僻較今日何止十倍。故雲岡雖有冠絶一時之雕刻，然見於文人題詠者絶少，全唐詩中，僅有宋昱一詩。第二函第七册直到明萬曆末年，一六二〇始有吴伯與一詩，今刻石窟寺西階下。又到清朝，然後有朱彝尊、曹溶、胡天游等，或因游宦，或因游幕，偶然至此題詠。胡天游詩有「野客定難携屐到，山禽猶自戀人啼」之句，見道光大同縣志二十其荒凉景況如此，想不到北魏在恒安建都時，雲岡之熱鬧又如彼也。然則文人之到雲岡者，實以劉孝標爲第一人，注水經之酈道元當爲第二人，其著作皆有名於後世。可惜雜寶藏經能因佛藏而存，而類苑不能借佛藏而存也。

孝標之卒，據南史在梁普通三年，五二二年六十。據梁書爲普通二年。以泰始五年四六九八歲推之，孝標當生於宋大明六年，四六二六十歲當爲普通二年，而「三年」字誤也。

與曇曜同時同地譯經者，尚有沙門曇靖，所譯有提謂波利經二卷，大唐内典録尚著録；以不爲世所推重，故早已不存。提謂波利經外又有提謂經一卷，亦經曇靖點竄，隋時民間盛行，故曇靖之名，唐初續高僧傳以附曇曜傳，而吉迦夜名反不著，不可謂非續高僧傳一時之疏略也。

（爲一九二九年十月一日在燕京大學校舍落成典禮上宣讀之論文，亦載於燕京學報第六期。）

大唐西域記撰人辯機

一　緒論
二　辯機之自述
三　瑜伽師地論後序之辯機
四　慧立口中之辯機
五　道宣口中之辯機
六　僧傳中散見之辯機
七　新唐書辯機凡三見
八　資治通鑑中之辯機
九　辯機之略歷及年歲
十　辯機與高陽公主來往之年
十一　辯機被戮之年及譯經年表
十二　王鳴盛不信西域記爲辯機撰

十三　同時是否有兩辯機

十四　餘論

一　緒論

玄奘所譯經論七十五部，卷首皆稱某某造，玄奘奉詔譯，不著綴文人。惟大唐西域記卷首獨著「玄奘奉詔譯，沙門辯機撰」。故辯機之名獨著。西域記所以與他經論異者，他經論係照本翻譯，西域記則玄奘自述，辯機爲撰文。又他經論雖稱奉詔譯，實奘所自請，經帝准許，西域記則係帝所特屬，觀慈恩傳所載自明。傳云：

貞觀十九年二月，玄奘見帝於洛陽宮，廣問彼事。帝曰：佛國遐遠，前史不能委詳。師既親睹，宜修一傳，以示未聞。二十年七月，書成表進。帝親自答書，曰：請爲經題，非己所聞，新撰西域記，當自披覽。卷六

此西域記爲帝所特屬之證也。傳又稱：

玄奘奏：從西域所得梵本六百餘部，一言未譯，望爲國翻譯，伏聽勅旨。帝曰：西京弘福寺有禪院，法師可就翻譯。卷同

此諸經論爲奘所自請，經帝准許之證也。諸經論，非究心内典之人不讀。西域記，則究心歷史地理之人皆讀之。故佛藏以外，傳本亦衆。惟辯機，僧傳無傳。新唐書、通鑑載高陽公主與辯機亂，事發，辯機被誅。僧傳不爲立傳，亦自有因。今特搜集關於辯機之史料而論次之。

二　辯機之自述

大唐西域記卷末有記贊一首，二千三百餘言，詞旨甚美。中有辯機自述，曰：

辯機遠承輕舉之胤，少懷高蹈之節，年方志學，抽簪革服，爲大總持寺薩婆多部道岳法師弟子。雖遇匠石，朽木難彫，幸入法流，脂膏不潤，徒飽食而終日，誠面牆而卒歲。幸藉時來，屬斯嘉會，負燕雀之資，厠鵷鴻之末。爰命庸才，撰斯方志，學非博古，文無麗藻，磨鈍勵朽，力疲曳蹇，恭承志記，倫次其文，尚書給筆札而僎録焉。淺智褊能，多所闕漏，或有盈辭，尚無刊落。昔司馬子長，良史之才也，序太史公書，仍父子繼業。或名而不字，或縣而不郡。故曰一人之精，思繁文重，蓋不暇也。其况下愚之智，而能詳備哉？

此辯機之謙詞也。大唐西域記之先三十餘年，有隋吏部侍郎裴矩撰西域圖記三卷。玄奘在西域時，又有王玄策使西域，曾撰中天竺國行記十卷。大唐西域記之後十餘年，唐高宗又曾遣使分往康國、吐火，訪其風俗物産，詔史官撰次西域圖志六十卷。皆載新唐書藝文志卷五八地理類。然諸書今皆不傳，所傳者獨大唐西域記。固有賴乎釋藏，亦其文采優美，足以流傳後禩也。

三　瑜伽師地論後序之辯機

玄奘所譯經論，今皆存在。然七十五部中，其當時後記、後序存者，並大唐西域記，亦不過九部。即：

大乘大集地藏十輪經
不空羂索神呪心經
菩薩戒羯磨文
瑜伽師地論
因明入正理論
成唯識論

阿毗達磨界身足論

阿毗達磨大毗婆沙論

據開元録，則玄奘所譯諸經，皆有訖事年月日，其必根據當時後記、後序可知。今七十六部中，除西域記後贊爲辯機自撰外，與辯機有關者，唯瑜伽師地論後序。序爲中書令許敬宗作，在卷一之後，不敢與卷首御製序平行也。許敬宗爲當時監譯人，其序略曰：

貞觀二十年五月十五日，肇譯瑜伽師地論。三藏法師玄奘，敬執梵文，譯爲唐語。

卷一至卷十，凡十卷。普光寺沙門道智受旨證文。

卷十一至二十，凡十卷。蒲州普教寺沙門行友受旨證文。

卷廿一至廿九，凡九卷。玄法寺沙門玄賾受旨證文。

卷三十至卅四，凡五卷。汴州真諦寺沙門玄忠受旨證文。

卷三十五至五十，凡十六卷。簡州福聚寺沙門靖邁受旨證文。

卷五十一至八十，凡三十卷。大總持寺沙門辯機受旨證文。

卷八一至八四，凡四卷。普光寺沙門處衡受旨證文。

卷八五至一百，凡十六卷。弘福寺沙門明濬受旨證文。

至二十二年五月十五日絶筆。僧徒并戒行圓深，道業貞固，欣承嘉召，得奉高人，各罄幽心，隨畢奏上。有感宸衷，親裁鴻序。

此經譯訖，辯機與高陽公主事件，猶未發露，故曰「僧徒並戒行圓深，道業貞固」也。瑜伽師地論百卷，綴文者八人，辯機所譯獨多，其材實可兼人。惜乎其爲一女子所累，以至早亡也。

四　慧立口中之辯機

慧立與辯機同僚，慈恩傳載開始譯經時諸僧題名最詳。開元釋教録諸書，即本於此。計：

證義大德，諳解大小乘經論，爲時輩所推者，一十二人。

綴文大德九人。

字學大德一人。

證梵語梵文大德一人。

所謂「綴文大德九人」者，即：

西京普光寺沙門棲玄，

西京弘福寺沙門明濬，

西京會昌寺沙門辯機，
終南山豐德寺沙門道宣，
簡州福聚寺沙門靖邁，
蒲州普救寺沙門行友，
蒲州棲巖寺沙門道卓，
豳州昭仁寺沙門慧立，
洛州天宫寺沙門玄則。

九人中，以辯機、道宣、靖邁、慧立四人名最著。因四人皆於譯經外，有關於史傳之著述。如辯機之西域記，道宣之内典録、續高僧傳，靖邁之譯經圖記，慧立之慈恩傳等，皆承學之士所共讀之書也。

五　道宣口中之辯機

道宣亦與辯機同僚，行輩較長。然對於辯機，稱道不衰。大唐内典録撰於麟德元年，即玄奘示寂之年。記載玄奘譯事者，除諸經後序外，當以此録與慈恩傳爲最早。其詞曰：

奘以貞觀十九年躬謁文帝，異倫禮接。仍勅名德沙門二十餘人，助緝文句。初在弘福翻經，公給資什。沙門靈閏等證義，沙門行友等綴文，沙門辯機等執筆。及慈恩創置，又移於彼參譯。大唐内典録五

名德沙門既有二十餘人，辯機既因事被誅，本可叙述他人，何必舉機爲例？又道宣撰續高僧傳玄奘傳，稱：

奘既承明命，返跡京師，遂召沙門慧明、靈閏等，以爲證義；沙門行友、玄賾等，以爲綴緝；沙門智證、辯機等，以爲録文；沙門玄模，以證梵語；沙門玄應，以定字僞。創開翻譯大菩薩藏經二十卷，余爲執筆，并删綴詞理。又復旁翻顯揚聖教論二十卷，智證等更迭録文，沙門行友，詳理文句。次又翻大乘對法論一十五卷，沙門玄賾筆受。微有餘隙，又出西域傳一十二卷，沙門辯機，親受時事。連紕前後，兼出佛地、六門、神呪等經，都合八十許卷。續高僧傳四

於辯機名字，題之至再。是時機之被戮，已十五六年，事過境遷，追懷當日，不無耿耿。蓋此次譯事，最先開譯者爲大菩薩藏經，即道宣執筆。其次爲顯揚聖教論頌、六門陀羅尼經、佛地經，皆辯機執筆。宣與機固最密切之人，英英妙年，竟遭慘戮，其爲愴痛，夫何可言！既不便爲立專傳，則不可不於適當處旁見之，亦僧史所應爾也。

六　僧傳中散見之辯機

宋撰高僧傳，辯機亦無傳。惟靖邁及普光傳偶及之。靖邁傳云：

貞觀中，屬玄奘西回，勑奉爲太穆太后於京造廣福寺，就彼翻譯。所須吏力，悉與玄齡商量，務令優給。遂召證義大德、諳練大小乘經論、爲時所尊尚者，得一十一人，邁預其選，即居慈恩寺，同普光寺棲玄、廣福寺明濬、會昌寺辯機、終南山豐德寺道宣，同執筆綴文，翻譯本事經七卷。宋高僧傳四

廣福寺即弘福寺，明濬即朗濬，避宋諱易之。此傳所據，即慈恩傳所列開始譯經時綴文之人。不諱辯機，可見辯機因事被戮情形，宋初已不甚著。又普光傳，因普光以大乘光之名顯，而普光原名不顯，遂以辯機爲證。可見辯機之名，在宋初極其顯著。人皆知其譯經多種，而忘其曾因事被戮也。普光傳云：

普光未知何許人，嘗隨奘往玉華宫譯大般若經，時號大乘光。奘自貞觀十九年創譯，訖麟德元年，凡二十載。總出大小乘經律論七十五部，一千三百三十五卷。十分七八，是光筆受。或謂嘉光，普光也。若驗從辯機同參譯務，即普光是也。宋高僧傳四

據開元釋教録，玄奘所譯經論：大乘光筆受者二十八部，大乘基六部，辯機與大乘雲各五部，其他三四部或一二部不等。今不以大乘基、大乘雲證普光，而獨以辯機證普光者，一因基、雲本名，上一字亦有疑問，不便以爲證；二因基、雲後至，不如辯機之開始即與普光同事也。

七　新唐書辯機凡三見

新唐書，歐陽修主修紀志，宋祁主修列傳。宋祁不喜浮屠，故舊書方伎傳有僧玄奘、神秀、一行等傳，新書皆削而不書。唯辯機則以高陽公主故，不惜一見再見。其一，在公主傳。其二，在房玄齡傳，新唐書糾繆曾在事狀叢複類卷十二譏之。其三，則在藝文志道家類釋氏。今分録其詞如下。公主傳曰：

合浦公主，始封高陽，下嫁房玄齡子遺愛。主，帝所愛，故禮異它壻。主負所愛而驕。房遺直以嫡當拜銀青光禄大夫，讓弟遺愛，帝不許。玄齡卒，主導遺愛異貲，既而反譖之，遺直自言，帝痛讓主，乃免。自是稍疏外，主怏怏。會御史劾盜，得浮屠辯機金寶神枕，自言主所賜。初，浮屠廬主之封地，會主與遺愛獵，見而悦之，具帳其廬，與之亂。

更以二女子從遺愛。私餉億計。至是，浮屠殊死，殺奴婢十餘。主益望。帝崩，無哀容。又浮屠智勖，迎占禍福，惠弘，能視鬼，道士李晃、高醫，皆私侍主。主使掖廷令陳玄運伺宫省禨祥，步星次。永徽中，與遺愛謀反，賜死。顯慶時追贈。卷八十三

房玄齡傳曰：

次子遺愛，誕率無學，有武力。尚高陽公主，爲右衛將軍。公主帝所愛，故禮與它壻絶。主驕蹇，疾遺直任嫡。遺直懼，讓爵，帝不許。主稍失愛，意怏怏。與浮屠辯機亂。帝怒，斬浮屠，殺奴婢數十人。主怨望。帝崩，哭不哀。高宗時，出遺直汴州刺史，遺愛房州刺史。主又誣遺直罪，帝勅長孫無忌鞫治，乃得主與遺愛反狀，遺愛伏誅，主賜死。遺直以先勳免，貶銅陵尉，詔停配享。卷九十六

舊唐書無公主傳。房玄齡傳卷六六載遺愛與公主謀反事，而不及辯機。辯機之事，蓋新書所得新史料，而據以增入者也。至謀反云云，乃漢唐以來帝室常有之事，不足異。即帝室親族中有謀繼承帝業；或羣臣中有謀擁戴其他帝裔繼承帝業，皆謂之謀反。此次房遺愛與公主謀反，即欲擁戴太宗弟荆王元景也。帝家親族爭産，無是非之可言。今所欲言者，名僧歷史耳。

惟舊書房玄齡傳有一語爲新書所略者，即遺愛伏誅，公主賜死後，諸子配流嶺表是

也。據此，公主殆不止一子。其爲玄齡之裔歟？抑辯機之胤乎？不可知矣。

新書藝文志道家類釋氏條下，載玄奘大唐西域記十二卷，又載辯機西域記十二卷。卷五九蓋一書誤爲二書也。

舊書經籍志不載大唐西域記，而方伎卷一九一玄奘傳載之，但不言辯機撰。據法苑珠林卷百十九，慧琳一切經音義卷八十二，大唐西域記均只題玄奘奉勅撰，亦不題辯機。可知唐本西域記有單題玄奘撰者。新書既删去玄奘傳，故歐陽特載其西域記於藝文志，不知何故，又重出一辯機。通志藝文略卷六六以西域記不當入釋氏類，乃改入地理類。而亦沿唐志之誤，重出一辯機。蓋即通志校讐略卷七一所譏見名不見書，而又躬自蹈之也。惟通考經籍考卷二百六據陳氏書録解題，尚不至誤。玉海卷十六則前據中興書目不誤，後據新書藝文志亦誤。

八　資治通鑑中之辯機

通鑑以資治爲名，對於釋氏，亦非因事不書。故佛圖澄、鳩摩羅什等，既因事而書，而譯經千卷之玄奘，乃竟不置一詞；獨辯機則以通公主故，大書特書。且其詞與新唐書頗有異同。知其同一史源，而各加修綴者也。通鑑卷一九九，永徽三年之末，記云：

散騎常侍房遺愛，尚太宗女高陽公主。公主驕恣甚。房玄齡薨，公主教遺愛與兄遺直異財。既而反譖遺直，太宗深責讓主，由是寵衰。主怏怏不悦。會御史劾盜，得浮屠辯機寶枕，云主所賜。主與辯機私通，餉遺億計。更以二女子侍遺愛。太宗怒，腰斬辯機，殺奴婢十餘人。主益怨望。太宗崩，無戚容。上即位，主又謀黜遺直，奪其封爵，使人誣告遺直無禮於己。上令長孫無忌鞫之，獲遺愛及主反狀。

據右記，通鑑所省略者，爲公主出獵，遇見辯機一節。又金寶神枕，通鑑但言寶枕。至浮屠殊死，通鑑則作腰斬辯機。腰斬，在唐非常刑，蓋必本來記載如此。通鑑照原文，而新唐書改爲殊死也。

通鑑，貞觀十九年二月，或詣留臺告房玄齡反，上腰斬告者。新唐書房玄齡傳，亦改腰斬爲斬。腰斬蓋事實，新書嫌其不文而改之。由此可證新書所引辯機之史料，通鑑同時亦見之。考核既真，故著於録，而非漫然襲自新書者也。故嘗謂此事之發露，亦偶然耳。假令寶枕不爲盜竊，則辯機與主之祕密，孰得而舉之？余詠史舊句有「若非胠篋偷神枕，安得唐書載辯機？」句又假令通鑑、唐書不載其文，則辯機雖被戮，其事亦未必傳於後。後人讀瑜伽師地論後序，亦惟有深信辯機之「戒行圓深，道業貞固」而已。

九　辯機之略歷及年歲

譯經以前之辯機無甚可考。據辯機自述，年方志學，爲大總持寺道岳法師弟子。道岳，續高僧傳卷十三有傳，云：

貞觀八年秋，皇太子召諸碩德集弘文館講義。岳廣開衢術，神旨標被。太子顧曰：何法師？若此之辯也。左庶子杜正倫曰：大總持寺道岳法師也。太子曰：皇帝爲寡人造寺，廣召名德，今可屈知寺任。屢辭不免，遂住普光。以貞觀十年春二月，卒於住寺。春秋六十九。

道岳既以貞觀八年秋後，移住普光，貞觀十年二月卒，則辯機之從道岳，最遲亦當在貞觀八年。因辯機是在大總持寺從道岳，不在普光寺從道岳也。假定辯機果以貞觀八年年十五出家，至貞觀十九年開始譯經之時，亦當年二十六。更證以同時譯經諸僧年歲可考者，則武德五年，玄奘二十一歲，貞觀十九年，玄奘四十四歲。據宋高僧傳卷十四道宣傳：「乾封二年十月卒，春秋七十二。」則貞觀十九年，道宣五十歲。又據宋高僧傳卷十七慧立傳：「年十五，貞觀三年出家。」則貞觀十九年，慧立三十一歲。道宣、慧立，與辯機同爲貞觀十九年開始譯經時綴文大德九人之一。道宣行輩較老，慧立與辯機行輩相若。辯機既爲公主所悦，則謂其被殺之日，年在三十左右，即後有新史料發見，亦當無大誤。且唐太宗卒年，據舊書本紀，年五十二。太宗有二十一女，高陽公主在新書公主傳中排十七。太宗卒年，公主亦諒不過三十。更證以舊書卷六五長孫無忌傳：

顯慶四年，許敬宗奏長孫無忌謀反。帝曰：我家不幸，親戚頻有惡事！高陽公主與朕同氣，往年與房遺愛謀反。今阿舅復如此，使我慙見萬姓！敬宗曰：房遺愛乳臭兒，與女子謀反，豈得成事？無忌與先朝取天下，衆人服其智；作宰相三十年，百姓畏其威。

云云。則公主與遺愛、辯機，皆同屬青年，可斷言也。諸書稱辯機爲大總持寺沙門，或稱會昌寺沙門。蓋先在大總持寺出家，而後住會昌也。大總持寺在長安城西南隅之永陽坊唐兩京城坊考四，會昌寺在城西北之金城坊唐會要四八，二寺皆在城中。新唐書所謂「初，浮屠廬主之封地」者，其寺必在郊坰可獵之地，蓋另一伽藍也。

十　辯機與高陽公主來往之年

辯機與公主來往，係在公主已嫁房遺愛之後，則必須先考公主出嫁之年。據舊書卷六六房玄齡傳：

玄齡自以居端揆十五年，女爲韓王妃，男遺愛尚高陽公主，實顯貴之極。頻表辭位，優詔不許。

所謂「居端揆十五年」者，應自玄齡爲端揆之年起算。若以尚書僕射解釋端揆，則玄齡貞觀三年二月始爲尚書左僕射，由貞觀三年算至十五年，當爲貞觀十七年。與舊書本傳繫此事於十六年之前不合。若以中書令解釋端揆，據舊書本傳，玄齡以貞觀元年代蕭瑀爲中書令，由貞觀元年算至十五年，適爲貞觀十五年。與舊書本傳繫此事於貞觀十六年之前合。但據舊書太宗紀、新書高祖紀及宰相表，均云武德九年七月，房玄齡爲中書令。由武德九年算至十五年，當爲貞觀十四年。是公主之嫁房遺愛，實在貞觀十四年。公主未嫁遺愛之前，玄齡已有女爲韓王妃，至是遺愛又尚公主，玄齡以此爲顯貴之極，深畏滿盈，故頻表辭位也。而通鑑繫此事於貞觀十三年正月之下，與「居端揆十五年」語不相應。既知公主何時出嫁遺愛，則辯機之識公主，總在貞觀十四年後。直至辯機之死，二人來往，已有八九年之可能。宜帝殺之而公主益恨也。

十一　辯機被戮之年及譯經年表

辯機被戮之年，史無明文。然由新唐書、通鑑之記載推之，辯機事件之發露，在玄齡已死，公主導遺愛與兄異貲之後；辯機既殺，主益怨望，帝崩無戚容，是辯機之殺，必在太宗未死之前。玄齡以貞觀廿二年七月卒，太宗以貞觀廿三年五月卒，辯機之被戮，蓋在貞觀廿二年七月後，廿三年五月前。

更以玄奘譯經年表考之，辯機最後所受之經，爲天請問經，以貞觀廿二年三月二十日訖。又瑜伽師地論中有辯機參譯，亦以貞觀廿二年五月十五日訖。此後諸經，不復見有辯機之名，更無法於貞觀廿三年以後，證明辯機之存在也。今將玄奘譯經年表，斷自唐太宗未死以前之一部分，附録如下，以備參考。本表月日，悉據開元録卷八排列，其不著始畢者，皆當日了者也。

	譯經地	綴文人
大菩薩藏經二十卷		
貞觀十九年五月二日始 九月二日畢	弘福寺	智證、道宣等
顯揚聖教論頌一卷		
貞觀十九年六月十日	弘福寺	辯機
六門陀羅尼經一卷		
貞觀十九年七月十四日	弘福寺	辯機
佛地經一卷		
貞觀十九年七月十五日	弘福寺	辯機
顯揚聖教論二十卷		
貞觀十九年十月一日始 二十年正月十五日畢	弘福寺	智證等
大乘阿毗達磨雜集論十六卷		
貞觀廿年正月十七日始 閏三月廿九日畢	弘福寺	玄賾等
瑜伽師地論一百卷		

貞觀二十廿二年五月十五日始畢　弘福寺　靈會、朗濬等

大唐西域記十二卷

貞觀二十年七月畢　弘福寺　辯機

大乘五蘊論一卷

貞觀廿一年二月廿四日　弘福寺　大乘光等

攝大乘論無性釋十卷

貞觀廿一廿三年三六月一十七日始畢　弘福寺始，慈恩寺畢　大乘巍、大乘林等

解深蜜經五卷

貞觀廿一年五七月十八三日始畢　弘福寺　大乘光

因明入正理論一卷

貞觀廿一年八月六日　弘福寺　明濬即朗濬

天請問經一卷

貞觀廿二年三月廿日　弘福寺　辯機

辯機之譯經自此止，尚有參譯之瑜伽師地論，五月十五日止。

勝宗十句義論一卷
貞觀廿二年五月十五日　弘福寺　靈雋
唯識三十論一卷
貞觀廿二年五月廿九日　弘福寺　大乘光
房玄齡本年七月癸卯(廿四日)卒
能斷金剛般若波羅蜜多經一卷
貞觀廿二年十月一日　玉華宮弘法臺　杜行顗
大乘百法明門論一卷
貞觀廿二年十一月十七日　北闕弘法院　玄忠
攝大乘論世親釋十卷
貞觀廿二年十二月八日始 廿三年六月十七日畢　北闕弘法院始，慈恩寺畢　大乘巍等
攝大乘論本三卷
貞觀廿二年閏十二月廿六日始 廿三年六月十七日畢　北闕弘法院始，慈恩寺畢　大乘巍等
緣起聖道經一卷

貞觀廿三年正月一日　北闕弘法院　大乘光

阿毗達磨識身足論十六卷

貞觀廿三年正月十五日始八月八日畢　北闕弘法院始，慈恩寺畢　大乘光等

如來示教勝軍王經一卷

貞觀廿三年二月六日　慈恩寺　大乘光

甚希有經一卷

貞觀廿三年五月十八日　終南山翠微宮　大乘欽

般若波羅蜜多心經一卷

貞觀廿三年五月廿四日　終南山翠微宮　知仁

唐太宗本年五月己巳（廿六日）卒

十二　王鳴盛不信西域記爲辯機撰

西域記之爲辯機撰文，本無問題，惟未見釋教目録者，則易生疑問。十七史商榷卷九二西域記之條，引玉海第十六卷而論之，云：

唐西域記十二卷，玄奘譯，辯機撰。今佛藏有此，卷首並列二僧名。據舊唐書方伎玄奘傳，及石刻太宗御製聖教序，錢易南部新書，則玄奘所譯乃佛經，此書玄奘自撰，何譯之有？辯機惡僧，豈能著書？玉海非是，藏本承其誤耳。

又蛾術編卷十二西域記之條云：

西域記十二卷，予得自釋藏。每卷首題「三藏法師元奘奉詔譯，大總持寺沙門辯機撰」。似元奘述之，辯機記之。竊意斷無同時僧有兩辯機之事。以一淫亂沙門，乃意在撰述，亦理所無。然載在正史者，不可不信。其書究係元奘作乎？與辯機同作乎？荒虛誕幻，吾何由而知之？

此王鳴盛不信西域記爲辯機撰之説也。鳴盛蓋未細讀西域記後贊耳。惡僧不能著書，不成理由。昔鳩摩羅什爲姚主所逼，强受十女。自爾以來，不住僧坊，每至講説，常先自説，譬如臭泥，中生蓮花，但採蓮花，勿採臭泥。高僧傳二鳩摩羅什傳辯機之被逼，何以異是！相傳玄奘大弟子窺基，常以三車自隨，前乘經論，中乘自御，後乘家妓。故關輔語曰「三車和尚」宋高僧傳四窺基傳。此又何説？曾謂羅什、窺基不能著書乎？似不足辯也。謂藏本承玉海之誤，則釋教自有目録，且遠在玉海之前五六百年，從何承起哉！

十三　同時是否有兩辯機

同時有兩辯機，事本可能。鼎鼎大名之玄奘，後四十年即有一元奘與之同名。見宋高僧傳卷廿四，江陵人，此一例也。撰慈恩傳者慧立，箋慈恩傳者彦悰。彦悰以貞觀之末，求法於玄奘之門。然隋大業間，已先有一彦琮。廣弘明集選其序論多首，相隔亦不過四十年。清人編全唐文卷九百五，即誤以彦琮爲彦悰。此又一例也。且慧立與惠立一人。靖邁與靜邁亦一人。而全唐文卷同上則以靜邁與靖邁分爲二人。此亦一反比例也。然則謂通公主之辯機，與撰西域記之辯機，爲另一人，有何不可？然而唐之有兩玄奘也，宋高僧傳早辨之矣。卷五恒景傳，曾述及玄奘，因繫之曰：

江陵玄奘，與三藏法師，形影相接，相去幾何？然其名同實異，亦猶藺相如得强秦之所畏，馬相如令揚雄之追慕，各有所長，短亦可見也。

假定辯機有二，一貞一淫，當淫僧被戮之時，同名者同在西京，豈能絶無聞見？後來僧傳，何不一爲辯之？且彦悰之「悰」從「心」，彦琮之「琮」從「玉」，明明不同也。然唐藝文志道家類釋氏，僧彦琮大唐京寺録傳條下注云：「龍朔人。并隋有二彦琮。」謂與上文撰崇正論之僧彥琮同名也。然宋高僧傳卷四彥悰傳載：

或有調之曰：子與隋彥琮相去幾何？對曰：賜也何敢望回！長卿慕藺，心宗慕於玉宗，故有以也。

以是推之，假定著書之辯機「辯」從「言」，被戮之辨機「辨」從「刂」，猶將有以辯之。今則無法證明貞觀末年西京有兩辯機也。

或舉趙明誠金石録第六百三十六有唐顯慶三年辨法師碑，碑文不傳，或注曰：「案法師名辨機。」辨機既有碑，則被戮之辯機，當另一人也。然古人稱僧例稱名下一字，如玄奘稱奘法師，道宣稱宣律師，辯機應稱機法師，今曰「辨法師」，其非辯機明矣。且原本金石録並無此注，此注蓋後來刻本所臆添。此辨法師固非撰西域記之辯機，亦非與撰西域記之辯機同名也。

十四　餘論

辯機之罪，似不至死，更何至於腰斬？又何至殺奴婢十餘人？頗疑其別有背景。

舊唐書卷五七裴寂傳：

貞觀三年，有沙門法雅，初以恩倖出入兩宮，至是禁絶之。法雅怨望，出妖言，伏法。

事並見續僧傳卷廿四大總持寺沙門智實傳。今新唐書高陽公主傳，言辯機之外，有浮屠智勖、惠弘等，皆私侍主，能占禍福、視鬼，殆亦法雅妖言之類。辯機之死，想與有關。宮掖事祕，莫能詳也。且唐太宗自始即不喜佛教，故貞觀十一年二月，有詔道士女冠在僧尼之前。唐大詔令集一百十三貞觀十三年冬，又有詔問法琳謗訕皇宗之罪。續僧傳廿四法琳傳皇宗，謂老子也。試更以太子太保蕭瑀之事證之。蕭瑀夙稱好佛，會瑀請出家，太宗謂曰：知公素愛桑門，今者不能違意。瑀旋奏曰：臣頃思量，不能出家。太宗怒，貶瑀爲商州刺史。手詔責之曰：

朕於佛教，非意所遵，雖有國之常經，固弊俗之虛術。求其道者，未驗福於將來，修其教者，翻受辜於既往。至若梁武窮心於釋氏，簡文銳意於法門，傾帑藏以給僧祇，殫人力以供塔廟，及乎三淮沸浪，五嶺騰煙，假餘息於熊蹯，引殘魂於雀鷇，子孫覆亡而不暇，社稷俄頃而爲墟，報施之徵，何其繆也！而太子太保宋國公瑀，踐覆車之餘軌，襲亡國之遺風，修累葉之殃源，祈一躬之福本。往前朕謂張亮：卿既事佛，何不出家？瑀乃端然自應，請先入道，朕即許之，尋復不用。一回一惑，在於瞬息之間，自可自否，變於帷扆之所，乖棟梁之大體，豈具瞻之量乎？宜即去茲朝闕，出牧小藩，可商州刺史，仍除其封。舊唐書卷六三蕭瑀傳此貞觀二十年十月事也。與貞觀廿二年御製聖教序時，相距僅一年有半，其言矛盾若是。非矛盾也，帝者操縱天下之術，無施不可也。蕭瑀爲梁武帝玄孫，故曰踐覆車之餘軌，襲亡國之遺風，深惡痛絶，情見乎詞。據此手詔，則太宗對佛教之真態，可以瞭然。其不能容法雅之妖言，任辯機之淫亂也，必矣。若徒據釋門著述，謂太宗本隆禮佛教，何至以此責瑀？何至對辯機如此其酷？是豈知太宗者哉！

一九三〇年二月

〔先後發表於前中央研究院歷史語言研究所集刊第二本第一份（一九三〇年五月）及桑原博士還曆紀念東洋史論叢（一九三一年一月）。一九五五年一月修訂後，作爲文學古籍刊行社出版的大唐西域記一書的附録。一九六三年十一月再校訂一次。今即採用一九六三年再校訂本，並據原稿校訂。〕

佛教能傳佈中國的幾種原因

年前剛大主教似曾徵求過此種論文，今天借輔仁社夏令會的機會，就將此題目作講演資料。

佛教入中國一千八百餘年，今日雖極衰落，然昔曾深入社會中心。佛教何以能得此，佛家說是佛力廣大，有人說是帝王提倡，據我觀察，有三種原因。

一　能利用文學；
二　能利用美術；
三　能利用園林。

而帝王提倡却不在内，因帝王有提倡的，也有毁佛的。

今先言「文學」，文學是與士大夫接近的唯一工具，最能窺透這意思的就是唐朝詩人白樂天居易，他有題宗上人十韻，大意説：

如來説偈讚，菩薩著論議。是故宗律師，以詩為佛事。欲使第一流，皆知不二義。從容恣語言，縹緲離文字。旁延邦國彦，上達王公貴。先以詩句牽，後令入佛智。人多愛詩句，我獨知師意。不似休上人，空多碧雲思。

借詩來交結士大夫，實中國佛家的祕訣，五代時詩僧齊已有一首戒小師詩，說：

不肯吟詩不聽經，禪宗異岳懶遊行。他年白首當人問，將底言談對後生。

以吟詩與聽經並列，其重要可想。宋姑蘇景德寺雲法師撰務學十門，其第六門曰：

不學詩無以言。

並注云：

雖不近乎聾俗，而可接於清才。

其意亦是借詩來交結清才。

佛家既有此風氣，故自晉以來，歷代能詩之僧，不可勝數。雖綺語有戒，然詩僧日多，名家詩集，不斷見有贈某上人，贈某師的詩，而詩句中與僧交際的話，亦不斷寫出，如：

白居易詩　洛陽城西塵土紅，伴僧閒坐竹泉東。

唐杜牧詩　夜深溪館留僧話，風定蘇潭看月生。

唐韋莊詩　十畝野塘留客釣，一軒春雨對僧棋。

宋王禹偁詩　雨屐送僧莎徑滑，夜棋留客竹齋寒。

當時不一定真係與僧往來，但欲表示閒適，把僧來做詩料，就覺得有幾分閒適。

唐鄭谷詩　琴有澗風聲轉澹，詩無僧字格還卑。

以「僧」字之有無，定詩格之高卑，至爲可笑，但以「僧」「寺」等字入詩，實六朝以來詩家風氣，試舉人所常誦的：

唐賈島詩　鳥宿池邊樹，僧敲月下門。

宋蘇軾詩　焦山何有有修竹，採薪汲水僧兩三。

和尚敲門汲水，是極尋常的事，何日無之，然一入詩人手裏，便成佳話。假定把「僧」字換作「神父」，何嘗不可，但總覺得生硬。又

唐張繼詩　姑蘇城外寒山寺，夜半鐘聲到客船。

唐元稹詩　何時最是思君處，月入斜窗曉寺鐘。

蘇軾詩　官舍度秋驚歲晚，寺樓見雪與誰登。

天主堂何嘗無鐘，何嘗無樓，若把寺鐘換作天主堂鐘，寺樓換作天主堂樓，又何嘗不可。然總覺得不慣，這因爲少人用的緣故。

又況文學一道，最重情感，不單是嵌入幾個字面，就算了事，必要做到天主堂的鐘聲，能令人聞而生感，天主堂的高樓，能令人見而生愛，才算是深入人心。上述的詩，似乎可以

到此地步，是爲佛教能傳播中國的第一原因。

第二是「美術」。愛美爲人類的天性，故美術亦傳教一大工具。但中國人的美術，第一就是「書」，第二就是「畫」，書與畫並稱，係中國及日本人的特色。六朝以來，高僧能書能畫的甚多。如：

陳之智永　隋之智果　唐之懷仁、懷素　宋之夢瑛

皆爲有名的書家。

晉之惠遠　五代之貫休　宋之巨然

皆爲有名的畫家。

其他能書能畫的，翻開書史及畫傳一看，殆無代無之。若中國天主教之神父修士，如郎世寧、艾啓蒙等，亦曾以畫著名，但能畫兼能書的，恐怕除康熙朝吳漁山歷外，未聽見有第二人。

姑蘇景德寺雲法師務學十門，第五門曰：

不工書無以傳。

鄭樵校讐略論收書之多，謂嘗見浮屠慧邃，收古人簡牘，宋朝自開國至崇觀間，凡是名

臣及高僧筆跡，無不備，佛門之重書如此，故易與士大夫接觸。

歷代名畫記言「自古善畫者，莫匪衣冠貴冑，逸士高人，非閭閻鄙賤之所能爲」，故在當時社會欲與高人逸士往來，亦非能畫不可。

六朝畫家，首推顧愷之、陸探微、張僧繇三家，然三家皆以佛畫著名，普通稱顧、陸、張、吳，唐吳道子亦以佛畫著名。歷代名畫記記兩京外州寺觀畫壁二百餘處，寺畫實占十之九。宋宣和畫譜分内府所藏諸畫爲十門，第一門即道釋畫，但釋畫仍占十之九，其稱道釋，不稱釋道者，因宋徽宗好道耳。佛門重畫如此，故古來名畫，多賴佛寺保存，温庭筠詩所謂「爲尋名畫來過寺」是也。

宋元以來，士大夫又輒以禪品畫，盛倡寫意之説，名之曰畫禪，董其昌論書畫之書，名曰畫禪室隨筆，其末章乃專論禪悦，禪之與畫，已成爲當時智識階級必需的裝飾品。

至於其他美術：如寺塔，如造象，如寫經，如壁畫等，無一不是佛教遺物，離開佛教來言中國美術，中國美術要去了一大半，是爲佛教能傳播中國的第二原因。

第三是「園林」，古語説：

天下名山僧占多。

宋趙抃詩　可惜湖山天下好，十分風景屬僧家。

此語不錯，今地方志中之古跡、名勝、金石三門，十之六七，或七八，是佛教資料，所以唐會昌五年西八四五毁佛，宰相李德裕上表有云：

一巖之秀，必極雕鐫；一川之腴，已布高刹。

其盛可想。其他關於佛寺的專著，如洛陽伽藍記、金陵梵刹志等，皆極言佛教伽藍之盛，可遊，可登，可宿，可食，當時非無逆旅，無傳舍，然士大夫喜居僧寺，與僧遊，名家詩集多有宿某寺、登某寺之作。

唐常建詩　曲徑通幽處，禪房花木深。

禪房猶神父住宅，今天主教神父住宅，花木深的恒有。

唐李涉詩　因過竹院逢僧話，又得浮生半日閒。

宋孫覿詩　夢覺灘聲喧客枕，吟餘竹色借僧窻。

院子有竹，窻外有竹，並不希奇，因爲有僧點綴其間，就覺得格外幽雅。

宋陸游詩　何時却宿雲門寺，静聽霜鐘對佛燈。

又　尋碑野寺雲生屨，送客溪橋雪滿衣。

又　一夏與僧同粥飯，曉來破戒醉新秋。

遊天主堂，與神父共飯，亦不希奇，何至津津樂道，因爲有園林之勝，市朝俗客，偶一登臨，便如入清涼世界，是爲佛教能傳播中國的第三原因。

今以著名反對佛教的文人韓昌黎愈來結束吾說。昌黎雖闢佛，但不能不與釋子唱酬，不能不欣賞佛教的壁畫，不能不贊美佛寺的幽靜，他有一首山石詩說：

山石犖确行徑微，黄昏到寺蝙蝠飛。升堂坐堦新雨足，芭蕉葉大梔子肥。僧言古壁佛畫好，以火來照所見稀。鋪床拂席置羹飯，疏糲亦足飽我飢。夜深靜卧百蟲絶，清月出嶺光入扉。

他又有一首早赴街西行香詩說：

老僧情不薄，僻寺境還幽。

他集中又有：

送惠師，送靈師，送文暢師，送僧澄觀，題秀禪師房，遊湘西兩寺，遊青龍寺，宿嶽寺等詩，不一而足。是極反對佛教的，亦不能不勉與周旋，可見當時佛教入世的深，真是化民成俗了。

佛教説完，連帶一説天主教。天主教初入中國時，亦頗得士大夫信仰，帝京景物略有葉向高贈西國諸子詩，中間説：

著書多格言，結交皆賢士。我亦與之遊，泠然得深旨。

錢謙益列朝詩集有李贄贈利西泰詩，西泰即利瑪竇。

澳門紀略有李日華贈利瑪竇詩。

帝京景物略又有池顯方贈艾思及詩，思及即艾儒略，意大利人，傳教福州，當時稱爲西來孔子。

此皆明季天主教初來時士大夫所贈詩，與昔人詩集中的贈某上人，贈某師詩無異，以時間論，其感人之速，遠過初期佛教。

據佛家記載，假定漢明帝永平十年西六七，佛教始入中國。

據現在留存的詩，約西曆三百五十年，東晉時始有瑯琊人王齊之念佛三昧詩，及陳留人支遁四月八日讚佛詩。

又約西曆四百五十年，劉宋時始有謝靈運過瞿溪山僧詩，及鮑照秋日示休上人詩。

今天主教入中國至明亡，不過六十餘年，已有士大夫與之唱酬，致其傾仰，實非初期佛教所及。

吾前言寺僧可入詩，天主堂神父何不可入詩，今考明末清初人詩：如沈光裕崇禎十三年進士贈湯若望詩，有云：

旨出爾行地，曆成吾道東。君糧不徒與，我信豈誠空。

是直用天主經的典故入詩。康熙間尤西堂侗撰外國竹枝詞云：

三學相傳有四科，曆家今號小羲和。音聲萬變都成字，試作耶穌十字歌。

天主堂開天籟齊，鐘鳴琴響自高低。阜城門外玫瑰發，杯酒還澆利泰西。

是直用耶穌及天主堂入詩。時天主教入中國仍不過百餘年，文學上運用天主教資料已如此顯著，亦遠過初期佛教。

至於「美術」方面，採用天主教資料更早。萬曆三十三年西一六〇五，程君房撰墨苑，已採用天主教畫四幅，時利瑪竇尚未卒。

萬曆四十四年西一六一六，顧起元撰客座贅語，亦嘗述利瑪竇論西洋畫法。

康熙間王士禎撰池北偶談，更盛稱西洋所畫人物及樓臺宮室。

乾隆間江西詩人蔣士銓題大西洋獅子圖云：

聖朝萬國來梯航，西洋謹獻百獸王。上表稱臣阿豐素，本多白壘陪臣將。天主降生一千六百七十四年三月十七日，乃是康熙戊午當秋陽……

題畫詩句中，直用西曆年月日，實爲前此所無，蔣氏膽量，可稱大極。一六七四是康熙十三年在西洋簽表之年，康熙戊午是康熙十七年到達中國京城之年，前後相差四年，不足爲異。阿豐素是葡萄牙國王，本多白壘，是兩個使臣名字，當時文學美術之參入西洋色彩，又已如此。

至於「園林」方面，天主教本極講究，可惜已往入中國的天主教，屬傳教性質的多，屬隱修性質的少，故天主堂多在城市，少在名山，雖有園林，未能得園林的妙用。

上文曾説中國佛教能藉「園林」之勝，招致朝野名士的遊觀及旅宿，爲傳佈佛教一妙法，今考天主教「園林」之見於名人題詠的，有：

王覺斯鐸訪道未湯先生亭上登覽聞海外諸奇詩，墨跡尚存，上海文明書局有影印本，道未即湯若望。

田山薑雯古歡堂詩，有南太常園亭歌，南太常即南懷仁。

吳青壇震方晚樹樓詩稿，有贈敦伯詩，末聯云：

却笑腐儒逢世拙，翻從海外得同心。

敦伯亦南懷仁。康熙間士大夫常與教士往來，致其傾慕之意，雍乾而後漸少，嘉道而後，殆幾絶跡。

趙翼甌北集，有天主堂觀西洋樂器詩，係乾隆間訪欽天監監正日耳曼西士劉松齡作，大略說：

郊園散直歸，訪奇番人宅。中有虬鬚叟，出門敬迓客。來從大西洋，官授羲和職。年深習漢語，無煩舌人譯。引登天主堂，有象繪素壁。靚若姑射仙，科頭不冠幘。云是彼周孔，崇奉自古昔。斯須請奏樂，虛室靜生白。初從樓下聽，繁響出空隙。方疑宮懸備，定有樂工百。豈知登樓觀，一老坐搊擘。奇哉創物智，乃出自蠻貊。始知天地大，到處有開闢。

甌北立言平允，承認他國亦有智能，與這些硬説西學出於中國，牽强附會的不同，其見識實高人一等。甌北又有自鳴鐘詩，其立言與此同。

甌北族人趙味辛懷玉，亦有遊天主堂即事詩，語意略仿甌北，但已含有輕藐的成分。道光間，姚椿伯燮大梅山館集，有天主堂詩，簡直是一篇謗詞，自此以後，並謗詞亦少見了，這個原因，想諸公皆曉得的。

〔一九三二年在北平輔仁社夏令會的演講，葉德禄筆記。〕

關於四十二章經考

適之先生撰席：

關於四十二章經，牟子理惑論，及漢明感夢等問題，近二十年來，中東西學者迭有討論，垣何敢置一詞？前函因大著發見真誥與四十二章經之關係，不禁狂喜，又因其中有一二語似過信四十二章經，故略陳管見。今來示謂欲爲此問題結一總賬，甚盛甚盛。謹將前函未盡之意，再申明之。其有諸家已經論及者，恕不復及。

後漢詔令奏議，皆用「浮屠」，不用「佛」，具如前函。三國志裴注引魏略天竺國一段，凡八用浮屠，亦未嘗一用佛。其中兩稱浮屠經，亦不稱佛經。至陳壽始以浮圖與佛參用。至范蔚宗於漢詔議范書陶謙傳採三國劉繇傳文，亦浮屠與佛參用仍用原文，於自述則用佛。

不獨佛一名詞如此。沙門之初譯爲桑門，魚豢歷舉桑門之異譯，曰疏問，疏聞一本作疏問，當有誤衍，晨門，亦不及沙門。是魚豢所見之浮屠經，尚未有沙門之譯也。今四十二章經數言沙門，亦豈初譯所應爾？

根據以上史料，遂得有以下之標準：

一、後漢至魏中葉，尚純用浮屠。

二、三國末至晉初，浮屠與佛參用。

三、東晉至宋，則純用佛。

依此標準，遂有以下之斷定：

一、後漢有譯經，可信。後漢有四十二章經譯本，亦或可信。現存之四十二章經爲漢譯，則絶對不可信。

二、襄楷所引爲漢譯佚經，可信。襄楷所引爲漢譯之四十二章經，亦或可信。襄楷所引爲即現存之四十二章經，則絶對不可信。

依此斷定，遂推論到牟子理惑論，及現存漢譯諸經，皆不能信爲漢時所譯撰。

大著説，我們檢查現存的一切後漢三國的譯經，從安世高到支謙没有一部經裏不是稱佛的，没有一部經裏佛稱爲浮屠的。難道這些譯經都不可信爲後漢三國的譯本嗎？難道這些舊譯本都已經過了後世佛教徒的改正嗎？

我今答復先生説，三國的譯經除外，若現存漢譯的經，没有一部不稱佛，不稱沙門，没有一部稱浮屠，稱桑門，就可以説是没有一部可信爲漢譯的。假定其中有真是漢譯的，就可以説是都已經過後世佛徒的改竄，絶不是原來的譯本了。

大著又舉出四證，證明佛之名詞，在漢已成立。第一證即是現存之漢譯諸經，第二證即是牟子理惑論。依愚説，現存漢譯諸經及牟子，均在被告之列。在其本身訟事未了以前，没有爲人作證的資格。我今可答辯第三證：

大著第三證引袁紀延平元年記西域事，有「本傳曰」云云，據惠棟説，本傳謂東觀記西域傳，東觀記既有佛道之稱，則是後漢時已有佛道之稱。惠氏此説，不審何據。據吾所考，本傳殆指司馬彪續漢書西域傳，因袁紀所引「本傳曰」雖少，而引「本志曰」甚多。所引「本志曰」之文，今皆見司馬彪續漢書五行志。略舉如下：

建武二年正月，日有蝕之，引本志，見司馬五行志六。

永初六年六月，河東水變色，赤如血，引本志，見司馬五行志三。

延光三年十月，鳳凰見新豐，引本志，見司馬五行志二。

陽嘉元年十月，望都狼食數十人，引本志，見司馬五行志一。

陽嘉二年八月，洛陽宣德亭地坼，引本志，見司馬五行志四。

建和三年四月，雨肉大如手，引本志，見司馬五行志二。

元嘉元年十一月，五色大鳥見己氏，引本志，見司馬五行志二。

永康元年八月，黄龍見巴郡，引本志，見司馬五行志五。

光和四年，驢價與馬齊，引本志，見司馬五行志一。

中平二年二月，南宫雲臺災，引本志，見司馬五行志二。

後漢紀所謂「本志」，既皆指司馬彪書，則所謂「本傳」，亦應指司馬彪書。據藝文類聚七十六所引，此正續漢書天竺國傳之文。不知惠氏何以指爲東觀記。司馬彪既是晉人，當然有佛道之稱。則大著所舉第三證，似可撤消也。

至第四證所引三國志劉繇傳，是我所公認的。可惜陳壽是三國末至晉初的人，我已排他在上文所舉第二標準中之浮屠與佛參用一行，不能爲後漢已用「佛」字之證矣。

至漢明感夢事，四十二章經與牟子均載之。毅之爲蘭臺令史，在章帝建初中年。若明帝永平中，毅尚在平陵習章句，何能有與帝問對之事？世俗傳説，佛家或可隨筆記載，史家則不能不細勘當時史實。故袁宏記此事，不得不去傅毅而改爲「或曰」，至范蔚宗天竺國傳，更不能不加「世傳」二字以存疑，此史家縝密之法也。

考證史事，不能不縝密。稍一疏忽，即易成笑柄。孫仲容爲清末大師，其所著牟子理惑論書後，據牟子以證老子河上公注爲僞，謂牟子多引老子，而篇末云所理止三十七條，兼法老子道經三十七篇。今所傳河上公注本老子，分八十一章，而漢藝文志載老子有傳氏經說三十七篇。彼此互證，知漢人所見老子，固分三十七章。今河上注不爾，足明其爲僞本云云。

夫河上注之眞僞，另一問題。然因河上注分八十一章，遂謂與牟子所見之老子道經三十七篇不合，遽指爲僞，不知河上注道經，何嘗非三十七篇？所謂八十一篇者，與德經四十四篇合計耳。一言以爲智，言不可不愼。故垣更不敢多言矣。幸高明有以教之。

又牟子書本名治惑論，唐人避高宗諱改爲「理惑」，有時又稱「辨惑」。北宋熙寧元年所刊之北山録注解隨函，尚引作「治惑」。而今則鮮有稱其原名者。拙著史諱舉例曾論及此。茲之所稱並從俗，乞諒。

癸酉清明日陳垣

〔作於一九三三年四月。載於胡適論學近著（第一集）。今據原稿校訂。〕

湯若望與木陳忞

一　二人之知遇
二　二人之功績
三　二人之榮典
四　二人之外學
結論
　附　本事年表
　　龍池世譜

引言

曩閲乾隆東華録，載雍正十三年九月初四日諭，有昔年世祖章皇帝時，木陳忞大有名望，深被恩禮，而其所著北遊集，則狂悖乖謬之語甚多，已蒙皇考特降嚴旨，查出銷燬等語。北遊集固未見，即雍正嚴旨亦不見聖訓及東華録，不知何以遺之也。民國十四年，在故宫懋勤殿硃改諭旨中發見關於佛教諭旨五通，一通題雍正十二年十一月廿二日，餘四通無年月，其中一通即爲此旨，乃大喜，喜由此旨得窺北遊集内容，而乾隆之所以不將此旨載入雍正實録及聖訓者，或因其引有北遊集原文也。諭雖無年月，然有御極已十年之語，又有茆溪森着追封爲明道正覺禪師之語，據清涼山志，茆溪之封在雍正十一年五月，則此諭之發，正在其時。民國十九年曾將此諭在文獻叢編發表，惟北遊集求之累年不獲。前年四月，余無意中在平西某寺見之，凡六卷，顔曰弘覺忞禪師北遊集，因亟假録，並以一部寄葉遐庵先生。卷首載勅書二，御札一，卷一爲大内萬善殿語録，卷二奏對機緣，卷三四奏對别記，卷五偈贊，卷六雜著，末附挽大行皇帝哀詞，無雕板年月。據尤西堂集，辛丑三月已得是集而讀之，則出板當在順治十八年春。木陳以順治十六年九月至京，十七年五月出京，此即其北遊日記。本題門人真樸編次，諭旨指爲木陳撰者，恨之深故罪之也。今年暑假，楊丙辰先生眎我新譯德人魏特著湯若望傳，凡十四章，四十餘萬言，余讀而善之，中所引湯若望回憶録載順治朝軼事甚夥，足以補國史之闕略。嘗以與北遊集對讀，所言若合符節，間有差異，亦由宗教觀念之不同，事實並無二致，然後知雍正諭旨之强辨與矯飾，而世俗所傳順治時各種問題，亦可於此解答，至天主教與佛教當時勢力之消長，更可於此深切著明，兹特表而出之，宜亦談清初掌故及清初教史者所樂聞也。中華民國二十七年長至日新會陳垣識於北平李廣橋西街賃廬。

第一章　雍正諭旨之駁正

一　琇忞優劣問題

懋勤殿雍正諭旨第一段云：昔我世祖章皇帝萬幾餘暇，留心内典，相傳國師玉林琇，禪師木陳忞，並蒙宣召，均荷眷注。而其實玉林琇之受知在先，恩禮優渥，及力辭告退還山時，皇祖留其徒茚溪森在京，欲令主席，玉林琇以森年齒尚少，遂轉薦木陳忞，如是始蒙召見。兩人之知遇，本自不同，厥後皇祖綸音再召，止及玉林琇，而不及木陳忞，是則玉林琇木陳忞之優劣，早已在聖心洞鑒中矣。

以再召不再召定二人優劣，殊不察事實，因木陳順治十七年五月出京，七月再召玉林琇，十八年正月初七，帝已崩矣，雖欲再召木陳，豈可得哉？木陳挽大行皇帝哀詞第六首注云，忞歸山五月，上已二次遣官存問，故有「方辭鳳輦歸巖竇，又報山亭接玉音」之句。天童寺志載世祖賜道忞御書唐詩一幅，後識庚子冬日書，詩云：「洞房昨夜春風起，遥憶美人湘江水，枕上片時春夢中，行盡江南數千里」，此岑參春夢詩也。唐詩多矣，何獨書此以賜僧人，蓋是時董妃已卒，多情天子，念念不忘美人枕上，不覺遂於老和尚發之。然可見木陳歸後，帝眷未衰，不能以復召不復召定二人之優劣也。

至謂玉林受知在先，則玉林之先尚有憨璞聰，豈能以此謂憨璞優於玉林。又謂玉林還山時，皇祖留其徒茚溪森在京，玉林以森年齒尚少，轉薦木陳忞，夫茚溪入京，在玉林第一次還山之後，何得謂留。玉林悟道甚早，故門徒年長者多，茚溪與玉林同歲，順治十六年，師弟皆四十六，何得謂少。玉林轉薦木陳，兩方均無記載，出於臆測，亦未足爲據。

惟木陳詞鋒，富排斥力，每有譚論，不問老輩同輩後輩，皆有微詞。如謂雪嶠信作詩寫字，成得甚麽，湛然澄堠卒出身，一丁不識，漢月藏師心自用，鑿空見奇，覺浪盛下筆千言，稍欠精練，熊開元胷次未能灑然，達如不善用心，玉林上堂猶仍時套，寫真頭戴青帽，不合體制等皆是。其後玉林子孫撰玉林年譜，反唇報之，並云師留供大内，恩蒙顧問者非一，然上如不問，則不敢强對，語不及古今政治得失，人物臧否。其言即爲北遊集排斥衆人而發，以此論琇忞優劣，尚爲近之。

二　弟子相待問題

雍正諭旨又謂北遊集述世祖諭旨，願老和尚勿以天子視朕，當如門弟子旅庵相待，此等尤爲誕妄云云。旅庵名本月，隨木陳赴召，木陳還山，留住京師善果寺，此等是否誕妄，有玉林年譜可證。年譜載世祖請師起名，師辭讓，固謂師曰，要用醜些字眼，師書十餘字進覽，世祖自擇「癡」字，上則用龍池派中「行」字，後凡請師説戒等御札，悉稱弟子某某，即璽章亦有癡道人之稱，然師珍重世祖之深信，未嘗形之口吻楮墨，凡師弟子，俱以法兄師兄爲稱。年譜所謂師珍重世祖之深信，未嘗形之口吻楮墨，蓋暗指北遊集而言，然既著之年譜，非形之楮墨而何。年譜非琇自撰，北遊集又何嘗爲忞自撰，皆已託之門人編次，雍正之發覺與否，有幸不幸耳。玉林年譜有法孫超琦識語云，康熙十六年丁巳，今上皇帝命先師法嗣超崇至天目，請世祖皇帝宸翰回京。今上皇帝御覽後，復批云，世祖皇帝特賜老和尚御書，以光佛法，今遽收回，朕心甚爲不忍，仍付住持和尚收存，惟皇壇請師説戒御諱法名拜帖，留存大内。則順治對玉林實有自稱弟子之事，對玉林如此，則對木陳之請以弟子相待，自屬可信，不得謂之誕妄也。

故友孟心史先生著世祖出家事考實，謂二十年庚午，游浙東西諸山，至天童寺，讀奎煥樓壁嵌世祖與木陳勅及手札，札稱木陳師兄云云，似不可信。順治法名既取龍池派中「行」字，比木陳爲下一輩，何能稱木陳爲師兄，想是孟先生誤記耳。民國二十年是辛未，非庚午，亦偶訛也。天童寺志載世祖賜道忞御書唐詩，後識庚子冬日書，又御書「敬佛」二大字，末識爲木陳老人書，御章曰體元齋，又曰太和主人，與平西法海寺石刻「敬佛」二大字所鈐御章相同。法海碑題庚子三月既望，癡道人爲慧樞和尚書。慧樞名行地，玉林弟子，木陳法姪。慧樞稱和尚，豈有木陳反稱師兄之理，寺志載爲木陳老人書，較可信。

三　龍性難攖問題

雍正諭旨又謂北遊集記載上龍性難攖，不時鞭扑左右，偶因問答間，師啓曰，參禪學道人不可任情喜怒，故曰一念嗔心起，百萬障門開者此也，上點首曰，知道了。後近侍李國柱語師云，如今萬歲爺不但不打人，即駡亦希逢矣。又萬歲爺極贊老和尚胸懷平坦，亦最慈和樂易云云。思此乃必無之事，明係憑空結撰者。蓋因木陳忞當日結交内侍，間中探問皇祖喜怒，而李國柱寺宦小人，本無知識，但見上意優待木陳忞如此，遂附會以答之。而木陳忞竟公然寫此一段，自以爲功能，欲以盜竊名譽，似此世諦流布庸鄙之行，豈真抱道之人所爲耶。

夫北遊集應否記載此事，另一問題，然謂此乃必無之事，明係憑空結撰，則湯若望回憶録記載此項事實尤衆，何以不約而同。魏特先生根據回憶録所述順治性格有云：「他心内會忽然間起一種狂妄計劃，而以一種青年人們底固執心腸，堅決施行，如果没有一位警告的人乘時剛强地加以諫止時，一件小小的事情，也會激起他的暴怒來，竟致使他的舉動如同一位發瘋發狂的人一般。」又云：「一個有這樣權威，這樣性格的青年，自然會作出極令人可怕的禍害，因爲誰是敢來向這位火烈急暴的青年加以諫正的，他略一暗示，就足把進諫者底性命毁滅了。當時朝中惟若望有這膽量和威望，他不避一切，敢向皇帝指示所應走的道路。」

茲特録其中最危險最出色之一次，以證明龍性難攖之問題。順治十六年七月鄭成功陷南京，「當這個噩耗傳至北京，皇帝完全失去鎮静的態度，頗作逃回關外之想，可是皇太后向他加以叱責，他一聽太后底話，反而竟起了狂暴的急怒，拔出他的寶劍，宣言決不變更意志，要親自出征，用劍把一座御座劈成碎塊，皇太后枉然地用言詞來平復他底暴躁，另派皇帝以前的奶母勸誡皇帝，可是更增加了他的怒氣，他恐嚇着，要把她劈成碎塊，因此她就吃了一驚跑開了。各城門已經貼出佈告，皇上要親自出征，登時全城内便起了極大的激動與恐慌，因爲皇上的性格暴烈，在疆場上，一旦遇到不幸，極有可能的，那麽滿人的統治就要受危險了。

「在這時只有一個人可以幫忙，就是湯若望。各親王各部臣和許多官吏，列爲一長隊，到若望館舍中，迫切地請求他援助，他良久拒絶不允，最後他竟讓步，順從他們的請求，他同傳教士蘇納和白乃心，暗自作一次會議，然後他又親自作了一封奏疏，到次日一早，他們三人先作了彌撒，禱告若望底舉動成功，然後若望就向他的兩位流着眼淚的同志作别。「在宫殿門檻上，有一位同若望交好的内官，向他報告説，皇上已經有點安静了。若望走至帝前，就把他的奏疏，呈遞上去，並且很深誠地懇求，不要使國家到了破壞地步，他不願有所見而不言。登時皇帝底情調就轉變過來，請若望立起，現在他知道瑪法底見解是好的。所以各城門上又貼出了一張新佈告，皇上之出征已作罷論。因此若望便被稱爲國家的救星，許多顯貴人物，都到他館舍來伏地叩頭向他和他的同志禮敬。」

此事北遊集亦有記載云：「上一日語師，朕前者因海氛之警，將親統六師，届于南徐，會江寧捷至中止。若果南行，當親入天童見老和尚，不須法錫遠來也。」可見順治要親征之言不虚，不過未稱爲湯若望諫止耳。然龍性難攖云云，經湯若望傳此次之描寫，而神情活躍矣，何得謂必無其事。

四　結交内侍問題

至謂木陳忞結交内侍，事無憑證，偶向内臣探問皇上消息，人情之常，湯若望亦不能免。惟北遊集有贈御用監承之楊居士一首云：「聖慮淵深詎易探，宸衷獨許智臣諳，知君自是僊陀客，索馬何曾却奉鹽。」似不啻自招，然區區一詩，詎可據爲定讞。憨璞聰語録有贈太監詩十首，則甚可怪也，兹録其目如下。

一、示内監澄寰何居士　二、壽司禮監弗二曹居士　三、贈太監總理振宇陳公

四、示太監明山李居士　五、示太監君弼謝居士　六、贈太監瑞雲馬居士

七、示太監珍宇程居士　八、示太監海藏李居士　九、示太監竹書王居士

十、示太監義山許居士

其只稱居士者，尚無從知其是否太監，其不見諸語録者，又不知幾何也，其中另有贈弗二曹居士一首云：

玉柱擎天宰老臣，朝綱德政施仁民，珠璣滿腹飽儒業，心意朗明通教乘。昔日靈峰親囑付，今時法社賴維屏，毘耶不二默然旨，猶勝文殊多口生。

使無前壽司禮監曹居士一首，亦無由知此曹居士爲太監也。曰「昔日靈峰親囑付，今時法社賴維屏」，護法而仰賴奄人，斯文掃地矣。其贈太監總理振宇陳公有云：「文華星斗蘸湖光，海宇扶風理總綱，信道歸心輔法社，施仁清政嚮朝堂。」又示太監海藏李居士有云：「佐佛如同常輔國，信心護念道心堅。」自古僧人與太監酬酢之多，恐鮮有如憨璞者也。順治十五年三月，有内監吴良輔等交通内外官員，作弊納賄，罪狀顯著一諭，正憨璞住持海會之時，今録中獨無贈太監吴居士者，蓋此録刻在吴伏誅之後矣。吴於順治十八年正月二

日，曾在憫忠寺祝髮，見張宸青琱雜記，其與佛有緣可知也。木陳贈憨璞詩云：

延平劍氣干牛斗，那更磨礱在帝旁，殺活從伊顛倒用，當鋒不犯一豪芒。

憨璞視木陳爲猶祖，閩延平人，木陳稱之如此，亦以其常在帝旁歟，則結交内侍不在木陳而在憨璞也。

第二章　世俗傳説之解答

一　董妃來歷問題

董妃舊傳爲秦淮名妓董小宛，故友孟心史先生著董小宛考已辨之。「董」本譯音，或作「棟鄂」，或作「董鄂」。順治御製行狀作董氏，滿洲人，内大臣鄂碩女，年十八入宮，順治十三年八月立爲賢妃，九月晉皇貴妃，十二月初六日爲册皇貴妃頒恩赦。實録略去九月一節，以册貴妃與頒恩赦並書於十二月，今據御製行狀及金之俊撰傳，以見其承寵之驟也。

湯若望回憶録述董妃來歷甚奇，當其未述董妃之先，先述順治十年復設内十三衙門之事云：「順治自這個時期起，愈久愈陷入太監之影響中，這一種下賤人民，在朝代更替的時期，俱都被驅逐出宫，成千成百地到處漂泊，然而這時却漸漸又一批一批收入宫中，照舊供職，這樣被收入宫中，而又從新紮根築巢的太監們，竟有數千名之多。這一些人們使那些喇嘛僧徒復行恢復他們舊日的權勢，還要惡劣的，是他們誘引性慾本來就很强烈的皇帝，過一種放縱淫逸生活。」

繼又云：「順治皇帝對於一位滿籍軍人之夫人，起了一種火熱愛戀，當這軍人因此申斥他的夫人時，竟被對於他這申斥有所聞知的天子，親手打了一個極怪異的耳摑，這位軍人于是乃因憤致死，或許竟是自殺而死。皇帝遂即將這位軍人底未亡人收入宫中，封爲貴妃，這位貴妃於一千六百六十年産生一子，是皇帝要規定他爲將來的皇太子的，但是數星期之後，這位皇子竟而去世，而其母於其後不久亦薨逝。」

據此所述，其爲董妃無疑。御製行狀云：「后於丁酉冬生榮親王，未幾王薨，后意豈必己生者爲天子始慊心乎，是以絶不縈念。」此與湯若望要規定他爲皇太子之言相合，是爲皇四子，康熙爲皇三子，此子不殤，則繼承皇位者未必屬康熙也。

然所謂滿籍軍人者，究爲何人，其夫人能接近皇帝，則非疏逖之臣可知，故有人疑此爲順治之弟，名博穆博果爾，順治十二年十二月封襄親王者，太宗之第十一子也。治棲之俗，當時本不以爲異，太祖第五子莽古爾泰死，其妻分給從子豪格及岳託，第十子德格類死，其妻給其弟阿濟格，順治五年豪格死，多爾袞又與阿濟格各納其福晉一人，此皆著之國史。博穆博果爾順治十三年七月初三日卒，年十六，二十七日服滿，即爲八月，故董妃以八月册賢妃，其時日適符也。

實録載順治十年正月萬壽節，上問大學士陳名夏曰：唐朝家法何以甚醜。名夏奏曰：由太宗家法未善，致禍亂蔓延，然貞觀政治可比隆三代，惟能用人故耳。北遊集載上一日語師曰：朕觀前代帝王，如唐之太宗，亦少年，雅能武戡亂，文經邦，今朕年齒不少，徒置身臣民之上，是以不敢自懷安佚。噫，唐朝家法甚醜，帝知之，唐太宗之爲人，帝亦極羡之；羡之可也，乃並巢王元吉之事亦效之耶，吾甚願有更新史料證明董妃之確非巢妃比也。據初修太宗實録，天聰時曾禁止婚娶繼母伯母嬸母嫂弟婦侄婦，諭曰：「明與朝鮮，禮義之國，同族從不婚娶。」今太宗實録已删此條。又順治十七年六月，内大臣伯索尼上言：「外藩法令宜寬，不許再醮同族之人爲婚，太宗皇帝初定例時，因彼不能遵行，遂行停止，今如必令遵行定例，恐男女之間，反滋悖亂，請仍照舊例，以示寬容。」則此事在清初原不重視也。

二　宫人殉葬問題

殉葬之事，清初亦不以爲諱，清太祖崩，遺令太妃從死，見初修太祖實録。順治五年肅王豪格卒，以庶妃三人殉。順治六年豫王多鐸卒，以福晉二人殉。順治七年睿王多爾袞卒，以寵妾一人殉。皆見國史。乃懋勤殿雍正諭旨，謂玉林琇弟子骨巖行峰曾隨本師入京，作侍香紀略，荒唐誕妄之處，不可枚舉。如云端敬皇后崩，茚溪森於宮中奉旨開堂，勸朝廷免殉葬多人之死等語，我朝並無以人殉葬之事，不知此語從何而來云云。是真欲以一手掩盡天下目者也。

湯若望回憶録，載貴妃薨逝，皇帝陡爲哀痛所攻，竟至尋死覓活，一切不顧，人們不得不晝夜守着他，使他不得施行自殺。三十名太監與宮中女官，悉行賜死，免得皇妃在其他世界中缺乏服侍者。全國均須服喪，官吏一月，百姓三日。爲殯葬的事務，曾耗費極巨量的國帑云云。與其後順治遺詔中所謂端敬皇后喪祭典禮，過從優厚，不能以禮止情，諸事踰濫不經，引爲己罪之一者，足相印證。是骨巖所載未爲誕妄也。

且御製董后行狀，有云：「后天性慈惠，凡朕所賜賚，必推施羣下，無所惜，故今宮中哀痛甚篤，至欲身殉者數人。」大學士金之俊奉勅撰皇后傳，稍易其詞，亦云：「后天性慈惠，平日宮中人均被賜予，咸懷其仁，故哀痛甚篤，願以身殉者多。」在御製行狀之意，不過欲明身殉者之出於自願而非强迫，並未嘗以殉爲諱也。金之俊更將殉者數人改爲願殉者多，則當日情事可知。順治不自諱，雍正何爲而諱之。骨巖峰侍香紀略可禁，湯若望回憶録又何從而禁之，只覺其欲蓋彌彰而已。

三　順治出家問題

順治出家之説，不盡無稽，不過出家未遂而已。順治之知有佛法，自憨璞聰始。憨璞聰者百癡元嗣，費隱容孫，容與木陳俱密雲悟嗣。密雲曾著辨天説，費隱曾著原道闢邪説，皆闢天主教，淵源所自，木陳與憨璞固與天主教夙不相容者也。

憨璞語録載，順治十四年十月初四日，召對萬善殿。上問：「從古治天下，皆以祖祖相傳，日對萬機，不得閒暇。如今好學佛法，從誰而傳。」對云：「皇上即是金輪王轉世，夙植大善根，大智慧，天然種性，故信佛法，不化而自善，不學而自明，所以天下至尊也。」其説甚諛，爲帝所喜。又能結納太監，有自作詩爲證，已見前篇。木陳重修城南海會寺記云，海會寺創於嘉靖乙未，至順治丙申，歲久寺頹。都人士謀欲鼎新，乃請今憨璞聰公住持是刹，禪衆川趨，宗風大振。丁酉上狩南苑，因幸寺，廷見聰，復召入禁庭，問佛法大意，奏對稱旨，賜明覺師號。日昨上謂忞曰，朕初雖尊崇象教，而未知有宗門耆舊。知有宗門耆舊，則自憨璞始，憨璞固大有造于祖庭者也。

自是而後，玉林琇，茚溪森，木陳忞，玄水杲先後至京，有三世奏對集。三世者，琇、忞一世，森二世，聰、杲三世也。北遊集載上一日語師：「朕再與人同睡不得，凡臨睡時，一切諸人俱命他出去，方睡得著，若聞有一些氣息，則通夕爲之不寐矣。」師曰：「皇上夙世爲僧，蓋習氣不忘耳。」上曰：「朕想前身的確是僧，今每常到寺，見僧家明牕淨几，輒低回不能去。」又言：「財寶妻孥，人生最貪戀擺撲不下底。朕于財寶固然不在意中，即妻孥覺亦風雲聚散，没甚關情。若非皇太后一人罣念，便可隨老和尚出家去。」師曰：「鬚髮染衣，乃聲聞緣覺羊鹿等機，大乘菩薩要且不然，或示作天王人王神王及諸宰輔，保持國土，護衛生民。不厭拖泥帶水，行諸大悲大願之行。如祇圖清淨無爲，自私自利，任他塵劫修行，也到不得諸佛田地。即今皇上不現身帝王，則此番召請耆年，光揚法化，誰行此事。故出家修行，願我皇萬勿萌此念頭。」上以爲然。

此順治想出家之最初見於記載者也。時在順治十七年春夏之間，董妃寵方盛，何以忽萌此念。或疑其體力不支，故爲此消極之言，亦頗有見。北遊集載上一日語師：「老和尚許朕三十歲來爲祝壽，庶或可待。報恩和尚來祝四十，朕決候他不得矣。」師曰：「皇上當萬有千歲，何出此言。」上彈頰曰：「老和尚相朕面孔略好看。」揣懷曰：「此骨已瘦如柴，似此病軀，如何挨得長久。」師曰：「皇上勞心太甚，幸撥置諸緣，以早睡安神爲妙。」上曰：「朕若早睡，則終宵反側，愈覺不安，必譙樓四鼓，倦極而眠，始得安枕耳。」師曰：「乞皇上早爲珍嗇，天下臣民幸甚。」

按是年順治才二十三，自以爲可支持至三十歲，則體力未爲大憊。本年八月，忽有董妃之痛，經此打擊，勢不能支矣。湯若望回憶録云：「此後皇帝便把自己完全委託於僧徒之手，他親手把他的頭髮削去，如果没有他的理性深厚的母后和若望加以阻止時，他一定會充當了僧徒的。」據湯若望所記，與續指月録玉林琇傳所載，微有不同。然順治將髮削去，則爲事實。續指月録云：「玉林到京，聞森首座爲上淨髮，即命衆聚薪燒森。上聞，遂許蓄髮乃止。」據此，則是茚溪森爲上淨髮，非上自削之也。玉林年譜載：十月十五日到皇城内西苑萬善殿，世祖就見丈室，相視而笑。世祖謂師曰：朕思上古，惟釋迦如來捨王宫而成正覺，達磨亦捨國位而爲禪祖，朕欲效之何如。師曰：若以世法論，皇上宜永居正位，上以安聖母之心，下以樂萬民之業。若以出世法論，皇上宜永作國王帝主，外以護持諸佛正法之輪，内住一切大權菩薩智所住處。上意欣然聽決。

此文最可注意者，爲「相視而笑」四字，蓋是時上首已禿也。雖許蓄髮，而出家之念未消，故復以爲問。玉林所答，與木陳略同。不久帝以痘崩，出家之事遂不果。故謂順治爲出家未遂則可，謂其無出家之意，無出家之事則不可。而論者猶多謂一夫一妻之制，皇帝必不能行。則試問出家易乎？一夫一妻之制易乎？既可以出家，棄妻子棄天下如敝蹝，獨不可守一夫一妻之制乎？必不然矣。

四　順治火化問題

順治雖出家未遂，而崩後實曾施行荼毘。此事前人言者尚少，吾在五燈全書茚溪森傳證實之，然龍藏本茚溪語録已删去此文矣。清太宗之崩也，康熙初修順治實録，順治元年八月初九日下，本有甲子小祥，以國禮焚化大行皇帝梓宫一條，今本實録亦删之。荼毘美事，何庸爲諱，不達之甚者也。近年盗發睿王多爾袞墳，聞只有空壙，並無棺槨，盗大失望。據湯若望所記，順治取消死去的攝政王末後佈置與命令，開始他的統治大權。人們對於死者大規模弔祭之後，竟把尸首焚燬，而將遺灰揚散於各方向之風地中，以爲他所嘗試着要作的叛逆篡奪之懲罰。斯蓋湯若望觀察之不同，與日知録所引黄震之言，以火葬爲刑戮者，同一見解。其實多爾袞之火化，亦循當時國俗，未必以此爲懲罰。湯若望對於董妃薨後之記載，曾云：「按照滿洲習俗，皇后皇妃底尸體，連同棺槨，並那兩座宫殿，連同其中珍貴陳設，俱都被焚燒。」據此則董妃亦曾施行荼毘者也，何云懲罰？

玉林年譜載：「順治十八年正月初二日早刻，佟大人奉旨往杭，請茚公爲上保母秉炬。」上保母何時卒，無明文。然茚溪森十七年十月二十八日奉旨南還，上保母之卒，必在茆溪南還之後。據此則上保母亦曾施行荼毘也。

五燈全書引茆溪森語録云：「世祖遺詔召師，至景山壽皇殿秉炬，曰釋迦涅槃，人天齊悟，先帝火化，更進一步。顧左右曰，大衆會麽，壽皇殿前，官馬大路，遂進炬。」此事不見後刻茆溪語録，亦不見順康兩朝實録，然康熙實録中尚有遺跡可尋。順治十八年四月十七日，稱上詣世祖章皇帝梓宫前行百日致祭禮。康熙元年正月初七日，則稱上詣世祖章皇帝寶宫前行期年致祭禮。百日尚稱梓宫，期年則改稱寶宫，奉移孝陵時亦稱寶宫。寶宫所藏，靈灰而已。何日荼毘，蓋在百日後矣。迎茆溪者正月二日出京，還京之期，正當四月。其來本爲保母，兼爲大行，實出意外。

第三章　湯忞二人之比較

一　二人之知遇

二人之知遇，均可謂千載一時，魏特先生云：「湯若望和順治皇帝的友誼關係，我們首先加以注意提示的，却是在中國歷史上一種絶無僅有的情形。甚至人們在歷史中要尋到一種類似的情形，也是很費事而不易得的。」斯言也，在魏特先生所研究之湯若望，誰曰不然。然吾人在北遊集中所見之木陳忞，其與順治之友誼關係，並不在湯若望下。凡魏特先生所述順治對湯若望之優待，如尊稱瑪法，免除拜跪，親臨館舍，賞賜隆厚等，木陳無不得之。所異者不稱瑪法，稱老和尚而已。尤異者若望常召入内庭，木陳只就見館舍而已。召入内庭，其誼親。就見館舍，其禮尊。若望本司鐸，然順治不視爲司鐸，而視爲内庭行走之老臣，若望亦不敢以司鐸自居，若望過於謙牧矣。其終不能勸順治信奉基督者，未必不由此。且也免除拜跪，在廷臣中爲異數，在梵網經所載僧人不拜王者規條下，直當然事耳，曷足爲異。故吾嘗謂木陳以禪爲本業，其見召即爲禪。若望以教爲本業，其見用却不在教。二人知遇，同而不同。孟子曰：「仁言不如仁聲之入人深也。」木陳先信而後見，若望見後而仍疑，是烏足以行其道哉。魏特先生言：「皇帝本來一位教外人，對於教士無家室的獨身生活，殊覺費解。因此他一開頭時，在白晝任何一個時刻，甚至在深夜，遣派三個或三個以上的體面内臣，到若望住宅中，藉詞或此或彼地諮詢，然而實際上却是暗自查究他的私室行動。這些黑夜來客，在若望住宅中，不曾發現有絲毫可指摘處。皇帝對於若望的貞潔生涯，確切訪明後，他纔選他爲他的師友，爲他的親信顧問。」此種偵察，非常幼稚，與吕光之疑羅什略同。順治蓋根本未諳教士之生活者，無惑乎若望之不得行其道矣。

二 二人之功績

若論功績，木陳對清廷，實無功績之可言。在京八閱月，不過開堂結冬，祝延聖壽而已。北遊集載龍性難攖一節，木陳寫此，自以爲功，雍正諭旨尚以爲必無之事，其他更無論矣。惟湯若望效力清廷者二十年，其功績之偉大，除治曆外，龔鼎孳撰湯先生七十壽序，盛稱其諫諍之能。有云："夜半受鳌，時席前於宣室；宸游多暇，亦輦降於丹房。東第之冠舄如雲，尚方之問勞日至。睹時政之得失，必手疏以祕陳。於凡修身事天，展親篤舊，卹兵勤民，用賢納諫，下寬大之令，愼刑獄之威，磐固人心，鏃厲士氣，隨時匡建，知無不言。乃至獵阻相如，表抗韓愈，抵觸忌諱，罔懾震霆，微聞拂耳，終諧納牖，最後則直陳萬世之大計，更爲舉朝所難言。迄今龍髯初遠，發篋陳書，幸得窺伏蒲叩閽之一斑。想造膝補天之盛事，信仁賢之有益人國也。吾曩讀之，雖信其非虛美，而苦無本事證明。今讀魏特先生書，知龔氏此文，無一語無來歷，皆可以魏氏書注出之。所謂最後直陳萬世大計者，指康熙之立而言。當議立嗣皇時，順治曾使人詢若望意見。若望以康熙曾出痘，力主之，遂一言而定。又發篋陳書一句，亦可以魏氏書爲注脚。魏氏書言："「順治由若望所上三百餘封奏帖中，特選擇一批，藏皇帝個人文書庫的另一格。在出宮游獵時，携帶身邊，以便閱讀。」龔氏所言蓋指此。同時魏裔介撰壽文，亦有先生任太史之寄，知無不言，言無不盡。而國家大事，有關係安危者，必直言以爭之。雖其疏章謹密不傳，然而調燮斡旋，不止一端等語。吾嘗謂湯若望之於清世祖，猶魏徵之於唐太宗，觀魏特先生書而益信。

三　二人之榮典

天童寺志有盛典考，述順治十六十七年天童因木陳忞所得榮典，分爲八目，一賜額，二欽召，三賜號，四賜衣，五御書御畫，六賜神佛寶像，七賜録入藏，八賜帑金。試以湯若望所得榮典較之，除六七兩項外，湯若望無不備。惟湯若望所得榮典，亦有爲木陳忞等所無者，則誥封三代一品，廕一義孫入太學是也。此事人或以爲榮，吾獨以爲否。夫既標榜不婚不宦矣，則何需此義孫，何貴此誥封。且此種榮典，並非得自勤勞，凡庸俗官僚仕至若干階級者皆得之。以此爲榮，失教會之尊嚴矣。當時不聞以此施之僧人，而獨以此施之教士，則其根本未明瞭教會之精神，及不以教士待湯若望可知也。

即以賜號賜衣而論，木陳等所賜，不見實録。湯若望賜衣見順治九年實録，賜號見順治十年實録，可謂榮矣。若望賜通玄教師，木陳賜弘覺禪師，玉林賜大覺禪師，後晉國師，憨璞賜明覺禪師。同一賜號，而木陳等之賜號是弘教，若望之賜號是賞功，賞其治曆之功也，各有勅書之言爲證。若望之賜衣，實録明載欽天監監正湯若望進渾天星球地平日晷等儀器，賜朝衣涼朝帽韡韈。而木陳等所賜，則皆僧衣僧伽黎，未聞以朝衣朝帽賜僧人也。然則政府所賜者欽天監監正湯若望，非耶穌會司鐸湯若望也。

四　二人之外學

釋子以世俗之學爲外學。贊寧大師勸釋子勉通外學云：古德高僧，能攝服異宗者，率由博學。是以習鑿齒，道安以詼諧而伏之，宗雷之輩，慧遠以詩禮而誘之，陸鴻漸，皎然以詩式而友之。此皆不施他術，唯通外學。釋子既精本業，何妨鑽極以廣見聞云云。吾因此論二人之外學。

二人之外學，完全不同。若望以天文曆算爲外學，木陳則以當時儒者之學爲外學。天文曆算爲國所急，而非帝所好，故言之無味。儒者之學爲帝所習，故話能投機。且也若望以外學進，而欲與談道，其勢逆。木陳以禪進，而能與談外學，其勢順。故結果木陳勝也。若望之精於曆算，人知之。木陳之外學爲何，今就北遊集所載，分項説明如下。

甲　文章

我國前此科學不競，凡所謂學，偏重在文。北遊集奏對別記第一段即載：上一日同師坐次，侍臣抱書一束，約十餘本，置上前。上因語師曰：「此朕讀過底書，請老和尚看看。」師細簡一遍，皆左、史、莊、騷，先秦兩漢唐宋八大家，以及元明撰著，無不畢備。上曰：「朕極不幸，五歲時先太宗早已晏駕，皇太后生朕一身，又極嬌養，無人教訓，坐此失學。年至十四，九王薨，方始親政。閱諸臣奏章，茫然不解，由是發憤讀書。每晨牌至午，理軍國大事外，即讀至晚，然頑心尚在，多不能記。逮五更起讀，天宇空明，始能背誦。計前後諸書，讀了九年，曾經嘔血。從老和尚來後，始不苦讀，今唯廣覽而已。」據此，則順治之發憤讀書，本爲了解諸臣章奏，故其重亦在文。雖所讀者皆學人共讀之書，然未必爲當時傳教士所注意。

北遊集又載：「上一日與師廣譚古今詞賦，謂詞如楚騷，賦如司馬相如，皆所謂開天闢地之文。至若宋臣蘇軾前後赤壁賦，則又獨出機杼，別成一調，尤爲精妙。老和尚看者兩篇，前後孰優。師曰，非前篇之遊神道妙，無由知後篇之寓意深長。前賦即後賦，難置優劣也。上曰，老和尚論得極當。乃通誦前賦一篇，問師曰，念得不錯麽。師曰，不錯。上復言晉朝無文字，唯陶潛歸去來辭獨佳，亦爲師誦之。又誦離騷，至中間覺齟齬，乃曰久不經意，忘前失後矣。」其天真爛漫如此，與湯若望回憶録所寫之幼年天子全同。然其亹亹不倦譚文，倘以施之湯若望，則不啻以天文曆算施之木陳也。

人各有能有不能，如欲語言投機，必須志同道合，否則格格不入。木陳既能與帝譚文，故帝亦曾命木陳作記。北遊集載：上一日語師，朕在南苑創有新寺，老和尚想未知道。今新寺碑要老和尚撰文，不命臣工也。師曰，道忞山林野逸，那裏曉作朝廷文字。上曰，老和尚不要如此謙虚，請隨喜了，便可屬筆。越三日上至，師曰，昨承皇上威光，得隨喜新寺。第奉旨撰文，愧不雅馴，尚祈聖裁鑒定，乃出以進。上爲展閲一過，命侍臣收入宫内。次日上復携王學士至方丈，謂師曰，朕昨回宫，細看老和尚者篇文字，極得大體，風雅典則，不待言矣。朕固不通文字，曾與王熙看過，試問他何如。王學士曰，此千秋不朽之文也。師曰，忞實慚愧。今碑文見北遊集，名勅建南苑德壽寺記。稱爲千秋不朽，未免諛詞。然木陳自是能文，故不致辱命。後來雍正雖深惡其洩漏宫庭祕密，然於其語録不能不加以文采華麗之批評，則自有本領可知也。

乙　書法

書法自昔爲中國所重，僧人能書者亦多。即景教流行中國碑，書法遒整，亦可與他唐碑媲美。近年敦煌出土之景教經典，亦有幽雅絶俗者。後來傳教之士，知此意者鮮矣。北遊集載：「上一日問師，先老和尚與雪嶠大師書法孰優。師曰，先師學力既到，天分不如。雪大師天資極高，學力稍欠。故雪師少結搆，先師乏生動，互有短長也。先師常語忞曰，老僧半生務作，運個生硬手腕，東塗西抹，有甚好字，虧我膽大耳。上曰，此正先老和尚之所以善書也，揮毫時若不膽大，則心手不能相忘，到底欠于圓活。上復問老和尚楷書曾學甚麼帖來，師曰，道忞初學黄庭不就，繼學遺教經，後來又臨夫子廟堂碑。一向由不能專心致志，故無成字在胷，往往落筆即點畫走竄也。上曰，朕亦臨此二帖，怎麼到得老和尚田地。師曰，皇上天縱之聖，自然不學而能，第忞輩未獲睹龍蛇勢耳。上曰，老和尚處有大筆與紙麼。乃命侍臣研墨，即席濡毫，擘窠書一『敬』字。復起立連書數幅，持一示師曰，此幅何如。師曰，此幅最佳，乞賜道忞。上連道不堪。師就上手撤得曰，恭謝天恩。上笑曰，朕字何足尚，崇禎帝字乃佳耳。命侍臣一并將來，約有八九十幅。上一一親展眎師曰，如此明君，身嬰巨禍，使人不覺酸楚耳。」

本論密雲、雪嶠書，因問及木陳書，繼乃即席揮毫，自顯身手，復推論到崇禎帝，可謂逸興遄飛，豪情邐迤。苟非心有同契，何能津津樂道如此。此固非西方人所能領略者也。上又亟稱内臣張斐然，與供奉虞世瓔，一學顔歐，一學鍾王，皆妙得其家風。御製董后行狀，亦特稱其習書未久，遂精書法。則其平日之奬勵内臣學書可知。故其後南苑新建德壽寺成，既命木陳撰文，復命木陳書丹篆額。木陳謝曰，朝堂濟濟，不乏歐虞褚柳之賓，乃命拙劣如忞者爲之，一發使馬牽犁矣。上曰，朕極喜老和尚書法，字畫圓勁，筆筆中鋒，不落書家時套。乃命文書館畫格授忞，忞爲擘窠書上，即勅良工摹勒上石焉。既曰「怎麽到得老和尚田地」，又曰「朕極喜老和尚書法」，推挹之至。木陳居京八閱月，雪泥鴻爪，可傳於後者，恐以此碑爲最。因撰文書丹篆額皆出於一人也。上念忞將别去，後會難期，復自簡宣紙數十幅，命作大小行楷留宮，上亦書「敬佛」二大字賜忞。謂彼此展眎，有同面晤。故忞有詩云：

惜别君王重，多愁會晤難，何由能縮地，長此共盤桓。託意存千古，留思寄墨翰，正虞風雨夕，未易等閒看。

以書爲美術，與畫並稱，舍中國日本外，世界尚無此風俗。不注意書法，則真景德雲法師所謂不工書無以傳者也。觀木陳與順治之遇合而益信。

丙　小説　八股

余之知有弘覺禪師也，自尤西堂集始。西堂集卷首有大字弘覺禪師語録一則，略謂，上一日歎新狀元徐元文業師尤侗極善作文字，因命侍臣取其文集來，内有臨去秋波那一轉時藝，篇末云，參學人試於此下一轉語。上忽揜卷曰，請老和尚下。師云，不是山僧境界。時昇首座在席，上曰，天岸何如？昇曰，不風流處也風流。上爲大笑。

其後又有小字尤侗識語一段，略云，先是戊戌秋，王胥庭學士侍講筵。上偶談老僧四壁皆畫西廂，却在臨去秋波悟禪公案。學士以侗文對，上立索覽，親加批點，稱才子者再。庚子二月，上幸南海子，顧問徐狀元元文與侗師弟源流，受業本末，大加稱奬。至五月中，復與弘覺禪師問答如右。今辛丑三月，侗始得其集而讀之，則大行賓天矣。

弘覺即木陳賜號，集即北遊集，亦即語録之一部。天岸昇木陳弟子，住青州大覺，時隨侍在京。王胥庭即王熙。由西廂悟禪固奇，在經筵中談西廂尤奇。相傳丘瓊山過一寺，見四壁俱畫西廂，曰空門安得有此。僧曰，老僧從此悟禪。丘問從何處悟。對曰，是怎當他臨去秋波那一轉。丘笑而頷之。

怎當他臨去秋波那一轉，是西廂記張生初見雙文時語，尤侗以爲八股題目，效當時體，戲作一篇，刻入西堂雜俎。順治愛讀西廂，又識八股文，故擊節歎賞如此。此斷非湯司鐸所能贊成者，惟老和尚或能引皇上由此悟禪。因西廂者本普救寺之西廂，玉成張生姻緣者又即普救寺之和尚。順治嘗云，見僧家明牕淨几，輒低回不能去，蓋深有得於西廂待月時也。

北遊集載：「上一日持一韻本示師曰，此詞曲家所用之韻，與沈約詩韻大不相同。又言西廂亦有南北調之不同，老和尚可曾看過麽。師曰少年曾繙閱，至于南北西廂，忞實未辨也。上曰，老和尚看此詞何如。師曰，風情韻致，皆從男女居室上體貼出來，故非諸詞所逮也。師乃問上紅拂記曾經御覽否。上曰，紅拂詞妙，而道白不佳。師曰何如。上曰，不合用四六詞，反覺頭巾氣，使人聽之生趣索然矣。師曰，敬服聖論。上曰，蘇州有個金若寀，老和尚可知其人麽。師曰，聞有個金聖歎，未知是否。上曰，正是其人，他曾批評西廂、水滸傳，議論儘有遐思，未免太生穿鑿，想是才高而見僻者。師曰，與明朝李贄同一派頭耳。」

順治以西廂記考和尚，和尚曾繙閱，可見和尚外學之博。和尚還以紅拂記考順治，順治亦能批評其道白不佳，深中肯綮，順治讀書之博亦可見。余至今尚未見聖歎批西廂順治時刊本，順治深居九重，乃能先睹當時新出之本，其求知之勤，實堪驚佩。

北遊集又載上讀過底書，有制藝二百篇，皆「洪武開科以來鄉會程文。師曰，此八股頭文字，皇上讀他何用。上曰，老和尚顧不知，那朕要覆試進士文章，如史大成、孫承恩、徐元文，三科狀元，皆朕親自擢取，的是敝門生也。」則順治之識八股文又可見。然此惟木陳爲能應付，湯司鐸恐瞠目莫知所答矣。

結　論

二人之比較既明，則可進言二人之成敗。湯若望與順治之關係，在順治開始親政之年。初次引見順治者爲大學士范文程。魏先生言：「在若望所寫的生活回憶録中，他報告這些事例，都可以證明他向皇帝的諫正有順利的效果，不過他少有把確切的時日舉示出來。」但又云：「若望得信任時，喇嘛們暫時都被摒絶，只是在順治末後數年，那黨子又把皇帝澈底包圍了。」吾嘗將順治親政至順治末年，鈎稽本事，製爲年表，附本文後。據年表所指示，若望與木陳等勢力之消長，可以順治十四年秋冬之交爲一大界限。若望傳言一六五六和一六五七兩年間，皇帝竟有二十四次臨訪若望於館舍，作較長之晤談，而未言一六五七年以後，有無臨訪。綜其與順治所談論，知若望所遇者爲二十歲以前之童子，而木陳等所遇者則爲二十歲以後之青年。若望常曰，淫樂是危險最大的。其言苦。憨璞曰，皇上是金輪王轉世，木陳曰，皇上夙世爲僧。其言甘。甘則樂從，苦則難受。矧若望在京久，召而即至，故視爲易與。木陳等在京暫，至即求還，故視爲難逢。此兩派勢力消長之機也。

由順治八年至十四年秋，七年之間，爲湯若望勢力。由順治十四年冬至十七年，四年之間，爲木陳等勢力。若望之勢力，係個人獨力支持。木陳等之勢力，係數人接力繼進。所謂數人者，憨璞聰，玄水杲，玉林琇，茚溪森，木陳忞，玉林琇。玉林去而復來，故兩出之。順治之知有宗門者舊，由憨璞聰，見順治出家問題。憨璞聰之能得順治信用由太監，見結交内侍問題。太監勢力之復振，見董妃來歷問題。順治童年對於佛教之見解，實録曾有記載云：順治十年正月萬壽節，上召大學士陳名夏問天下治亂訖，曰治天下大道已略言之，更言其小者，如喇嘛豎旗，動言逐鬼，朕想彼安能逐鬼，不過欲惑人心耳。名夏奏曰，皇上此言，真洞晰千載之迷，嘗謂有道之世，其鬼不靈，光天化日，豈有逐鬼之事。上又曰，朕思孝子順孫，追念祖父母父母，欲展己誠，延請僧道，盡心焉耳，豈真能作福耶。名夏奏曰，若果有學識之人，必不肯延僧道，爲此者多小民耳，以其愛親之誠，故聖王不禁。此項記載，與湯若望傳對照，正順治受若望感化之時。其後則不然。北遊集載：「上曰，崇禎帝極聰明，却不信有佛法，將宮中累葉所崇事象設，命人使麻繩鐵索拖曳而出，其媟瀆神明如此，若我朝于三寶，決不敢少有輕忽也。」此必舊日太監報告順治之言，所謂在王所者皆非薛居州，思想遂因而改變。或疑帝之信佛，由董妃所勸誘，然據御製董后行狀，后素不信佛，其信佛乃由帝所勸也。湯若望傳曾言：「順治由杭州召了些最有名的僧徒來，勸誡他完全信奉偶像。若望盡他能力所及，使這被眩惑的人，恢復他的理性，他向皇帝呈遞一本嚴重的奏疏，皇帝並不見怪。他說，瑪法這諫正是對的。但是無多時日，竟又成了僧徒手中的傀儡，瑪法竟被視爲討厭不便的諫正者，而被推至一邊。」此兩派勢力消長之真相也。

北遊集又載：「上一日語師，昨在宮看先和尚語録，見總直説中，有辯天三説，道理固極透頂透底，更無餘地可臻矣。即文字亦排山倒海，遮障不得，使人讀之，胷次豁然。朕向亦有意與他辯折一番，今見先和尚此書，雖聖人復起，不易斯言。故已命閣臣馮銓及詞臣製序，將謀剞劂，使天下愚民，不爲左道所惑。師曰，皇上此舉，功流萬世，顧先師大義微言，何幸折衷我皇聖人哉。上遂問師，天主教書，老和尚曾看過麽。師曰，崇禎末年，廣閩盛行其說，有同參唯一潤者，從福建回，持有此書，因而獲睹。上曰湯若望曾將進御，朕亦備知其詳，意天下古今荒唐悠謬之說，無踰此書，何緣惑世，真不可解。」先和尚者密雲悟。唯一潤者雪嶠弟子，曾著誅左集緣起，文見破邪集，亦崇禎初僧徒攻天主教者一健將也。順治命馮銓等製序，翻刻辯天三説，湯若望亦曾有所聞，湯若望傳云：「僧黨甚至獲得允許，以皇帝名義，發表一種反對基督教文件，但是却未曾得到這地步，因爲皇帝出人意料之外，疾速晏駕。」此又可以北遊集爲湯若望傳作注脚矣。

附　本事年表

庚寅順治七年帝年十三西紀一六五〇

十二月初九日攝政王多爾袞卒年三十九

辛卯順治八年帝年十四西紀一六五一

二月十二日開始親政

廿一日追論多爾袞罪狀

八月十三日立皇后

壬辰順治九年帝年十五西紀一六五二

七月初五日賜湯若望朝衣朝帽時湯年六十一

癸巳順治十年帝年十六西紀一六五三

三月初二日賜湯若望通玄教師號
六月廿九日復設内十三衙門如明制
八月廿六日廢皇后爲靜妃
甲午順治十一年帝年十七西紀一六五四
三月十八日佟妃生皇三子即康熙
六月十六日再立新皇后
丙申順治十三年帝年十九西紀一六五六
七月初三日皇十一弟襄親王卒年十六
八月册董氏爲賢妃時年十八
九月晉董氏爲皇貴妃
十二月初六日爲册皇貴妃頒恩赦
丁酉順治十四年帝年二十西紀一六五七
春梅村南歸
十月初四日憨璞聰召對萬善殿時年四十八

初七日董妃生皇四子
戊戌順治十五年帝年廿一西紀一六五八
正月初三日停新后宫中箋奏
廿四日皇四子卒
三月初七日嚴飭内監吴良輔等交通内外
官員作弊納賄
廿五日復新后宫中箋奏
廿七日追封皇四子爲和碩榮親王
九月召玉林琇
己亥順治十六年帝年廿二西紀一六五九
二月十五日玉林琇至京面帝時年四十六
閏三月召木陳忞
四月十六日玉林琇出京
六月朔玉林琇歸至湖州茆溪森隨舟入京時
年四十六

七月中茚溪至京
十七日鄭成功陷南京
九月廿二日木陳忞至京面帝時年六十四
庚子順治十七年帝年廿三西紀一六六〇
五月十五日木陳忞出京
六月八日茚溪森奉旨遊五臺
七月再召玉林琇
八月憨璞聰疏請南還
十九日董貴妃卒年二十二
廿三日召茚溪進承乾宮上堂
十月十五日玉林琇再到京
廿八日茚溪森南還
十二月初八日玉林琇爲一千五百僧人受大戒
辛丑順治十八年帝年廿四西紀一六六一
正月初二日再召茚溪森入京爲保母秉炬
初七日帝病痘崩
初九日新帝即位時年八歲
二月二日梓宮移景山
三日欽差奉遺詔到杭州召茚溪森
十五日玉林琇南還
二十日革去内十三衙門
四月十五日玉林琇回至報恩寺
十六日茚溪森到京復命
十七日梓宮火浴

龍池世譜

本文所論諸僧，多屬龍池派，今略譜其世系，以便觀覽，凡曾參預召對者以〇識之。

- 笑巖德寶—龍池正傳
  - 密雲圓悟
    - 費隱通容—百癡行元—憨璞性聰
    - 萬如通微—古帆行檝—玄水超杲
    - 木陳道忞
      - 旅庵本月
      - 山曉本皙
      - 天岸本昇
    - 漢月法藏
  - 磬山圓修—玉林通琇
    - 茚溪行森
    - 慧樞行地
    - 骨巖行峰
  - 雪嶠圓信—唯一普潤

〔載於輔仁學誌第七卷一、二合期。今採用一九三九年一月校訂本。〕

語録與順治宫廷

己　順治火化

三　玉林語録三部

董后陟天道場　保母靈前説法

引言

去年余發表湯若望與木陳忞論文後，續得康熙本茆溪語録，載董后佛事甚詳。又得嘉興藏本弘覺語録，附北遊集，比單行本僅闕挽大行皇帝哀詞。又得嘉興藏及龍藏本憨璞語録，與余前所見刻本異。參互考校，足補前文之不足，證前文之不誤。夫語録特釋家言耳，史家向不措意，安知其有裨史乘也。北遊集前已論及，兹特將續得諸録及異本評論之。

一　憨璞語録三部

憨璞名性聰，閩延平順昌連氏，年十八祝髮，參鼓山賢，無入處，出嶺謁百癡元，即承記莂。順治十三年五月，住京師城南海會寺。十四年駕幸南海子，道出海會，召見嘉奬，十月初四，延入萬善殿，奏對經旬。十五年九月復延入萬善殿結制，並諮詢南中耆舊，列名奏進。十六年春勅封明覺禪師，四月十五辭出，十月復奉旨住慜忠結制。十七年七月疏請南還，八月出京，九月十九還至邵武安國寺。康熙五年寂，年五十七。始吾所藏憨璞語録，爲順治閩刻本，十四卷，末有憨璞順治七年自著行谿，後補叙至順治十七年回安國寺止，知其刻於順治末年也。今所得嘉興藏本十六卷，爲康熙十八年大學士明珠室覺羅氏印。又龍藏本二十卷，雍正十三年刻，内容與嘉興本大致相同，知其出於嘉興本，特分卷不同耳。閩本名憨璞禪師語録，藏本名明覺聰禪師語録，兩本互有詳略。前文所舉太監十人，惟何澄寰曹弗二陳振宇三人復見藏本，餘七人名字藏本均已删除，然藏本亦有爲閩本所無，足爲研究順治宫廷軼事之助，今分别拈出如下。

甲　推薦木陳

雍正諭旨謂木陳由玉林轉薦，前文已駁其非，然木陳究由何人所薦，據北遊集謂上之知有宗門耆舊，自憨璞始，吾頗疑木陳之召，出於憨璞，而未得確證，今據藏本憨璞語録，則果出憨璞也。嘉興本卷十四書問門，有請天童木老人書云：今佛心天子，久修梵行，慧性敏捷，時以萬幾之暇，體究禪宗，駕幸萬善殿，咨詢當代禪郢，無不揄揚，推獎道德，和尚名傳丹闕，風扇彤庭，是以特遣欽差賫詔詣山，惟冀不吝洪慈，慨然飛錫，速莅金筵。此木陳由憨璞所薦之證也。卷十三又有送印心堂主之天童詔木陳和尚偈云：「上林花柳正芳菲，賫詔南行出帝畿，指日到山奉聖諭，乘風策馬逐雲飛。松陰夾徑寒侵面，山色連天翠滴衣，因有其人揚祖道，恩垂泉石盡生輝。」印心，憨璞書記也，同卷別有示印心書記偈，北遊集五亦有贈印心天使偈，然不睹藏本憨璞語録，無由知印心與憨璞有關也。既加書介紹，復專人敦促，蓋恐木陳如玉林之不願北來，故殷殷致意耳。

乙　結交内侍

結交内侍，前文已論及，然在閩本録中所見之太監十人，獨無奔走頻煩之李國柱，頗以爲異，今據藏本，則李居士固赫然在録也。前文引閩本有示太監海藏李居士偈，與嘉興本卷十三贈國柱李近侍偈，起句全同，次句改易三字，未識國柱即海藏否。偈云：「佐佛如同常輔國，忠心在簡道心堅，全身已作擎天柱，傑立時時在御前。」閩本次句作「信心護念道心堅」，曰道心堅，則李居士似曾學道，不獨供奔走使令。佛氏衆生平等，原無外視寺宦小人之理，特破塵居士諭旨既以此罪木陳，故吾人亦從而論之。憨璞南還，有示中使國柱李居士法語，見嘉興本卷十二，云參禪學道，不須別處尋討，但二六時中，向穿衣吃飯處會，行住坐卧處會，於此平常心即是道，無憎愛心即是道，不須截根盤之固執，鑽骨髓之沉痾，冷地裏忽然覷破，始信從前枉用工，分明大道在己躬，即心即佛原無二，六月寒冰一點紅，山野錫將南指，謹書法語一篇，以如晨昏覿面，但依吾言行去，管教頓契無生。此憨和尚對李居士之臨去秋波也。卷五海會寺語録有海子總理陳公請上堂，當即前文之陳振宇。卷十一問答機緣，又有司禮太監曹居士問南泉斬猫意旨，當即前文之曹弗二。此皆閩本所無，可見憨璞之有教無類，然其後順治崩而内十三衙門革，内十三衙門革而玉林木陳門徒之在京者亦即散去，所謂方以類聚，物以羣分，見幾而作，不俟終日也。

丙　太后參禪

御製董后行狀，謂后素不信佛，朕時以内典禪宗諭之，且爲解心經奥義，由是崇敬三寶，栖心禪學。張宸青瑪雜記，謂端敬后薨，上命胡王二學士排纂后所著語録，其書祕不得而傳。董后信佛，嘗聞之矣，太后參禪，前此所未聞。據湯若望回憶録，太后曾拜若望爲義父，故順治稱若望爲瑪法，瑪法，猶漢語爺爺也。若望又嘗以十字聖牌與太后，太后懸之胸前，不避人譏笑，賞賜隆厚，禮數便蕃，此順治初親政時事也。今據藏本憨璞語録，則太后亦曾參禪，嘉興本卷十二法語門，載皇太后請話頭參禪，一日工夫緊切，忽然境相現前，上命近侍李國柱至萬善殿求開示，師云，參禪做工夫，要久習禪觀，純寂光生，凡無始習氣，悉令鎖殞，方能般若真性現前，若在定中所見境相，雖云善境，皆是幻相，不可認爲真也，祇因話頭看不清楚，向意識上卜度，以致殊勝境現，若内心不起，外息諸緣，心如墻壁，可以入道，凡所有相，皆是虚妄，切莫隨他所轉，若作聖解，即被境惑，不作聖解，名善境界，只要本參上看得精明，追究落處，如握金剛寶劍相似，佛魔到來，一齊勦絶，即得安樂自在。此新史料也。卷十三又有皇太后賜御菓賦謝偈云：「忽承名菓惠空齋，對此深慚汗滿腮，上品却非人世有，異香端的自天來。」則湯若望之受太后賞賚，不得專美於前矣。

丁　費隱不遇

憨璞爲費隱容法孫，前文已屢言之，當順治諮詢南中耆宿時，憨璞何以不舉費隱，吾頗以爲疑，今閲藏本憨璞語録，則憨璞固嘗舉費隱，且曾進呈費隱所刻五燈嚴統，請求入藏，特順治寢而不召耳。五燈嚴統由五燈會元改編，特信宋人僞撰之丘玄素碑，及沿譌襲謬之佛祖通載等，以雲門、法眼之統改隸馬祖，是之謂嚴。致洞上諸人著論攻之，復訟之有司，非毁板不可，得箬庵問靈巖儲居間調停乃已，此順治十一年事也。今嘉興本憨璞語録卷十四有進五燈表，龍藏本改在卷一，略云：臣師祖現住浙江嘉興府石門縣福嚴禪寺臣僧通容，生長八閩，受臘六十有七，歷居十刹，闡法二十餘年，德業過人，道風秀世，所慮法門凋敝，釋典混淆，於辛卯年編輯五燈嚴統一書，詳覈考正，字字無謬，關繫世道人心，正宜爲世模範，會事機不偶，湮没名山，伏祈皇上欽定部集，勑諭入藏頒行，庶正宗藉以久傳，道統因而廣播，法門幸甚，世道幸甚。表無年月，而云費隱六十有七，則順治十六年也。卷十四書問門，又有復福嚴費老人書云：「某叨蒙老人福廕，屢承朝廷恩渥，前歲之事，已悉聞於江南。客秋九月，駕臨延壽寺，面召入内萬善殿結冬，激揚宗旨，延斯制解，勑號賜印，殊遇種種，所有問對，暇時業已悉諸宸聽，先密老人語録，并五燈嚴統，奏進皇上，謂此書盛益於世，勑御書房裝成四套，以俟入藏。深知臨濟家風，非真獅子兒，莫擅入門閫，所以屢請知識參對，不緣江風有恙，老人早被遇矣。」所謂前歲之事，即指嚴統興訟，江風有恙，則指鄭成功連陷鎮江南京也。然木陳何嘗非十六年被召，所謂不緣此則老人早被遇者，託詞耳。費隱薦而不召，嚴統亦終未勑諭入藏，順治蓋已窺見其隱乎，有此録而吾人前此之疑悉解。

二　茚溪語録二部

茚溪名行森，字慈翁，粤惠州博羅黎氏，茚溪其號也，廣東通志誤作「茆溪」。年廿七出家，參雪嶠信，信許入室，呼爲嶺南長子，信寂，參玉林琇，即日命居首座，順治十六年玉林被召南還，上曰，和尚録中付門人茚溪之偈最好，送和尚還山之舟，可載入京一面。六月十五，玉林回至湖州，茚溪即隨舟入京，召對甚契。十七年七月，世祖馬上有省，再請玉林證道，十月十五，玉林至京，聞茚溪爲上淨髮，即命衆集薪燒之，上聞，遽許蓄髮乃止，是月廿八，茚溪辭歸。十八年正月初二，復差官迎茚溪爲新逝保母秉炬，初七帝崩，亦遺詔請茚溪秉炬。康熙十六年寂，年六十四。始吾未見原本茚溪語録之先，據玉林年譜、續指月録玉林傳，及五燈全書茚溪傳，所知茚溪事跡與順治宮廷有關者只此。

茚溪語録原本不易得，嘉興藏亦未收，普通所見者爲龍藏本三卷，題曰明道正覺森禪師語録，明道正覺者，雍正十一年封號也。録中於奏對機緣，及爲上淨髮，爲保母爲上秉炬等事，均闕不載，揞黑豆集、正源略集茚溪傳亦然。揞黑豆集引語録至二萬五千餘言，不可謂不詳，然其闕略猶是，嘗考其故，龍藏本蓋刊於雍正十一年禁燬北遊集之後，禪和子怵於世網，凡涉宮廷舊事，一概不敢留遺。黑豆集輯於乾隆末，正源集輯於嘉慶初，其所見茚溪語録，止龍藏相傳之本，不復知有當年事實，勢使然也。續指月録輯於玉林、茚溪寂後一二年，見聞較切，五燈全書輯於康熙中，所引茚溪語録，尚是原本，故較可信據。

今所論者爲康熙間杭州圓照寺刊本，六卷，題曰勅賜圓照茚溪森禪師語録。圓照初名龍溪，爲茚溪所手闢，茚溪入京後，上親書勅賜圓照禪寺，命所司易龍溪庵額。其目録卷一爲玉音金序、上堂小參。玉音者，御勅，金序者，順治十七年金之俊序也。卷二早參、晚參。卷三示衆、普説、拈古、頌古、附塔銘。卷四法語。卷五機緣、垂問。卷六代別、贊偈、書問、佛事。卷一爲董后薨逝上堂凡八次，十二頁，爲董后小參七次，二頁，卷五與世祖問對機緣六頁，卷六世祖舉問代答十頁。佛事門有爲董后起棺，及爲董后世祖舉火偈，皆希有史料，龍藏本全删去，今分別介紹如下。其問答機緣，及舉問代答，無關史實，略之。

甲　董后住處

董后生前住處，宫史無考，康熙本茚溪語録卷一上堂第一則云："庚子八月廿三日，近侍李國柱傳旨召師進承乾宫上堂，拈香問答畢，卓拄杖曰，董皇后於庚子秋月輪滿時，成等正覺，與悉達太子睹明星悟道，無二無別，奇哉，一切衆生，皆具如來智慧德相，但以妄想執着，不能證得，今日董皇后在此闡揚最上法要，大衆會麽，喝一喝，下座。"按董后以八月十九日卒，所謂月輪滿者，大概之詞也。

小參第一則云：近侍李國柱傳旨召師進承乾宮爲董皇后對靈小參，師曰，了却凡心，超出聖地，識取自性彌陀，隨處總是佛事，拈拄杖，卓一卓拋下。第二則云：近侍李國柱傳旨召師進承乾宮再爲董皇后對靈小參，師舉香云，幾番拈起幾番新，子期去後孰知音，天心有月門門照，大道人人放脚行，喝一喝，上便問，一口氣不來，向何處安身立命，師答謝皇上重重供養。

卷六佛事門載近侍李國柱傳旨召師進承乾宮爲董皇后起棺，師以杖指棺云，舉步涉千岐，孤坐又成迷，且作麽生，得恰好去，遂以杖引云，起，上云，謝和尚提拔，師云，聖駕珍重。此皆董后生前住承乾宮之證，承乾爲東六宮之一，貴妃住此，猶明制也。

乙　董后設靈處

董后之喪，命八旗二三品官員輪流舁柩，張宸青琱雜記曾言之。然舁柩至何處，及在何處設靈，書闕有間。據康熙本茆溪語録，則董后設靈實在景山壽椿殿。卷一小參云，上命近侍李國柱爲董皇后設靈景山壽椿殿，請小參。師曰，念念觀自在，處處是家山，夢幻空花常省覺，彌勒門開竟日閒。

又云國舅至，上命宣徽院正堂雷先聲請師小參，師拂一拂曰，歌以盡言，舞以盡意，至簡至易，九月初一，咄，逢人不得錯舉，便下座。按龍藏本卷上小參亦載此條，但删去「國舅至」等十五字。

又云上命上饍監正堂金把哈等爲董皇后上供，請小參，師曰，婆子轉半藏，升斗計親疏，涅槃三段義，文殊不奈何，堪笑仰山老，夢裏演摩訶，咄，慈翁慈翁，又道甚麽，曲躬曰，也不較多，下座。八月廿三，尚在承乾宮上堂，九月初一，已設靈壽椿殿，則移靈當在廿三後，初一前。今景山有壽皇、觀德、永思等殿，無壽椿殿，宫史及日下舊聞考亦無壽椿殿之名，疑永思即壽椿舊址，在明爲永壽殿，據茆溪語録則順治時固名壽椿，可補宫史之闕也。

丙　景山大道場

董后之喪，木陳、憨璞已南還，玉林再召尚未至，時適茆溪在京，故景山大道場，由茆溪一手主辦。卷一載聖駕臨景山建水陸道場，命司吏院正堂張嘉謨等請上堂薦董皇后，師至座前云，靈山會，帝皇宫，逢場作戲，快便難逢。遂陞座，拈香祝聖畢，法海和尚白椎，僧問中秋過後重陽到，向上宗乘事若何，師曰龍女成佛。曰屍陀林中齊悟去，薦冥場内又如何，師曰學而第一。問誌公寶懺爲郗后四生六道又如何，師曰仰望不及。僧禮拜，師拂一拂下座。法海，慧樞地，亦玉林弟子也。

九月十五日，聖駕臨景山觀德殿，請結制上堂。九月廿四日，聖駕臨觀德殿，爲董皇后五七，命宣徽院正堂雷先聲等請上堂。十月初一日，聖駕臨觀德殿，爲董皇后六七，命文書館正堂李世昌等請上堂。同日聖駕又臨壽椿殿，命宣徽院正堂雷先聲等請上堂，文繁不録。

十月初八日，聖駕臨壽椿殿，爲董皇后斷七，命文書館正堂李世昌等請上堂，拈香問答畢，師云，景山啓建大道場，懺壇，金剛壇，梵網壇，華嚴壇，水陸壇，一百八員僧，日裏鐃鈸喧天，黄昏燒錢施食，厨房庫房，香燈淨潔，大小官員，上下人等，打鼓吹笛，手忙脚亂，念玆在玆，至恭至敬，岩申供養董皇后，呵呵。茚溪隨例唱讚曰，萬法歸一，一歸何處，遂抛拂子下座。景山道場之熱鬧，可由茚溪口中見之，觀德殿在壽皇殿東，今存。

丁　董后火化

多爾袞焚骨揚灰，清初彭孫貽客舍偶聞記之，語與湯若望同，而李文田不信。董后火化，則康熙本茚溪語録言之鑿鑿，若望之言不妄也。卷一上堂云，聖駕臨壽椿殿，命司吏院正堂張嘉謨等爲董皇后收靈骨，請上堂，隆安和尚白椎，僧問，上來也請師接，師曰，莫莽鹵。曰皇后光明在甚處，師曰，無蹤跡處不藏身。僧喝，師便打，僧曰，天子面前，何得干戈相待，師笑曰，將謂你知痛癢，僧禮拜。師驀豎如意云，左金烏，右玉兔，皇后光明深且固，鐵眼銅睛不敢窺，百萬人天常守護。擲如意下座。此火化後收靈骨也，計其時當在三七，即重陽之後一日。隆安，山曉晳，木陳弟子。

同卷小參，又載上命司吏院張嘉謨迎董皇后神主回宮，請小參，師卓拄杖曰，因一事，長一智，去兮住兮，無固無必，太平世界，得路便行，覓火和煙得，擔泉帶月歸，且道歸家後作麼生，良久曰，乾清宮上好消息，聖明天子是知音，拽杖便行。

卷六贊偈載上命近侍李國柱請師説偈，爲董皇后鎮靈骨，偈云，西溪之西，東山之東，不見其始，孰知其終。同卷佛事門載上命文書館正堂李世昌等請爲董皇后舉火，師秉苣云，出門須審細，不比在家時，火裏翻身轉，諸佛不能知，便投火苣。似此史料，皆非康熙以後所能有，故不得不求之康熙以前典籍，然孰料於語録遇之也。

戊　順治出家

順治出家，爲自來一種傳説，彼據清涼山讚佛詩等模糊影響之詞，謂順治果已出家者固非，然謂絶無其事者亦未爲的論。續指月録玉林傳注明謂森首座爲上淨髮，湯若望回憶録亦記董妃薨後，皇帝把頭髮削去，則順治實曾落髮。惟康熙本茆溪語録並無此項記載，蓋此舉爲玉林所不滿，順治之髮，既已去而仍留，故茆溪門人亦諱之，惟卷三羅人琮撰塔銘，載茆溪臨終偈中，有一「度」字，稍透漏其消息，真可謂一字千金矣。偈云，慈翁老，六十四年，倔强遭瘟，七顛八倒，開口便駡人，無事尋煩惱，今朝收拾去了，妙妙。人人道你大清國裏度天子，金鑾殿上説禪道，呵呵！總是一場好笑。龍藏本亦附此塔銘，惟「度天子」作「見天子」，「金鑾殿上」作「萬善殿中」。「見」與「度」意義頓殊，見天子可有萬人，度天子只一人，顯爲有意改易。揞黑豆集、正源略集引此偈，無此二句，亦以「見天子」事屬平常，故略去，而不知原本乃作「度天子」也。一字之微，關繫史實若此，讀書能不多聚異本哉。

己　順治火化

至順治火化，除五燈全書茆溪傳曾提及外，尚未見他書記載。此等火化，半信佛教，亦半循塞外風俗，當時不以爲諱，故康熙本茆溪語録一再提及之。卷一上堂門載今上召師爲世祖章皇帝進火訖，奉旨還山上堂，師拈香祝聖畢，卓拄杖曰，大衆，弱川無力不勝航，進前也，騎龍難到白雲鄉，退後也，玉棺琢成已三載，總不恁麼也，欲葬神仙歸北卭，畢竟作麽生，侍者禮拜，師喝出。語句在可解不可解之間，若憾其出家未遂者，然火化則事實也。

卷二早參門載康熙皇帝召師爲世祖舉火，起程早參，師拽拄杖曰，大衆，山門前得底句，禪堂裏商量去，進到方丈，不必再舉，何也，慈翁不肯辜負汝，若有人知落處，許他隨我去。龍藏本卷中載此條作晚參，删前後語，御選語録卷十一同，知雍正所據之茚溪語録，與龍藏本同，與此本異也。

卷六佛事門載辛丑二月三日，欽差内總督滿洲大人通議歌鑾儀正堂董定邦奉世祖遺詔到圓照，召師進京舉火，即日設世祖升遐位。師云，壽椿殿上話别時，言猶在耳，行大機，顯大用，隨宜説法，雷轟電掣，這是皇上生平性燥處，千聖萬賢不能窺于萬一。遂顧左右云，大衆見麽，容顔甚奇妙，光明遍十方，即今在你諸人頂門，開無上甚深微妙正法眼藏，汝等勿得錯過，將來個個蓋天蓋地，續佛慧命，受用無盡。茚溪謂皇上生平性燥，與北遊集「龍性難攖」語合，而雍正不罪茚溪，疑雍正未見此本也。

同卷又載辛丑四月十六日，師到京復命，表賀康熙皇帝，詣世祖金棺前秉炬云云，與五燈全書所引同。卷三羅人琮撰塔銘引此文，「金棺」作「玉棺」，「釋迦」作「世尊」，「齊悟」作「普悟」，删「大衆會麽」句，意義無異。惟龍藏本塔銘將此文全段删去，火化史實，遂少一證。五燈全書雖引此，但略去到京月日，史料亦不全。因四月十七，爲帝崩後百日，茚溪適於百日前趕到，足證前文荼毗在百日後之説，所猜尚爲不誤。

三　玉林語録三部

董后陟天道場　保母靈前説法

玉林語録嘉興藏未收，然流通者有杭州本，題曰大覺普濟玉林禪師語録，十二卷，附年譜二卷，法孫超琦等編。余所見有湖州本，題曰大覺普濟能仁國師玉林和尚語録，二十卷，附年譜三卷，門人行峰編，行峰即著侍香紀略，雍正諭旨所斥爲荒唐誕妄者。紀略謂董后崩，茚溪勸免多人殉葬，又謂上郊祀天壇，皇太后皇后皆同往。此自是行峰所親見，雍正乃斥爲夢囈，不知魏書禮志載後魏郊天之禮，后率六宫以從，女巫升壇摇鼓，帝拜，后肅拜。古有其俗，吾人寧信行峰所紀爲得實也。湖州本玉林語録與杭州本卷數不同，而分量不相上下，皆雍正查燬北遊集以前編本，於順治十七年十月十七及廿六兩次御建景山孝獻皇后陟天道場，十一月初八西苑廣濟兩山同時舉行孝獻皇后仙馭道場，及奉旨爲新逝保母說法，均有記載。此保母即諫親征被嚇退者，其卒在董后後，順治前，其火化亦由茚溪舉火，前文已論及。惟龍藏本玉林語録僅七卷，與茚溪語録同函，題曰大覺普濟能仁玉琳琇國師語録，於萬善殿奏對機緣，及世祖賓天拈香，尚留一二，於董后陟天道場，及爲保母說法等事，均盡削無遺。

夫火化非中華舊俗，鬀度非王者所宜，諱之猶可也，爲董后建設道場，曷足爲諱。今龍藏本兩家語録關涉董后事跡，隻字不留，然則非諱其事，直諱其人耳。據御製董后行狀，董后不失爲賢妃，吾不解雍正時對於董后何忌諱若是。凡幼稚民族，驟然進化，輒多方文飾其先人之舉動，此拓跋、宇文之史所以見誚於子玄也。嗚呼！順治至今，不滿三百年，事之隱晦已如此，書之改變又如此，山林逸典，宜與世諦無涉，孰意文網之密，施及緇流，則古書又豈易讀耶。

〔載於輔仁學誌第八卷一期（一九三九年六月）。據原稿校訂。〕

順治皇帝出家

順治出家問題，係出於一種傳説，早爲大家所知道的。不過這種傳説的由來，實與董妃有關，與帝后火葬問題亦有關。關於這些問題，我曾有兩篇文章發表於輔仁學誌，現在只想作個簡單的叙述。

吴梅村清涼山讚佛詩中有：

王母携雙成，緑蓋雲中來。

又有：

可憐千里草，萎落無顔色。

「千里草」爲董，「雙成」係用漢武内傳王母侍女董雙成故事。加以順治孝陵所葬，原係空壜，並無棺槨，爲盡人所知。後人不察，把這兩種原因合攏起來，遂有順治因董妃的緣故而消極出家之傳説。後康熙帝又頻奉母后遊五臺，遂更有順治出家五臺之説。

順治的好佛，確是事實，其遠因實由於皇太后之接近宗教。湯若望回憶録，説太后曾拜若望爲義父，故順治稱若望爲「瑪法」，「瑪法」猶漢語之爺爺也。至順治十三年，帝年十九歲，漸漸由接近基督教轉而信佛。十五年正月二十四日皇四子董妃所生之唯一皇子卒，帝最消極，遂廣購佛像並由南方召來許多僧徒，其中最著名的爲玉林通琇與木陳道忞諸人「通」字和「道」字，是行輩，普通只稱名號，號在前，名在後，如玉林琇，木陳忞。木陳忞著有北遊集，記入京後與順治往來事跡頗詳，中述順治有自願出家之意，經木陳勸慰，帝意稍爲抑止。

續指月録玉林琇傳説：玉林二次到京時爲順治十七年，第一次到京爲十五年，聞其徒茚溪森爲上剃髮，即命衆聚薪燒森。上聞，遂許蓄髮，乃止。

續指月録著於康熙十九年，時玉林卒未久玉林卒於康熙十四年，著者又與玉林極熟稔，其説本可信，不過玉林語録未提此事，茚溪語録也不見記載，殊屬可疑，故吾初認續指月録所説，究係孤證。後來玉林年譜所載：「十月十五日到皇城内西苑萬善殿，世祖就見丈室，相視而笑。」帝並再申明仍願意出家之意，經玉林力勸，帝意乃決，此即續指月録帝許蓄髮之説。所謂「相視而笑」，自然是一個光頭皇帝與一個光頭和尚的緣故，因爲順治雖允蓄髮，此時尚未長起，便覺可笑。

迄前年本校楊丙辰先生以所譯公教神父湯若望回憶録眎余，裏邊有記順治此時情形云：「此後皇帝便把自己委託於僧徒之手，他親手把他的頭髮削去，如果没有他的理性深厚的母后和若望加以阻止時，他一定會充當了僧徒的。」以湯若望回憶録與續指月録一對照，則順治削髮之事，完全證實。因爲兩家史源，皆各有根據，不是彼此抄襲的，這些證據在身份上是「兄弟證」，而不是「父子證」，其事實自是可靠。此後，順治不久即死，一般傳説之順治出家問題，如認其果有其事，固屬不可，若謂其絶無根據，似亦不妥。故吾人可説：「順治實曾有意出家，只是出家未遂耳。」至於順治決意出家的時間，總是在十七年八月董妃死後與玉林二次到京之前。

後來我又細閲康熙間杭州圓照寺原刻本茚溪語録，在卷三羅人琮所撰塔銘中發現茚溪森有臨終偈一首説：

慈翁老，六十四年，倔强遭瘟，七顛八倒，開口便駡人，無事尋煩惱，今朝收拾去了，妙妙。人人道你大清國裏度天子，金鑾殿上説禪道，呵呵！總是一場好笑。

我從前所看的龍藏本茚溪語録雖亦附此銘，惟「度天子」改成「見天子」，「金鑾殿」改成「萬善殿」。金鑾與萬善姑不具論，但一個「度」字的差，却關係非輕，「度」字顯與剃度有關，實是出家問題之一大證據。若是「見」字，那麽天子人人可「見」，就無關緊要。這個「度」字是我對讀好多遍纔發現的。足見讀書不可不細心，雖一字亦不可馬虎。版本問題，亦須注意。

由以上續指月録、玉林年譜、湯若望回憶録及茚溪語録幾個證據，則順治出家問題，可暫告結束。以下再說因出家而涉牽的兩個重要問題：

一　董妃的來歷問題

出家問題既涉牽到董妃，董妃究爲何如人，實亦重要問題。相傳董妃爲秦淮名妓董小宛，關於此説之誤，已有人辯過。董小宛後嫁冒辟疆，死時爲順治八年，年已二十八歲，當時名人贈弔輓詩者甚多，具見冒辟疆所輯同人集中，是年順治纔十四歲，所以董小宛與董妃絕不相干的。

至董妃與董小宛何以誤傳爲一人，其原因就本爲了一個「董」字。實在董妃乃滿洲產，「董」係譯自滿洲音，或作「棟鄂」，或作「董鄂」，譯音本無定字，不足爲怪。因爲吳梅村詩文中用「千里草」「董雙成」來影射，又加順治自製董妃行狀亦作董氏，難怪人誤傳爲董小宛了。

關於董妃的來歷，湯若望回憶録説：順治皇帝對于一位滿籍軍人的夫人，起了一種火熱的愛戀，當這位軍人因此申斥他夫人時，竟被順治聞知，打了他一個耳摑，這位軍人于是因憤致死，或許竟是自殺而死。皇帝就將這位軍人底未亡人收入宫中，封爲貴妃，這位貴妃於一六六〇年產生一子，是皇帝預備立他爲將來的皇太子的。但是數星期之後，這位皇子竟而死去，不久其母亦薨逝。御製董妃行狀也說后於丁酉冬生榮親王，未幾王薨。則此軍人之妻，必爲董妃無疑。

不過，這位軍人究竟爲誰？而他的夫人竟能公然的自由出入宮禁，實是一個耐人尋味的問題。據一般推測，以其夫人親炙皇帝的情形看，決非疏遠之臣可知。於是有人懷疑此軍人或者即是順治之弟博穆博果爾，即所謂襄親王者。順治乃太宗第九子，博則居第十一，卒於順治十三年七月初三日，享年十六歲。同年八月間董妃即被册爲賢妃，案妃年僅十八。以時間算，正二十七天的服制剛滿。

但湯若望回憶録所謂一六六〇年生子之説，實在是錯誤，因順治皇四子即董妃所生之榮親王。康熙乃順治之第三子之生，係在順治十四年丁酉，這年應是公曆一六五七年。湯録諒係連其母董妃之死含混而説，故統作一六六〇年也。董妃實係卒於順治十七年，即一六六〇年，八月十八日，年二十二歲。

有人謂兄納弟婦，即常人亦不屑爲，何況順治係一代人主，何能有此醜行？殊不知「治棲」之風，滿俗初不以爲怪。「治棲」二字，見於孟子：象曰：「二嫂使治朕棲。」當順治長兄豪格於順治五年逝世的時候，攝政王多爾衮與其兄阿濟格曾各娶其「福晋」一人。此皆標之國史，正所謂「治棲」之俗也。

又據初修太宗實録，天聰時曾有令禁娶繼母、伯母、嬸母以及嫂子、弟婦、姪婦，諭曰：「禮義之國，同族從不婚娶。」今太宗實録，已將此條删去。大概過去凡屬禁止之事，多係當時必有此事可以反證。到了十七年六月竟有内大臣伯索尼曾上書謂：

凡外藩法令，應稍寬弘。過去不准再與同族婚配之禁，因彼此不能遵行，如强令遵行，恐男女間反滋悖亂，請仍照舊例，以示寬容。

這顯然是對天聰時那個「同族人不准婚配」的禁令而發。由此可知，清初對此等風俗，原不甚重視，後雖有禁令，仍不能實行。是以順治之納娶弟婦，身代弟職，殊不足怪。又吳梅村七夕即事詩：

花萼高樓迴，岐王共輦游。傷心長枕被，無意候牽牛。

又：

羽扇西王母，雲軿薛夜來。祗今漢武帝，新起集靈臺。

這些句子，似乎皆隱約指説此事。根據這許多材料，則董妃的來歷已明。這裏也可暫告結束。

二　帝后火葬問題

關於帝與后的火葬問題，此事過去尚無人道及，可以説是我發現的。有人謂滿洲根本無火葬風俗。這實是日久湮忽，數典忘祖。順治實録載「順治元年八月，以國禮焚化大行皇帝梓宫」一條，則清太宗亦曾火化，今本實録已經删去此條。又湯若望回憶録亦説多爾袞曾被火化。彭孫貽客舍偶聞則言多爾袞焚屍揚灰。振綺堂叢書本李文田注雖不信有此事，但證以近年盜發多爾袞墓，結果僅得一空壜，是係火化無疑。又最近順承王府遷墳，發掘後亦只得空壜，其後人因此曾輾轉託人來問當時是否確有火葬風俗。這些都可證明火葬確是塞外舊俗無疑。

湯若望回憶録中對於董妃薨後的記載曾説：「按照滿洲習俗，皇后皇妃底屍體，連同棺槨，並那兩座宫殿，連同其中珍貴陳設，俱都被焚燒。」董妃住東六宫之承乾宫，如此，非但董屍被火化，即承乾宫亦同時被燒。此事不但湯若望回憶録中如此説法，茚溪語録言之更詳。至其被火化的地點，是在景山，時間是在「三七」。此外茚溪和尚當時爲董妃秉炬曾有一偈：

出門須審細，不比在家時，火裏翻身轉，諸佛不能知。

如此則董妃火化是不成問題了。

玉林年譜載：順治十八年正月初二日，佟大人奉旨往杭州，請茆溪爲上保母秉炬。據此則皇帝保母死後，亦係火葬。足見火葬爲當時普通風俗。

至順治帝火化事，吾初見於五燈全書茆溪傳，惟當時未見第二證據。嗣求之於康熙實録，發現順治崩後百日，即順治十八年四月十七日，載：

上按即康熙詣世祖章皇帝即順治梓宫前，行百日致祭禮。

至期年康熙元年正月初七日條下則稱：

上詣世祖章皇帝寶宫前，行期年致祭禮。

又另條載：

康熙二年四月辛酉，奉移世祖章皇帝寶宫往孝陵。

在此看出順治十八年四月康熙所祭者尚爲「梓宫」！而時隔不逾一年的正月，則所祭者已成「寶宫」。梓宫與寶宫自然大有分别，是知寶宫所藏者必非梓宫原來之屍體，而是屍體焚化後的骨灰。所謂寶宫，其實就是一個灰罐，在帝王家則稱之爲寶宫而已。

至於火化的日期，五燈全書引茆溪語録有「世祖遺詔召師，至景山壽皇殿秉炬」之語，但没有提到火化確實的日期。當初我推定舉火必在「百日」後。後得圓照寺本茆溪語録，證明茚溪是四月十六日到京。順治是正月初七日崩，到四月十六日正是百日。茚溪與順治以輩論爲師兄弟，他此次之來，原是應召爲皇帝保母秉炬，不想到京時正趕上爲大行皇帝舉火，殊出其意料之外。茚溪語録有他當時爲順治秉炬的一偈是：

釋迦涅盤，人天齊悟，先帝火化，更進一步，大衆會麽？壽皇殿前，官馬大路。

最近我得讀旅庵月奏對録則亦説到皇帝是四月十七日舉行火浴。旅庵且有詩以記其事，内有「梓宮燿燦火空騰」之句，由此可斷定順治確實火化毫無疑義。所以現在孝陵所埋者是一個空壜呢。

末了，關於我研究此事，曾得了三點教訓，願藉此一提，供諸位參考：

（一）凡事之傳説，不論真僞，必各有原因。

（二）凡研究討論一事，如證據未充分時，決不可妄下斷語，如董妃之本夫，究竟是否襄王尚待證實。

（三）讀書時遇微細異同之處，雖一字之差，亦不可忽略，如「度天子」「見天子」，「梓宫」與「寶宫」，非細心不能辨別。

〔爲一九四〇年十一月廿七日在輔仁大學演講之記録稿，載於輔仁生活第十一期（一九四〇年十二月廿五日）。今採用作者看過的抄本。〕

在中國佛學院教學問題討論會上的發言

我對佛教是門外漢。

過去對中國佛學院的情況，不很了解。學院的招生對象、培養目標、教學計劃和課程設置等都不清楚。

所以學院的教學問題，很難提出具體意見。現在只就我個人一點看法隨便談一談，請指正。

既然是「學院」，基本課程是要有的，如政治課、時事教育、文化課等，這是基礎課程。我認爲這些課，是每一個學校都應有，佛教學院也不應例外。這方面我不多談，談一談與佛教有關的幾門課程：

一、關於佛教教義的課程——中國佛教的歷史很長，從漢魏六朝，已有一千多年的歷史。雖然有時發達，有時衰落，但佛學思想在中國哲學思想上，還是有一定影響的。如宋明儒學的思想，就和禪宗思想有較密切的關係。

所以要想進行中國哲學史、中國思想史、東方哲學史等的研究，就要把中國的佛學思想搞清楚。

而佛教教義和佛學哲理的研究，如果要佛教徒本身來進行，就比教外人容易得多。我想這方面人才，如果由佛學院來培養，然後與思想界、學術界相配合，也是很必要的。

二、關於佛教史的課程——中國佛教既然歷史很長，就應當把它的發生、發展、源流、分佈，佛教内的各宗各派的主張、見解，以及他們和政治的關係，和思想的關係，研究清楚。中國佛教界在中國歷史上，也有一定影響，不只是帝王將相、文人學者，就是與勞動人民也是有過密切關係的。當然這關係，有些是好關係，也有些是壞關係，總之，要實事求是地加以研究和批判。

有些佛教徒在歷史上對科學、文化、藝術等方面，有過不少貢獻，如玄奘法師對中西交通史上的貢獻，一行和尚在天文曆法上的成就，都是大家所熟悉的。

至於學者、儒家與佛家的關係，對佛學的態度，如韓愈闢佛，蘇東坡佞佛，諸如此類，例證甚多，這和中國文化史也是分不開的。

中國佛教的歷史，還是有很多問題應該研究的。據我所知，過去，中國還没有一部較完整的佛教史，今天，按着人民的需要，寫出一部較完整、較正確的中國佛教史，我看還是必要的。

要寫中國佛教史，就要先對歷史上的佛教發展情況掌握清楚。所以我以爲佛教史的課程，是有必要開設的。

三、關於中國佛教史籍的課程——中國佛教史籍很多。而且佛教書中，也常與各時代的歷史有關係，研究佛學就要注意佛教書，而研究歷史，也應注意佛教書。所以對佛教史籍的研究、整理、注釋等工作，也是一項重要工作。

這些佛教書，也是我國歷史上的一批遺產，也應當加以批判的繼承，然後纔便於利用。此外，各種大藏經，以及禪師的語録等等，更是尚未被人注意。其中也有一些有用的東西。如果有這樣的課程，對研究佛教各方面的問題，都有幫助。

除去這三方面的課程外，還有一種，就是古漢語研究，就是學讀文言文和語録文。要想學習以上三種課，就必須會讀古書，而古書都是用文言或語録文寫的，所以學習文言文和語録文，掌握古漢語的規律，也是很重要的。

以上，僅就我所想到的，談一點我個人的看法，在各位大師面前，我是班門弄斧，請大家指教。

〔一九六一年一月二十九日發言。此爲作者的發言稿。〕

談北京雙塔寺海雲碑

海雲禪師碑，原在北京西長安街雙塔寺，寺久廢，解放後長安街改建大馬路，碑移貯北海天王殿保存。碑分兩面，每面四十六行，行九十字，雙抬頭者每行九十二字，全碑五六千字。除剥落千餘字外，尚存四五千字。

碑題爲「大蒙古國燕京大慶壽寺西堂海雲大禪師碑，燕京編修所次二官黄華□人熊岳王萬慶撰，並書丹篆額」。碑立於元憲宗五年一二五五，時元尚未建國號，故稱「大蒙古國」。慶壽寺即雙塔寺本名。西堂者，禪林稱當寺前住之人爲東堂，他山退隱之長老來住本寺名爲西堂。

海雲禪師名印簡，俗姓宋，山西寧遠人，生金章宗泰和二年一二〇二，卒元憲宗七年一二五七。八歲爲僧，事中觀沼禪師，二十歲來燕，得法於中和章禪師，爲臨濟十六傳，迭受元統治者所禮遇，擢居天下禪門之首。元史三憲宗紀：「元年一二五一以僧海雲掌釋教事，以道士李真常掌道教事」，就是這個海雲。海雲之名，除見元史本紀外，並見元史一五七劉秉忠傳。秉忠初亦爲僧，名子聰，住雲中今大同南堂寺。元世祖未即位時，海雲被召過雲中，邀與俱行，稱爲「聽書記」。後釋僧服爲宰相，實出海雲所引。

撰碑者王萬慶，字禧伯，號澹游，係王庭筠嗣子，名見金史一二六文藝傳，作「曼慶」。元遺山集卷十六，有王黃華墓碑，稱庭筠曾「置家相下今彰德，買田隆慮，自號黃華山主」，今碑稱「黃華後人」正謂此。「後」字今闕，王鳴盛訪此碑時猶辨之。萬慶亦能詩並畫，王秋澗集卷七一，有澹游王先生詩跋盛稱之，元明人畫跋又比之米氏父子。元史二太宗紀：「八年一二三六六月，耶律楚材請立編修所於燕京、經籍所於平陽，編集經史，召儒士梁陟充長官，以王萬慶、趙著副之。」今碑稱「編修所次二官」，即其事。

此碑雖只載海雲個人事跡，但都關涉元朝開國時史料，足補史所未備，可惜碑的全文未經他書著録。佛教典籍記海雲事者，元時有佛祖通載，明末有續燈存稿、五燈會元續略，清初有繼燈録、南宋元明僧寶傳、續燈正統、五燈全書等，大抵多採自此碑。教外典籍載此碑者明末有帝京景物略，清初有日下舊聞、日下舊聞考，清末有畿輔通志、順天府志等，但俱未載全文。

孫星衍著書名寰宇訪碑録，此碑近在京師，乃交臂失之。孫又著京畿金石考，專考京畿金石，乃此五六千字的豐碑亦失之，其毛病就在於貴遠賤近。

帝京景物略載此碑最早，録四百六十字，日下舊聞據帝京景物略採此碑二百五十字，乾隆時四庫館輯日下舊聞考，以日下舊聞太略而增輯之，亦僅得六百五十字，不過全碑之十分一。

史學家王鳴盛曾訪此碑，他所著西莊始存稿卷三十三有記慶壽寺碑一文，光緒順天府志曾採之，説：「碑今在西長安街，俗呼雙塔寺，寺僅存數椽，餘悉入民居。乾隆庚辰春，余罷官無事，閒坊冷巷，恣意搜討，因訪得此碑，下半截陷土中，余欲發土讀之，居人堅不許乃止，竟未能得其全文，不禁爲之悵悵。」此是一七六〇年事，距今二百年。今此碑已全部掘出，假使西莊生今日，其高興當何如！　西莊又説碑無年月，今碑陰第三十九行明説是「乙卯年九月望日建」。乙卯是元憲宗五年一二五五海雲未卒之前二年，何云無年月。西莊及諸書未見全文，不足爲怪。

續燈存稿卷五海雲傳據此碑，有「庚辰五月，沼將遷寂」語，謂金宣宗興定四年，海雲十九歲時，他老師中觀沼禪師卒，這是一二二〇年事。續燈正統卷八、五燈全書卷五十六海雲傳，乃於「庚辰」句上添「元世祖至元」五字，是爲一二八〇年，中觀沼之卒遂移後六十年。

續燈存稿海雲傳又有「丁巳閏四月，一日集衆説偈，泊然而逝」語，謂元憲宗七年，海雲五十六歲時卒，這是一二五七年事。續燈正統、五燈全書海雲傳，乃於「丁巳」上加「仁宗延祐」四字，是爲一三一七年，海雲之卒亦移後六十年。他没想到延祐丁巳是閏正月，非閏四月，故讀史貴有精密的年表。

又南宋元明僧寶傳卷八海雲傳採此碑，有「辛卯年主慶壽」句，本謂元太宗三年，海雲三十歲時，初主慶壽，是一二三一年事。但南宋元明僧寶傳於「辛卯」上添「元世祖」三字，是爲一二九一年，時海雲卒後三十五年了，何能主持寺院。

吾人因此得一教訓，先輩作文，紀年喜用甲子，甲子六十年一周，若不細加調查，就往往移前或移後六十年，今續燈正統、五燈全書、南宋元明僧寶傳的海雲傳，皆犯此病，幸有此碑爲證，可以正各書之失。

有人認此碑爲塔碑，不對；畿輔通志金石略稱此碑爲塔頌，也不對。塔碑、塔頌立於死後，此碑立於生前，是道行碑，非塔碑。程鉅夫雪樓集卷六，有海雲簡和尚塔碑，這纔是海雲塔碑。雪樓所撰塔碑，係奉詔撰的，立於延祐元年（一三一四）即海雲殁後五十八年。未見他書著録。據這塔碑所載，海雲同樣的塔，除燕京慶壽寺之外，尚有七八處，都是他生平所住過的寺院。如：興州仁智寺，燕京竹林寺，易州興國寺，興安永慶寺，昌平開元寺，真定臨濟寺，雲中龍宮寺、華嚴寺等。

海雲卒於今大同華嚴寺，而分葬骨灰七八處。此等遺址值得保存者自應保存，不一定保存者，自可因地因時而利用。解放後因建築大馬路，拆去西長安街的一處，並無不宜。

〔載於一九六一年四月二十三日人民日報。據原稿校核。〕

佛牙故事

佛牙爲佛教各國所信奉。中國古籍記載佛牙故事者不一，瀏覽所及，匯記於下，藉供調查研究者的參考。

一　南北朝

佛牙故事見于中國史傳最早者，當推法顯佛國記。梁高僧傳卷三智猛傳及洛陽伽藍記卷五亦有之。但都是西域佛牙故事，不具述，述中國佛牙故事。

中國之有佛牙，最早當推法獻。梁高僧傳卷十三法獻傳：「獻先聞猛公西游，備矚靈異，乃誓欲忘身往觀聖跡。以宋元徽三年四七五發踵金陵，西游巴蜀，道經芮芮，獲佛牙一枚，又得龜兹國金像，於是而還。佛牙本在烏纏國，自烏纏來芮芮，自芮芮來梁土。獻齎牙還京，五十有五載，密自禮事，餘無知者，至文宣感夢，方傳道俗。獻以建武末年四九七卒，窆於鍾山之陽。獻於西域所得佛牙及像，皆在上定林寺。牙以普通三年五二二正月，忽有數人並執仗，初夜扣門，稱：『臨川殿下奴叛，有人告云在佛牙閣上，請開閣檢視。』寺司即隨語開閣，主帥至佛牙座前，開函取牙，作禮三拜，以錦手巾盛牙繞山東而去，至今竟不測所在。」

歷代三寶記卷十一有同樣記載。猛公即智猛。「五十有五載」，上一個「五」字當是「師」字連上讀，或是衍文，由宋元徽三年四七五出游，至齊建武末年四九七卒，纔二十二載，何能密自禮事五十五載，其爲十有五載無疑。文宣指竟陵王子良，齊武帝第二子，撰有佛牙讚並佛牙記一卷，見出三藏記集卷十二，感夢事見法苑珠林卷二十。臨川指蕭宏，梁武帝第六弟。

法獻得佛牙，密自禮事者十五載，爲蕭子良所發現，乃傳於上定林寺。同時盤盤國獻梁帝佛牙，見釋氏通鑒卷五天監十四年五一五乙未條。是時梁有兩佛牙。至普通三年五二二法獻佛牙被人騙劫，不知所在，原來在陳高祖霸先處。陳書卷二高祖紀：「永定元年五五七冬十月乙亥，高祖即皇帝位於南郊，庚辰，詔出佛牙於杜姥宅，集四部設無遮大會，高祖親出闕前禮拜。初，齊故僧統法獻於烏纏國得之，常在定林上寺，梁天監末五一九爲攝山慶雲寺沙門慧興保藏，慧興將終，以屬弟慧志。承聖末五五四，慧志密送於高祖，至是乃出。」建康實録卷十九，及南史卷九陳本紀，均有此記載，而不及陳書之詳。册府元龜卷一九四崇釋老門採陳書。陳書敘佛牙傳授始末，足補僧傳所闕。尋常史文有闕，以僧傳補之，事所恒有，若僧傳所闕，以史文補之，實爲僅見。杜姥宅見晉書卷三二成帝杜皇后傳：八王之亂，后父杜遐遇害，無子，后母裴氏渡江，立第南掖門外，世稱杜姥宅，遂爲陳霸先密藏佛牙之所。以上是南朝佛牙故事。

至於北朝佛牙故事之見於史傳最早者當推魏書。魏書卷八世宗紀：「景明四年五〇三四月庚寅，南天竺國獻辟支佛牙。」北史卷四魏本紀有同樣記載。册府元龜卷九六九朝貢門亦採之。此牙下落不明，洛陽伽藍記卷四説，西域所齎舍利骨及佛牙經象，皆在法雲寺。

北齊書卷十一河間王孝琬傳：「孝琬，文襄第三子也。得佛牙置於第內，夜有神光照室，玄都法順請以奏聞，不從。帝聞，使搜之，得鎮庫矟幡數百，帝以爲反狀，使武衛倒鞭撾之，折其兩脛而死。」北史卷五二孝琬傳有同樣記載。文襄指高澄，帝指高澄弟高洋五五〇—五五九。孝琬所得佛牙，與景明四年五〇三南天竺國所獻者是否有關，頗可研究。由景明四年至孝琬時不過五十年。

續高僧傳卷十九法喜傳：「喜姓李，襄陽人。仁壽年六〇一內，文帝勑召入京師，住禪定寺，爰有佛牙舍利，帝里所珍，縈以寶臺，瓚寶溢目，大衆以喜行解瀶通，幽微屢降，便以道場相委。」文帝指隋文帝。此佛牙不詳所自，與北齊孝琬所得，相距亦不過五十年，疑是一脈，或爲平陳所得亦未可定。以上是北朝佛牙故事。

二　唐五代

大唐西域記及續高僧傳卷四玄奘傳皆有佛牙故事，以未涉及中國，不具述，述其與中國有關者。義淨大唐西域求法高僧傳卷上有：「明遠法師，益州清城人。既慨聖教陵遲，遂乃振錫南游，到訶陵國，次至師子洲，爲君王禮敬，乃潛形閣内，密取佛牙，望歸本國，以興供養。既得入手，翻被奪去，不遂所懷，頗見陵辱，寂無消息，應是在路而終，莫委年幾。」這是唐僧竊取佛牙故事。潛形密取，似非正道，義淨直書其事，不以爲諱，而且寄予同情，可見當時風尚。

唐代著名佛牙故事，莫過於道宣律師之神授佛牙。宋高僧傳卷十四道宣傳：「道宣於西明寺深夜行道，足跌前階，有物扶持，履空無害，熟顧視之，乃少年也，宣遽問：『何人中夜在此？』少年曰：『某非常人，即毗沙門天王之子那吒也。護法之故，擁護和尚，時已久矣。』宣曰：『貧道修行，無事煩太子。』太子曰：『某有佛牙，寶掌雖久，頭目猶捨，敢不奉獻。』俄授於宣，宣保録供養。乾封二年六六七宣化後，其天人付授佛牙，密令文綱掌護，持去崇聖寺東塔。至代宗大曆二年七六七，勅此寺：『有大德道宣律師傳授得釋迦佛牙及肉舍利，宜即詣右銀臺門進來，朕要觀禮。』」

佛祖統紀卷五十三有北天佛牙條記此事云：「唐宣律師在西明寺行道，北天王太子以佛牙上於師。代宗勅問文綱律師親傳先師宣律師釋迦佛牙，宜詣右門進上，副朕瞻禮。」「勅問文綱」四字相連，頗有語病。文綱係道宣大弟子，道宣卒於乾封二年六六七，文綱卒於開元十五年七二七，至代宗大曆二年七六七，宣卒已百載，綱卒亦已四十載，代宗何能勅問文綱？代宗所問係問此寺管事人，非問文綱。佛祖統紀卷四十二法運通塞志，繫此事於大曆十一年七七六，亦不對。據道宣傳，此係大曆二年事，時正道宣逝世一百周年，故代宗有此問。

唐代著名佛牙故事，尚有悟空法師帶歸之佛牙。宋高僧傳卷三悟空傳：「悟空，京兆雲陽人，從罽賓國三藏舍利越摩落髮，於迦濕彌羅國受具足戒。後巡歷數年，爲憶君親，因咨本師舍利越摩，再三方允，摩手授梵本經共一夾，並佛牙舍利以贈別。空行從北路，至睹貨羅國，有一城，號骨咄國城，有小海，空行次南岸，地輙搖動，雲陰雨暴，霆擊雹飛，乃奔就一大樹間。時有衆商咸投其下，商主告衆曰：『誰賫佛舍利異物殊珍耶？不爾，龍神何斯忿怒！』空爲利東夏之故，潛乞龍神宥過，自卯達申，雨雹方霽。事訖隨中使段明秀以貞元五年七八九己巳達京師，進上佛牙舍利經本，宣付左神策軍繕寫。」

貞元續釋教録卷中，有新修大莊嚴寺釋迦牟尼佛牙寶塔記三卷，貞元十年七九四圓照撰進，當係記載道宣、悟空所遺佛牙事。時悟空佛牙或已移奉莊嚴寺，故宋僧傳十六慧靈傳，有大中七年八五三宣宗幸莊嚴寺禮佛牙記載。同時宋僧傳卷二十三元慧傳，又有大中七年重建法空王寺，元慧然香於臂，供養報恩山佛牙記載。日本僧圓仁入唐求法巡禮行記會昌元年八四一記事説長安城中有四佛牙：一崇聖寺，一莊嚴寺，一薦福寺，一興福寺。可見佛牙來歷不止一處。

今本舊五代史卷六十七趙鳳傳：「有僧自西國取經回，得佛牙大如拳，褐漬皴裂，進於明宗，鳳揚言曰：『曾聞佛牙錘鍛不壞，請試之。』隨斧而碎。時宫中所施已逾數千緡，聞毁乃止。」新五代史卷二十八趙鳳傳有同樣記載。明宗指後唐明宗。此僞佛牙故事之僅見於史傳者。李時珍本草綱目卷五十一獸部：「貘似熊，黄白色，其齒骨極堅，以刀斧椎鍛，鐵皆碎落，火亦不能燒，人得之詐充佛牙佛骨以誑俚俗。」可見僞佛牙事是有的。

册府元龜卷五十二崇釋氏門，載：「後唐明宗天成二年九二七九月，益州孟知祥令僧五人持佛牙長一寸六分，云僖宗幸蜀時留之，今屬應聖嘉節，願資壽命，宣示近臣。」又，「後晉高祖天福三年九三八十一月庚午，西京左右街僧録可肇等賫佛牙到闕，宣付汴京收掌」。又，「天福六年九四一五月甲辰，加隰彌陀國僧嗟哩，以佛牙泛海而至。」後一條亦見今本舊五代史卷七十九晉高祖紀。可見五代時佛牙史料不少。僖宗幸蜀所留，是否莊嚴寺舊物，殊有可能。

三　遼宋元明

遼代佛牙故事，最顯著者爲近年兩次出國之北京西山千佛塔佛牙。塔建於遼咸雍七年一〇七一，中國佛教協會當有詳細記載，兹不具述。

遼文存卷四有遼釋志願葬舍利佛牙石匣記，說：「達摩禪師，遠涉流沙，登雪嶺，得釋迦舍利辟支佛牙，授與先師。先師諱清珦，閩川人。自會同五載九四二仲秋賫舍利佛牙到此，於八年九四五季春月，染疴而逝。臨遷化時，將舍利佛牙付仙露寺比丘尼定徽，建窣堵波，尋具表奏聞大遼皇帝，於天禄三年九四九歲次己酉，四月十三日安葬，施主名具鐫於後。」

朱彝尊曝書亭集卷五一有此石匣記跋，云：「仙露寺，金人俘宋室子女置其中。康熙二十六年一六八七五月，宣武門西南居民掘地得石匣，匣旁有記，自稱講經律論大德志願録並書。乃遼世宗天禄三年九四九瘗舍利佛牙於此，記有建窣堵波之文，疑當時石匣置於塔下，塔久廢而石匣僅存土中。匣已無蓋，其舍利佛牙又不知何時散佚也。」

宋代佛牙故事，釋氏稽古略載三朝御制佛牙讚特詳。稽古略卷四，太宗太平興國八年九八三條：「初，太祖迎洛陽唐高宗顯慶年間沙門宣律師天王太子所獻佛牙舍利於東京相國寺灌頂院安奉，至是帝親以烈火煅試，晶明堅固，光彩照人，帝制讚曰：功成積劫印文端，不是南山得恐難，眼睹數重金色潤，手擎一片玉光寒。」釋氏資鑒卷九繫此讚於太平興國四年。

又，真宗咸平六年一〇〇三條：「帝勅右街僧録備儀仗音樂華旛，迎大相國寺佛牙舍利，供養於開寶寺塔下，帝制以讚。」

又，仁宗慶曆三年一〇四三條：「夏旱損稼，六月詔迎相國寺佛牙，禱於禁中，隨時大雨。其佛牙舍利，祖宗御封，帝手啓之，灌以海上薔薇水，供養踰月而歸之。詳見翰林知制誥王珪三朝御讚佛牙舍利序。」

又，徽宗崇寧三年一一〇四條：「夏五月五日，帝迎三朝御讚釋迦佛牙於大相國寺入禁中供養，帝展敬次，舍利隔水晶匣出如雨點，帝讚以偈。」

宋人筆記亦有述及佛牙故事者，沈括夢溪筆談卷二十神奇門載：「熙寧中一〇六八—一〇七七，余察訪過咸平。是時劉定子先知縣事，同過一佛寺，子先謂余曰：『此有一佛牙，甚異。』予乃齋潔取視之，其牙忽生舍利，如人身之汗，颯然湧出，莫知其數，或飛空中，或墮地，人以手承之，即透過，着牀榻，摘然有聲，復透下，光明瑩徹，爛然滿目。予到京師，盛傳於公卿間。後有人迎至京師，執政官取入東府，以次流布士大夫之家，神異之跡，不可悉數。有詔留大相國寺，創造木浮圖以藏之，今相國寺西塔是也。」

宋朝事實類苑卷四十四仙釋僧道門，有同樣記載，而不注出處，則文中所謂「余」者何人？其實乃沈括自謂。括爲宋朝著名博物家，其言值得注意。劉定先官咸平縣，後官戸部侍郎，宋詩紀事卷三十五有劉定詩。相國寺之有佛牙，不自神宗熙寧始，太祖時已移奉神授道宣之佛牙於相國寺。沈括所見之佛牙，初不在相國寺，蓋另一佛牙，其後乃歸併於相國寺的。

王鞏聞見近録，亦載有咸平縣佛牙事，云：「咸平縣僧藏佛牙一株，其大兩指許，淡金色。予嘗請而供之，光彩炳然。後神宗迎之禁中，遂御封匣而歸之，今人罕得見者。」王鞏字定國，宰相王旦孫，宋史三二〇附其父王素傳。鞏所見佛牙，與沈括同，不屬於神授道宣佛牙統系。

元代佛牙故事，有耶律楚材題西庵所藏佛牙詩，見湛然居士集卷二：

殷勤敬禮辟支牙，緣在西庵居士家，

午夜飛光驚曉月，六時騰焰燦朝霞。

又云：

旃檀奩裏貯靈牙，來自中天尊者家，

瑩色冷侵秋夜月，真光明射晚晴霞。

西庵似指楊果，祁州蒲陰人。金正大甲申一二二四進士，元史一六四有傳，元詩選有西庵集。西庵所藏佛牙，從何處得來？曰「來自中天尊者家」，似指道宣一脈。

明代佛牙故事，有見於大唐西域記者。西域記卷十一：「今之錫蘭山，即古之僧伽羅國也。王宫側有佛牙精舍，飾以衆寶，暉光赫奕，累世相承。大明永樂三年一四〇五，皇帝遣中使太監鄭和，奉香華往詣彼國供養，禮請佛牙至舟，靈異非常，光彩照曜，如前所云，歷涉巨海，凡數十萬里，風濤不驚，如履平地。舟中之人，皆安穩快樂。永樂九年一四一一七月初九日至京師，皇帝命於皇城内莊嚴旃檀金剛寶座貯之。」

唐人著述，何能有明代年號？其爲後人加入無疑。此節四庫總目地理類四，曾指出其中有三百七十字爲明人附注，刻本誤入正文，但因未得古本對照，不能確定其起止。今以古本西域記對照，附注誤入正文者，實五百十六字，此五百十六字中所説佛牙靈異及鄭和帶回佛牙事，明實録、明史均未載，賴有此附注，足補史文所闕。初不料明代佛牙史料，乃在唐代著述中得之。

圖書集成神異典釋教部紀事二引諸寺奇物記云：「天界寺有佛牙，闊寸，長倍寸之五。萬曆中，僧人真淳獻之尚書五臺陸公，公因具金函檀龕盛之，迎供於寺之毗盧閣，牙得之天台山中。」五臺陸公指陸光祖，平湖人，明史二二四有傳，萬曆十五年一五八七南京刑部尚書。天界寺的佛牙，傳自天台山，天台山得之何人，安得如陳書高祖紀所載法獻帶歸佛牙傳授之詳，此節須待將來的發見。

以上所舉佛牙故事，説明來歷者十一：法獻、北魏、蕭梁、道宣、悟空、孟蜀、嗢哩、清珦、宋三朝、鄭和、真淳。未説明來歷者七：孝琬、法喜、莊嚴寺、報恩山、可肇、咸平、西庵。有得之餽贈者：法獻、悟空；有得之貢獻者：北魏、蕭梁、後晉；有得之神授者：道宣；有得之傳授者：清珦；有得之禮請者：鄭和；亦有得之騙劫者：梁主帥；得之竊取者：明遠。其得之之方法不一，其感召亦不一，有得之而霆擊雹飛者：悟空；有得之而風平浪靜者：鄭和；有得之而以爲徵祥者：陳霸先；有得之而得禍而受辱者：孝琬、明遠。古籍浩瀚，未能遍觀，續有所見，當再補記。

〔載於一九六一年七月二十日人民日報。據校訂本校訂。〕

法獻佛牙隱現記

法獻佛牙，現存北京廣濟寺舍利閣，余以一九六二年三月十八日特往參觀，並得讀中國佛教協會關於佛牙記載，有所啓發，因成此篇，名曰法獻佛牙隱現記。請識者指正。

中國之有佛牙，最早當推法獻四二四—四九八。法獻，南齊時僧統，先聞智猛西遊，備矚靈異，乃誓欲忘身往觀聖跡。以宋元徽三年四七五發踵金陵，道經芮芮，既到于闐，道阻而反，獲佛牙一枚，又得龜兹國金像。佛牙本在烏纏國，自烏纏來芮芮，自芮芮來梁土，獻齎牙還京，十有五載，密自禮事，餘無知者，至文宣感夢，方傳道俗。獻以齊建武末年卒，所得佛牙及像，皆在上定林寺。

梁普通三年五二二正月，忽有數人並執仗，初夜扣門，稱臨川殿下奴叛，有人告云在佛牙閣上，請開閣檢視。寺司即隨語開閣，主帥至佛牙座前，開函取牙，作禮三拜，以錦手巾盛牙繞山東而去，不測所在。以上見梁高僧傳卷十三法獻傳，又見歷代三寶記卷十一。文宣指齊竟陵王蕭子良，齊武帝第二子，撰有佛牙讚並佛牙記一卷，見出三藏記集卷十二。感夢事見法苑珠林卷二十。臨川指梁武帝弟蕭宏。

法獻佛牙被劫，不知所在者三十五年，原來在陳高祖霸先處。陳書卷二高祖紀載：「永定元年五五七十月乙亥，高祖即皇帝位於南郊，庚辰，詔出佛牙於杜姥宅，集四部設無遮大會，高祖親出闕前禮拜。初，齊故僧統法獻於烏纏國得之，常在定林上寺，梁天監末五一九爲攝山慶雲寺沙門慧興保藏，慧興將終，以屬弟慧志。承聖末五五四，慧志密送于高祖，至是乃出。」並見南史卷九陳本紀、建康實録卷十九、册府元龜卷一九四。杜姥宅見晉書卷三二成帝杜皇后傳：八王之亂，后父杜遐遇害，無子，后母裴氏渡江，立第南掖門外，世稱杜姥宅。遂爲陳霸先密藏佛牙之所。

隋帝平陳，豫章王暕自揚州持牙入京，置禪定寺，委僧人法喜監護。唐武德元年六一八禪定寺改爲莊嚴寺，牙遂一直在長安莊嚴寺安置，見續高僧傳卷十九法喜傳及唐兩京城坊考卷四。

貞元十年七九四新修大莊嚴寺釋迦牟尼佛牙寶塔，圓照撰記三卷，見貞元續釋教録卷中。會昌元年八四一大莊嚴寺開釋迦牟尼佛牙供養，見日本僧圓仁入唐求法巡禮行記卷三。大中七年八五三宣宗幸莊嚴寺禮佛牙，見宋高僧傳卷十六慧靈傳。

廣明元年八八〇，黄巢入潼關，僖宗携佛牙奔蜀。後唐天成二年九二七唐明宗生日，益州孟知祥以獻唐明宗，牙遂由蜀至洛。後晉天福三年九三八西京左右街僧録可肇等賫佛牙至闕，宣付汴京收掌，牙遂由洛至汴。以上見册府元龜卷五二。

開運三年九四六契丹入汴，輦法物而北，至真定，契丹主死，法物星散，劉暠起太原，牙當於此時入漢。郭威篡漢，牙又轉隸北漢，曾爲僧人善慧所藏，有天會七年九六三題記。善慧山西崞邑人，宋乾德間曾賜以宣祕大師稱號，見明河補續高僧傳卷廿三。北漢與周宋爲敵，與遼交好，天會末宋數伐北漢，牙遂於此時入燕。

至遼咸雍七年一〇七一八月，大遼國公尚父令公丞相大王耶律仁先母燕國太夫人鄭氏始將牙埋藏於燕京西山招仙塔下，見遼史卷廿二道宗紀及中國佛教協會佛牙記載。越八百三十年一九〇〇，帝國主義八國聯軍入京，炮擊塔燬，僧人清理塔基，得石函，並善慧所題檀香木匣，牙又復現於世。自齊、梁、陳、隋、唐，以至孟蜀、後唐、後晉、北漢、遼、清，凡十餘代，或隱或現，歷歷可考，牙入中國已近一千五百年，近經兩次出國，巡歷緬甸、錫蘭歸來，將仍供奉於北京西山靈光寺側新建之十三層寶塔，用垂不朽云。

一九六二年五月陳垣記

〔載於文史第一輯（一九六二年十月）。據原稿校核。〕

鑑真和上失明事質疑

鑑真和上失明事，宋高僧傳十四鑑真傳不載，僅元開撰唐大和上東征傳這樣説過，曰天寶九載七五〇和上由廣州到韶州，「頻經炎熱，眼光暗昧，爰有胡人言能治目，請加療治，眼遂失明」。既言眼光暗昧，胡人能治，請他療治，應該眼遂復明，今曰失明，似不合文理。

傳又言和上由韶州回到江寧時，弟子靈祐來見，説「大和上遠向海東，自謂一生不獲再覲，今日親禮，誠如盲龜開目見日」。龜雖可説是靈物，盲總不是美詞。如果老師這時是盲，豈能當面説「盲龜開目」等話，似不合情理。

又和上在日本傳戒十年，此十年中如果是盲，應該有提到他因眼目失明而有不便之處，今東征傳自從説過他一句「眼遂失明」後，就没有再提到他眼目失明事，似不合道理。

故謂鑑真和上到日本後晚年曾失明則或有之，謂鑑真和上未到日本前已失明，則殊不可信。後人説他未到日本前已失明，都是根據東征傳一句話，這是孤證，應該找他同時或當時人的話來作證據。

一九六三年六月

回回教入中國史略

今日講演此題，適遇回曆一三四五年齋月第一日，事極湊巧。二十年前，余即有意編纂中國回教志。其總目如下：

一、宗派志
二、典禮志
三、氏族志
四、户口志
五、寺院志
六、古跡志
七、金石志
八、經籍志
九、人物志　經師　卓行　政績　武功　文苑　方術　雜流　列女
十、大事志

附：中回曆對照年表

歷代哈里發世系表

唐宋遼大食交聘表

元明清回回科第表

但以關於户口、寺院、金石諸門，非實際調查不可，而中國回教團體，組織不完備，調查殊感困難，故此書至今尚未完全成功。近又思縮小範圍，改變體例，名爲中國回教史。今晚所講，即其中之一部分。

欲知回回教進中國的源流，應先知中回曆法之不同。回曆以三百五十四日或三百五十五日爲一年，並無閏月。若以中曆與之對算，則每經三十年即差一年，百年即差三年，一千年應差三十年矣。故摩訶末之生卒，及創教年代，與乎回教在中國情形，若照中曆計算，則無不錯。然中國人言回教者，對此多不注意。宋人所著癸辛雜識，清人所著西陲要略，及近人所著新疆禮俗志等，皆論及回曆，而均言其以三百六十日爲一年。西域聞見録、回疆通志等，則又謂其以三百六十四日爲一年。長春西遊記，查慎行人海記，徐松水道記等，則均誤以回曆十月一日開齋節爲歲首。周密癸辛雜識則以回曆十二月十日之禋祀節爲歲首。李光廷漢西域圖考則誤以土魯蕃回曆一〇八三年之貢表在順治十一年。據池北偶談，則實在康熙十二年。由此可知，欲治中國回教史，必先明白回曆與中曆不同始。

元長春西遊記以元太祖十六年辛巳一二二一十一月四日爲回教歲首；此誤以回曆六一八年十月一日開齋節爲歲首也。

清查慎行人海記正覺樓叢書本以康熙己丑八月初三日爲回回歲朝己丑八月爲回曆七月，乙丑八月爲回曆十月；此誤以回曆一〇九六年十月一日開齋節爲歲首；而刻本又誤乙丑爲己丑也。

清徐松水道記以嘉慶二十四年六月初三日爲回教歲首；此誤以回曆一二三四年十月一日開齋節爲歲首也。

宋周密癸辛雜識以元至元二十二年乙酉正月十二日爲回教歲首；此誤以回曆六八三年十二月十日禋祀節爲歲首也。

問回教何時入中國，多數言隋開皇中。「隋開皇中」四字見舊唐書大食傳，舊唐書本之賈耽四夷述。然此四字係述摩訶末先代之情形，非謂其教此時入中國。

又回曆紀元，明以來皆謂始於隋開皇十九年己未西五九九，其誤因洪武十七年甲子採用回曆時，爲回曆七百八十六年，由此按中曆上推七百八十六年，故有此說。若按回曆上推七百八十六年，則實爲唐武德五年壬午西六二二。與開皇己未說，相差至二十三年。

此二十三年，爲研究中國回教源流者一大癥結。今年爲回曆一三四五年，若由今年按中曆上推一三四五年，當爲陳後主至德元年西五八三，則相差至四十年矣。明乎此，方可言回教何年入中國。

中國回教書中有一部極鄙俚而極通行之書，名曰回回原來，又名曰西來宗譜。其言回教入東土之始，謂始自唐貞觀二年，識者多鄙此書爲不足信。然一考其說之由來，亦由誤算年數，非有意作僞可比。所謂貞觀二年者，實永徽二年也。舊唐書本紀及册府元龜，均謂永徽二年大食始遣使朝貢。何以知爲始？因唐代外使來朝，向有銅魚之制，雌雄各一，銘其國名，置於彼國，見唐會要。其初次通使者當無此，故知爲始來。貞觀二年與永徽二年適差二十三年，其說本不謬，特誤算耳。舊唐書大食傳又謂永徽二年大食使來，自言有國三十四年，已歷三主。今考永徽二年，爲回曆三十年至三十一年，與三十四年之說不合。據舊唐書本紀及册府，則永徽六年大食再朝貢，大食傳蓋誤以永徽六年使者之言爲永徽二年使者之言也。永徽六年爲回曆三十四年至三十五年，正回教第三代哈里發教主奥自蠻在位之時，有鄙著中回曆對照表，及歷代哈里發世系年表可參考。總之，大食與中國正式通使，確自唐永徽二年西六五一始。廣州北門外有斡歌思墓，回教人認爲始至中國之人，其墓碑謂建於貞觀三年，以相差二十三年之説例之，此墓當亦爲永徽三年所建。

大食在唐宋間與中國之關係，殆如今日之英美，明時之葡萄牙。當時外國來華之海船，以波斯大食爲最多。太平廣記論波斯大食商胡之事，輒侈言其豪富。舊唐書鄧景山傳言田神功兵掠揚州，波斯大食商胡死者數千人。揚州一處如此，則其人數之多可想。

中國典籍記回教事最早而又最正確者，當推杜佑通典。佑之族子杜環，天寶間曾隨高仙芝西征，居西域十二年，從海道由廣州歸國。所作經行記，今不傳，然通典常引用之。兹擇録其一二：

大食有禮堂，容數萬人。每七日，王出禮拜，登高座，爲衆説法曰：人生甚難，天道不易。姦非劫竊，細行謾言，安己危人，欺貧虐賤，有一於此，罪莫大焉。凡有征戰，爲敵所戮，必得升天。殺其敵人，獲福無量。通典引杜環經行記

胡則一種，法有數般，有大食法，有大秦法。其大食法者，不食豬、狗、驢、馬等肉，不拜國王父母之尊，不信鬼神，祀天而已。其俗每七日一假，不買賣，不出納。同上

此種記載在唐以後中國書中言回教者，實未見有此清楚。所謂法，即教也。大食法，回教也。大秦法，景教也。

回教有著名之碑，在陝西西安禮拜寺。是碑題唐天寶元年户部員外郎兼侍御史王鉷撰。天寶元年爲西曆七四二年，較建中二年西七八一所立之景教碑，尚早四十年。此碑若

真，其價值可想。然其碑文語意，純是宋明以後語，與唐人語絶不類，其書法亦非宋明以前書法；且譯「摩訶末」爲「謨罕默德」，尤爲元末明初人譯音！此節下文説明之。以此知此碑爲明時所造。然唐時著名人物極多，何以碑用王鉷名字；王鉷名譽并不好，唐大詔令集有賜王鉷自盡詔；若謂明人作僞，何必託之王鉷。且舊唐書王鉷傳，天寶元年，鉷正爲户部員外郎兼御史，其前後一二年，則不是此官，可見年代官職，並不錯誤。吾因此事，蓄疑有年，後在全唐文發見王鉷有上玄宗捨宅爲觀表，言宅在城南安化門内。竊疑此碑或即王鉷捨宅爲觀時所建。後此觀入於回教人之手，乃就原碑磨改爲回教寺碑，而仍用天寶元年户部員外郎兼御史王鉷銜名入石也。

杜環經行記所記大食王告衆語，絶似道教之太上感應篇文。王鉷捨宅而成之道觀，後又入於回教人之手，亦宗教史上極有趣味之問題也。

唐時回教勢力占領中亞細亞之先後，據慧超往五天竺國傳，及册府元龜，即可知其形勢。册府元龜開元六年吐火羅，七年安國，俱密國，康國，十五年吐火羅等，均有爲大食侵略，向唐請兵之語體表文。據此等表文，可知大食當時對待異教國增税之重。而戰將屈底波之名，亦於此時見知於唐。然唐對於各國之請援，均未之許。由此知唐人於大食情況，極爲瞭然，不敢輕於用兵也。

唐人不獨不願與大食結怨，肅宗時且曾借大食兵以平安史之亂，其後更有主張連大食以抗吐蕃者。通鑑言：貞元三年李泌主結大食以抗吐蕃，言：大食在西域爲最强，自葱嶺盡西海，地幾半天下；代與吐蕃爲仇，臣故知其可招。此等見解，全因當時與大食交通頻繁，習聞外事所致。經行記言在大食見有京兆人樊淑、劉泚，河東人樂隱、吕禮等。通鑑言：天寶以來，胡客留長安者四千人。恐今日東交民巷外僑未有此衆。

總之，唐與大食關係密切，就拙著唐時大食交聘表，由永徽二年西六五一至貞元十四年西七九八，百四十八年間，正式遣使之見於記載者，已有三十七次。其遺漏未及記載者，當更不止此。

至於五代時，回教無大事可記，且時代亦短，但其中頗有足資談柄者。唐時有大食人李彦昇成進士，五代時亦有波斯人李珣，兄妹皆有才名。

黄休復茅亭客話　李四郎名玹，字廷儀，其先波斯國人，隨僖宗入蜀，授率府率。兄珣，有詩名，預賓貢焉。玹舉止温雅，頗有節行，以鬻香藥爲業。暮年以爐鼎之費，家無餘財，惟道書藥囊而已。

何光遠鑑誡録　李珣，字德潤，本蜀中土生波斯也。少小苦心，屢稱賓貢。所吟詩句，往往動人。尹校書鶚者，錦城煙月之士，與李生常爲善友。遽因戲遇嘲之，李生文章，掃地而盡。詩曰：「異域從來不亂常，李波斯强學文章；假饒折得東堂桂，胡臭薰來也不香。」

楊慎詞品 李舜絃，李珣妹，爲王衍昭儀。饒詞藻，有鴛鴦瓦上一首，誤入花蕊夫人集。詞云：「鴛鴦瓦上瞥然聲，晝寢宫娥夢裏驚；元是我王金彈子，海棠花下打流鶯。」

今花間集選李珣詞不少，李珣集名瓊瑶集。吾因李珣弟李玹以鬻香藥爲業，尹鶚詩又有「胡臭薰來也不香」句，因而聯想到舊唐書李漢傳有波斯賈人李蘇沙獻沉香亭子材事。珣、玹疑爲李蘇沙後人。李時珍本草綱目引李珣海藥本草謂爲肅代時人。然吾觀海藥本草所引有段成式酉陽雜俎，則珣必在段成式後，其爲五代時世業香藥之李珣無疑。然則珣并知醫，與元末回回詩人丁鶴年之兼擅醫術同，亦回回風俗也。吾有李珣海藥本草輯本。又圖繪寶鑑稱李舜絃夫人能畫，不獨能詩，亦才女也。南漢後主劉鋹亦娶波斯女，賜名媚豬，不似李舜絃之温雅矣。

至於宋代，關於回回教史料甚多。其與他代特異者，則每以佛的名稱施於回回教。如：

周去非嶺外代答 麻嘉是「佛」麻霞勿出世之處，有「佛」所居方丈，以五色玉結甃成墻屋。每歲遇「佛」忌辰，大食諸國王，皆遣人持寶貝金銀施捨，以錦綺蓋其「方丈」。

朱彧萍洲可談　廣州蕃坊，蕃人衣裝與華異，飲食與華同。或云其先波巡嘗事瞿曇氏，受戒勿食豬肉，至今蕃人，但不食豬肉而已。

方信孺南海百詠　番塔始於唐時，曰懷聖塔，凡六百十五丈（？）。每歲五六月，夷人率以五鼓登其絶頂，叫「佛」號。下有禮拜堂。

趙汝适諸蕃志　大食王與官民皆事天，有「佛」名麻霞勿。七日一削髮，剪甲。歲首，清齋念經一月，每日五次拜天。

岳珂桯史　番禺有海獠，性尚鬼而好潔，平居終日相與膜拜祈福。有堂焉，以祀名如中國之佛，而實無像設，稱謂聱牙，亦莫能曉，竟不知何神也。堂中有碑，高袤數丈，上皆刻異書如篆籀，是爲像主，拜者皆嚮之。

鄭所南心史　回回事佛，創叫「佛」樓，甚高峻。時有一人發重誓，登樓上，大聲叫「佛」不絶。

「麻霞勿」爲閩廣語，即「摩訶末」之異譯，下文説明之。宋時市舶之利甚溥，爲當時收入之一大宗。廣州、泉州尤盛。漢回通婚之事亦恒見。

粤海關志引宋會要：紹興七年，大食大商蒲亞里既至廣州，有右武大夫曾納利其財，以妹嫁之，亞里因留不歸。

五代時國主喜納波斯女，而宋時宦族亦愛嫁大食人。遼時大食國王請婚，亦曾以公主嫁之。阿薩蘭回鶻亦曾娶遼公主，均見遼史。可見五代遼宋時與回回通婚一事，上有好者，下必有甚焉者也。至遼宋與大食信使之往還，具詳吾所作之遼宋大食交聘表。由遼天贊三年西九二四至宋開禧間西一二〇七，凡二百八十四年，正式遣使見於記載者三十九次。宋史所闕，可以文獻通考所載補足之。

宋與大食之通使，多由海道。遼與大食之通使，多由陸路。遼宋時回回國境，蓋盡占中亞大陸也。遼既嘗與大食通婚，故後爲金所侵，耶律大石乃率兵西去，遺回鶻王書曰：「我將西至大食，假道爾國，其勿致疑。」所以然者，亦以與大食有姻誼耳。其後卒建國於回回地，號西遼，凡八十八年，始爲元人所滅。大石女名普速完，曾權國稱制，在位十四年，吾因其名普速元，疑其曾奉回教也。

至於金代與回教之關係，記載頗缺乏，然劉祁歸潛志稱南渡將帥著名者有郭阿里。就其名觀之，其爲回回教人無疑。歸潛志又載一事，云牙虎帶會宴，諸將并妻皆在座。時共食豬肉饅頭，有一將妻言素不食豬肉。牙虎帶趣左右易之。須臾食訖，問曰：爾食何肉？其人對曰：蒙相公易以羊肉甚美。牙虎帶笑曰：不食豬肉而食人肉何也？爾所食非羊，人也。其人大嘔，疾病數日。據此，則金時回回人固有以武功顯者矣。

至於元時，回回人勢力尤大，著録於元史氏族表者逾百人，贍思著述至十餘種，丁鶴年則現尚有丁孝子集行世。也黑迭兒則爲今北京宫城之創建人。一時不能盡述，可參觀拙著元西域人華化考。又元典章、元史刑法志多提及回回人詞訟，並云「哈的大師只掌教念經，回回詞訟交有司問」。可知回回人之衆。至順鎮江志詳載當時鎮江各色人户口。試列爲細表，則可知當時回回人與各色人比例之確數。

關於回回名稱的起原，研究者頗不乏人，如錢大昕、李光廷、丁謙均有所論列。其名實由回紇轉變而來，列表於左：第一表(甲)行，爲摩尼教時代之回鶻。(乙)行，爲非阿薩蘭教之回鶻。(丙)行，爲改從阿薩蘭教之回鶻。觀此可知回回名目，由回鶻轉變到回回之次第。但上所引諸書，有一名互用，及後人誤改者。如同一「外五」，秋澗集以之代表非回回，郝經集則以之代表回回，是也。

回教本名伊斯蘭，然伊悉爛之名，早見於册府元龜及唐書西域傳。中亞細亞國王之名阿悉爛者多有，阿悉爛之異譯，如第二表。

至於回回教之名稱，各代不同，如第三表。

回回教徒之名稱，各代譯音亦不同，如第四表。

第一表

- (甲)回紇(唐)—回鶻(唐元和以後)
  - (乙)回鶻(遼、五代史)—回鶻(宋金元史)
    - 外五　秋澗集
    - 偉兀　歐陽圭齋集
    - 畏吾兒　元史
    - 畏兀兒　元史
  - (丙)阿薩蘭回鶻(遼史)—回回(遼史)
    - 回紇　黑韃事略　癸辛雜識　心史　西遊記　西遊録　元史
    - 回回　黑韃事略　心史　宋史兵志　元史
    - 外五　郝經集

第二表

- 阿悉爛(唐書)—伊悉爛(唐書)
  - 阿薩蘭(遼史)
  - 阿思懶(遼史)
    - 阿廝蘭(宋史)—阿昔蘭(元史)

第三表

（唐經行記）大食法—（宋諸蕃志）大食教度—（明初瀛涯勝覽）回回教門—（明）回回教

- （明）天方教
- （明）清真教

—（今）回教

第四表

（唐册府元龜）摩思覽

- （長春西遊記）大石馬
  - （元史）答失蠻
  - （至元辯僞録）達失蠻
  - （至正岳廟碑）達識蠻
- （劉祁北使記）没速魯蠻—（耶律西遊録）謀速魯蠻
  - （元史）木速兒蠻—（今）穆士林
  - （元史）木速蠻
- （遼史）普速完
- （金史）蒲速斡
  - （長春西遊記）鋪速滿

「摩訶末」名稱，各代譯音亦不同。列表如次：

（唐經行記）	（唐賈耽四夷述）	（宋嶺外代答）	（元史）	（元末明初）
暮門——	摩訶末——	麻霞勿——	馬合麻——	謨罕驀德

杜環經行記之「暮門」，有連下文「都」字讀爲「暮門都」者，如辛卯侍行記等是也。經行記原文爲「其大食王暮門都此處」，言大食王名暮門，都於此處也。「麻霞勿」之名，始見於嶺外代答。諸蕃志因之，非閩粵音不能得其解也。明史於天方傳稱回回設教之祖曰馬哈麻，於默得那傳，則稱其初國王謨罕驀德，前後相隔不過一葉，殊異若此，則撰明史西域傳者之回教知識可知也。「謨罕驀德」之譯，早見於元至正八年，定州禮拜寺碑，其次則爲泉州清淨寺至正九年碑。至廣州懷聖寺至正十年碑猶稱馬合麻。先是「回回」二字，以名種族，不以名教。定州至正八年碑，始以「回回」二字，與教并提，然尚未有「回回教」三字合稱也。清淨寺、懷聖寺碑，更未嘗以「回回」二字與教并提，仍稱大食而已。可知一名詞之成立，亦經若干時之蜕化而成。則天寶元年碑之「謨罕驀德」，其爲明人手筆，尚有何疑義。又如「大食」之名，起於唐初垂拱間；大唐西域求法高僧傳作「多氏」，開元間慧超往五天竺國傳作「大寔」，皆由漢「條支」二字蜕化而來，而今本任昉述異記乃有「大食」之記載。任昉梁人，何得來「大食」二字？其爲唐以後人所竄入無疑。

至於明代回回教，乘元代之後，由中亞東來之回回人，散居中國已及百年。以武功著者固多，其讀書應舉者亦不少。僅以元統癸酉西一三三三進士題名録計，回回進士，一科已有十人，其盛可想。明初詔譯回回天文書，主其事者，即翰林院編修回回大師馬沙亦黑等。明太祖文集有翰林院編修馬沙亦黑馬哈麻勑文。永樂間派三寶太監下西洋，所謂三寶太監者，即回回人鄭和也。近雲南昆陽發見李至剛撰馬公墓誌銘，馬公即鄭和之父，名哈只；哈只者，回人以稱曾朝天方者也。碑言馬公二子，次子和，事今天子，賜姓鄭，爲内官太監云。明時回回人給事宫廷者甚多。武宗曾納回回女爲妃，事詳野獲編及藝海珠塵武宗外紀，不具述。癸巳存稿、野獲編又有正德間禁宰豬記載，皆與回教有關係者也。陸容菽園雜記又有載回人尊孔事，此爲中國回教特别情形，與其他外來宗教不同。其言曰：

回回教門異於中國者，不供佛，不祭神，不拜屍，所尊敬者唯一天字，天之外，最敬孔聖人。故其言云：「僧言佛子在西空，道説蓬萊住海東，唯有孔門真實事，眼前無日不春風。」見中國人修齋設醮，笑之。

此詩是否爲回回人所著不可知。然七修類稿引之，殊域周咨録亦引之。菽園雜記著於弘治間，則其説流傳亦古。雲南之有孔子廟，本爲回回人贍思丁所創建。明末王岱輿著清真大學，亦模倣儒書。雍正間劉智著天方性理，又雜以宋儒色彩。凡此皆中國回教特異處，其原因由於讀書應舉，不便顯違孔教也。然因此之故，明人對於回教，多致好評，政府亦從未有禁止回教之事，與佛教、摩尼教、耶穌教之屢受政府禁止者，其歷史特異也。

元明内地回教雖盛，然新疆諸地改從回教之先後，則不可不加以研究。新疆今視爲回疆，然在明初，土魯番、哈密猶奉佛教。永樂六年西一四〇八土魯番番僧來朝，猶授爲灌頂慈慧圓智普通國師，其非回教可知。至成化五年西一四六九，其酋阿力遣使來貢，自稱「速檀」，則已改從回教矣。永樂間鄭和由海道往西洋，陳誠由陸路往哈烈，經過土魯番，猶謂居人信佛法，多建僧寺。哈密原有回回、畏兀兒、哈剌灰三族雜居，嗣爲土魯番所據，始盡從回教。至於天山北路，伊犁等處，清初猶奉佛教，此事别詳拙著新疆諸地改從回教考，今不能詳。

清人待回教徒至虐，故回教徒叛清之事亦特多。計自乾隆中葉，至光緒初，中間不過百年，回教徒之叛清者凡五次。今考清代官書之關於回亂者，叙其書名卷數如下：

一、蘇四十三之亂，有蘭州紀略二十卷。乾隆四十六年。

二、馬明心之亂，有石峰堡紀略二十卷。乾隆四十九年。

三、張格爾之亂，有平定回疆勦擒逆裔方略八十卷。嘉慶二十五年至道光九年。

四、杜汶秀之亂，有平定雲南回匪方略五十卷。咸豐五年至光緒五年。

五、阿古柏之亂，有平定陝甘新疆回匪方略三百二十卷。咸豐五年至光緒十四年。

爲書四百九十卷，亘時七十一年。拙著中國回教志之大事志，即記載此項事件。然則謂乾嘉道咸同光六朝，無一朝無回教徒之動亂可也。蓋自乾隆二十三年平定大小和卓木後，清廷氣燄薰天，以爲天下莫予毒。暴官污吏，遍佈回疆，宗室侍衛，掊克無藝。魏源撰聖武記，志在頌揚威德，然於道光重定回疆記，乃有「各城大臣，威福自出，甚至廣漁回女，更番入直，奴使獸畜」之言，回人不堪其虐，不能不奮臂而起矣。此本屬政治範圍，與宗教無涉。然清代學者對於回人，亦多蔑視。顧炎武日知録謂「回回守其國俗，終不肯變，結成黨夥，爲暴閭閻」。杭世駿道古堂集謂「回回念禮齋課，日無虛夕，異言奇服，不齒齊民」。學者之立論如此，官吏之横暴又如彼。生於其心，害於其政，無怪其屢次動亂也。唯今日五族共和，且同爲弱小民族，可以免此。

至於回教勢力，雖經清人屢次戮殺，其勢不少衰，今將回教勢力傳播之原因，略舉如下：

一、商賈之遠征；　二、兵力之所屆；

三、本族之繁衍；　四、客族之同化。

第一項爲唐時中國始有回教，及宋元時回教繁盛之原因。
第二項爲唐時中亞細亞各國及宋明時新疆各地改從回教之原因。
第三項爲元明以後，中國回族繁盛之原因。
第四項爲在中亞及新疆之蒙古後裔改從回教之原因。
第一第二原因不奇。第三原因，爲回教所獨。其始因有飲食習慣不同，不便與異教通婚，其民族遂自爲風氣。世代相傳，改宗不易，與其他宗教之父子兄弟信仰或殊者不同。第四原因，尤爲回教特色，故中世紀時，雖被蒙族兵威所征服，而蒙人後裔，竟漸次爲回教勢力所薰陶，其同化力之强，不可思議。四項原因之外，尚有兩原因：

一、回教在中國不傳教。

二、回教不攻擊儒教。

因不傳教，故不惹異教人之嫉視。所有六朝及唐代元代佛道相爭之歷史，在中國回教史上無有。故唐會昌中毁佛，外來各教，均遭波及；而回回獨守門羅主義，千年來元氣不傷。

又因向不攻擊儒教，如上文所論，回教徒對於孔子，獨致尊崇；故能與中國一般儒生，不生惡感。從未聞回教有受人攻擊，如唐韓愈之闢佛，明沈㴶之參天主教者。苟無清朝官吏之苛待，不至有陝、甘、新疆、雲南之事件發生，則回教勢力之保全，尚不止此。

至關於中國回教史之研究，除前述中回曆之不同外，尚有二事，爲回教作者之通病，不可不注意：

一、引書不檢原本　凡考證家引書通例，必該書原本已佚，無可尋檢，始據他書所引以爲證。同時並須聲明係據何書所引，不能直稱引用原書。如杜環經行記已佚，吾人引用經行記，只可從通典所引。若其書未佚，即當檢閱原書，不能據他書轉引以爲足。又有一記載，必有一起原。如明代諸書所述海外各國，多本於瀛涯勝覽、星槎勝覽二書。二書所述，係隨鄭和下西洋者所親聞見。此後如明一統志，如吾學編等所述西洋各國，即本之二書。吾人引用明一統志及吾學編時，應先知其説之所自出。明萬曆間行人司行人嚴從簡曾著一書，名殊域周咨録，係類集檔案而成，今頗少見，余藏有寫本。明人言回教者，既誤認回教爲隋時傳入，又因殊域周咨録有天方默德那傳，於是回教著作中，每發現一奇異書名。其名爲何？即「隋書殊域志」五字，或「隋書殊域志周咨録」八字是也。其始所引，當係曾見殊域周咨録，又理想隋書必有記載，遂並引隋書。其後展轉引用，不檢原書，遂成此奇異書名。一若隋書中實有殊域志者。故今有一鑒定回教史籍是否可信之捷訣，即凡開卷有引用隋書殊域志此奇異書名者，即謬陋不足據之書也。

二、任意改竄古本　凡考證家引用古書，爲行文方便，删節字句，原無不可。然不能任意改竄，仍稱出自原書，眩人耳目。又一代有一代譯名，如前述「摩訶末」、「謨罕驀德」等譯名，一望即知其爲某時代所譯。又如「如德亞」及「猶太」等名，一望即知其爲明天主教所譯，抑清耶穌教所譯。後人翻刻古書，應仍原譯，或附注説明亦可。然不能任意改竄原文，致失原來面目。今回教人翻印書籍，輒任意增改，如雍正間劉智著天方至聖實録，「耶穌」之名，原作「爾撒」，近印實録，竟有改刻爲「耶穌」者。又如乾隆間金天柱撰清真釋疑，後人有補輯者，竟將原書竄亂改編，至不辨誰爲金氏原文，誰爲後人補輯。甚至翻刻古碑，亦時有此病。前述天寶元年碑，其一例也。凡此皆考究回教史者所當注意。并望回教人士，此後翻刻書籍，應保守原本勿改也。拙著有回教漢文著述表，爲中國回教志中經籍志之一部，今從略。

〔作者在北京大學研究所國學門的演講，沅君記。先刊於北京大學研究所國學門月刊第一卷第六號（一九二七年九月），題爲回回教進中國的源流，後刊於東方雜誌第二五卷第一號（一九二八年一月），改爲今名。現據作者手寫的兩份講演提綱校訂。〕

可蘭概説

回教經典曰可蘭，附以定冠詞，則曰亞盧可蘭。可蘭者，華言讀之使聽也。據回教徒傳説，天上本有經典全文，天使應時之需要，將其各部分讀與摩訶末聽，使傳神意也。回教徒奉爲聖典，以處理生活中一切事務，如信仰、倫理、道德、政治、法律、學術、技藝等，均以可蘭爲準。

可蘭既爲經摩訶末而表現之天啓，故其原語當爲摩訶末生平日用之語，即亞拉伯語。精密言之，則爲摩訶末産生之高拉伊斯族語。摩訶末同族外，尚有六種族。摩訶末以各族方言説經典，復以各族方言寫經典傳世。至教王烏斯蠻再編經典時，高拉伊斯方言所寫之部分僅存，其他悉燬壞。今日所存經典原文，爲純粹亞拉伯語，即摩訶末慣用語。其文體爲散文，美妙流暢，且有莊嚴宏偉之詩歌，具韻文之句調。回教徒以爲經典之外，絶無妙文，無論今古文章，未有能駕可蘭之上者，其著書恒引用經句。不論人種如何，國語如何，凡爲回教徒，皆以可蘭爲根據、爲泉源。故可蘭實全回教文學之骨髓，欲研究亞拉伯文學，欲玩味回教文學者，必須研究可蘭。

可蘭由一百十四思拉(篇)而成，各篇區别爲亞也(節)。篇之長者節數多，篇之短者節數少。最長之篇爲牝牛篇，即第二篇也，其節數有二百八十六。節之區分，據經典原文之板本如何而異。板本約分七種，節數亦達六千至六千二百二十六。惟節之區分，經典原本中，不以數字表示，而以圈點符號記之。篇之區别，亦不以數字表示，但取篇中句語爲篇名。第一篇爲序篇，第二篇名牝牛，第三篇名伊牟蘭，第百十四篇爲結尾篇，名人間。各篇順序，非摩訶末公示天啓之先後，不過隨意結集。節數多而長者置於先，節數少而短者置於後而已。然由歷史上年代觀之，則全爲正反對。蓋短篇紀摩訶末傳教之初年，多屬默伽時代，長篇紀摩訶末傳教之晚年，多屬默德那時代也。

第一篇爲回教徒所最尊重者，恰如基督教之主禱。凡禮拜祈禱及療病死喪皆讀之，故置諸經典之首。其他各篇，有爲摩訶末一時所述者，有爲經久而漸公表者，故僅結集而無順序。經中記摩訶末委身宗教以來劈頭第一所受之天啓，即爲凝血篇九十六篇之前五句。回教徒學者，及考證學者，均無異論。是即傳説所謂摩訶末修業之初，於希拉山巖窟默想時，忽見天使出現，讀與摩訶末聽者也。

經典各篇之首，例先記載篇名，次述摩訶末受天啓之地，終叙節數。但據板本之差别而有不同。如第一篇皆認爲摩訶末在默伽公示之天啓，但據傳説，則謂一回在默伽公示，一回在默德那公示。各篇本文之前，必有深慈多惠之神亞盧拉夫尊名，此句名卑士微盧拉夫，但第九悔改篇無之，蓋本承前戰利品篇而成。後世乃分别之，故無此句也。此句不獨可蘭有之，凡回教徒所著之書，不論其國語如何，皆揭此句於篇首。

回教徒又將可蘭區分三十部，每年於拉瑪生月，减食而爲敬神積德之修業時，日讀一部，一月讀畢全部。亦有將各部四分之，其四分之一名盧布，四分之二名尼士夫，四分之三名斯盧士，皆於經典原本中，附記本文之側。回教徒讀經時，約讀至十節時，即將雙掌俯按兩脚行叩頭禮，名曰盧古。經典中用亞拉伯字母亞煙表示之。回教徒引用經文時，不用節數，唯舉是等符號而已。

可蘭在各國均有譯本，德文譯本最多，英文次之，拉丁文譯本最早，唯漢文至今尚無譯本，日本則已於前年全部刊行。久擬倣毛詩序體例爲可蘭序録，今先將其篇目紹介於左，冀以引起研究者之興味焉。至其時代之先後，諸家意見不一，兹所本者羅多雅爾説也。

篇次	篇目	節數	時次	公示處
一	序篇	七	八	默伽
二	牝牛	二八六	九一	默德那
三	伊牟蘭	二〇〇	九七	默德那

四	婦人	一七五	一〇〇	默德那
五	餐桌	一二〇	一一四	默德那
六	家畜	一六五	八九	默伽
七	隔壁	二〇五	八七	默伽
八	戰利品	七六	九五	默德那
九	懺悔	一三〇	一一三	默德那
一〇	猶奈須	一〇九	八四	默伽
一一	夫度	一二三	七五	默伽
一二	猶須父	一一一	七七	默伽
一三	霹靂	四三	九〇	默伽
一四	亞伯拉罕	五二	七六	默伽
一五	巖谷	九九	五七	默伽
一六	蜜蜂	一二八	七三	默伽
一七	以色列	一一一	六七	默伽
一八	洞穴	一一〇	六九	默伽

一九	瑪利亞	九八	五八	默伽
二〇	他哈	一三五	五五	默伽
二一	豫言者	一一二	六五	默伽
二二	巡拜	七八	一〇七	默伽
二三	諸真信者	一一八	六四	默伽
二四	光明	六四	一〇五	默伽
二五	識別	七七	六六	默伽
二六	詩人	二二八	五六	默伽
二七	螻蟻	九五	六八	默伽
二八	故事	八八	七九	默伽
二九	蜘蛛	六九	八一	默伽
三〇	希獵	六〇	七四	默伽
三一	鹿古曼	三四	八二	默伽
三二	崇拜	三〇	七〇	默伽
三三	同盟	七三	一〇三	默德那

三四	沙巴	五四	八五	默伽
三五	造化	四五	八六	默伽
三六	丫心	八三	六〇	默伽
三七	整列	一八二	五〇	默伽
三八	沙德	八八	五九	默伽
三九	軍隊	七五	八〇	默伽
四〇	真信者	八五	七八	默伽
四一	解説	五四	七一	默伽
四二	商量	五三	八三	默伽
四三	金飾	八九	六一	默伽
四四	毒煙	五九	五三	默伽
四五	跪禮	三六	七二	默伽
四六	沙丘	三五	八八	默伽
四七	摩訶末	四〇	九六	默德那
四八	戰勝	二九	一〇八	默德那

四九	堂宇	一八	一一二	默德那
五〇	戛乎	四五	五四	默伽
五一	撒布	六〇	四三	默伽
五二	山	四九	四四	默伽
五三	星	六二	四六	默伽
五四	月	五五	四九	默伽
五五	慈悲	七八	四八	默伽
五六	難抗	九六	四五	默伽
五七	鐵	二九	九九	默德那
五八	爭女	二三	一〇六	默德那
五九	遷移	二四	一〇二	默德那
六〇	試女	一三	一一〇	默德那
六一	戰列	一四	九八	默德那
六二	集會	一一	九四	默德那
六三	僞善	一一	一〇四	默德那

六四	相欺	一八	九三	默德那
六五	離婚	一二	一〇一	默德那
六六	禁制	一二	一〇九	默德那
六七	王國	三〇	六三	默伽
六八	筆	五二	一七	默伽
六九	不誤必來	五二	四二	默伽
七〇	階級	四四	四七	默伽
七一	那亞	二九	五一	默伽
七二	妖精	二八	六二	默伽
七三	包裹	二〇	三	默伽
七四	掩蔽	五五	二	默伽
七五	復活	四〇	四〇	默伽
七六	時間	三一	五二	默伽
七七	神使	五〇	三六	默伽
七八	新聞	四一	三七	默伽

七九	奪魂	四六	三五	默伽
八〇	顰蹙	四二	二四	默伽
八一	摺叠	二九	三二	默伽
八二	分裂	一九	三一	默伽
八三	偷量	三六	四一	默伽
八四	分散	二五	三三	默伽
八五	天徵	二二	二八	默伽
八六	太白	一七	二二	默伽
八七	至上	一九	二五	默伽
八八	壓伏	二六	三八	默伽
八九	曉天	三〇	三九	默伽
九〇	靈地	二〇	一八	默伽
九一	太陽	一五	二三	默伽
九二	夜	二一	一六	默伽
九三	晨光	一一	四	默伽

九四	開胸	八	五	默伽
九五	無花果	八	二六	默伽
九六	凝血	一九	一	默伽
九七	名譽夜	五	九二	默伽
九八	明證	八	二一	默伽
九九	地震	八	三〇	默伽
一〇〇	戰馬	一一	三四	默伽
一〇一	打擊	九	二九	默伽
一〇二	增殖	八	一四	默伽
一〇三	午後	三	二七	默伽
一〇四	讒謗者	九	一三	默伽
一〇五	香象	五	一九	默伽
一〇六	可列胥族	四	二〇	默伽
一〇七	必需	七	一五	默伽
一〇八	豐澤	三	九	默伽

一〇九	不信者	六	一二	默伽
一一〇	神助	三	一一一	默伽
一一一	焰父	五	一一	默伽
一一二	唯一	四	一〇	默伽
一一三	拂曉	五	六	默伽
一一四	人間	六	七	默伽

〔作於二十世紀二十年代，據原稿。〕

在道教研究工作座談會上的發言

道教創始自漢朝，由道家形成爲道教，有很長的歷史，是中國古教之一。自昔儒釋道三教並稱，在中國歷史上，道教也起過不少作用。我認爲道教不僅對社會經濟和人民生活上有關，對醫藥衛生有關，而且道教的教義，也和哲學思想有關。就是在某些朝代的政治上也起了一定的影響。有些農民起義，就是託之於道教，以組織羣衆、宣傳反抗的，有些祕密宗教，也和道教有所聯繫。所以研究中國歷史和中國哲學思想史，不能把道教抛開不談。一定要把道教的歷史系統的加以研究，作出正確估價。

但是，據我所知，到現在道教還没有一部比較完整的歷史，所以如果能集合大家的力量寫出一部道教的歷史，是很需要的。

在我們的古典文獻中，記載道教的資料，也並不少。

首先，道教自己就有道藏。道家的書，自成一類，是從六朝開始，經過唐宋金元，每朝都有增加，到明朝正統年間，又重新編成全藏，到萬曆年間又有續藏，就有五百二十函，五千多册。在清朝的時候，因爲年歲日久，又經過變亂，很多書板燒燬，但是北京白雲觀，還存有全藏一部，後來商務印書館將正統道藏影印出版，又印行道藏舉要，道家經典，收羅頗備。

其次，道教中知識分子所著的文集，也有一些是記載道教傳播情況和道家活動的，也有寫教旨、教義的。如著名的長春真人西遊記，就是一部很有價值的歷史文獻。

還有，道教以外的歷史古籍方面的著作裏，也有有關道教的資料，如廿四史中的魏書，就單設有釋老志，元史就單設有釋老傳。其他各家文集更是可以找出這方面的資料。

還有，各省縣地方志裏的寺觀類、仙釋類，如果仔細搜考，也可以找出一些道教活動情況。

此外，在歷代金石碑刻裏，道教資料更是不少。三十多年前，我曾專門收集過一些道教碑文，約有一千三百種，從漢至明，按朝代編纂成道家金石略一百多卷。可見這方面的碑刻是可觀的。

總之，道教是有不少資料的，但是過去道教本身，沒有注意編纂，教外人士，歷史家，也往往對道教的歷史不很注意，所以不但沒有寫出道教的通史，就是某一朝代或某一事件的道教史，也不多見。

過去，因爲没有領導，没人號召和組織，不可能把這工作作好。今天，有了中國共產黨的領導，又有很好的條件，在可能的情況下，把道教史和道教的哲學思想，作一較全面的、有系統的研究，還是有用的。就是有些有關道教的古籍文獻，也有必要加以選擇，有些可以整理校勘出版，以供研究者的參考。

我對道教，是門外漢，知道的太少，這不過是我個人的一些看法，還請大家指正。

〔一九六一年三月二十二日發言。此爲作者的發言稿。〕